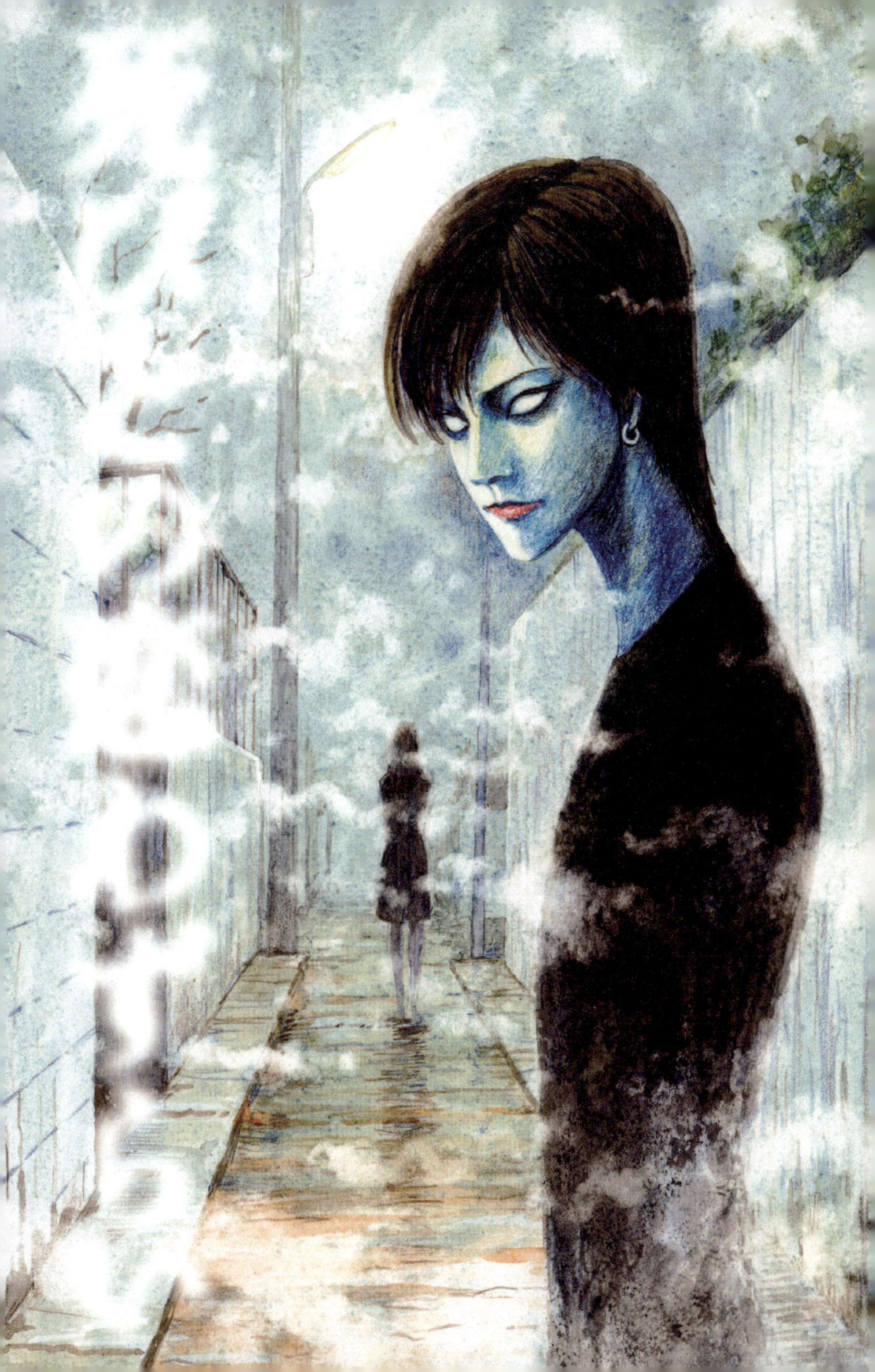

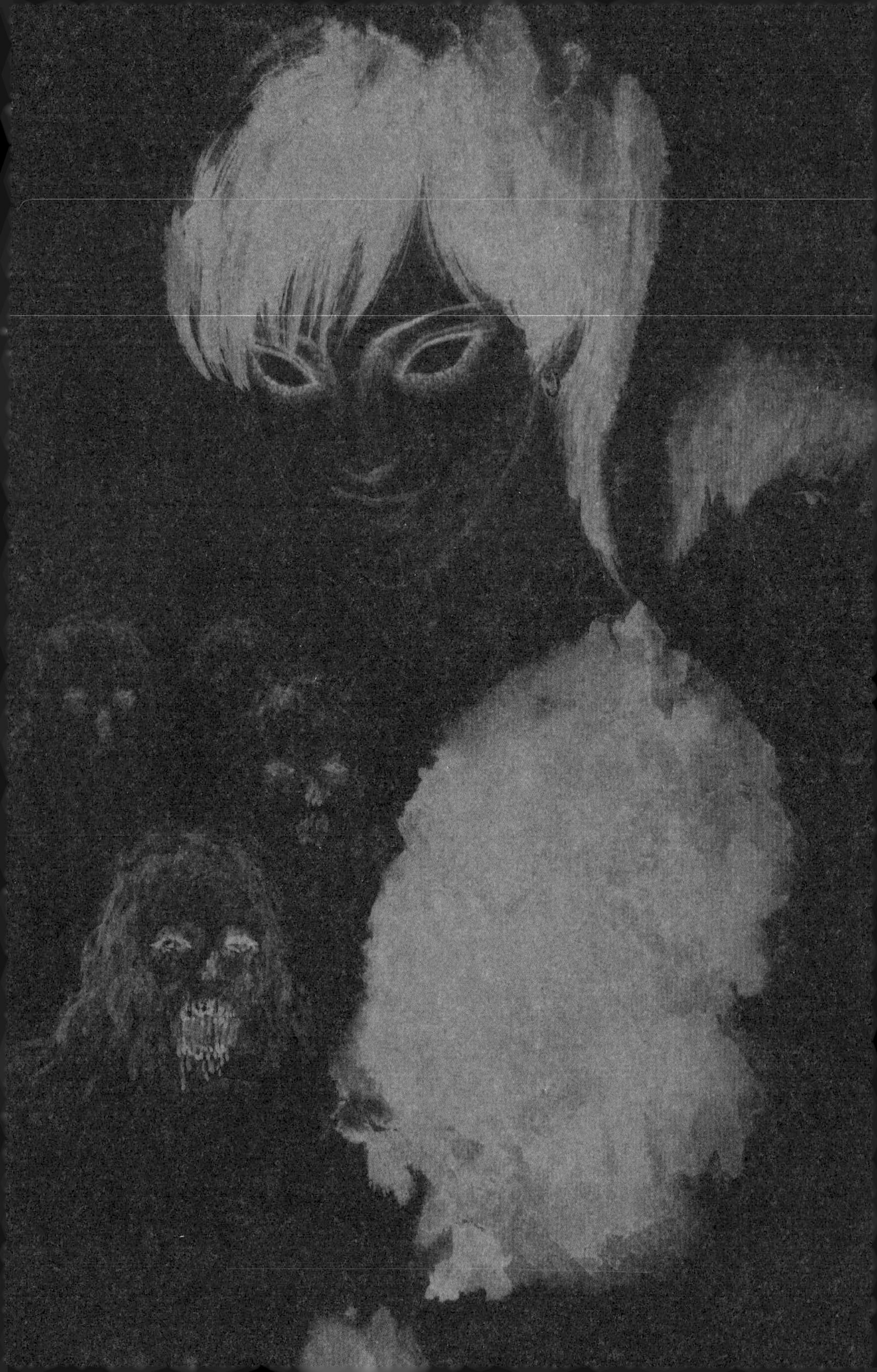

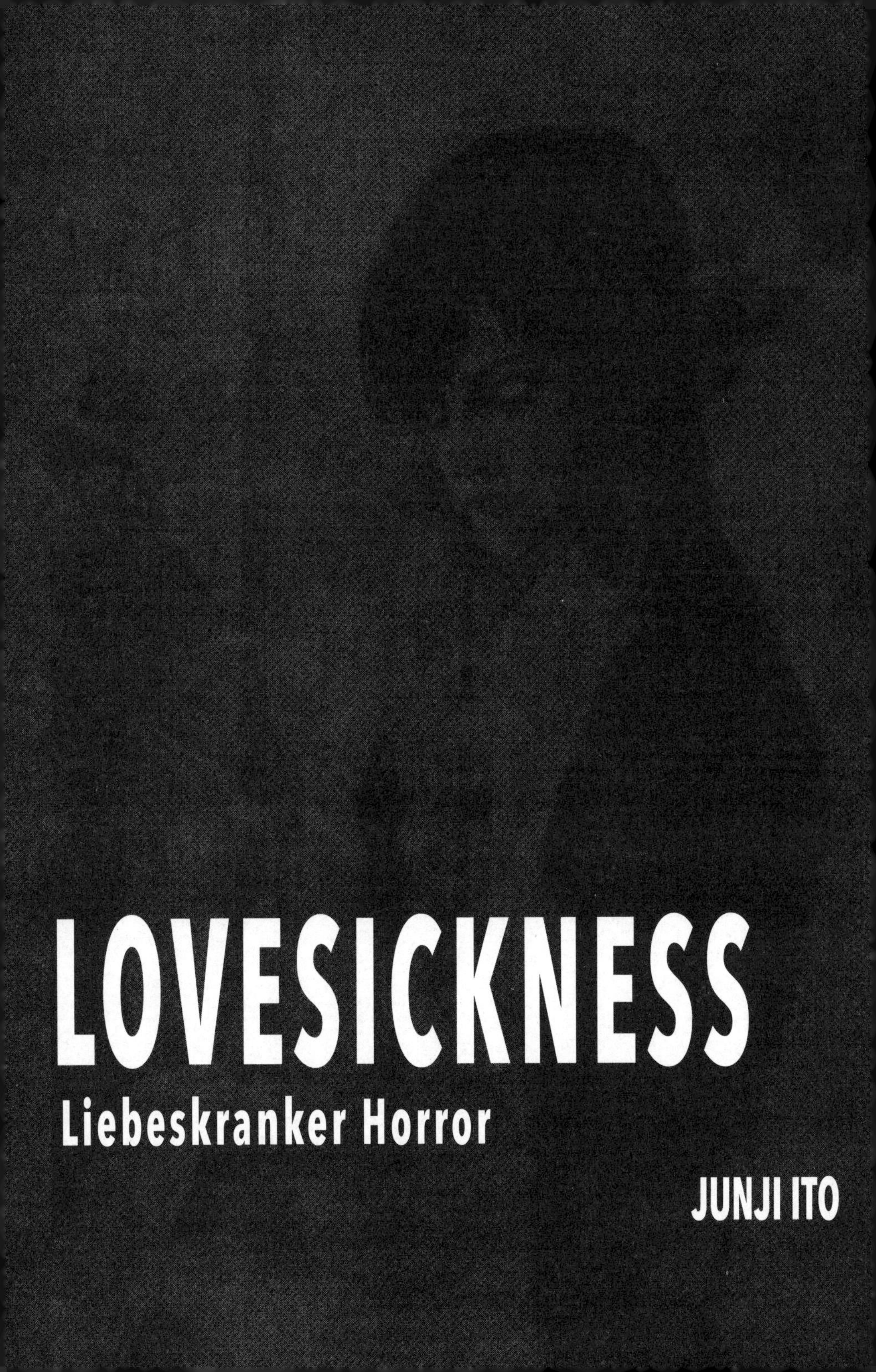

LOVESICKNESS

Liebeskranker Horror

JUNJI ITO

INHALT

LOVESICKNESS

四つ辻の美少年

DER SCHÖNE JUNGE AN DER KREUZUNG

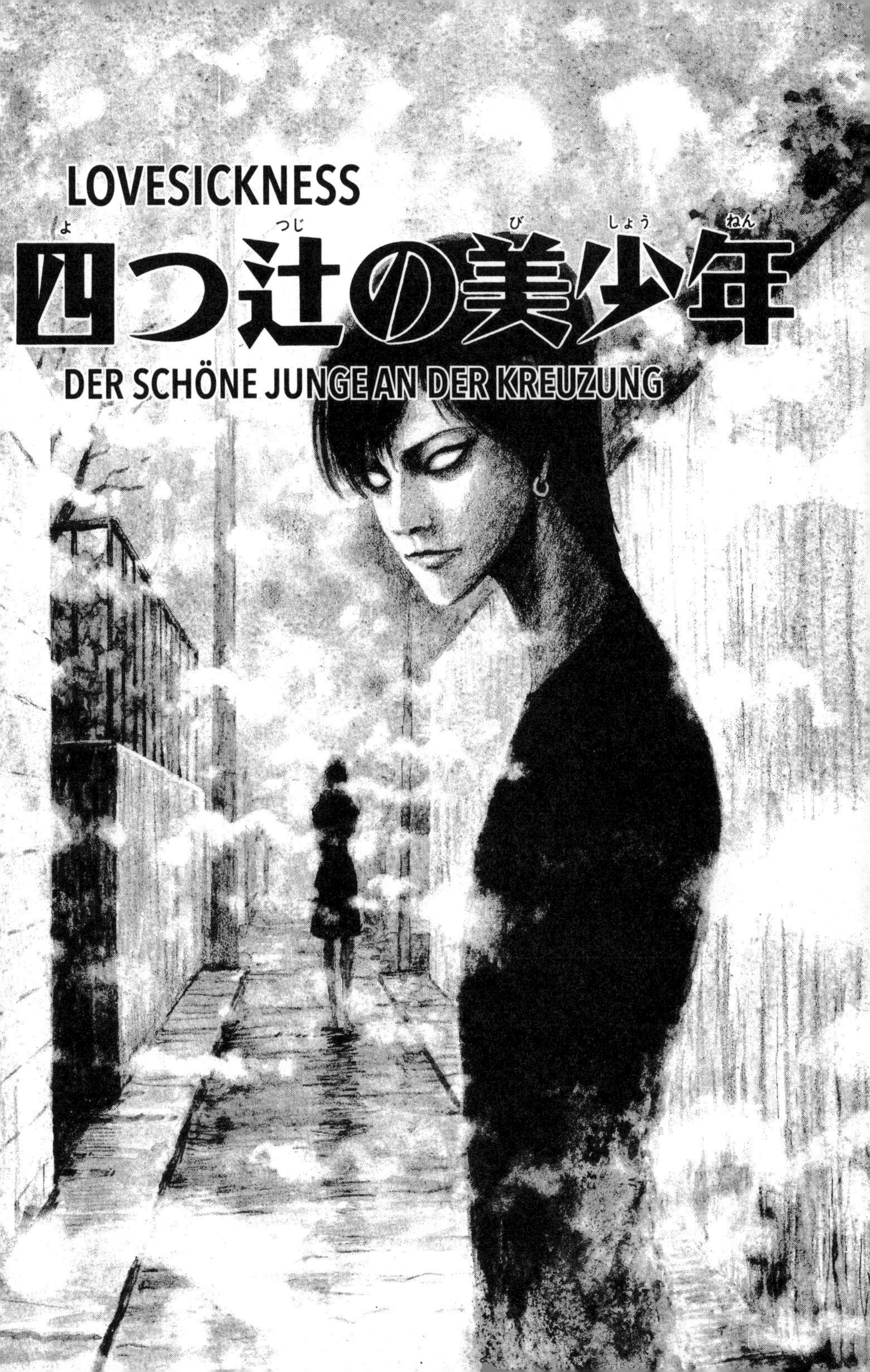

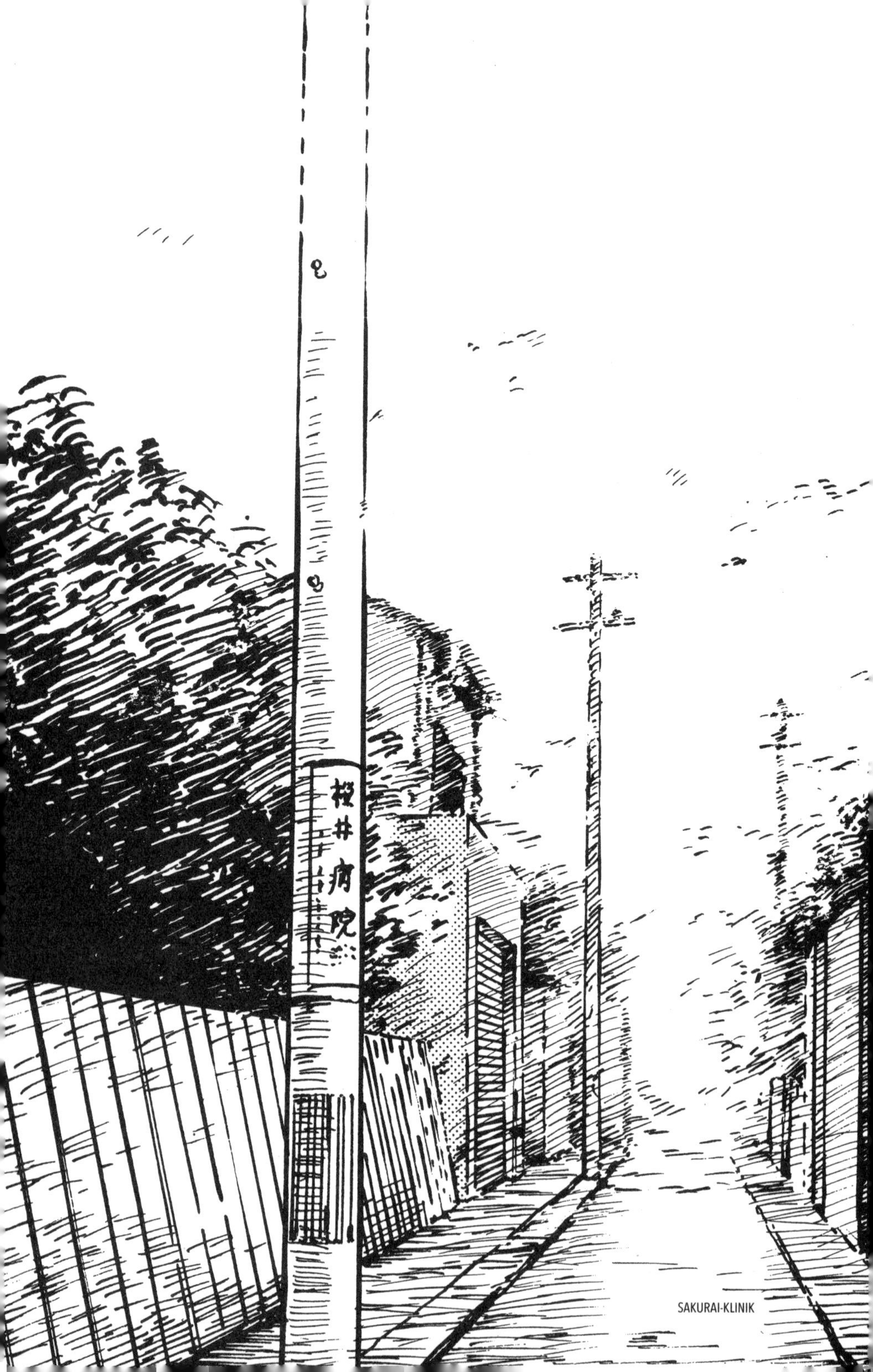
桜井病院
SAKURAI-KLINIK

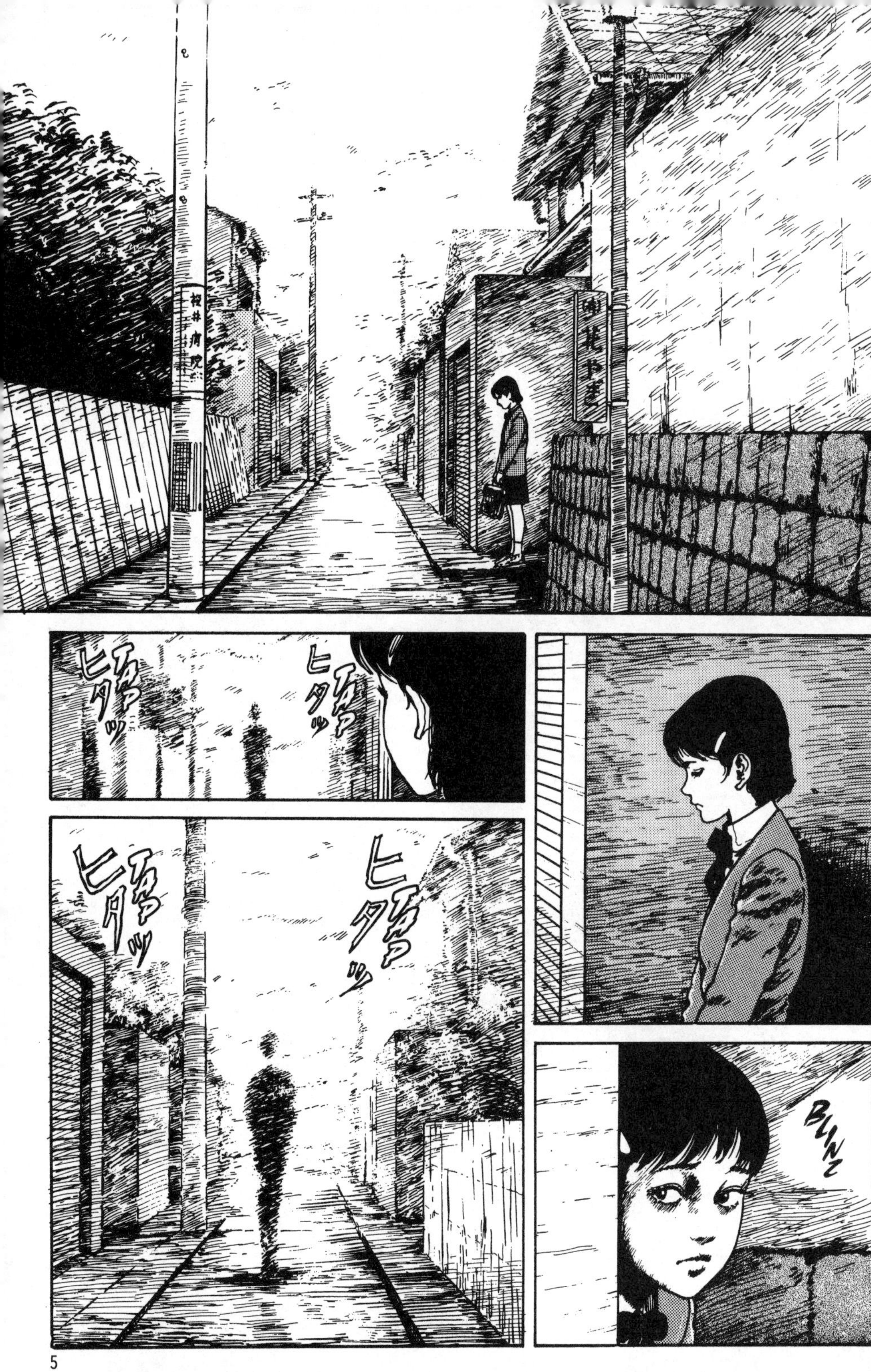
桜井病院
(有)花やぎ
ヒタッ TAP
ヒタッ TAP
ヒタッ TAP
ヒタッ TAP
BLINZ

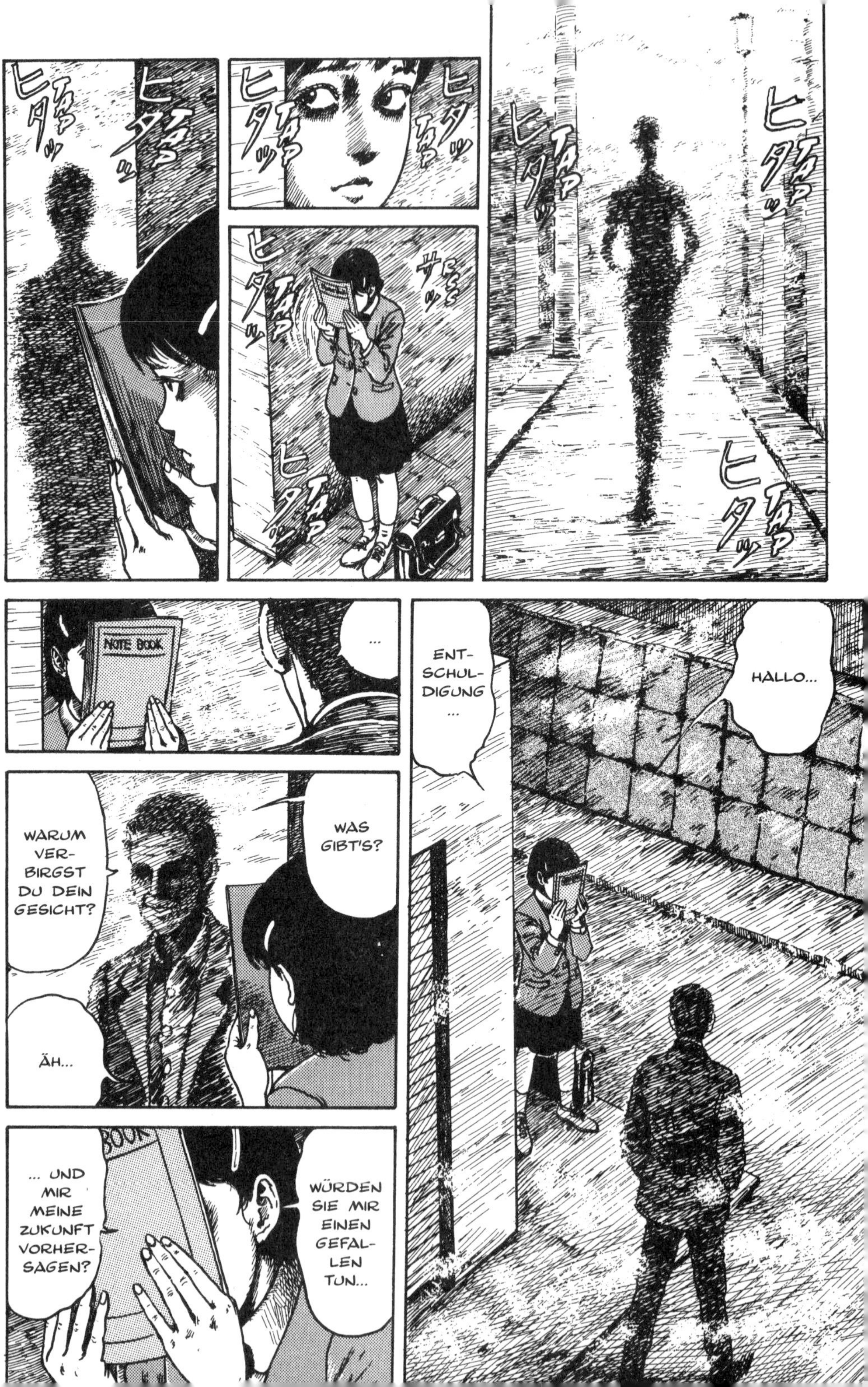
ヒタッ TAP
ヒタッ TAP
ヒタッ TAP
ヒタッ TAP
ヒタッ TAP
サッ RSS
ヒタッ TAP
ヒタッ TAP
ヒタッ TAP
ヒタッ TAP
HALLO...
ENT-SCHUL-DIGUNG ...
NOTE BOOK
...
WAS GIBT'S?
WARUM VER-BIRGST DU DEIN GESICHT?
ÄH...
WÜRDEN SIE MIR EINEN GEFAL-LEN TUN...
... UND MIR MEINE ZUKUNFT VORHER-SAGEN?

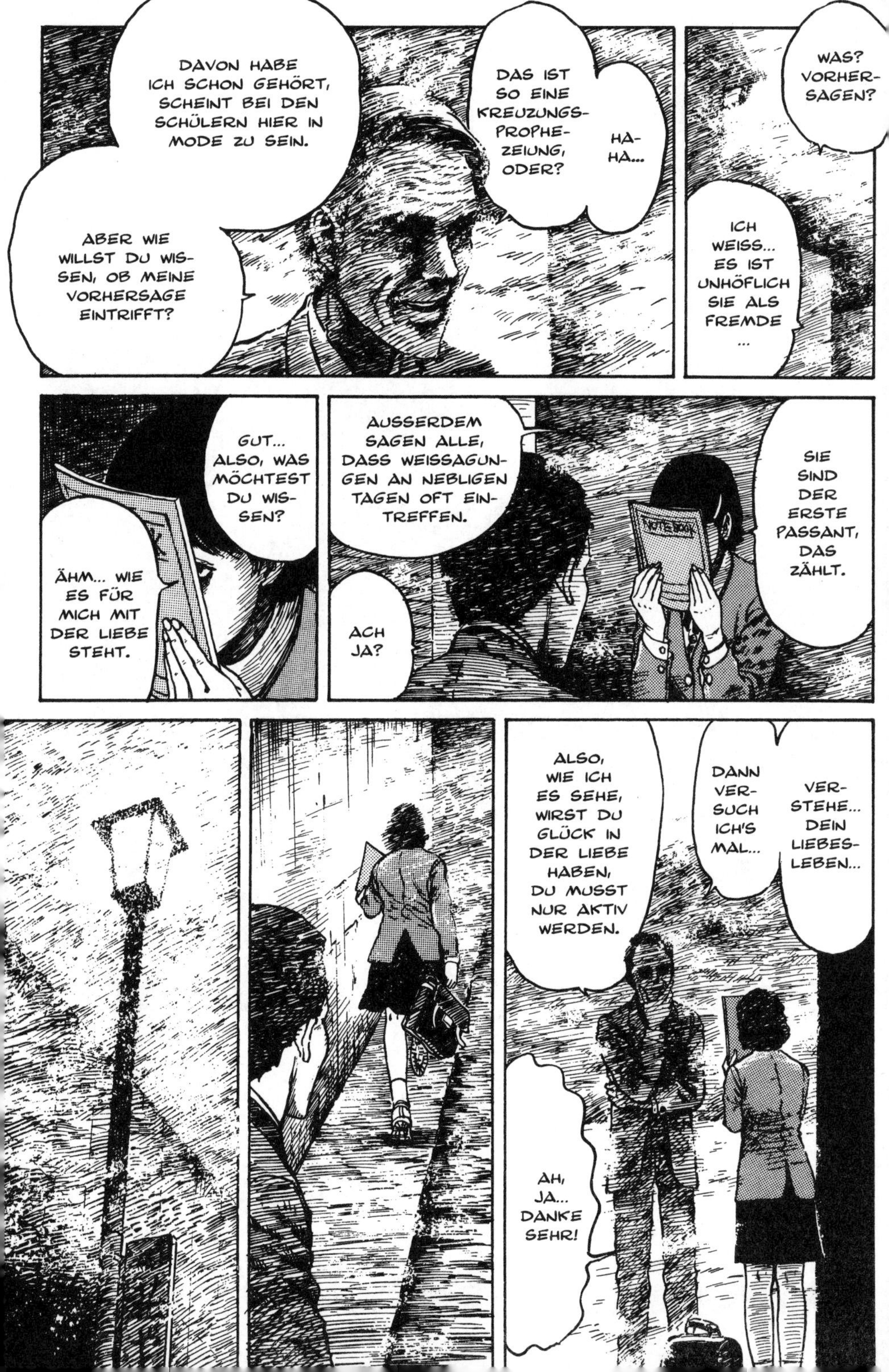
WAS? VORHERSAGEN?
ICH WEISS... ES IST UNHÖFLICH SIE ALS FREMDE ...
DAS IST SO EINE KREUZUNGSPROPHEZEIUNG, ODER?
HAHA...
DAVON HABE ICH SCHON GEHÖRT, SCHEINT BEI DEN SCHÜLERN HIER IN MODE ZU SEIN.
ABER WIE WILLST DU WISSEN, OB MEINE VORHERSAGE EINTRIFFT?
SIE SIND DER ERSTE PASSANT, DAS ZÄHLT.
AUSSERDEM SAGEN ALLE, DASS WEISSAGUNGEN AN NEBLIGEN TAGEN OFT EINTREFFEN.
ACH JA?
GUT... ALSO, WAS MÖCHTEST DU WISSEN?
ÄHM... WIE ES FÜR MICH MIT DER LIEBE STEHT.
VERSTEHE... DEIN LIEBESLEBEN...
DANN VERSUCH ICH'S MAL...
ALSO, WIE ICH ES SEHE, WIRST DU GLÜCK IN DER LIEBE HABEN, DU MUSST NUR AKTIV WERDEN.
AH, JA... DANKE SEHR!

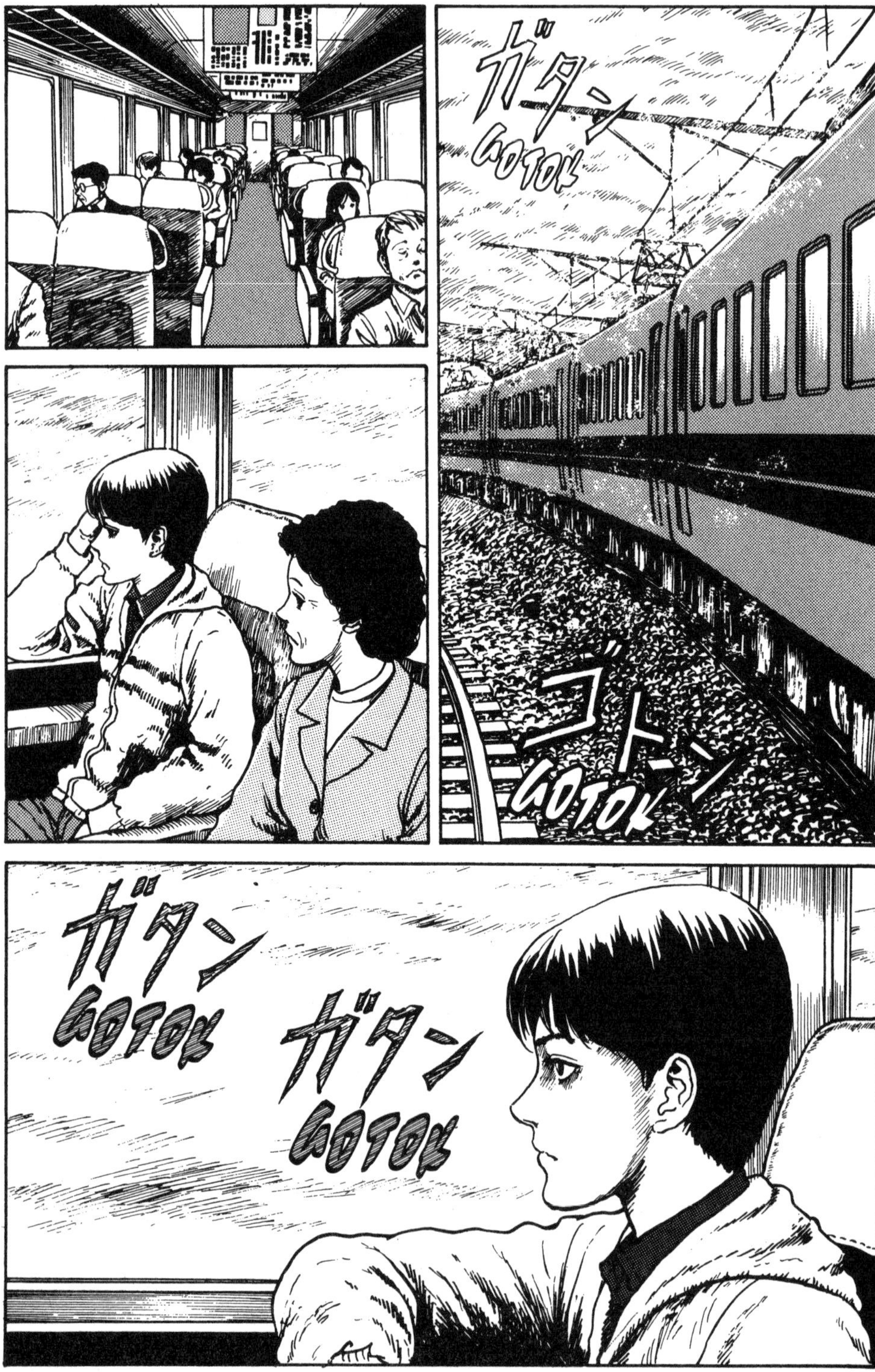
ガタン
GOTOK
ゴトン
GOTOK
ガタン
GOTOK
ガタン
GOTOK

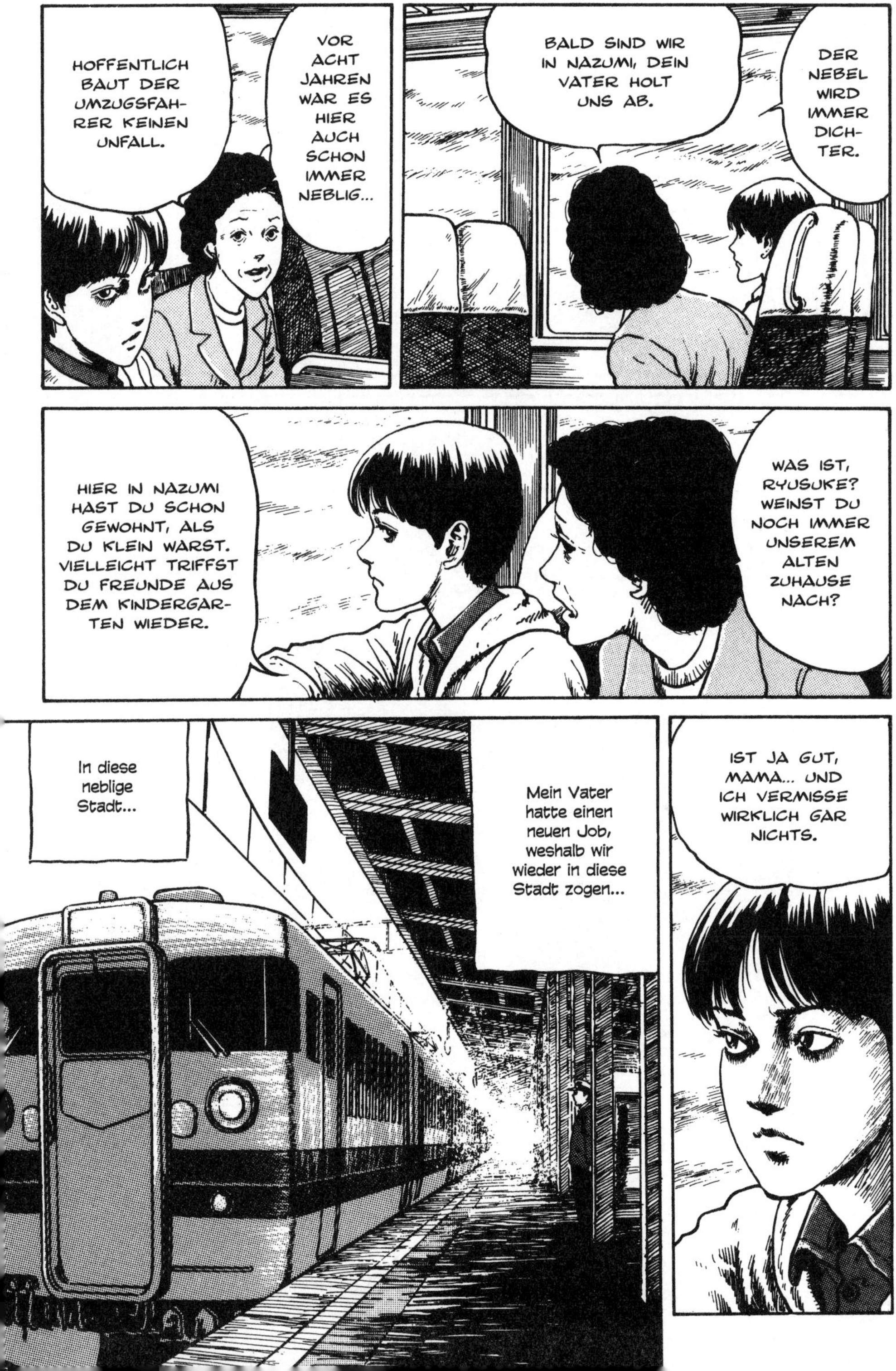
HOFFENTLICH BAUT DER UMZUGSFAHRER KEINEN UNFALL.
VOR ACHT JAHREN WAR ES HIER AUCH SCHON IMMER NEBLIG...
BALD SIND WIR IN NAZUMI, DEIN VATER HOLT UNS AB.
DER NEBEL WIRD IMMER DICHTER.
HIER IN NAZUMI HAST DU SCHON GEWOHNT, ALS DU KLEIN WARST. VIELLEICHT TRIFFST DU FREUNDE AUS DEM KINDERGARTEN WIEDER.
WAS IST, RYUSUKE? WEINST DU NOCH IMMER UNSEREM ALTEN ZUHAUSE NACH?
In diese neblige Stadt...
Mein Vater hatte einen neuen Job, weshalb wir wieder in diese Stadt zogen...
IST JA GUT, MAMA... UND ICH VERMISSE WIRKLICH GAR NICHTS.

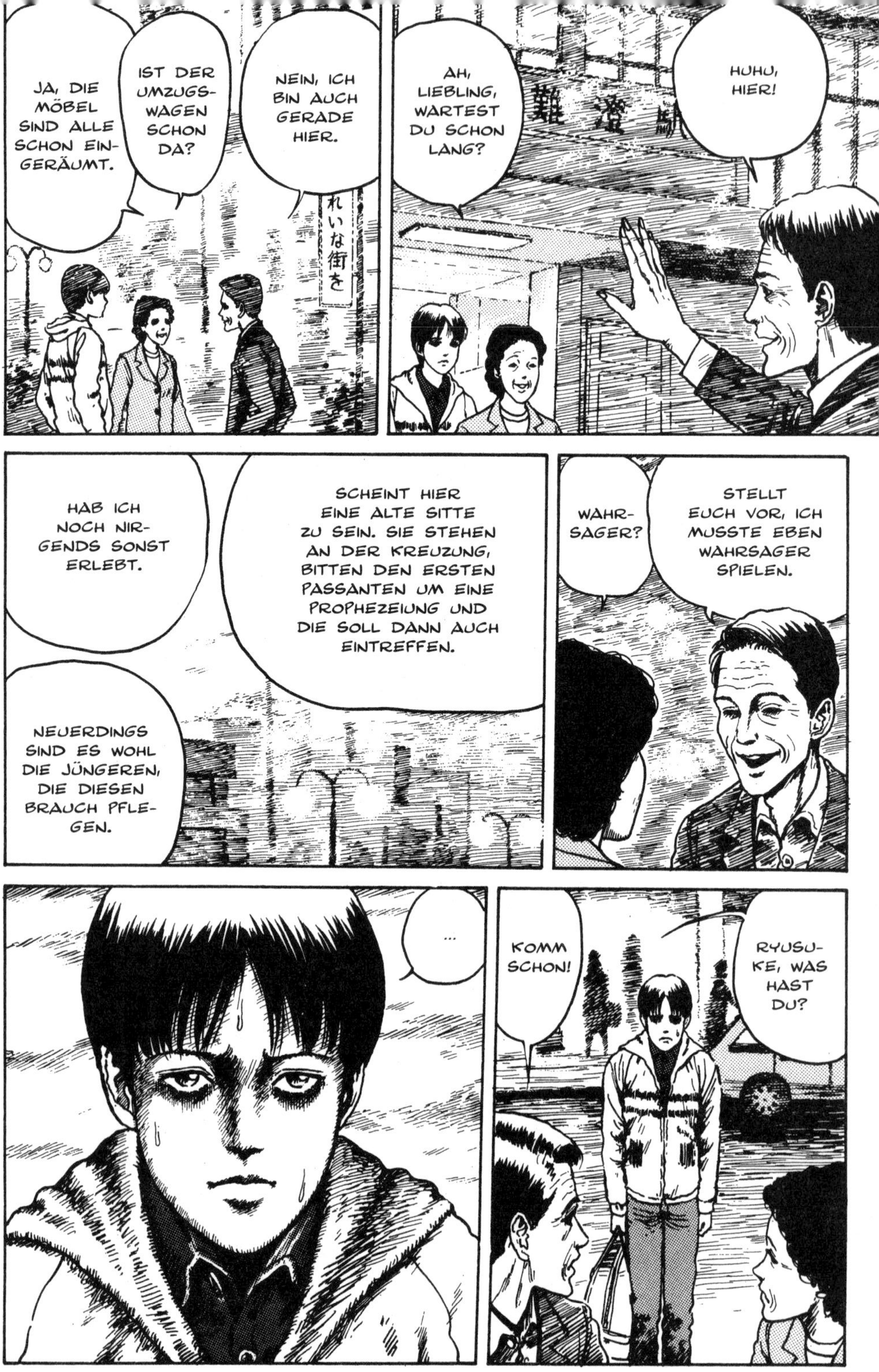

HUHU, HIER!
AH, LIEBLING, WARTEST DU SCHON LANG?
NEIN, ICH BIN AUCH GERADE HIER.
IST DER UMZUGS-WAGEN SCHON DA?
JA, DIE MÖBEL SIND ALLE SCHON EIN-GERÄUMT.
れいな街を
STELLT EUCH VOR, ICH MUSSTE EBEN WAHRSAGER SPIELEN.
WAHR-SAGER?
SCHEINT HIER EINE ALTE SITTE ZU SEIN. SIE STEHEN AN DER KREUZUNG, BITTEN DEN ERSTEN PASSANTEN UM EINE PROPHEZEIUNG UND DIE SOLL DANN AUCH EINTREFFEN.
HAB ICH NOCH NIR-GENDS SONST ERLEBT.
NEUERDINGS SIND ES WOHL DIE JÜNGEREN, DIE DIESEN BRAUCH PFLE-GEN.
RYUSU-KE, WAS HAST DU?
KOMM SCHON!
...

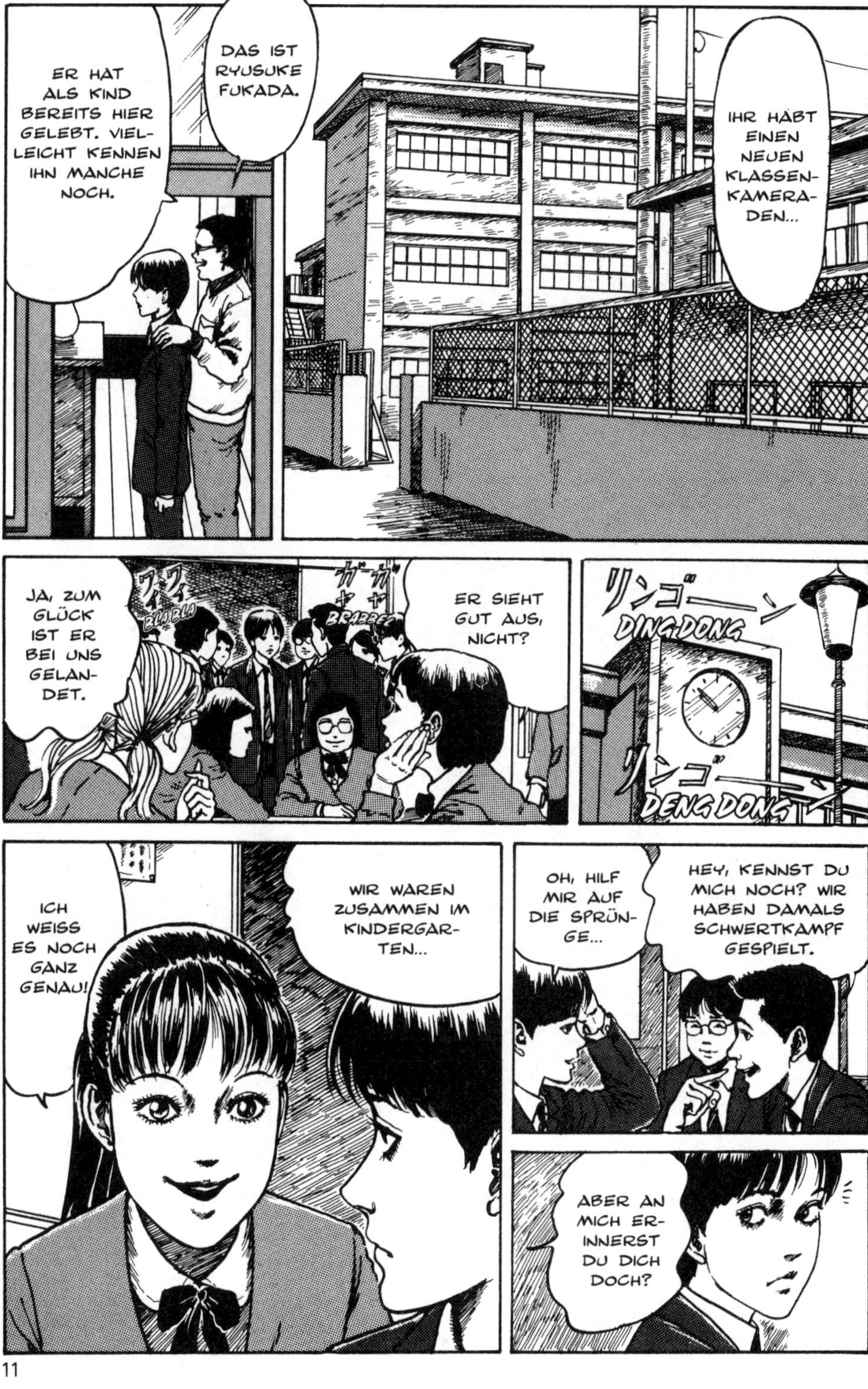
IHR HABT EINEN NEUEN KLASSENKAMERADEN...
DAS IST RYUSUKE FUKADA.
ER HAT ALS KIND BEREITS HIER GELEBT. VIELLEICHT KENNEN IHN MANCHE NOCH.
DING DONG
DENG DONG
ER SIEHT GUT AUS, NICHT?
BLA BLA
JA, ZUM GLÜCK IST ER BEI UNS GELANDET.
HEY, KENNST DU MICH NOCH? WIR HABEN DAMALS SCHWERTKAMPF GESPIELT.
OH, HILF MIR AUF DIE SPRÜNGE...
WIR WAREN ZUSAMMEN IM KINDERGARTEN...
ICH WEISS ES NOCH GANZ GENAU!
ABER AN MICH ERINNERST DU DICH DOCH?

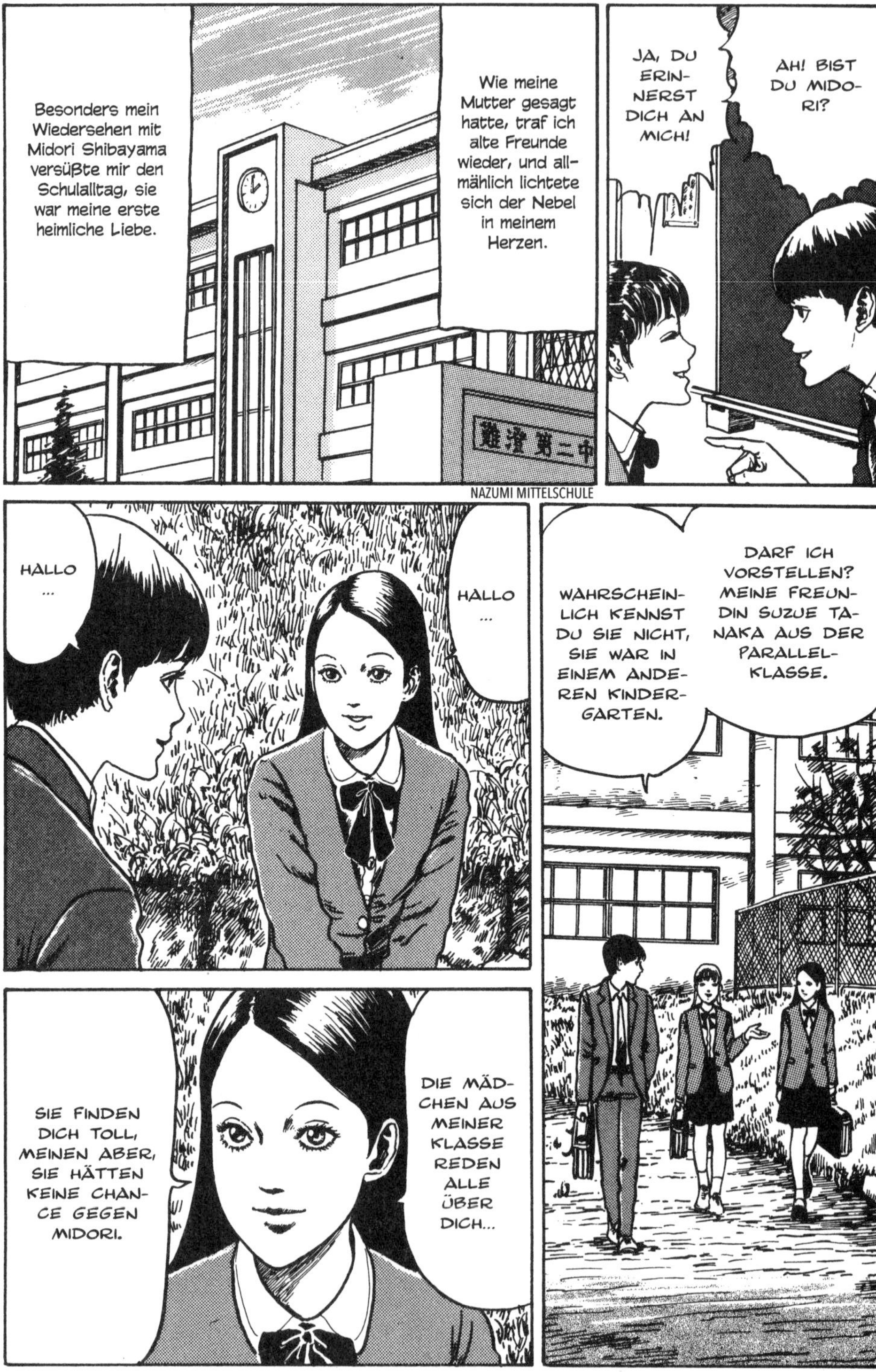
AH! BIST DU MIDO-RI?
JA, DU ERIN-NERST DICH AN MICH!
Wie meine Mutter gesagt hatte, traf ich alte Freunde wieder, und allmählich lichtete sich der Nebel in meinem Herzen.
Besonders mein Wiedersehen mit Midori Shibayama versüßte mir den Schulalltag, sie war meine erste heimliche Liebe.
NAZUMI MITTELSCHULE
DARF ICH VORSTELLEN? MEINE FREUN-DIN SUZUE TA-NAKA AUS DER PARALLEL-KLASSE.
WAHRSCHEIN-LICH KENNST DU SIE NICHT, SIE WAR IN EINEM ANDE-REN KINDER-GARTEN.
HALLO ...
HALLO ...
DIE MÄD-CHEN AUS MEINER KLASSE REDEN ALLE ÜBER DICH...
SIE FINDEN DICH TOLL, MEINEN ABER, SIE HÄTTEN KEINE CHAN-CE GEGEN MIDORI.

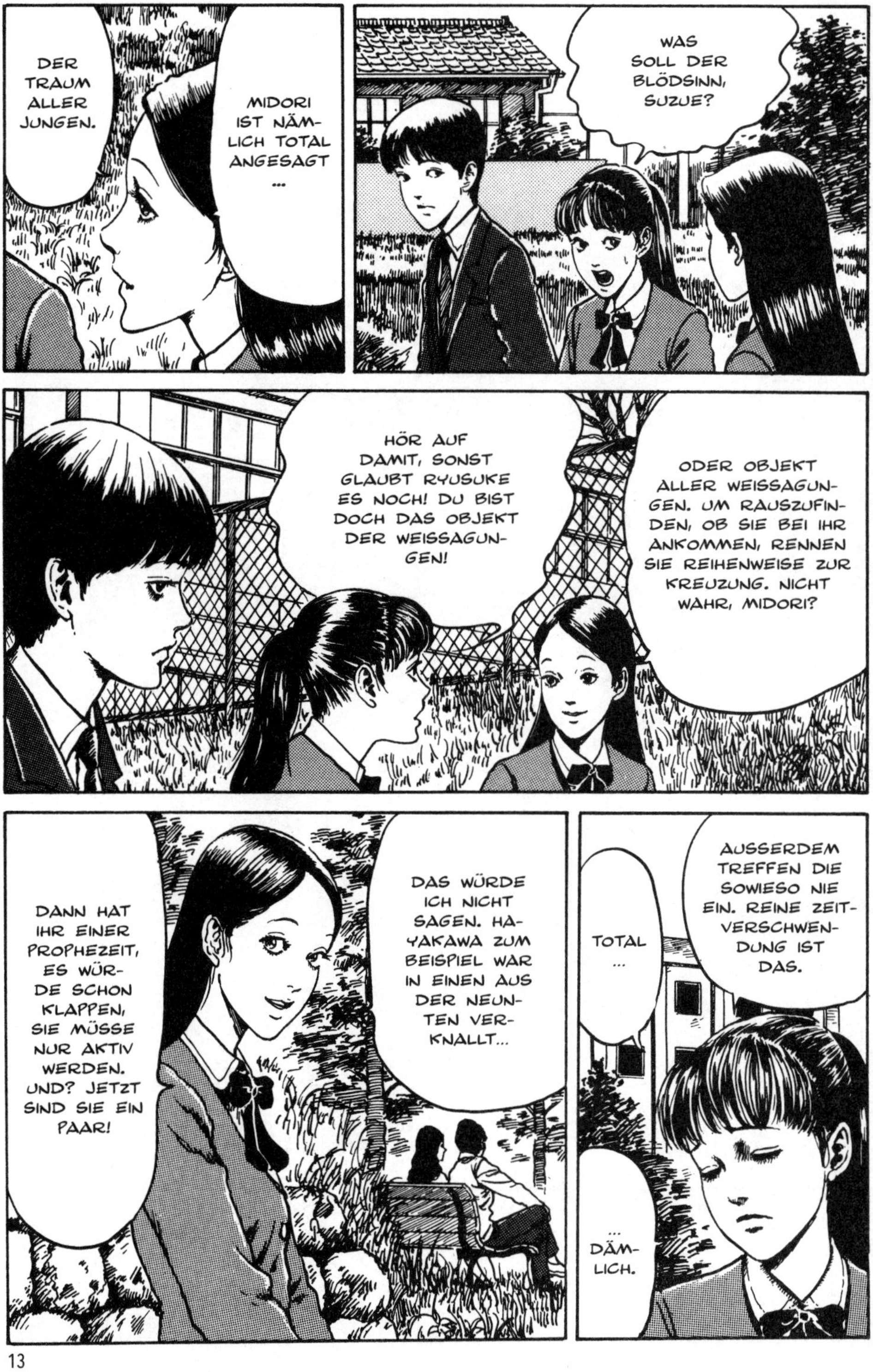
MIDORI IST NÄMLICH TOTAL ANGESAGT ...
DER TRAUM ALLER JUNGEN.
WAS SOLL DER BLÖDSINN, SUZUE?
HÖR AUF DAMIT, SONST GLAUBT RYUSUKE ES NOCH! DU BIST DOCH DAS OBJEKT DER WEISSAGUNGEN!
ODER OBJEKT ALLER WEISSAGUNGEN. UM RAUSZUFINDEN, OB SIE BEI IHR ANKOMMEN, RENNEN SIE REIHENWEISE ZUR KREUZUNG. NICHT WAHR, MIDORI?
DAS WÜRDE ICH NICHT SAGEN. HAYAKAWA ZUM BEISPIEL WAR IN EINEN AUS DER NEUNTEN VERKNALLT...
DANN HAT IHR EINER PROPHEZEIT, ES WÜRDE SCHON KLAPPEN, SIE MÜSSE NUR AKTIV WERDEN. UND? JETZT SIND SIE EIN PAAR!
AUSSERDEM TREFFEN DIE SOWIESO NIE EIN. REINE ZEITVERSCHWENDUNG IST DAS.
TOTAL ...
... DÄMLICH.

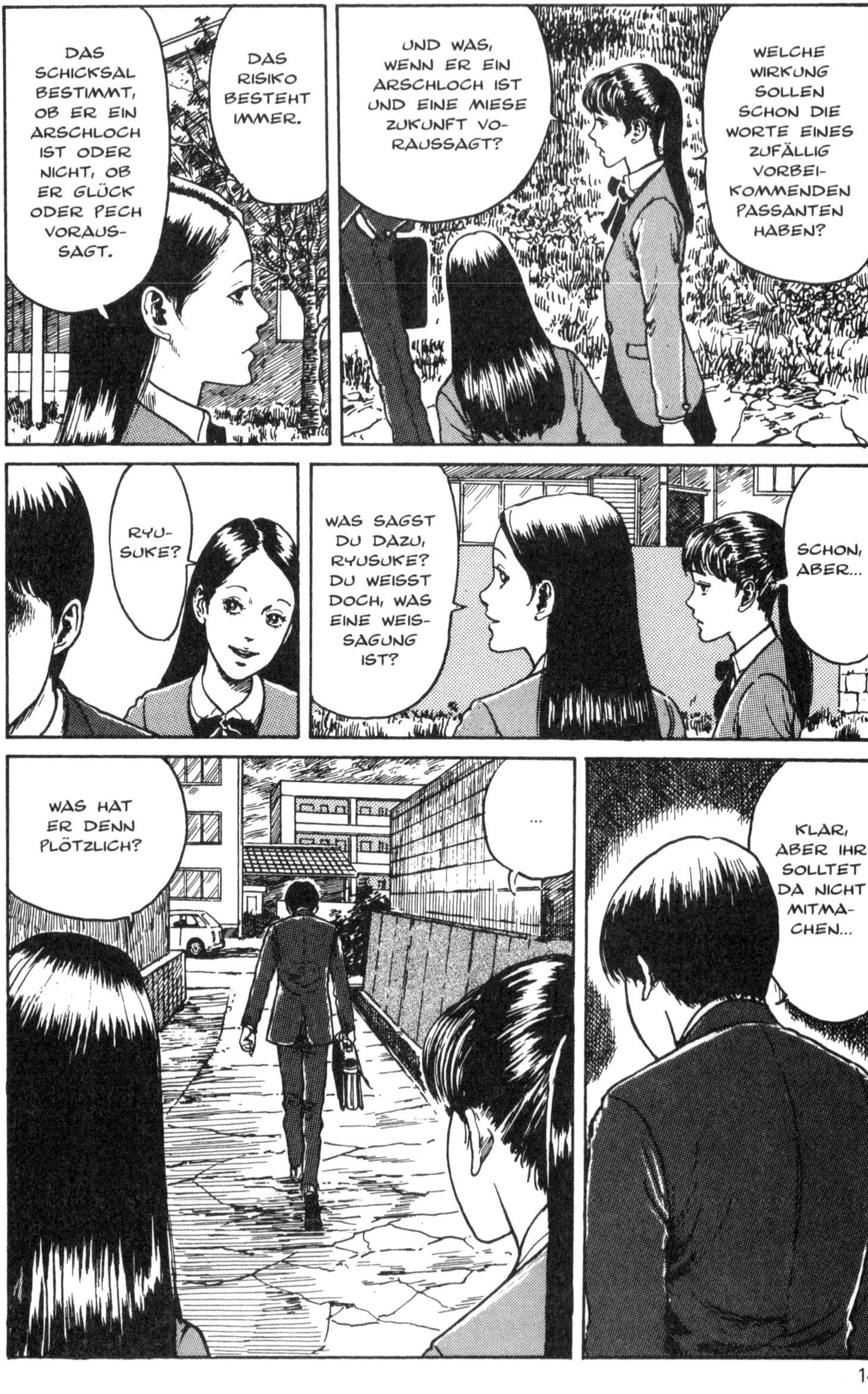
WELCHE WIRKUNG SOLLEN SCHON DIE WORTE EINES ZUFÄLLIG VORBEIKOMMENDEN PASSANTEN HABEN?
UND WAS, WENN ER EIN ARSCHLOCH IST UND EINE MIESE ZUKUNFT VORAUSSAGT?
DAS RISIKO BESTEHT IMMER.
DAS SCHICKSAL BESTIMMT, OB ER EIN ARSCHLOCH IST ODER NICHT, OB ER GLÜCK ODER PECH VORAUSSAGT.
SCHON, ABER...
WAS SAGST DU DAZU, RYUSUKE? DU WEISST DOCH, WAS EINE WEISSAGUNG IST?
RYUSUKE?
KLAR, ABER IHR SOLLTET DA NICHT MITMACHEN...
...
WAS HAT ER DENN PLÖTZLICH?

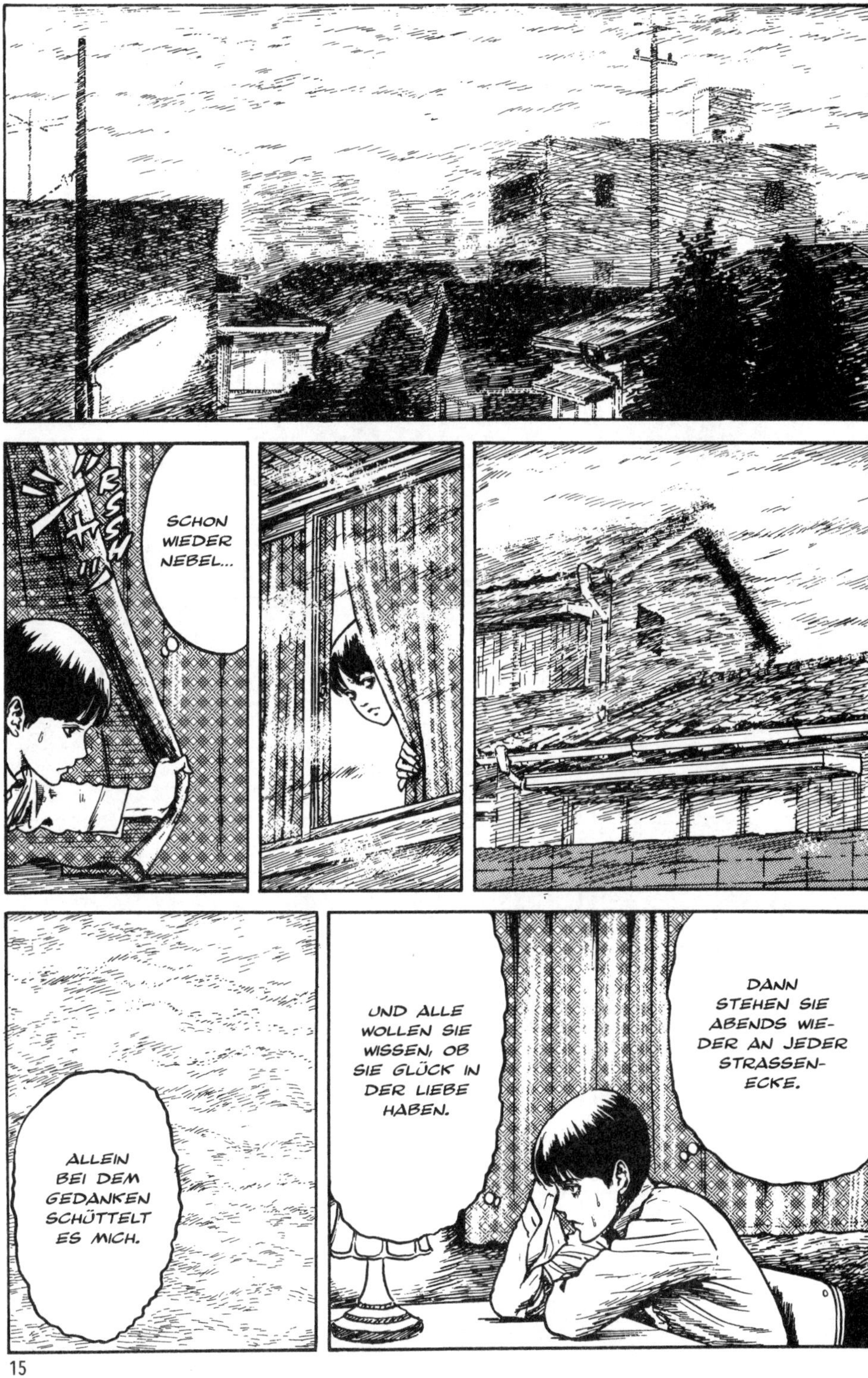
RSSH
SCHON WIEDER NEBEL...
DANN STEHEN SIE ABENDS WIEDER AN JEDER STRASSENECKE.
UND ALLE WOLLEN SIE WISSEN, OB SIE GLÜCK IN DER LIEBE HABEN.
ALLEIN BEI DEM GEDANKEN SCHÜTTELT ES MICH.

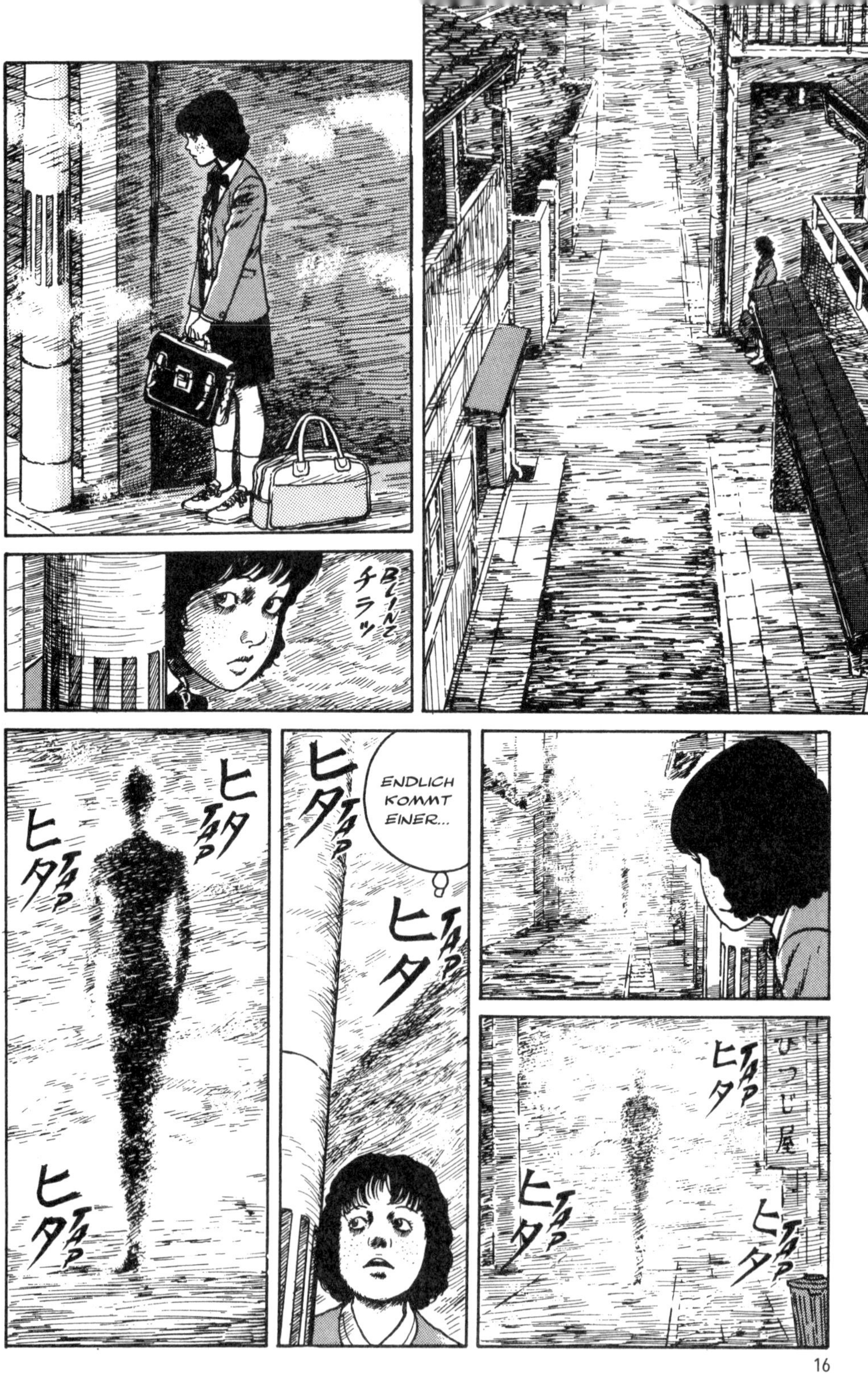
チラッ
BLINK
ひつじ屋
ヒタ TAP
ヒタ TAP
ヒタ TAP
ENDLICH KOMMT EINER...
ヒタ TAP
ヒタ TAP
ヒタ TAP
ヒタ TAP

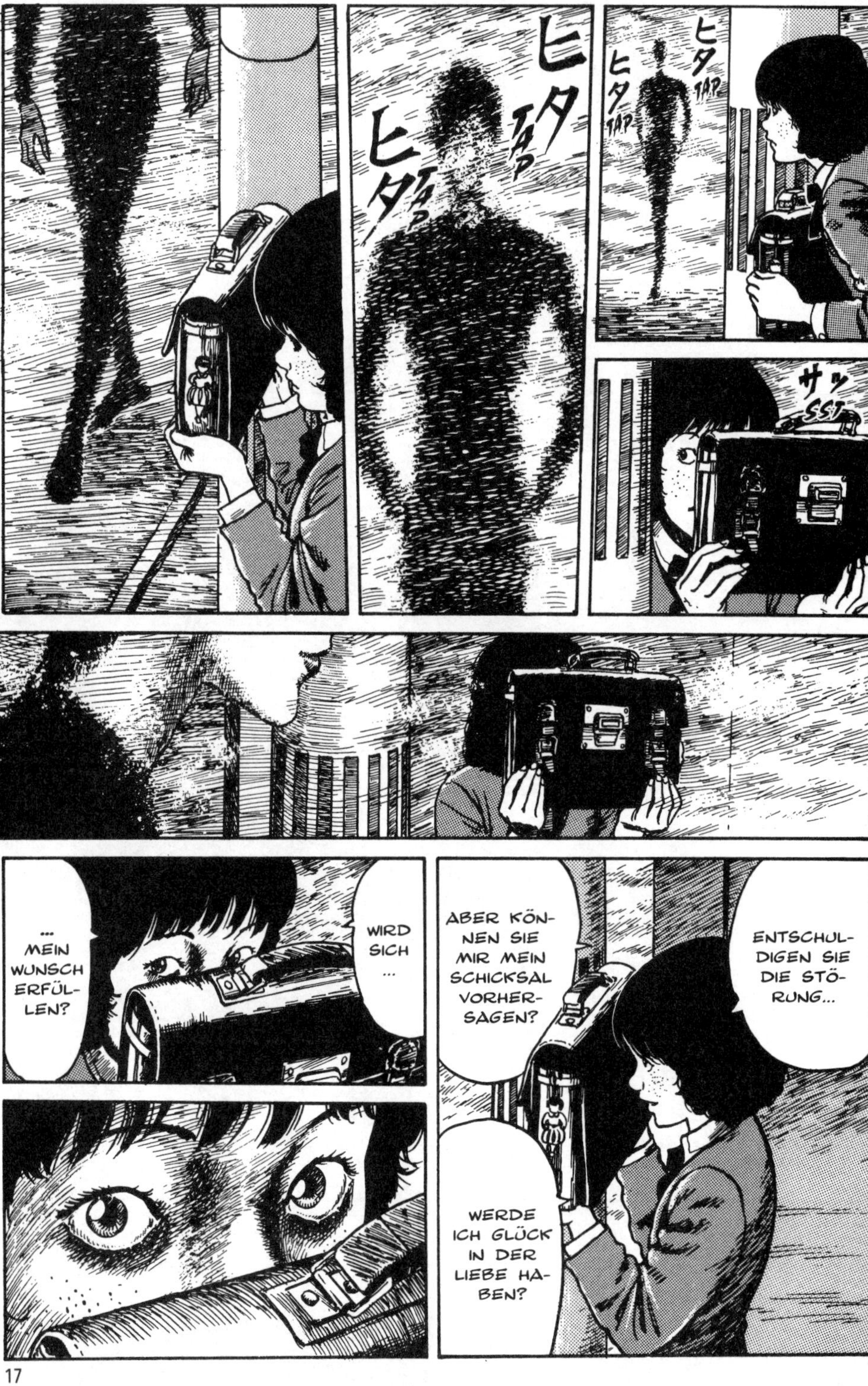

ヒタ
TAP
ヒタ
TAP
サッ
SST
ヒタ
TAP
ヒタ
TAP
ENTSCHUL-DIGEN SIE DIE STÖ-RUNG...
ABER KÖN-NEN SIE MIR MEIN SCHICKSAL VORHER-SAGEN?
WERDE ICH GLÜCK IN DER LIEBE HA-BEN?
WIRD SICH ...
... MEIN WUNSCH ERFÜL-LEN?

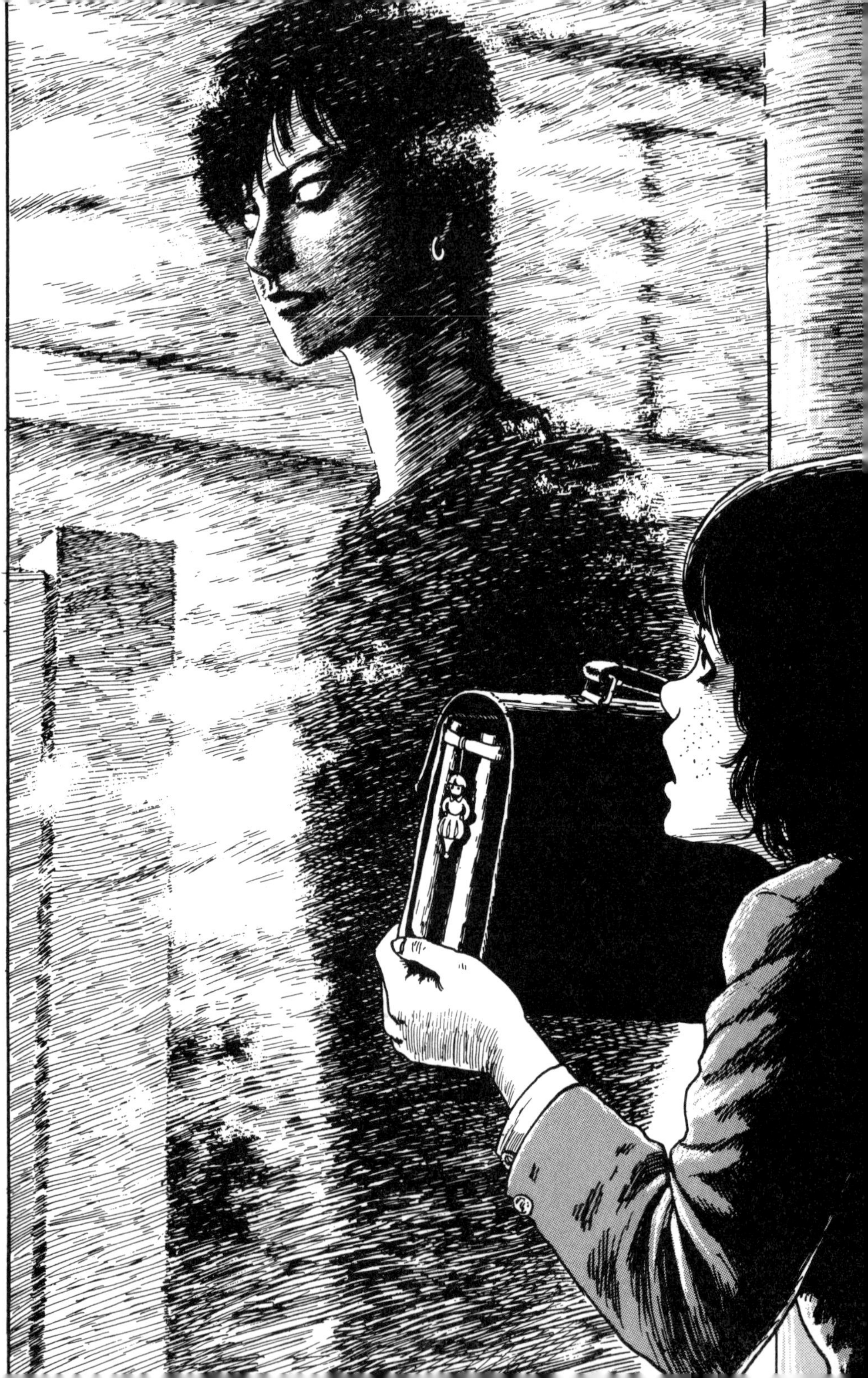

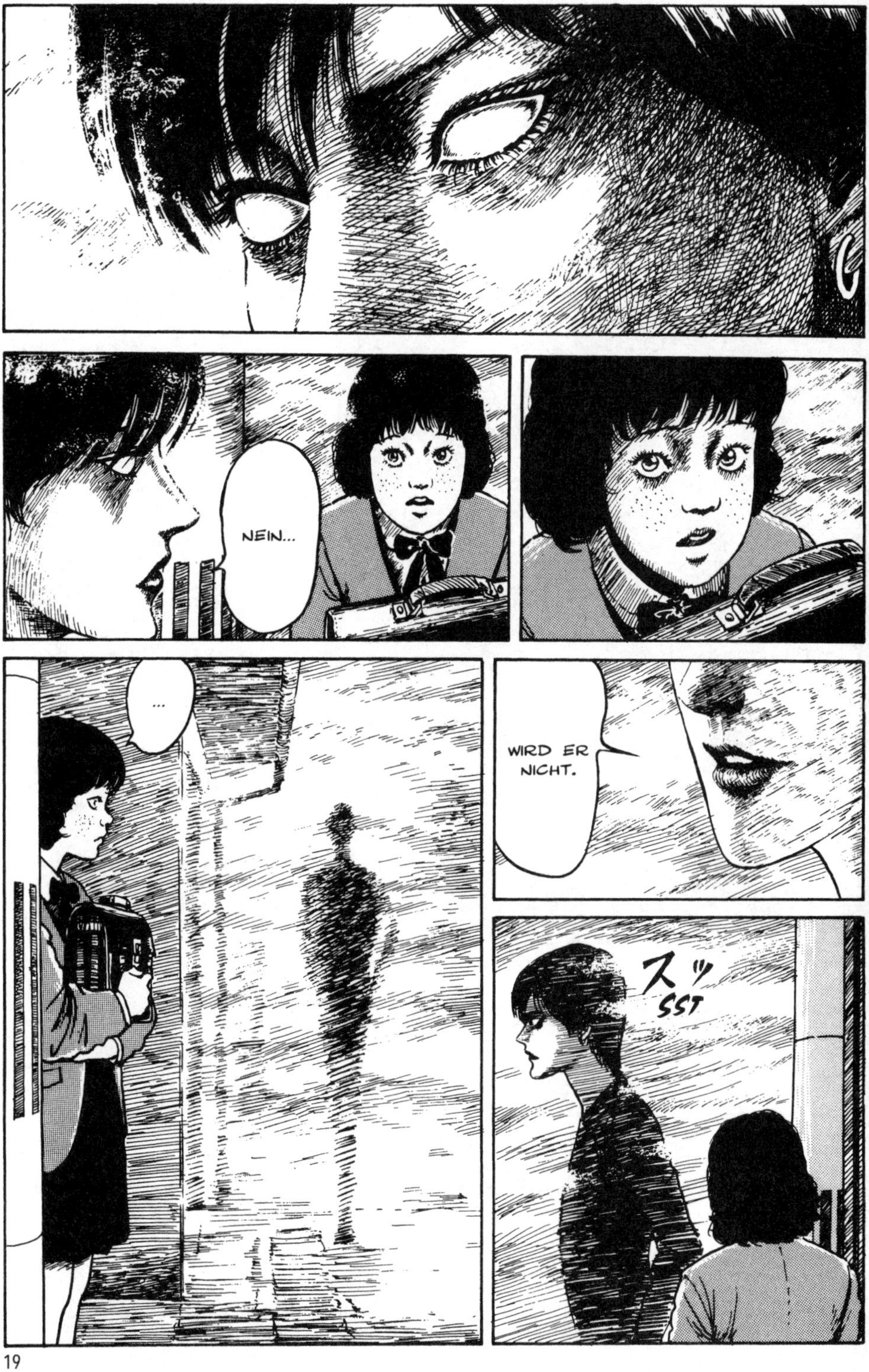
NEIN...
WIRD ER NICHT.
...
スッ
SST

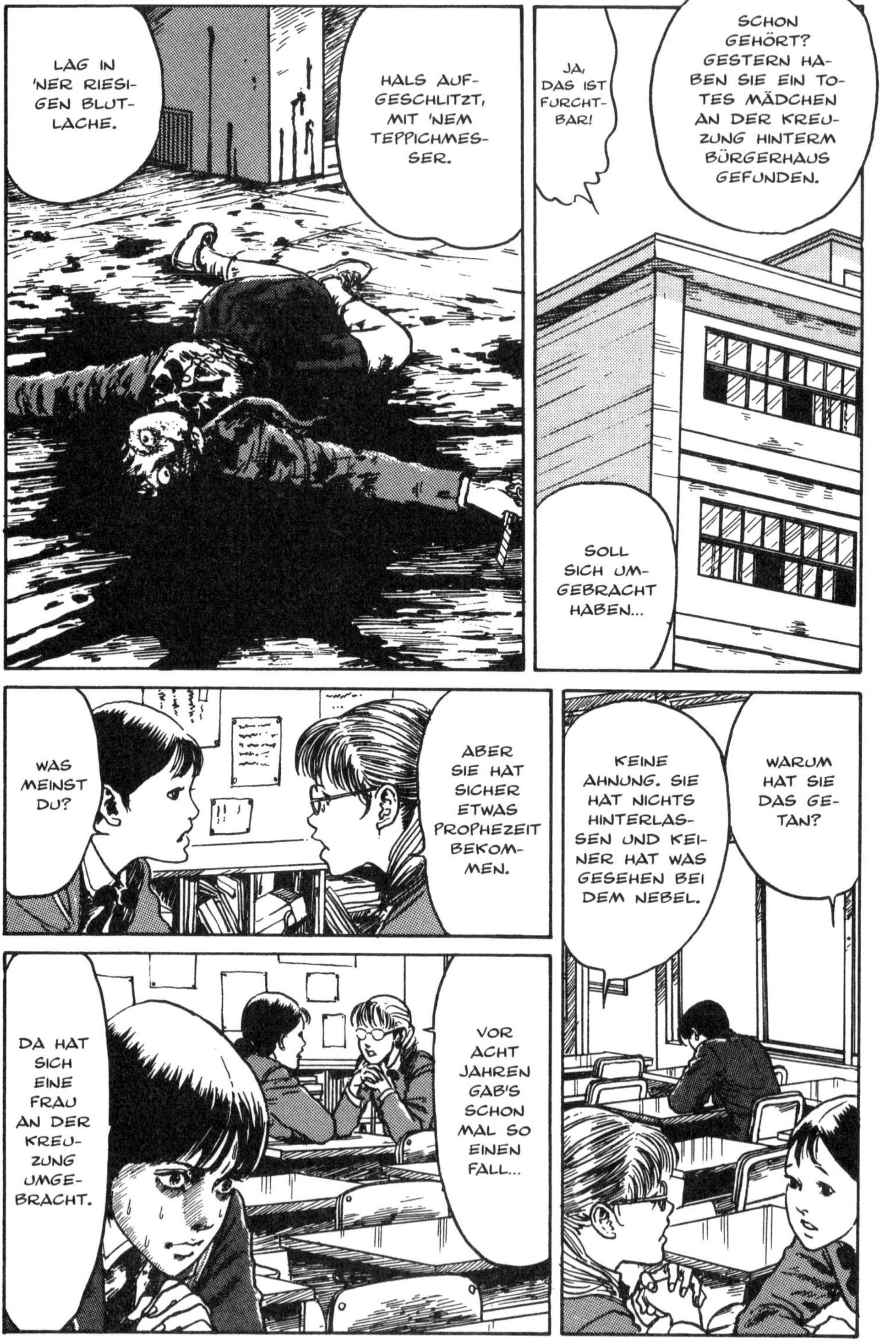
SCHON GEHÖRT? GESTERN HABEN SIE EIN TOTES MÄDCHEN AN DER KREUZUNG HINTERM BÜRGERHAUS GEFUNDEN.
JA, DAS IST FURCHTBAR!
SOLL SICH UMGEBRACHT HABEN...
HALS AUFGESCHLITZT, MIT 'NEM TEPPICHMESSER.
LAG IN 'NER RIESIGEN BLUTLACHE.
WARUM HAT SIE DAS GETAN?
KEINE AHNUNG. SIE HAT NICHTS HINTERLASSEN UND KEINER HAT WAS GESEHEN BEI DEM NEBEL.
ABER SIE HAT SICHER ETWAS PROPHEZEIT BEKOMMEN.
WAS MEINST DU?
VOR ACHT JAHREN GAB'S SCHON MAL SO EINEN FALL...
DA HAT SICH EINE FRAU AN DER KREUZUNG UMGEBRACHT.

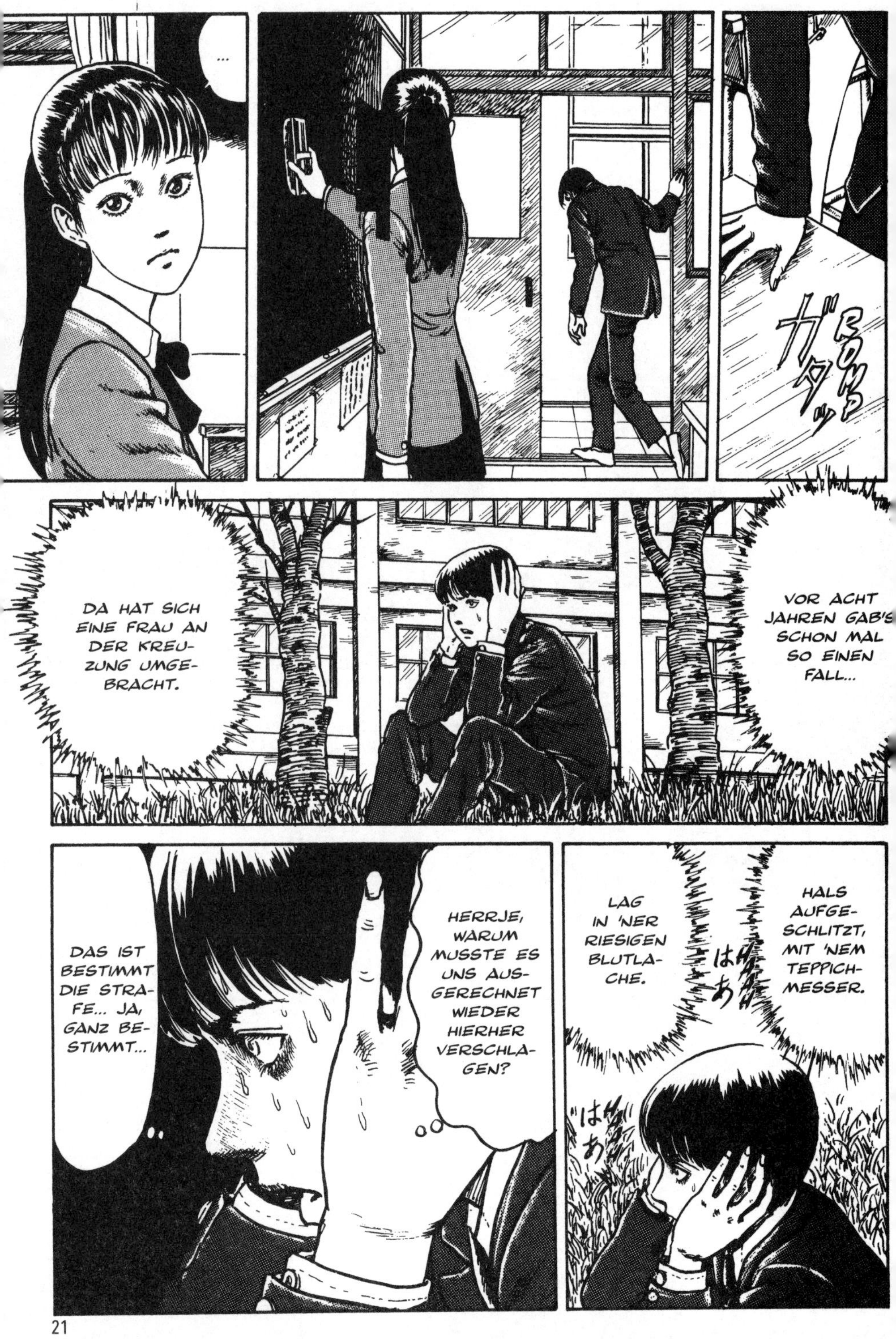
...
RUMP
VOR ACHT JAHREN GAB'S SCHON MAL SO EINEN FALL...
DA HAT SICH EINE FRAU AN DER KREUZUNG UMGEBRACHT.
HALS AUFGESCHLITZT, MIT 'NEM TEPPICHMESSER.
LAG IN 'NER RIESIGEN BLUTLACHE.
HERRJE, WARUM MUSSTE ES UNS AUSGERECHNET WIEDER HIERHER VERSCHLAGEN?
DAS IST BESTIMMT DIE STRAFE... JA, GANZ BESTIMMT...

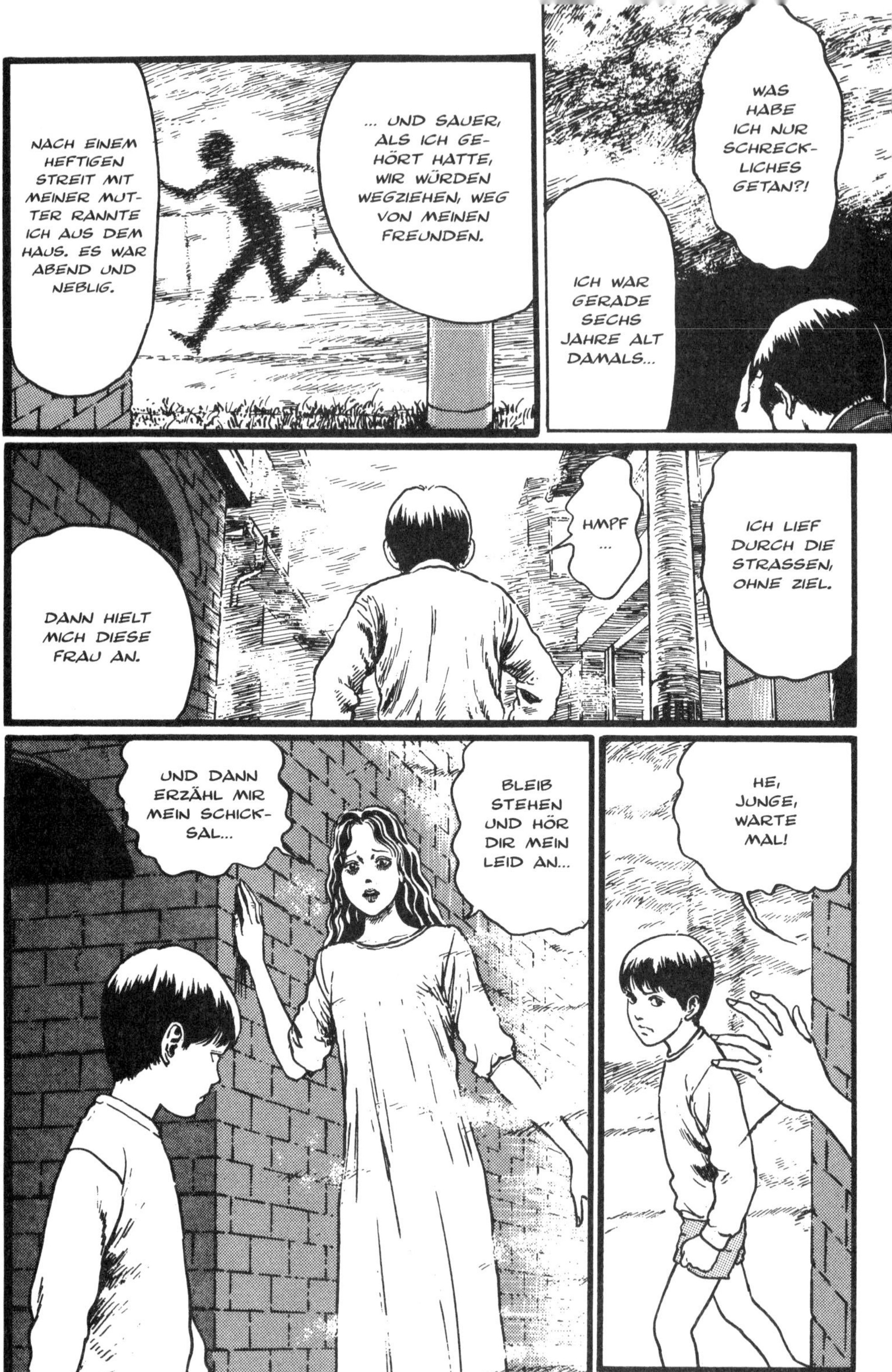
WAS HABE ICH NUR SCHRECKLICHES GETAN?!
ICH WAR GERADE SECHS JAHRE ALT DAMALS...
... UND SAUER, ALS ICH GEHÖRT HATTE, WIR WÜRDEN WEGZIEHEN, WEG VON MEINEN FREUNDEN.
NACH EINEM HEFTIGEN STREIT MIT MEINER MUTTER RANNTE ICH AUS DEM HAUS. ES WAR ABEND UND NEBLIG.
ICH LIEF DURCH DIE STRASSEN, OHNE ZIEL.
HMPF ...
DANN HIELT MICH DIESE FRAU AN.
HE, JUNGE, WARTE MAL!
BLEIB STEHEN UND HÖR DIR MEIN LEID AN...
UND DANN ERZÄHL MIR MEIN SCHICKSAL...

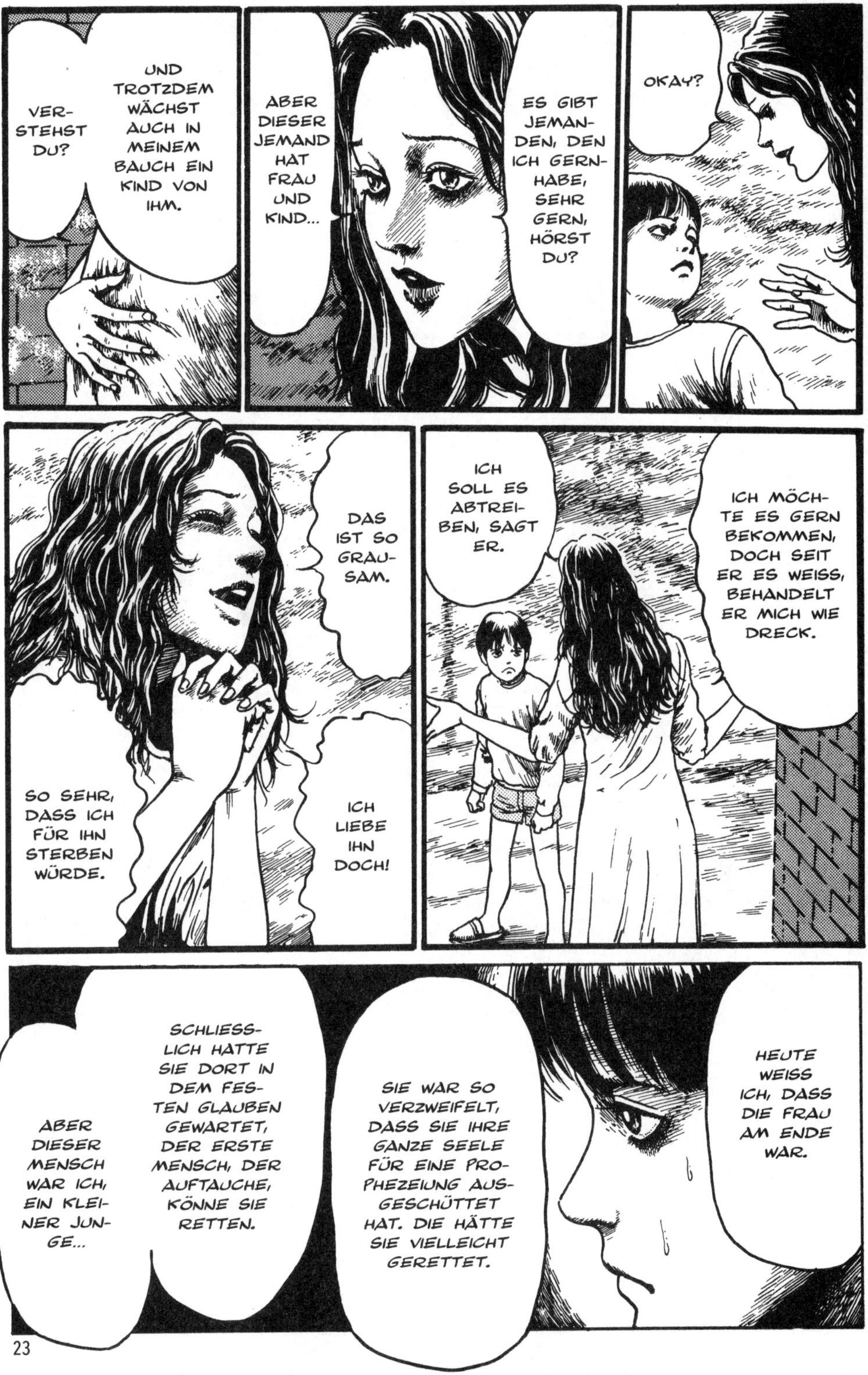
OKAY?
ES GIBT JEMANDEN, DEN ICH GERNHABE, SEHR GERN, HÖRST DU?
ABER DIESER JEMAND HAT FRAU UND KIND...
UND TROTZDEM WÄCHST AUCH IN MEINEM BAUCH EIN KIND VON IHM.
VERSTEHST DU?
ICH MÖCHTE ES GERN BEKOMMEN, DOCH SEIT ER ES WEISS, BEHANDELT ER MICH WIE DRECK.
ICH SOLL ES ABTREIBEN, SAGT ER.
DAS IST SO GRAUSAM.
ICH LIEBE IHN DOCH!
SO SEHR, DASS ICH FÜR IHN STERBEN WÜRDE.
HEUTE WEISS ICH, DASS DIE FRAU AM ENDE WAR.
SIE WAR SO VERZWEIFELT, DASS SIE IHRE GANZE SEELE FÜR EINE PROPHEZEIUNG AUSGESCHÜTTET HAT. DIE HÄTTE SIE VIELLEICHT GERETTET.
SCHLIESSLICH HATTE SIE DORT IN DEM FESTEN GLAUBEN GEWARTET, DER ERSTE MENSCH, DER AUFTAUCHE, KÖNNE SIE RETTEN.
ABER DIESER MENSCH WAR ICH, EIN KLEINER JUNGE...

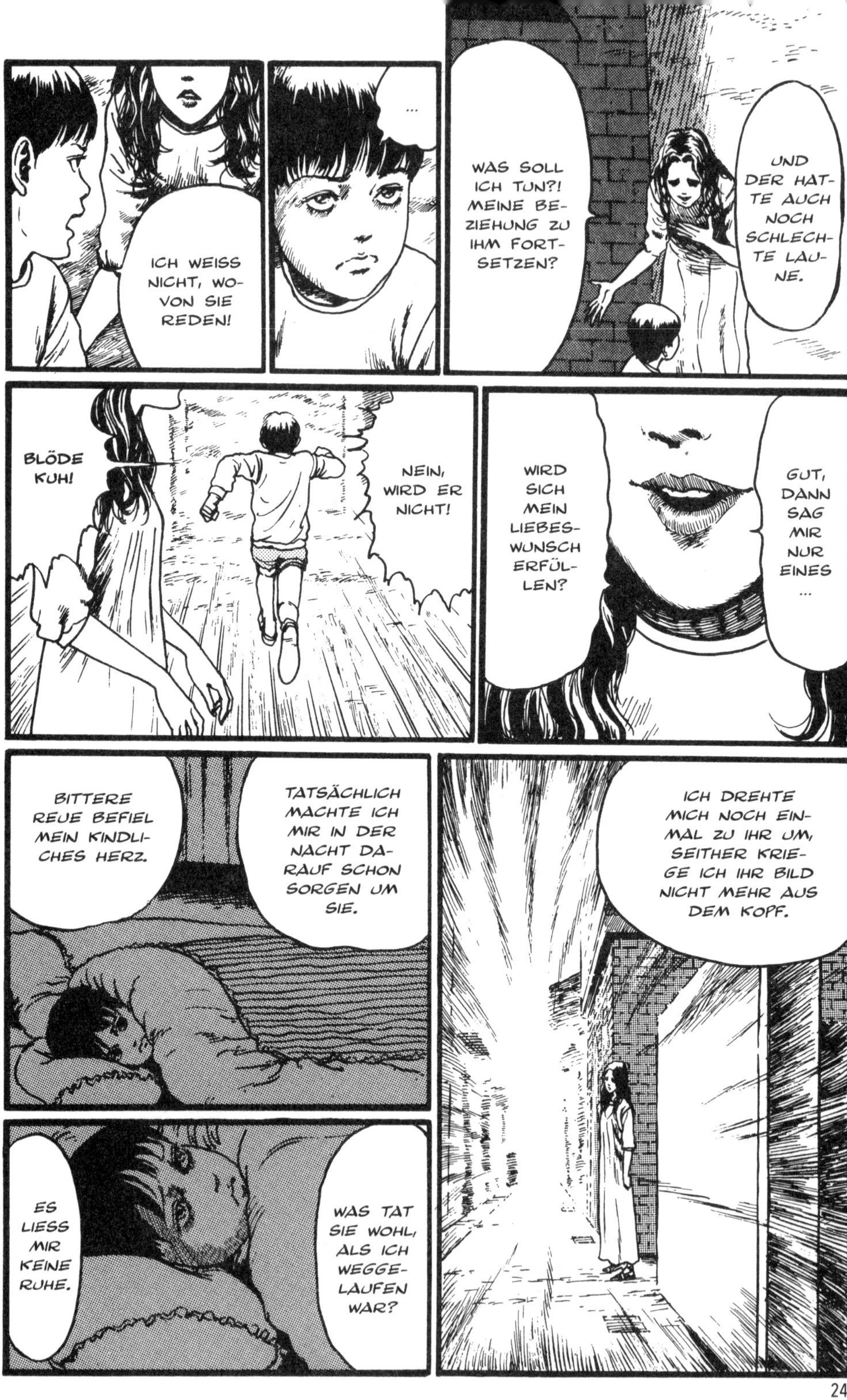
UND DER HATTE AUCH NOCH SCHLECHTE LAUNE.
WAS SOLL ICH TUN?! MEINE BEZIEHUNG ZU IHM FORTSETZEN?
...
ICH WEISS NICHT, WOVON SIE REDEN!
GUT, DANN SAG MIR NUR EINES ...
WIRD SICH MEIN LIEBESWUNSCH ERFÜLLEN?
NEIN, WIRD ER NICHT!
BLÖDE KUH!
ICH DREHTE MICH NOCH EINMAL ZU IHR UM, SEITHER KRIEGE ICH IHR BILD NICHT MEHR AUS DEM KOPF.
TATSÄCHLICH MACHTE ICH MIR IN DER NACHT DARAUF SCHON SORGEN UM SIE.
BITTERE REUE BEFIEL MEIN KINDLICHES HERZ.
WAS TAT SIE WOHL, ALS ICH WEGGELAUFEN WAR?
ES LIESS MIR KEINE RUHE.

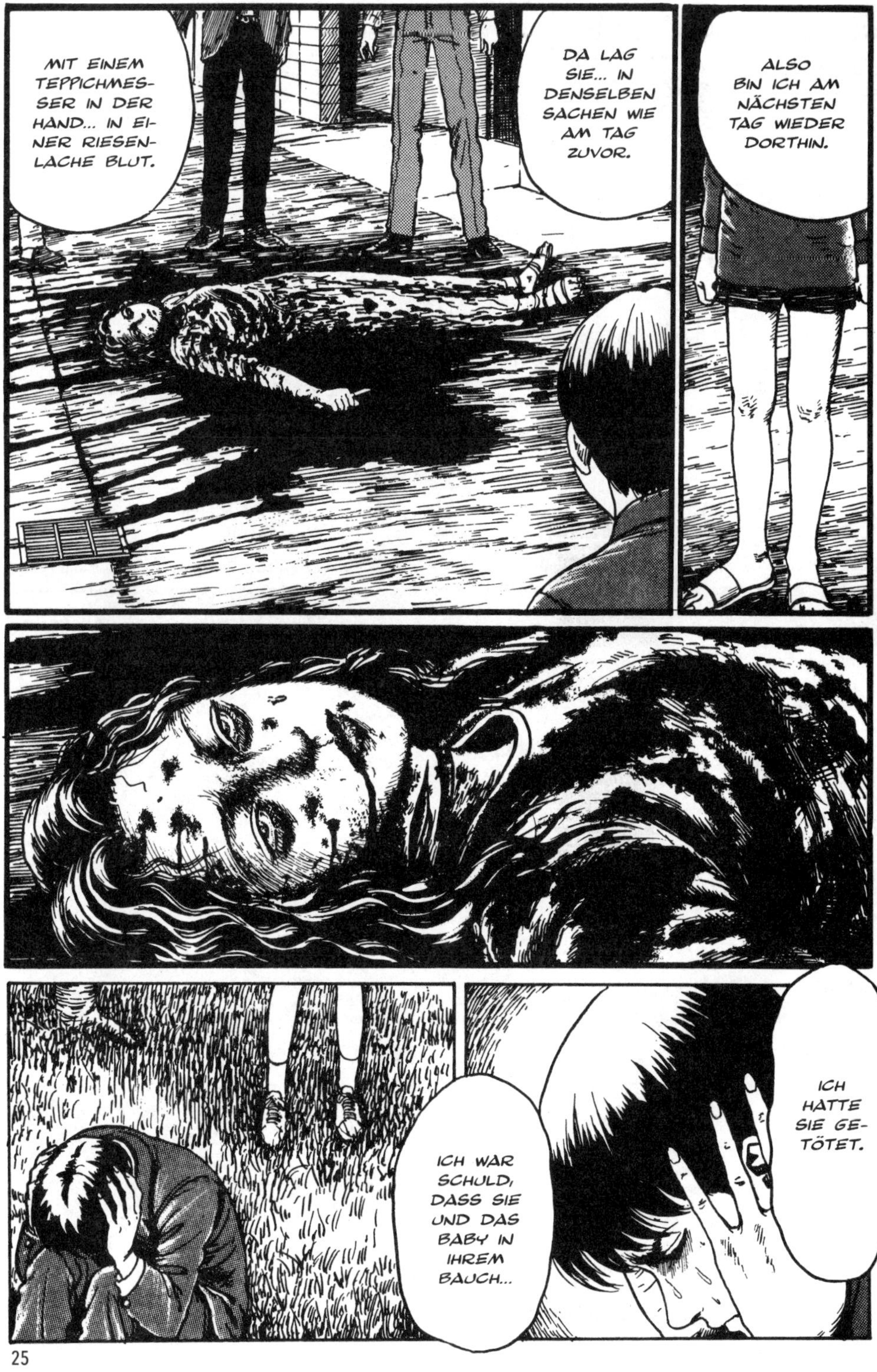
ALSO BIN ICH AM NÄCHSTEN TAG WIEDER DORTHIN.
DA LAG SIE... IN DENSELBEN SACHEN WIE AM TAG ZUVOR.
MIT EINEM TEPPICHMESSER IN DER HAND... IN EINER RIESENLACHE BLUT.
ICH HATTE SIE GETÖTET.
ICH WAR SCHULD, DASS SIE UND DAS BABY IN IHREM BAUCH...

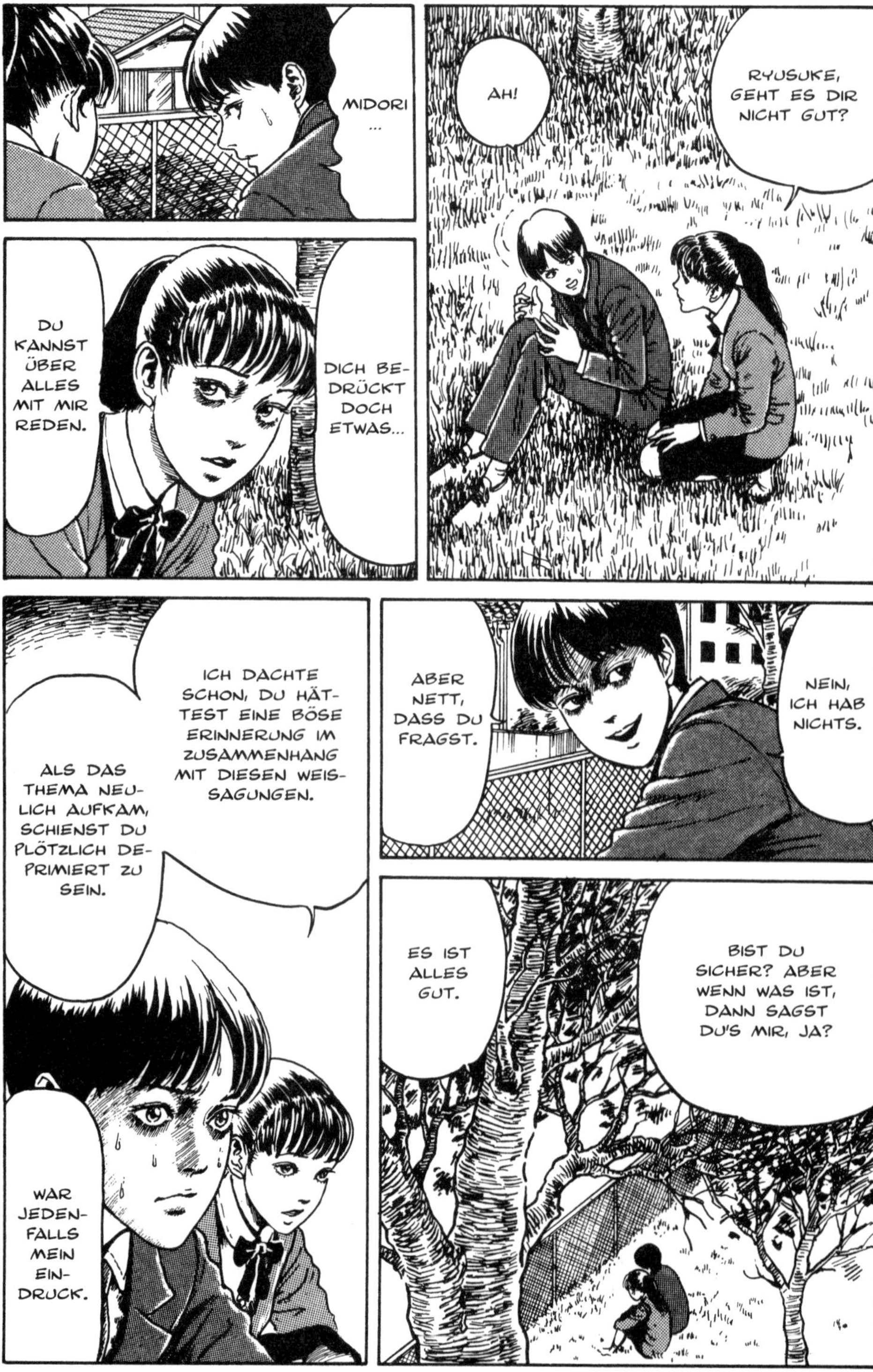
RYUSUKE, GEHT ES DIR NICHT GUT?
AH!
MIDORI …
DICH BEDRÜCKT DOCH ETWAS…
DU KANNST ÜBER ALLES MIT MIR REDEN.
NEIN, ICH HAB NICHTS.
ABER NETT, DASS DU FRAGST.
BIST DU SICHER? ABER WENN WAS IST, DANN SAGST DU'S MIR, JA?
ES IST ALLES GUT.
ALS DAS THEMA NEULICH AUFKAM, SCHIENST DU PLÖTZLICH DEPRIMIERT ZU SEIN.
ICH DACHTE SCHON, DU HÄTTEST EINE BÖSE ERINNERUNG IM ZUSAMMENHANG MIT DIESEN WEISSAGUNGEN.
WAR JEDENFALLS MEIN EINDRUCK.

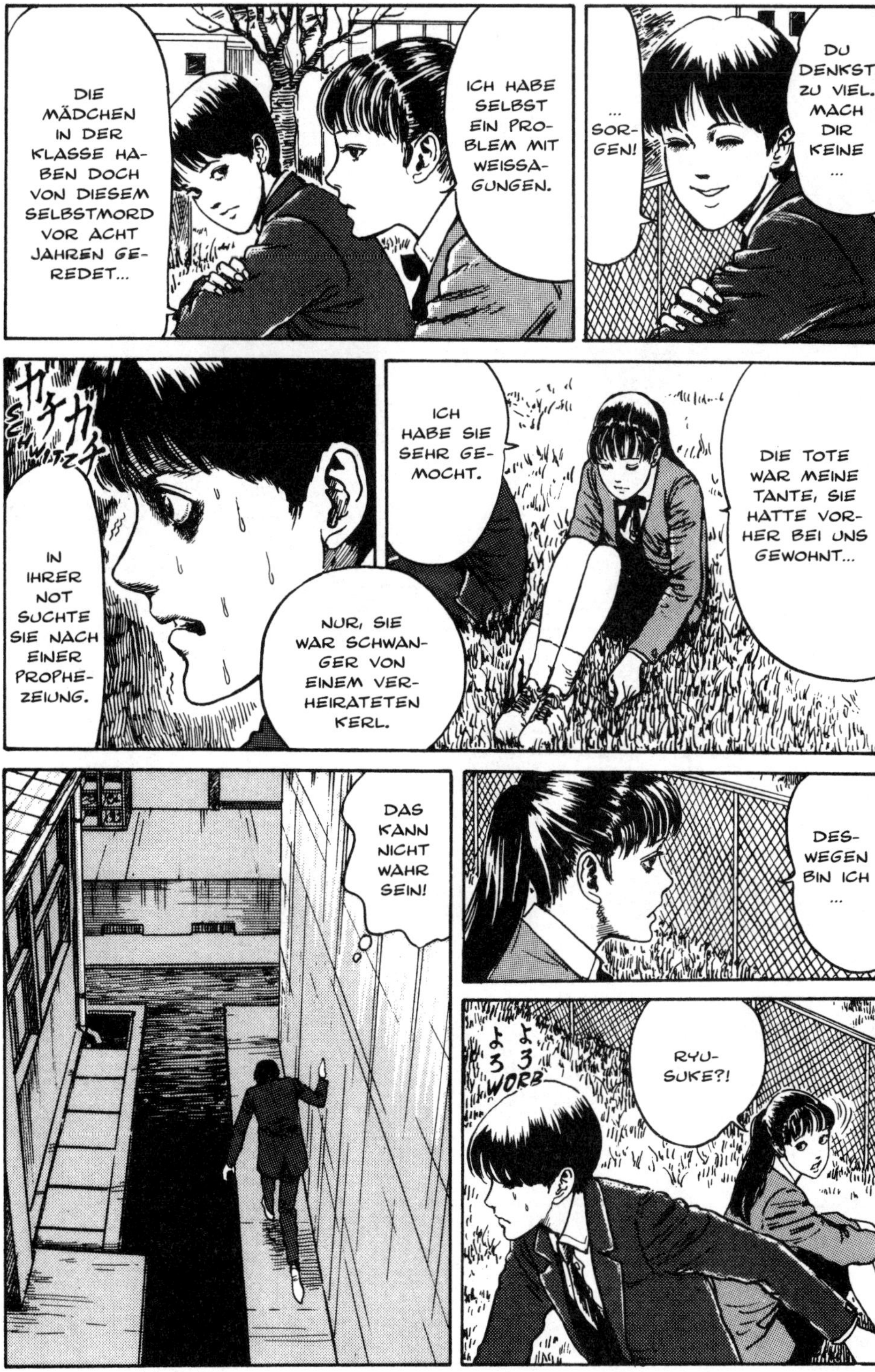
DU DENKST ZU VIEL. MACH DIR KEINE ...
... SORGEN!
ICH HABE SELBST EIN PROBLEM MIT WEISSAGUNGEN.
DIE MÄDCHEN IN DER KLASSE HABEN DOCH VON DIESEM SELBSTMORD VOR ACHT JAHREN GEREDET...
DIE TOTE WAR MEINE TANTE, SIE HATTE VORHER BEI UNS GEWOHNT...
ICH HABE SIE SEHR GEMOCHT.
NUR, SIE WAR SCHWANGER VON EINEM VERHEIRATETEN KERL.
ガチガチ
SCHWITZ
IN IHRER NOT SUCHTE SIE NACH EINER PROPHEZEIUNG.
DESWEGEN BIN ICH ...
よろよろ
WORB
RYUSUKE?!
DAS KANN NICHT WAHR SEIN!

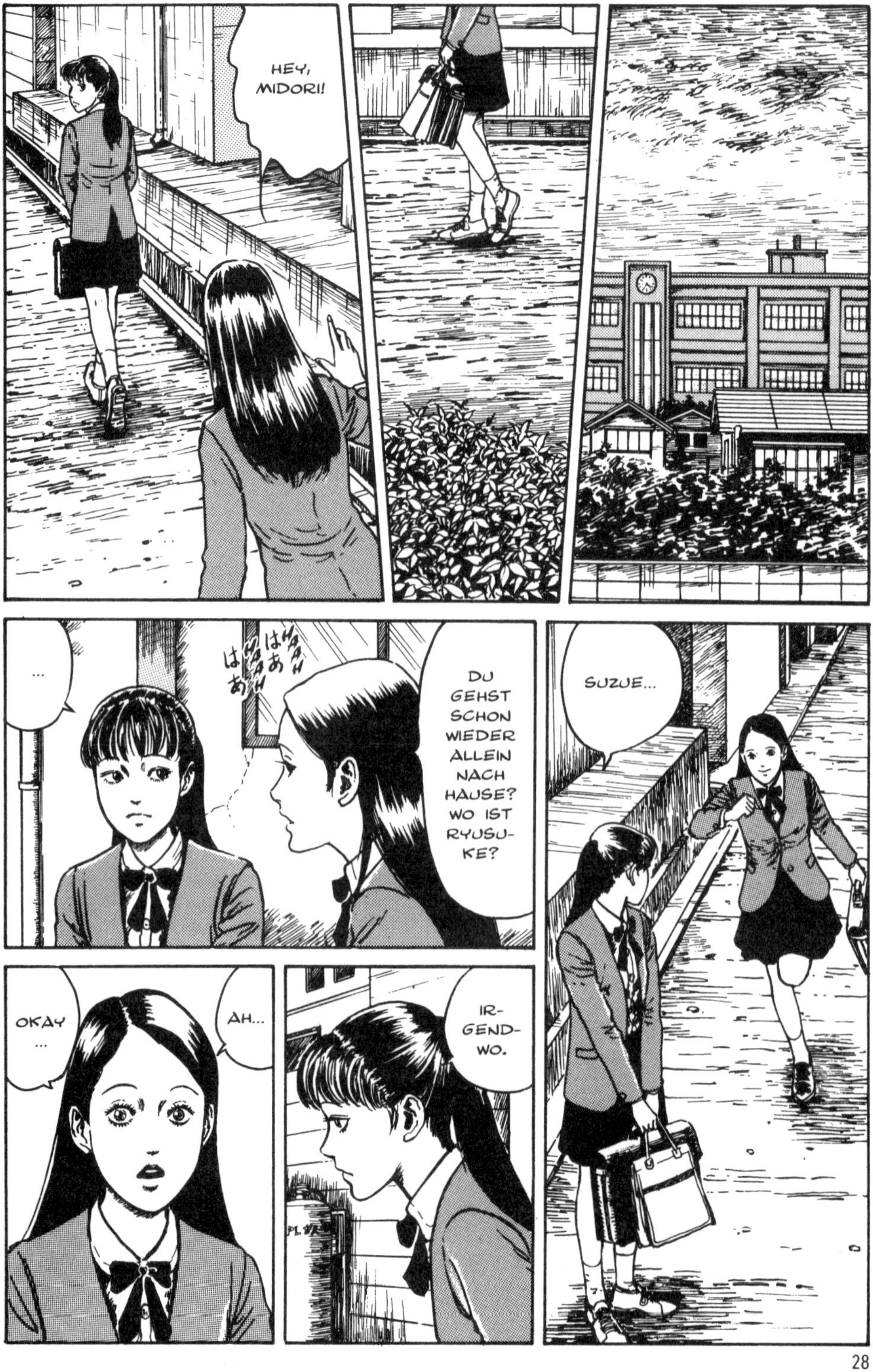
HEY, MIDORI!
SUZUE...
DU GEHST SCHON WIEDER ALLEIN NACH HAUSE? WO IST RYUSUKE?
はあ はあ
...
IRGENDWO.
AH...
OKAY ...

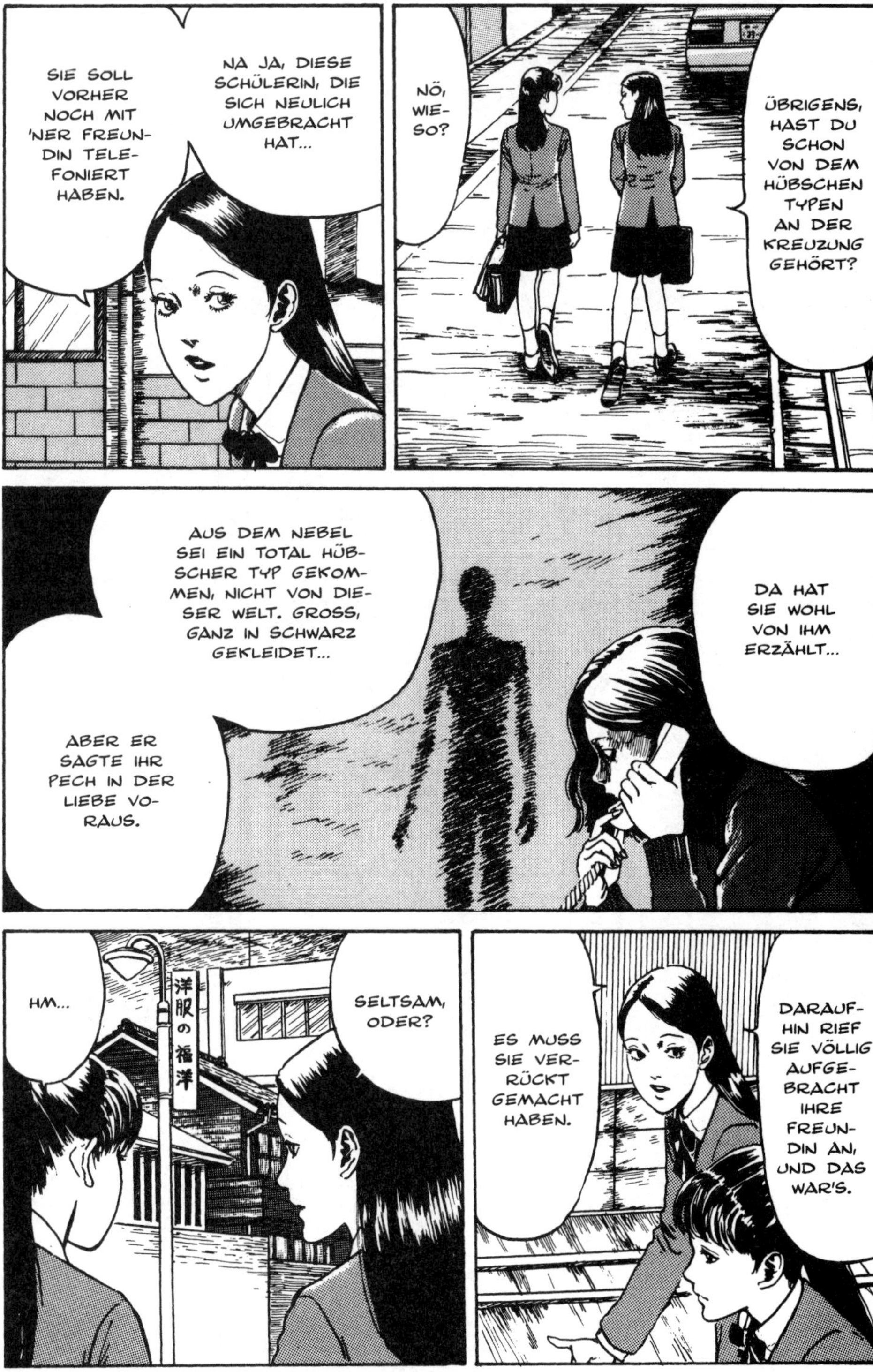
ÜBRIGENS, HAST DU SCHON VON DEM HÜBSCHEN TYPEN AN DER KREUZUNG GEHÖRT?
NÖ, WIESO?
NA JA, DIESE SCHÜLERIN, DIE SICH NEULICH UMGEBRACHT HAT...
SIE SOLL VORHER NOCH MIT 'NER FREUNDIN TELEFONIERT HABEN.
DA HAT SIE WOHL VON IHM ERZÄHLT...
AUS DEM NEBEL SEI EIN TOTAL HÜBSCHER TYP GEKOMMEN, NICHT VON DIESER WELT. GROSS, GANZ IN SCHWARZ GEKLEIDET...
ABER ER SAGTE IHR PECH IN DER LIEBE VORAUS.
DARAUFHIN RIEF SIE VÖLLIG AUFGEBRACHT IHRE FREUNDIN AN, UND DAS WAR'S.
ES MUSS SIE VERRÜCKT GEMACHT HABEN.
SELTSAM, ODER?
HM...
洋服の福洋

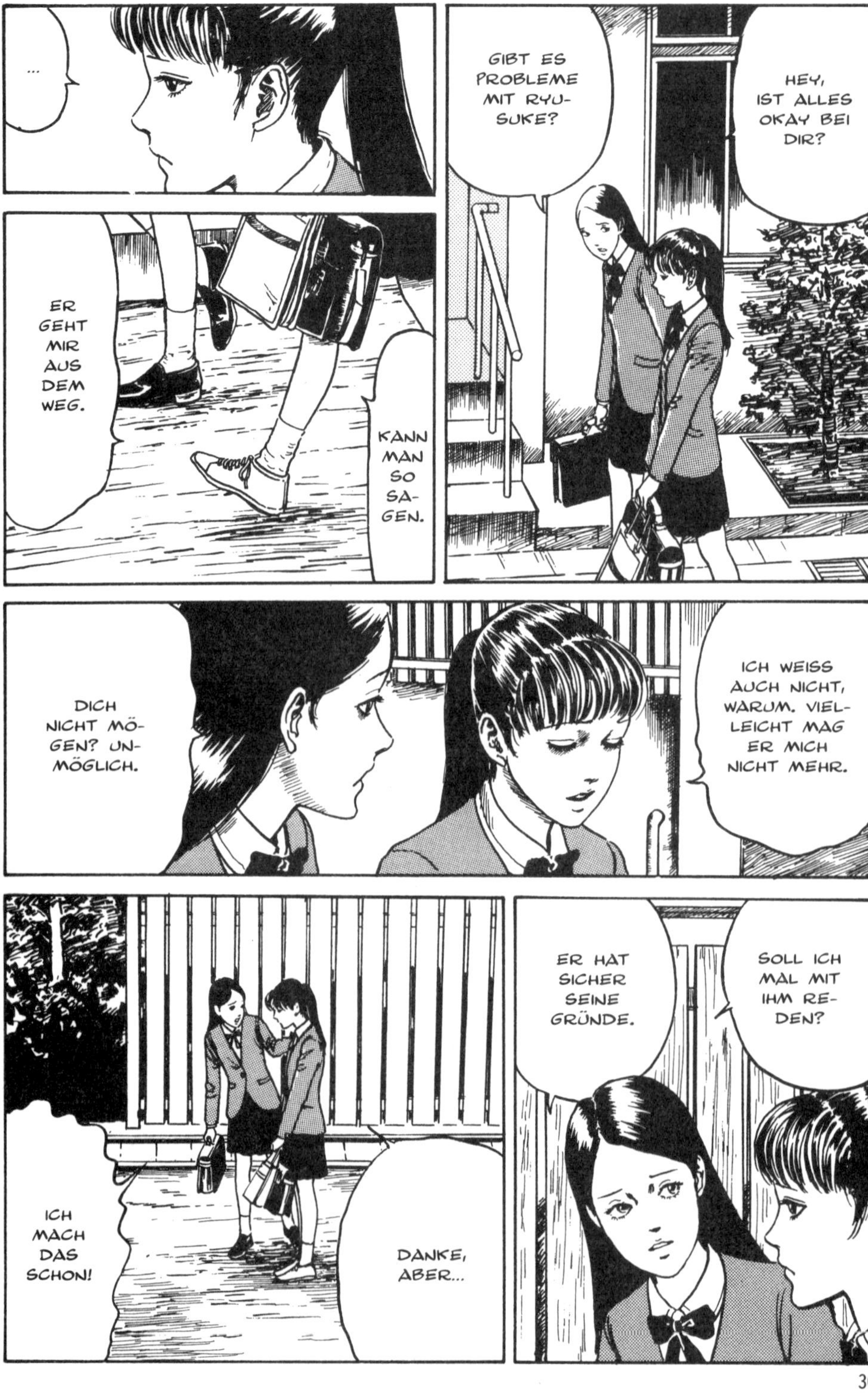
HEY, IST ALLES OKAY BEI DIR?
GIBT ES PROBLEME MIT RYU-SUKE?
...
KANN MAN SO SA-GEN.
ER GEHT MIR AUS DEM WEG.
ICH WEISS AUCH NICHT, WARUM. VIEL-LEICHT MAG ER MICH NICHT MEHR.
DICH NICHT MÖ-GEN? UN-MÖGLICH.
SOLL ICH MAL MIT IHM RE-DEN?
ER HAT SICHER SEINE GRÜNDE.
DANKE, ABER...
ICH MACH DAS SCHON!

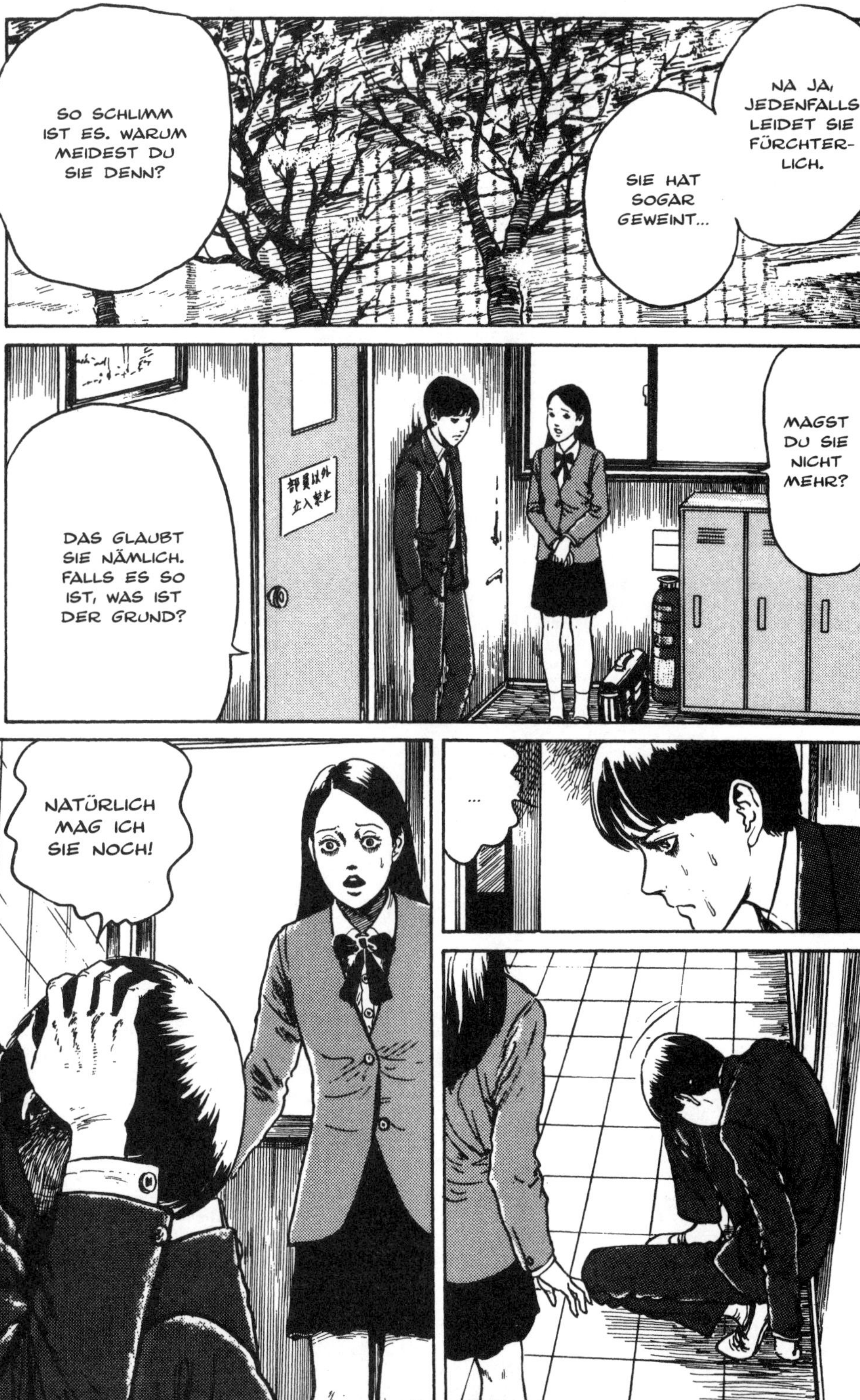
NA JA, JEDENFALLS LEIDET SIE FÜRCHTERLICH.
SIE HAT SOGAR GEWEINT...
SO SCHLIMM IST ES. WARUM MEIDEST DU SIE DENN?
MAGST DU SIE NICHT MEHR?
部員以外
立入禁止
DAS GLAUBT SIE NÄMLICH. FALLS ES SO IST, WAS IST DER GRUND?
...
NATÜRLICH MAG ICH SIE NOCH!

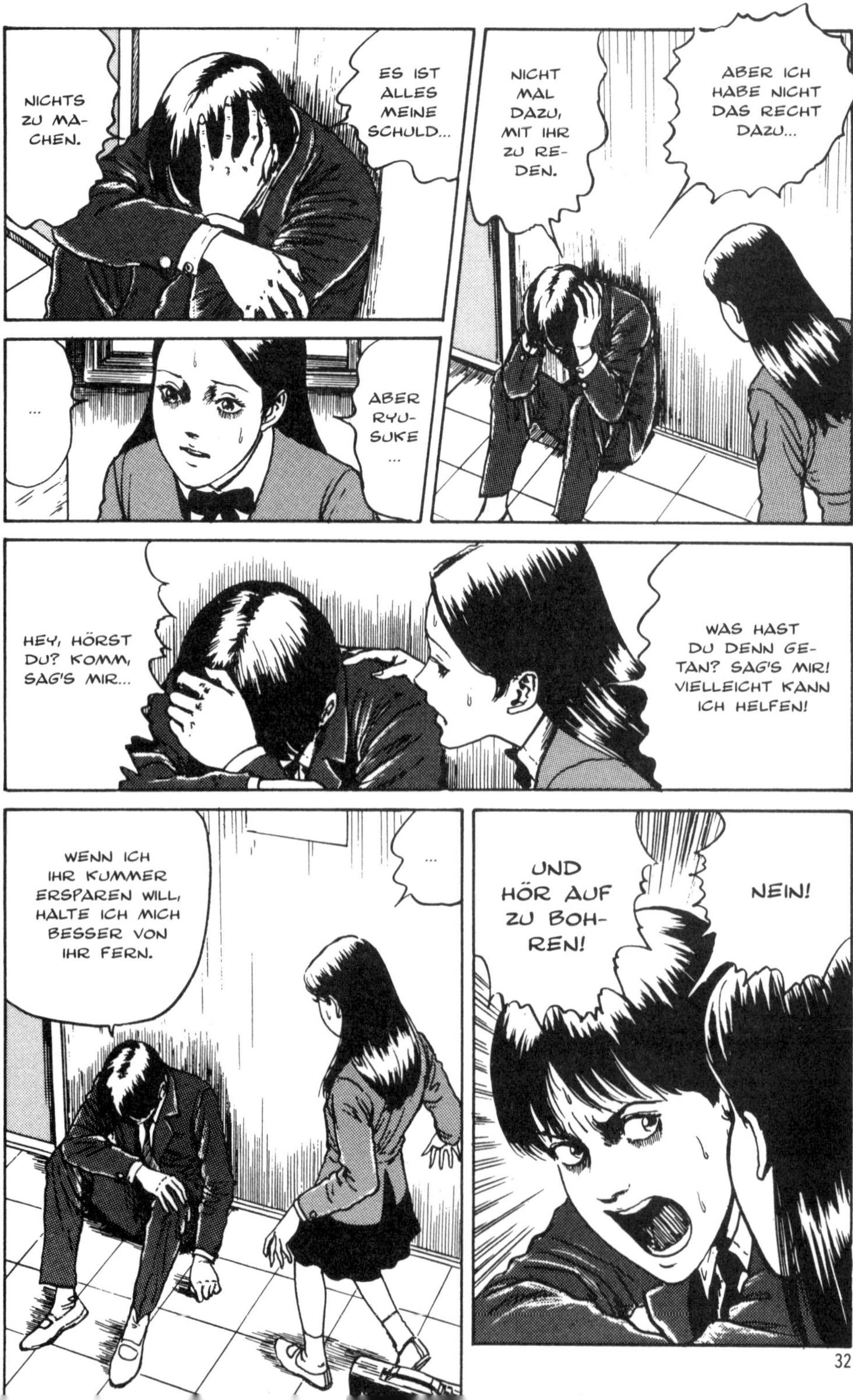
ABER ICH HABE NICHT DAS RECHT DAZU...
NICHT MAL DAZU, MIT IHR ZU REDEN.
ES IST ALLES MEINE SCHULD...
NICHTS ZU MACHEN.
ABER RYUSUKE ...
...
WAS HAST DU DENN GETAN? SAG'S MIR! VIELLEICHT KANN ICH HELFEN!
HEY, HÖRST DU? KOMM, SAG'S MIR...
NEIN!
UND HÖR AUF ZU BOHREN!
...
WENN ICH IHR KUMMER ERSPAREN WILL, HALTE ICH MICH BESSER VON IHR FERN.

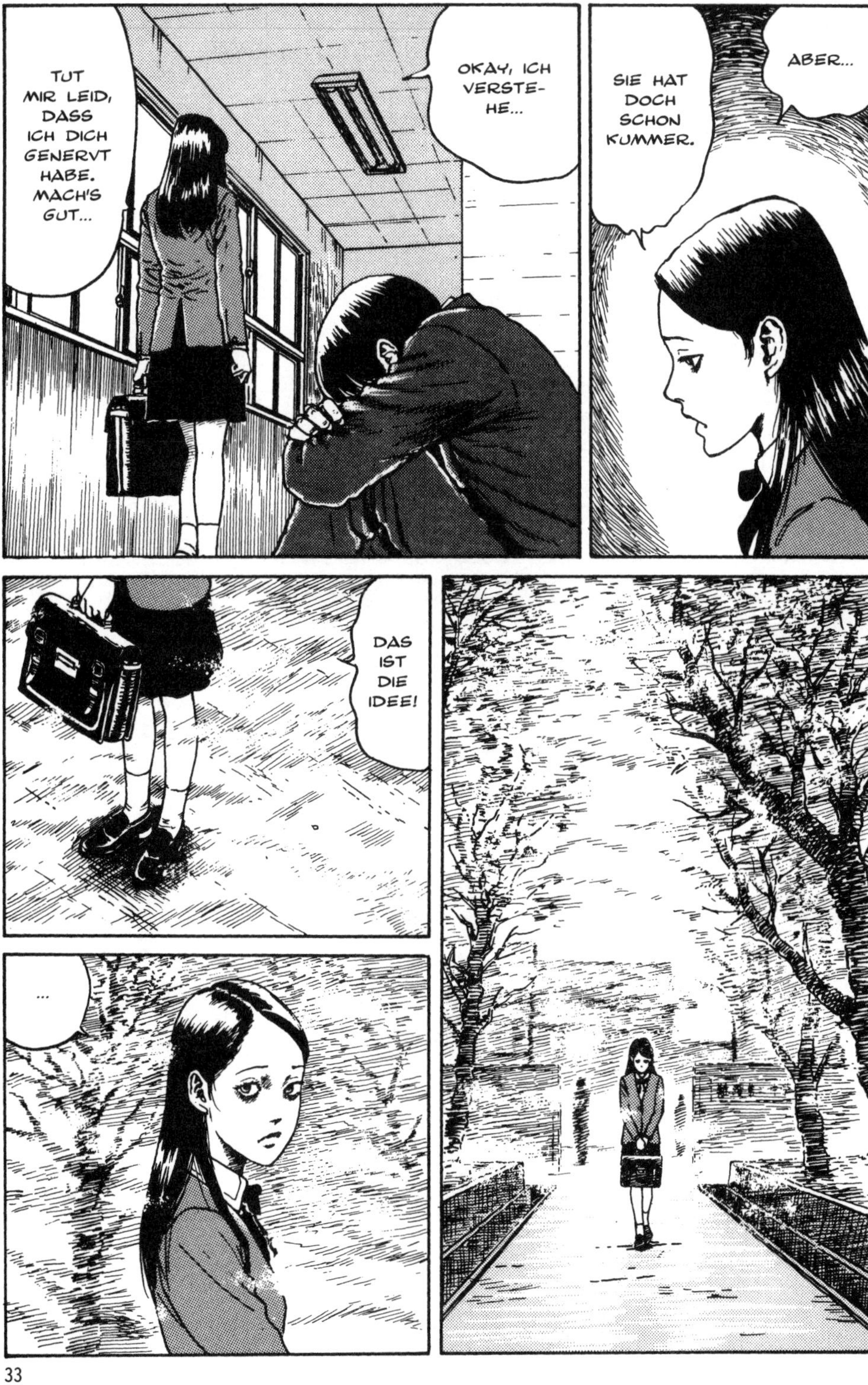
Aber...
Sie hat doch schon Kummer.
Okay, ich verste-he...
Tut mir leid, dass ich dich genervt habe. Mach's gut...
Das ist die Idee!
...

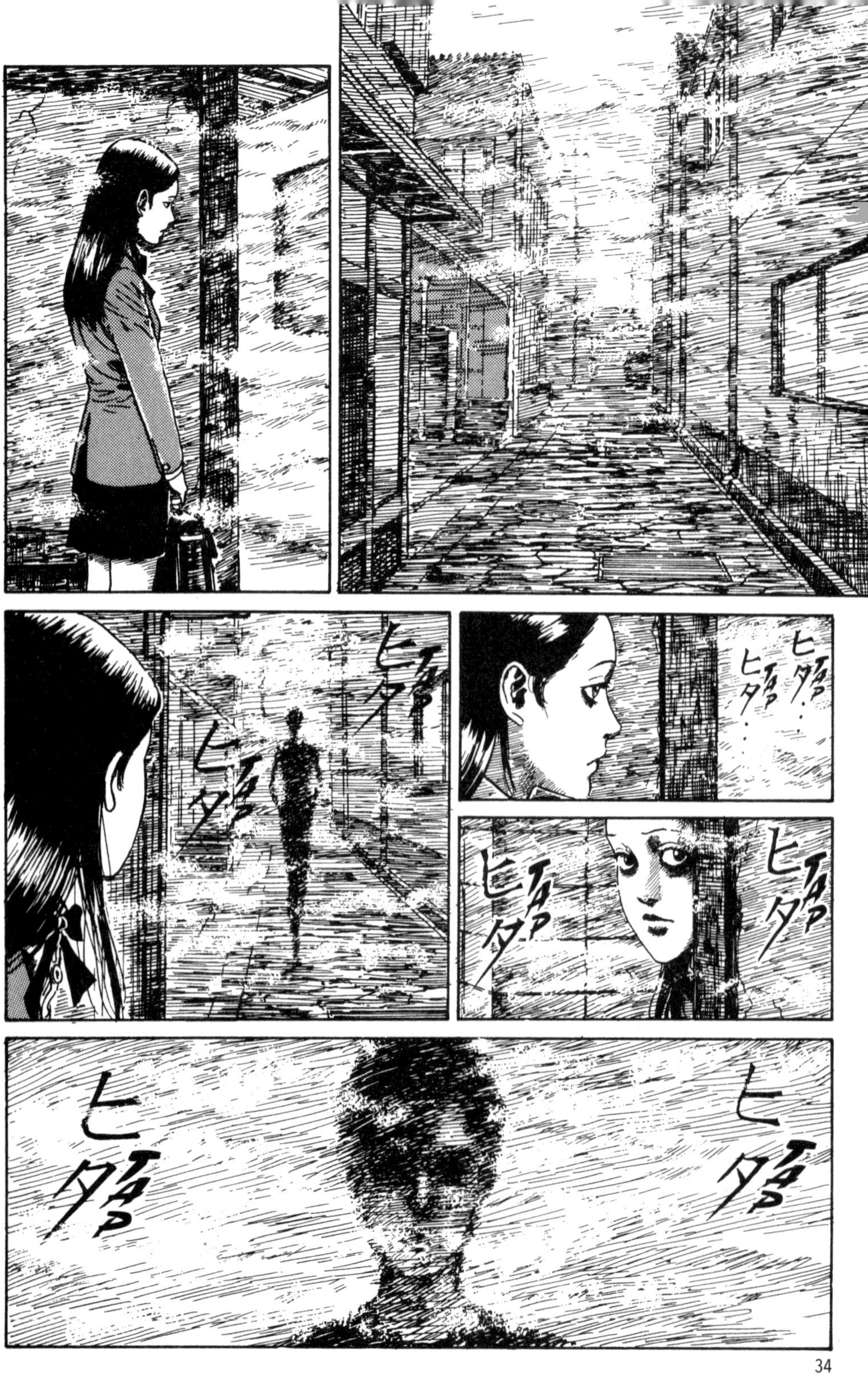
ヒタ TAP ヒタ TAP
ヒタ… TAP ヒタ… TAP
ヒタ TAP ヒタ TAP
ヒタ TAP ヒタ TAP

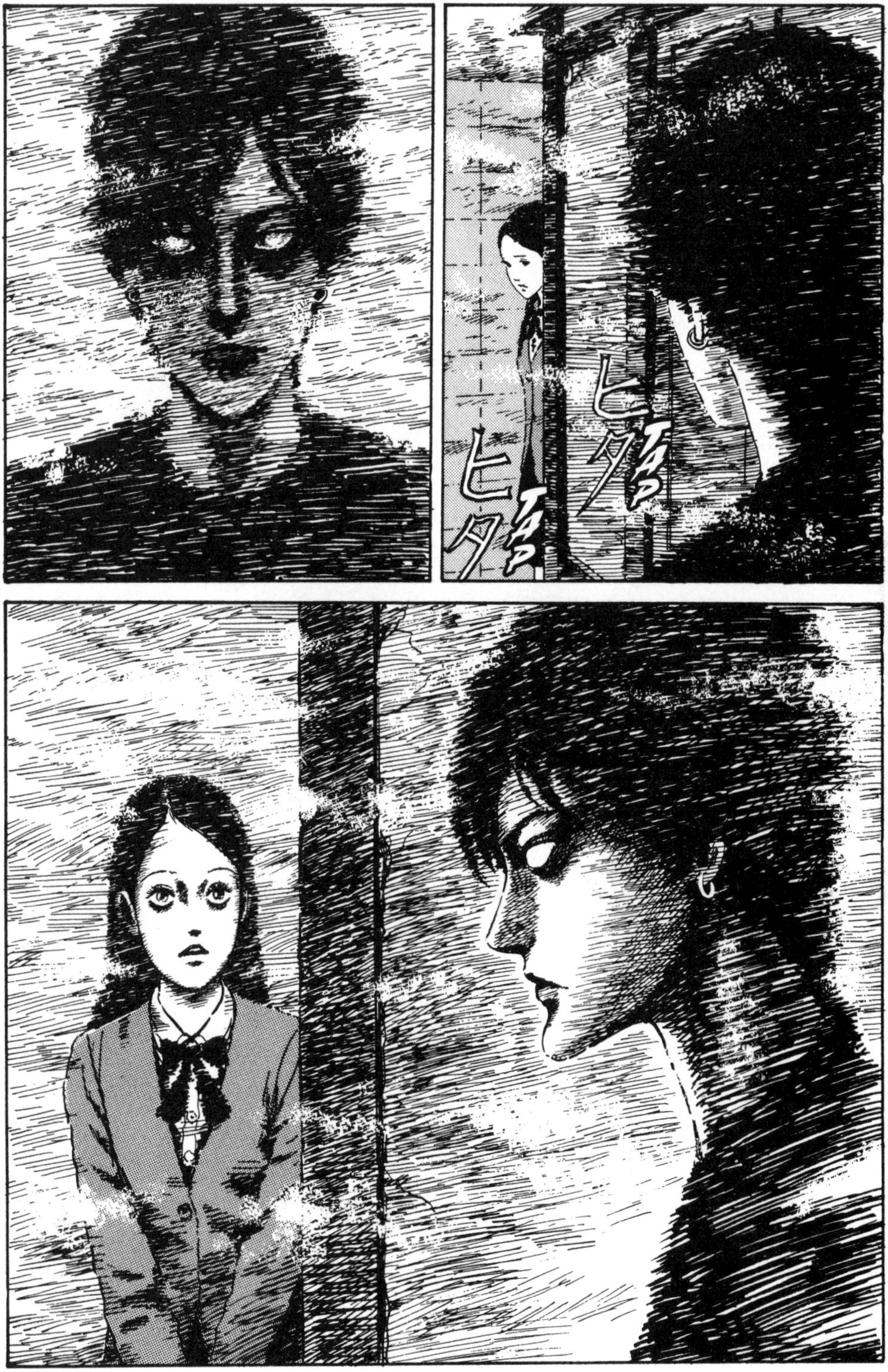
ヒタ TAP
ヒタ TAP

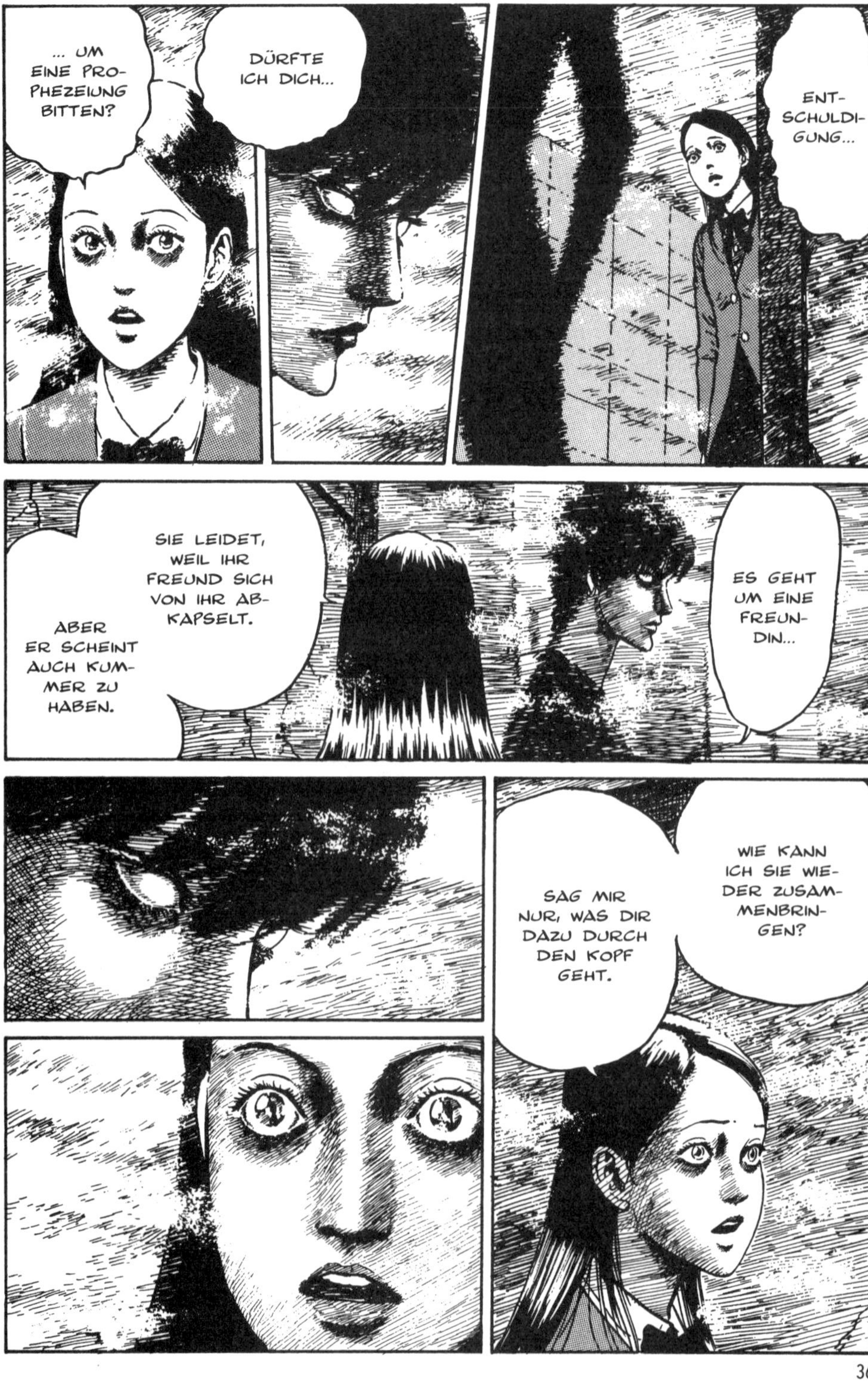
ENTSCHULDIGUNG...
DÜRFTE ICH DICH...
... UM EINE PROPHEZEIUNG BITTEN?
ES GEHT UM EINE FREUNDIN...
SIE LEIDET, WEIL IHR FREUND SICH VON IHR ABKAPSELT.
ABER ER SCHEINT AUCH KUMMER ZU HABEN.
WIE KANN ICH SIE WIEDER ZUSAMMENBRINGEN?
SAG MIR NUR, WAS DIR DAZU DURCH DEN KOPF GEHT.

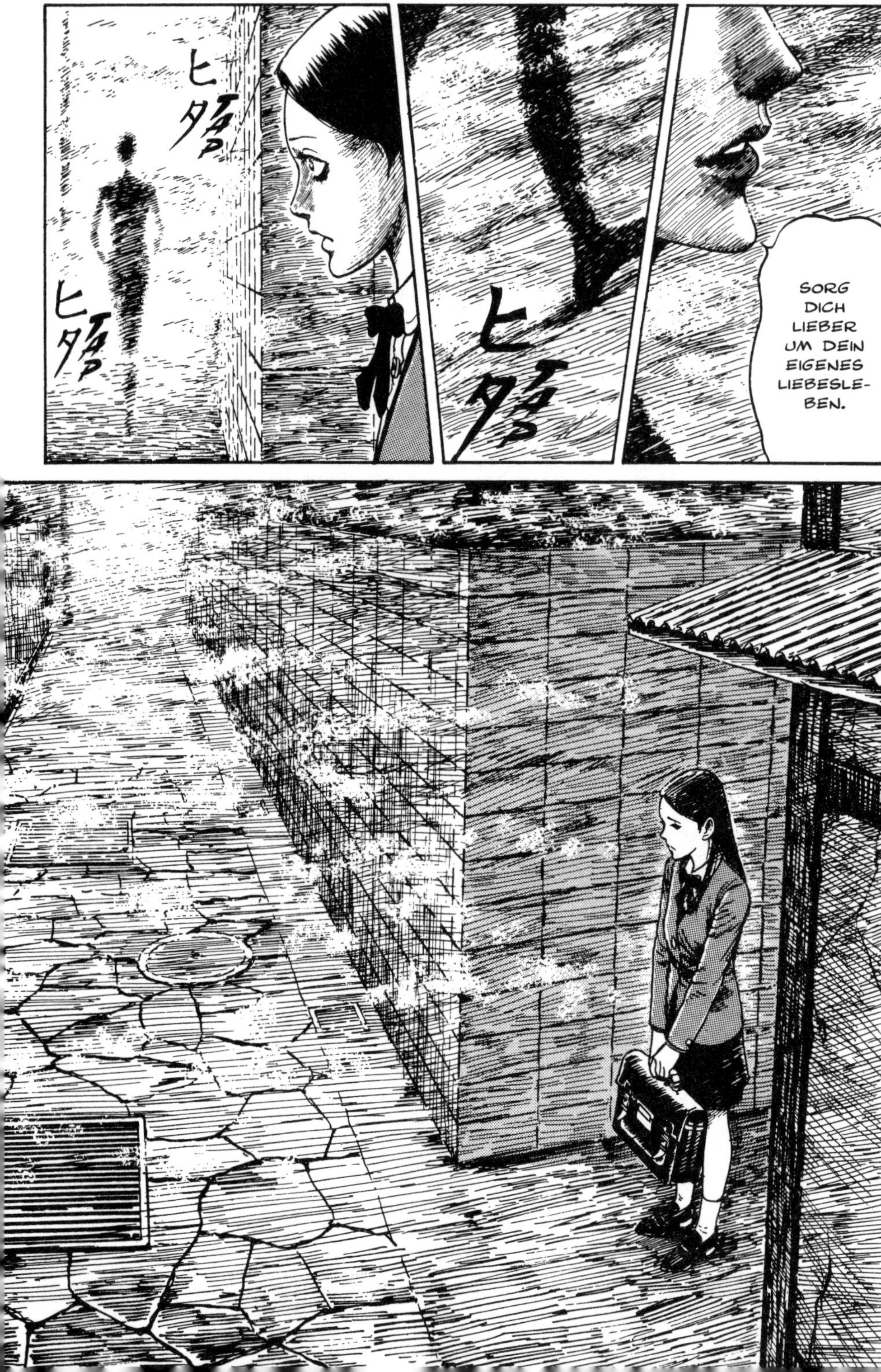
SORG DICH LIEBER UM DEIN EIGENES LIEBESLE-BEN.
ヒタ TAP
ヒタ TAP
ヒタ TAP

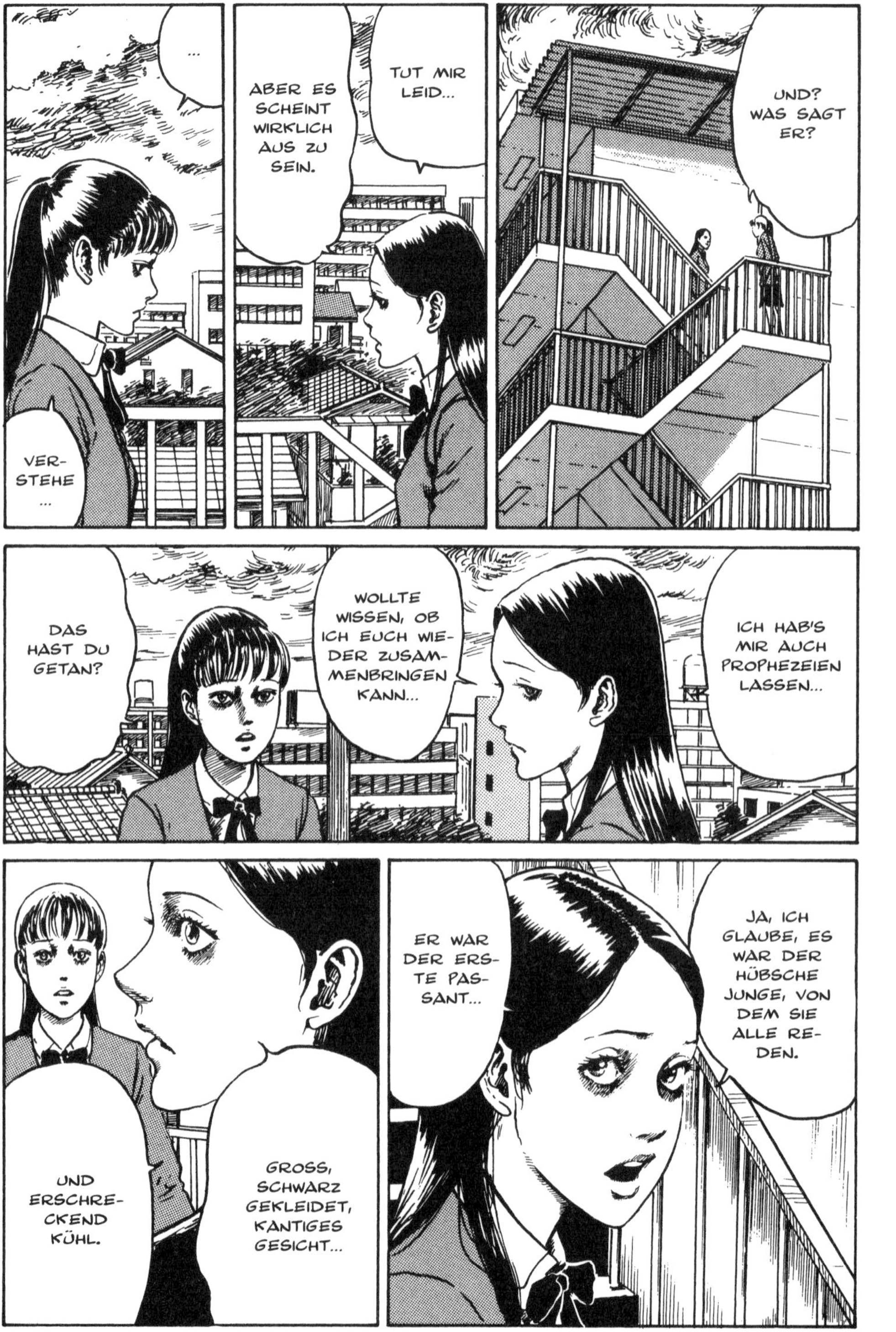
UND? WAS SAGT ER?
TUT MIR LEID...
ABER ES SCHEINT WIRKLICH AUS ZU SEIN.
...
VERSTEHE ...
ICH HAB'S MIR AUCH PROPHEZEIEN LASSEN...
WOLLTE WISSEN, OB ICH EUCH WIEDER ZUSAMMENBRINGEN KANN...
DAS HAST DU GETAN?
JA, ICH GLAUBE, ES WAR DER HÜBSCHE JUNGE, VON DEM SIE ALLE REDEN.
ER WAR DER ERSTE PASSANT...
GROSS, SCHWARZ GEKLEIDET, KANTIGES GESICHT...
UND ERSCHRECKEND KÜHL.

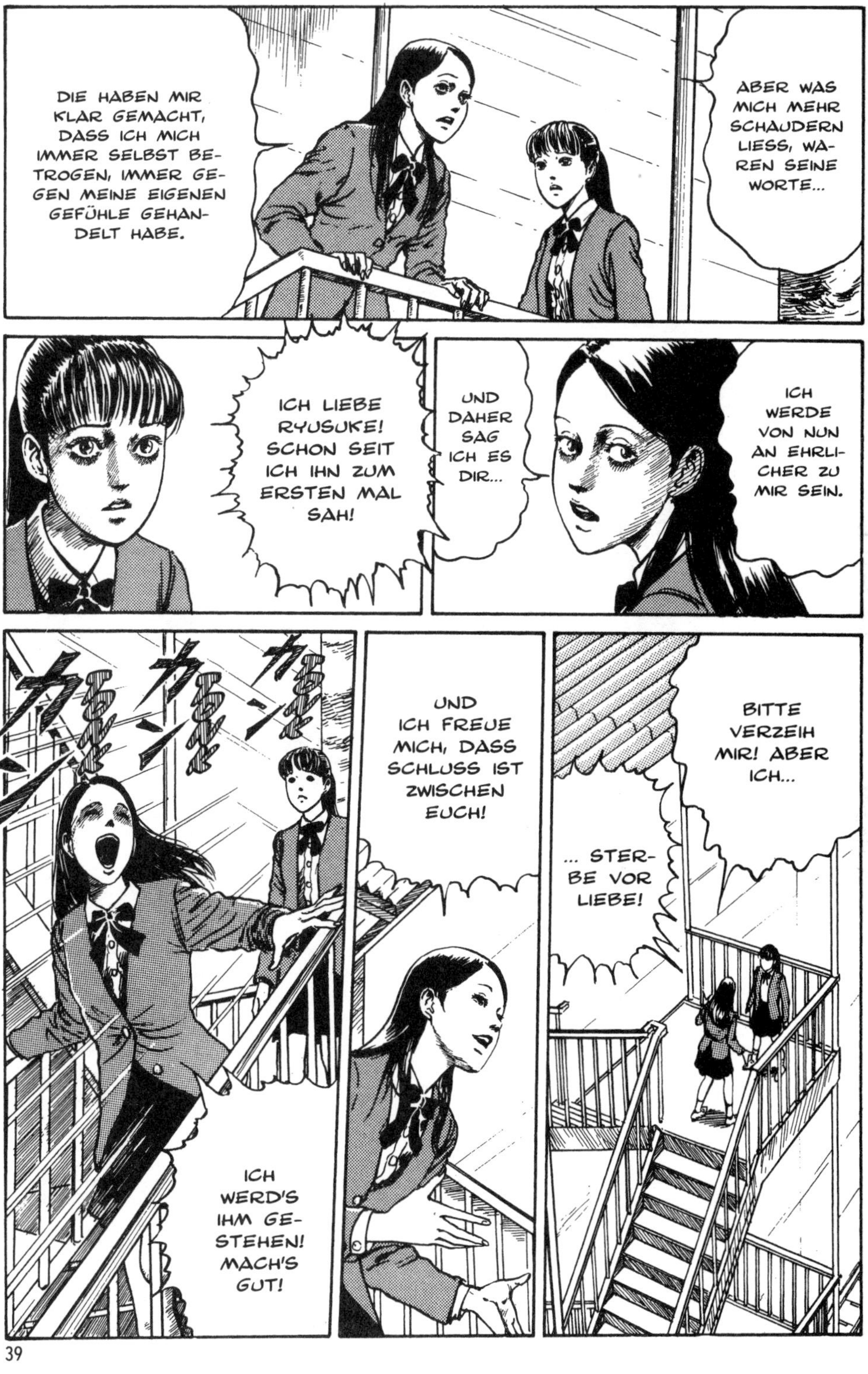
ABER WAS MICH MEHR SCHAUDERN LIESS, WAREN SEINE WORTE...
DIE HABEN MIR KLAR GEMACHT, DASS ICH MICH IMMER SELBST BETROGEN, IMMER GEGEN MEINE EIGENEN GEFÜHLE GEHANDELT HABE.
ICH WERDE VON NUN AN EHRLICHER ZU MIR SEIN.
UND DAHER SAG ICH ES DIR...
ICH LIEBE RYUSUKE! SCHON SEIT ICH IHN ZUM ERSTEN MAL SAH!
BITTE VERZEIH MIR! ABER ICH...
... STERBE VOR LIEBE!
UND ICH FREUE MICH, DASS SCHLUSS IST ZWISCHEN EUCH!
カタン
カタン
カタン
ICH WERD'S IHM GESTEHEN! MACH'S GUT!

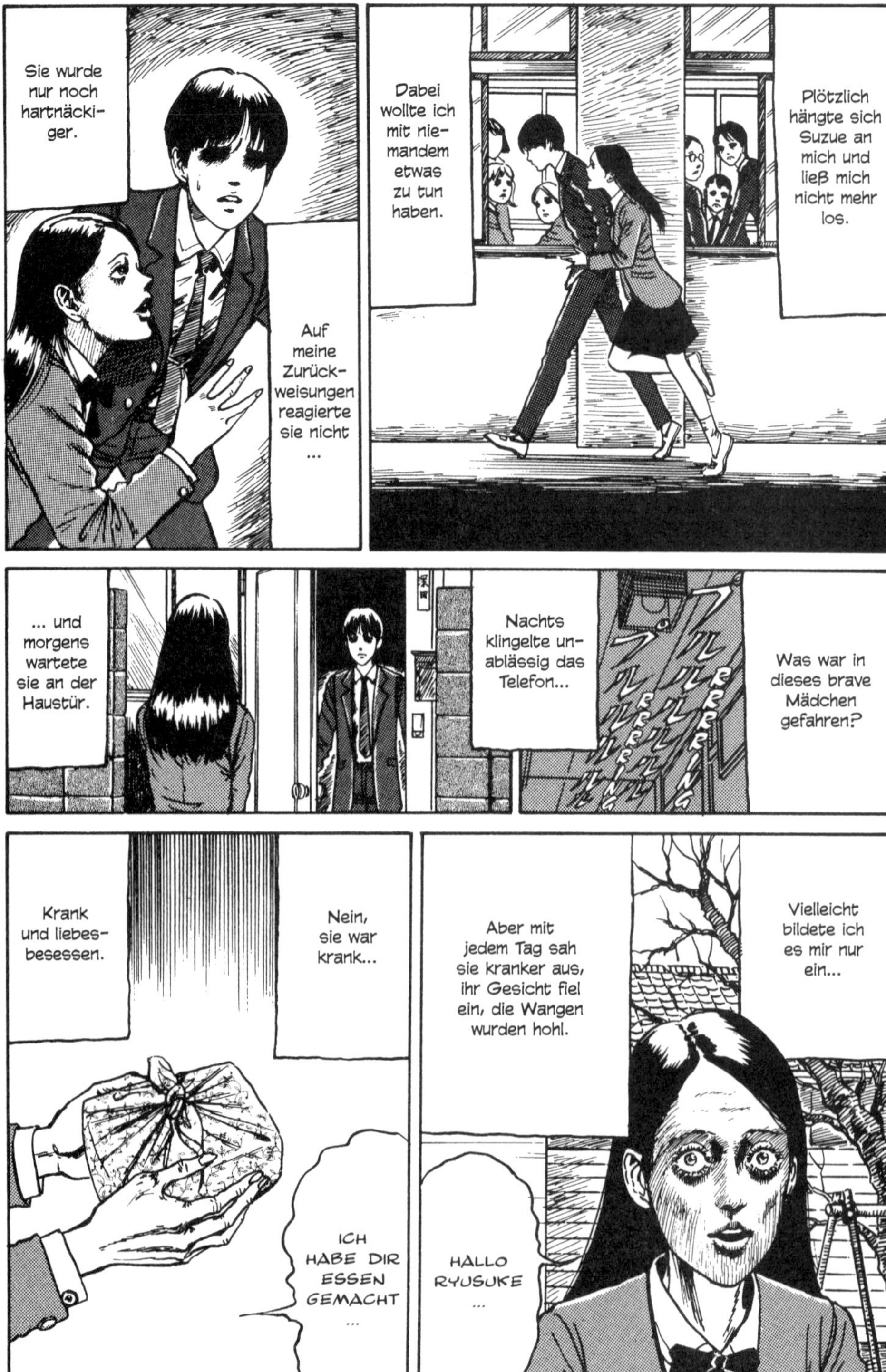
Plötzlich hängte sich Suzue an mich und ließ mich nicht mehr los.
Dabei wollte ich mit niemandem etwas zu tun haben.
Sie wurde nur noch hartnäckiger.
Auf meine Zurückweisungen reagierte sie nicht ...
Was war in dieses brave Mädchen gefahren?
Nachts klingelte unablässig das Telefon...
RRRING
RRRING
... und morgens wartete sie an der Haustür.
Vielleicht bildete ich es mir nur ein...
Aber mit jedem Tag sah sie kranker aus, ihr Gesicht fiel ein, die Wangen wurden hohl.
HALLO RYUSUKE ...
Nein, sie war krank...
Krank und liebesbesessen.
ICH HABE DIR ESSEN GEMACHT ...

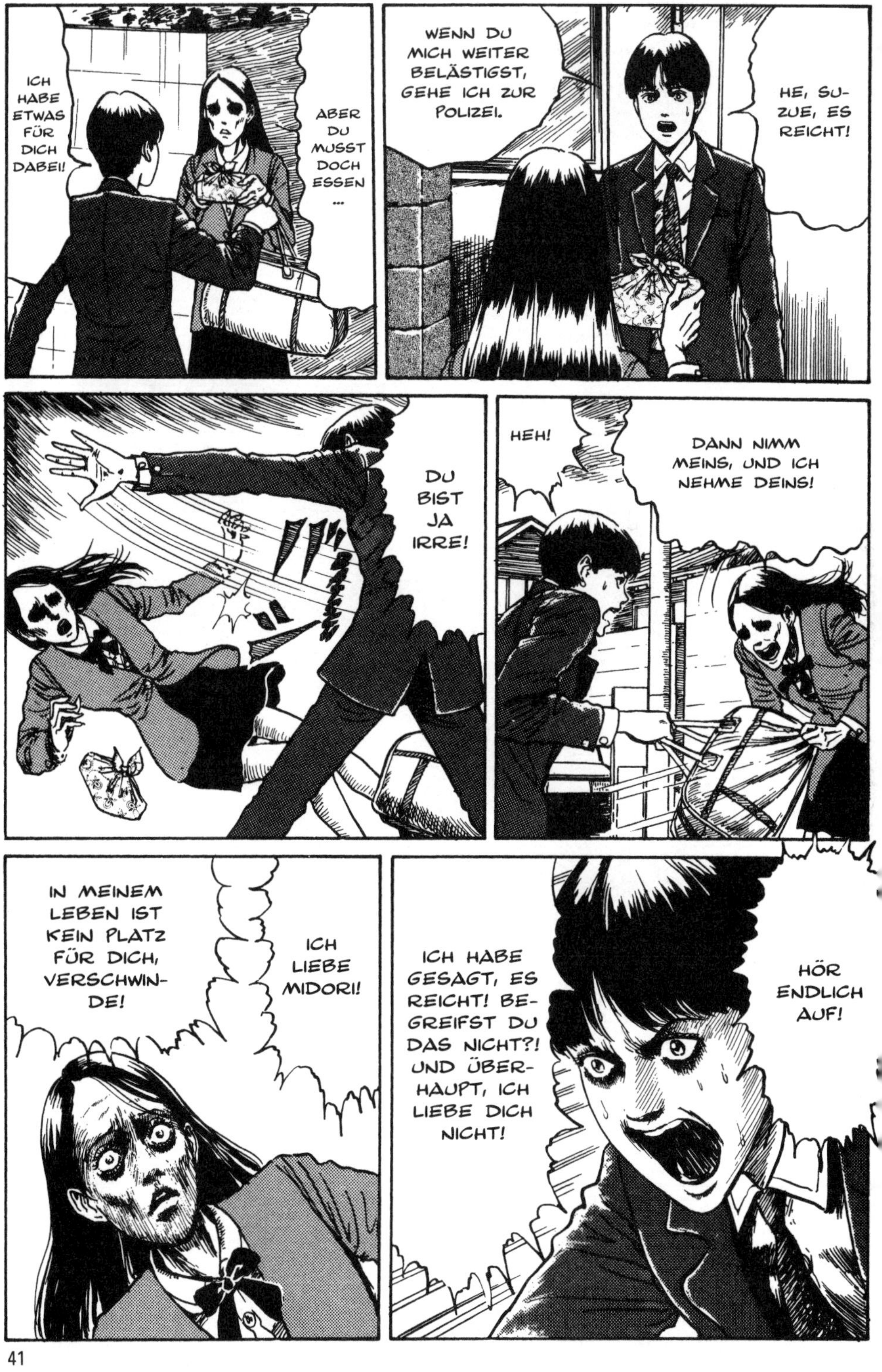
HE, SUZUE, ES REICHT!
WENN DU MICH WEITER BELÄSTIGST, GEHE ICH ZUR POLIZEI.
ABER DU MUSST DOCH ESSEN ...
ICH HABE ETWAS FÜR DICH DABEI!
DANN NIMM MEINS, UND ICH NEHME DEINS!
HEH!
DU BIST JA IRRE!
HÖR ENDLICH AUF!
ICH HABE GESAGT, ES REICHT! BEGREIFST DU DAS NICHT?! UND ÜBERHAUPT, ICH LIEBE DICH NICHT!
ICH LIEBE MIDORI!
IN MEINEM LEBEN IST KEIN PLATZ FÜR DICH, VERSCHWINDE!

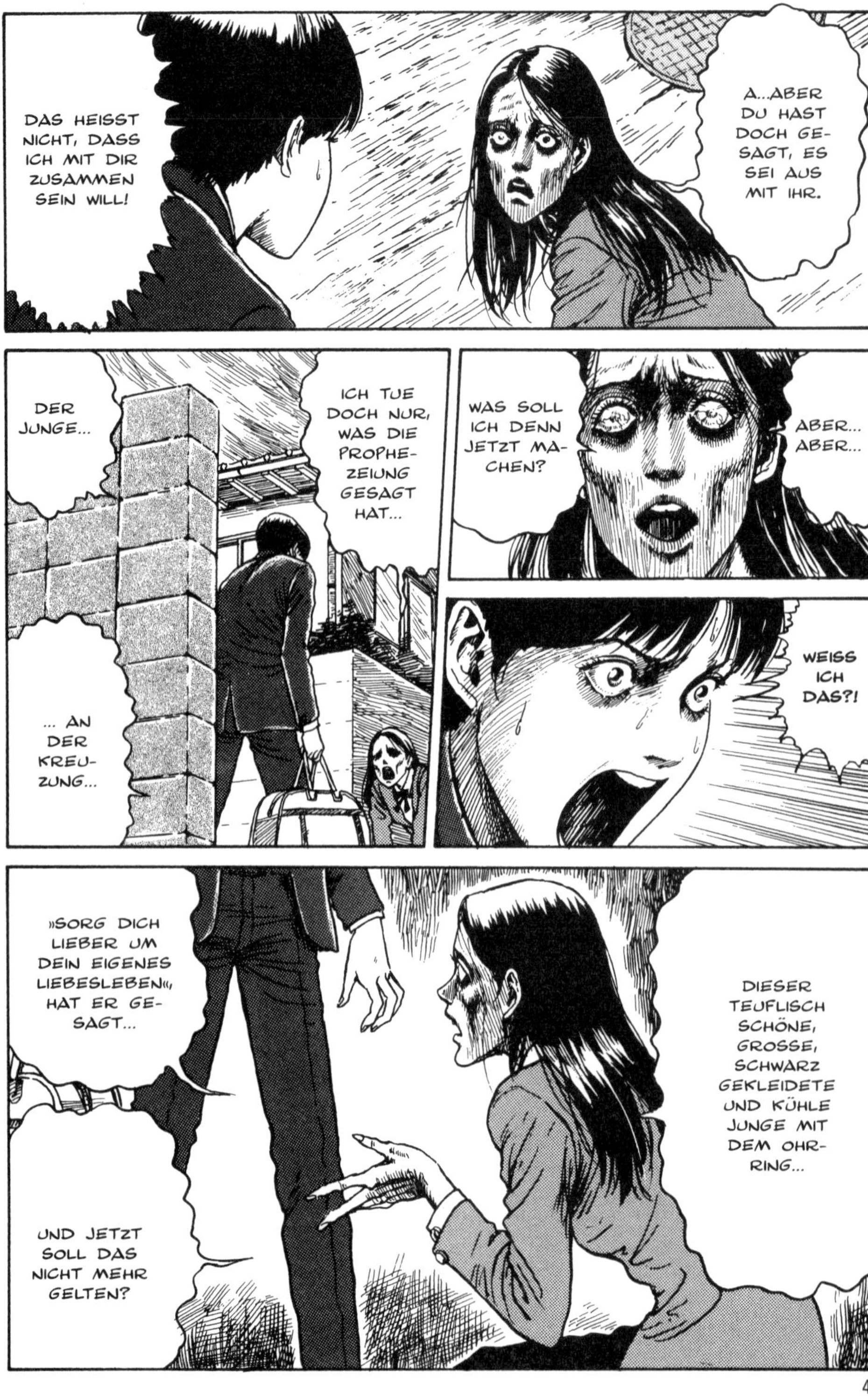
A...ABER DU HAST DOCH GESAGT, ES SEI AUS MIT IHR.
DAS HEISST NICHT, DASS ICH MIT DIR ZUSAMMEN SEIN WILL!
ABER... ABER...
WAS SOLL ICH DENN JETZT MACHEN?
WEISS ICH DAS?!
ICH TUE DOCH NUR, WAS DIE PROPHEZEIUNG GESAGT HAT...
DER JUNGE...
... AN DER KREUZUNG...
DIESER TEUFLISCH SCHÖNE, GROSSE, SCHWARZ GEKLEIDETE UND KÜHLE JUNGE MIT DEM OHRRING...
»SORG DICH LIEBER UM DEIN EIGENES LIEBESLEBEN«, HAT ER GESAGT...
UND JETZT SOLL DAS NICHT MEHR GELTEN?

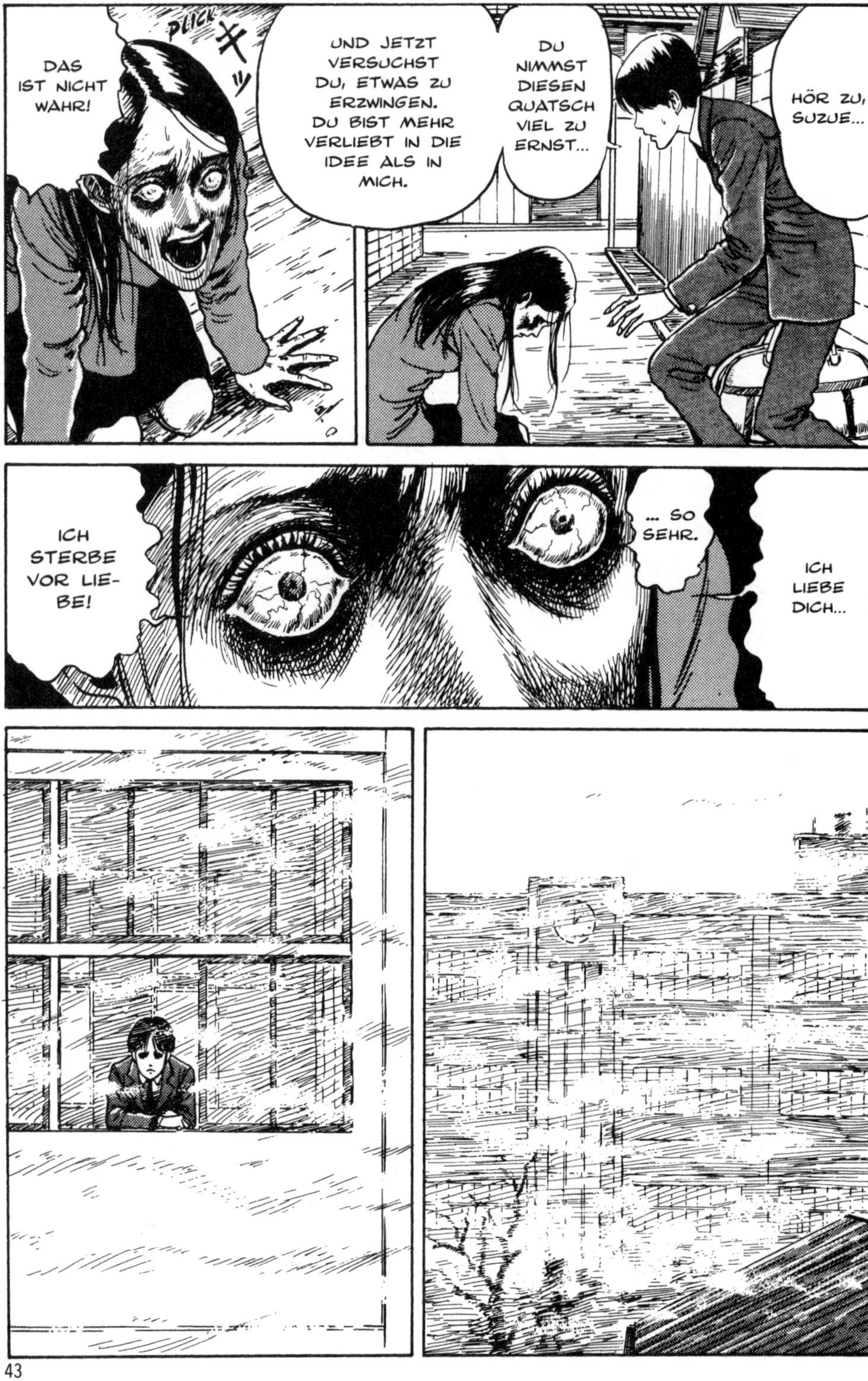
HÖR ZU, SUZUE...
DU NIMMST DIESEN QUATSCH VIEL ZU ERNST...
UND JETZT VERSUCHST DU, ETWAS ZU ERZWINGEN. DU BIST MEHR VERLIEBT IN DIE IDEE ALS IN MICH.
PLICK
キッ
DAS IST NICHT WAHR!
ICH LIEBE DICH...
... SO SEHR.
ICH STERBE VOR LIE-BE!

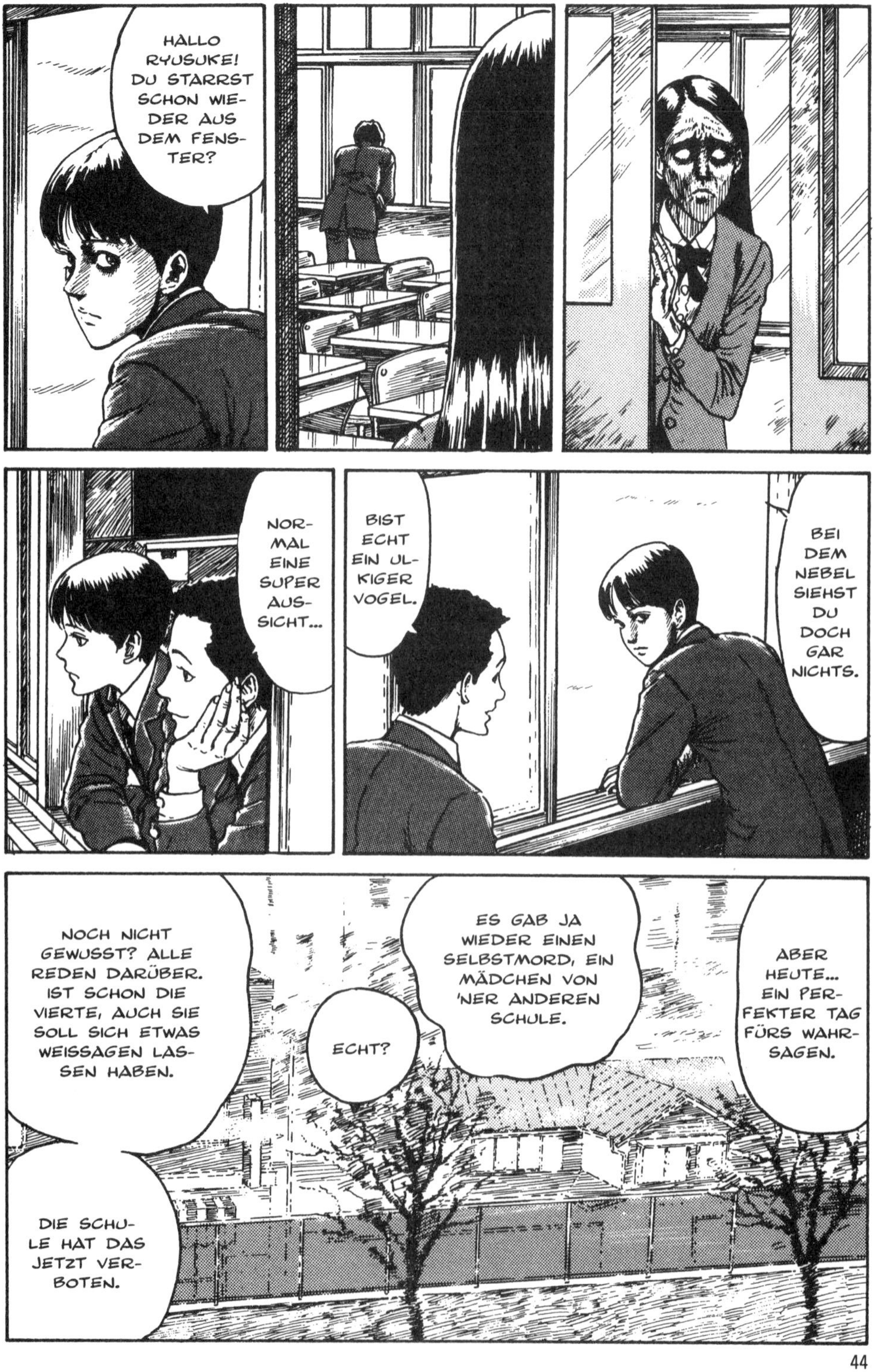

HALLO RYUSUKE! DU STARRST SCHON WIEDER AUS DEM FENSTER?
BEI DEM NEBEL SIEHST DU DOCH GAR NICHTS.
BIST ECHT EIN ULKIGER VOGEL.
NORMAL EINE SUPER AUSSICHT...
ABER HEUTE... EIN PERFEKTER TAG FÜRS WAHRSAGEN.
ES GAB JA WIEDER EINEN SELBSTMORD, EIN MÄDCHEN VON 'NER ANDEREN SCHULE.
ECHT?
NOCH NICHT GEWUSST? ALLE REDEN DARÜBER. IST SCHON DIE VIERTE, AUCH SIE SOLL SICH ETWAS WEISSAGEN LASSEN HABEN.
DIE SCHULE HAT DAS JETZT VERBOTEN.

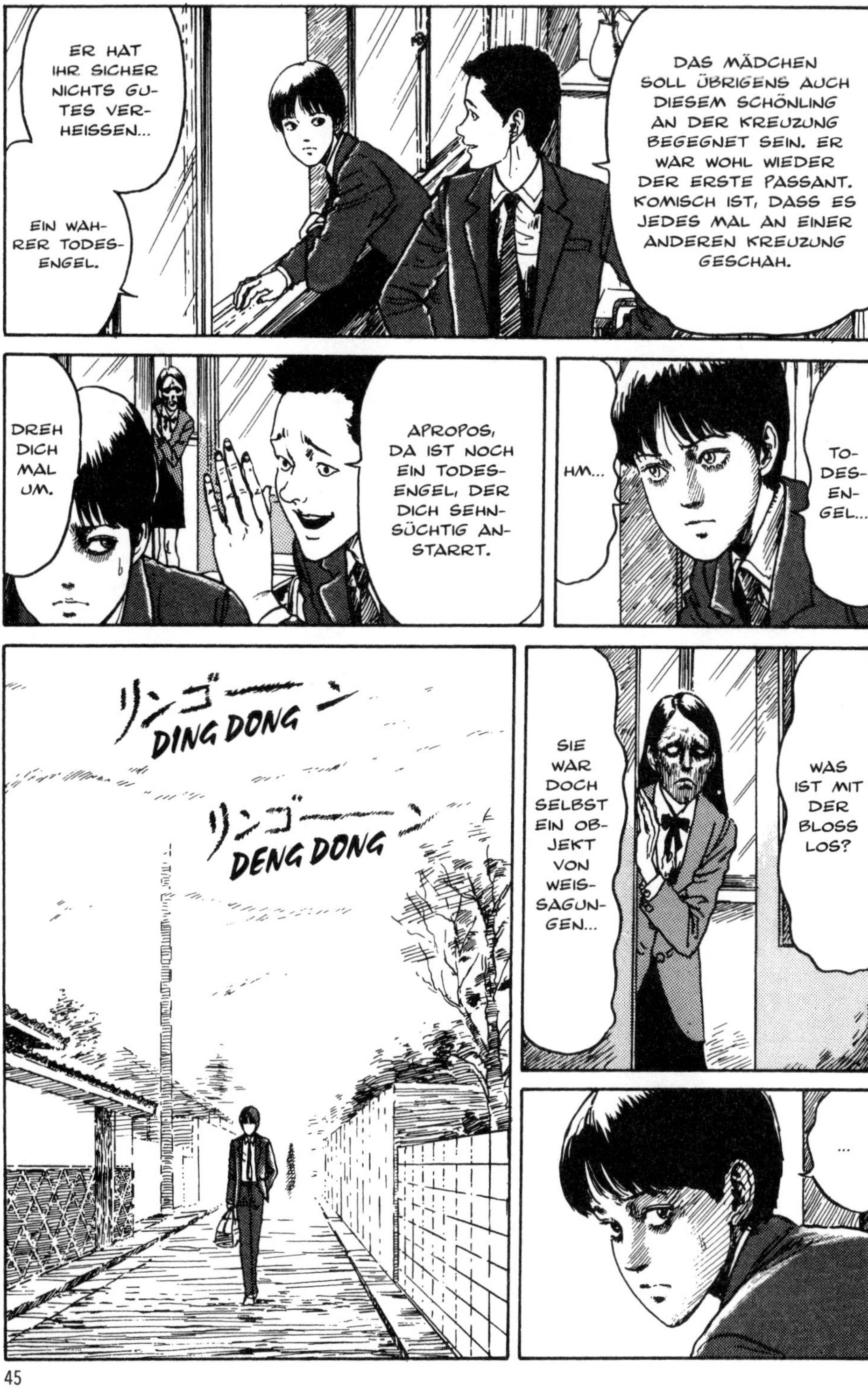
DAS MÄDCHEN SOLL ÜBRIGENS AUCH DIESEM SCHÖNLING AN DER KREUZUNG BEGEGNET SEIN. ER WAR WOHL WIEDER DER ERSTE PASSANT. KOMISCH IST, DASS ES JEDES MAL AN EINER ANDEREN KREUZUNG GESCHAH.
ER HAT IHR SICHER NICHTS GUTES VERHEISSEN...
EIN WAHRER TODESENGEL.
TODESENGEL...
HM...
APROPOS, DA IST NOCH EIN TODESENGEL, DER DICH SEHNSÜCHTIG ANSTARRT.
DREH DICH MAL UM.
WAS IST MIT DER BLOSS LOS?
SIE WAR DOCH SELBST EIN OBJEKT VON WEISSAGUNGEN...
...
リンゴーン
DING DONG
リンゴーン
DENG DONG

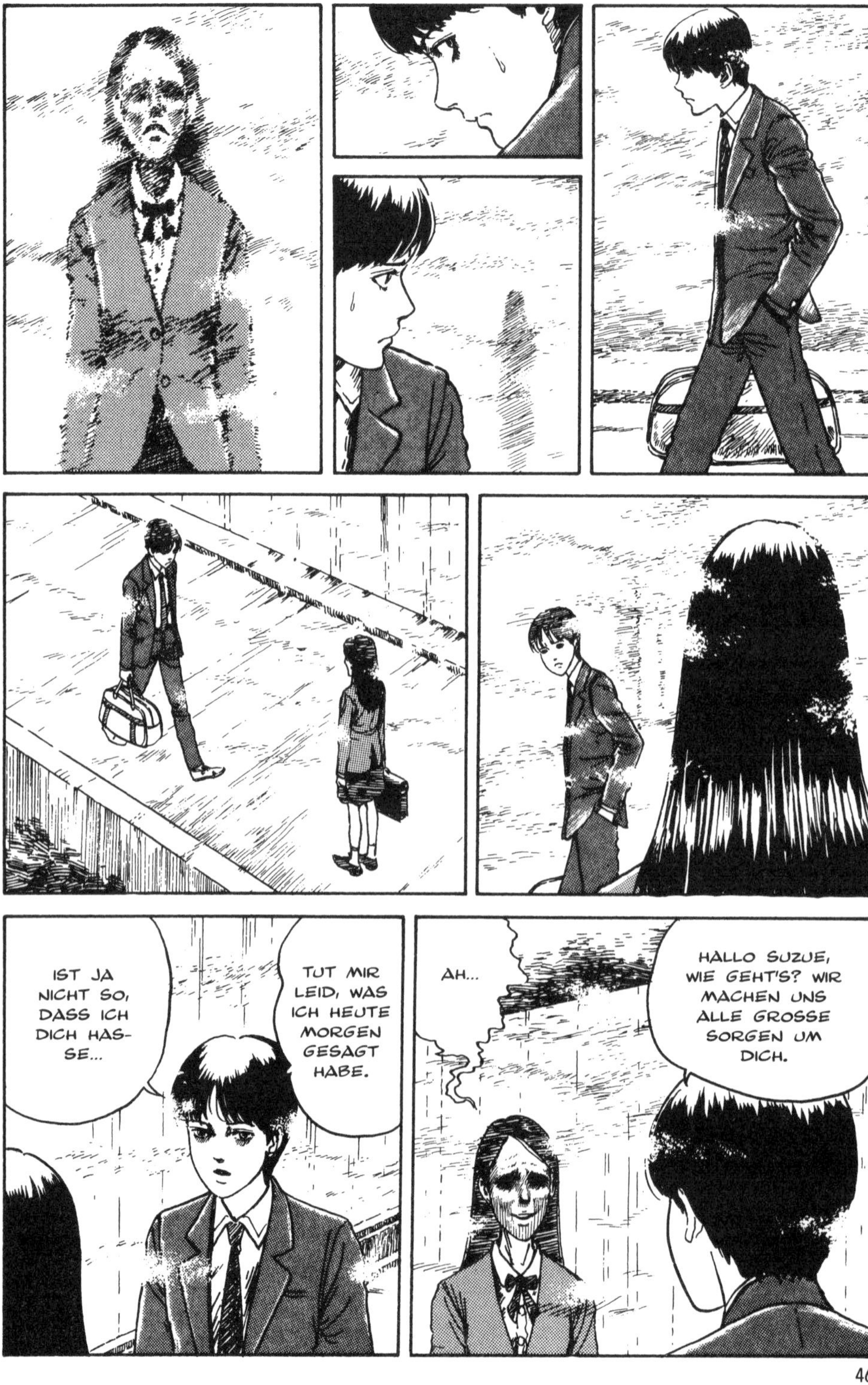
HALLO SUZUE, WIE GEHT'S? WIR MACHEN UNS ALLE GROSSE SORGEN UM DICH.
AH...
TUT MIR LEID, WAS ICH HEUTE MORGEN GESAGT HABE.
IST JA NICHT SO, DASS ICH DICH HASSE...

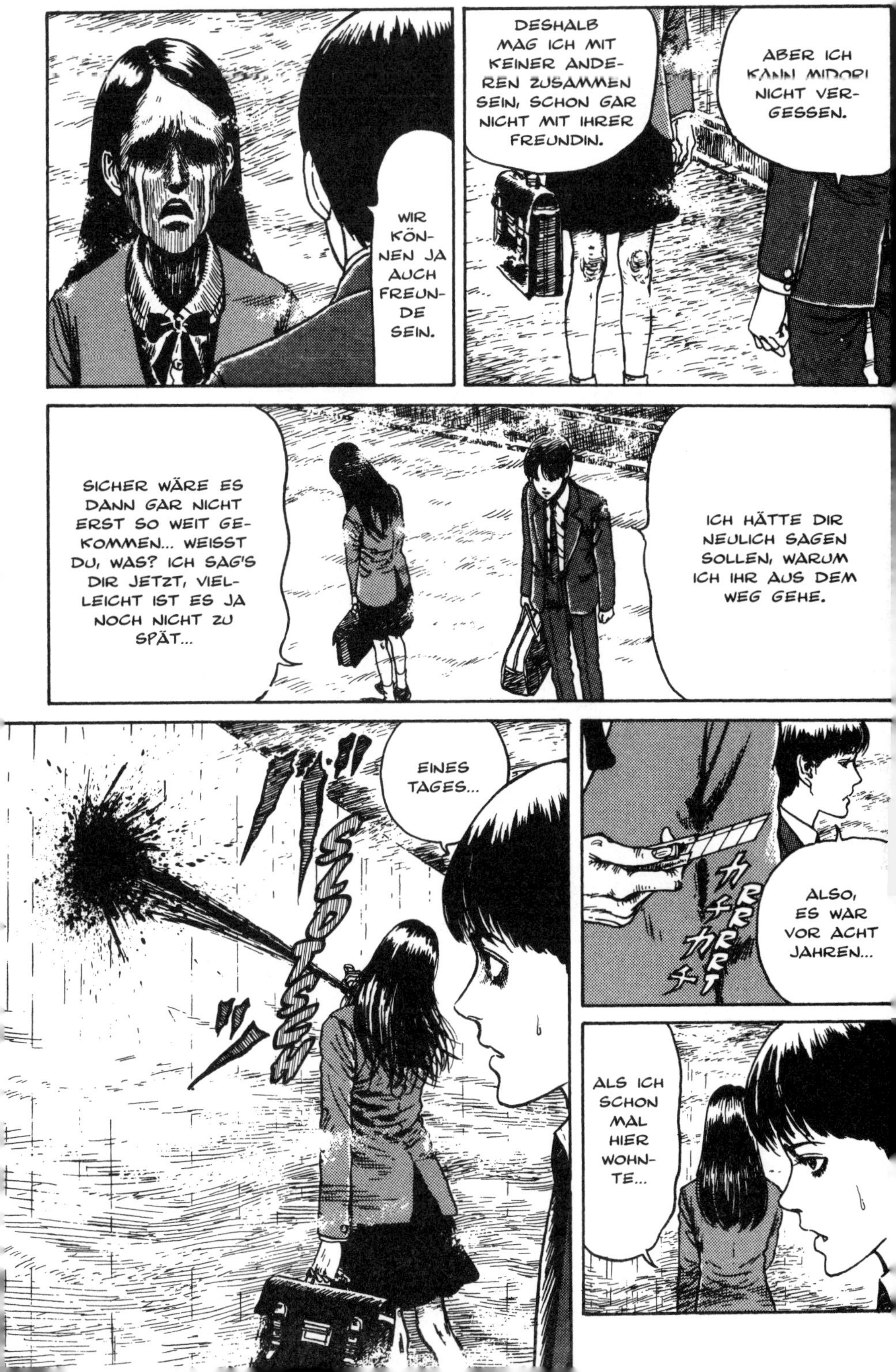
ABER ICH KANN MIDORI NICHT VERGESSEN.
DESHALB MAG ICH MIT KEINER ANDEREN ZUSAMMEN SEIN, SCHON GAR NICHT MIT IHRER FREUNDIN.
WIR KÖNNEN JA AUCH FREUNDE SEIN.
ICH HÄTTE DIR NEULICH SAGEN SOLLEN, WARUM ICH IHR AUS DEM WEG GEHE.
SICHER WÄRE ES DANN GAR NICHT ERST SO WEIT GEKOMMEN... WEISST DU, WAS? ICH SAG'S DIR JETZT, VIELLEICHT IST ES JA NOCH NICHT ZU SPÄT...
カチカチ
ALSO, ES WAR VOR ACHT JAHREN...
ALS ICH SCHON MAL HIER WOHNTE...
EINES TAGES...

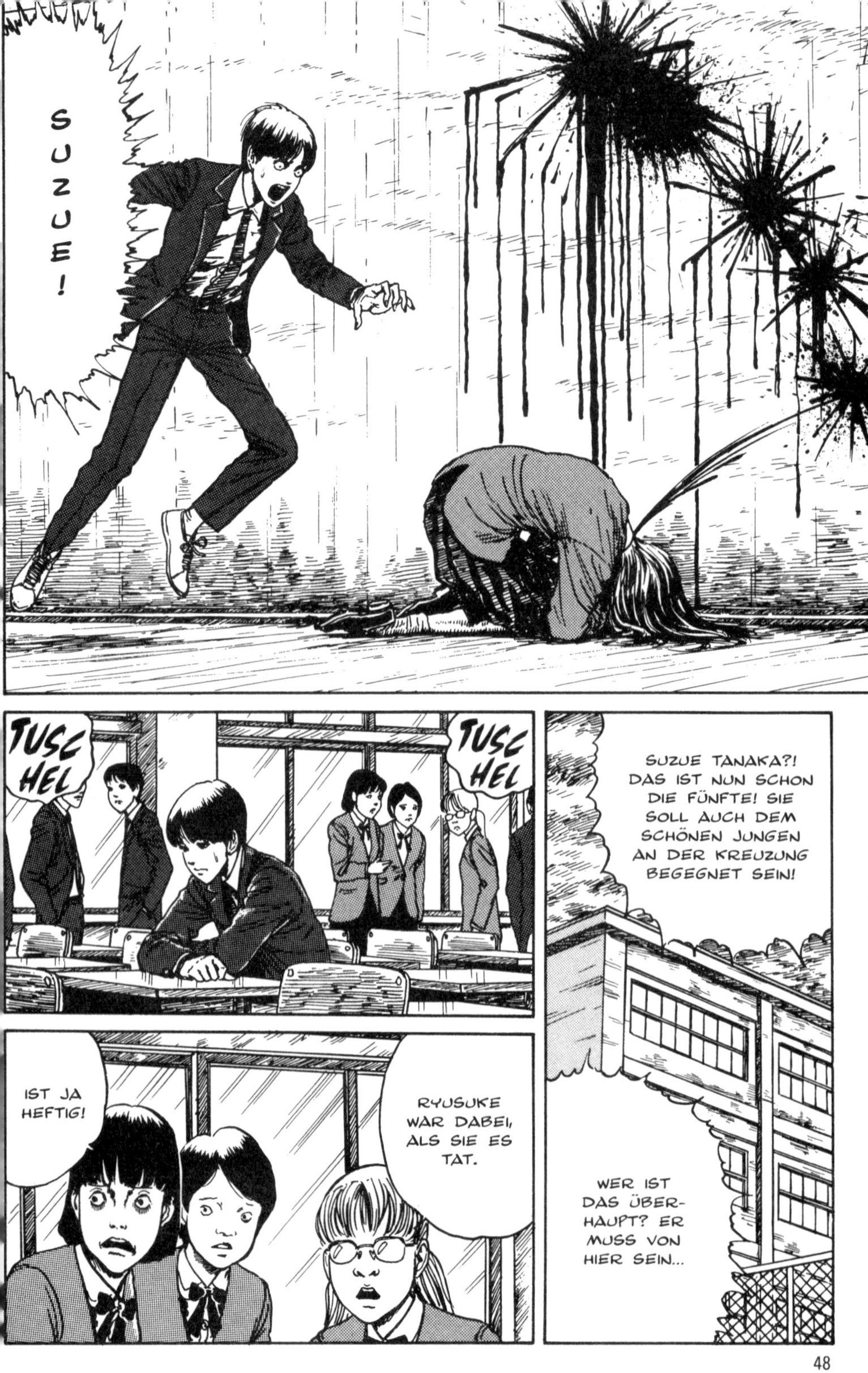
SUZUE!
SUZUE TANAKA?! DAS IST NUN SCHON DIE FÜNFTE! SIE SOLL AUCH DEM SCHÖNEN JUNGEN AN DER KREUZUNG BEGEGNET SEIN!
WER IST DAS ÜBER-HAUPT? ER MUSS VON HIER SEIN...
TUSCHEL
TUSCHEL
RYUSUKE WAR DABEI, ALS SIE ES TAT.
IST JA HEFTIG!

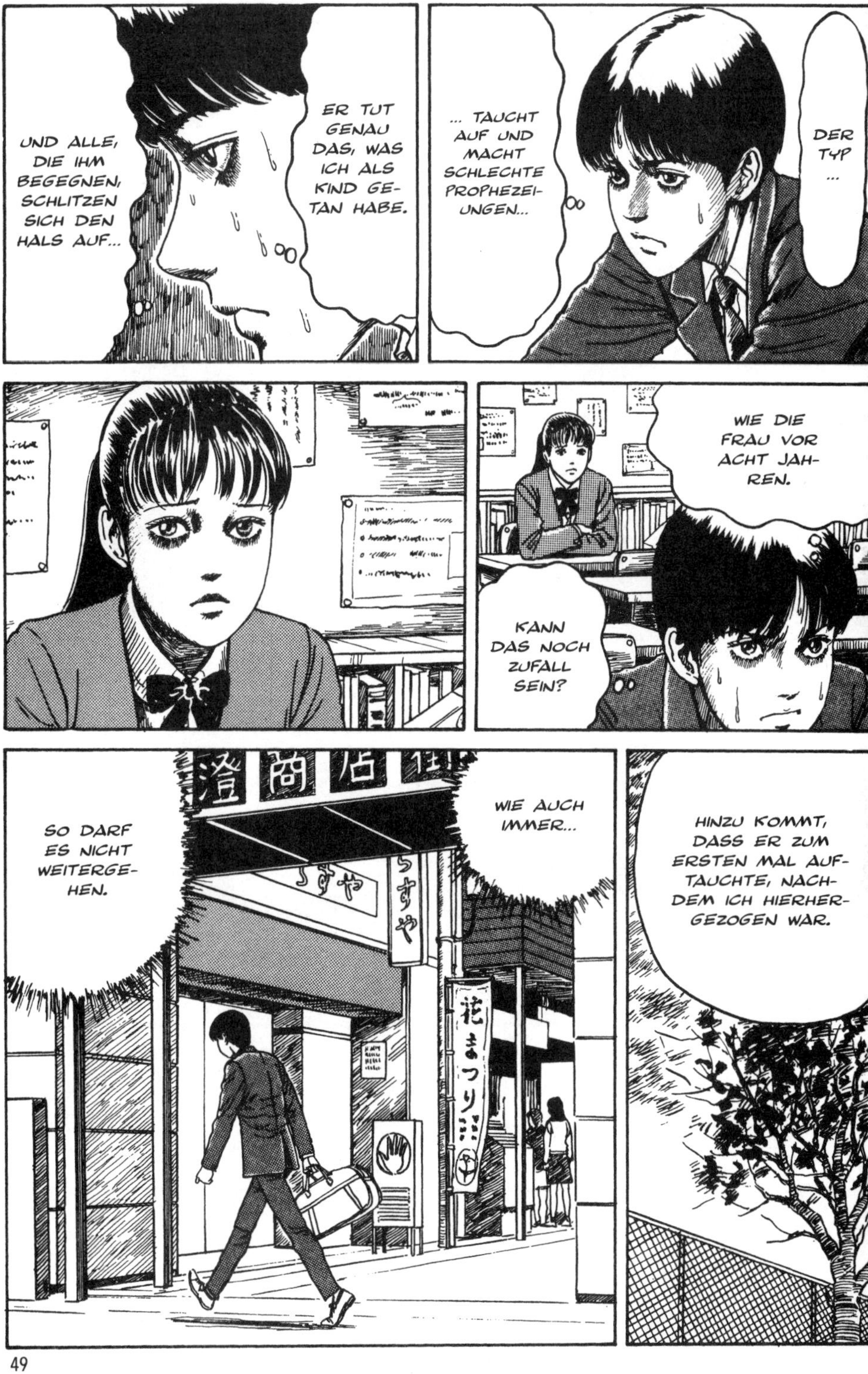
DER TYP ...
... TAUCHT AUF UND MACHT SCHLECHTE PROPHEZEIUNGEN...
ER TUT GENAU DAS, WAS ICH ALS KIND GETAN HABE.
UND ALLE, DIE IHM BEGEGNEN, SCHLITZEN SICH DEN HALS AUF...
WIE DIE FRAU VOR ACHT JAHREN.
KANN DAS NOCH ZUFALL SEIN?
HINZU KOMMT, DASS ER ZUM ERSTEN MAL AUFTAUCHTE, NACHDEM ICH HIERHERGEZOGEN WAR.
WIE AUCH IMMER...
SO DARF ES NICHT WEITERGEHEN.

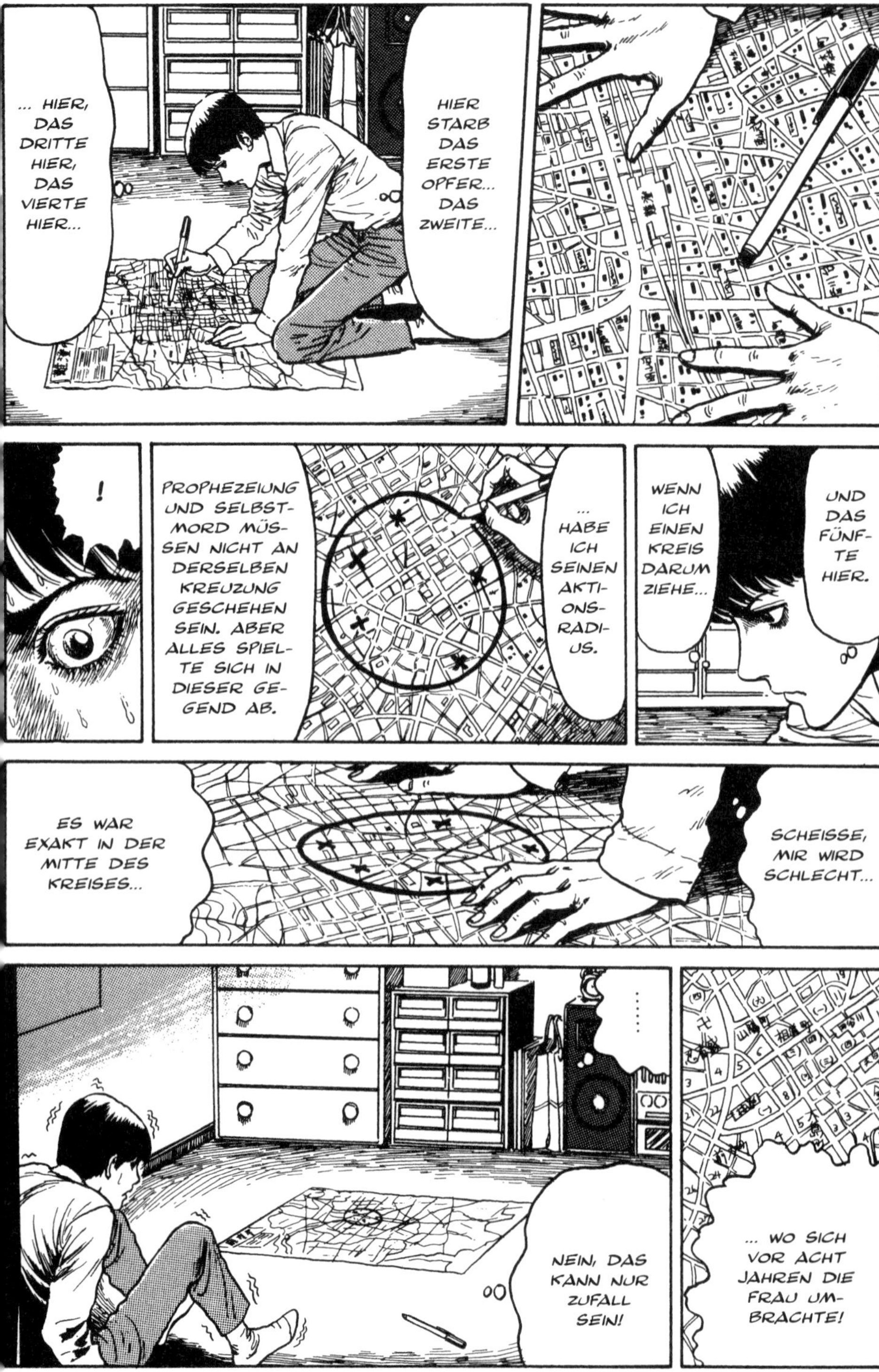
HIER STARB DAS ERSTE OPFER... DAS ZWEITE...
... HIER, DAS DRITTE HIER, DAS VIERTE HIER...
UND DAS FÜNFTE HIER.
WENN ICH EINEN KREIS DARUM ZIEHE...
... HABE ICH SEINEN AKTIONSRADIUS.
PROPHEZEIUNG UND SELBSTMORD MÜSSEN NICHT AN DERSELBEN KREUZUNG GESCHEHEN SEIN. ABER ALLES SPIELTE SICH IN DIESER GEGEND AB.
!
SCHEISSE, MIR WIRD SCHLECHT...
ES WAR EXAKT IN DER MITTE DES KREISES...
... WO SICH VOR ACHT JAHREN DIE FRAU UMBRACHTE!
......
NEIN, DAS KANN NUR ZUFALL SEIN!

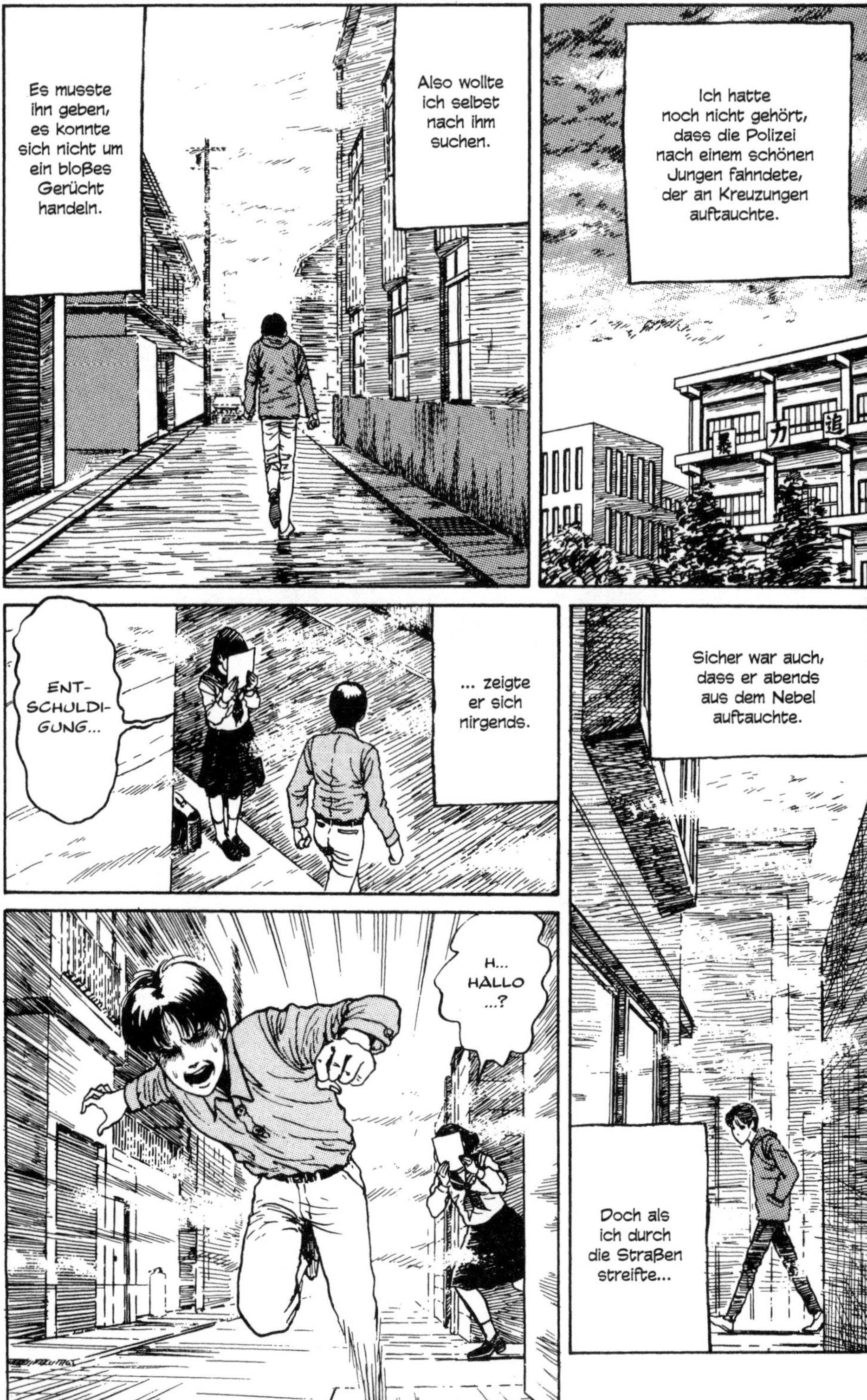
Ich hatte noch nicht gehört, dass die Polizei nach einem schönen Jungen fahndete, der an Kreuzungen auftauchte.
Es musste ihn geben, es konnte sich nicht um ein bloßes Gerücht handeln.
Also wollte ich selbst nach ihm suchen.
暴 力 追
Sicher war auch, dass er abends aus dem Nebel auftauchte.
Doch als ich durch die Straßen streifte...
... zeigte er sich nirgends.
ENT-SCHULDI-GUNG...
H... HALLO ...?

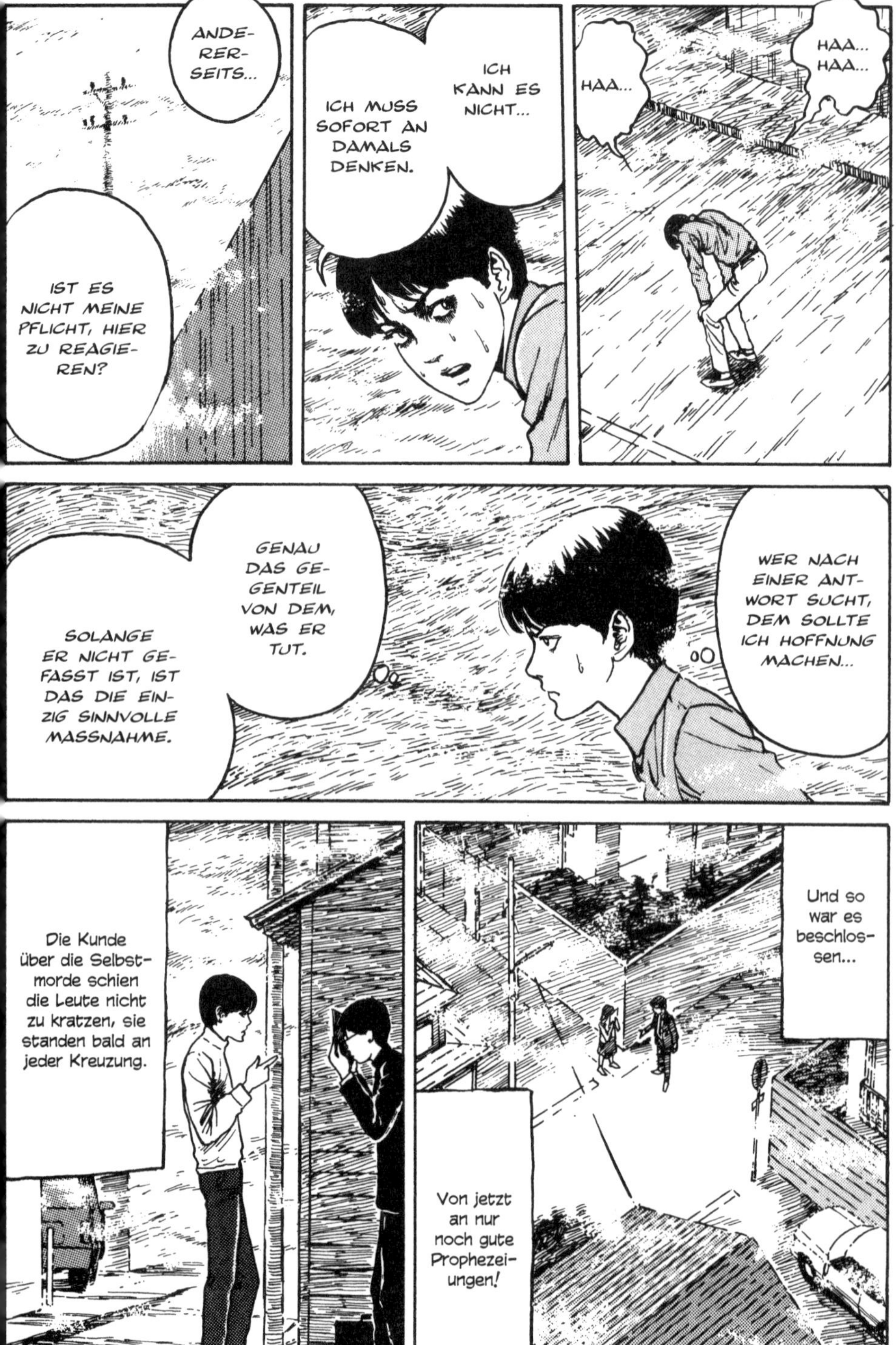
HAA... HAA...
HAA...
ICH KANN ES NICHT...
ICH MUSS SOFORT AN DAMALS DENKEN.
ANDE-RER-SEITS...
IST ES NICHT MEINE PFLICHT, HIER ZU REAGIE-REN?
WER NACH EINER ANT-WORT SUCHT, DEM SOLLTE ICH HOFFNUNG MACHEN...
GENAU DAS GE-GENTEIL VON DEM, WAS ER TUT.
SOLANGE ER NICHT GE-FASST IST, IST DAS DIE EIN-ZIG SINNVOLLE MASSNAHME.
Und so war es beschlos-sen...
Von jetzt an nur noch gute Prophezei-ungen!
Die Kunde über die Selbst-morde schien die Leute nicht zu kratzen, sie standen bald an jeder Kreuzung.

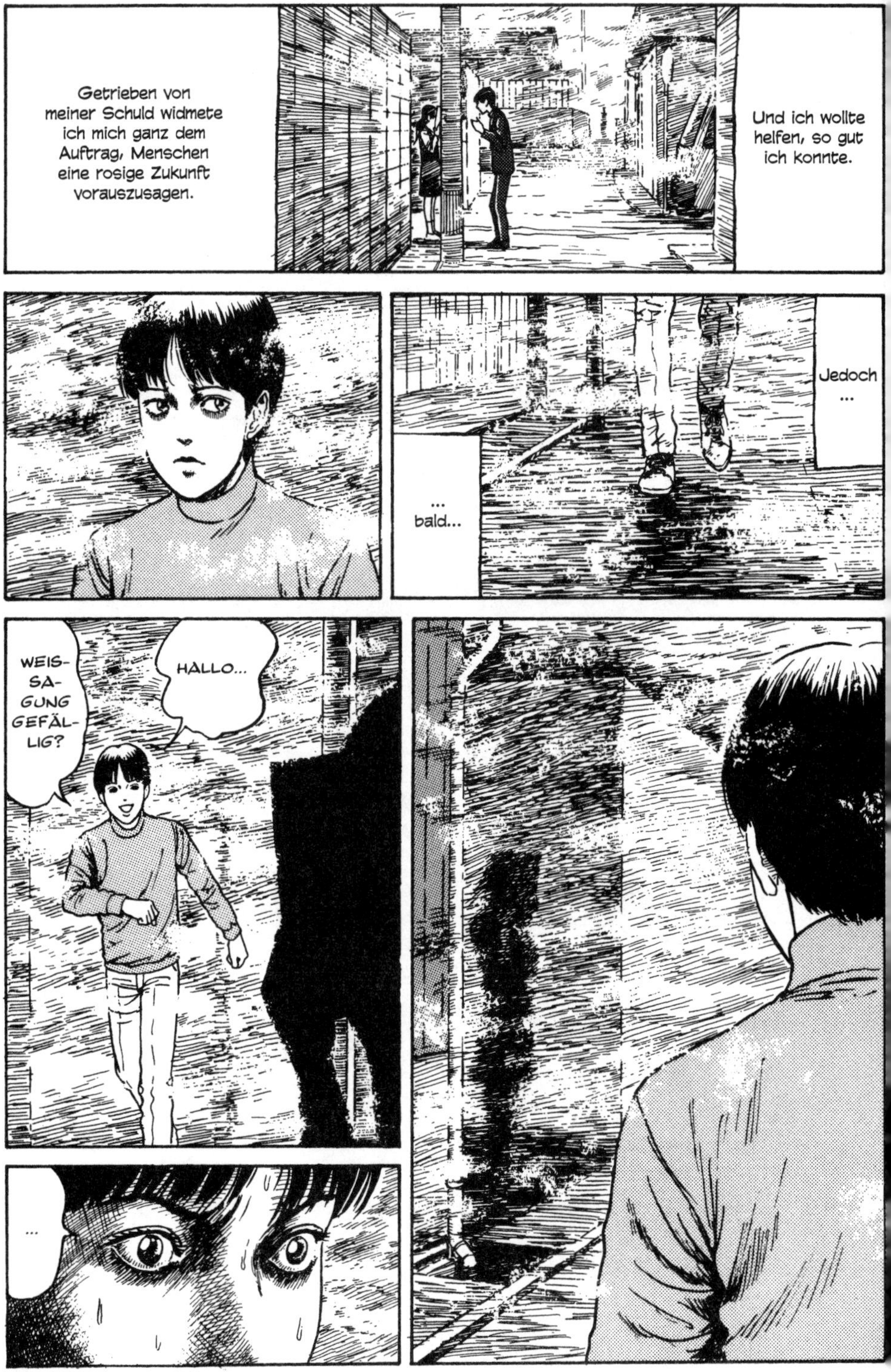
Getrieben von meiner Schuld widmete ich mich ganz dem Auftrag, Menschen eine rosige Zukunft vorauszusagen.
Und ich wollte helfen, so gut ich konnte.
Jedoch ...
... bald...
HALLO...
WEIS-SA-GUNG GEFÄL-LIG?
...

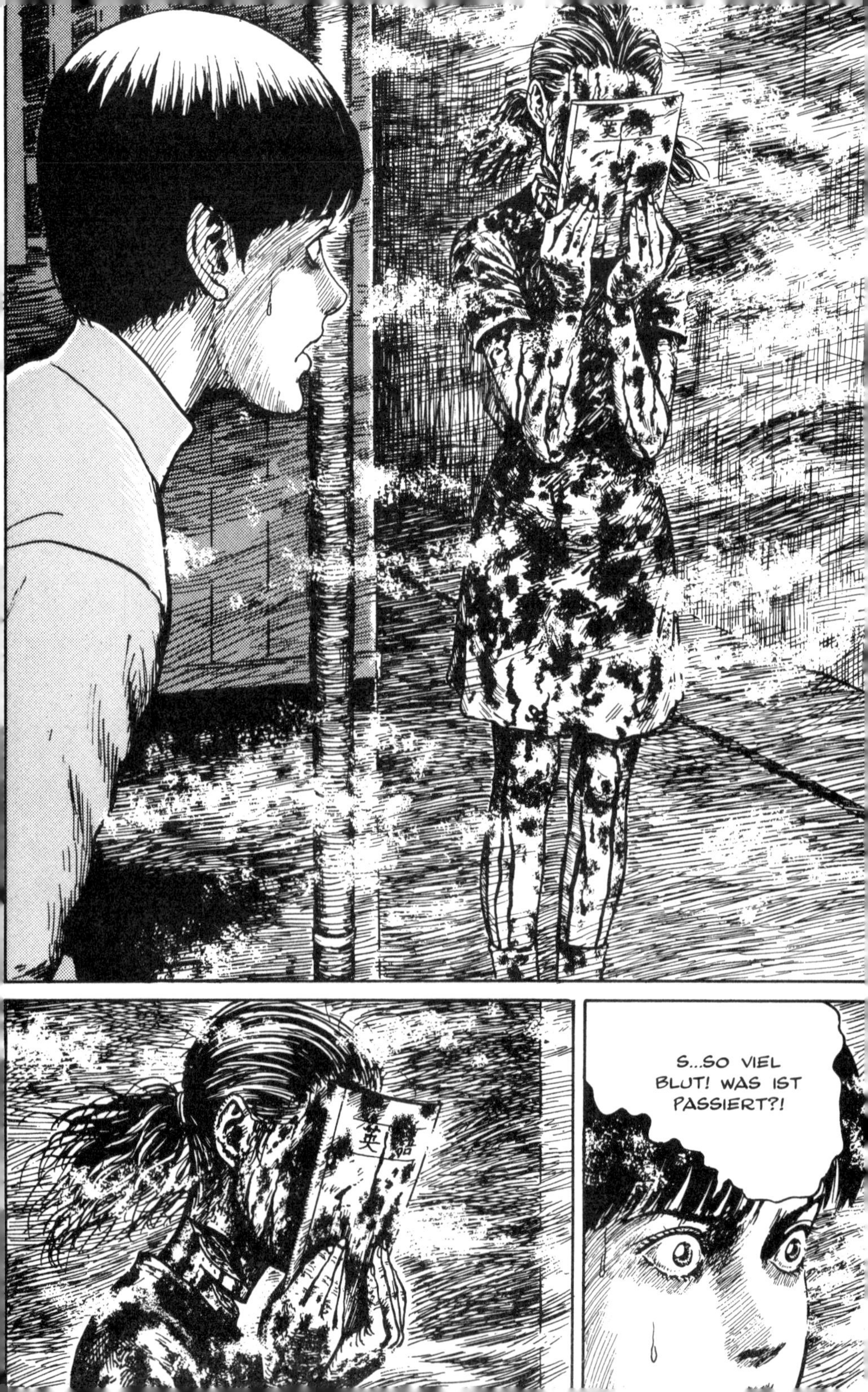
S...SO VIEL BLUT! WAS IST PASSIERT?!

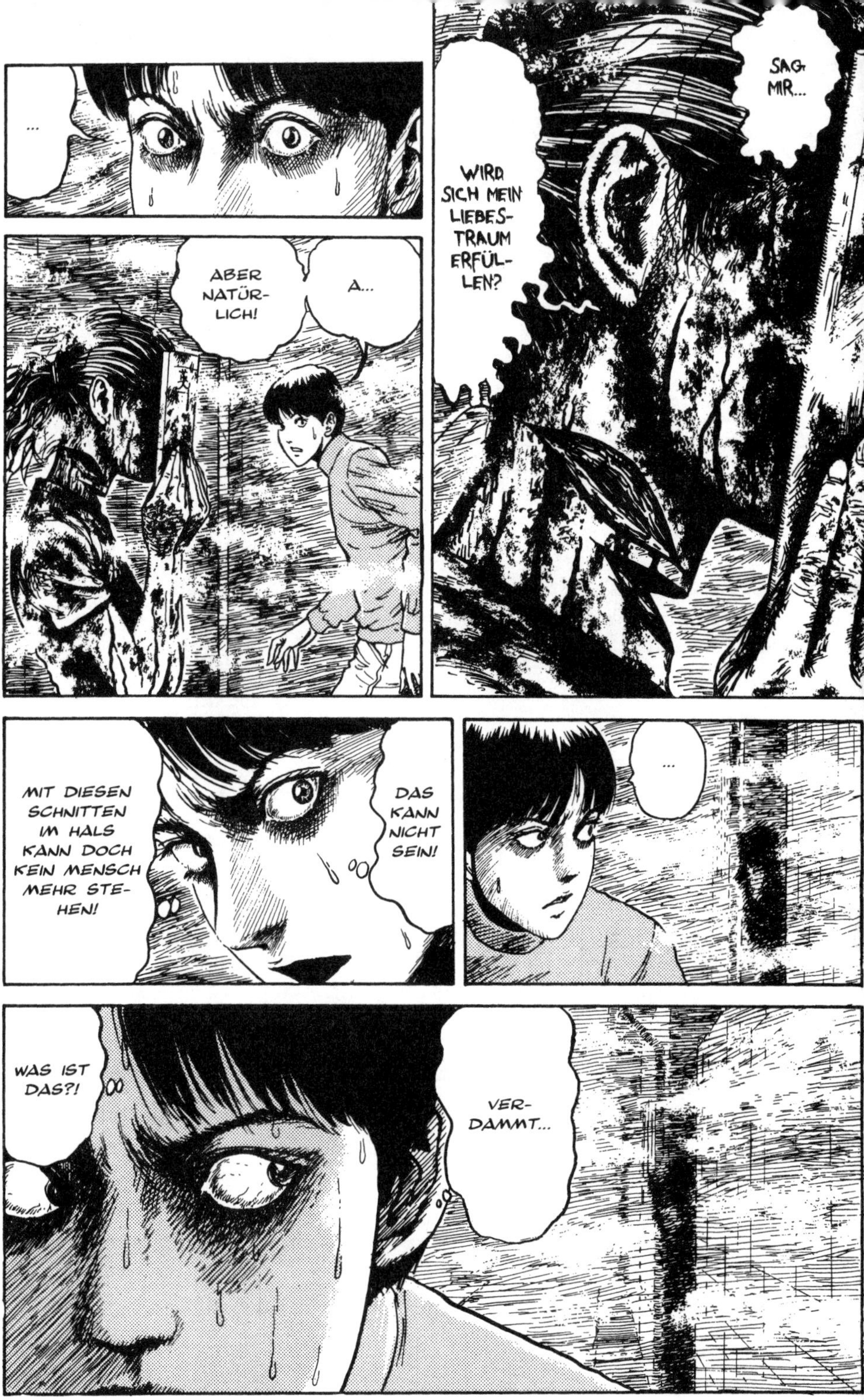
SAG MIR...
WIRD SICH MEIN LIEBESTRAUM ERFÜLLEN?
...
A...
ABER NATÜRLICH!
...
DAS KANN NICHT SEIN!
MIT DIESEN SCHNITTEN IM HALS KANN DOCH KEIN MENSCH MEHR STEHEN!
VERDAMMT...
WAS IST DAS?!

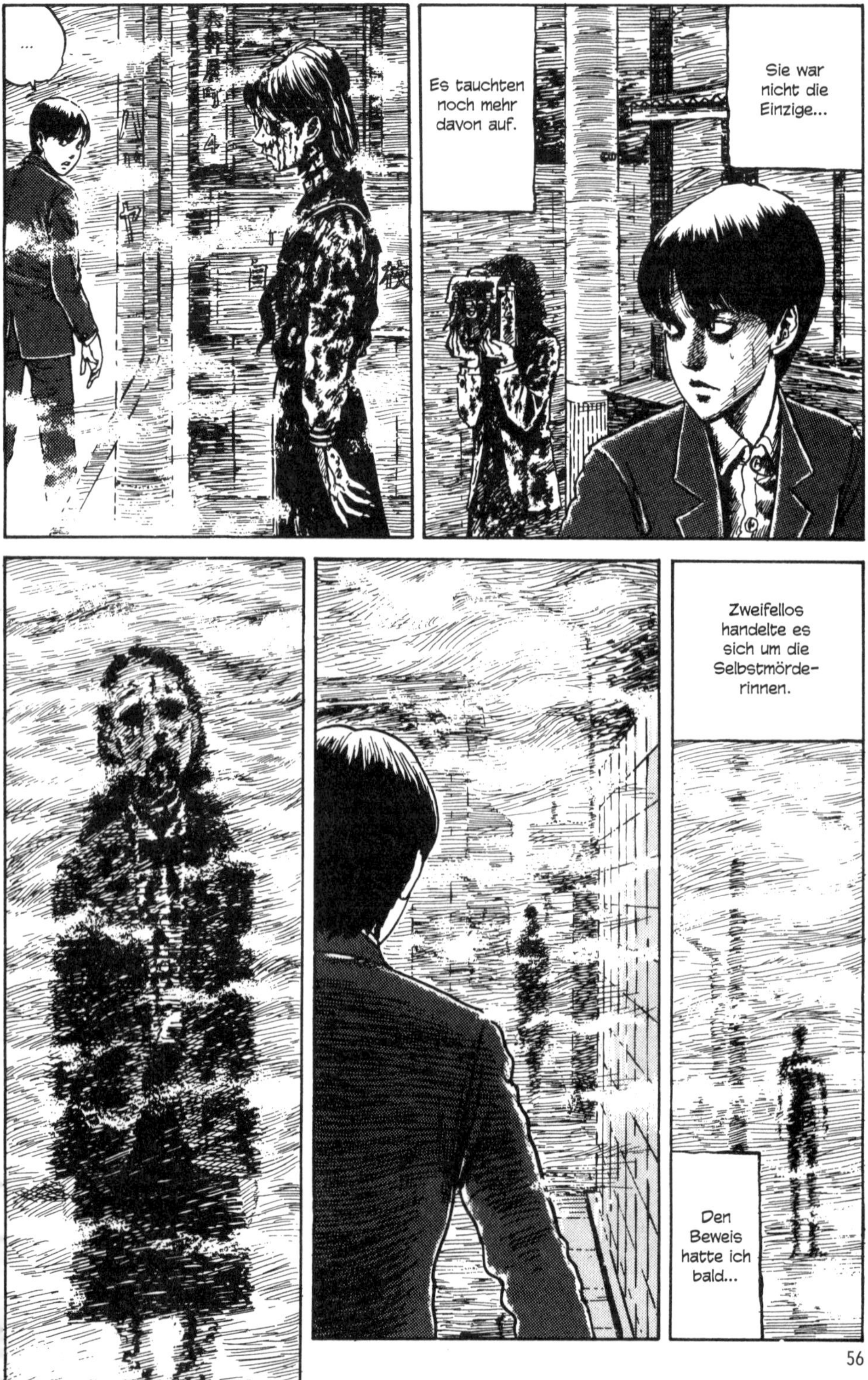
Sie war nicht die Einzige...
Es tauchten noch mehr davon auf.
...
Zweifellos handelte es sich um die Selbstmörde-rinnen.
Den Beweis hatte ich bald...

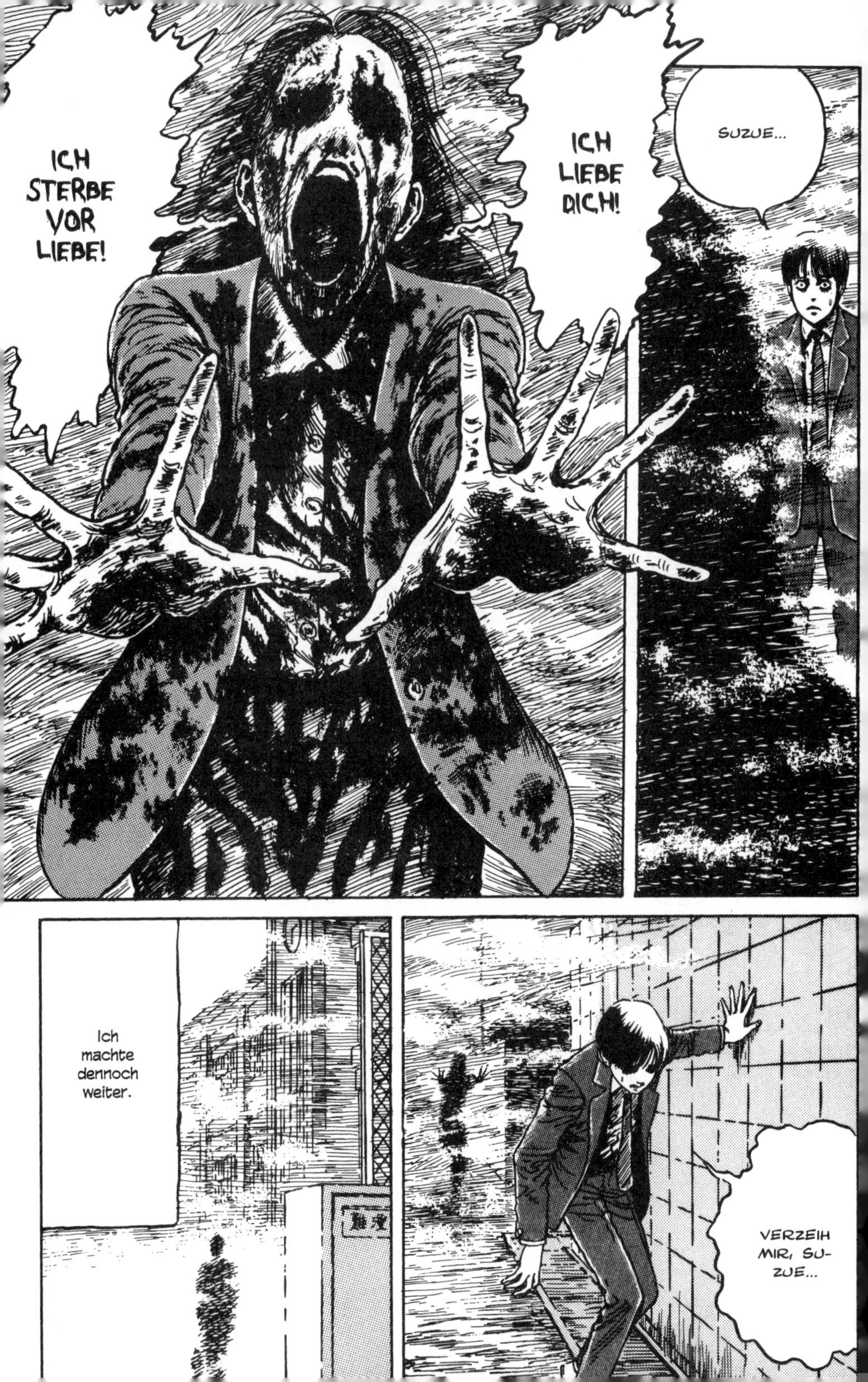
SUZUE...
ICH LIEBE DICH!
ICH STERBE VOR LIEBE!
Ich machte dennoch weiter.
VERZEIH MIR, SU-ZUE...

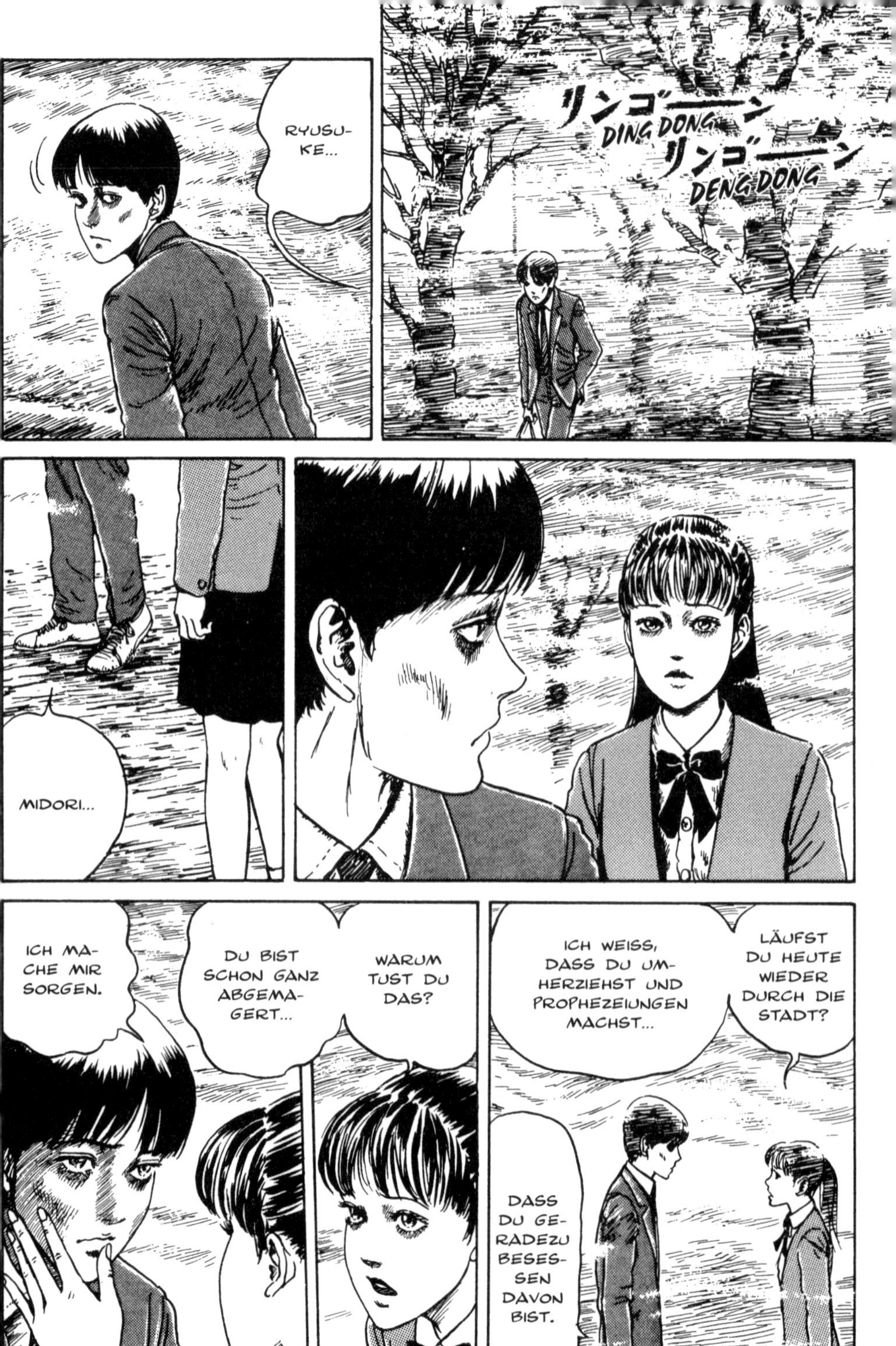
リンゴーーン
DING DONG
リンゴーーン
DENG DONG
RYUSU-KE...
MIDORI...
LÄUFST DU HEUTE WIEDER DURCH DIE STADT?
ICH WEISS, DASS DU UMHERZIEHST UND PROPHEZEIUNGEN MACHST...
DASS DU GERADEZU BESESSEN DAVON BIST.
WARUM TUST DU DAS?
DU BIST SCHON GANZ ABGEMAGERT...
ICH MACHE MIR SORGEN.

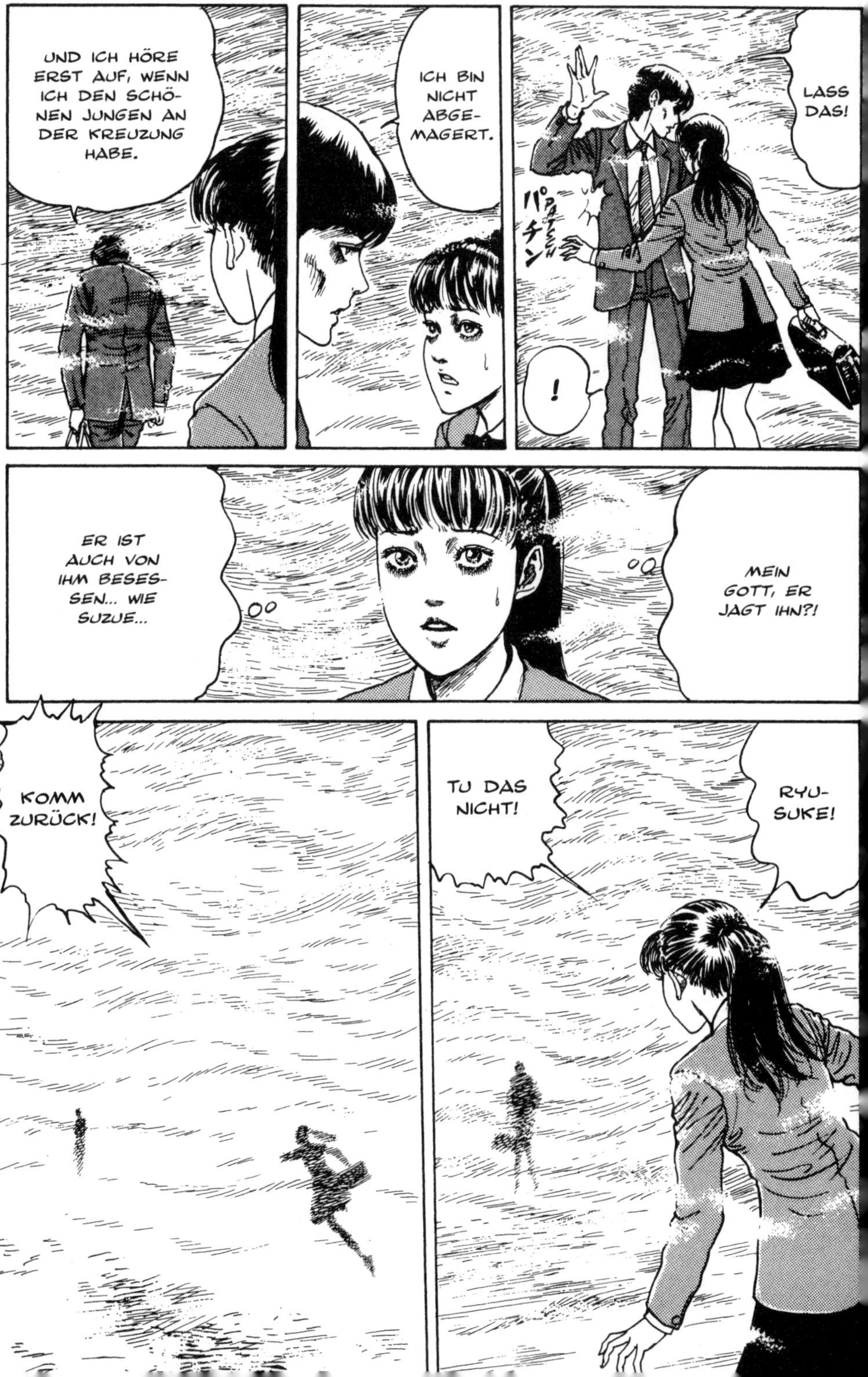
LASS DAS!
パチン PATSCH
!
ICH BIN NICHT ABGE-MAGERT.
UND ICH HÖRE ERST AUF, WENN ICH DEN SCHÖNEN JUNGEN AN DER KREUZUNG HABE.
MEIN GOTT, ER JAGT IHN?!
ER IST AUCH VON IHM BESES-SEN... WIE SUZUE...
RYU-SUKE!
TU DAS NICHT!
KOMM ZURÜCK!

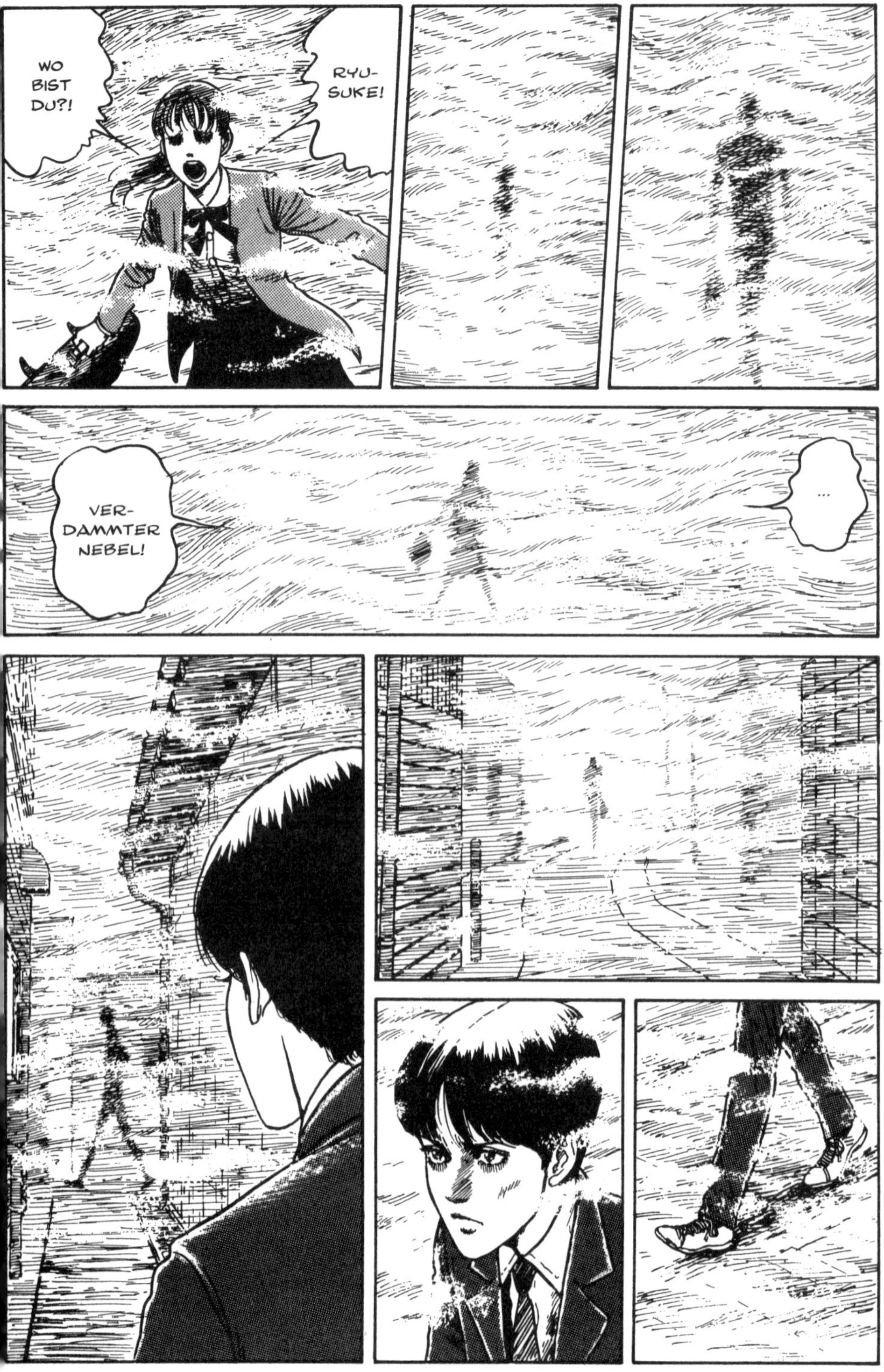
RYU-SUKE!
WO BIST DU?!
...
VERDAMMTER NEBEL!

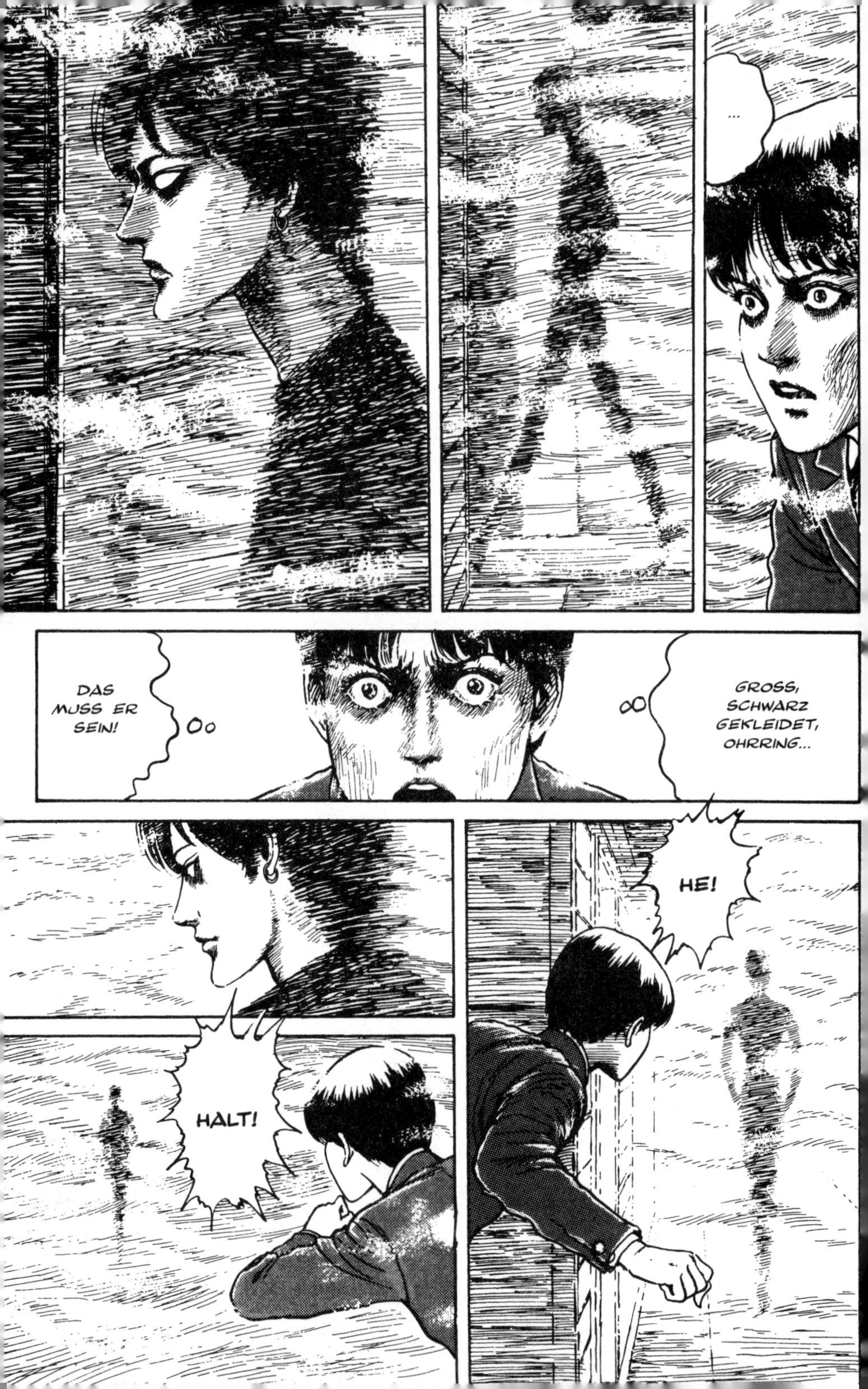
...
GROSS, SCHWARZ GEKLEIDET, OHRRING...
DAS MUSS ER SEIN!
HE!
HALT!

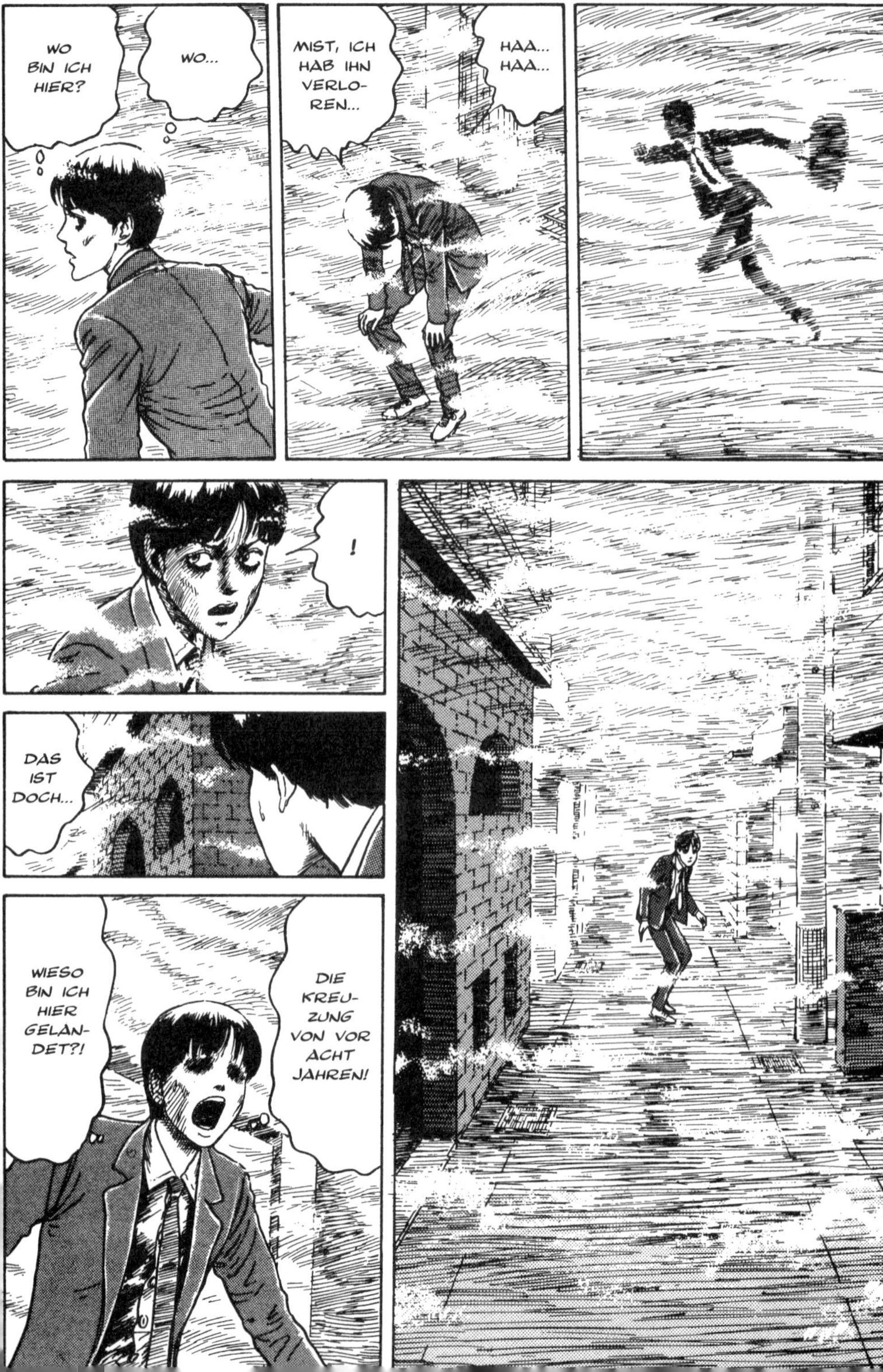
HAA... HAA...
MIST, ICH HAB IHN VERLO-REN...
WO...
WO BIN ICH HIER?
!
DAS IST DOCH...
DIE KREU-ZUNG VON VOR ACHT JAHREN!
WIESO BIN ICH HIER GELAN-DET?!

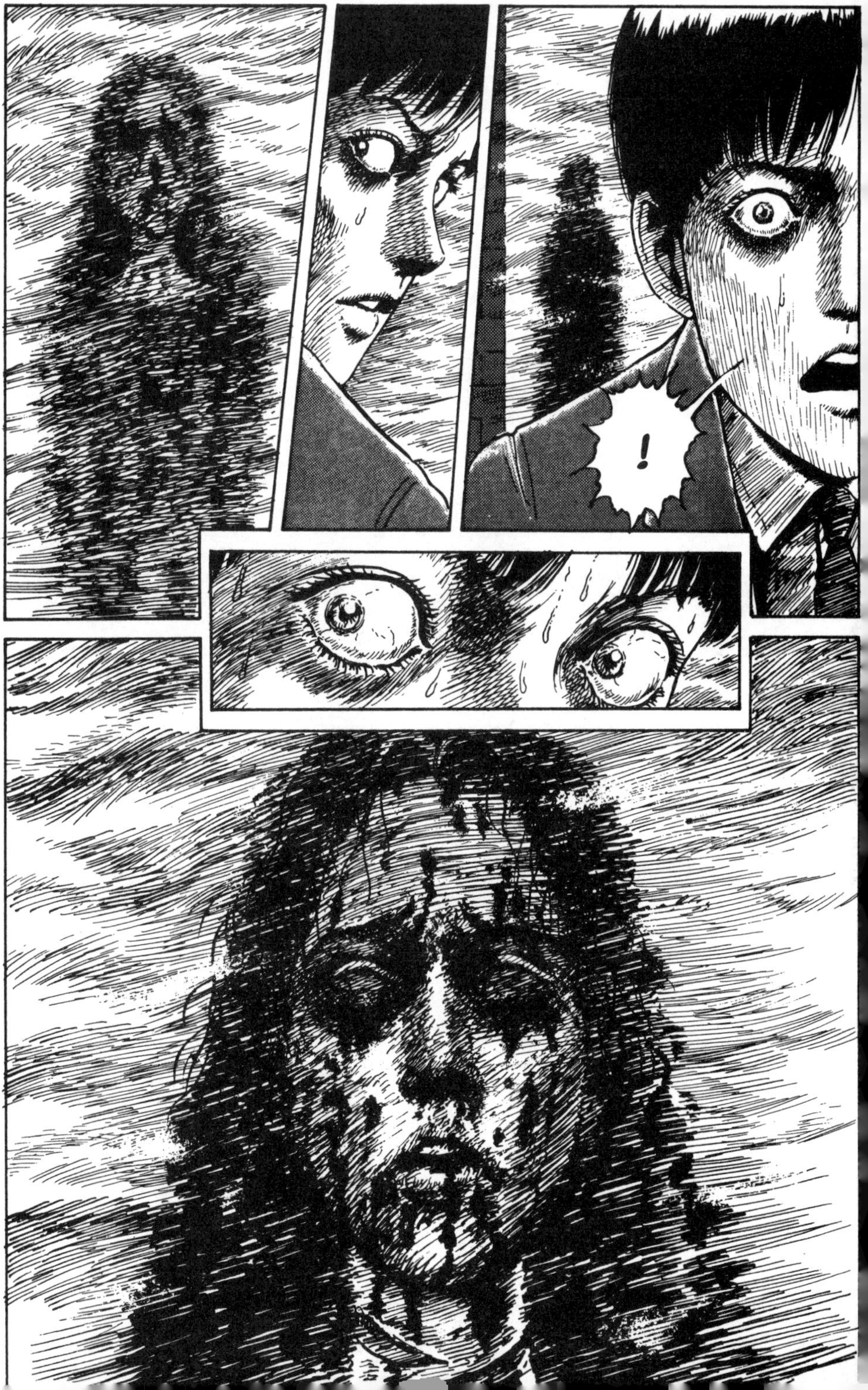

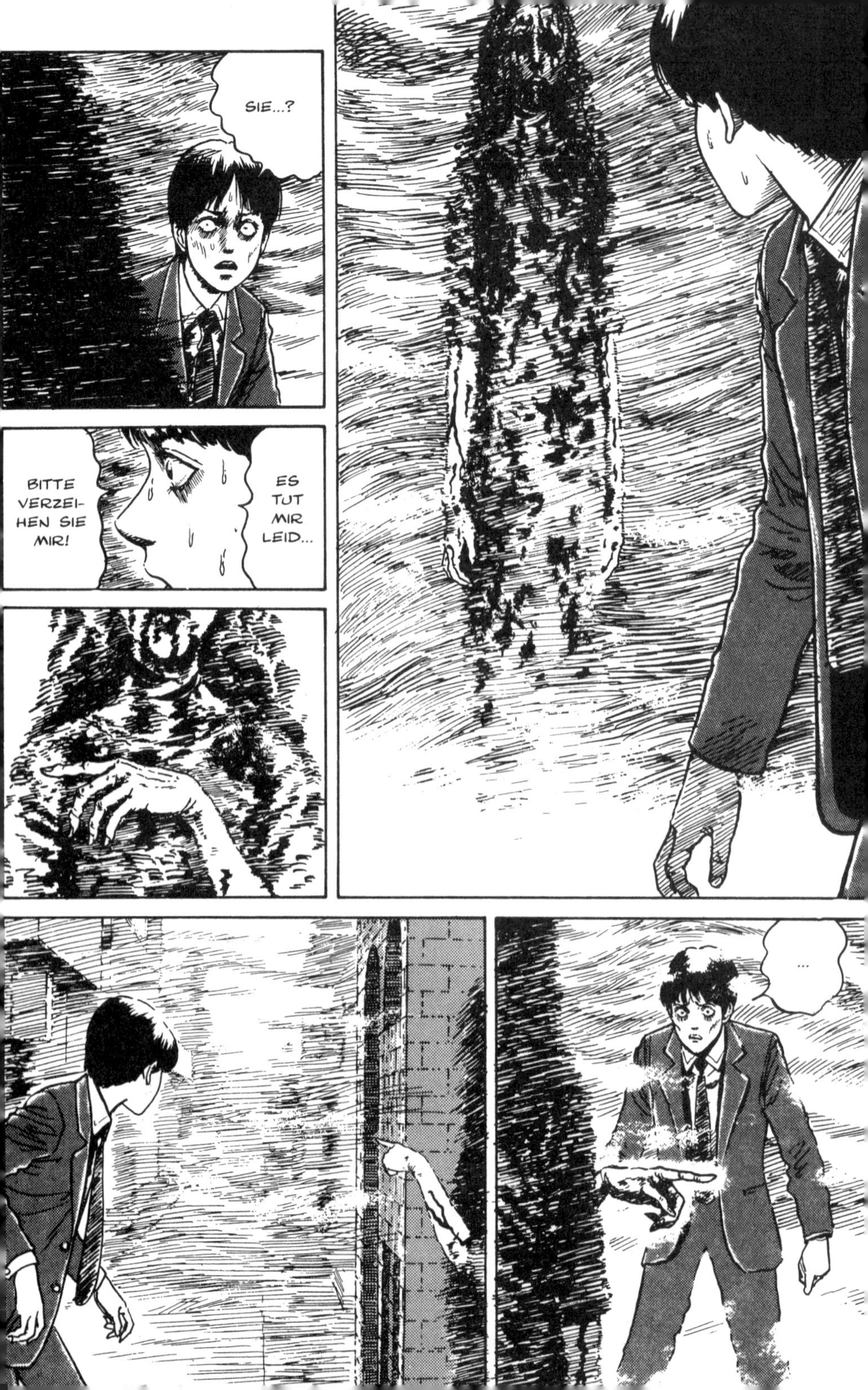
SIE...?
ES TUT MIR LEID...
BITTE VERZEIHEN SIE MIR!
...

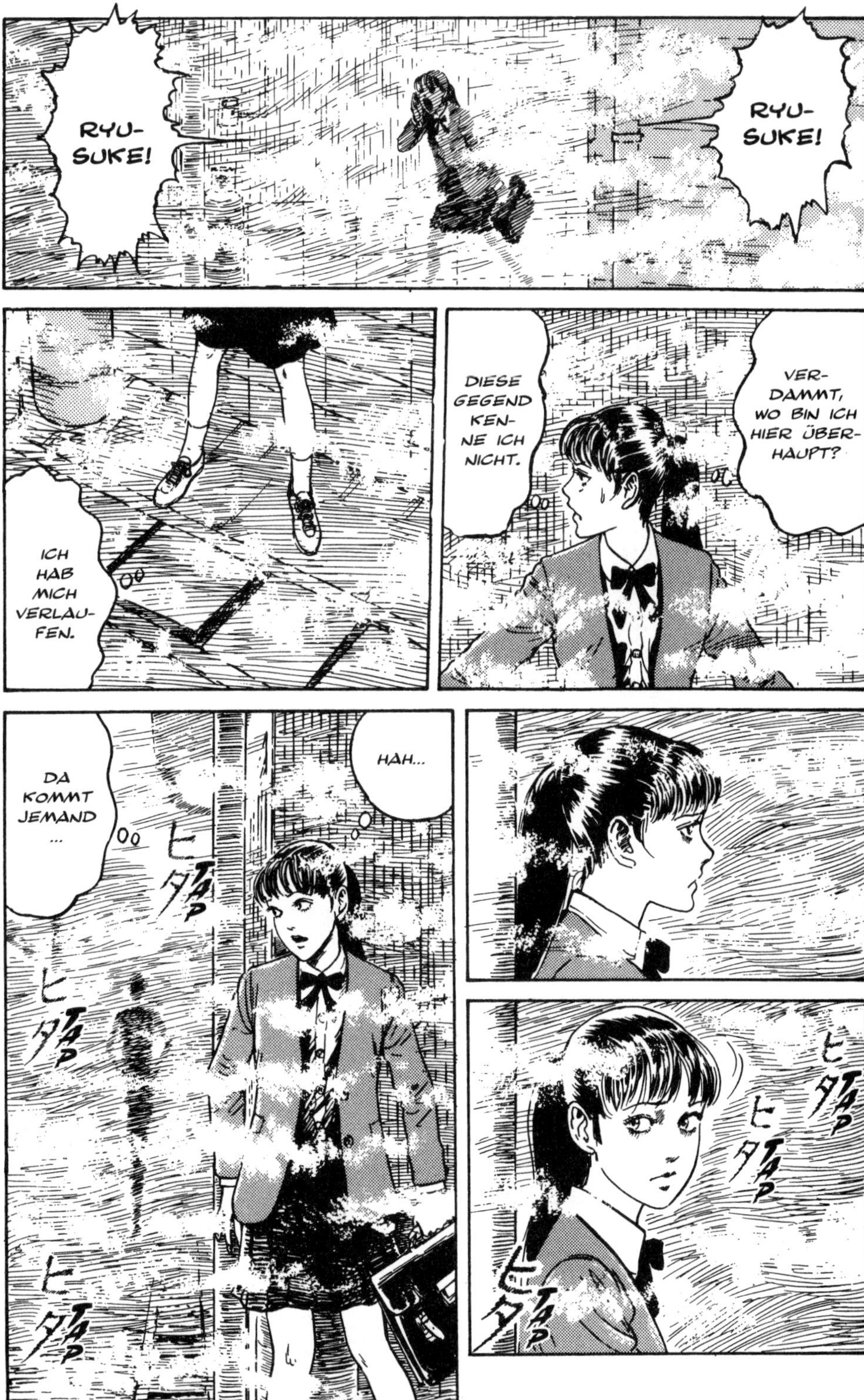
RYU-SUKE!
RYU-SUKE!
VER-DAMMT, WO BIN ICH HIER ÜBER-HAUPT?
DIESE GEGEND KEN-NE ICH NICHT.
ICH HAB MICH VERLAU-FEN.
ヒタ TAP ヒタ TAP ヒタ TAP
HAH...
DA KOMMT JEMAND ...
ヒタ TAP ヒタ TAP ヒタ TAP

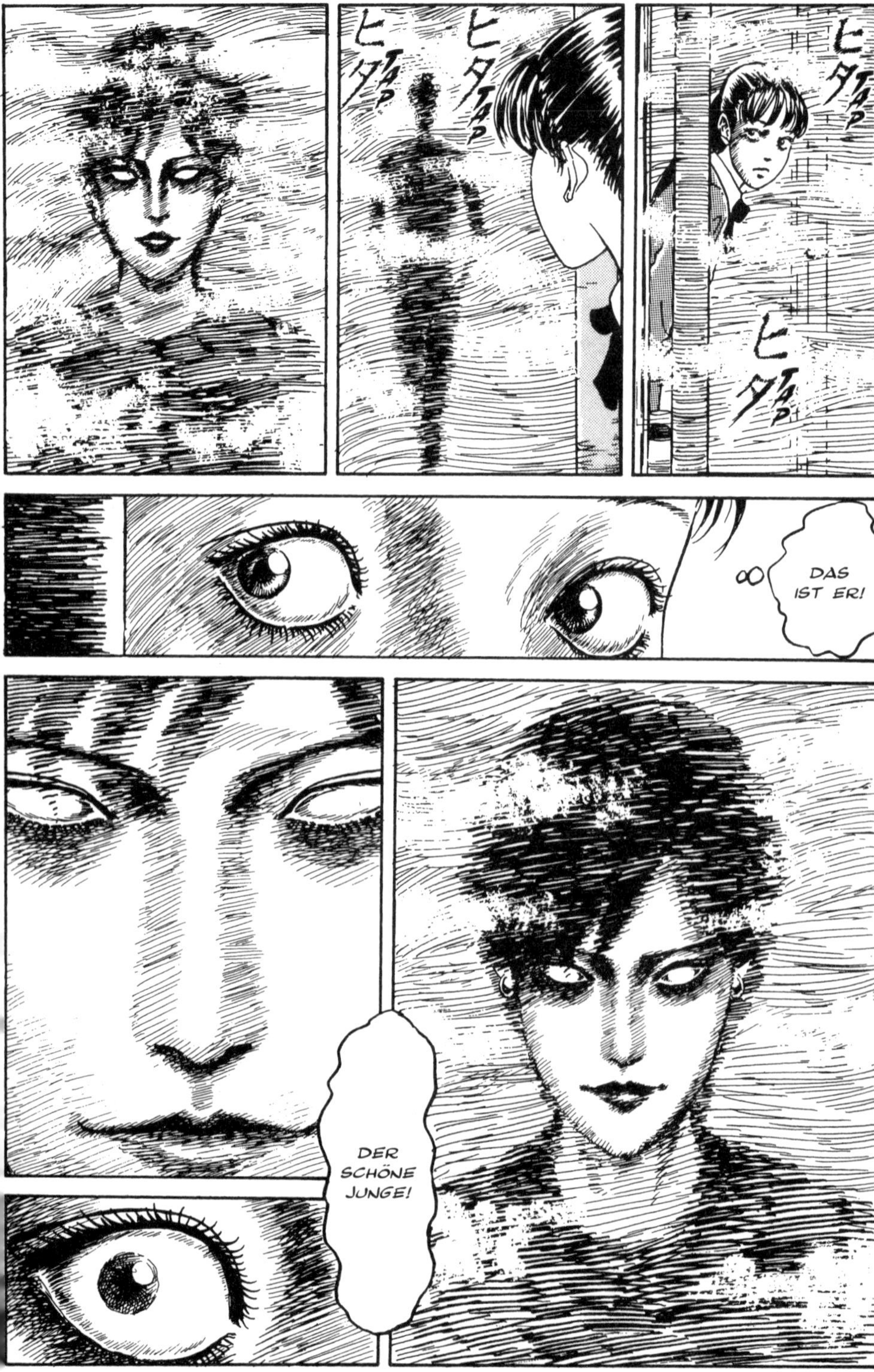

ヒタ TAP
ヒタ TAP
ヒタ TAP
ヒタ TAP
DAS IST ER!
DER SCHÖNE JUNGE!

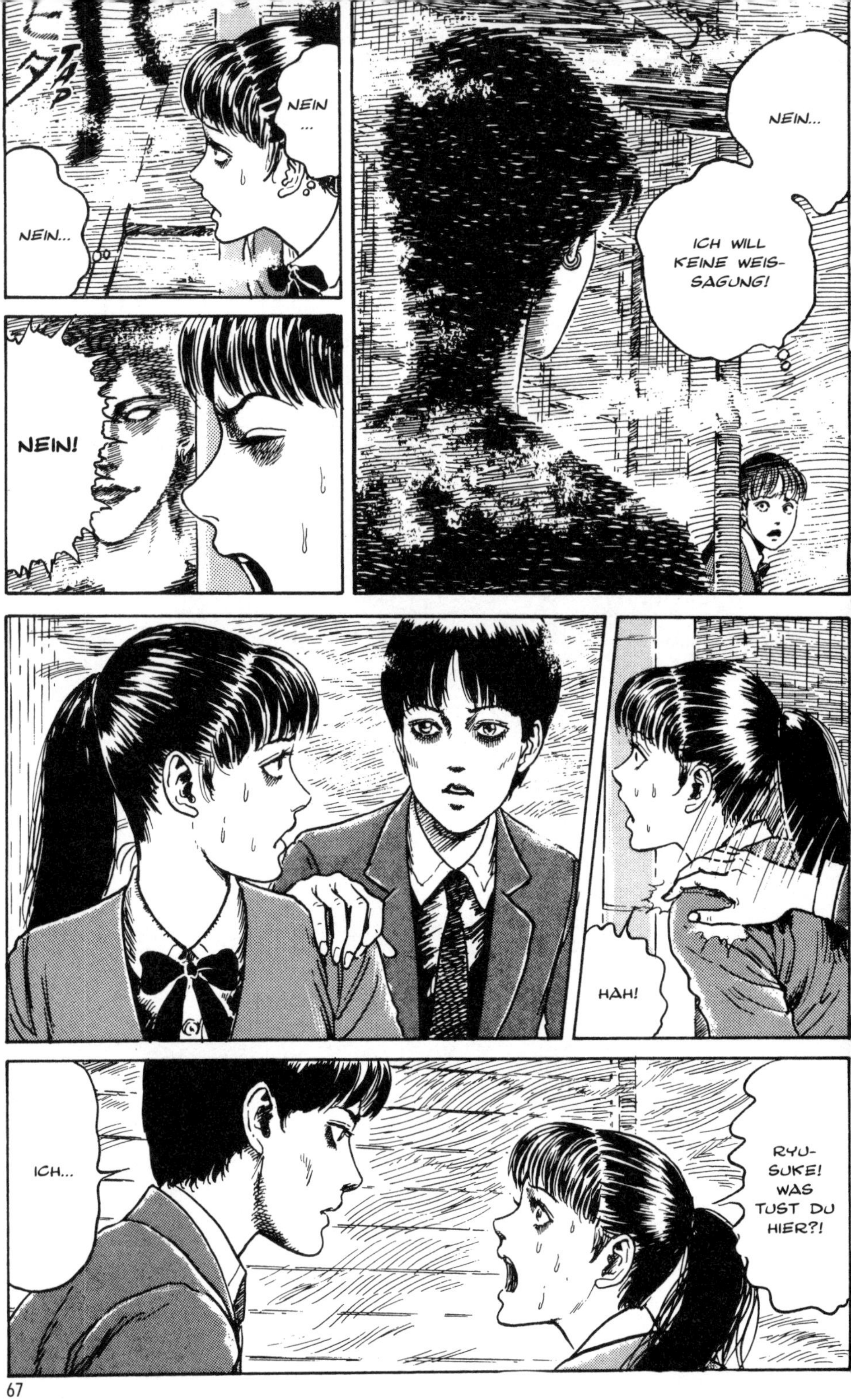
NEIN...
ICH WILL KEINE WEIS-SAGUNG!
ピタ
TAP
NEIN ...
NEIN...
NEIN!
HAH!
RYU-SUKE! WAS TUST DU HIER?!
ICH...

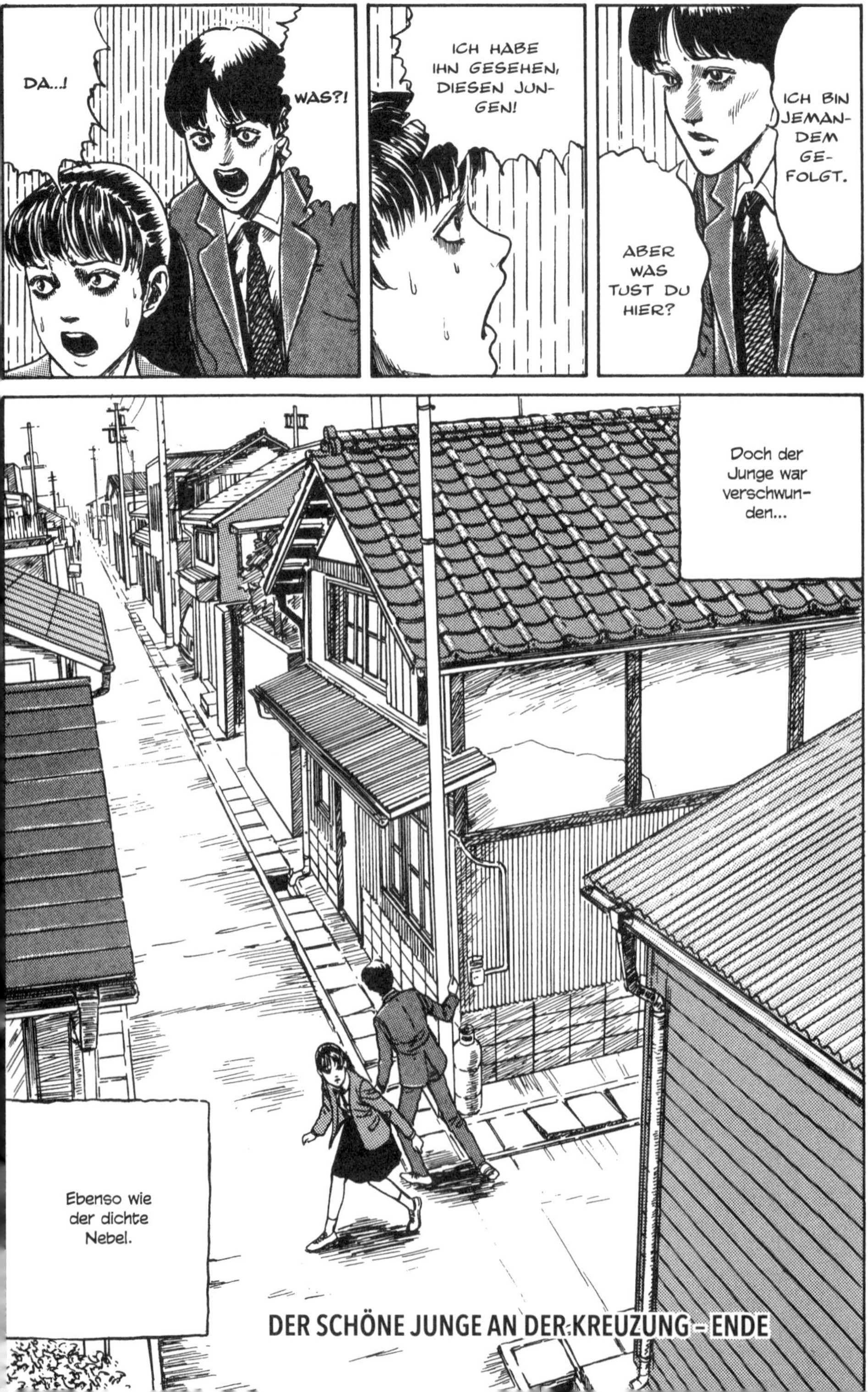
ICH BIN JEMANDEM GEFOLGT.
ABER WAS TUST DU HIER?
ICH HABE IHN GESEHEN, DIESEN JUNGEN!
DA...!
WAS?!
Doch der Junge war verschwunden...
Ebenso wie der dichte Nebel.
DER SCHÖNE JUNGE AN DER KREUZUNG – ENDE

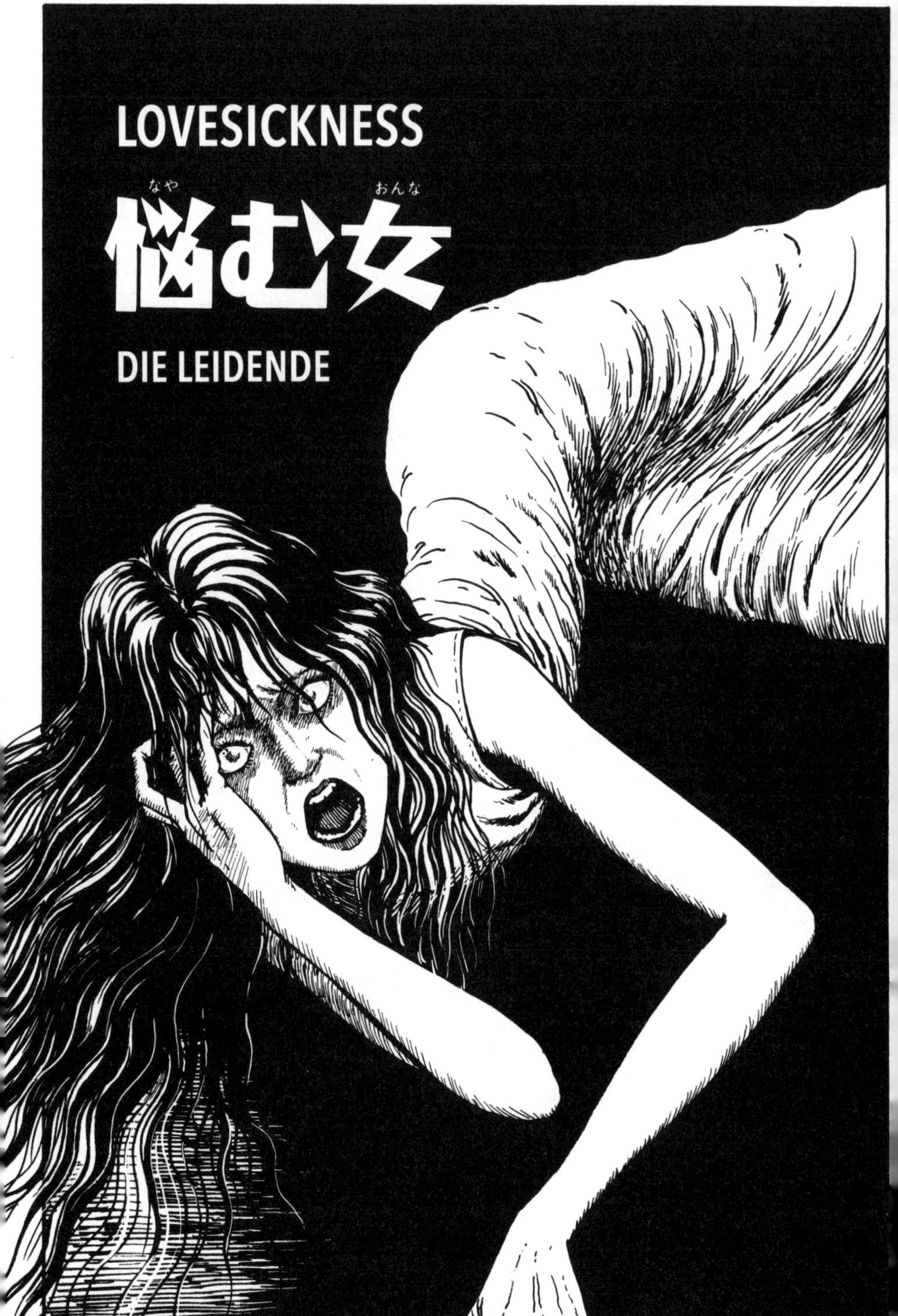
LOVESICKNESS
悩む女
なや おんな
DIE LEIDENDE

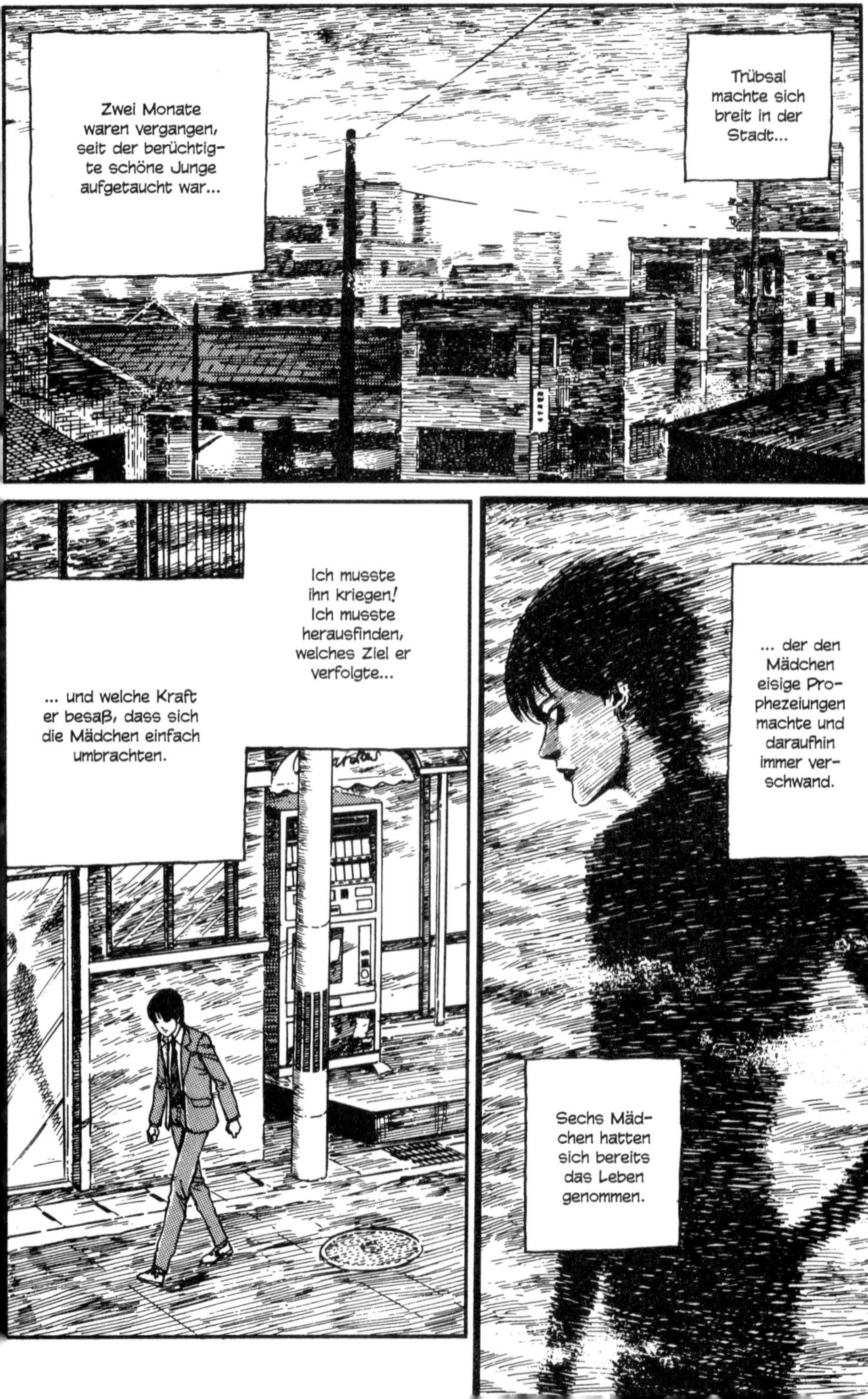
Trübsal machte sich breit in der Stadt...
Zwei Monate waren vergangen, seit der berüchtigte schöne Junge aufgetaucht war...
Ich musste ihn kriegen! Ich musste herausfinden, welches Ziel er verfolgte...
... und welche Kraft er besaß, dass sich die Mädchen einfach umbrachten.
... der den Mädchen eisige Prophezeiungen machte und daraufhin immer verschwand.
Sechs Mädchen hatten sich bereits das Leben genommen.

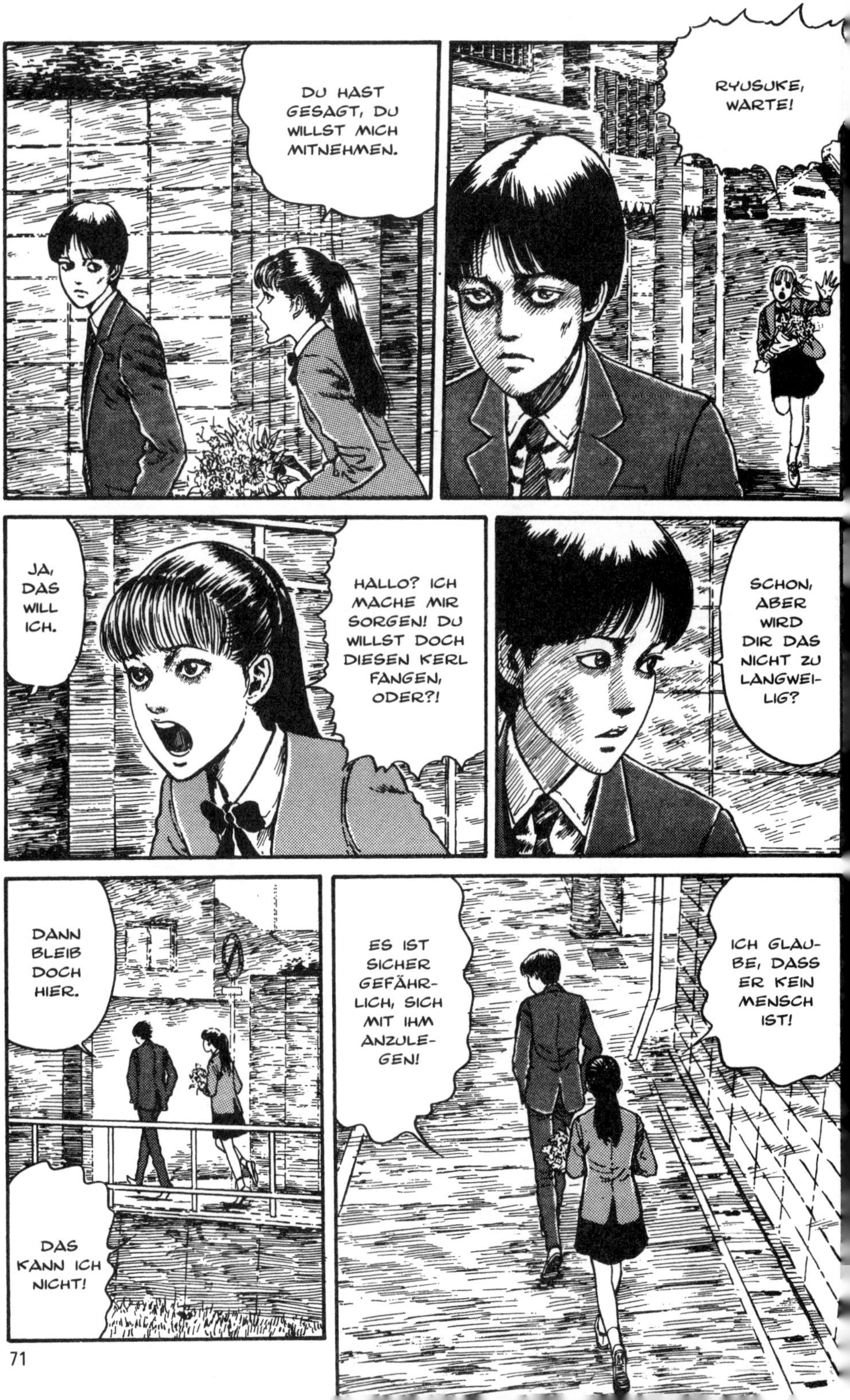
RYUSUKE, WARTE!
DU HAST GESAGT, DU WILLST MICH MITNEHMEN.
SCHON, ABER WIRD DIR DAS NICHT ZU LANGWEI-LIG?
HALLO? ICH MACHE MIR SORGEN! DU WILLST DOCH DIESEN KERL FANGEN, ODER?!
JA, DAS WILL ICH.
ICH GLAU-BE, DASS ER KEIN MENSCH IST!
ES IST SICHER GEFÄHR-LICH, SICH MIT IHM ANZULE-GEN!
DANN BLEIB DOCH HIER.
DAS KANN ICH NICHT!

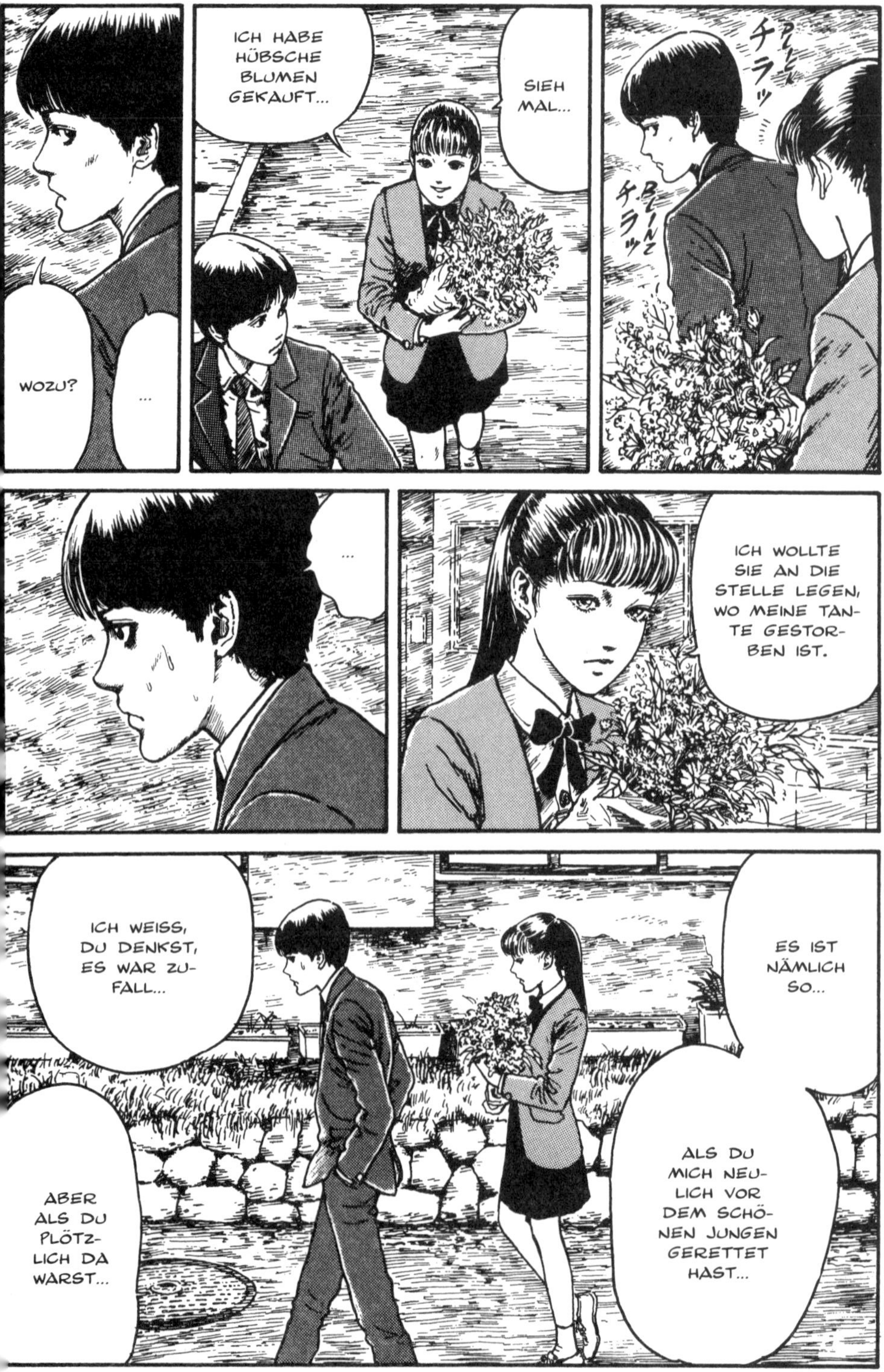
チラッ
PLICK
チラッ
BLINZ
SIEH MAL...
ICH HABE HÜBSCHE BLUMEN GEKAUFT...
...
WOZU?
ICH WOLLTE SIE AN DIE STELLE LEGEN, WO MEINE TANTE GESTORBEN IST.
...
ES IST NÄMLICH SO...
ICH WEISS, DU DENKST, ES WAR ZUFALL...
ALS DU MICH NEULICH VOR DEM SCHÖNEN JUNGEN GERETTET HAST...
ABER ALS DU PLÖTZLICH DA WARST...

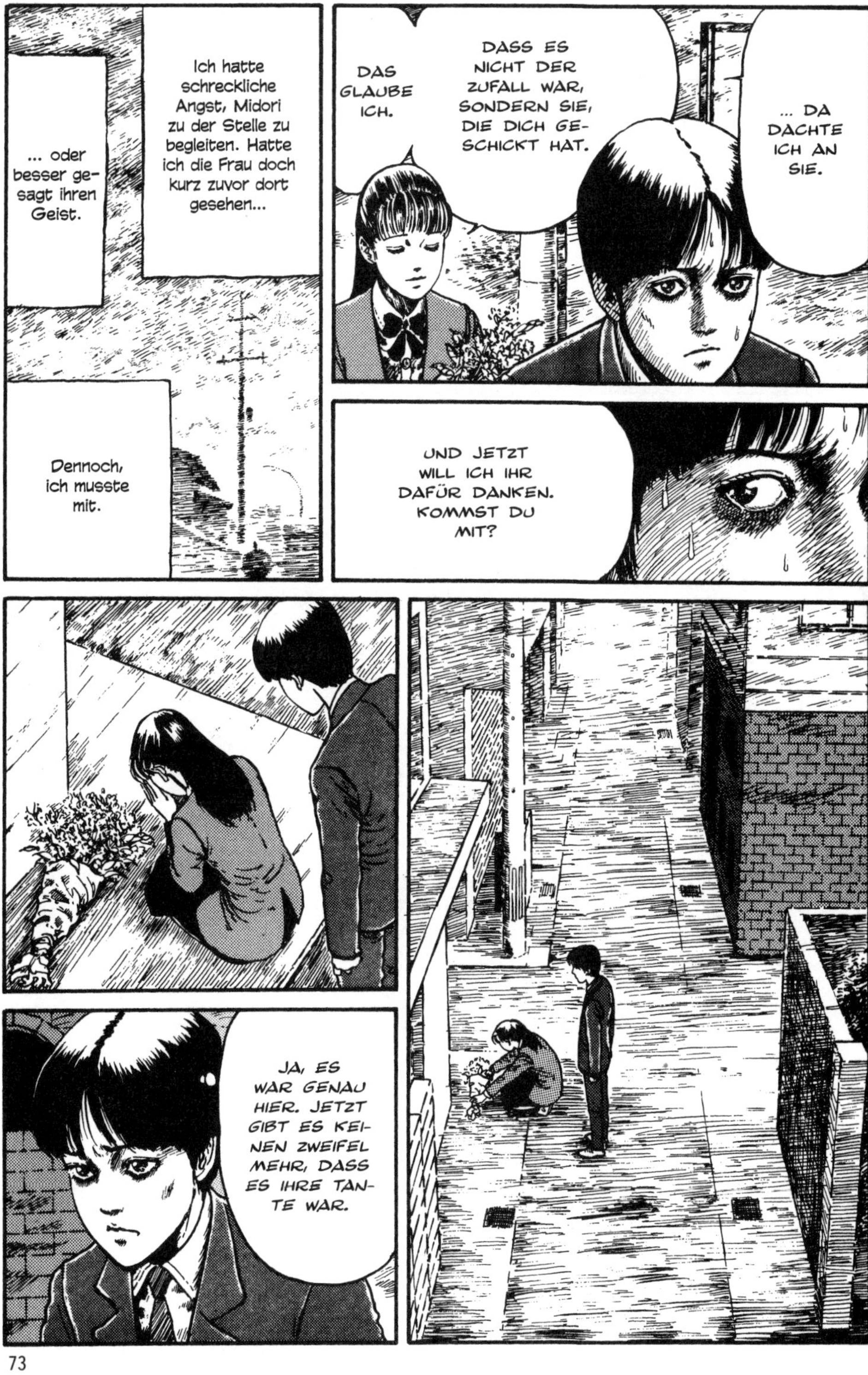
... DA DACHTE ICH AN SIE.
DASS ES NICHT DER ZUFALL WAR, SONDERN SIE, DIE DICH GE-SCHICKT HAT.
DAS GLAUBE ICH.
Ich hatte schreckliche Angst, Midori zu der Stelle zu begleiten. Hatte ich die Frau doch kurz zuvor dort gesehen...
... oder besser ge-sagt ihren Geist.
UND JETZT WILL ICH IHR DAFÜR DANKEN. KOMMST DU MIT?
Dennoch, ich musste mit.
JA, ES WAR GENAU HIER. JETZT GIBT ES KEI-NEN ZWEIFEL MEHR, DASS ES IHRE TAN-TE WAR.

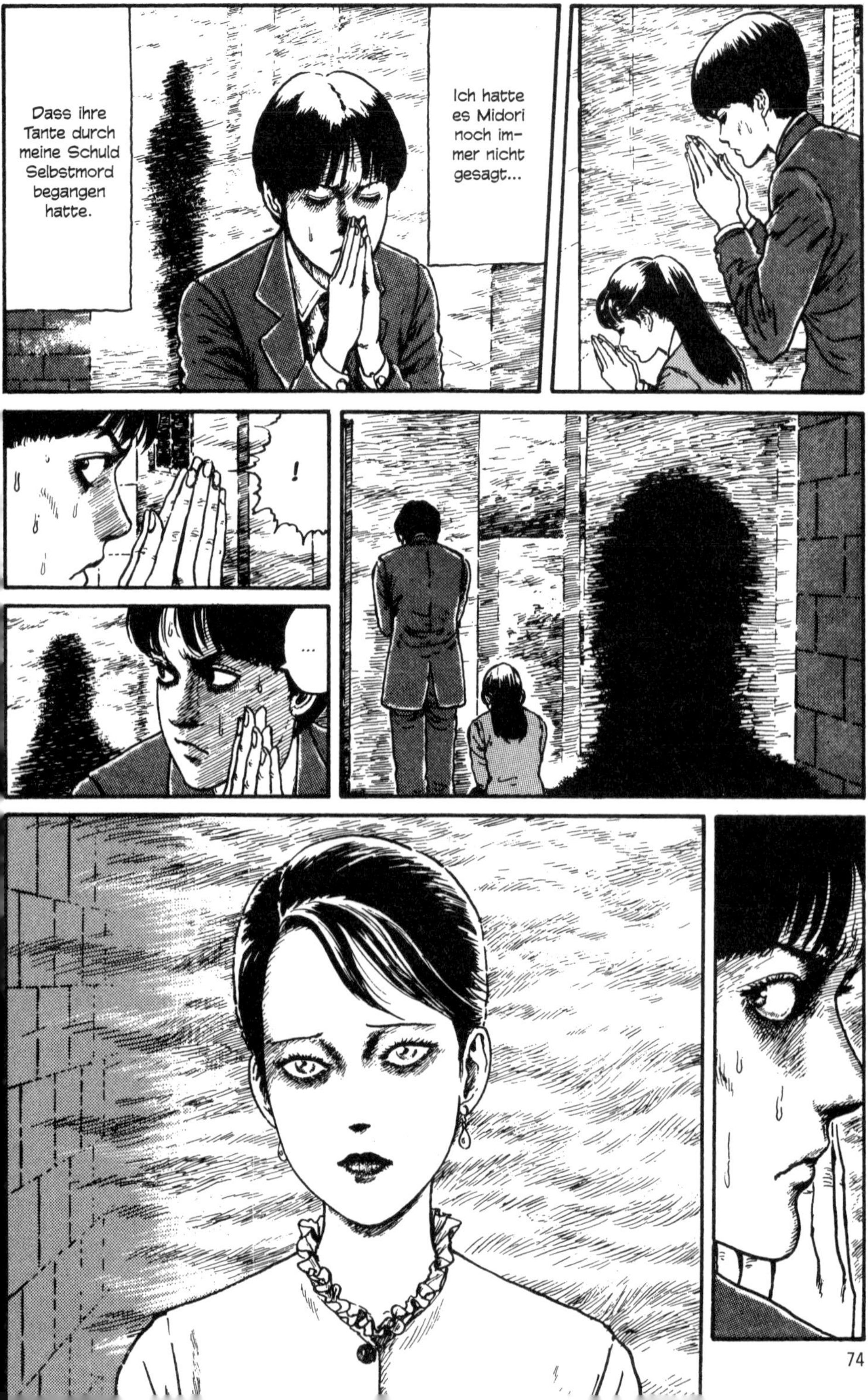
Ich hatte es Midori noch immer nicht gesagt...
Dass ihre Tante durch meine Schuld Selbstmord begangen hatte.
!
...

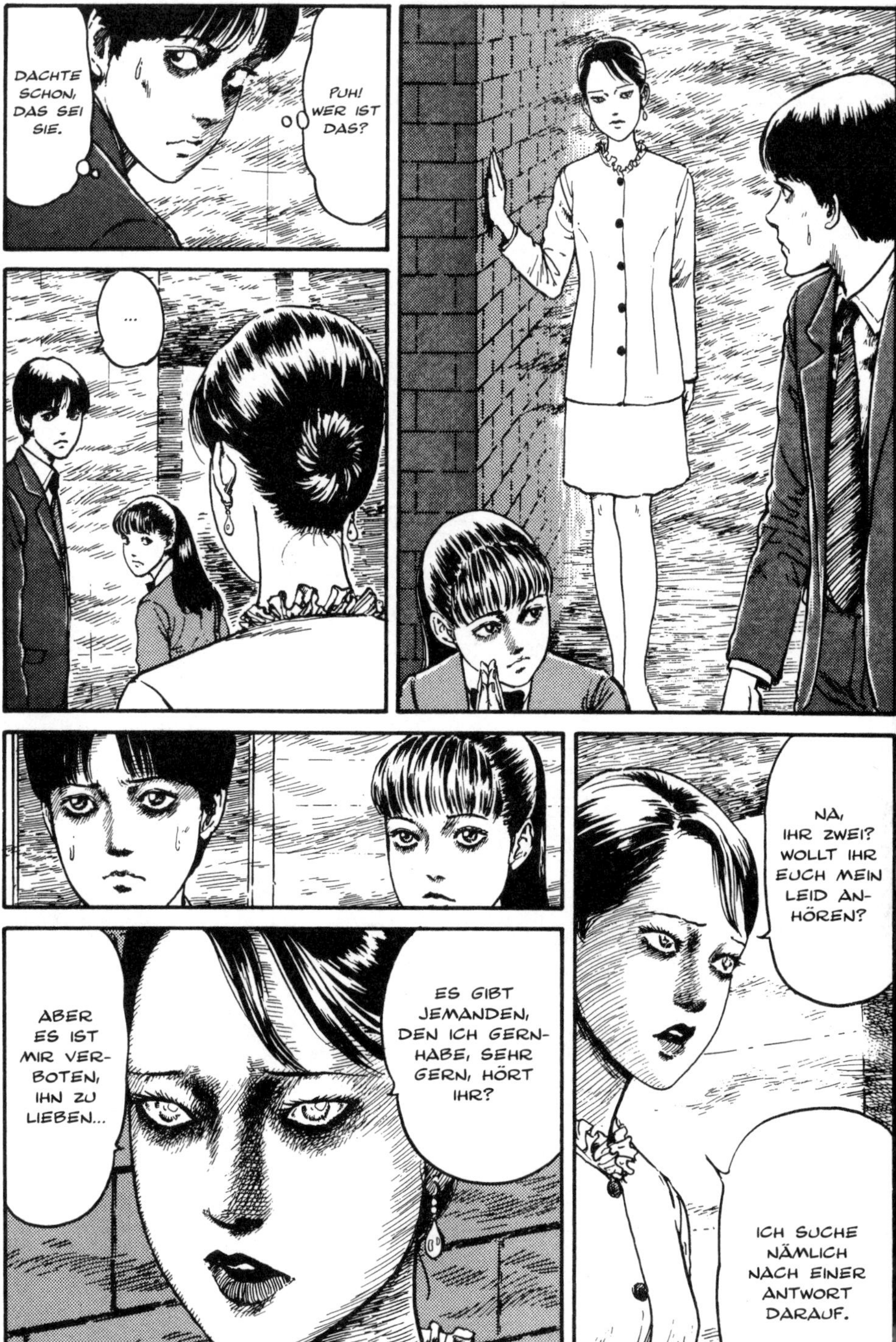
PUH! WER IST DAS?
DACHTE SCHON, DAS SEI SIE.
...
NA, IHR ZWEI? WOLLT IHR EUCH MEIN LEID ANHÖREN?
ICH SUCHE NÄMLICH NACH EINER ANTWORT DARAUF.
ES GIBT JEMANDEN, DEN ICH GERNHABE, SEHR GERN, HÖRT IHR?
ABER ES IST MIR VERBOTEN, IHN ZU LIEBEN...

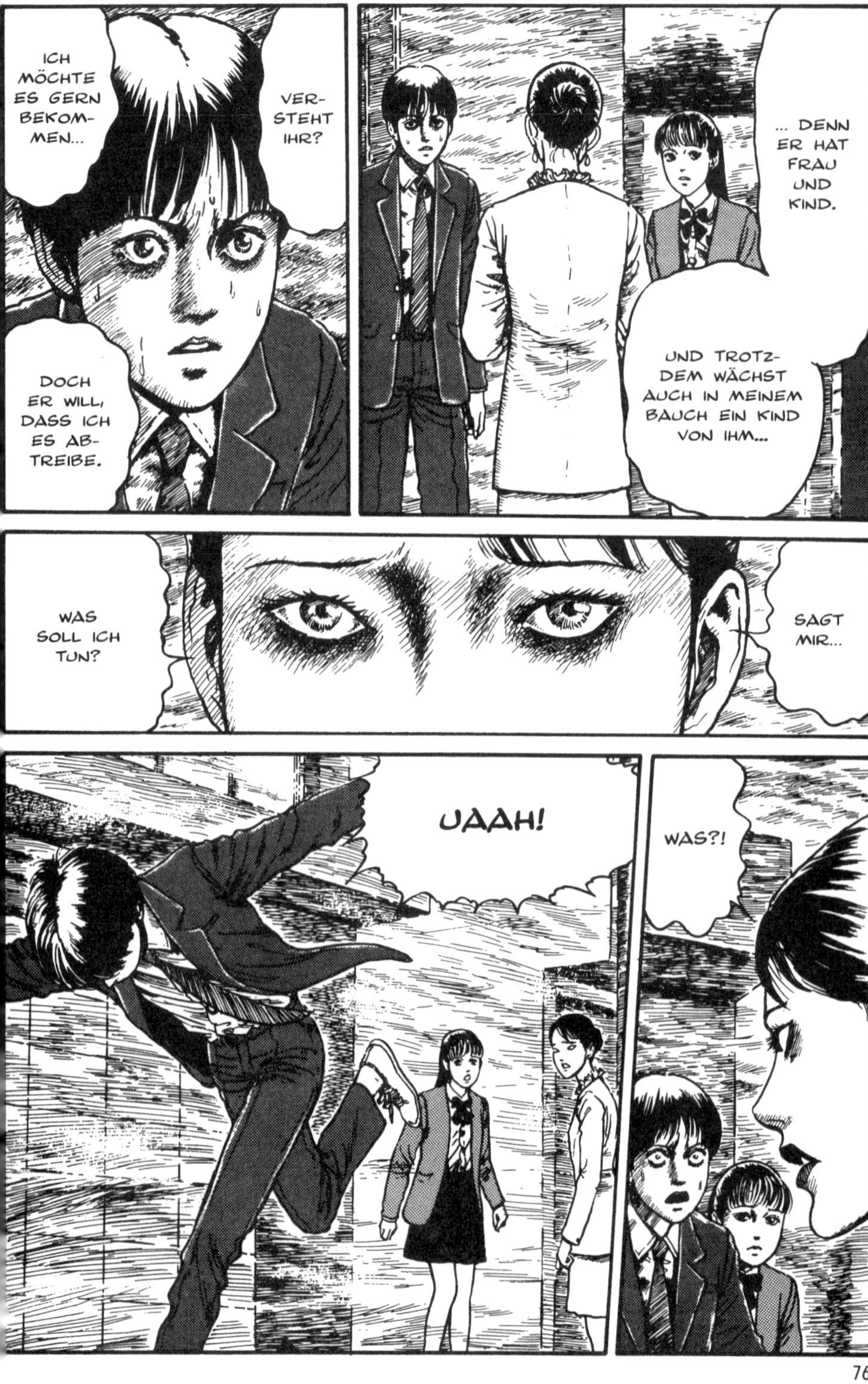
ICH MÖCHTE ES GERN BEKOMMEN...
VERSTEHT IHR?
DOCH ER WILL, DASS ICH ES ABTREIBE.
... DENN ER HAT FRAU UND KIND.
UND TROTZDEM WÄCHST AUCH IN MEINEM BAUCH EIN KIND VON IHM...
SAGT MIR...
WAS SOLL ICH TUN?
WAS?!
UAAH!

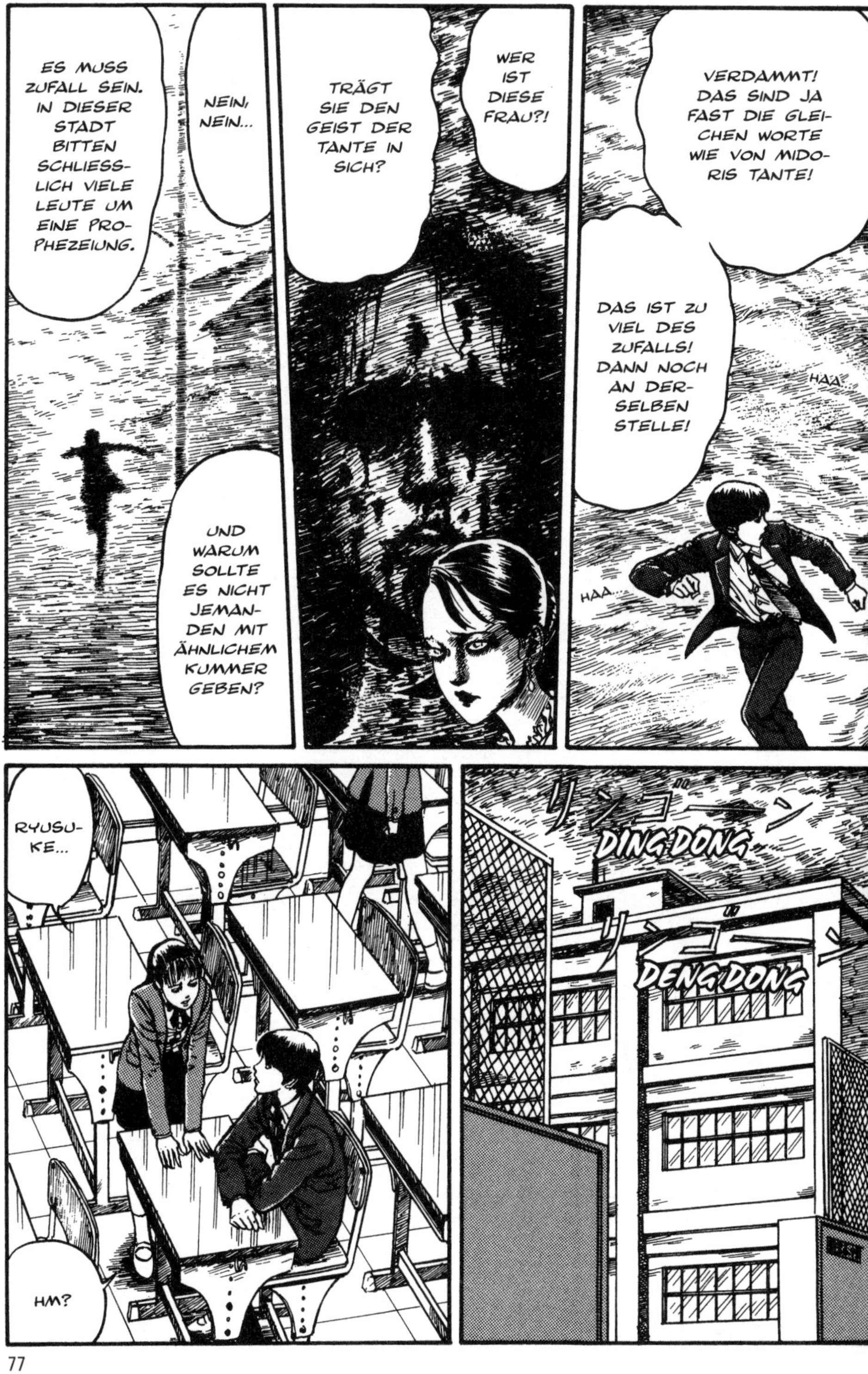
VERDAMMT! DAS SIND JA FAST DIE GLEICHEN WORTE WIE VON MIDORIS TANTE!
DAS IST ZU VIEL DES ZUFALLS! DANN NOCH AN DERSELBEN STELLE!
HAA...
HAA...
WER IST DIESE FRAU?!
TRÄGT SIE DEN GEIST DER TANTE IN SICH?
NEIN, NEIN...
ES MUSS ZUFALL SEIN. IN DIESER STADT BITTEN SCHLIESSLICH VIELE LEUTE UM EINE PROPHEZEIUNG.
UND WARUM SOLLTE ES NICHT JEMANDEN MIT ÄHNLICHEM KUMMER GEBEN?
リンゴーン
DING DONG
リンゴーン
DENG DONG
RYUSUKE...
HM?

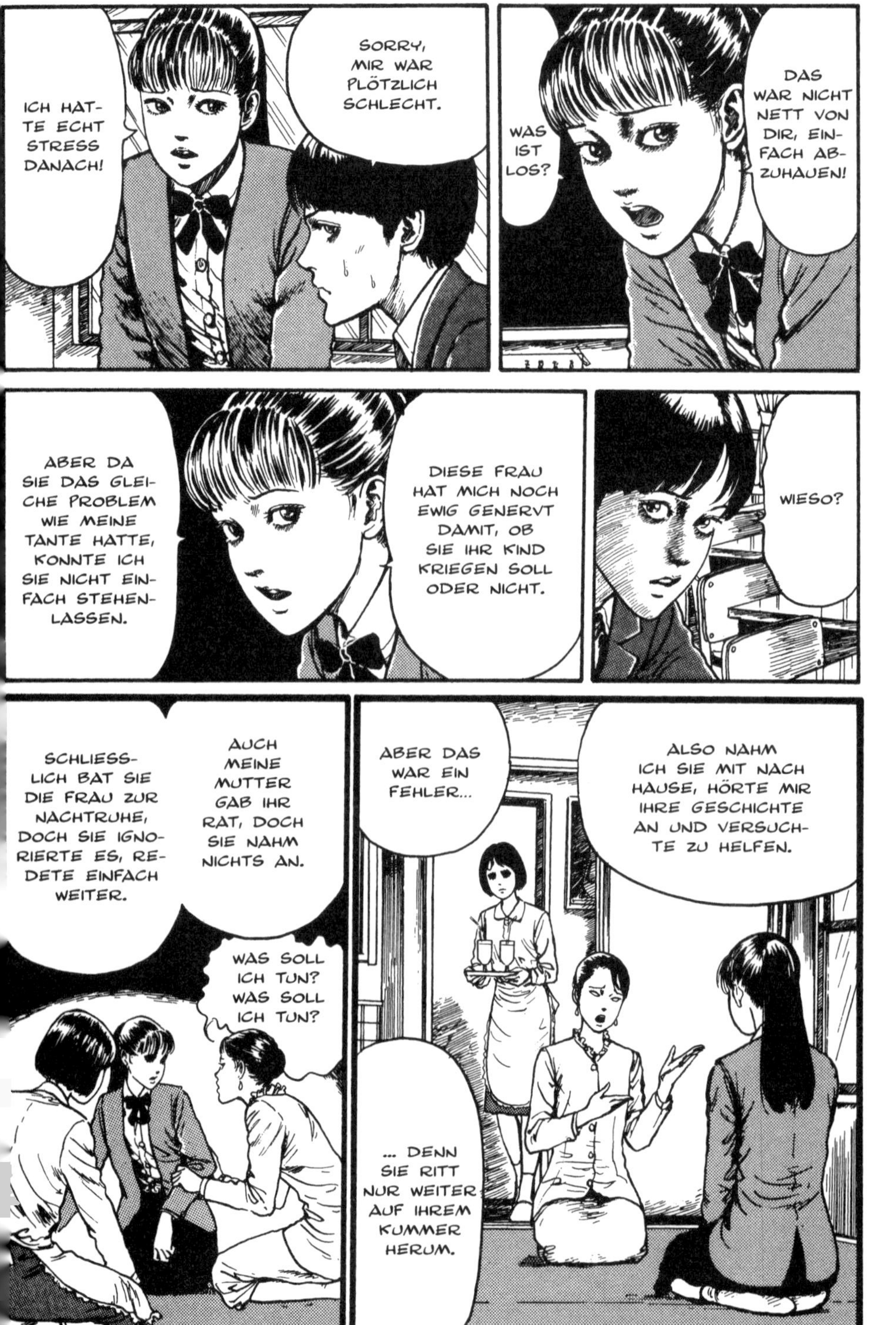
DAS WAR NICHT NETT VON DIR, EINFACH ABZUHAUEN!
WAS IST LOS?
SORRY, MIR WAR PLÖTZLICH SCHLECHT.
ICH HATTE ECHT STRESS DANACH!
WIESO?
DIESE FRAU HAT MICH NOCH EWIG GENERVT DAMIT, OB SIE IHR KIND KRIEGEN SOLL ODER NICHT.
ABER DA SIE DAS GLEICHE PROBLEM WIE MEINE TANTE HATTE, KONNTE ICH SIE NICHT EINFACH STEHENLASSEN.
ALSO NAHM ICH SIE MIT NACH HAUSE, HÖRTE MIR IHRE GESCHICHTE AN UND VERSUCHTE ZU HELFEN.
ABER DAS WAR EIN FEHLER...
... DENN SIE RITT NUR WEITER AUF IHREM KUMMER HERUM.
AUCH MEINE MUTTER GAB IHR RAT, DOCH SIE NAHM NICHTS AN.
SCHLIESSLICH BAT SIE DIE FRAU ZUR NACHTRUHE, DOCH SIE IGNORIERTE ES, REDETE EINFACH WEITER.
WAS SOLL ICH TUN? WAS SOLL ICH TUN?

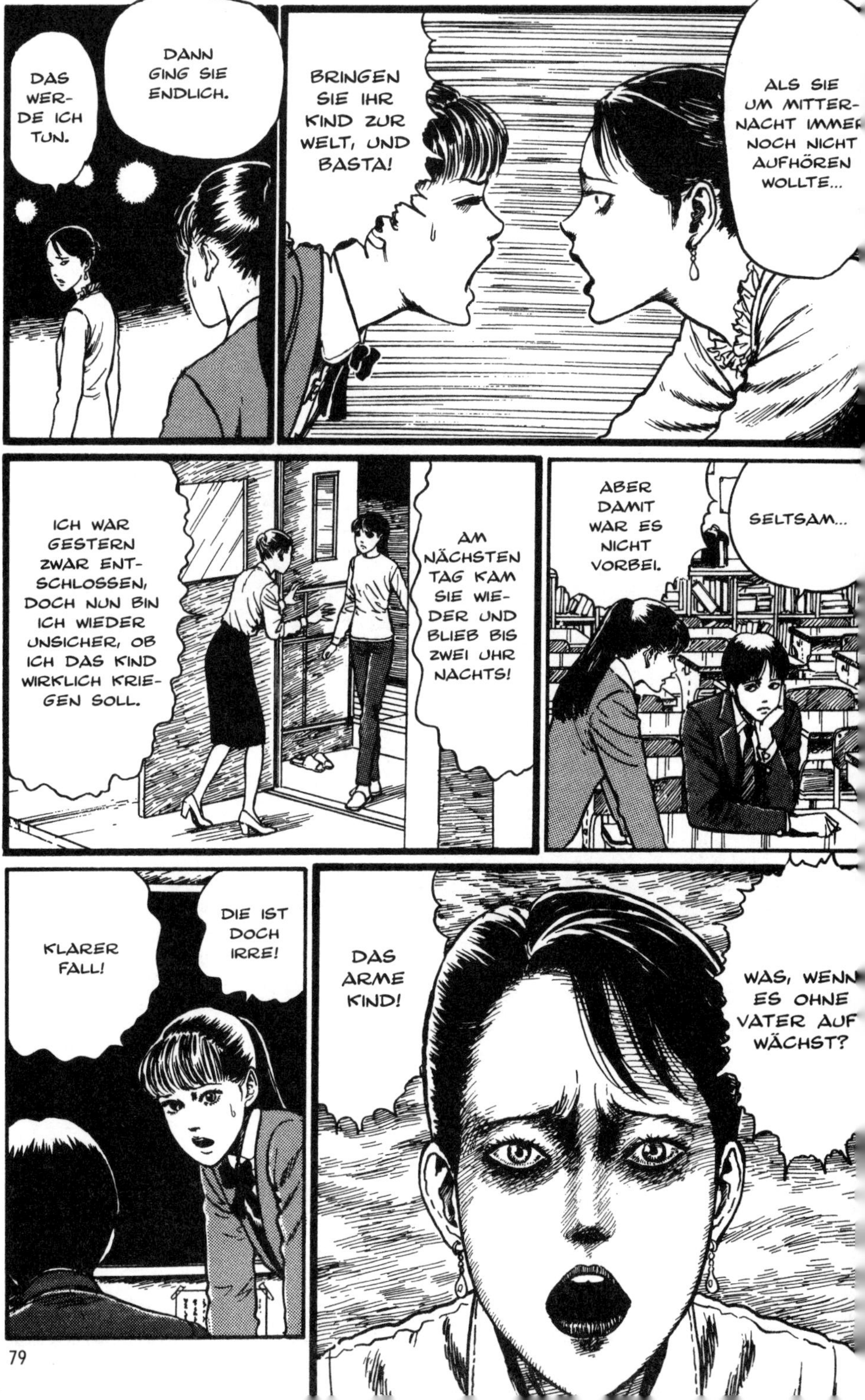
ALS SIE UM MITTERNACHT IMMER NOCH NICHT AUFHÖREN WOLLTE...
BRINGEN SIE IHR KIND ZUR WELT, UND BASTA!
DANN GING SIE ENDLICH.
DAS WERDE ICH TUN.
SELTSAM...
ABER DAMIT WAR ES NICHT VORBEI.
AM NÄCHSTEN TAG KAM SIE WIEDER UND BLIEB BIS ZWEI UHR NACHTS!
ICH WAR GESTERN ZWAR ENTSCHLOSSEN, DOCH NUN BIN ICH WIEDER UNSICHER, OB ICH DAS KIND WIRKLICH KRIEGEN SOLL.
WAS, WENN ES OHNE VATER AUFWÄCHST?
DAS ARME KIND!
DIE IST DOCH IRRE!
KLARER FALL!

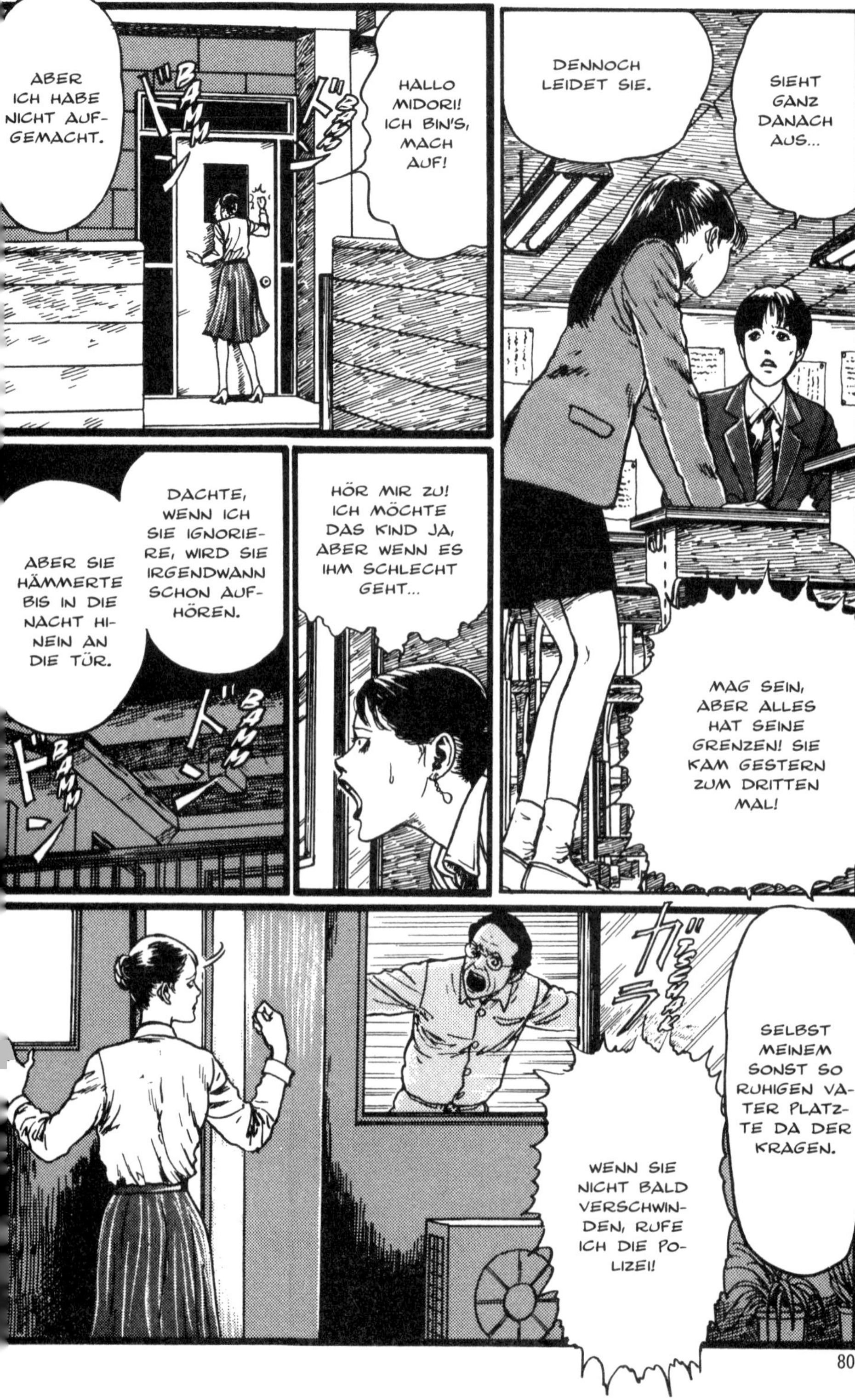
SIEHT GANZ DANACH AUS...
DENNOCH LEIDET SIE.
MAG SEIN, ABER ALLES HAT SEINE GRENZEN! SIE KAM GESTERN ZUM DRITTEN MAL!
BAMM
BAMM
HALLO MIDORI! ICH BIN'S, MACH AUF!
ABER ICH HABE NICHT AUFGEMACHT.
HÖR MIR ZU! ICH MÖCHTE DAS KIND JA, ABER WENN ES IHM SCHLECHT GEHT...
BAMM
BAMM
DACHTE, WENN ICH SIE IGNORIERE, WIRD SIE IRGENDWANN SCHON AUFHÖREN.
ABER SIE HÄMMERTE BIS IN DIE NACHT HINEIN AN DIE TÜR.
SELBST MEINEM SONST SO RUHIGEN VATER PLATZTE DA DER KRAGEN.
WENN SIE NICHT BALD VERSCHWINDEN, RUFE ICH DIE POLIZEI!

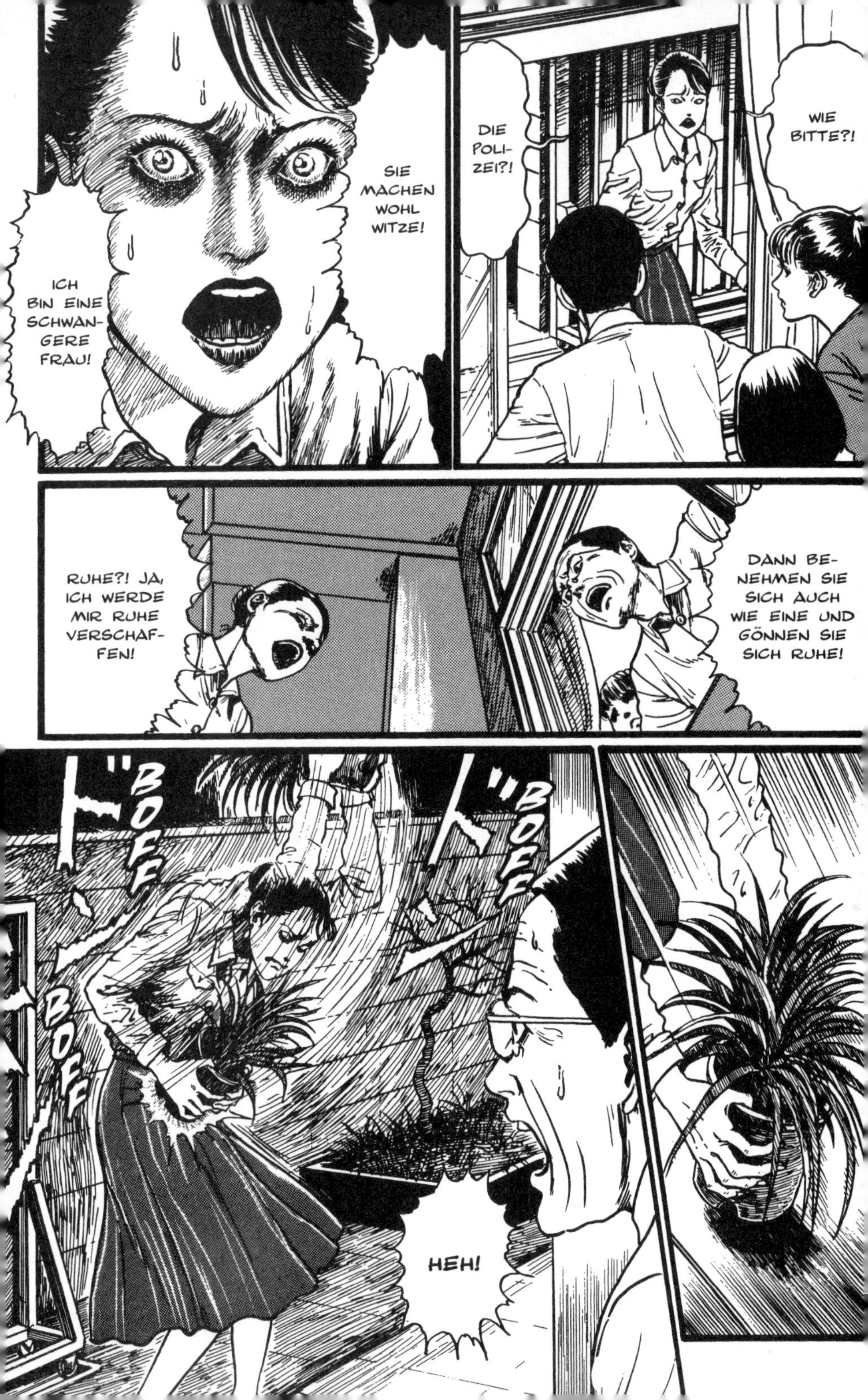
WIE BITTE?!
DIE POLIZEI?!
SIE MACHEN WOHL WITZE!
ICH BIN EINE SCHWANGERE FRAU!
DANN BENEHMEN SIE SICH AUCH WIE EINE UND GÖNNEN SIE SICH RUHE!
RUHE?! JA, ICH WERDE MIR RUHE VERSCHAFFEN!
BOFF
HEH!
BOFF
BOFF

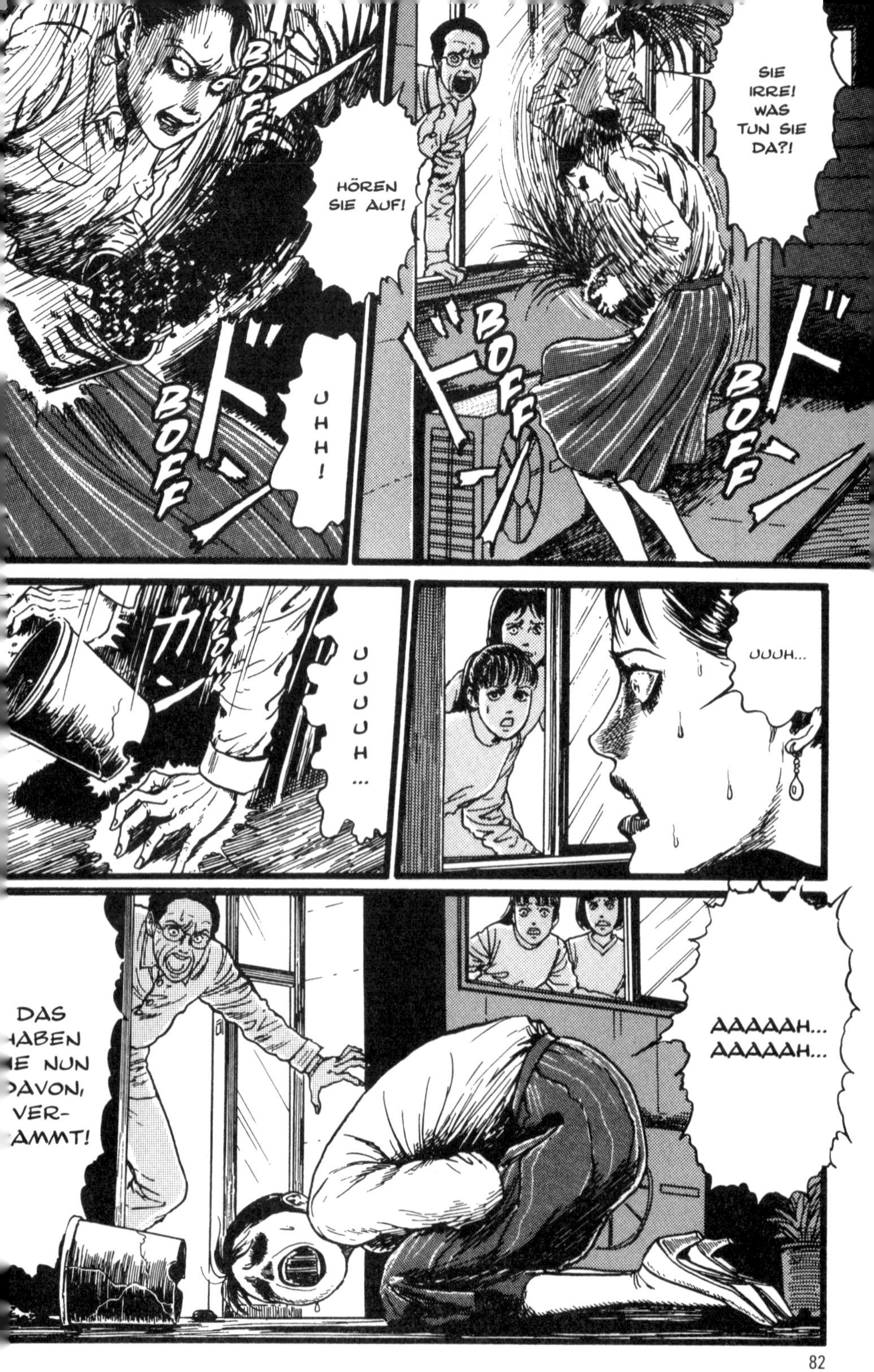
SIE IRRE! WAS TUN SIE DA?!
HÖREN SIE AUF!
BOFF
BOFF
BOFF
BOFF
UHHH!
UUUH...
KLONK
UUUUH...
AAAAAH... AAAAAH...
DAS
HABEN
IE NUN
DAVON,
VER-
AMMT!

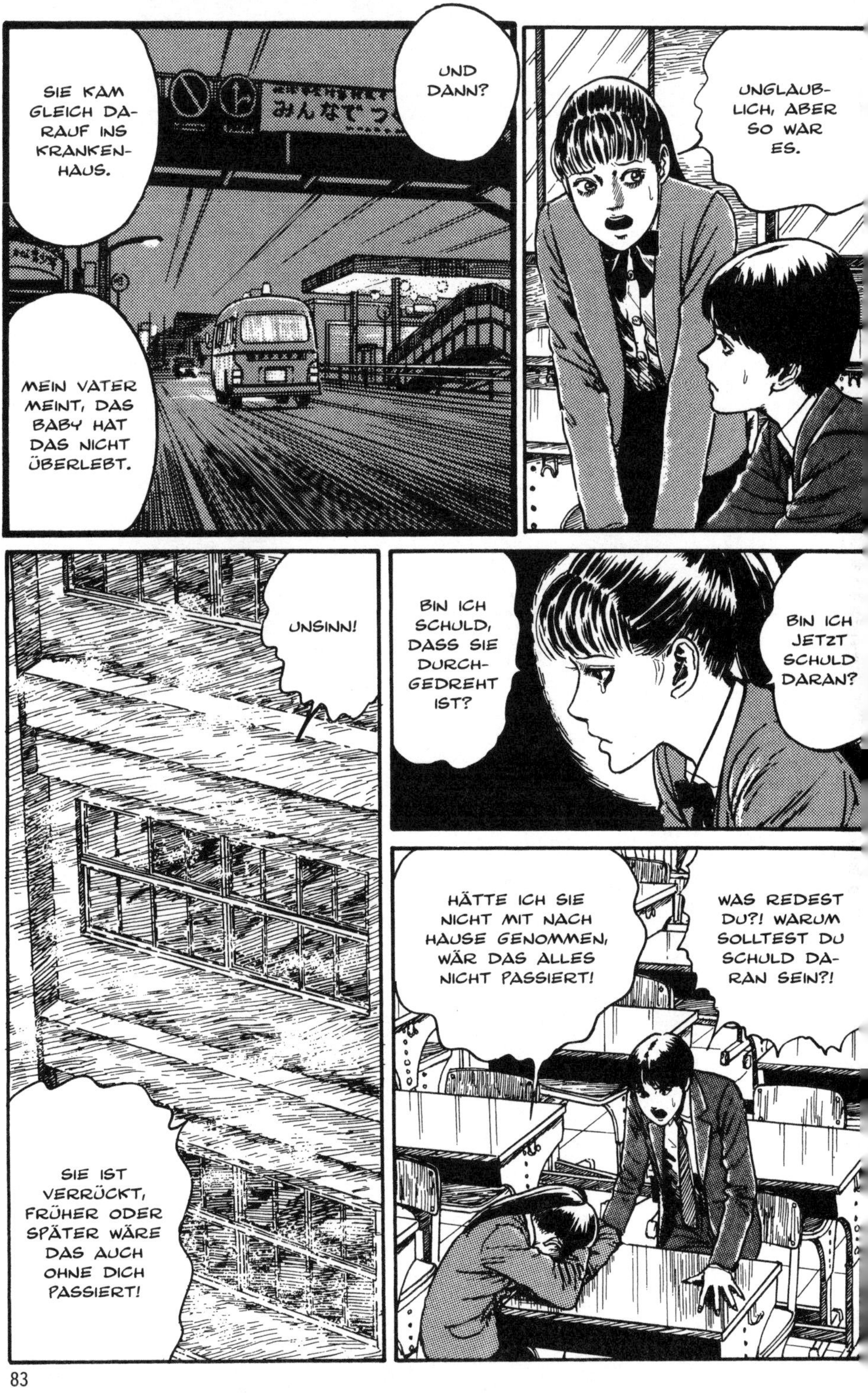
UNGLAUBLICH, ABER SO WAR ES.
UND DANN?
SIE KAM GLEICH DARAUF INS KRANKENHAUS.
MEIN VATER MEINT, DAS BABY HAT DAS NICHT ÜBERLEBT.
BIN ICH JETZT SCHULD DARAN?
BIN ICH SCHULD, DASS SIE DURCHGEDREHT IST?
WAS REDEST DU?! WARUM SOLLTEST DU SCHULD DARAN SEIN?!
HÄTTE ICH SIE NICHT MIT NACH HAUSE GENOMMEN, WÄR DAS ALLES NICHT PASSIERT!
UNSINN!
SIE IST VERRÜCKT, FRÜHER ODER SPÄTER WÄRE DAS AUCH OHNE DICH PASSIERT!

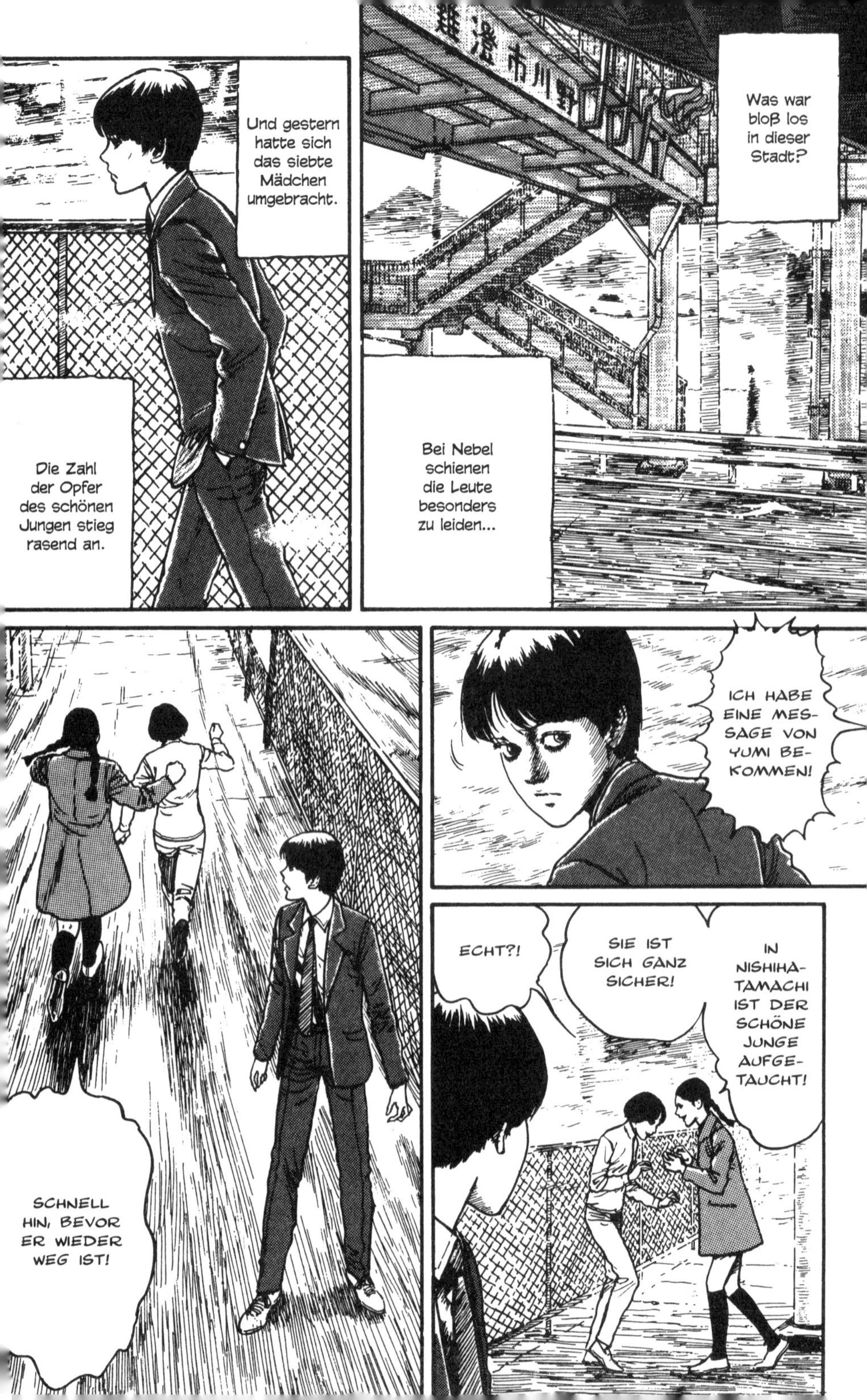
Was war bloß los in dieser Stadt?
Bei Nebel schienen die Leute besonders zu leiden...
Und gestern hatte sich das siebte Mädchen umgebracht.
Die Zahl der Opfer des schönen Jungen stieg rasend an.
ICH HABE EINE MESSAGE VON YUMI BEKOMMEN!
IN NISHIHATAMACHI IST DER SCHÖNE JUNGE AUFGETAUCHT!
SIE IST SICH GANZ SICHER!
ECHT?!
SCHNELL HIN, BEVOR ER WIEDER WEG IST!

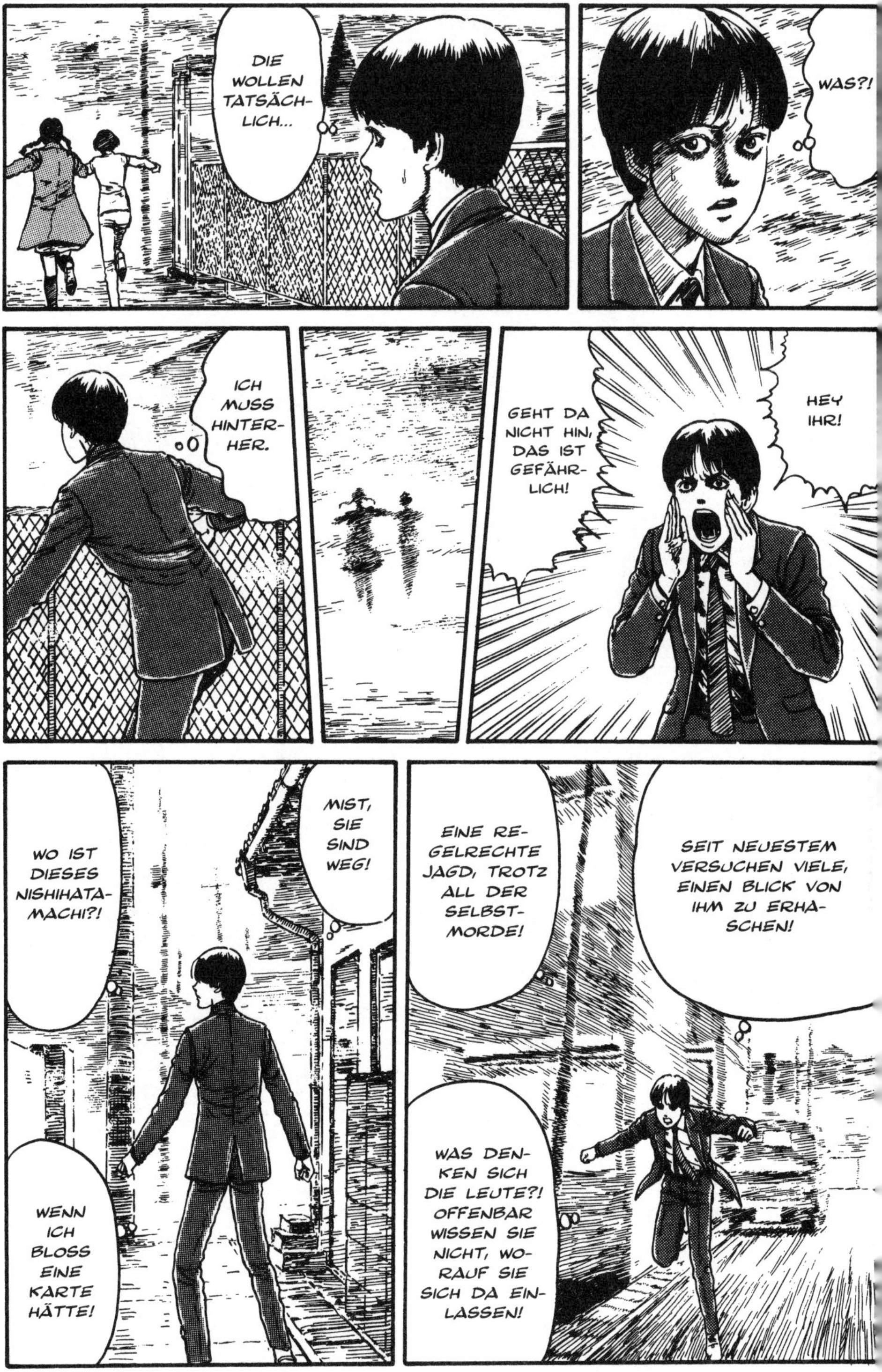
WAS?!
DIE WOLLEN TATSÄCHLICH...
HEY IHR!
GEHT DA NICHT HIN, DAS IST GEFÄHRLICH!
ICH MUSS HINTERHER.
SEIT NEUESTEM VERSUCHEN VIELE, EINEN BLICK VON IHM ZU ERHASCHEN!
EINE REGELRECHTE JAGD, TROTZ ALL DER SELBSTMORDE!
WAS DENKEN SICH DIE LEUTE?! OFFENBAR WISSEN SIE NICHT, WORAUF SIE SICH DA EINLASSEN!
MIST, SIE SIND WEG!
WO IST DIESES NISHIHATA-MACHI?!
WENN ICH BLOSS EINE KARTE HÄTTE!

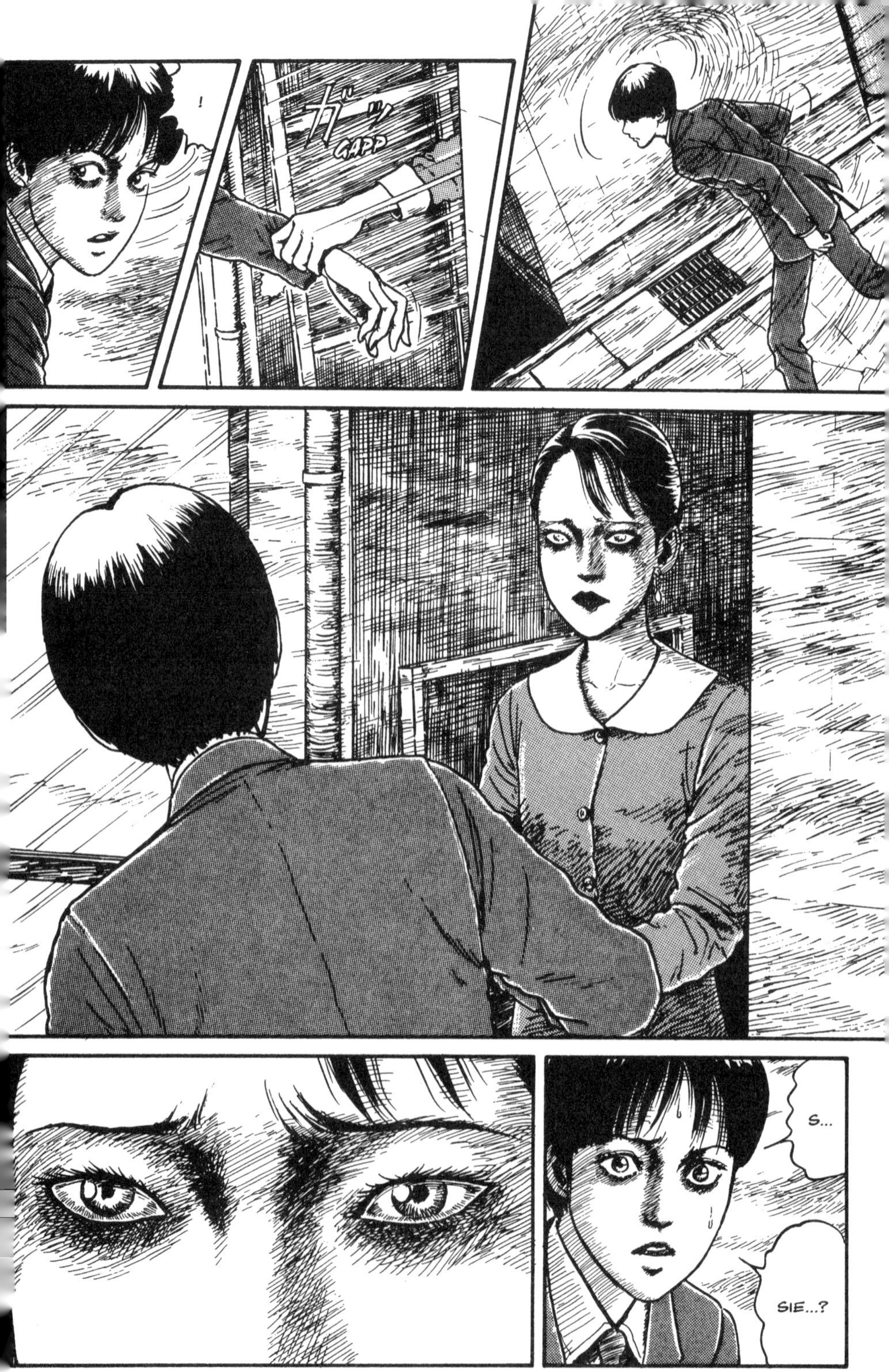
!
ガッ
GAPP
S...
SIE...?

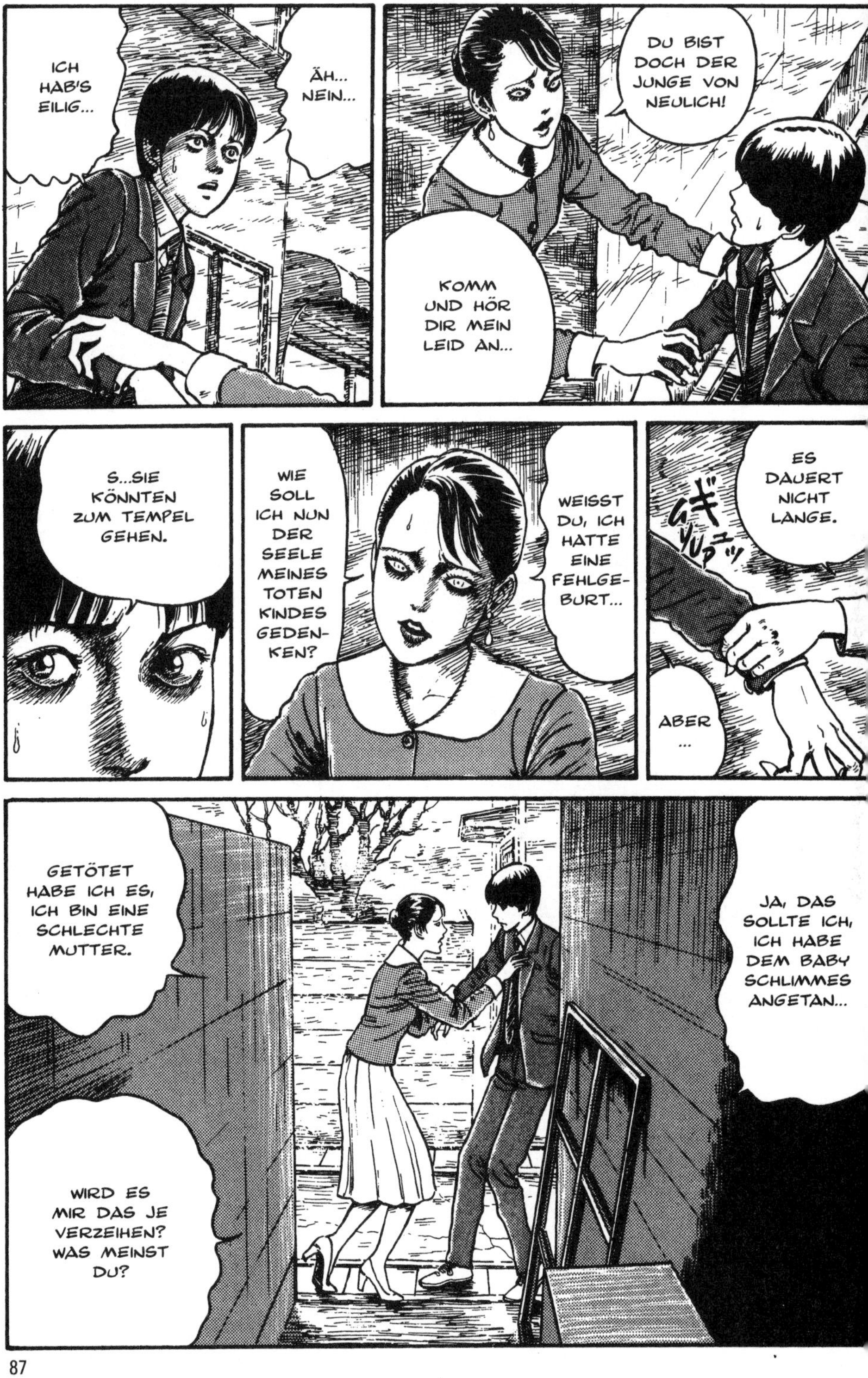
DU BIST DOCH DER JUNGE VON NEULICH!
KOMM UND HÖR DIR MEIN LEID AN...
ÄH... NEIN...
ICH HAB'S EILIG...
ES DAUERT NICHT LANGE.
ABER ...
WEISST DU, ICH HATTE EINE FEHLGEBURT...
WIE SOLL ICH NUN DER SEELE MEINES TOTEN KINDES GEDENKEN?
S...SIE KÖNNTEN ZUM TEMPEL GEHEN.
JA, DAS SOLLTE ICH, ICH HABE DEM BABY SCHLIMMES ANGETAN...
GETÖTET HABE ICH ES, ICH BIN EINE SCHLECHTE MUTTER.
WIRD ES MIR DAS JE VERZEIHEN? WAS MEINST DU?

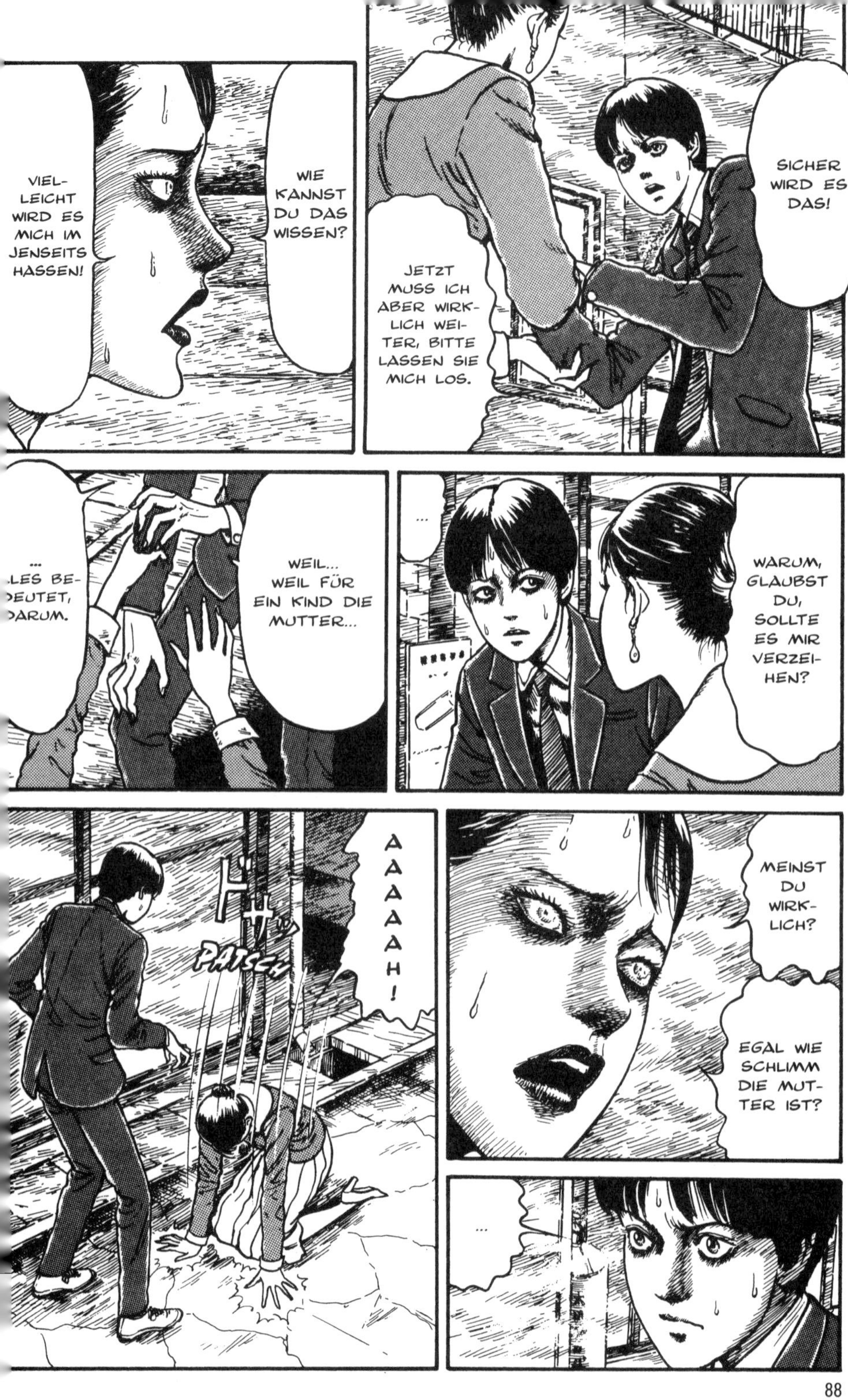
SICHER WIRD ES DAS!
JETZT MUSS ICH ABER WIRKLICH WEITER, BITTE LASSEN SIE MICH LOS.
WIE KANNST DU DAS WISSEN?
VIELLEICHT WIRD ES MICH IM JENSEITS HASSEN!
WARUM, GLAUBST DU, SOLLTE ES MIR VERZEIHEN?
...
WEIL... WEIL FÜR EIN KIND DIE MUTTER...
... LES BEDEUTET, DARUM.
MEINST DU WIRKLICH?
EGAL WIE SCHLIMM DIE MUTTER IST?
...
AAAAAAH!
PATSCH

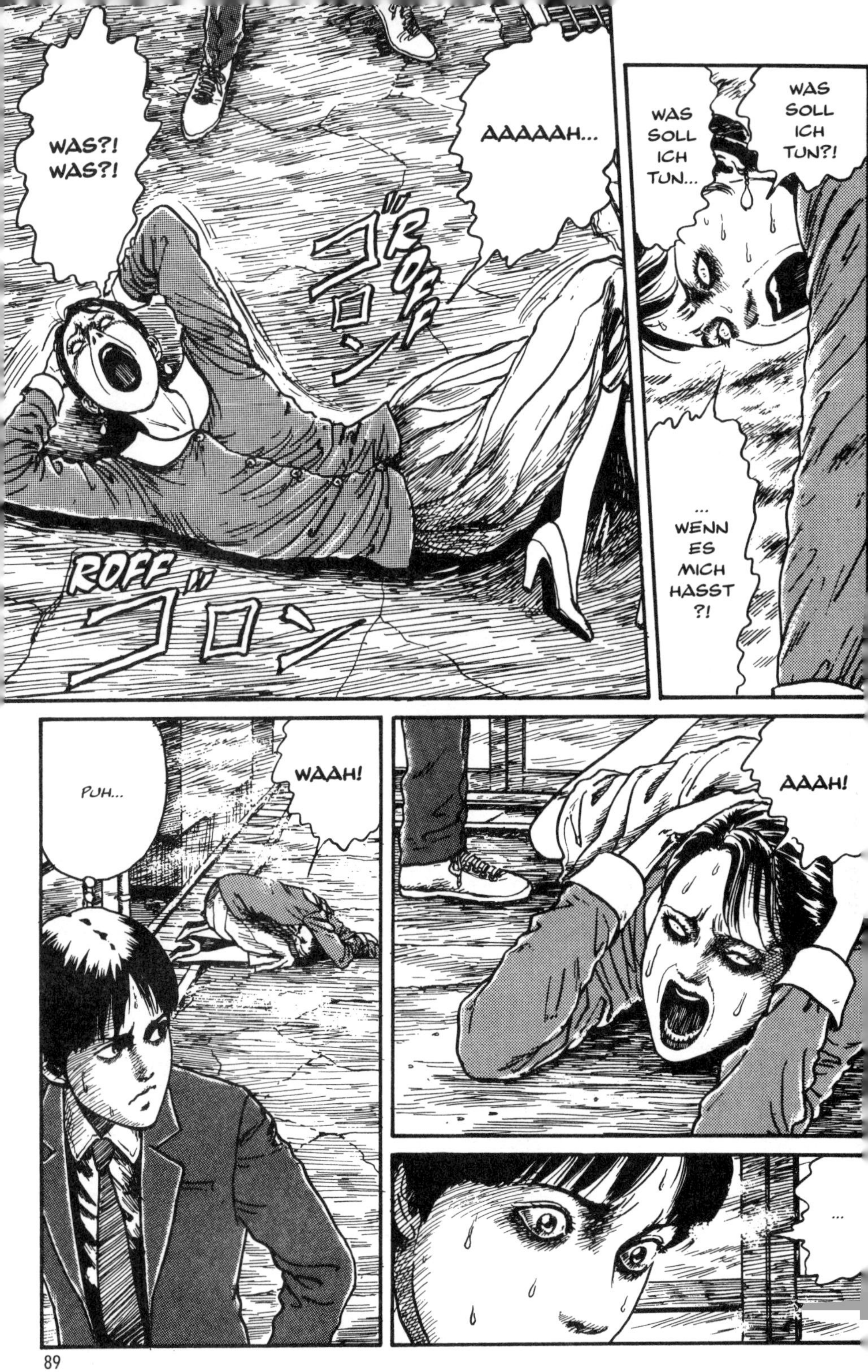
WAS SOLL ICH TUN?!
WAS SOLL ICH TUN...
... WENN ES MICH HASST ?!
AAAAAH...
WAS?! WAS?!
ROFF
ROFF
AAAH!
WAAH!
PUH...
...

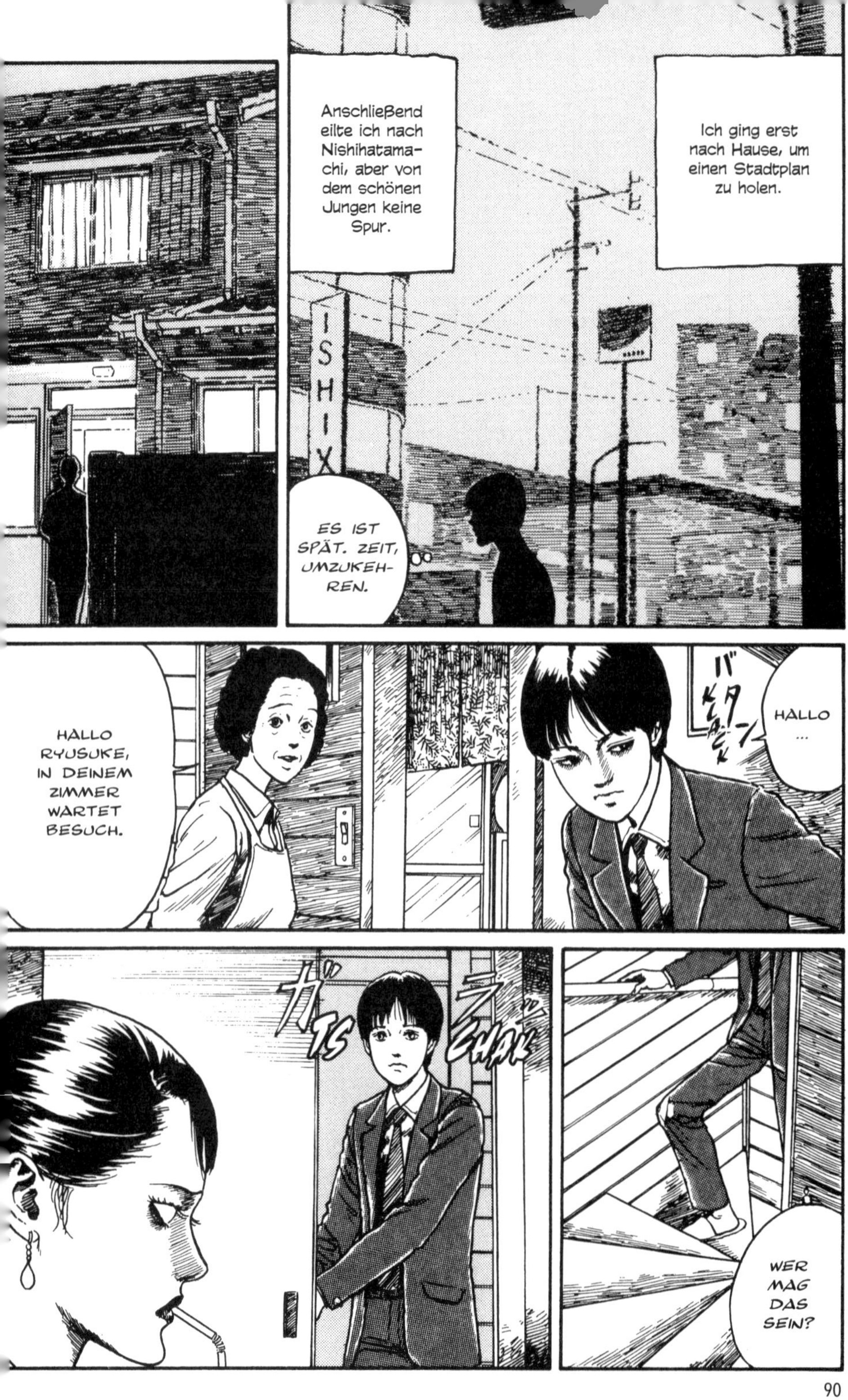
Ich ging erst nach Hause, um einen Stadtplan zu holen.
Anschließend eilte ich nach Nishihatamachi, aber von dem schönen Jungen keine Spur.
ES IST SPÄT. ZEIT, UMZUKEHREN.
HALLO ...
HALLO RYUSUKE, IN DEINEM ZIMMER WARTET BESUCH.
WER MAG DAS SEIN?

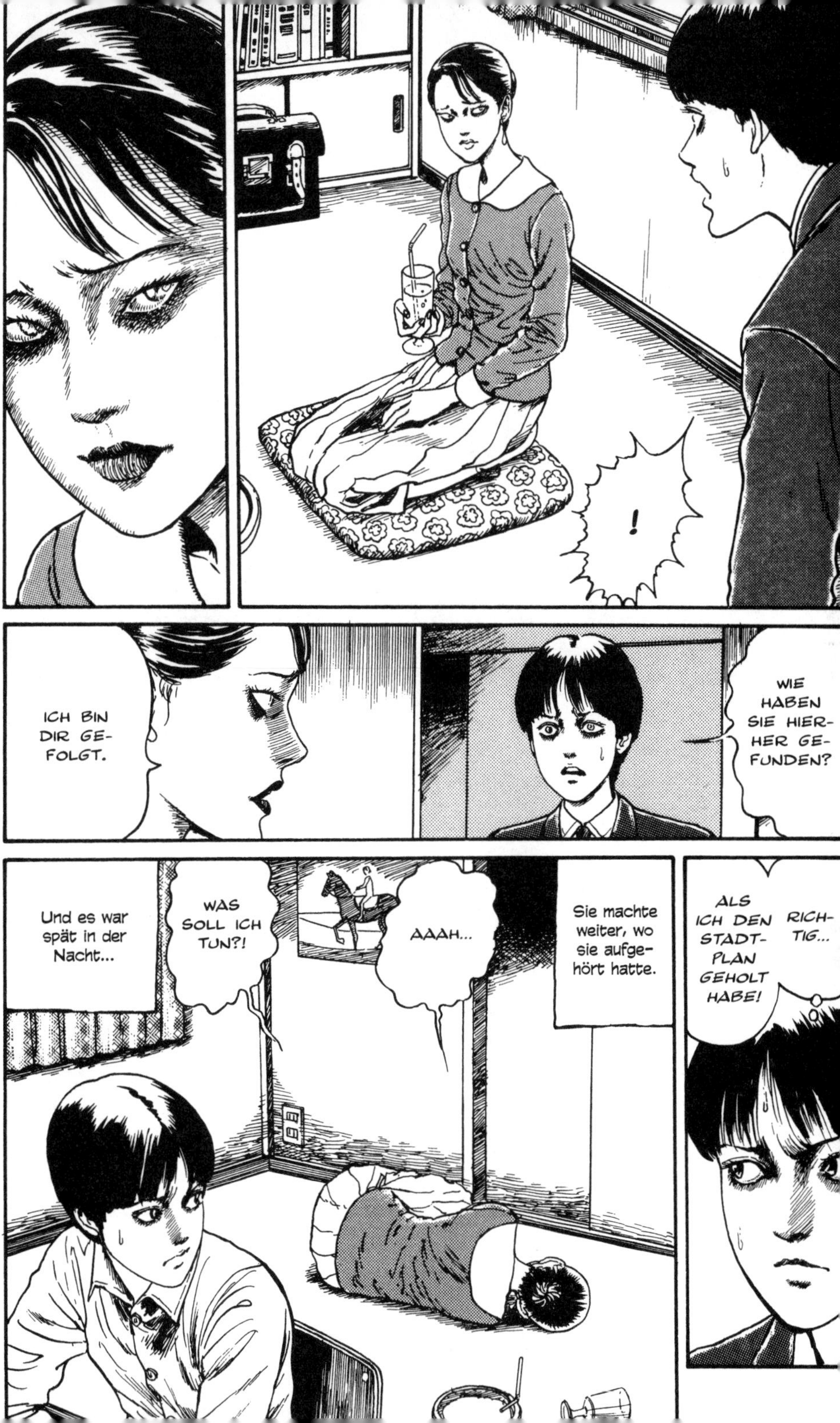
!
WIE HABEN SIE HIERHER GEFUNDEN?
ICH BIN DIR GEFOLGT.
RICHTIG...
ALS ICH DEN STADTPLAN GEHOLT HABE!
Sie machte weiter, wo sie aufgehört hatte.
AAAH...
WAS SOLL ICH TUN?!
Und es war spät in der Nacht...

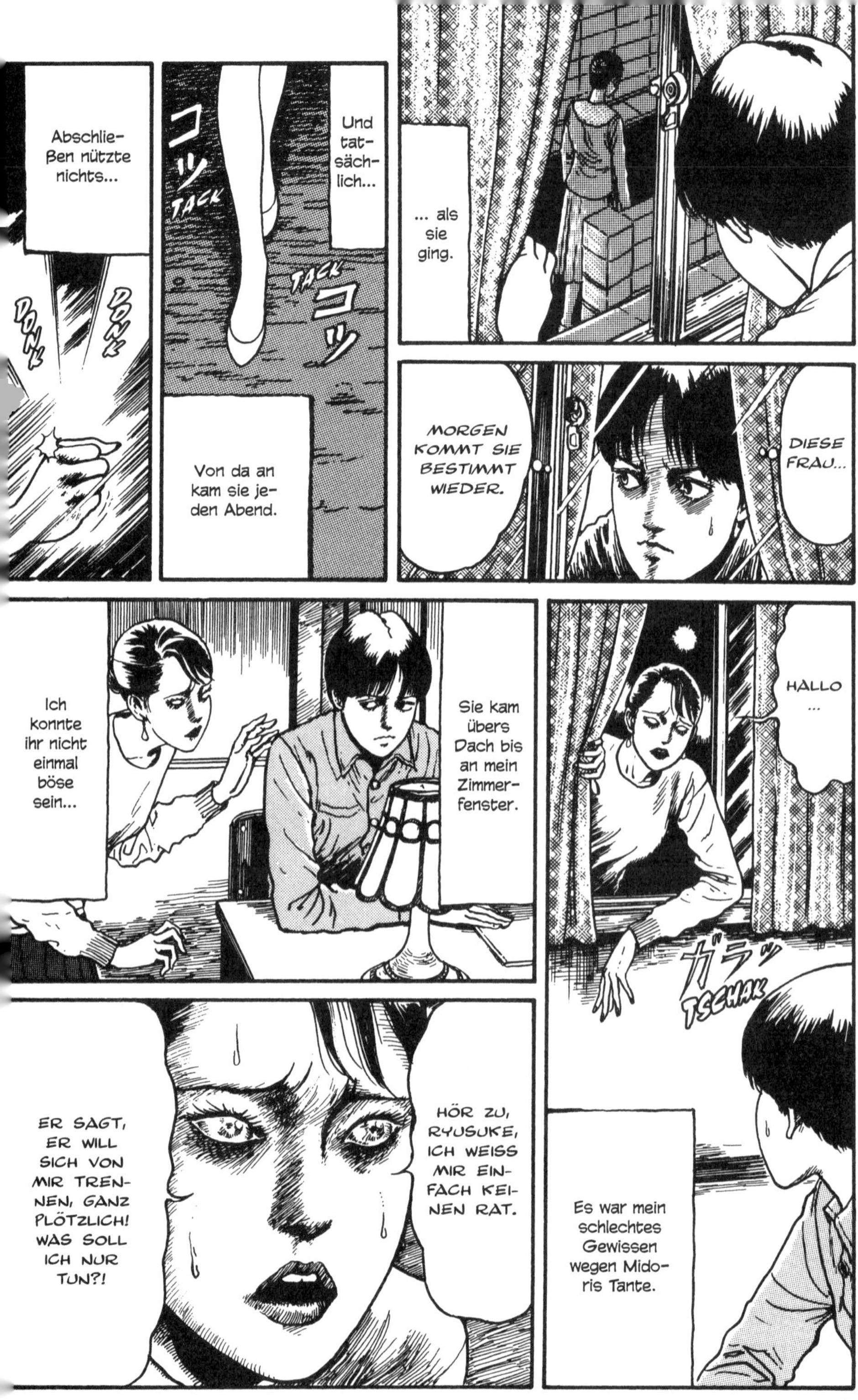

... als sie ging.
DIESE FRAU...
MORGEN KOMMT SIE BESTIMMT WIEDER.
Und tatsächlich...
コッ TACK
TACK コッ
Von da an kam sie jeden Abend.
Abschließen nützte nichts...
DONK
DONK
HALLO ...
ガラッ TSCHAK
Sie kam übers Dach bis an mein Zimmerfenster.
Ich konnte ihr nicht einmal böse sein...
Es war mein schlechtes Gewissen wegen Midoris Tante.
HÖR ZU, RYUSUKE, ICH WEISS MIR EINFACH KEINEN RAT.
ER SAGT, ER WILL SICH VON MIR TRENNEN, GANZ PLÖTZLICH! WAS SOLL ICH NUR TUN?!

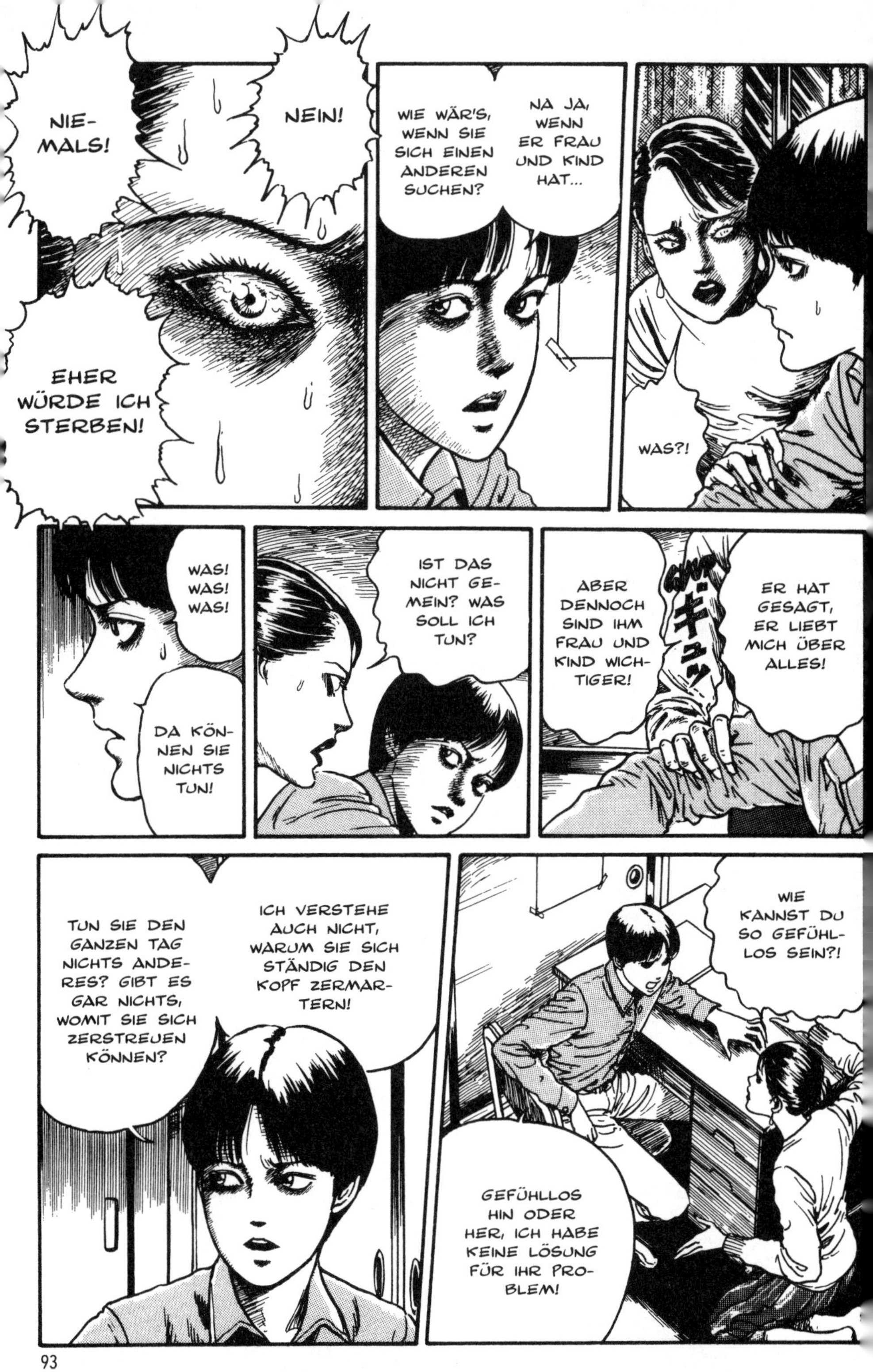
WAS?!
NA JA, WENN ER FRAU UND KIND HAT...
WIE WÄR'S, WENN SIE SICH EINEN ANDEREN SUCHEN?
NEIN!
NIE-MALS!
EHER WÜRDE ICH STERBEN!
ER HAT GESAGT, ER LIEBT MICH ÜBER ALLES!
ABER DENNOCH SIND IHM FRAU UND KIND WICH-TIGER!
ギュッ
IST DAS NICHT GE-MEIN? WAS SOLL ICH TUN?
WAS! WAS! WAS!
DA KÖN-NEN SIE NICHTS TUN!
WIE KANNST DU SO GEFÜHL-LOS SEIN?!
GEFÜHLLOS HIN ODER HER, ICH HABE KEINE LÖSUNG FÜR IHR PRO-BLEM!
ICH VERSTEHE AUCH NICHT, WARUM SIE SICH STÄNDIG DEN KOPF ZERMAR-TERN!
TUN SIE DEN GANZEN TAG NICHTS ANDE-RES? GIBT ES GAR NICHTS, WOMIT SIE SICH ZERSTREUEN KÖNNEN?

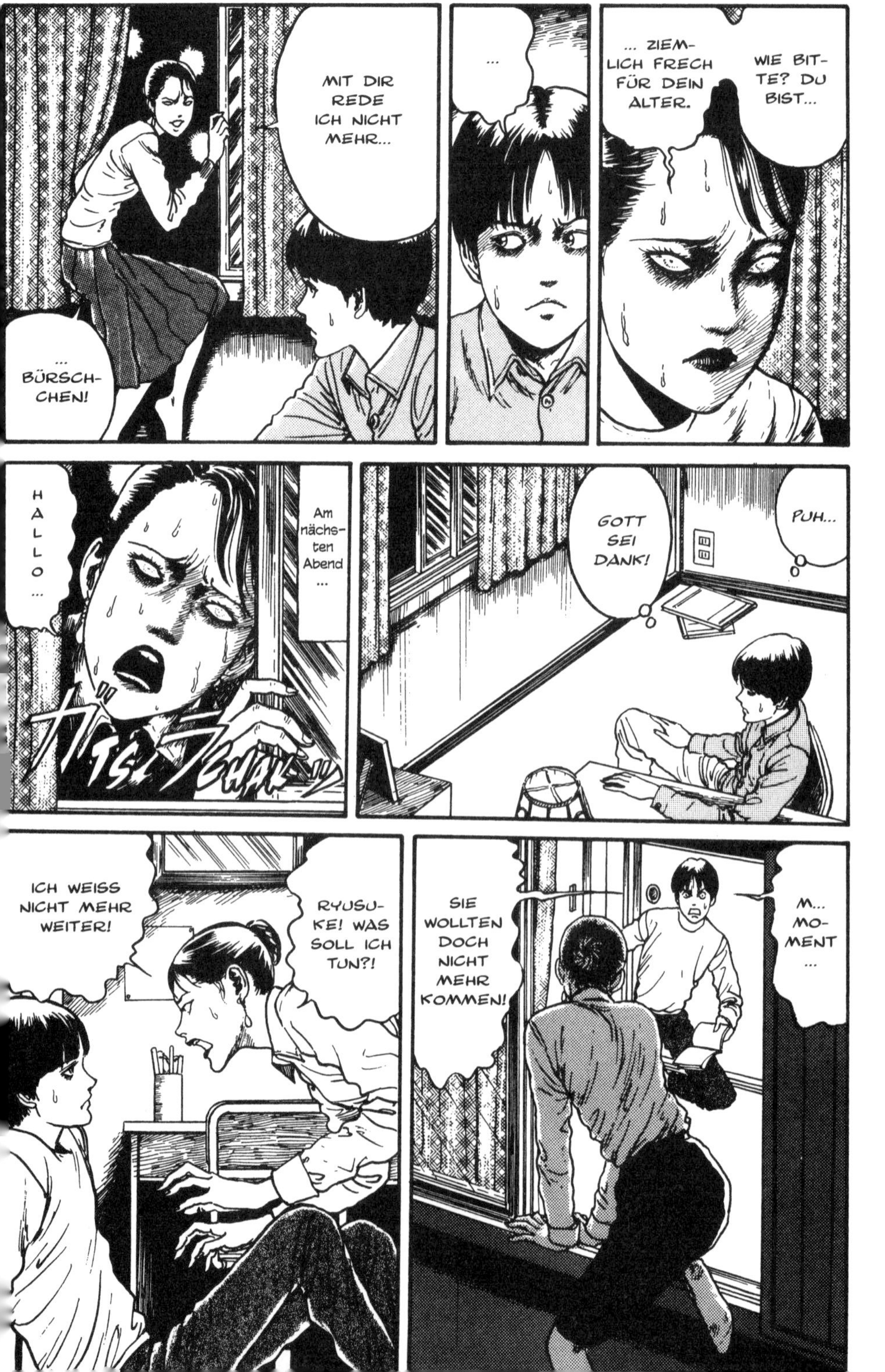
WIE BITTE? DU BIST...
... ZIEMLICH FRECH FÜR DEIN ALTER.
...
MIT DIR REDE ICH NICHT MEHR...
... BÜRSCHCHEN!
PUH...
GOTT SEI DANK!
Am nächsten Abend ...
HALLO ...
M... MOMENT ...
SIE WOLLTEN DOCH NICHT MEHR KOMMEN!
RYUSUKE! WAS SOLL ICH TUN?!
ICH WEISS NICHT MEHR WEITER!

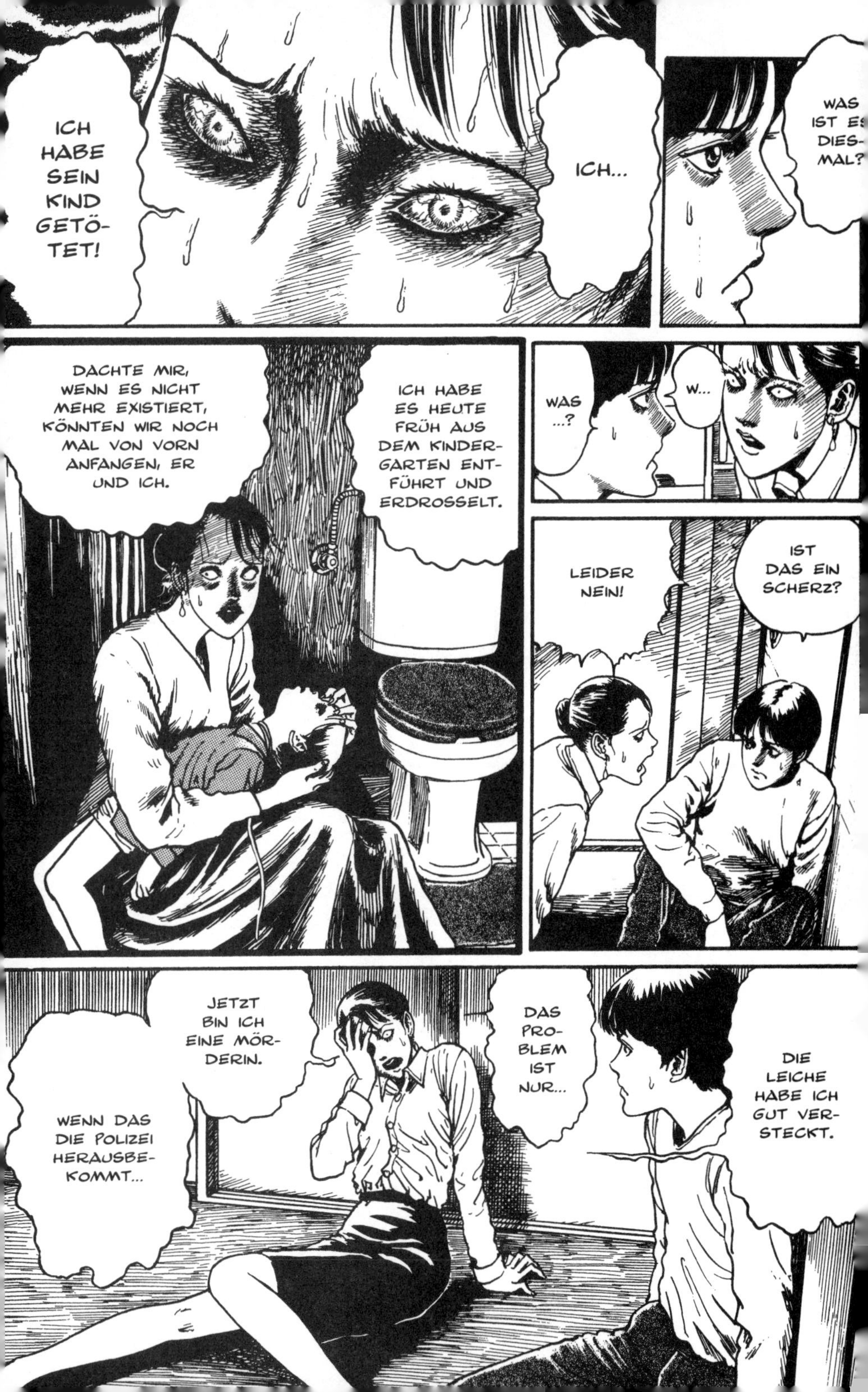
WAS IST ES DIESMAL?
ICH...
ICH HABE SEIN KIND GETÖTET!
W...
WAS ...?
IST DAS EIN SCHERZ?
LEIDER NEIN!
ICH HABE ES HEUTE FRÜH AUS DEM KINDERGARTEN ENTFÜHRT UND ERDROSSELT.
DACHTE MIR, WENN ES NICHT MEHR EXISTIERT, KÖNNTEN WIR NOCH MAL VON VORN ANFANGEN, ER UND ICH.
DIE LEICHE HABE ICH GUT VERSTECKT.
DAS PROBLEM IST NUR...
JETZT BIN ICH EINE MÖRDERIN.
WENN DAS DIE POLIZEI HERAUSBEKOMMT...

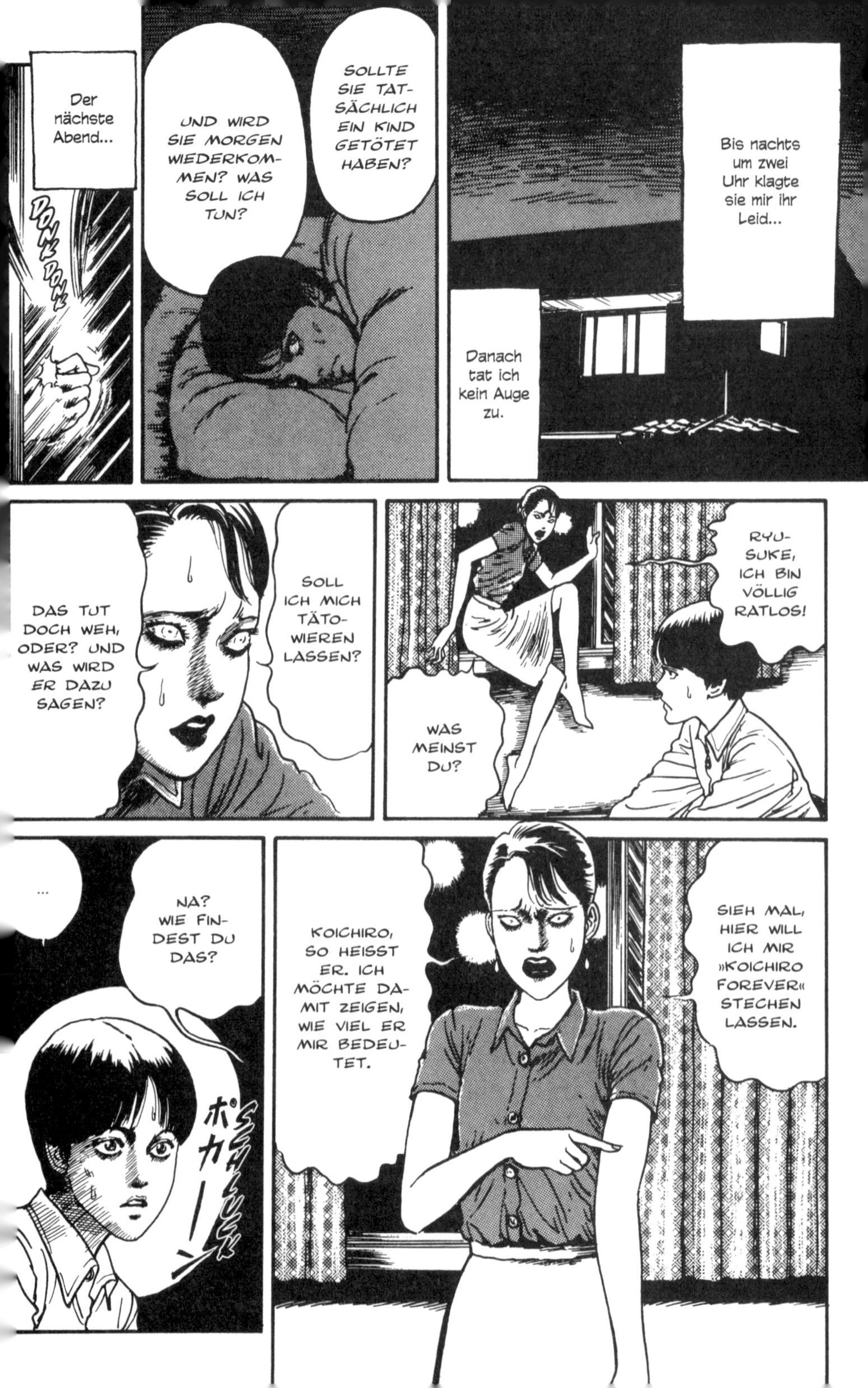
Bis nachts um zwei Uhr klagte sie mir ihr Leid...
Danach tat ich kein Auge zu.
SOLLTE SIE TATSÄCHLICH EIN KIND GETÖTET HABEN?
UND WIRD SIE MORGEN WIEDERKOMMEN? WAS SOLL ICH TUN?
Der nächste Abend...
DONK DONK
RYUSUKE, ICH BIN VÖLLIG RATLOS!
WAS MEINST DU?
SOLL ICH MICH TÄTOWIEREN LASSEN?
DAS TUT DOCH WEH, ODER? UND WAS WIRD ER DAZU SAGEN?
SIEH MAL, HIER WILL ICH MIR »KOICHIRO FOREVER« STECHEN LASSEN.
KOICHIRO, SO HEISST ER. ICH MÖCHTE DAMIT ZEIGEN, WIE VIEL ER MIR BEDEUTET.
NA? WIE FINDEST DU DAS?
...
SCHLUCK

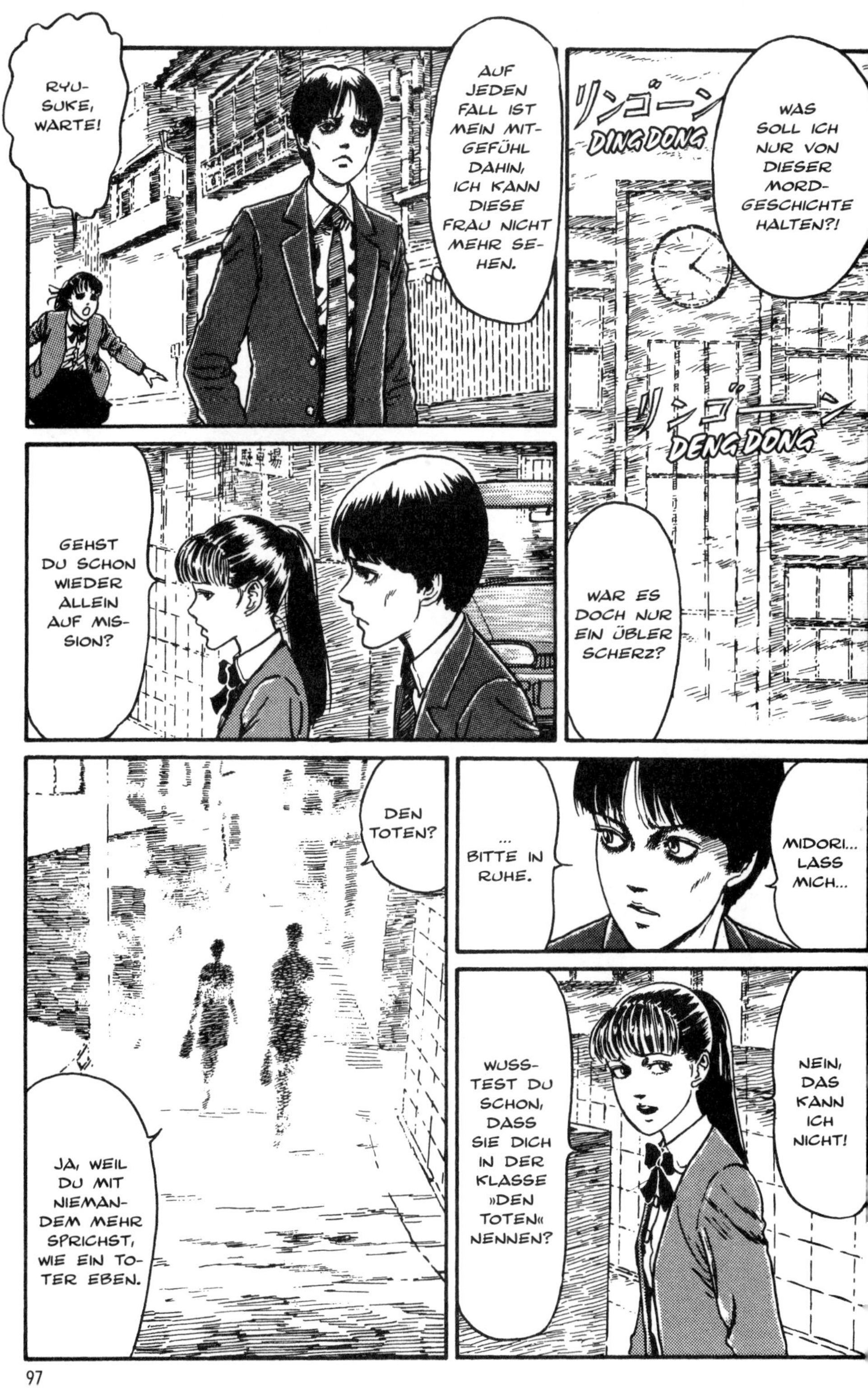

リンゴーン
DING DONG
WAS SOLL ICH NUR VON DIESER MORD-GESCHICHTE HALTEN?!
リンゴーン
DENG DONG
WAR ES DOCH NUR EIN ÜBLER SCHERZ?
AUF JEDEN FALL IST MEIN MIT-GEFÜHL DAHIN, ICH KANN DIESE FRAU NICHT MEHR SE-HEN.
RYU-SUKE, WARTE!
GEHST DU SCHON WIEDER ALLEIN AUF MIS-SION?
MIDORI... LASS MICH...
... BITTE IN RUHE.
NEIN, DAS KANN ICH NICHT!
WUSS-TEST DU SCHON, DASS SIE DICH IN DER KLASSE »DEN TOTEN« NENNEN?
DEN TOTEN?
JA, WEIL DU MIT NIEMAN-DEM MEHR SPRICHST, WIE EIN TO-TER EBEN.

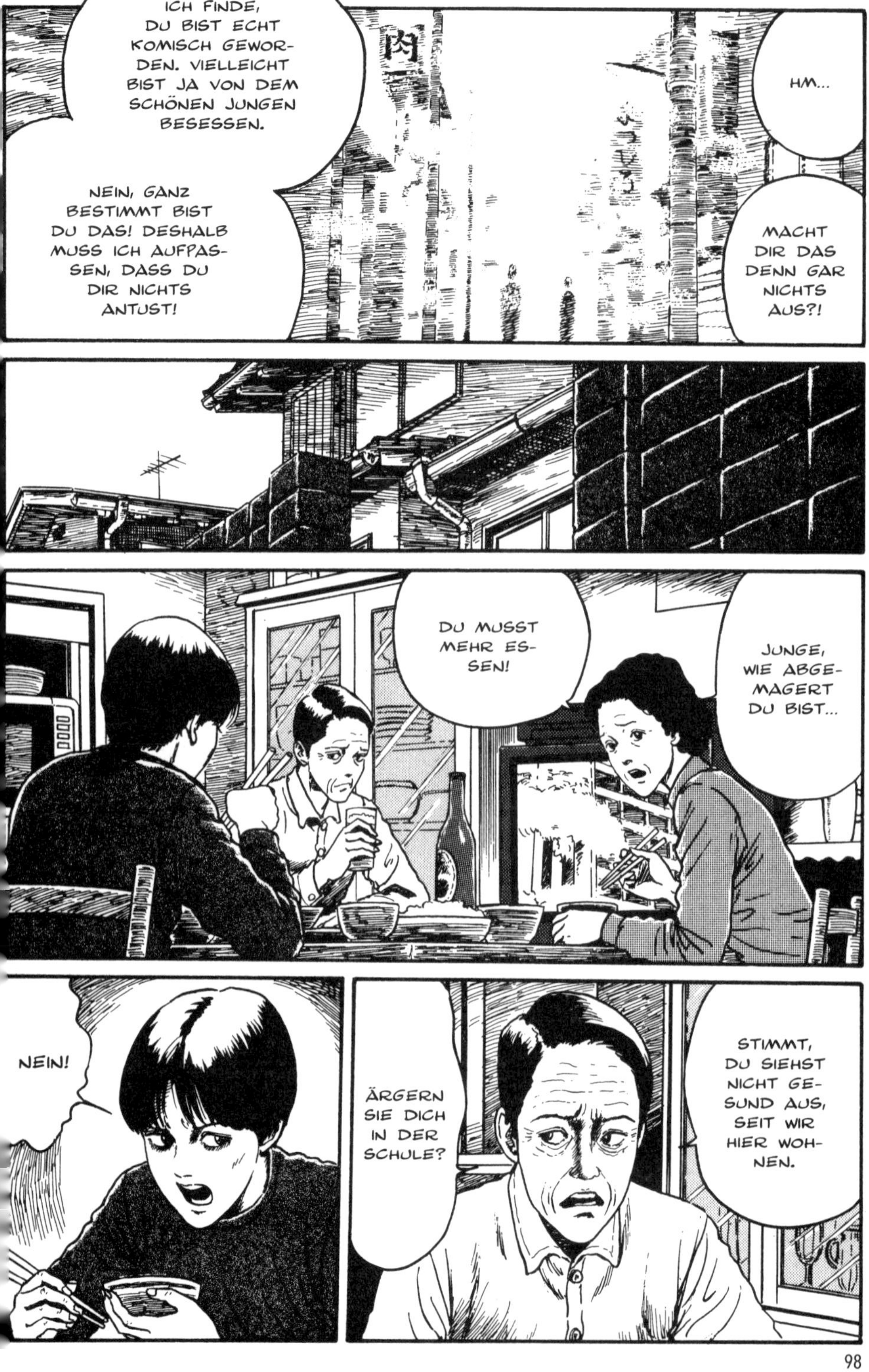
HM...
ICH FINDE, DU BIST ECHT KOMISCH GEWORDEN. VIELLEICHT BIST JA VON DEM SCHÖNEN JUNGEN BESESSEN.
MACHT DIR DAS DENN GAR NICHTS AUS?!
NEIN, GANZ BESTIMMT BIST DU DAS! DESHALB MUSS ICH AUFPASSEN, DASS DU DIR NICHTS ANTUST!
JUNGE, WIE ABGEMAGERT DU BIST...
DU MUSST MEHR ESSEN!
STIMMT, DU SIEHST NICHT GESUND AUS, SEIT WIR HIER WOHNEN.
ÄRGERN SIE DICH IN DER SCHULE?
NEIN!

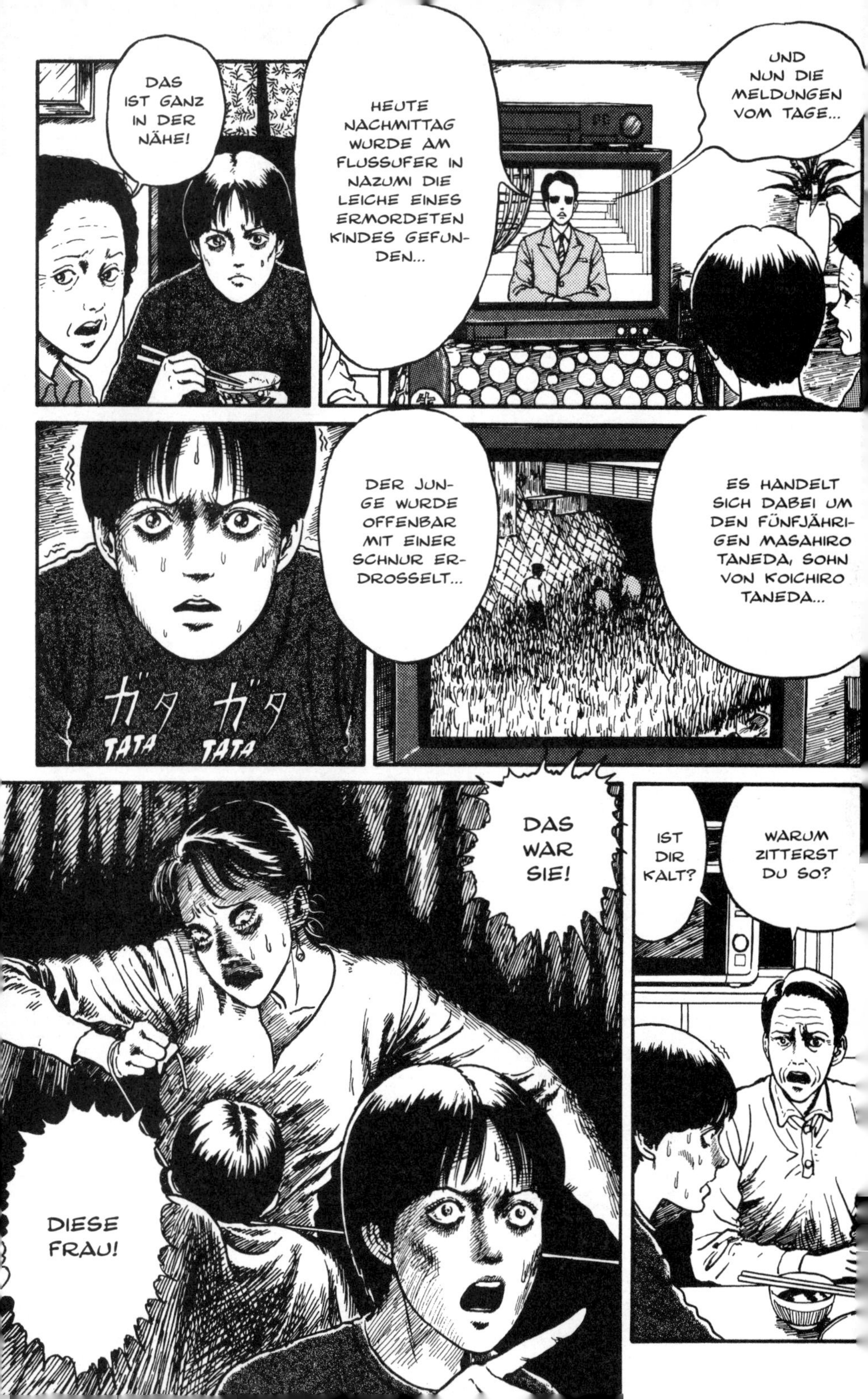
UND NUN DIE MELDUNGEN VOM TAGE...
HEUTE NACHMITTAG WURDE AM FLUSSUFER IN NAZUMI DIE LEICHE EINES ERMORDETEN KINDES GEFUN-DEN...
DAS IST GANZ IN DER NÄHE!
ES HANDELT SICH DABEI UM DEN FÜNFJÄHRI-GEN MASAHIRO TANEDA, SOHN VON KOICHIRO TANEDA...
DER JUN-GE WURDE OFFENBAR MIT EINER SCHNUR ER-DROSSELT...
ガタ ガタ
TATA TATA
WARUM ZITTERST DU SO?
IST DIR KALT?
DAS WAR SIE!
DIESE FRAU!

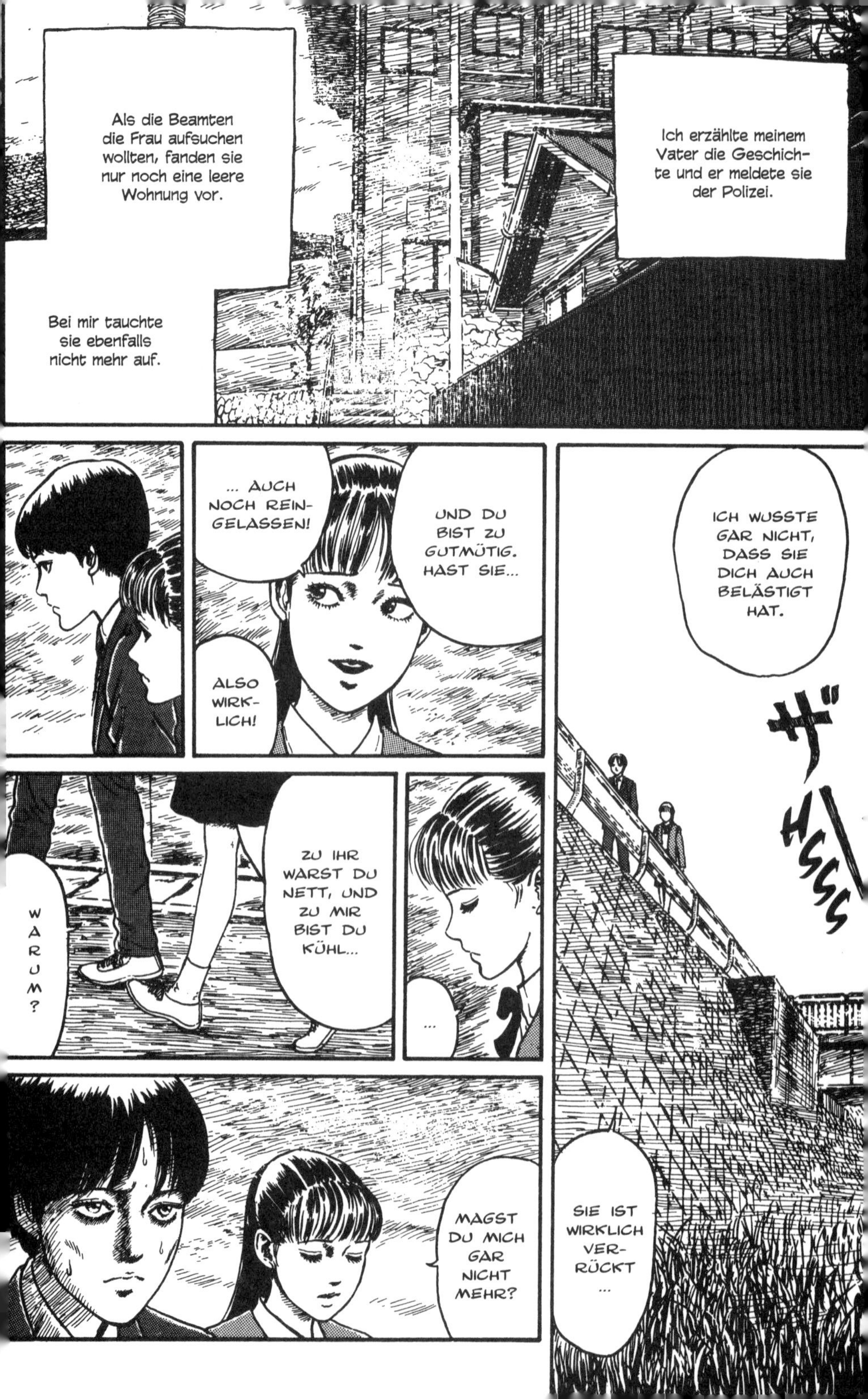
Ich erzählte meinem Vater die Geschichte und er meldete sie der Polizei.
Als die Beamten die Frau aufsuchen wollten, fanden sie nur noch eine leere Wohnung vor.
Bei mir tauchte sie ebenfalls nicht mehr auf.
ICH WUSSTE GAR NICHT, DASS SIE DICH AUCH BELÄSTIGT HAT.
HSSS
SIE IST WIRKLICH VER-RÜCKT ...
UND DU BIST ZU GUTMÜTIG. HAST SIE...
... AUCH NOCH REIN-GELASSEN!
ALSO WIRK-LICH!
...
ZU IHR WARST DU NETT, UND ZU MIR BIST DU KÜHL...
WARUM?
MAGST DU MICH GAR NICHT MEHR?

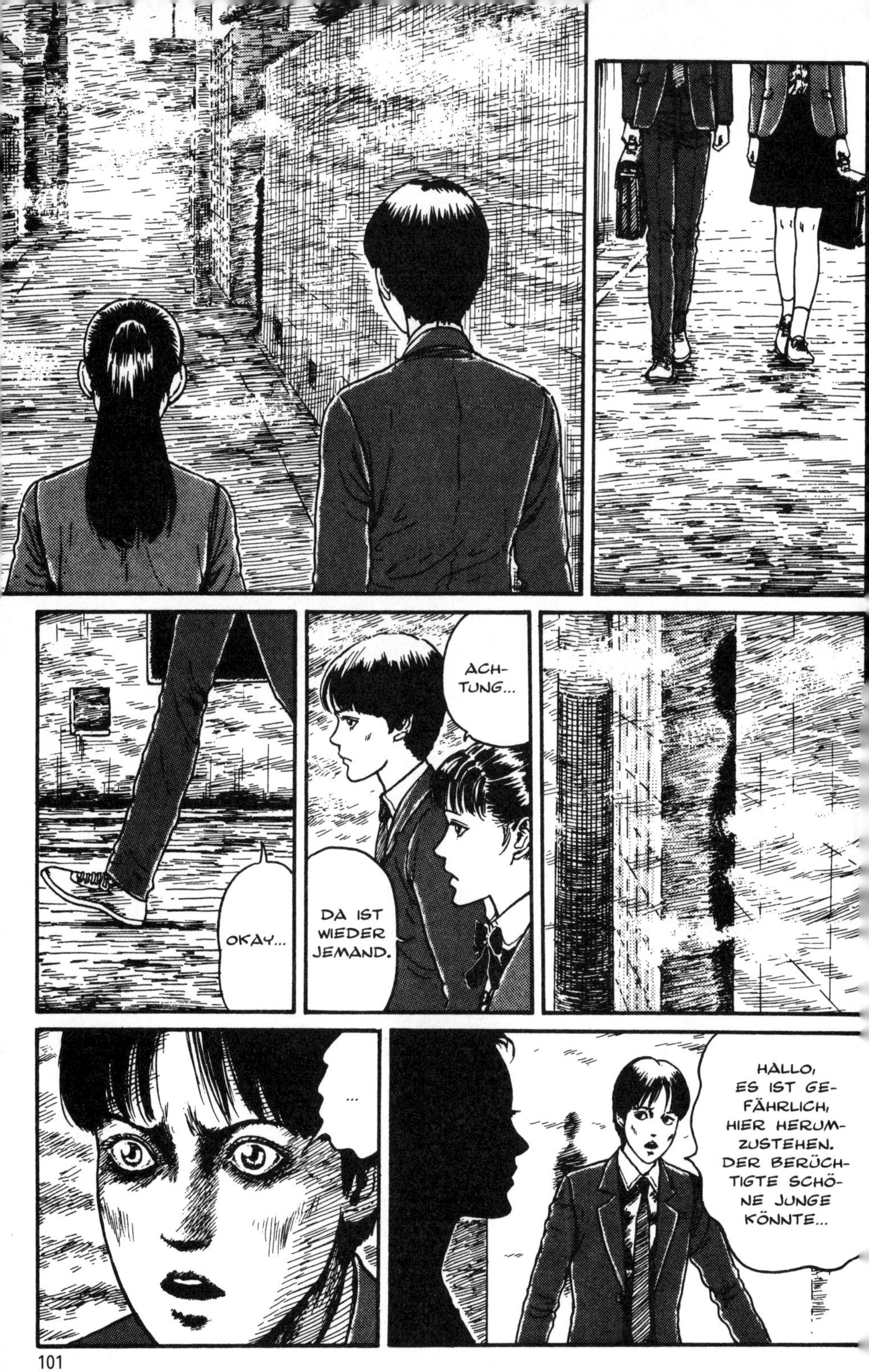
ACH- TUNG...
DA IST WIEDER JEMAND.
OKAY...
HALLO, ES IST GE- FÄHRLICH, HIER HERUM- ZUSTEHEN. DER BERÜCH- TIGTE SCHÖ- NE JUNGE KÖNNTE...
...

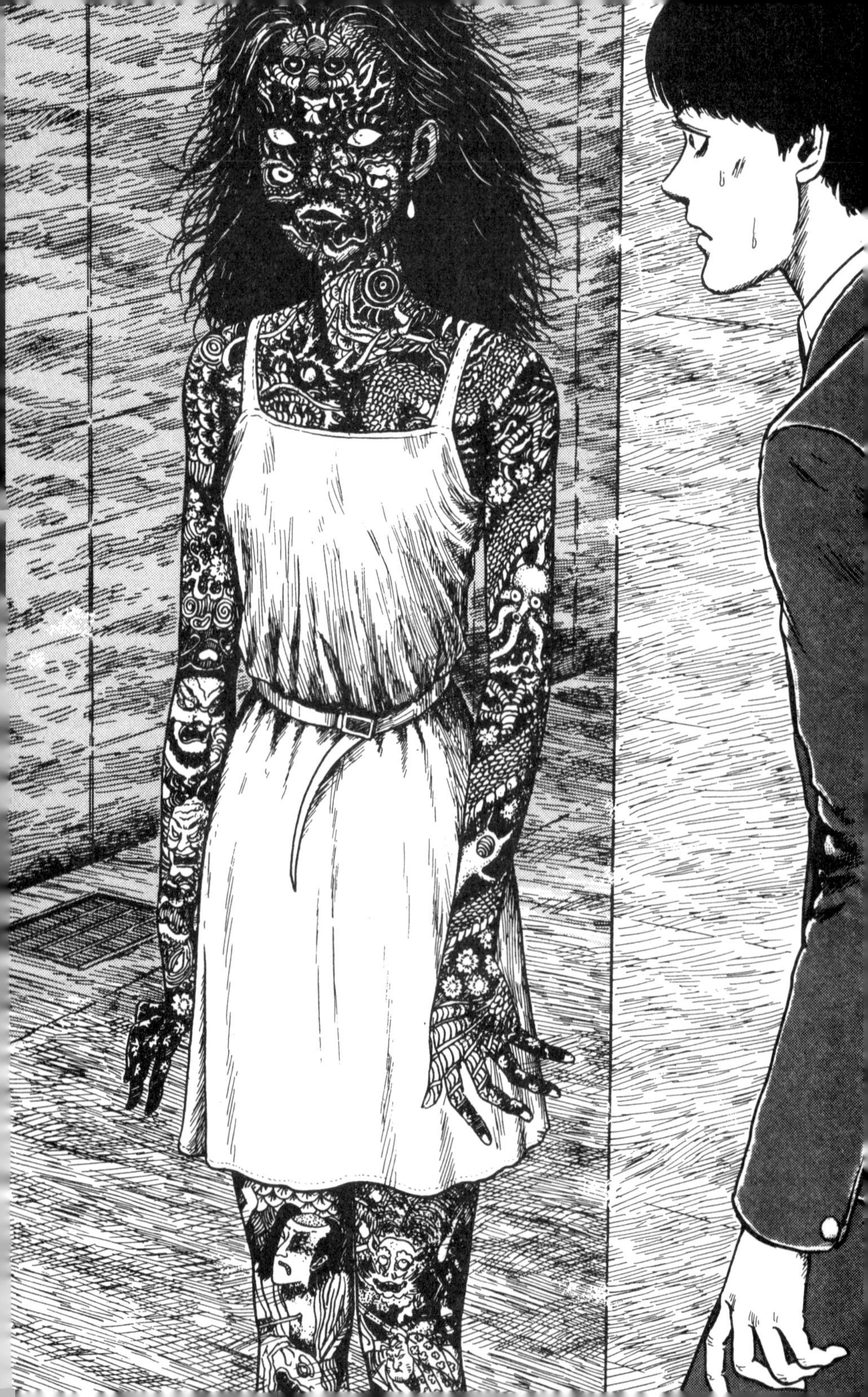

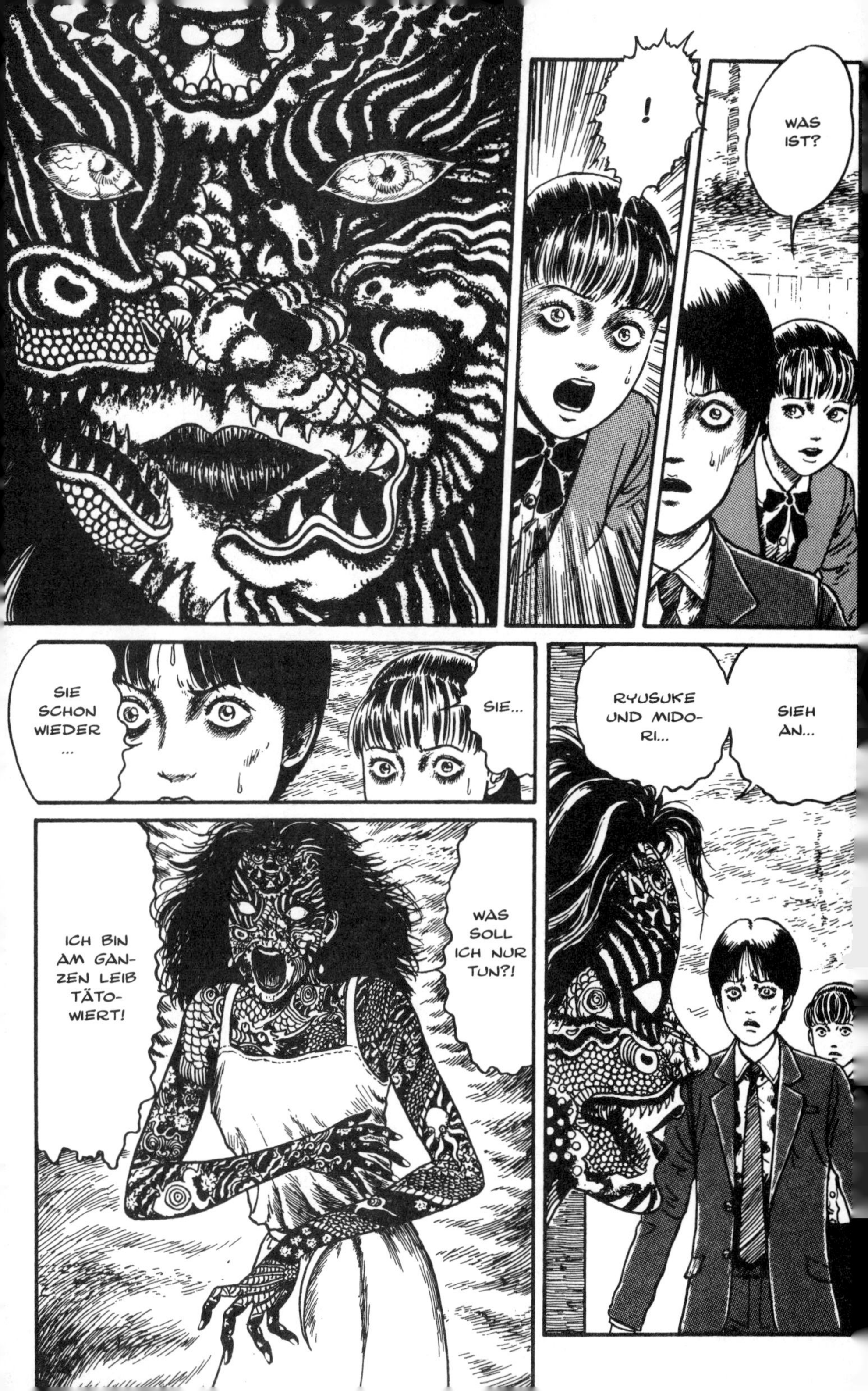
WAS IST?
!
SIEH AN...
RYUSUKE UND MIDO-RI...
SIE...
SIE SCHON WIEDER ...
WAS SOLL ICH NUR TUN?!
ICH BIN AM GANZEN LEIB TÄTOWIERT!

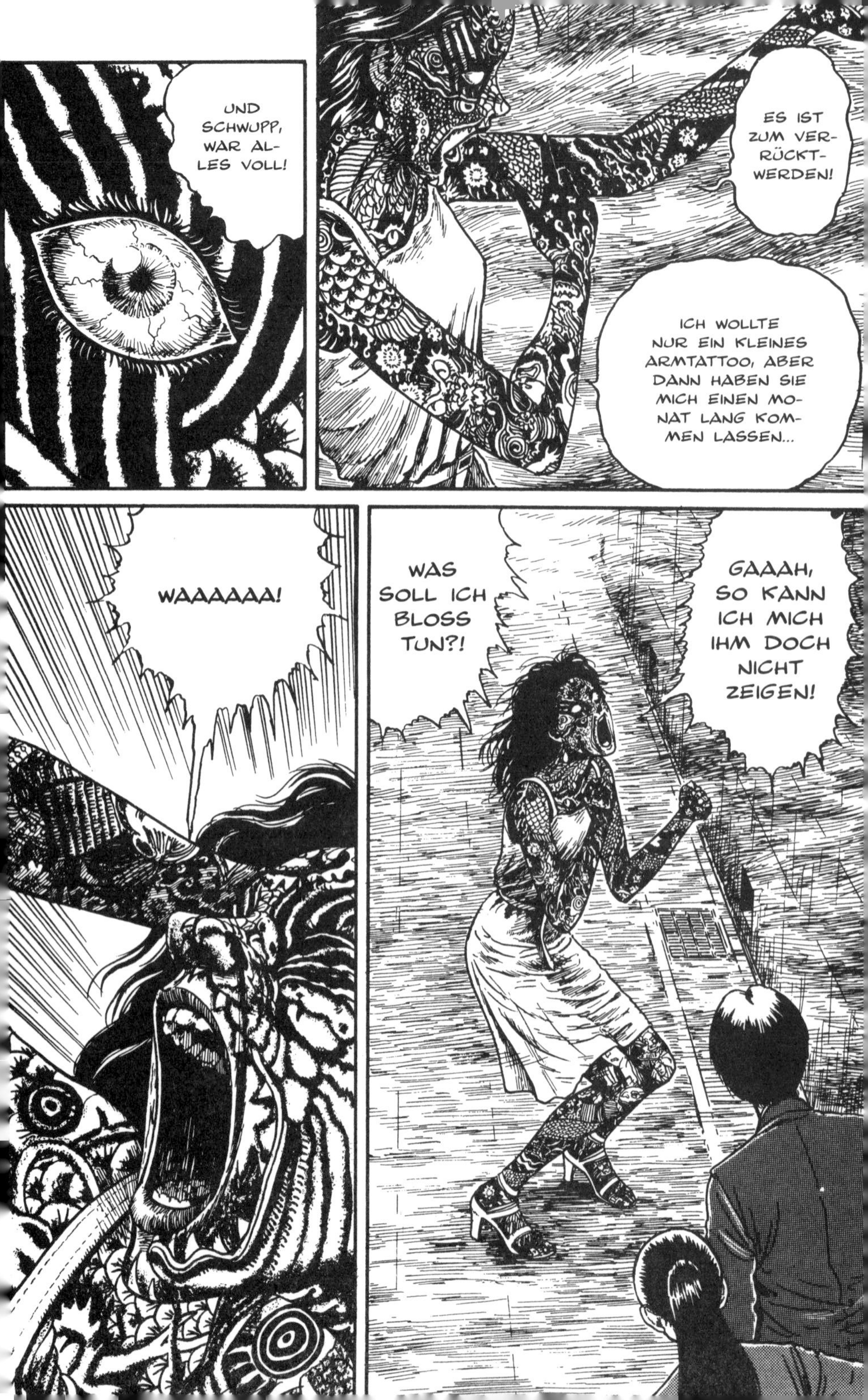
ES IST ZUM VERRÜCKTWERDEN!
ICH WOLLTE NUR EIN KLEINES ARMTATTOO, ABER DANN HABEN SIE MICH EINEN MONAT LANG KOMMEN LASSEN...
UND SCHWUPP, WAR ALLES VOLL!
GAAAH, SO KANN ICH MICH IHM DOCH NICHT ZEIGEN!
WAS SOLL ICH BLOSS TUN?!
WAAAAAAA!

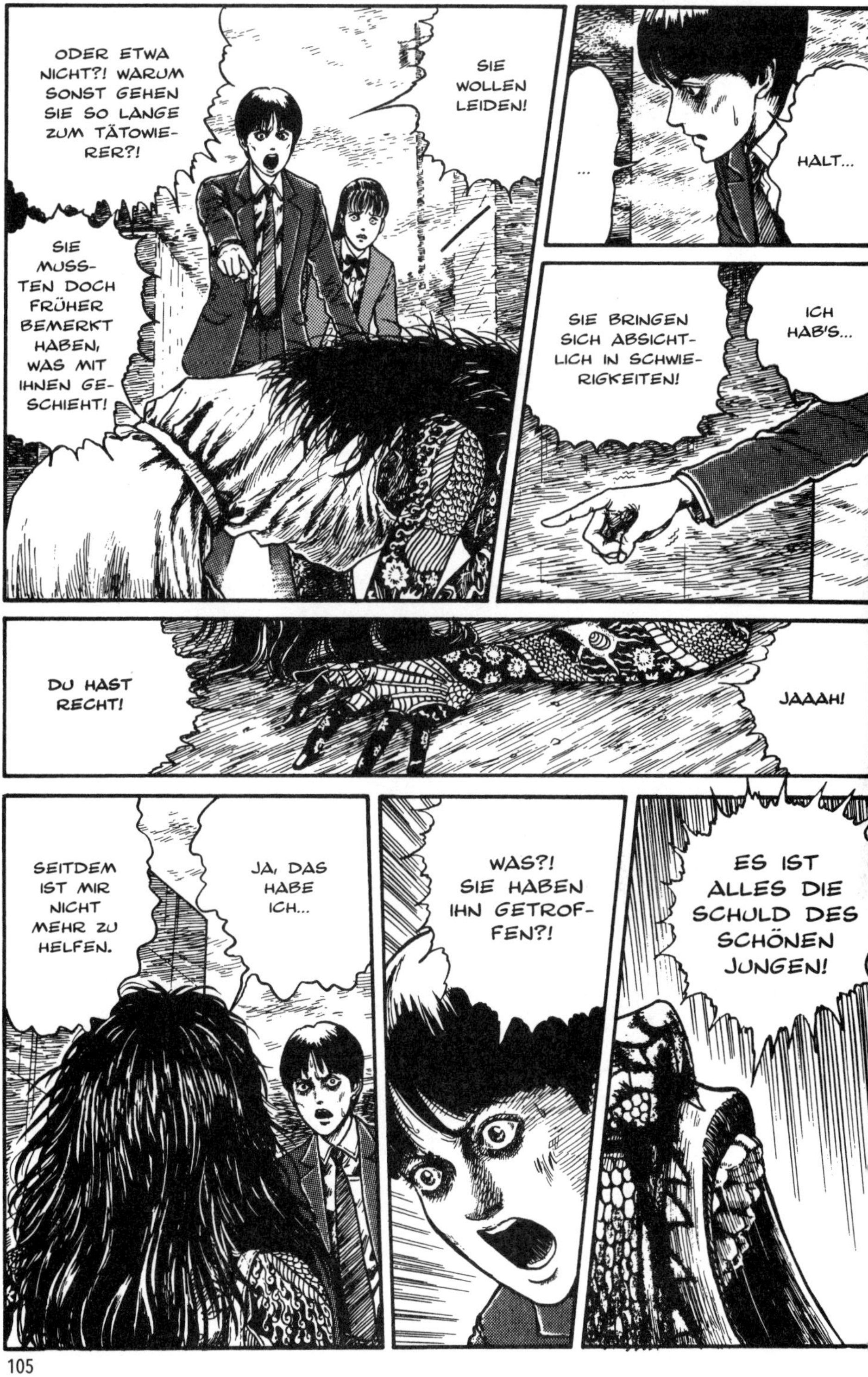
HALT...
...
ICH HAB'S...
SIE BRINGEN SICH ABSICHTLICH IN SCHWIERIGKEITEN!
SIE WOLLEN LEIDEN!
ODER ETWA NICHT?! WARUM SONST GEHEN SIE SO LANGE ZUM TÄTOWIERER?!
SIE MUSSTEN DOCH FRÜHER BEMERKT HABEN, WAS MIT IHNEN GESCHIEHT!
JAAAH!
DU HAST RECHT!
ES IST ALLES DIE SCHULD DES SCHÖNEN JUNGEN!
WAS?! SIE HABEN IHN GETROFFEN?!
JA, DAS HABE ICH...
SEITDEM IST MIR NICHT MEHR ZU HELFEN.

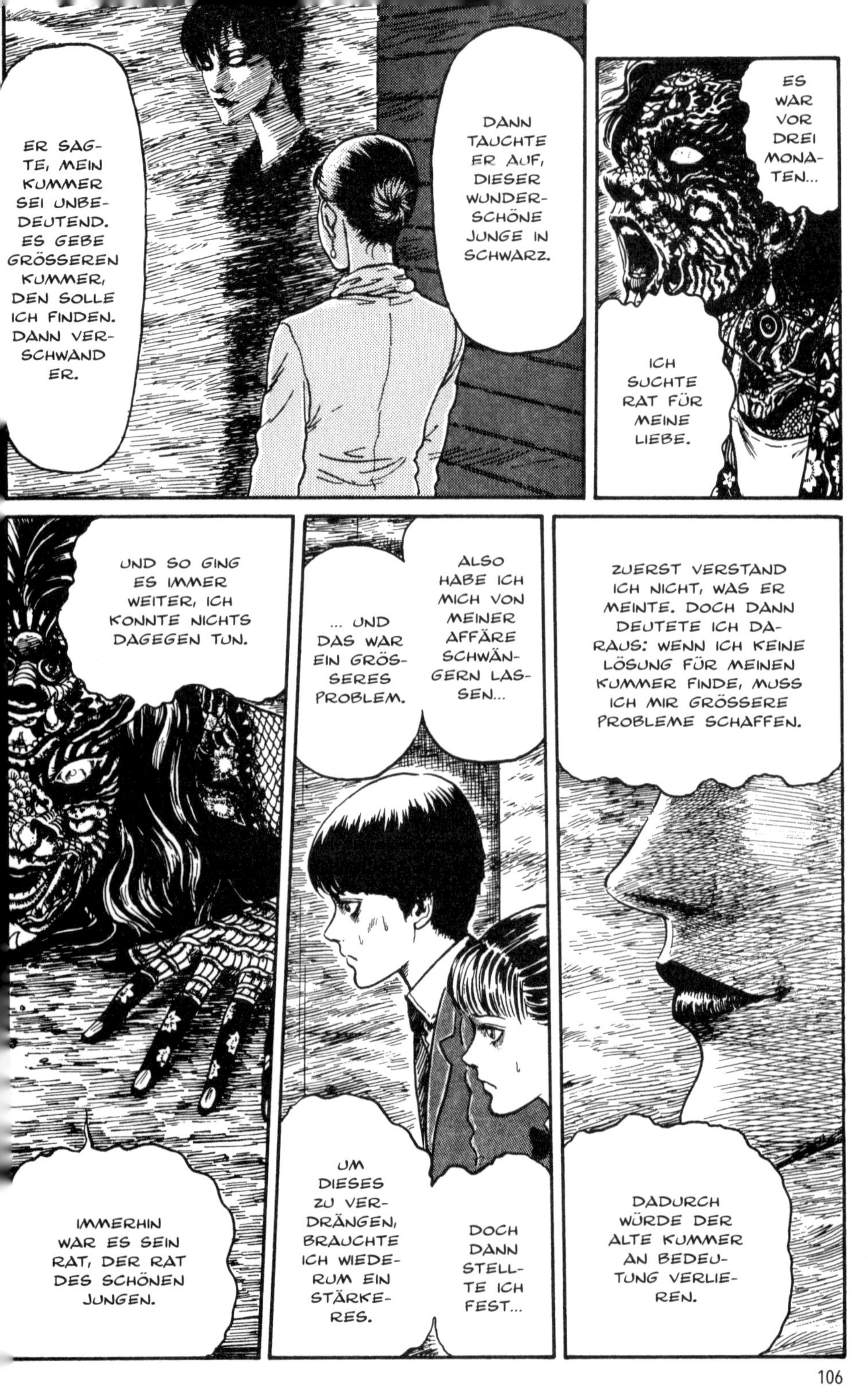
ES WAR VOR DREI MONATEN...
ICH SUCHTE RAT FÜR MEINE LIEBE.
DANN TAUCHTE ER AUF, DIESER WUNDERSCHÖNE JUNGE IN SCHWARZ.
ER SAGTE, MEIN KUMMER SEI UNBEDEUTEND. ES GEBE GRÖSSEREN KUMMER, DEN SOLLE ICH FINDEN. DANN VERSCHWAND ER.
ZUERST VERSTAND ICH NICHT, WAS ER MEINTE. DOCH DANN DEUTETE ICH DARAUS: WENN ICH KEINE LÖSUNG FÜR MEINEN KUMMER FINDE, MUSS ICH MIR GRÖSSERE PROBLEME SCHAFFEN.
DADURCH WÜRDE DER ALTE KUMMER AN BEDEUTUNG VERLIEREN.
ALSO HABE ICH MICH VON MEINER AFFÄRE SCHWÄNGERN LASSEN...
... UND DAS WAR EIN GRÖSSERES PROBLEM.
DOCH DANN STELLTE ICH FEST...
UM DIESES ZU VERDRÄNGEN, BRAUCHTE ICH WIEDERUM EIN STÄRKERES.
UND SO GING ES IMMER WEITER, ICH KONNTE NICHTS DAGEGEN TUN.
IMMERHIN WAR ES SEIN RAT, DER RAT DES SCHÖNEN JUNGEN.

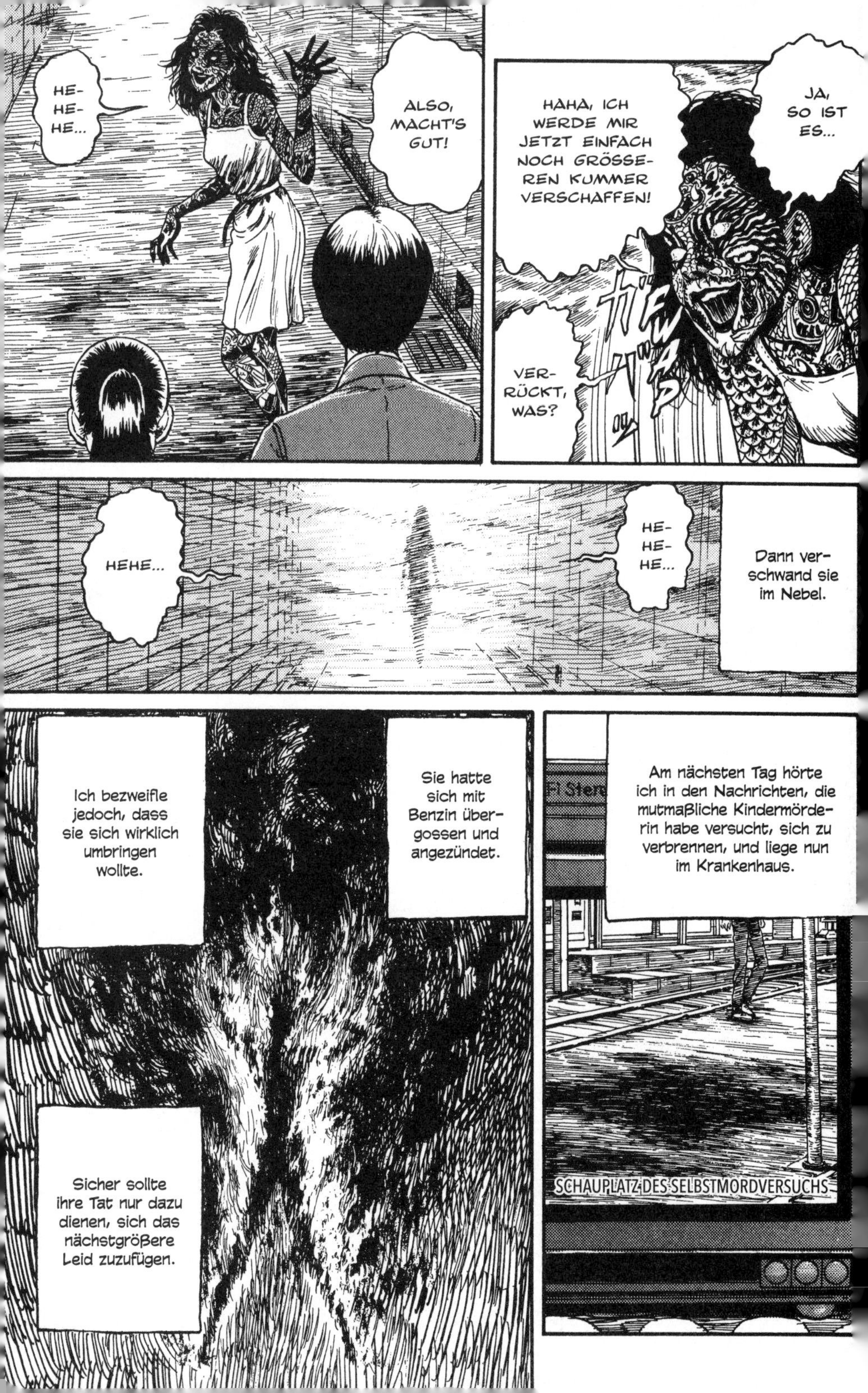
JA, SO IST ES...
HAHA, ICH WERDE MIR JETZT EINFACH NOCH GRÖSSEREN KUMMER VERSCHAFFEN!
VERRÜCKT, WAS?
ALSO, MACHT'S GUT!
HE-HE-HE...
Dann verschwand sie im Nebel.
HE-HE-HE...
HEHE...
Am nächsten Tag hörte ich in den Nachrichten, die mutmaßliche Kindermörderin habe versucht, sich zu verbrennen, und liege nun im Krankenhaus.
SCHAUPLATZ DES SELBSTMORDVERSUCHS
Sie hatte sich mit Benzin übergossen und angezündet.
Ich bezweifle jedoch, dass sie sich wirklich umbringen wollte.
Sicher sollte ihre Tat nur dazu dienen, sich das nächstgrößere Leid zuzufügen.

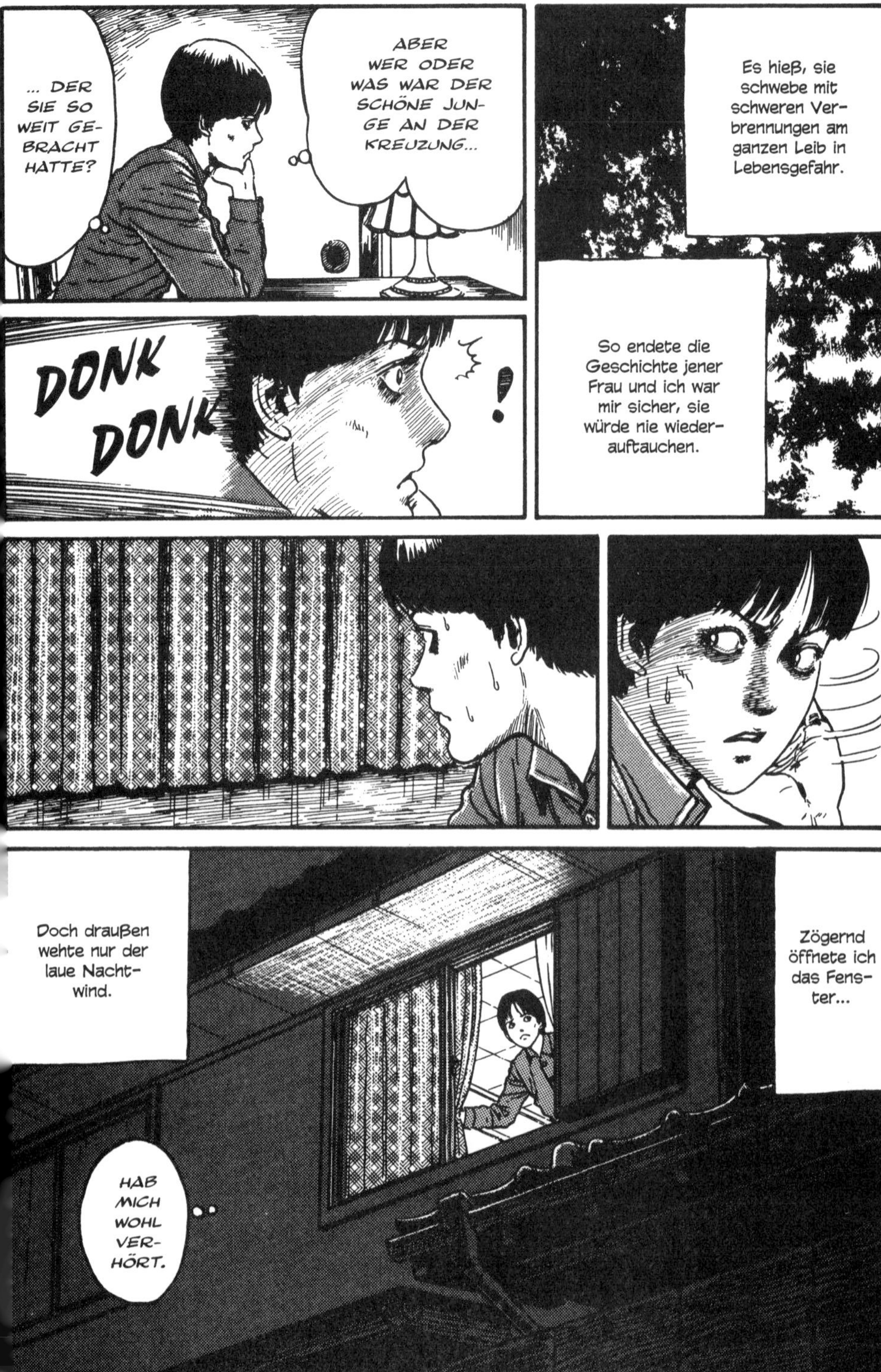

DIE LEIDENDE – ENDE

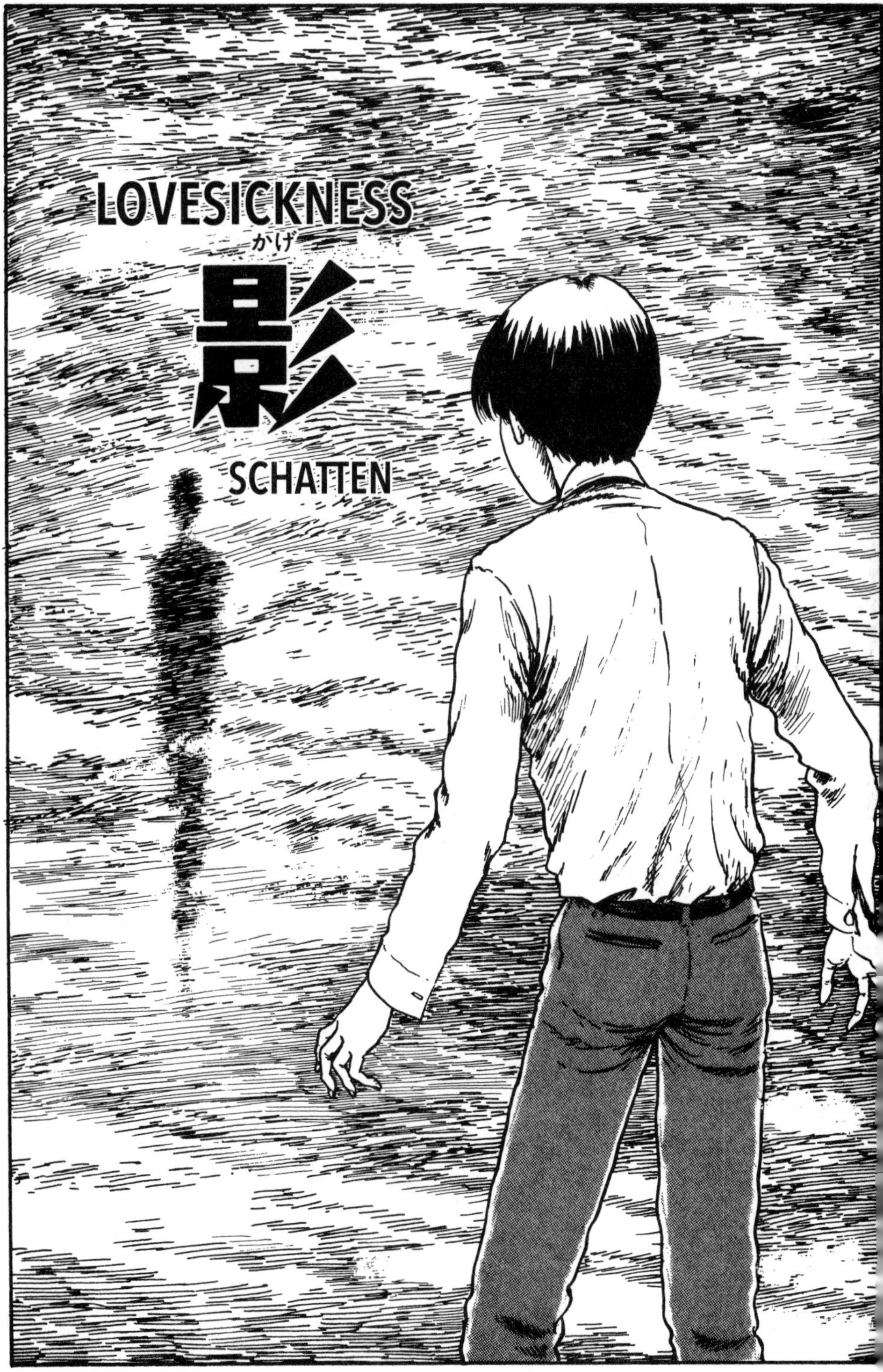
LOVESICKNESS
かげ
影
SCHATTEN

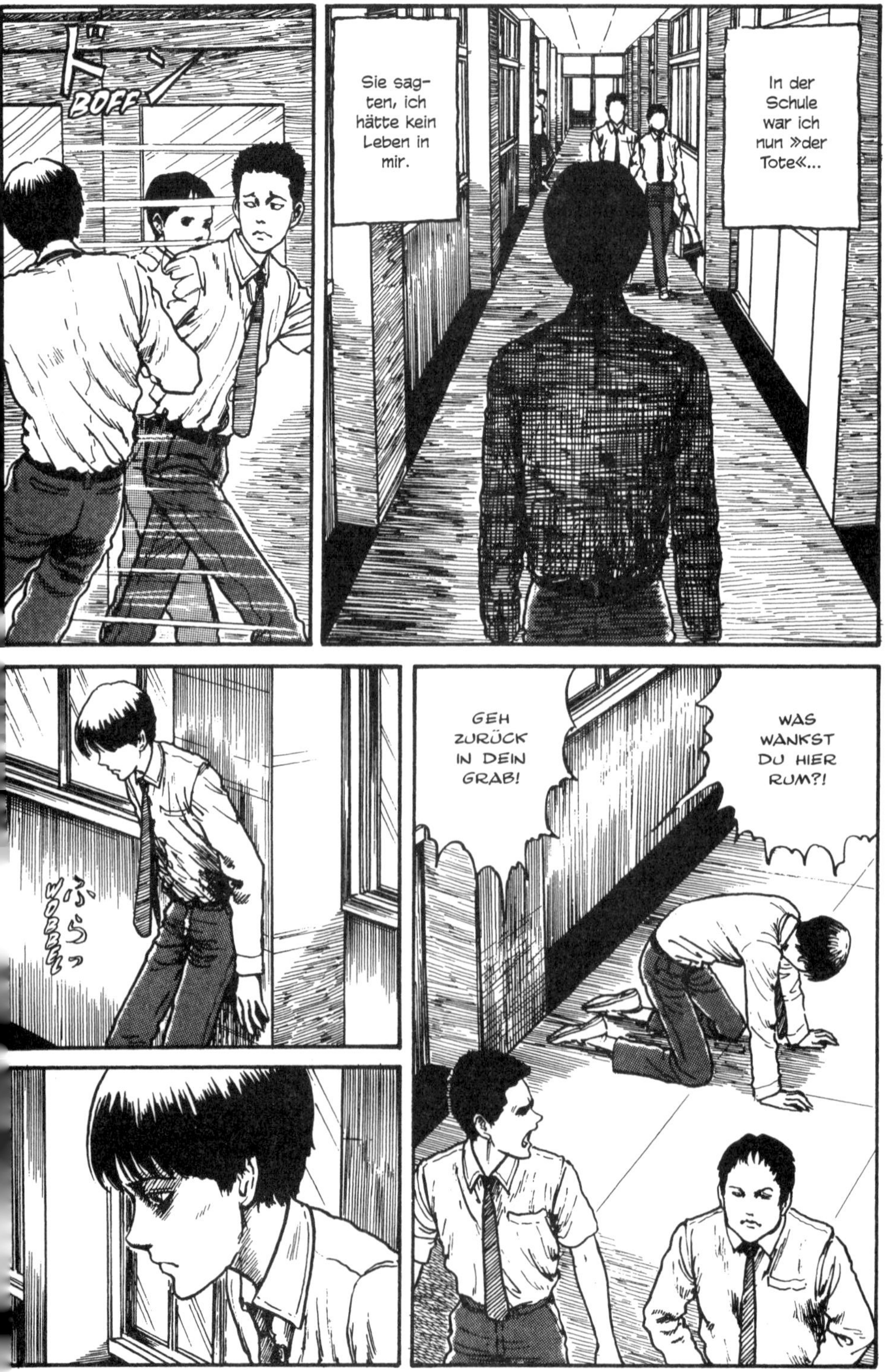
In der Schule war ich nun »der Tote«...
Sie sagten, ich hätte kein Leben in mir.
BOFF
WAS WANKST DU HIER RUM?!
GEH ZURÜCK IN DEIN GRAB!
WOBBEL

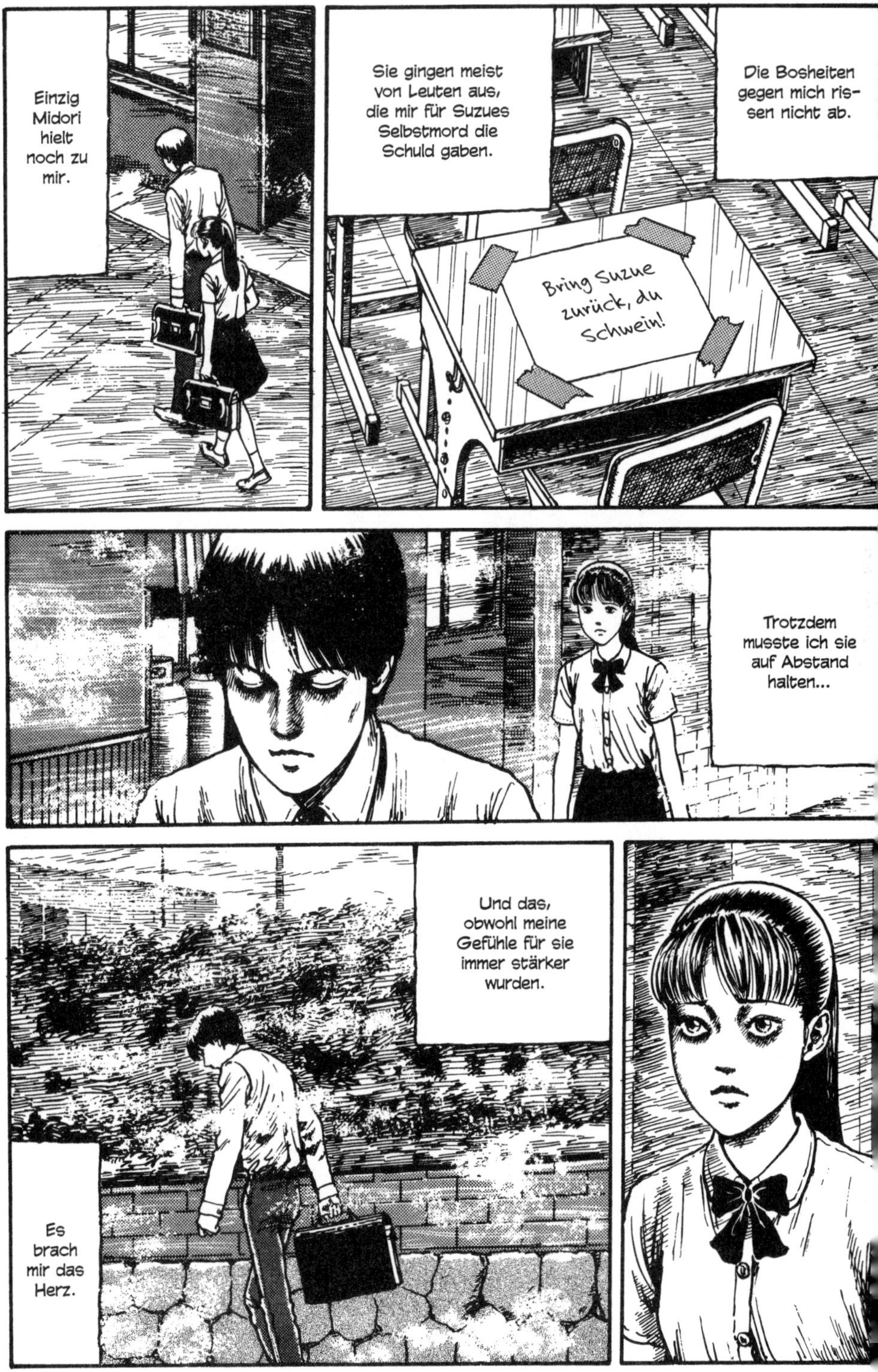
Die Bosheiten gegen mich rissen nicht ab.
Sie gingen meist von Leuten aus, die mir für Suzues Selbstmord die Schuld gaben.
Bring Suzue zurück, du Schwein!
Einzig Midori hielt noch zu mir.
Trotzdem musste ich sie auf Abstand halten...
Und das, obwohl meine Gefühle für sie immer stärker wurden.
Es brach mir das Herz.

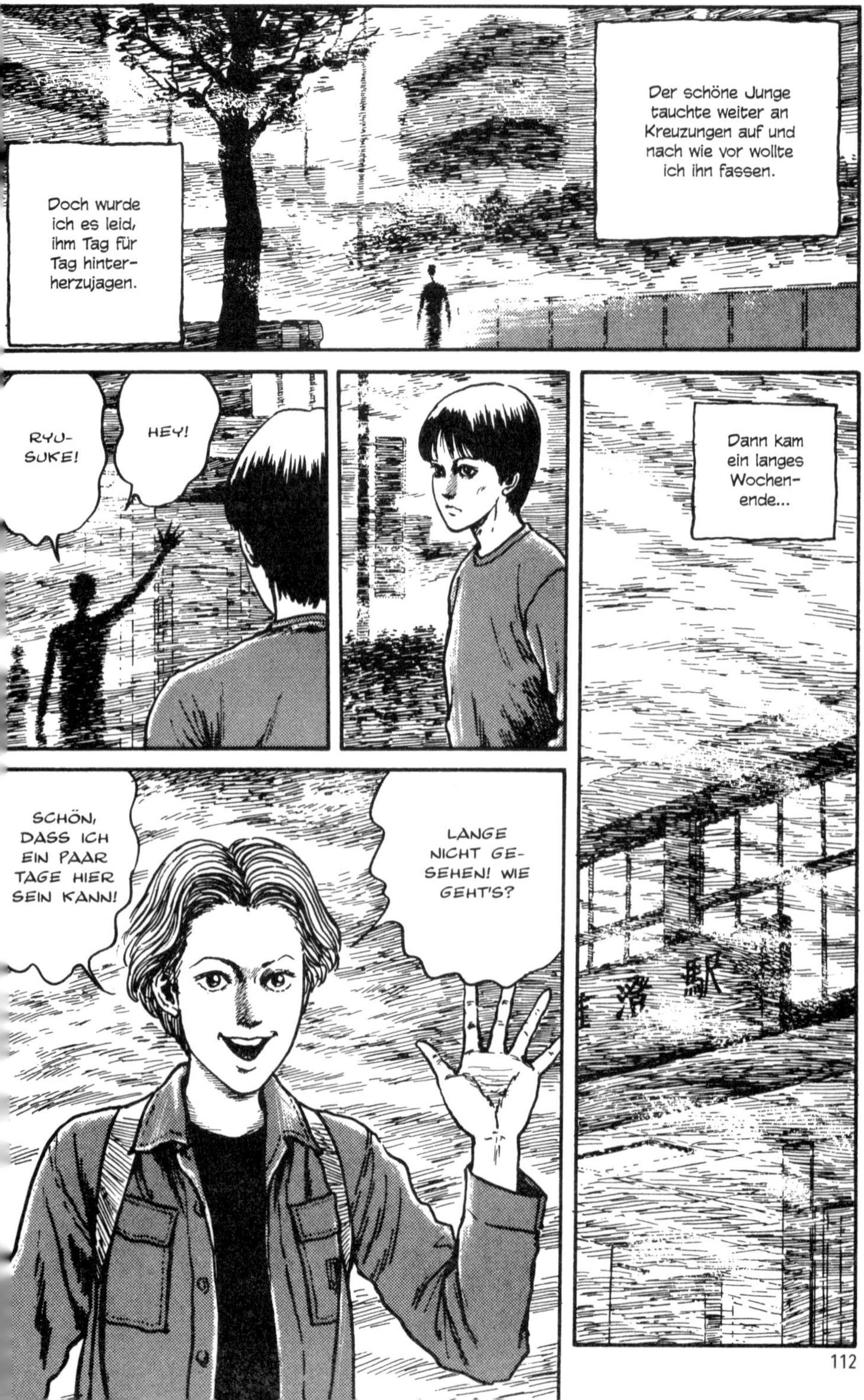
Der schöne Junge tauchte weiter an Kreuzungen auf und nach wie vor wollte ich ihn fassen.
Doch wurde ich es leid, ihm Tag für Tag hinterherzujagen.
Dann kam ein langes Wochenende...
HEY!
RYU-SUKE!
LANGE NICHT GESEHEN! WIE GEHT'S?
SCHÖN, DASS ICH EIN PAAR TAGE HIER SEIN KANN!

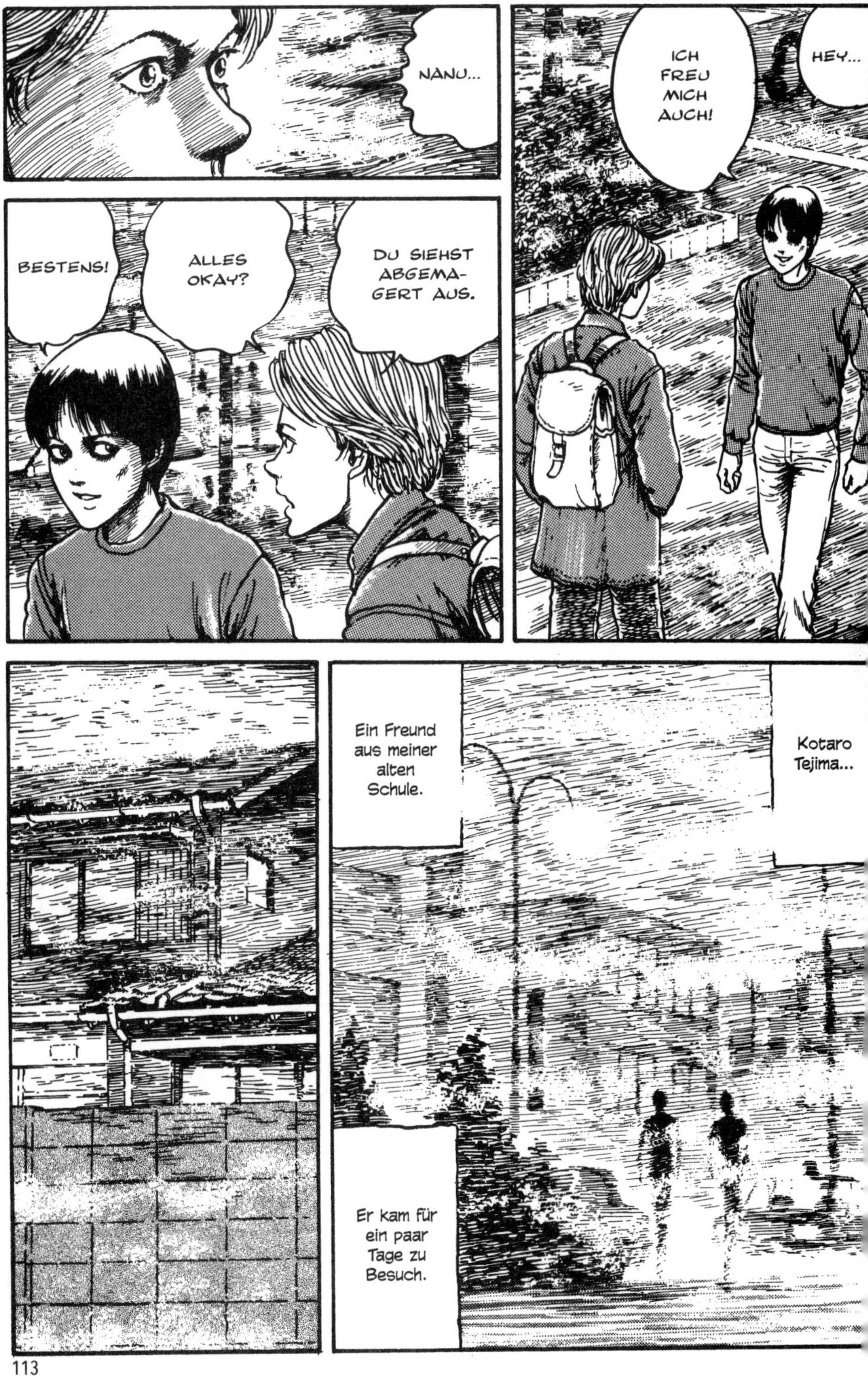
HEY...
ICH FREU MICH AUCH!
NANU...
DU SIEHST ABGEMAGERT AUS.
ALLES OKAY?
BESTENS!
Kotaro Tejima...
Ein Freund aus meiner alten Schule.
Er kam für ein paar Tage zu Besuch.

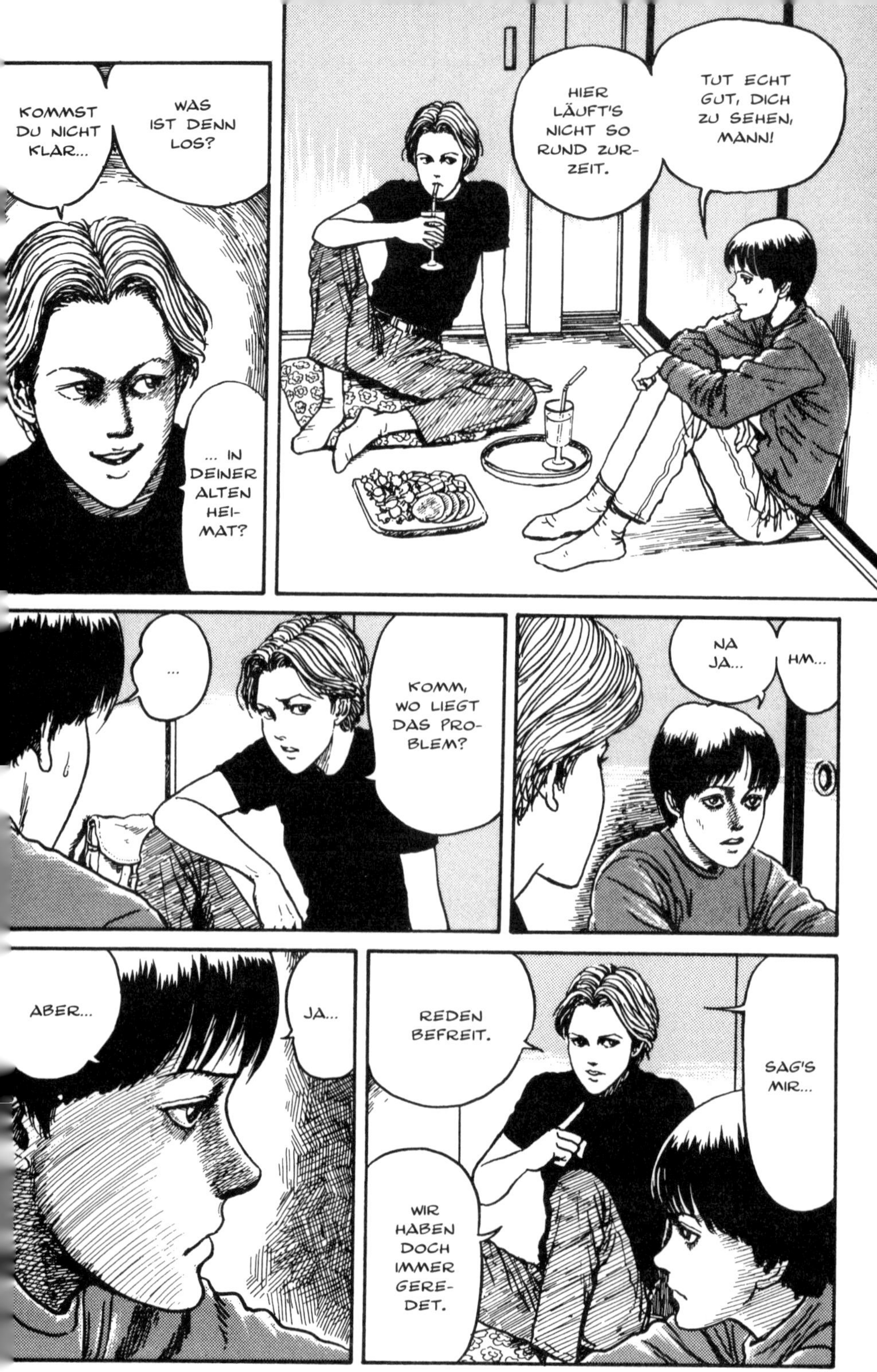
TUT ECHT GUT, DICH ZU SEHEN, MANN!
HIER LÄUFT'S NICHT SO RUND ZURZEIT.
WAS IST DENN LOS?
KOMMST DU NICHT KLAR...
... IN DEINER ALTEN HEIMAT?
HM...
NA JA...
KOMM, WO LIEGT DAS PROBLEM?
...
SAG'S MIR...
REDEN BEFREIT.
WIR HABEN DOCH IMMER GEREDET.
JA...
ABER...

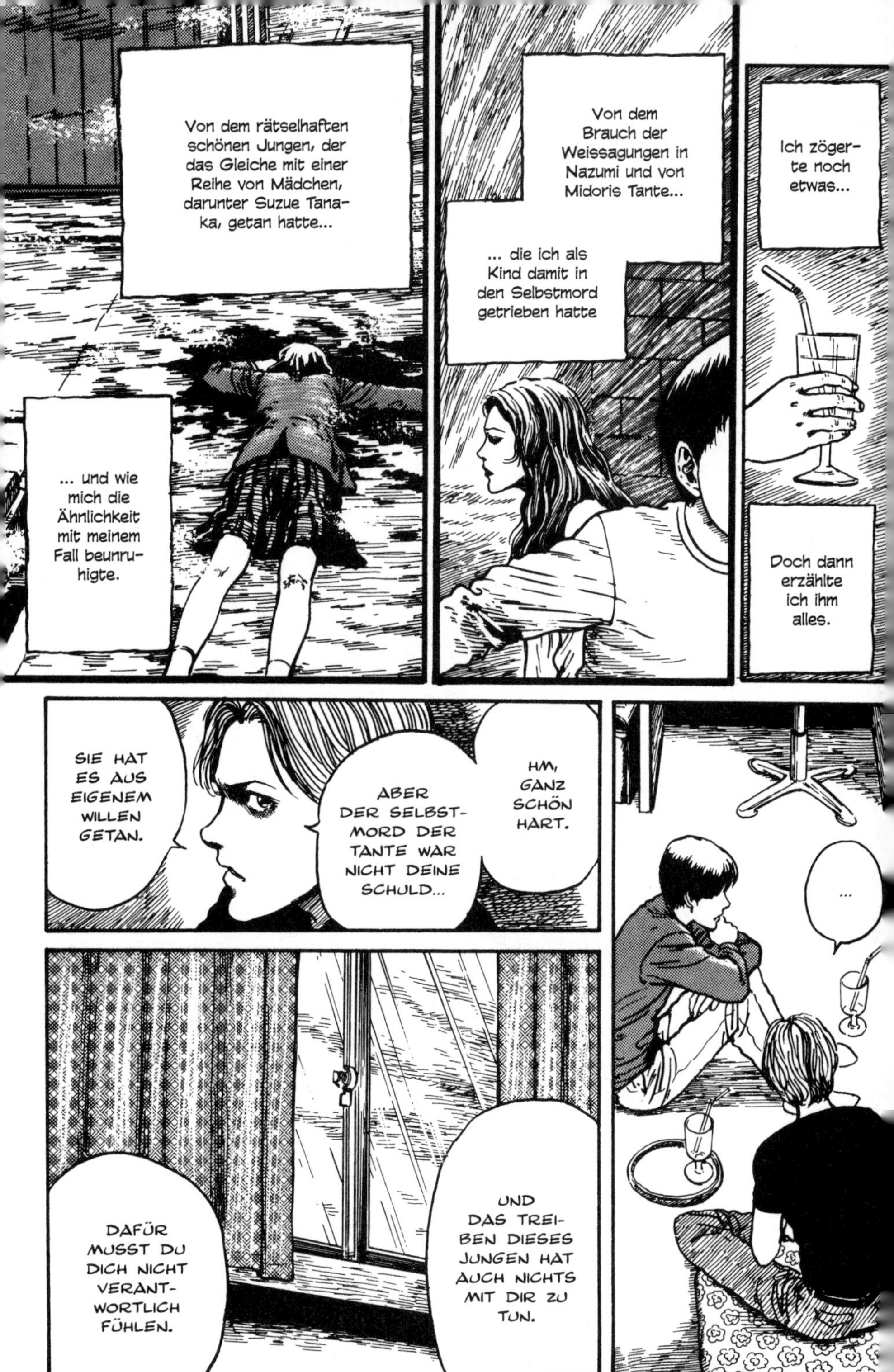
Von dem rätselhaften schönen Jungen, der das Gleiche mit einer Reihe von Mädchen, darunter Suzue Tanaka, getan hatte...
... und wie mich die Ähnlichkeit mit meinem Fall beunruhigte.
Von dem Brauch der Weissagungen in Nazumi und von Midoris Tante...
... die ich als Kind damit in den Selbstmord getrieben hatte
Ich zögerte noch etwas...
Doch dann erzählte ich ihm alles.
HM, GANZ SCHÖN HART.
ABER DER SELBSTMORD DER TANTE WAR NICHT DEINE SCHULD...
SIE HAT ES AUS EIGENEM WILLEN GETAN.
...
UND DAS TREIBEN DIESES JUNGEN HAT AUCH NICHTS MIT DIR ZU TUN.
DAFÜR MUSST DU DICH NICHT VERANTWORTLICH FÜHLEN.

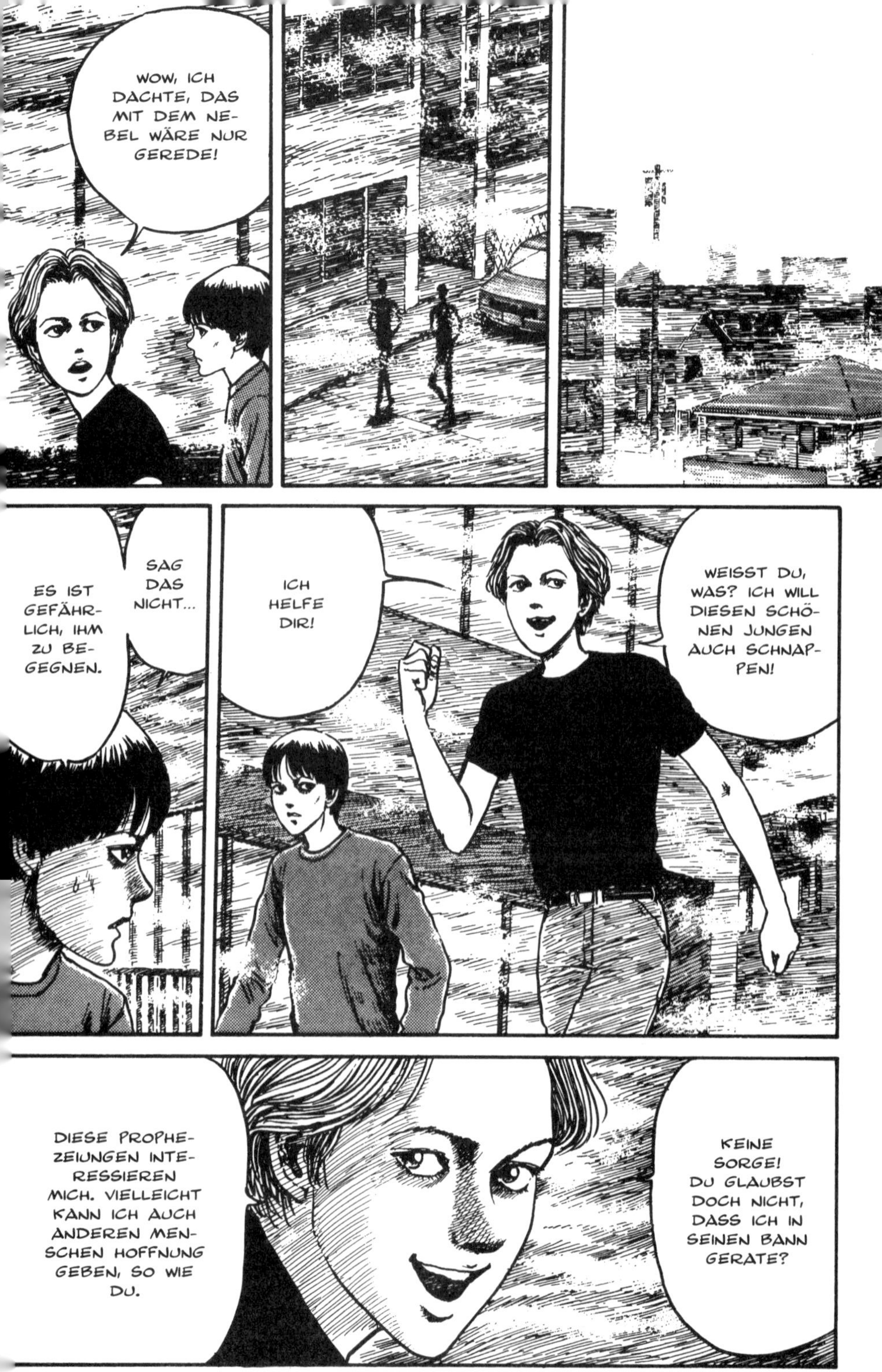
WOW, ICH DACHTE, DAS MIT DEM NEBEL WÄRE NUR GEREDE!
WEISST DU, WAS? ICH WILL DIESEN SCHÖNEN JUNGEN AUCH SCHNAPPEN!
ICH HELFE DIR!
SAG DAS NICHT...
ES IST GEFÄHRLICH, IHM ZU BEGEGNEN.
KEINE SORGE! DU GLAUBST DOCH NICHT, DASS ICH IN SEINEN BANN GERATE?
DIESE PROPHEZEIUNGEN INTERESSIEREN MICH. VIELLEICHT KANN ICH AUCH ANDEREN MENSCHEN HOFFNUNG GEBEN, SO WIE DU.

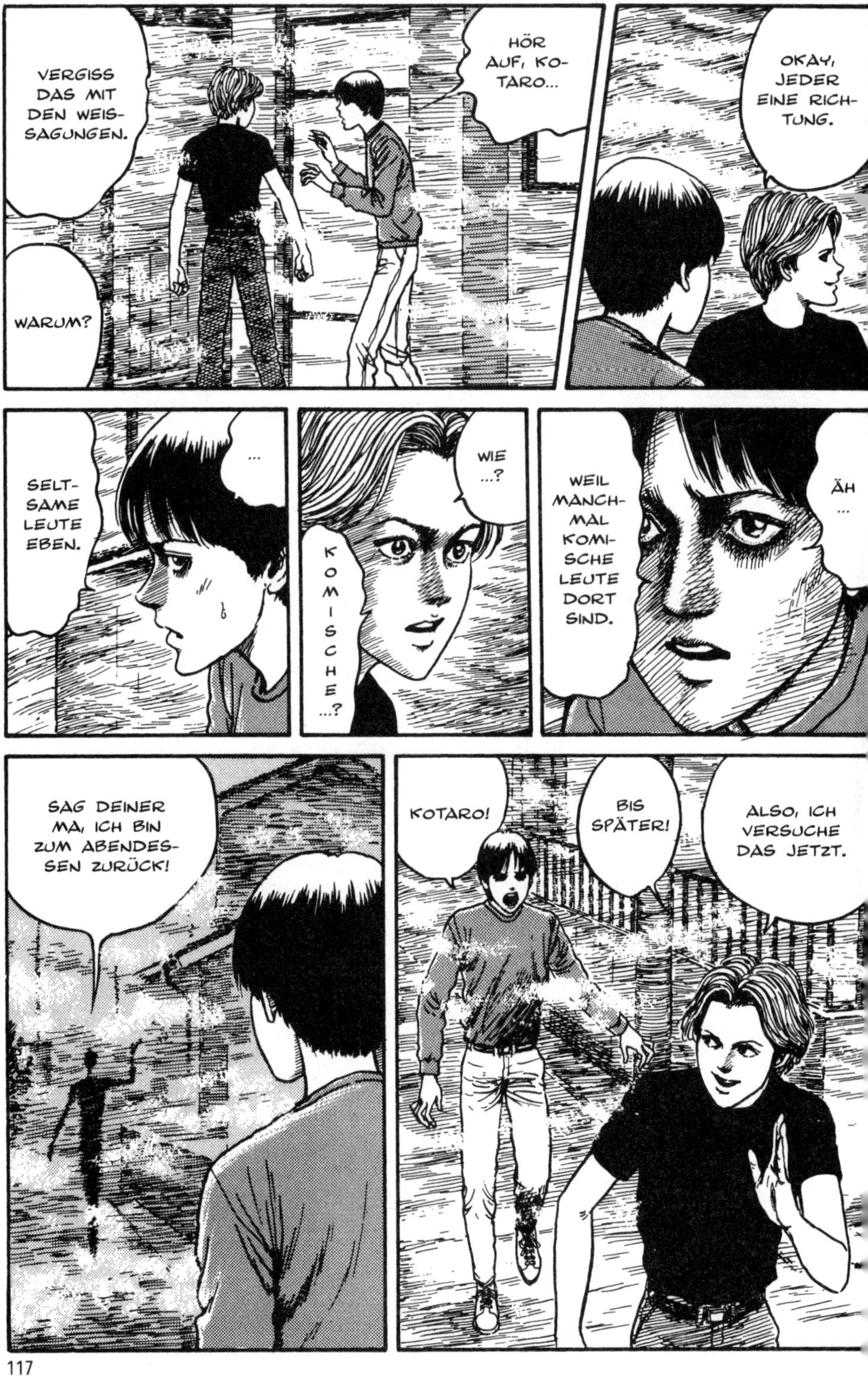
OKAY, JEDER EINE RICHTUNG.
HÖR AUF, KOTARO...
VERGISS DAS MIT DEN WEISSAGUNGEN.
WARUM?
ÄH ...
WEIL MANCHMAL KOMISCHE LEUTE DORT SIND.
WIE ...?
KOMISCHE ...?
...
SELTSAME LEUTE EBEN.
ALSO, ICH VERSUCHE DAS JETZT.
BIS SPÄTER!
KOTARO!
SAG DEINER MA, ICH BIN ZUM ABENDESSEN ZURÜCK!

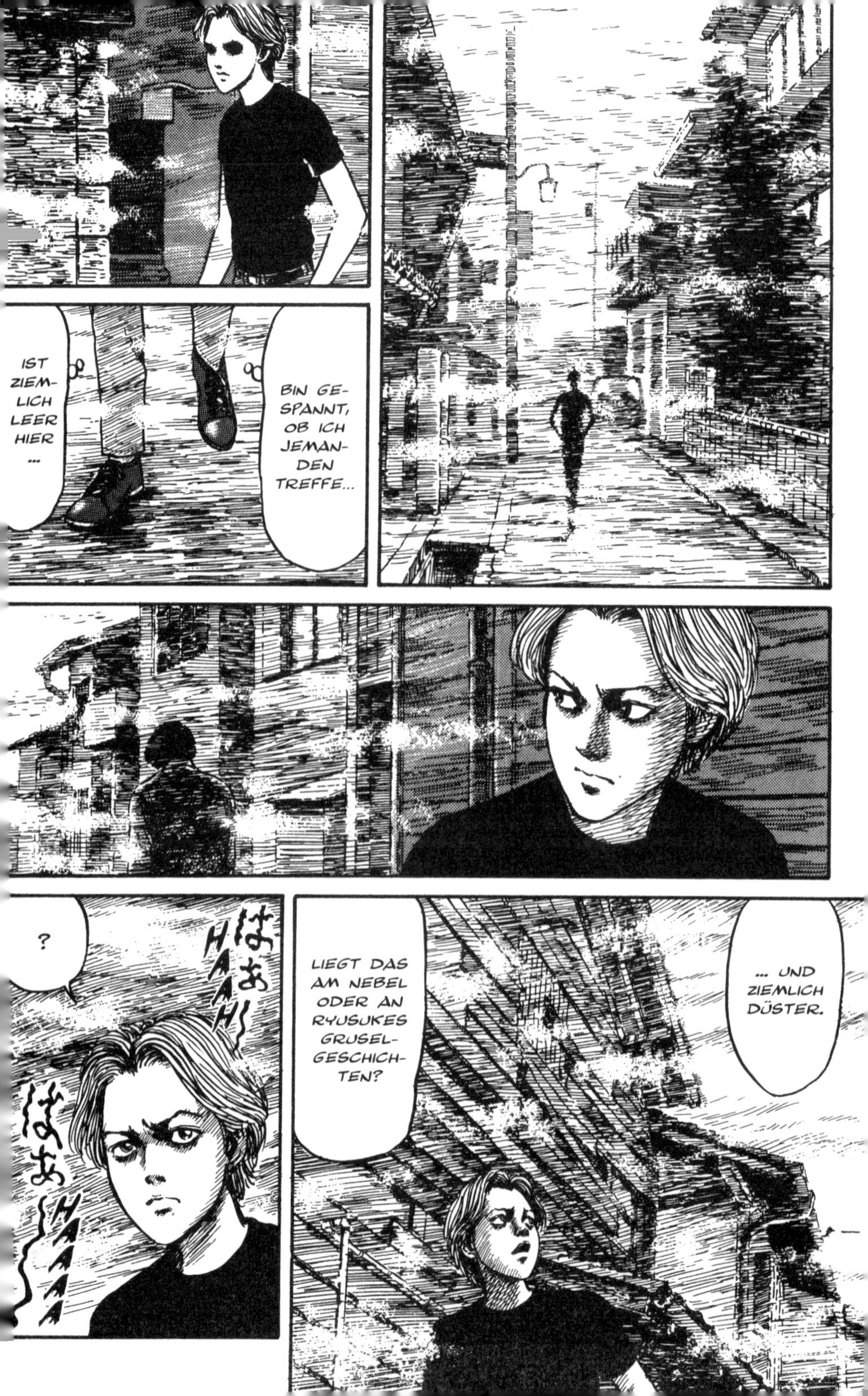
BIN GESPANNT, OB ICH JEMANDEN TREFFE...
IST ZIEMLICH LEER HIER ...
... UND ZIEMLICH DÜSTER.
LIEGT DAS AM NEBEL ODER AN RYUSUKES GRUSELGESCHICHTEN?
はあ HAAH!
はあ～ HAAAAA
?

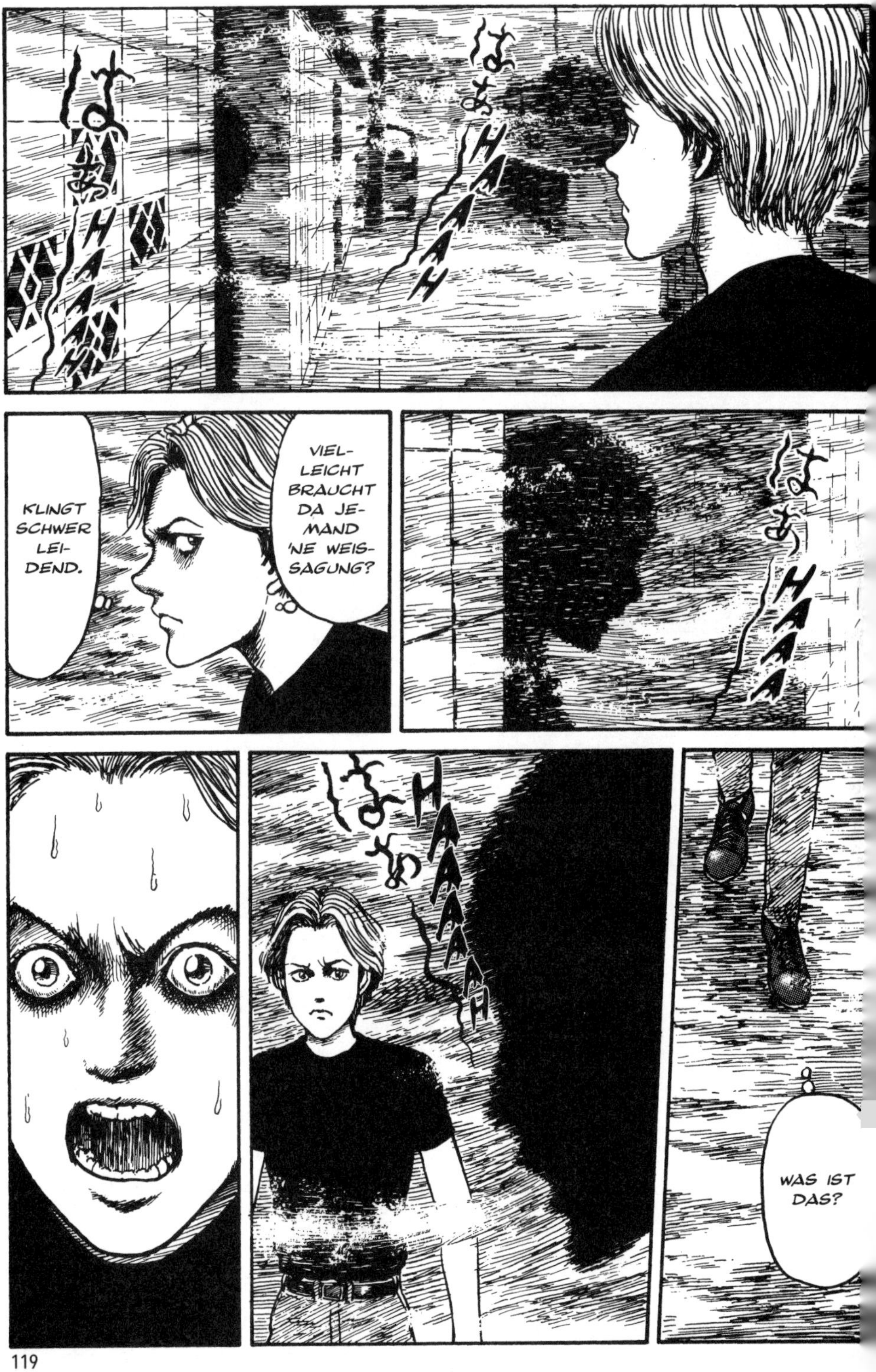
はあ HAAAAH
はあ HAAAAAAH
はあ HAAAA
VIEL-LEICHT BRAUCHT DA JE-MAND 'NE WEIS-SAGUNG?
KLINGT SCHWER LEI-DEND.
WAS IST DAS?
はあ HAAAAAAH

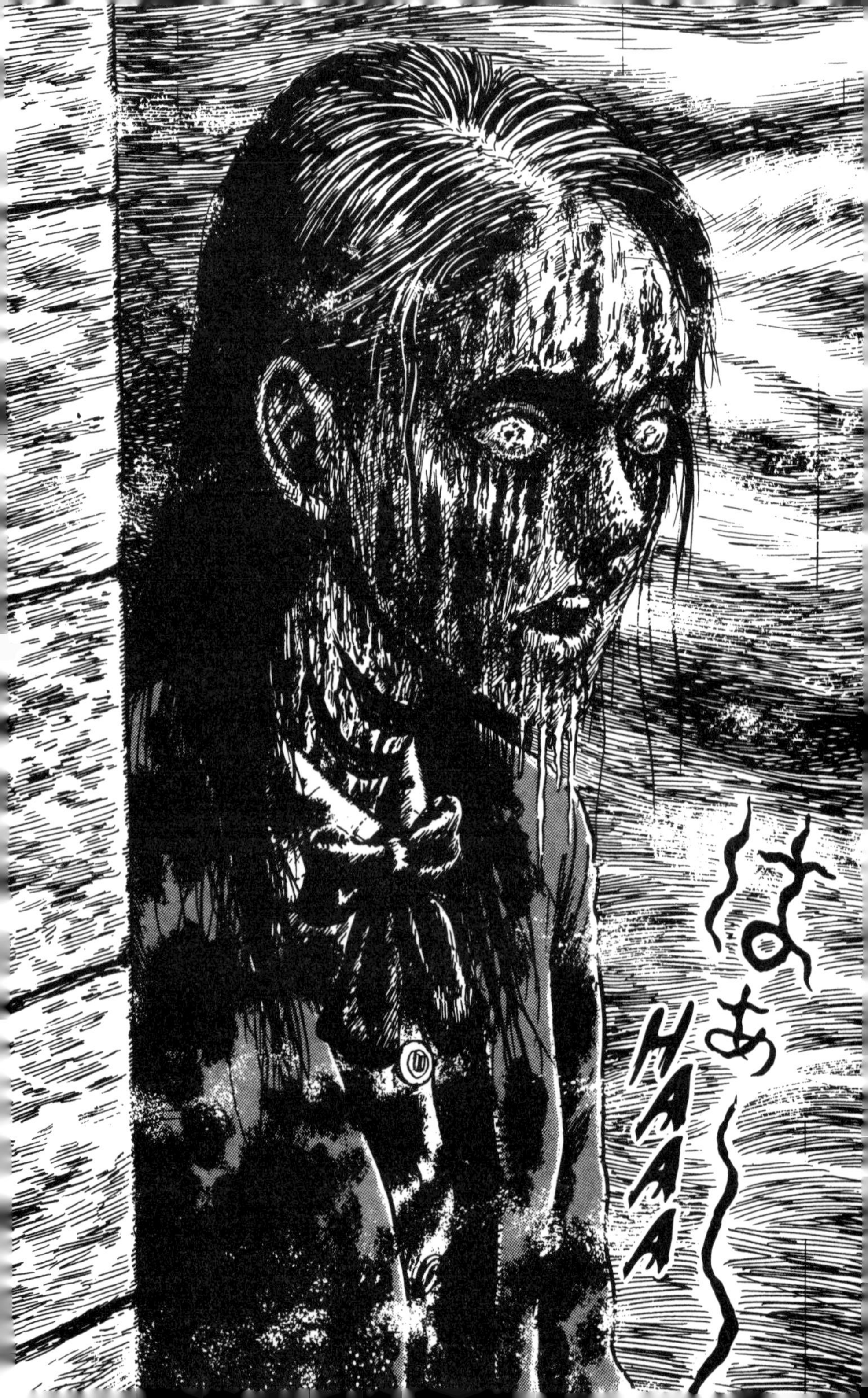
はあ〜
HAAAA

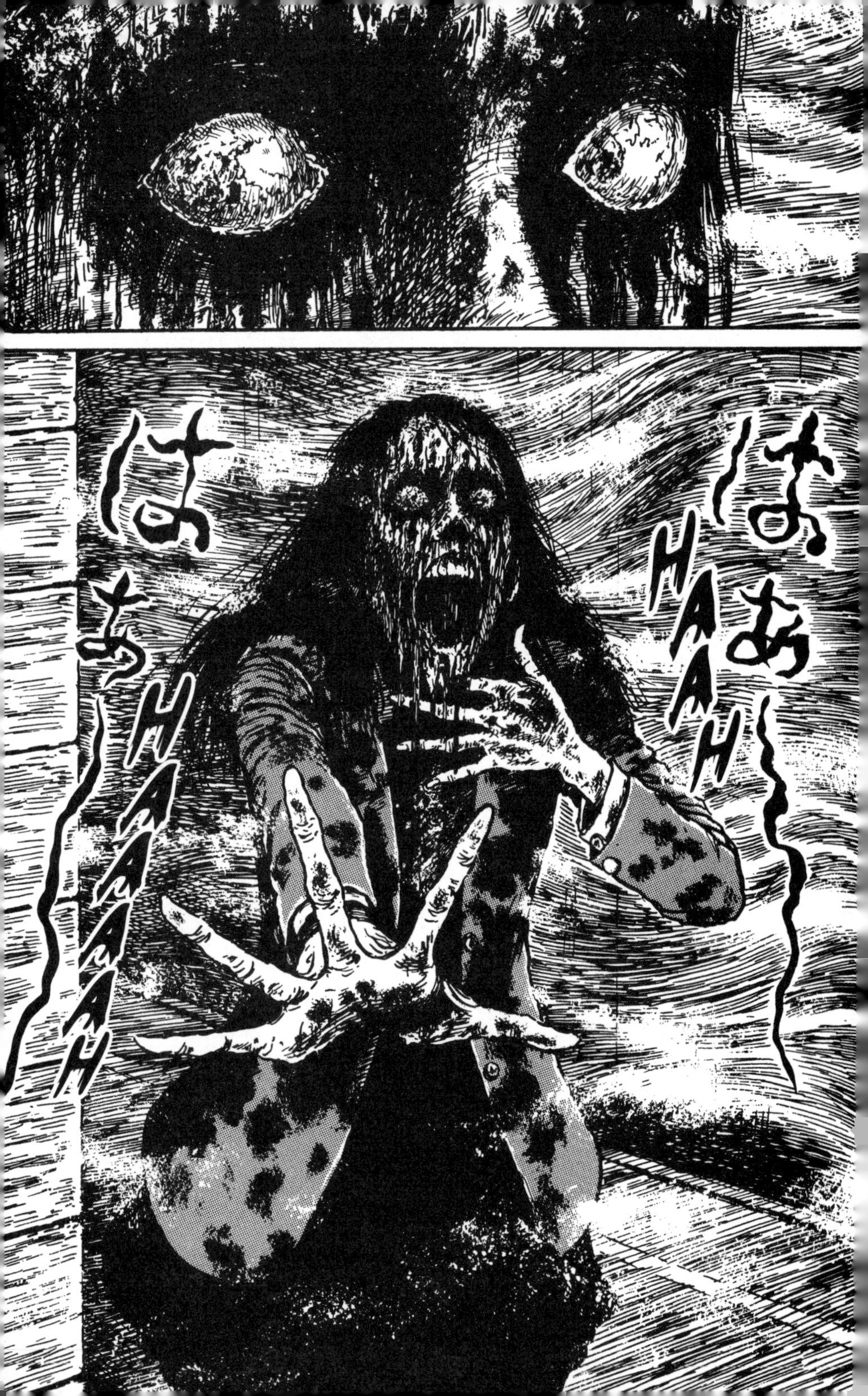
はあ～
HAAAH
はあ～
HAAAAAH

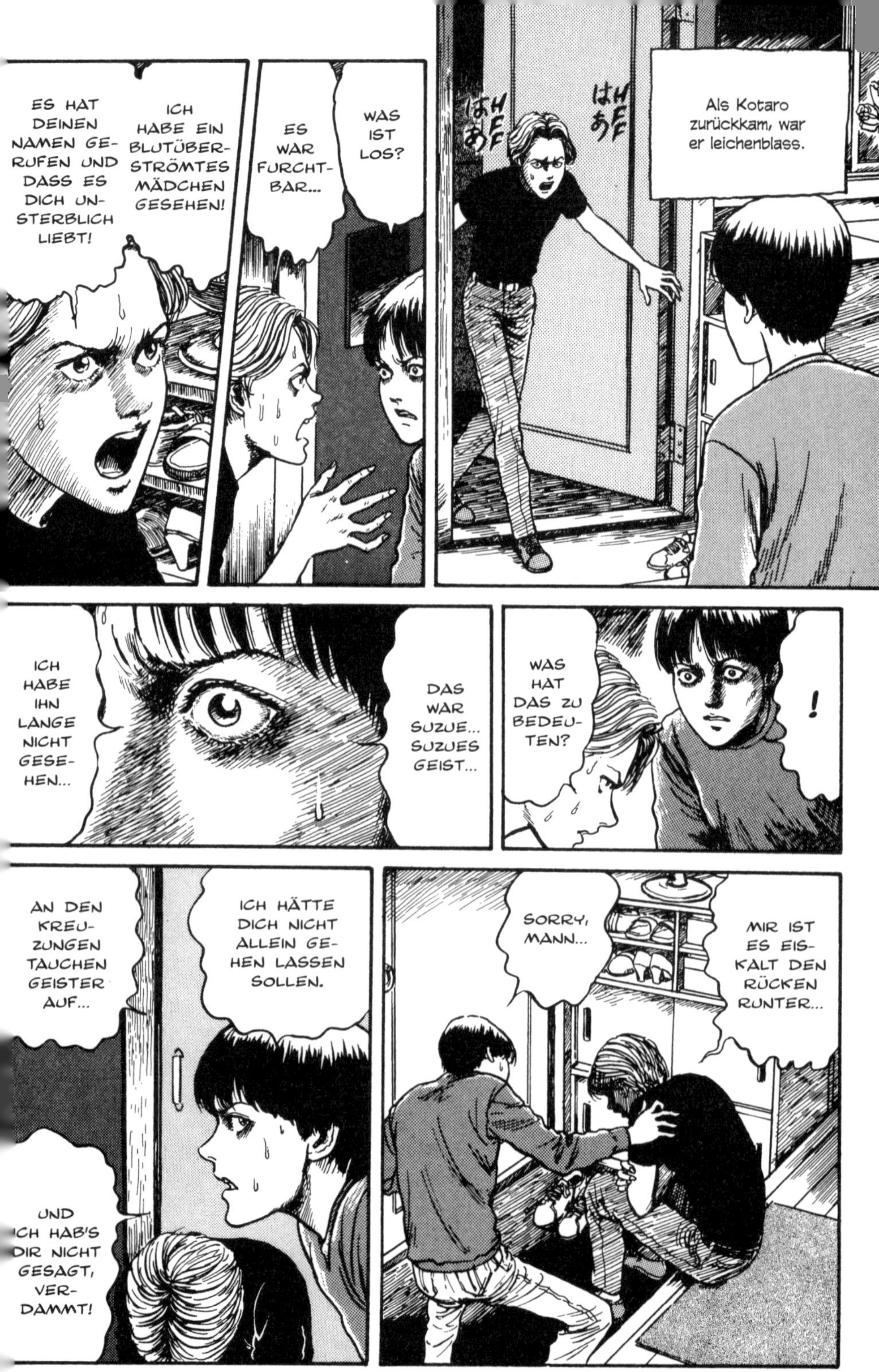
Als Kotaro zurückkam, war er leichenblass.
WAS IST LOS?
ES WAR FURCHTBAR...
ICH HABE EIN BLUTÜBERSTRÖMTES MÄDCHEN GESEHEN!
ES HAT DEINEN NAMEN GERUFEN UND DASS ES DICH UNSTERBLICH LIEBT!
!
WAS HAT DAS ZU BEDEUTEN?
DAS WAR SUZUE... SUZUES GEIST...
ICH HABE IHN LANGE NICHT GESEHEN...
MIR IST ES EISKALT DEN RÜCKEN RUNTER...
SORRY, MANN...
ICH HÄTTE DICH NICHT ALLEIN GEHEN LASSEN SOLLEN.
AN DEN KREUZUNGEN TAUCHEN GEISTER AUF...
UND ICH HAB'S DIR NICHT GESAGT, VERDAMMT!

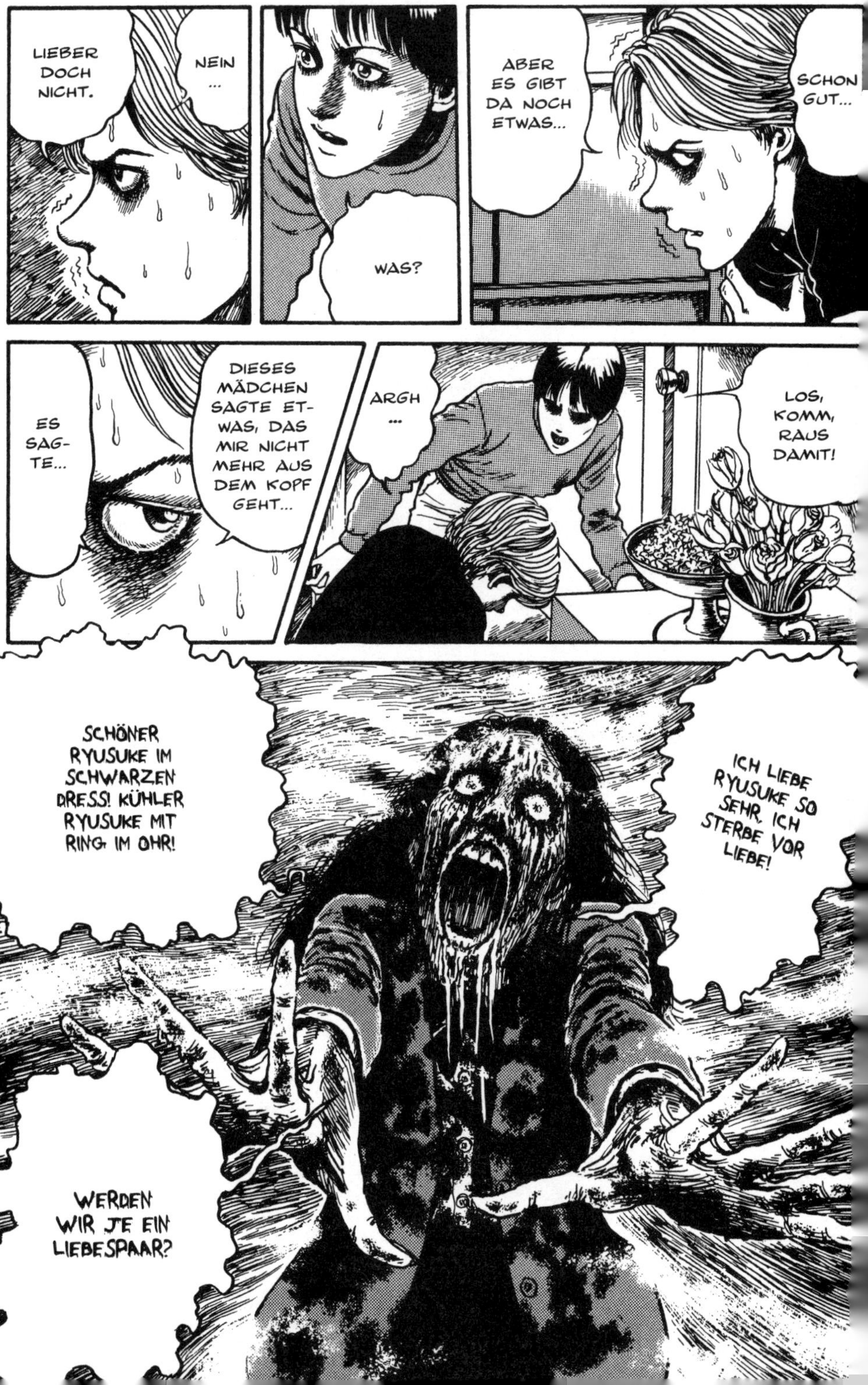
SCHON GUT...
ABER ES GIBT DA NOCH ETWAS...
WAS?
NEIN ...
LIEBER DOCH NICHT.
LOS, KOMM, RAUS DAMIT!
ARGH ...
DIESES MÄDCHEN SAGTE ETWAS, DAS MIR NICHT MEHR AUS DEM KOPF GEHT...
ES SAGTE...
ICH LIEBE RYUSUKE SO SEHR, ICH STERBE VOR LIEBE!
SCHÖNER RYUSUKE IM SCHWARZEN DRESS! KÜHLER RYUSUKE MIT RING IM OHR!
WERDEN WIR JE EIN LIEBESPAAR?

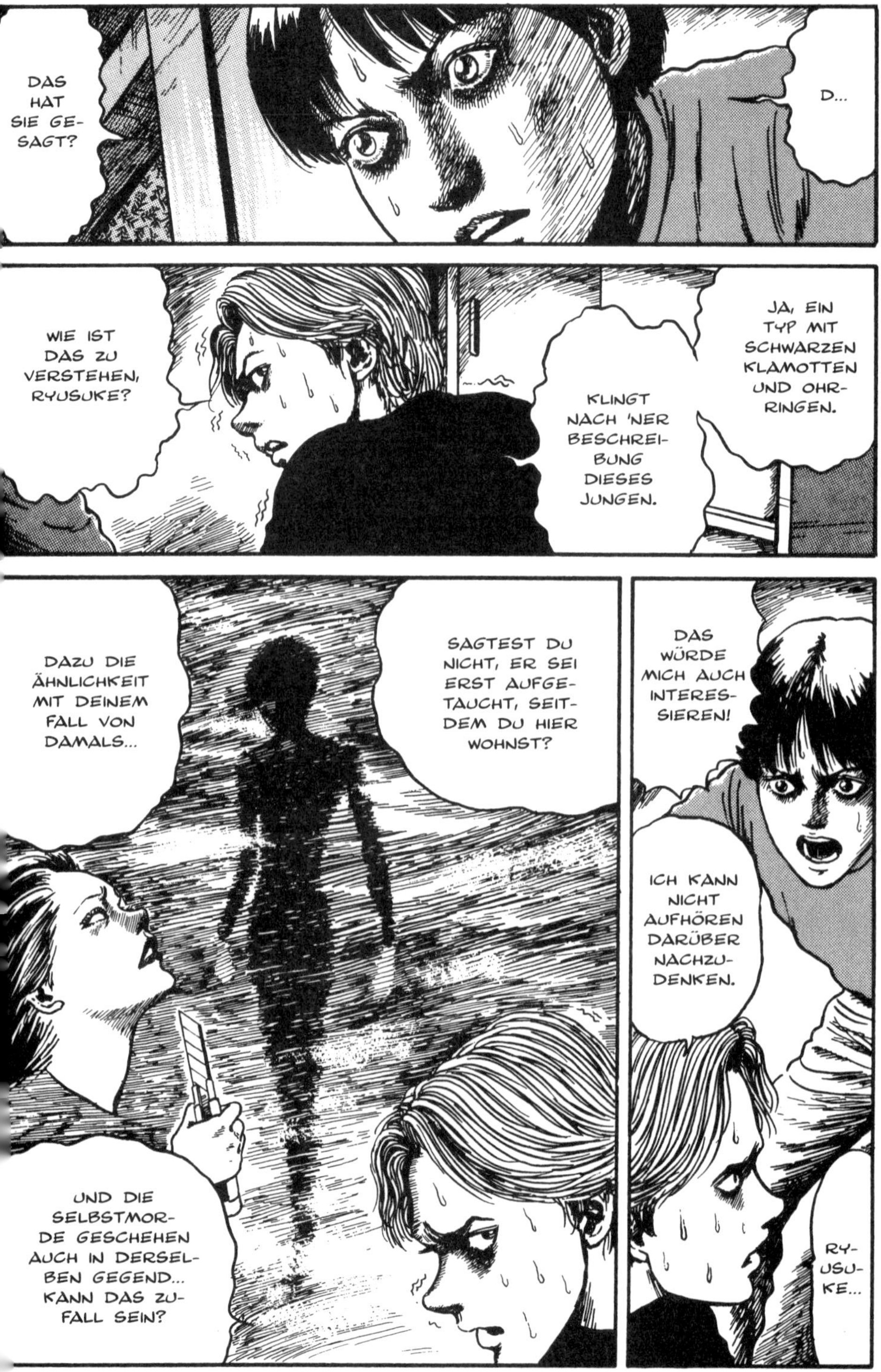
D...
DAS HAT SIE GESAGT?
JA, EIN TYP MIT SCHWARZEN KLAMOTTEN UND OHRRINGEN.
KLINGT NACH 'NER BESCHREIBUNG DIESES JUNGEN.
WIE IST DAS ZU VERSTEHEN, RYUSUKE?
DAS WÜRDE MICH AUCH INTERESSIEREN!
ICH KANN NICHT AUFHÖREN DARÜBER NACHZUDENKEN.
RYUSUKE...
SAGTEST DU NICHT, ER SEI ERST AUFGETAUCHT, SEITDEM DU HIER WOHNST?
DAZU DIE ÄHNLICHKEIT MIT DEINEM FALL VON DAMALS...
UND DIE SELBSTMORDE GESCHEHEN AUCH IN DERSELBEN GEGEND... KANN DAS ZUFALL SEIN?

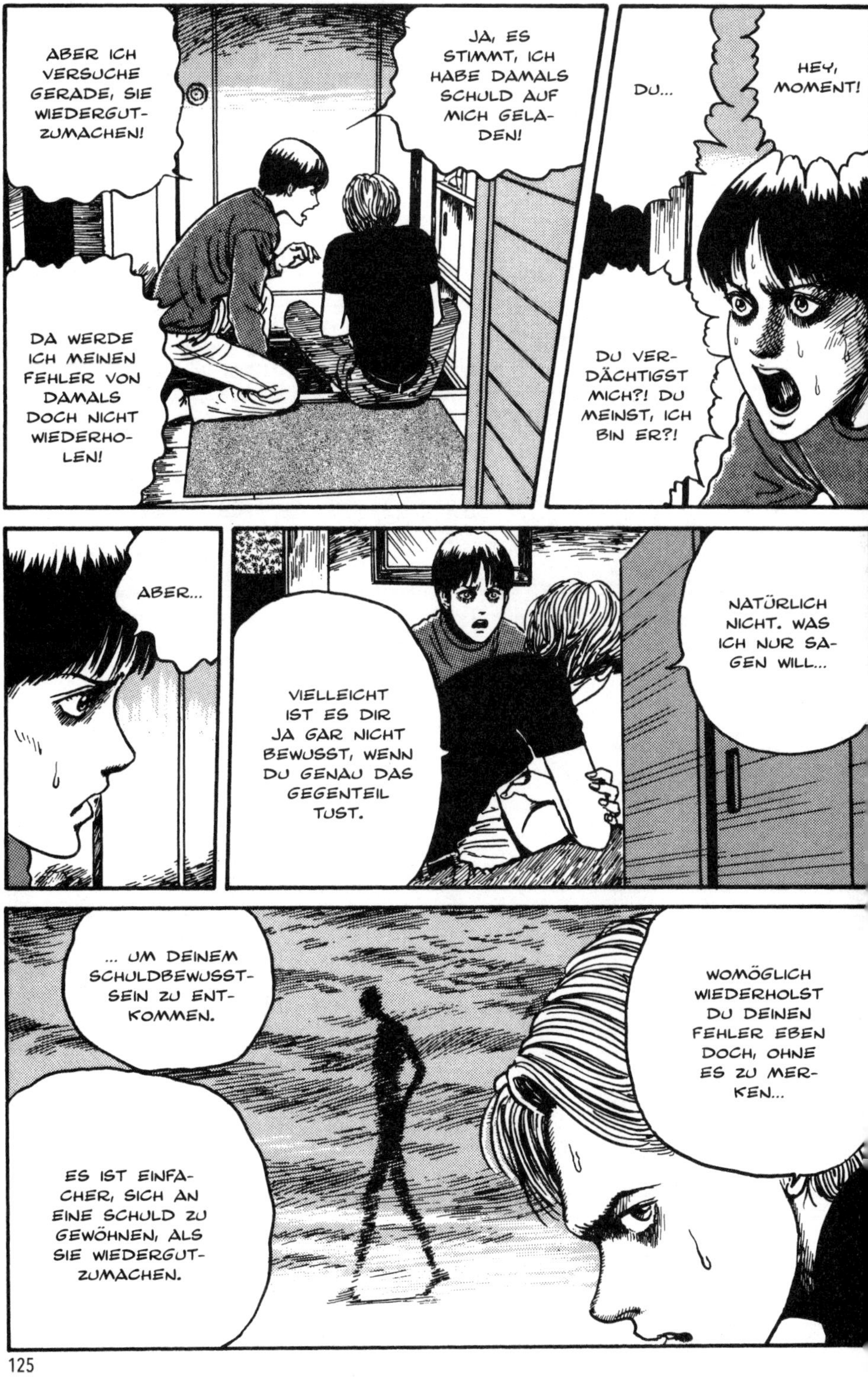
HEY, MOMENT!
DU...
DU VERDÄCHTIGST MICH?! DU MEINST, ICH BIN ER?!
JA, ES STIMMT, ICH HABE DAMALS SCHULD AUF MICH GELADEN!
ABER ICH VERSUCHE GERADE, SIE WIEDERGUTZUMACHEN!
DA WERDE ICH MEINEN FEHLER VON DAMALS DOCH NICHT WIEDERHOLEN!
NATÜRLICH NICHT. WAS ICH NUR SAGEN WILL...
VIELLEICHT IST ES DIR JA GAR NICHT BEWUSST, WENN DU GENAU DAS GEGENTEIL TUST.
ABER...
WOMÖGLICH WIEDERHOLST DU DEINEN FEHLER EBEN DOCH, OHNE ES ZU MERKEN...
... UM DEINEM SCHULDBEWUSSTSEIN ZU ENTKOMMEN.
ES IST EINFACHER, SICH AN EINE SCHULD ZU GEWÖHNEN, ALS SIE WIEDERGUTZUMACHEN.

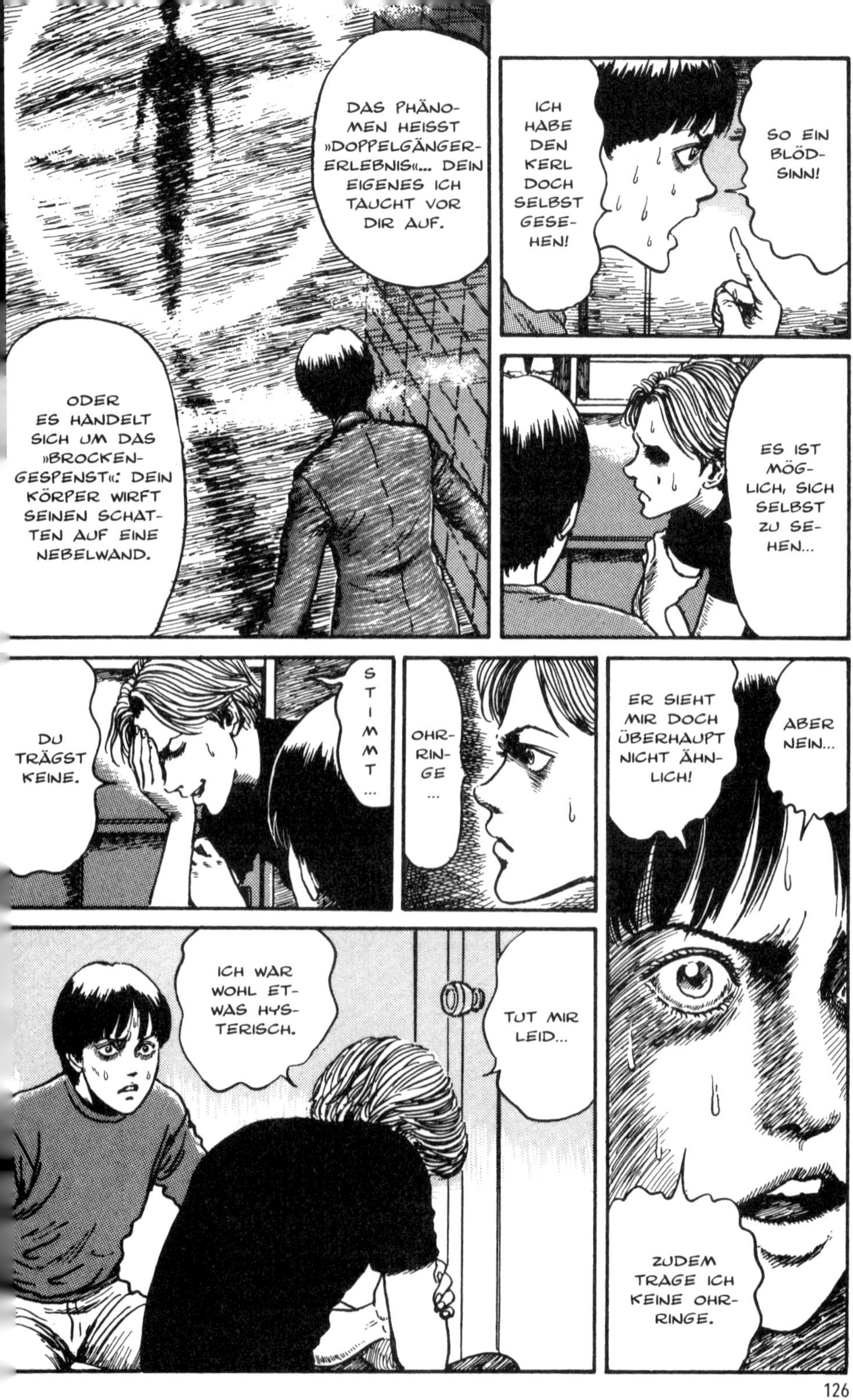
SO EIN BLÖD-SINN!
ICH HABE DEN KERL DOCH SELBST GESE-HEN!
ES IST MÖG-LICH, SICH SELBST ZU SE-HEN...
DAS PHÄNO-MEN HEISST »DOPPELGÄNGER-ERLEBNIS«... DEIN EIGENES ICH TAUCHT VOR DIR AUF.
ODER ES HANDELT SICH UM DAS »BROCKEN-GESPENST«: DEIN KÖRPER WIRFT SEINEN SCHAT-TEN AUF EINE NEBELWAND.
ABER NEIN...
ER SIEHT MIR DOCH ÜBERHAUPT NICHT ÄHN-LICH!
ZUDEM TRAGE ICH KEINE OHR-RINGE.
OHR-RIN-GE ...
STIMMT ...
DU TRÄGST KEINE.
TUT MIR LEID...
ICH WAR WOHL ET-WAS HYS-TERISCH.

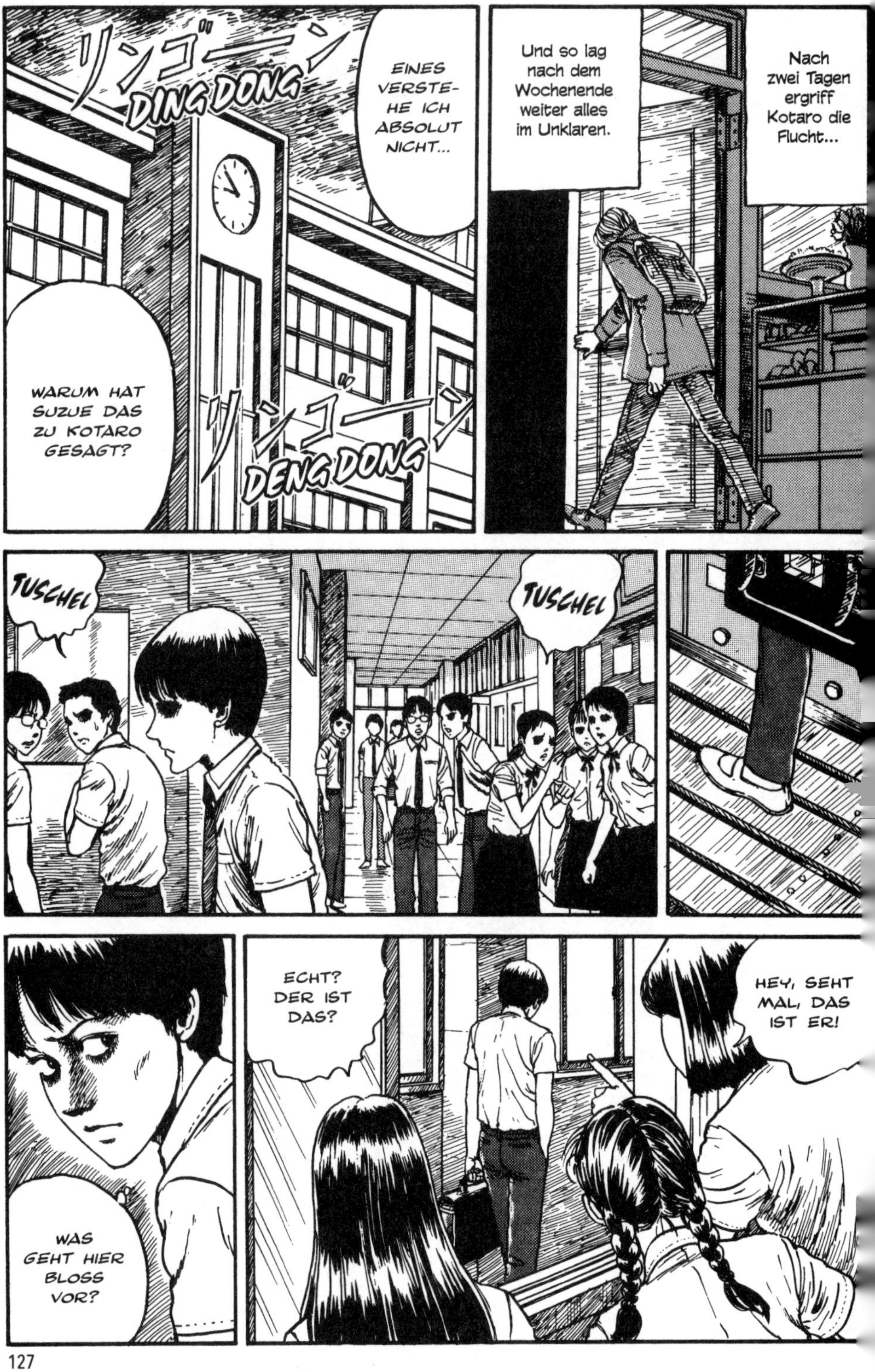
Nach zwei Tagen ergriff Kotaro die Flucht...
Und so lag nach dem Wochenende weiter alles im Unklaren.
リンゴーン
DING DONG
EINES VERSTEHE ICH ABSOLUT NICHT...
WARUM HAT SUZUE DAS ZU KOTARO GESAGT?
リンゴーン
DENG DONG
TUSCHEL
TUSCHEL
HEY, SEHT MAL, DAS IST ER!
ECHT? DER IST DAS?
WAS GEHT HIER BLOSS VOR?

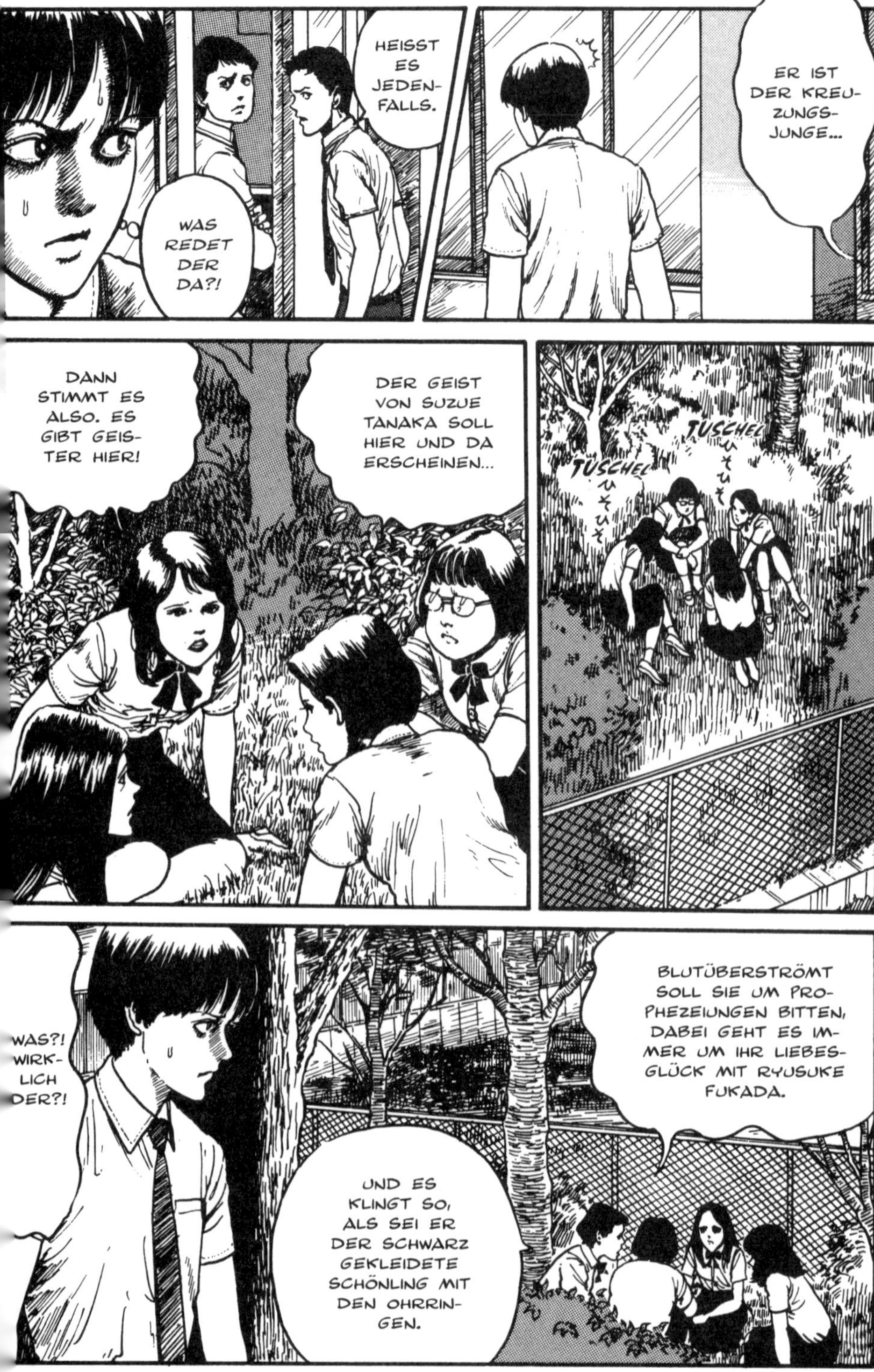
ER IST DER KREU-ZUNGS-JUNGE...
HEISST ES JEDEN-FALLS.
WAS REDET DER DA?!
TUSCHEL
TUSCHEL
DER GEIST VON SUZUE TANAKA SOLL HIER UND DA ERSCHEINEN...
DANN STIMMT ES ALSO. ES GIBT GEIS-TER HIER!
BLUTÜBERSTRÖMT SOLL SIE UM PRO-PHEZEIUNGEN BITTEN, DABEI GEHT ES IM-MER UM IHR LIEBES-GLÜCK MIT RYUSUKE FUKADA.
UND ES KLINGT SO, ALS SEI ER DER SCHWARZ GEKLEIDETE SCHÖNLING MIT DEN OHRRIN-GEN.
WAS?! WIRK-LICH DER?!

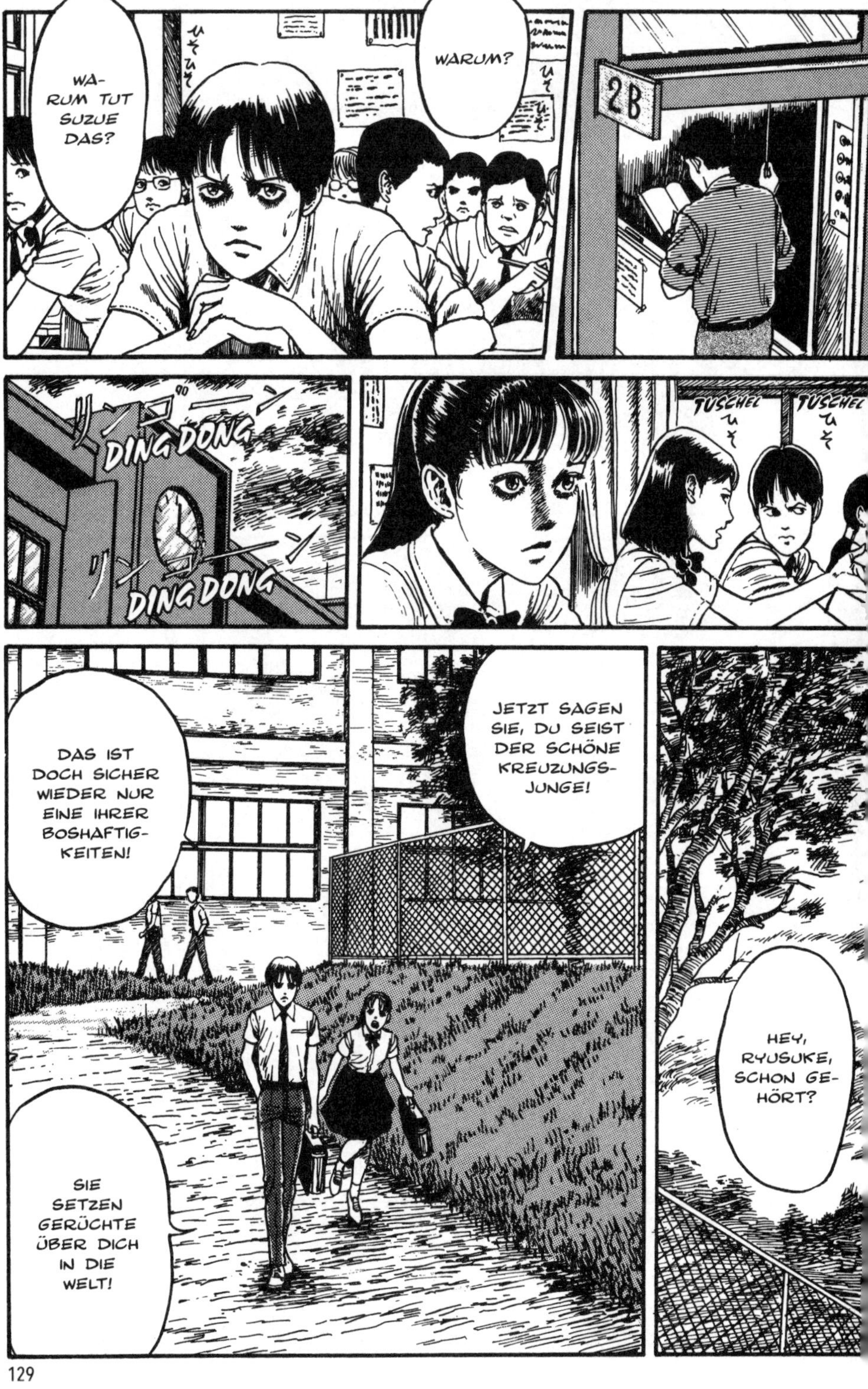
2B
WARUM?
ひそひそ
WA-RUM TUT SUZUE DAS?
TUSCHEL ひそ
TUSCHEL ひそ
リンゴーン
DING DONG
リンゴーン
DING DONG
HEY, RYUSUKE, SCHON GE-HÖRT?
JETZT SAGEN SIE, DU SEIST DER SCHÖNE KREUZUNGS-JUNGE!
DAS IST DOCH SICHER WIEDER NUR EINE IHRER BOSHAFTIG-KEITEN!
SIE SETZEN GERÜCHTE ÜBER DICH IN DIE WELT!

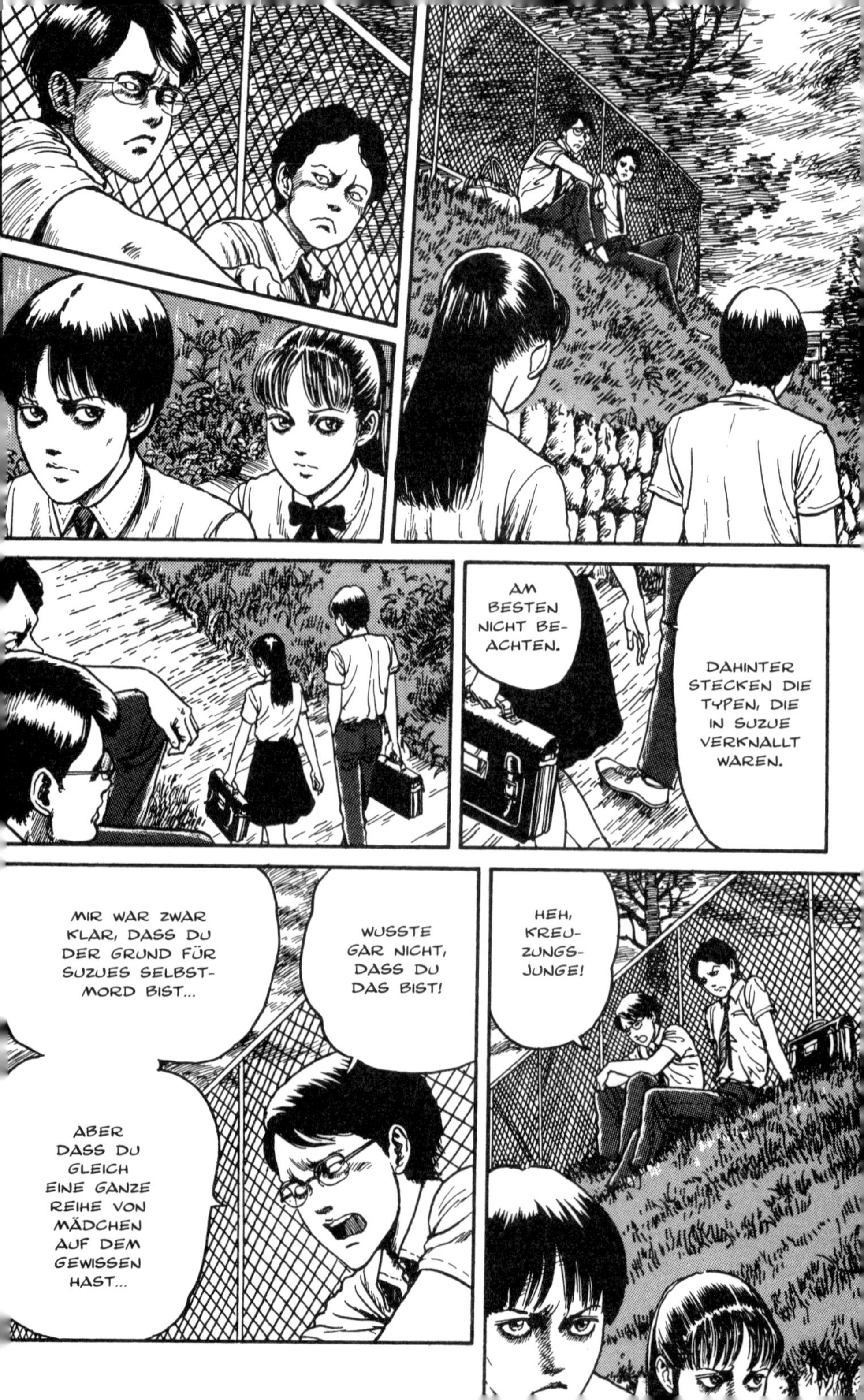

AM BESTEN NICHT BEACHTEN.
DAHINTER STECKEN DIE TYPEN, DIE IN SUZUE VERKNALLT WAREN.
HEH, KREUZUNGSJUNGE!
WUSSTE GAR NICHT, DASS DU DAS BIST!
MIR WAR ZWAR KLAR, DASS DU DER GRUND FÜR SUZUES SELBSTMORD BIST...
ABER DASS DU GLEICH EINE GANZE REIHE VON MÄDCHEN AUF DEM GEWISSEN HAST...

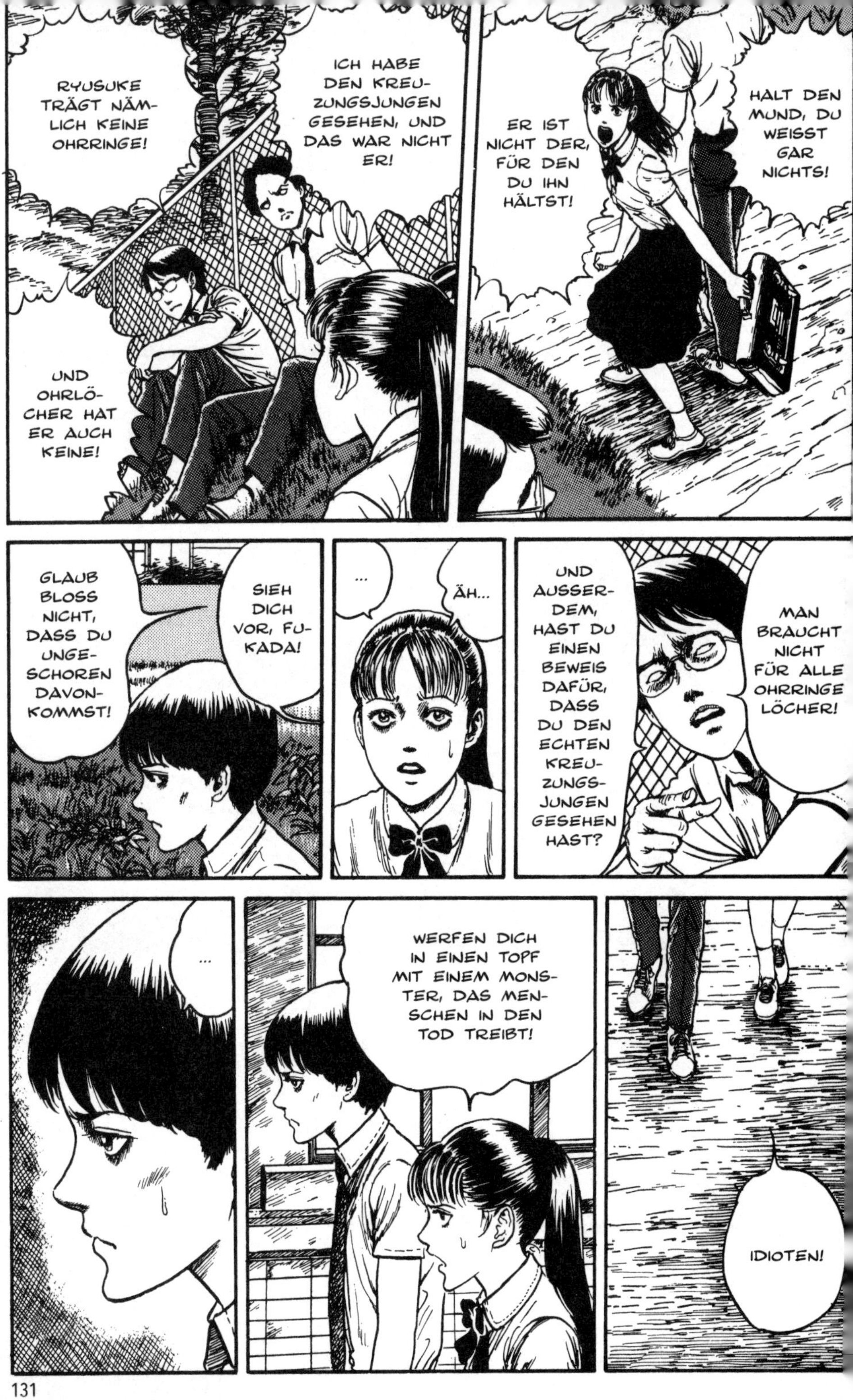
HALT DEN MUND, DU WEISST GAR NICHTS!
ER IST NICHT DER, FÜR DEN DU IHN HÄLTST!
ICH HABE DEN KREUZUNGSJUNGEN GESEHEN, UND DAS WAR NICHT ER!
RYUSUKE TRÄGT NÄMLICH KEINE OHRRINGE!
UND OHRLÖCHER HAT ER AUCH KEINE!
MAN BRAUCHT NICHT FÜR ALLE OHRRINGE LÖCHER!
UND AUSSERDEM, HAST DU EINEN BEWEIS DAFÜR, DASS DU DEN ECHTEN KREUZUNGSJUNGEN GESEHEN HAST?
ÄH...
...
SIEH DICH VOR, FUKADA!
GLAUB BLOSS NICHT, DASS DU UNGESCHOREN DAVONKOMMST!
IDIOTEN!
WERFEN DICH IN EINEN TOPF MIT EINEM MONSTER, DAS MENSCHEN IN DEN TOD TREIBT!
...

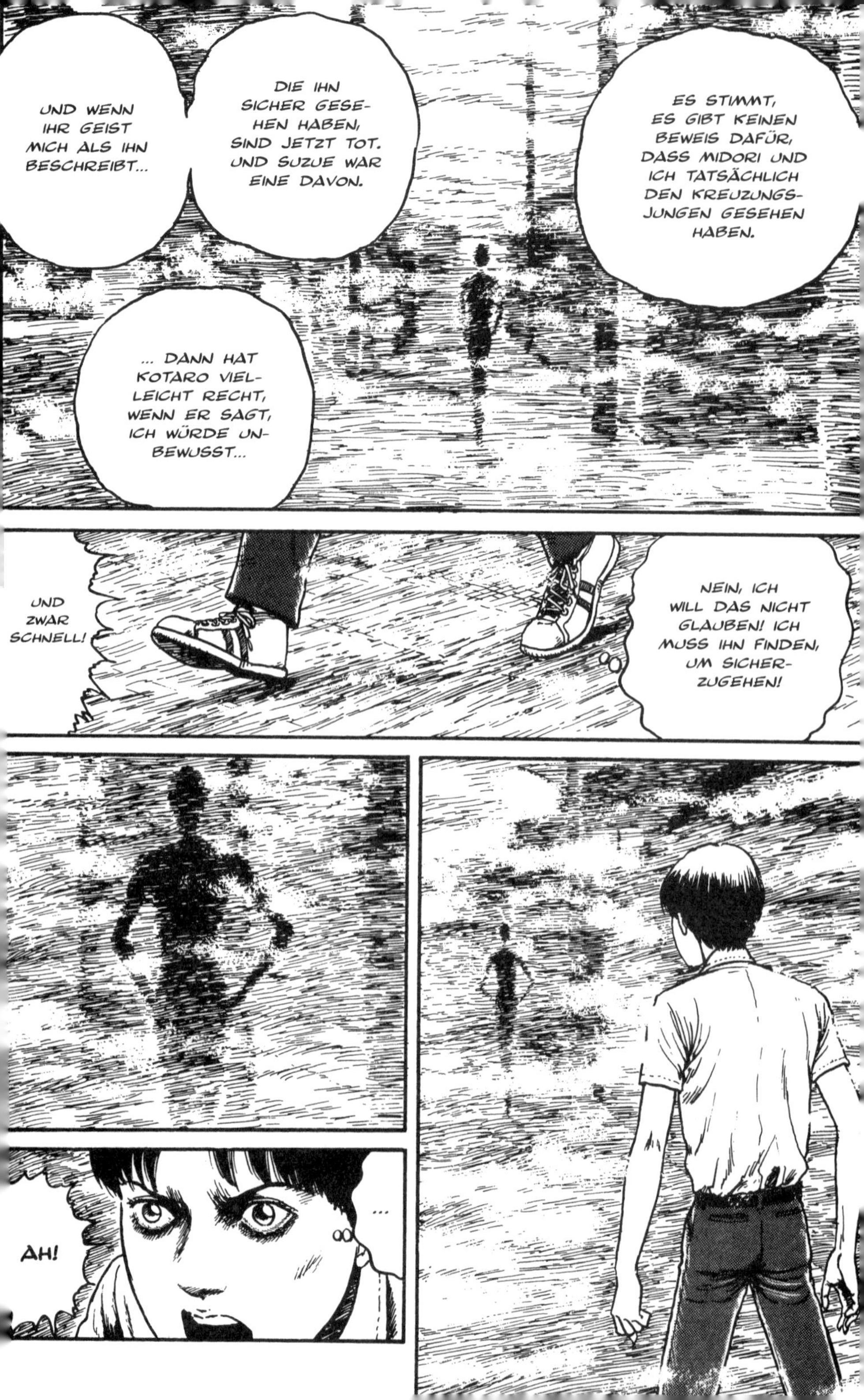
ES STIMMT, ES GIBT KEINEN BEWEIS DAFÜR, DASS MIDORI UND ICH TATSÄCHLICH DEN KREUZUNGS-JUNGEN GESEHEN HABEN.
DIE IHN SICHER GESE-HEN HABEN, SIND JETZT TOT. UND SUZUE WAR EINE DAVON.
UND WENN IHR GEIST MICH ALS IHN BESCHREIBT...
... DANN HAT KOTARO VIEL-LEICHT RECHT, WENN ER SAGT, ICH WÜRDE UN-BEWUSST...
NEIN, ICH WILL DAS NICHT GLAUBEN! ICH MUSS IHN FINDEN, UM SICHER-ZUGEHEN!
UND ZWAR SCHNELL!
...
AH!

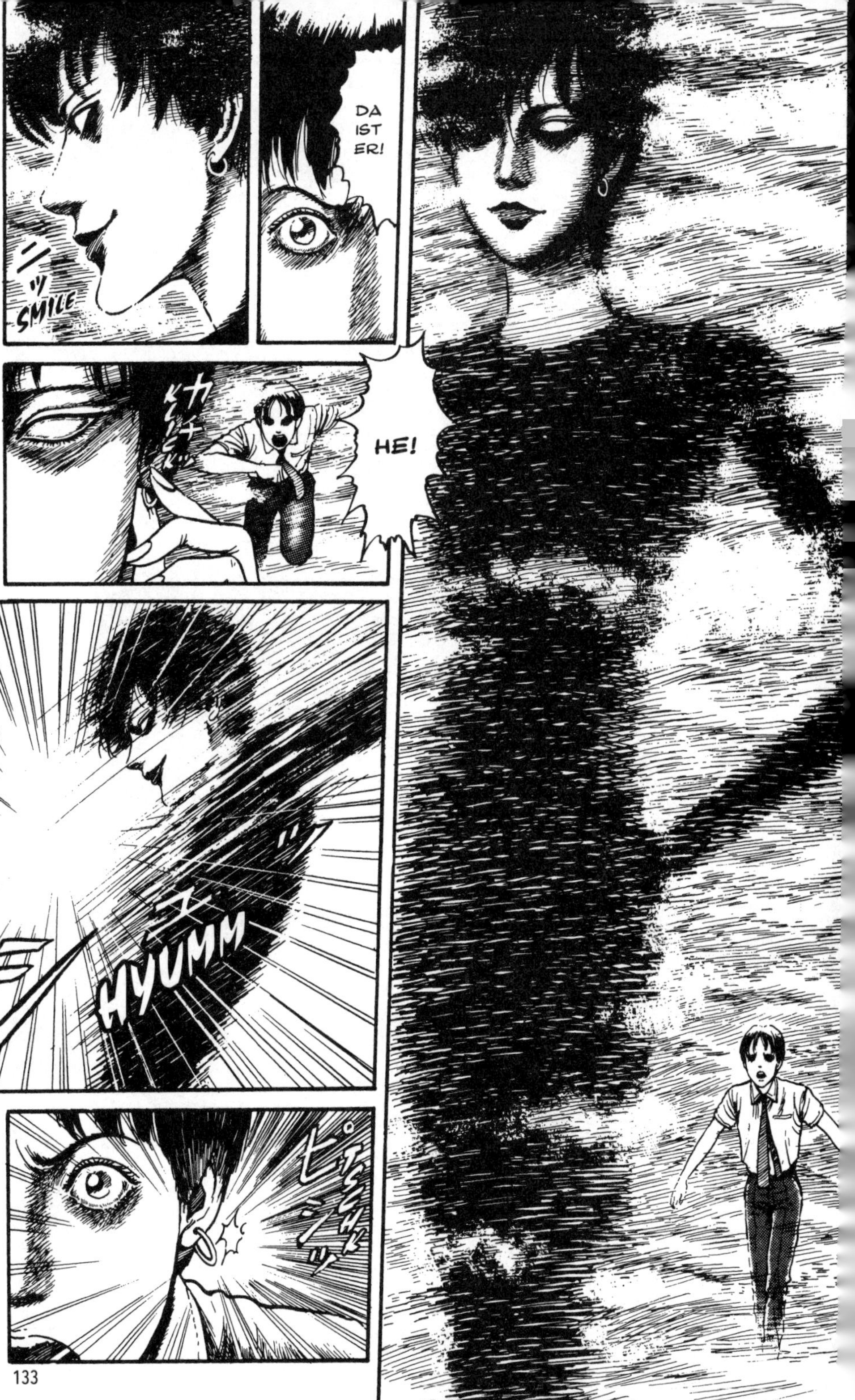
DA IST ER!
SMILE
HE!
KLICK
HYUMM
TSCHK

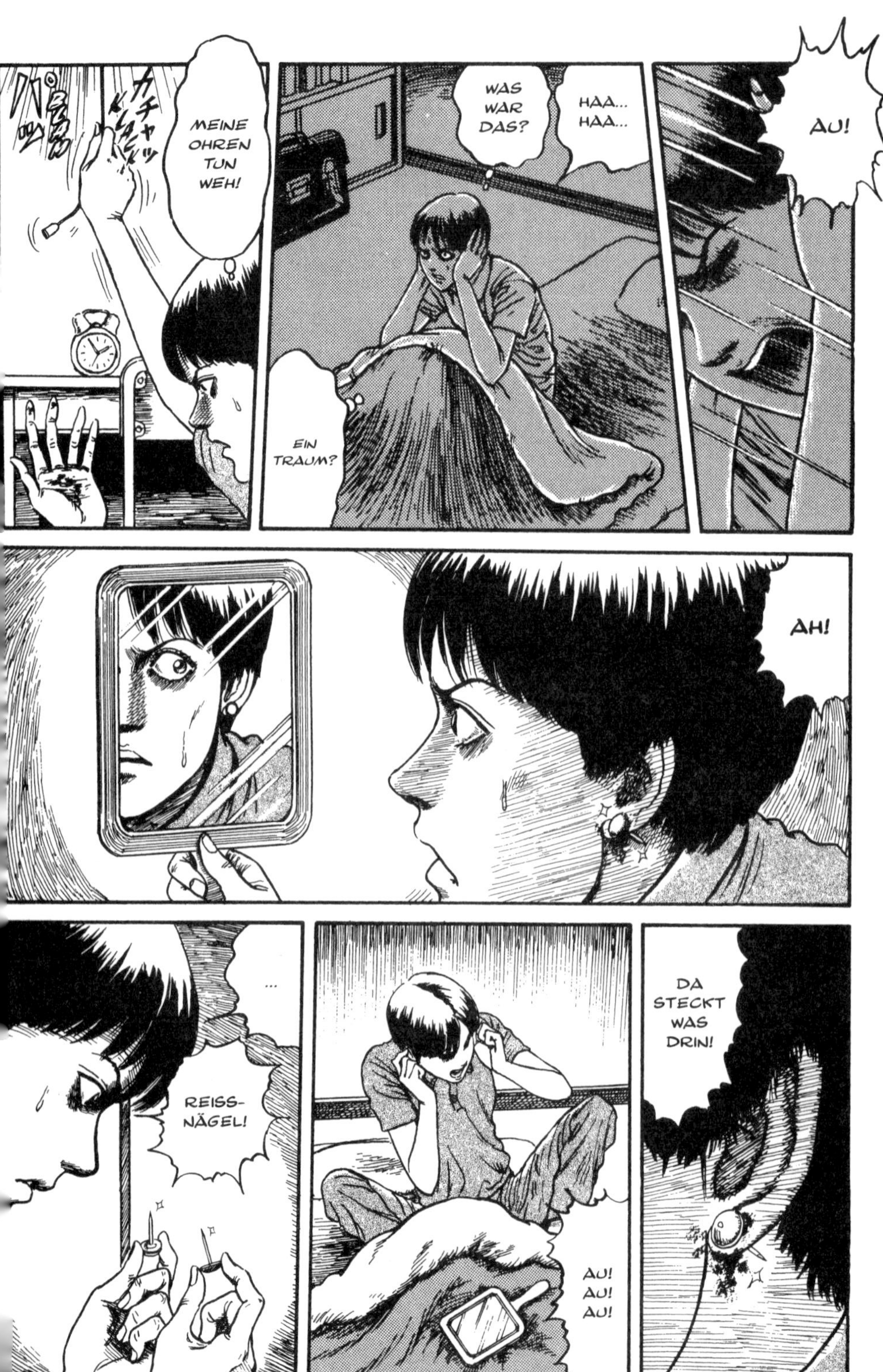
AU!
HAA... HAA...
WAS WAR DAS?
EIN TRAUM?
MEINE OHREN TUN WEH!
AH!
DA STECKT WAS DRIN!
AU! AU! AU!
...
REISS-NÄGEL!

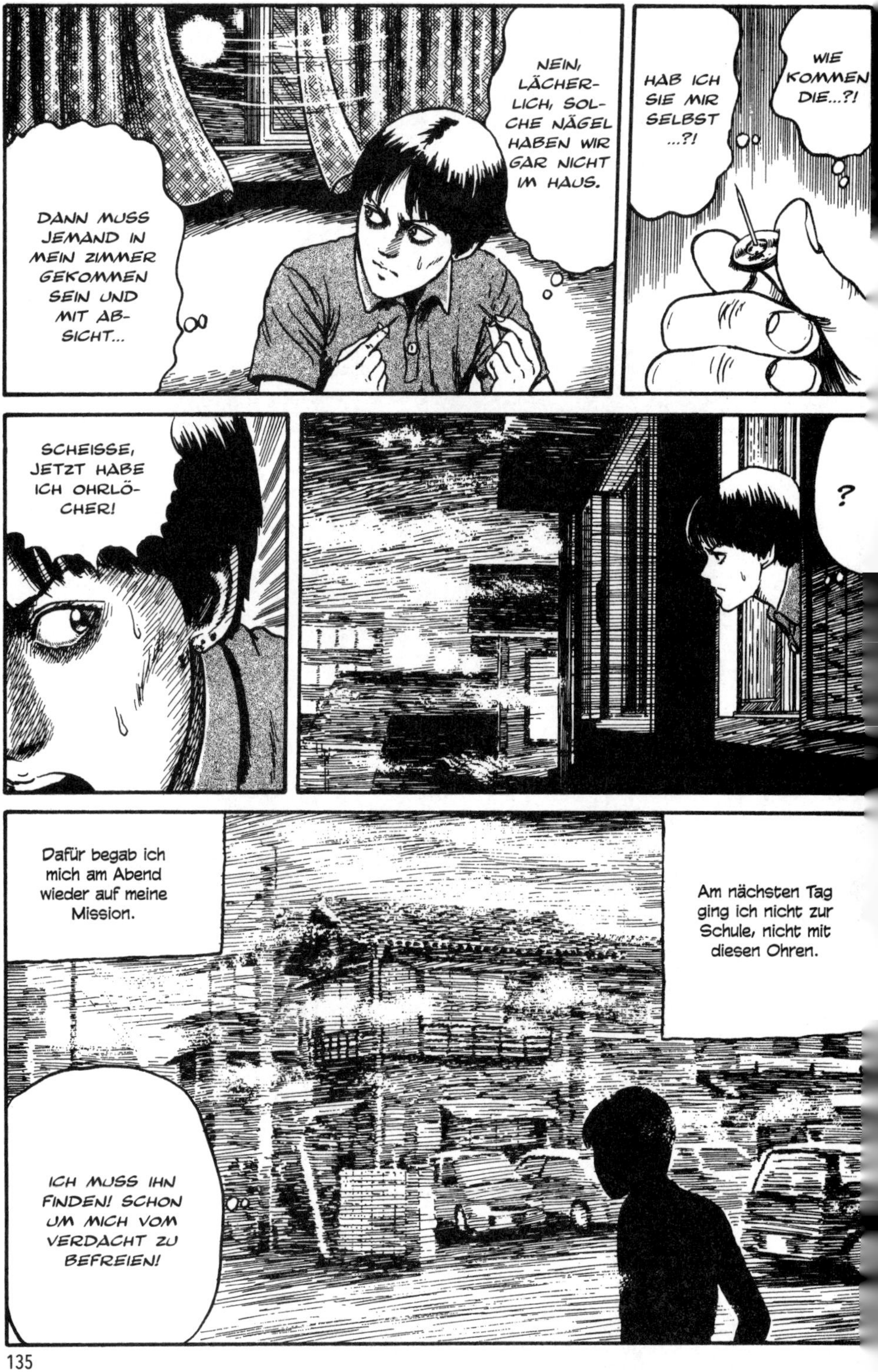
WIE KOMMEN DIE...?!
HAB ICH SIE MIR SELBST ...?!
NEIN, LÄCHERLICH, SOLCHE NÄGEL HABEN WIR GAR NICHT IM HAUS.
DANN MUSS JEMAND IN MEIN ZIMMER GEKOMMEN SEIN UND MIT ABSICHT...
?
SCHEISSE, JETZT HABE ICH OHRLÖCHER!
Am nächsten Tag ging ich nicht zur Schule, nicht mit diesen Ohren.
Dafür begab ich mich am Abend wieder auf meine Mission.
ICH MUSS IHN FINDEN! SCHON UM MICH VOM VERDACHT ZU BEFREIEN!

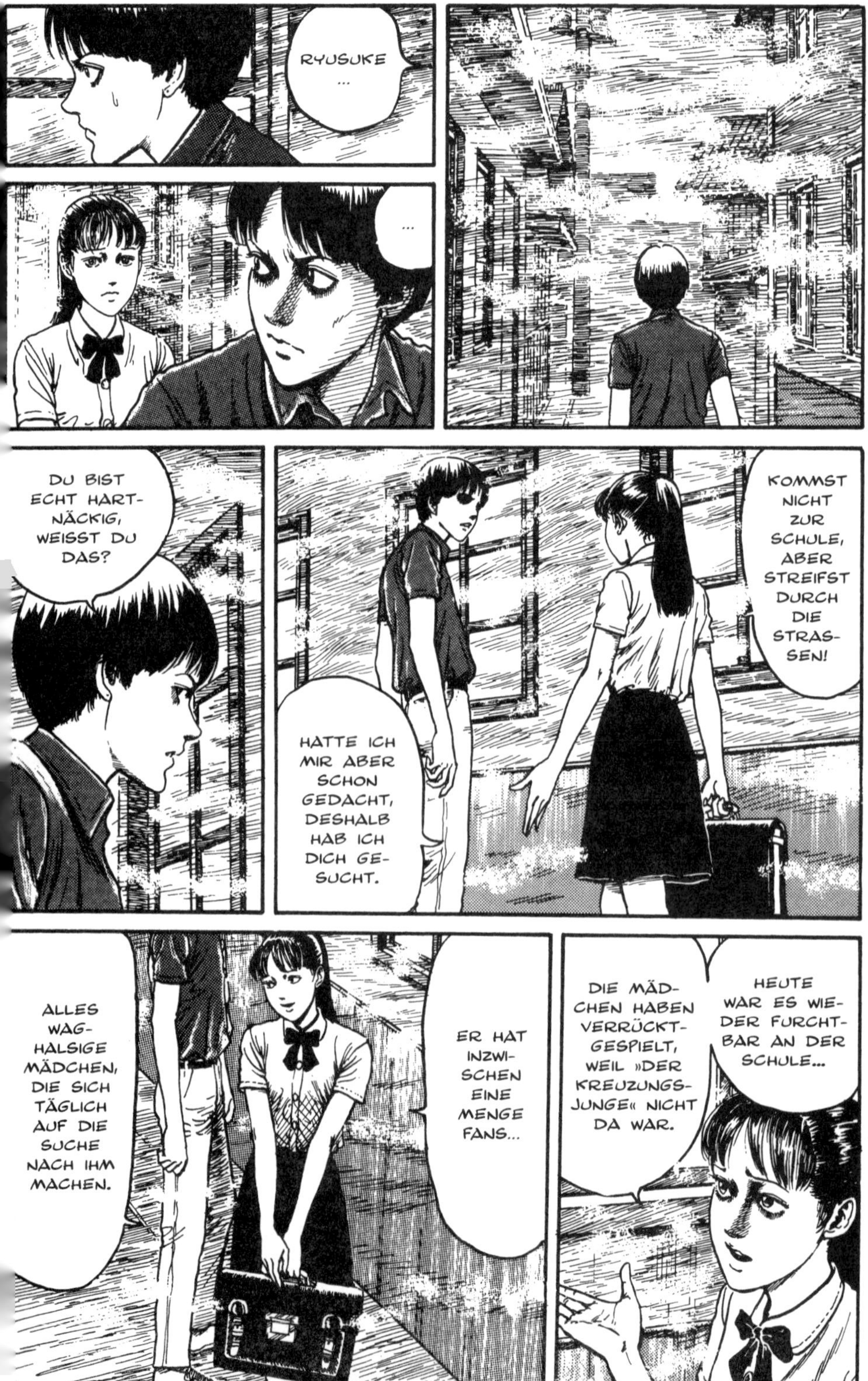
RYUSUKE ...
...
KOMMST NICHT ZUR SCHULE, ABER STREIFST DURCH DIE STRASSEN!
HATTE ICH MIR ABER SCHON GEDACHT, DESHALB HAB ICH DICH GESUCHT.
DU BIST ECHT HARTNÄCKIG, WEISST DU DAS?
HEUTE WAR ES WIEDER FURCHTBAR AN DER SCHULE...
DIE MÄDCHEN HABEN VERRÜCKTGESPIELT, WEIL »DER KREUZUNGSJUNGE« NICHT DA WAR.
ER HAT INZWISCHEN EINE MENGE FANS...
ALLES WAGHALSIGE MÄDCHEN, DIE SICH TÄGLICH AUF DIE SUCHE NACH IHM MACHEN.

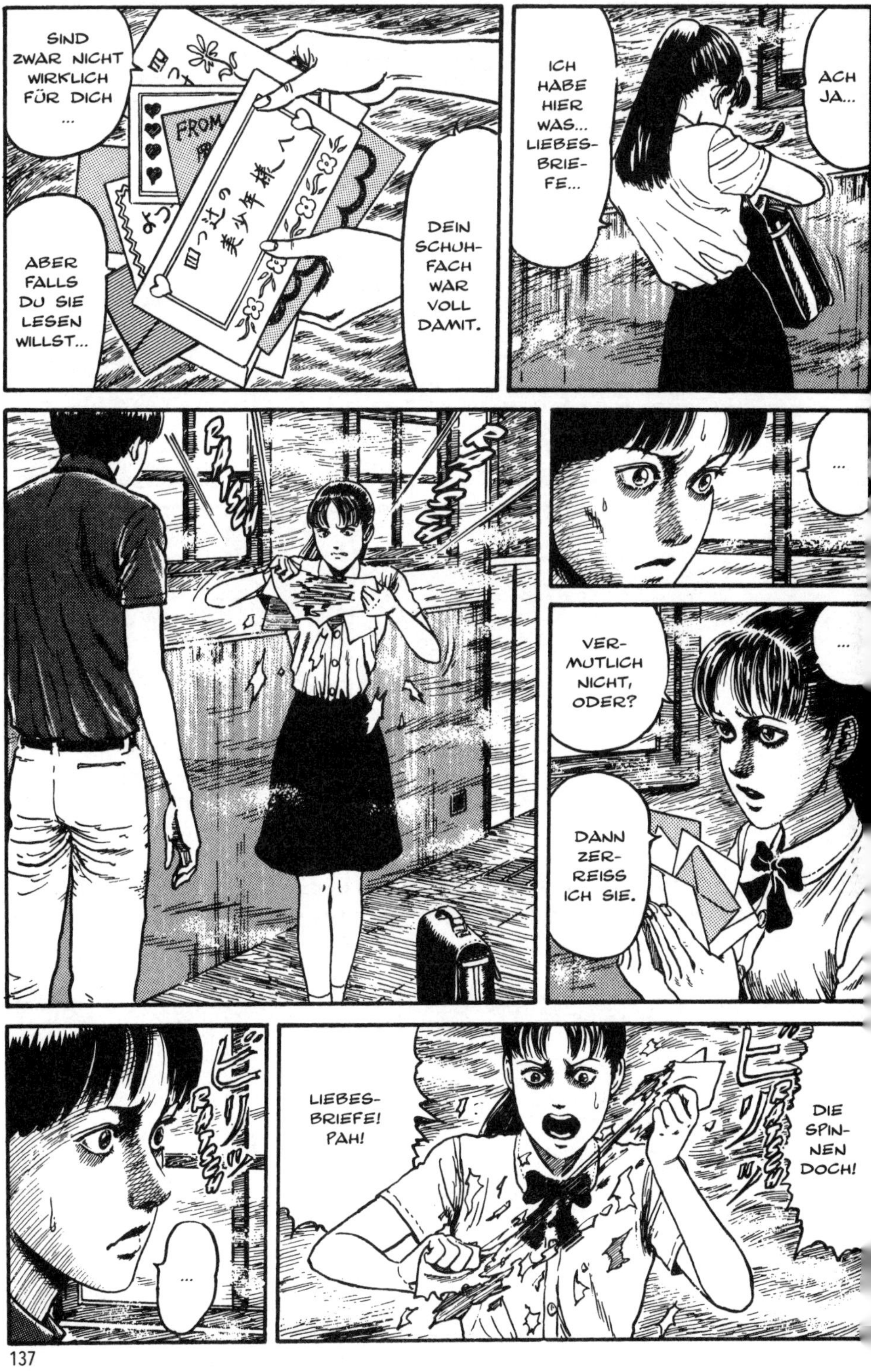
ACH JA...
ICH HABE HIER WAS... LIEBESBRIEFE...
DEIN SCHUHFACH WAR VOLL DAMIT.
SIND ZWAR NICHT WIRKLICH FÜR DICH ...
ABER FALLS DU SIE LESEN WILLST...
FROM
四つ辻の美少年様へ
...
...
VERMUTLICH NICHT, ODER?
DANN ZERREISS ICH SIE.
DIE SPINNEN DOCH!
LIEBESBRIEFE! PAH!
...

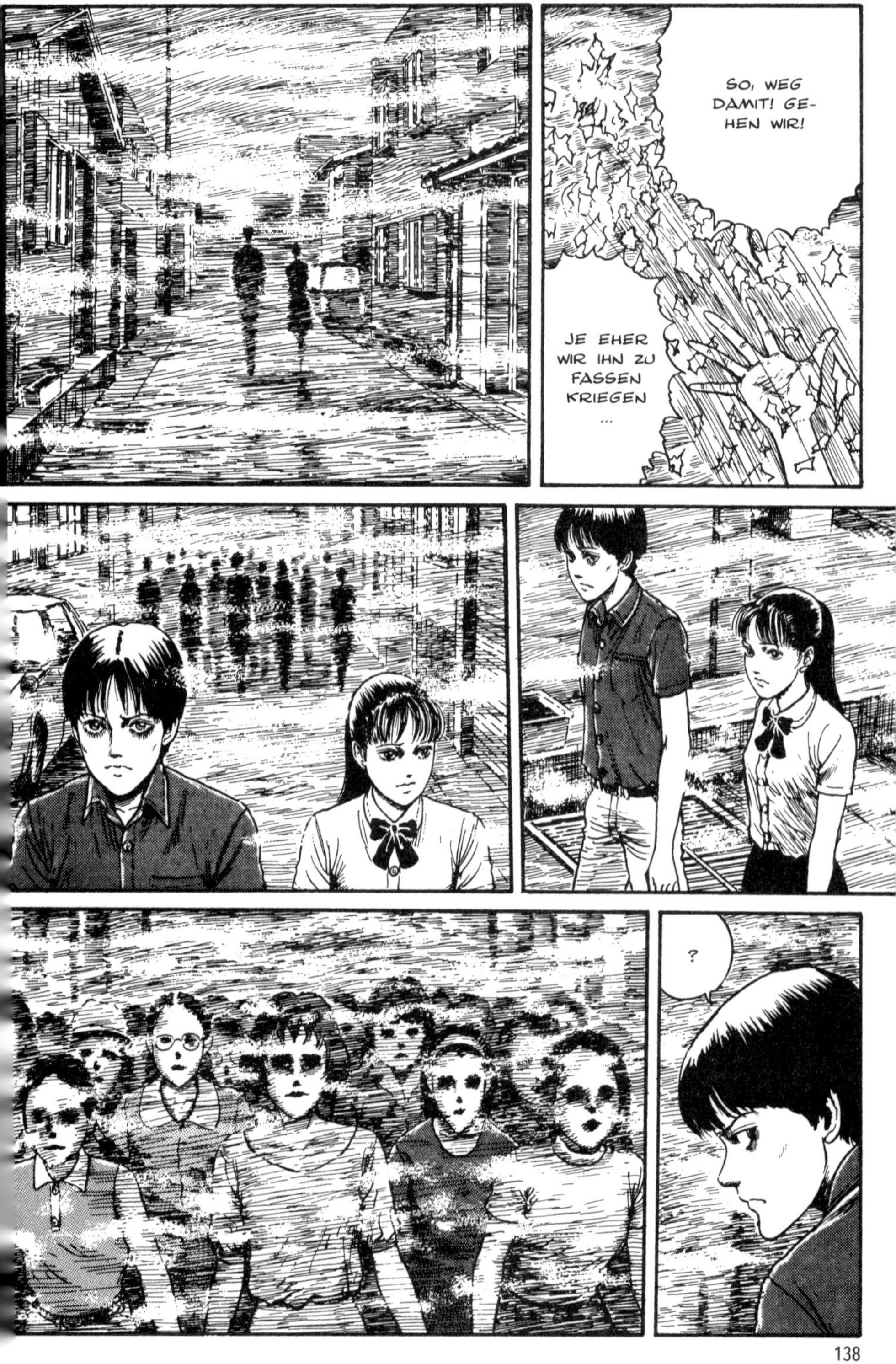
SO, WEG DAMIT! GEHEN WIR!
JE EHER WIR IHN ZU FASSEN KRIEGEN ...
?

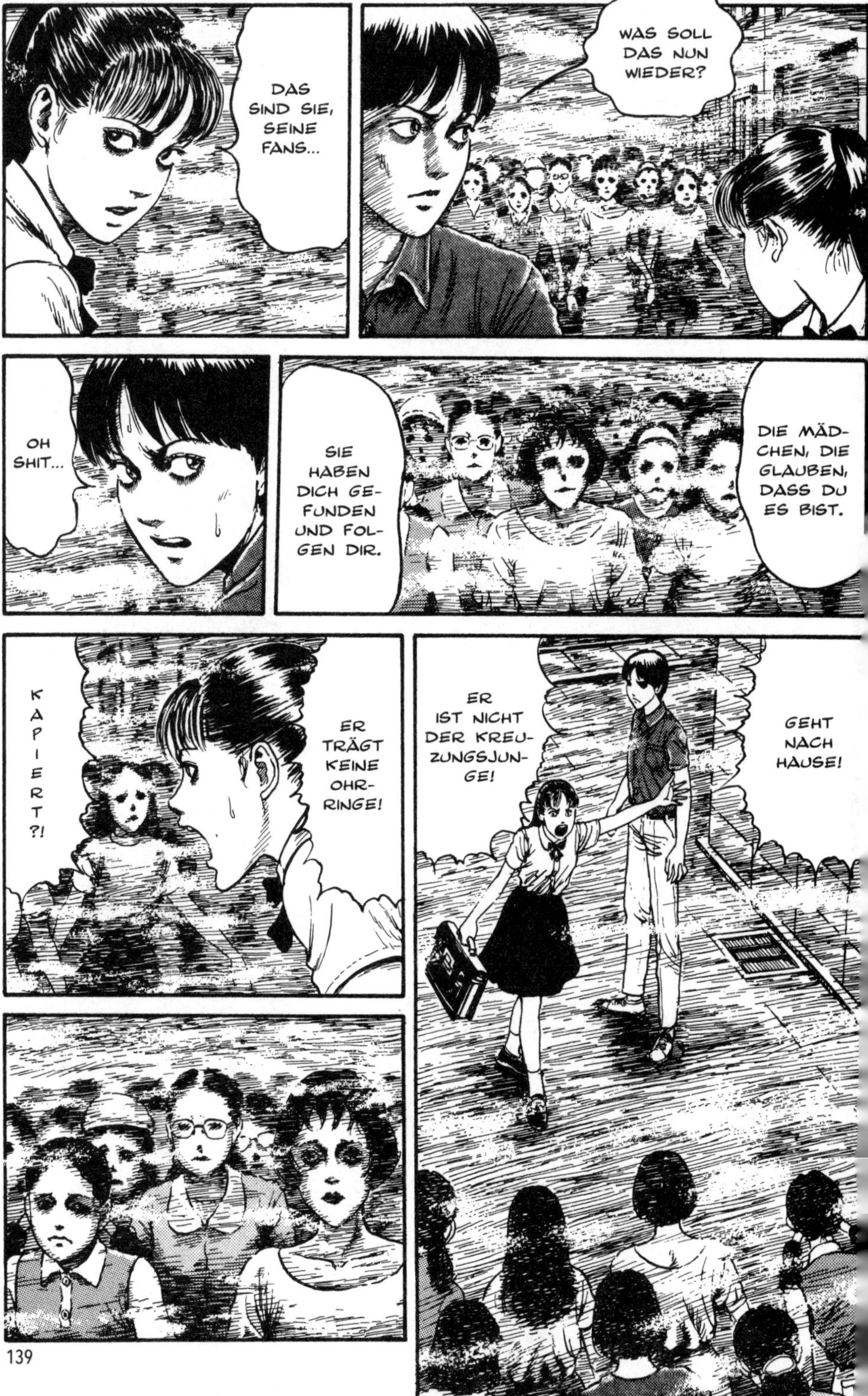
WAS SOLL DAS NUN WIEDER?
DAS SIND SIE, SEINE FANS...
DIE MÄDCHEN, DIE GLAUBEN, DASS DU ES BIST.
SIE HABEN DICH GEFUNDEN UND FOLGEN DIR.
OH SHIT...
GEHT NACH HAUSE!
ER IST NICHT DER KREUZUNGSJUNGE!
ER TRÄGT KEINE OHRRINGE!
KAPIERT?!

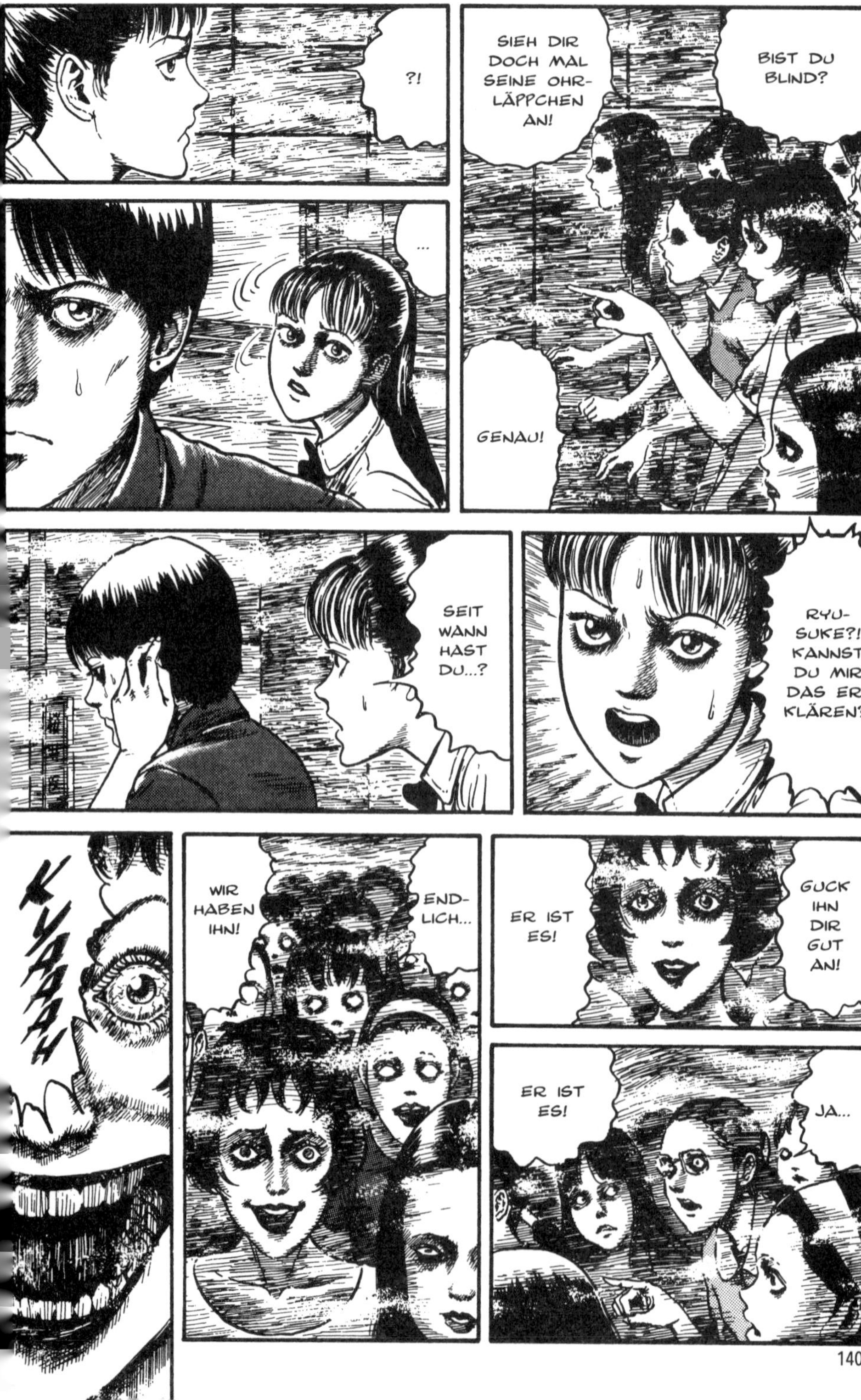
BIST DU BLIND?
SIEH DIR DOCH MAL SEINE OHR-LÄPPCHEN AN!
GENAU!
?!
...
RYU-SUKE?! KANNST DU MIR DAS ER-KLÄREN?!
SEIT WANN HAST DU...?
GUCK IHN DIR GUT AN!
ER IST ES!
JA...
ER IST ES!
END-LICH...
WIR HABEN IHN!
KYAAAAH

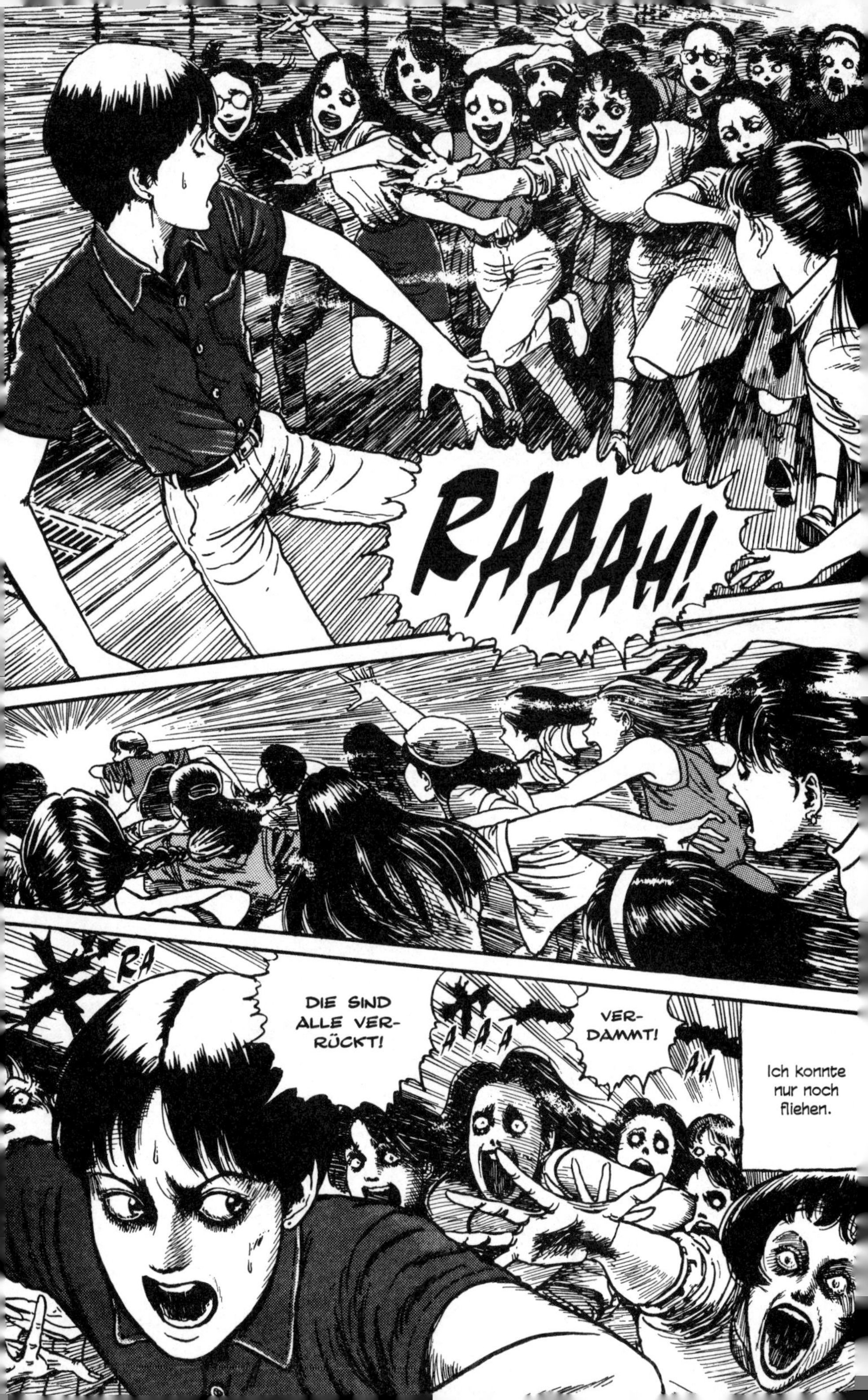
RAAAH!
Ich konnte nur noch fliehen.
AH
VER-DAMMT!
AAAA
DIE SIND ALLE VER-RÜCKT!
RA

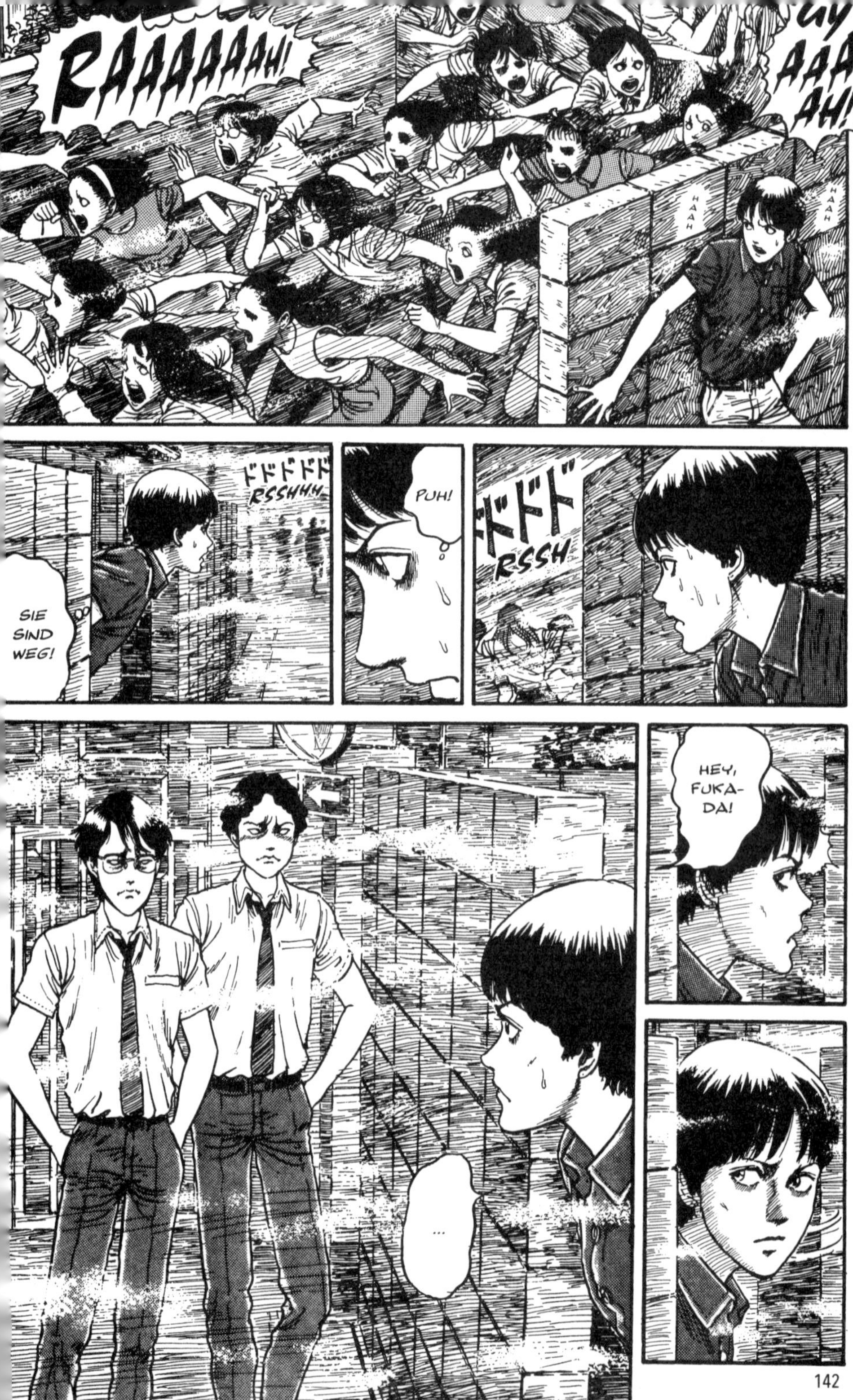
UY AAA AH!
RAAAAAAH!
HAAH
HAAH
ドドド
RSSH
PUH!
ドドドドド
RSSHHH
SIE SIND WEG!
HEY, FUKA-DA!
...

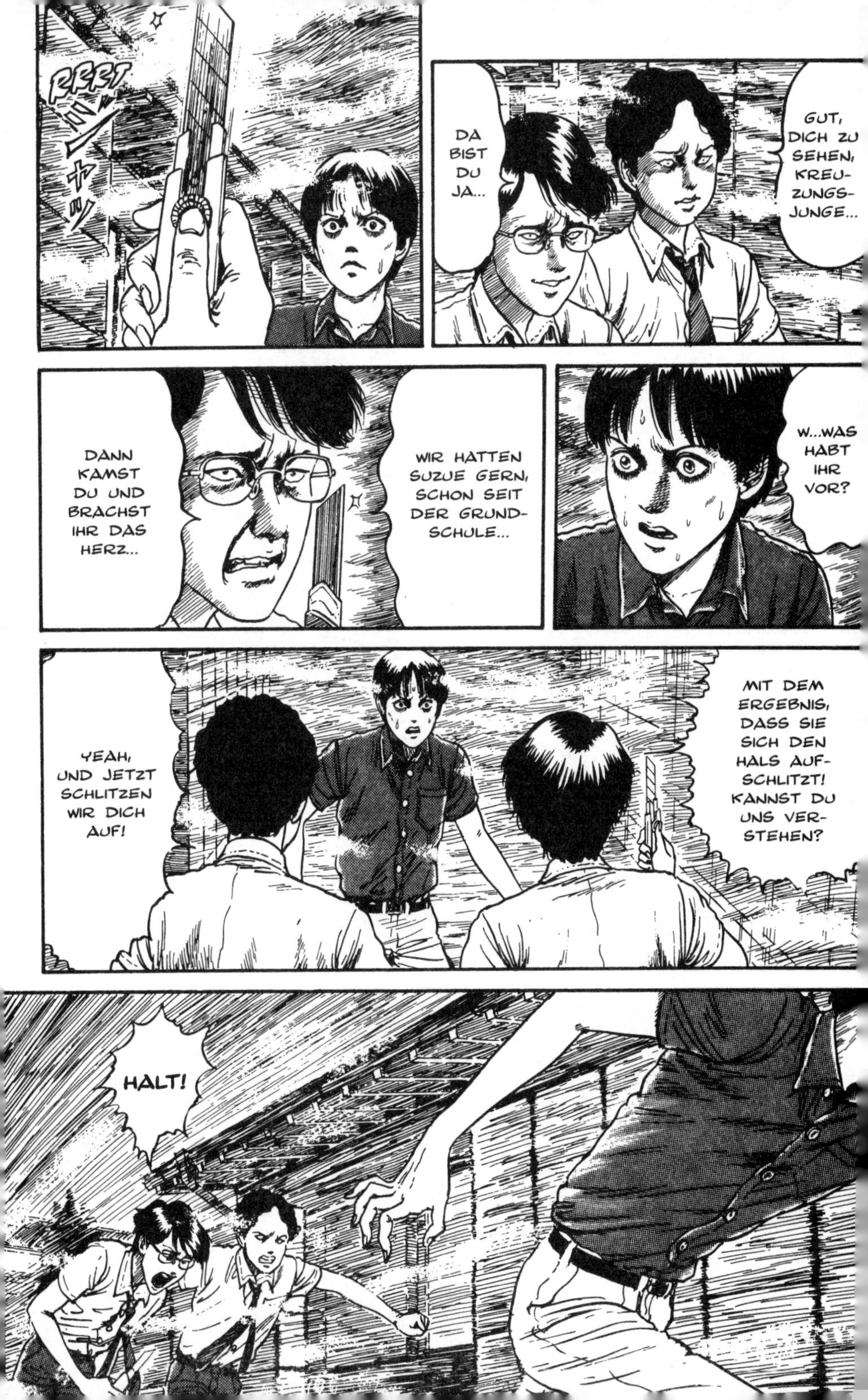
GUT, DICH ZU SEHEN, KREUZUNGS-JUNGE...
DA BIST DU JA...
RRRT
W...WAS HABT IHR VOR?
WIR HATTEN SUZUE GERN, SCHON SEIT DER GRUND-SCHULE...
DANN KAMST DU UND BRACHST IHR DAS HERZ...
MIT DEM ERGEBNIS, DASS SIE SICH DEN HALS AUF-SCHLITZT! KANNST DU UNS VER-STEHEN?
YEAH, UND JETZT SCHLITZEN WIR DICH AUF!
HALT!

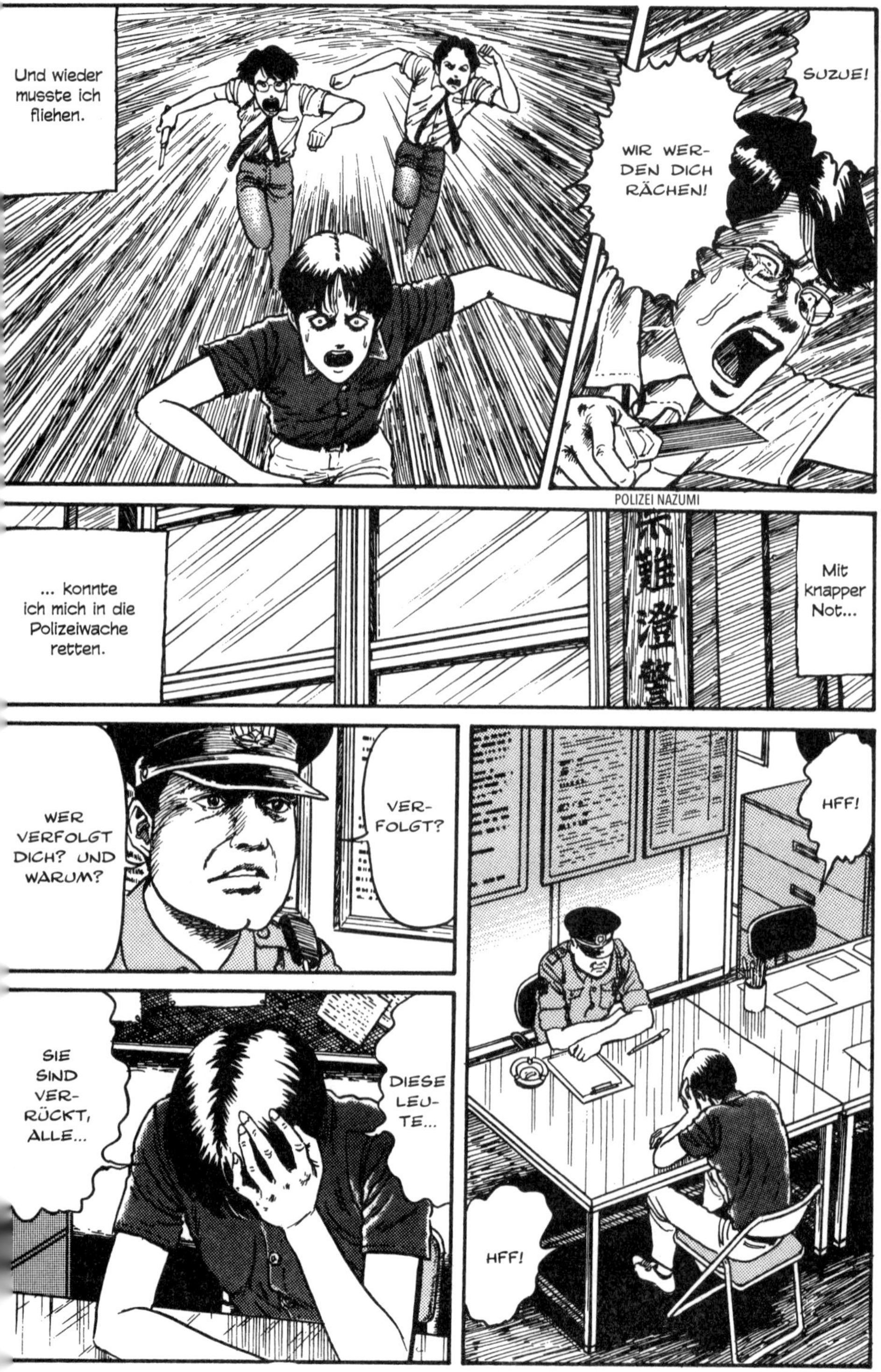
Und wieder musste ich fliehen.
SUZUE!
WIR WERDEN DICH RÄCHEN!
POLIZEI NAZUMI
Mit knapper Not...
... konnte ich mich in die Polizeiwache retten.
HFF!
HFF!
VERFOLGT?
WER VERFOLGT DICH? UND WARUM?
DIESE LEUTE...
SIE SIND VERRÜCKT, ALLE...

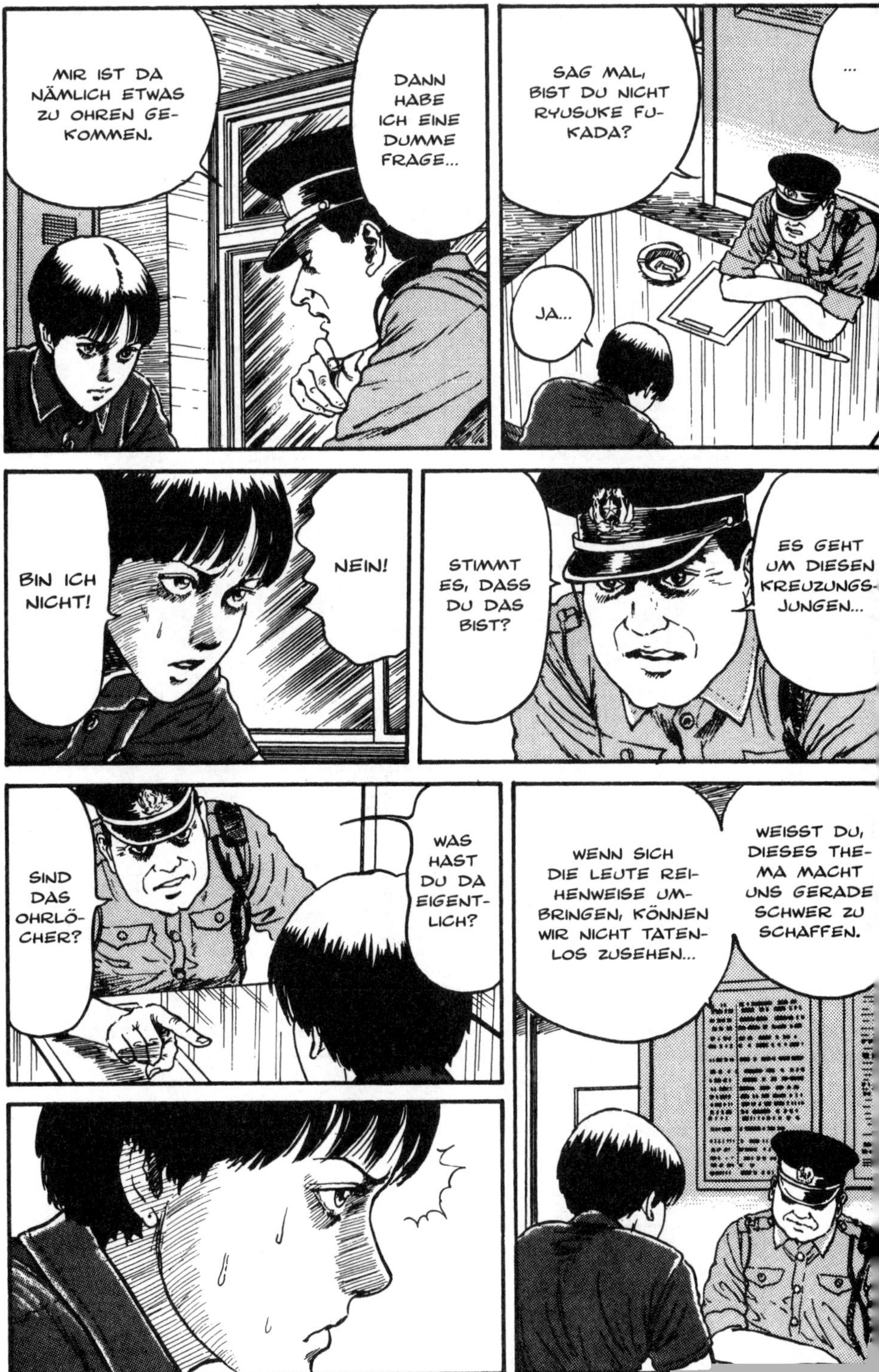
...
SAG MAL, BIST DU NICHT RYUSUKE FUKADA?
JA...
DANN HABE ICH EINE DUMME FRAGE...
MIR IST DA NÄMLICH ETWAS ZU OHREN GEKOMMEN.
ES GEHT UM DIESEN KREUZUNGSJUNGEN...
STIMMT ES, DASS DU DAS BIST?
NEIN!
BIN ICH NICHT!
WEISST DU, DIESES THEMA MACHT UNS GERADE SCHWER ZU SCHAFFEN.
WENN SICH DIE LEUTE REIHENWEISE UMBRINGEN, KÖNNEN WIR NICHT TATENLOS ZUSEHEN...
WAS HAST DU DA EIGENTLICH?
SIND DAS OHRLÖCHER?

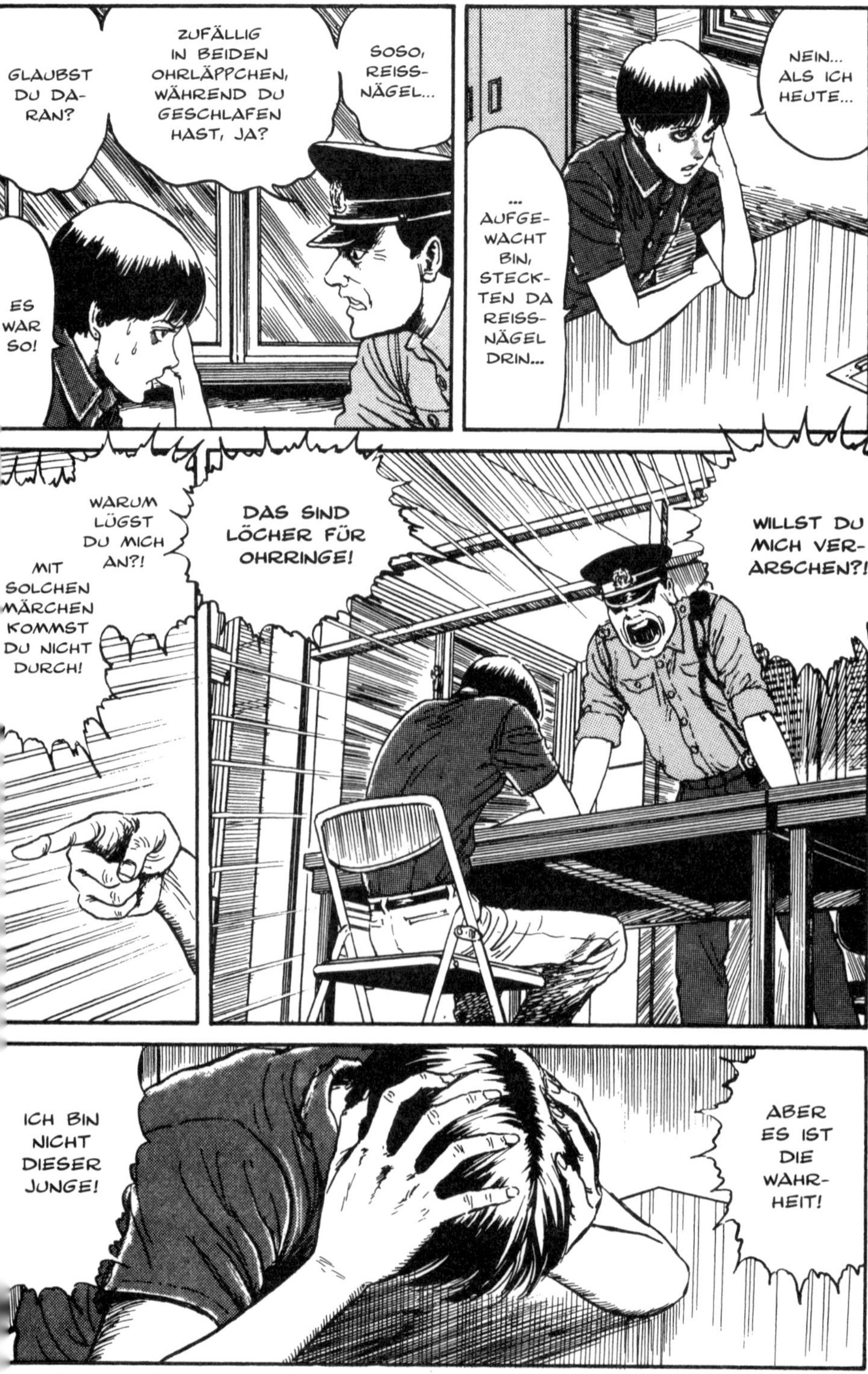
NEIN... ALS ICH HEUTE...
...AUFGEWACHT BIN, STECKTEN DA REISSNÄGEL DRIN...
SOSO, REISSNÄGEL...
ZUFÄLLIG IN BEIDEN OHRLÄPPCHEN, WÄHREND DU GESCHLAFEN HAST, JA?
GLAUBST DU DARAN?
ES WAR SO!
WILLST DU MICH VERARSCHEN?!
DAS SIND LÖCHER FÜR OHRRINGE!
WARUM LÜGST DU MICH AN?!
MIT SOLCHEN MÄRCHEN KOMMST DU NICHT DURCH!
ABER ES IST DIE WAHRHEIT!
ICH BIN NICHT DIESER JUNGE!

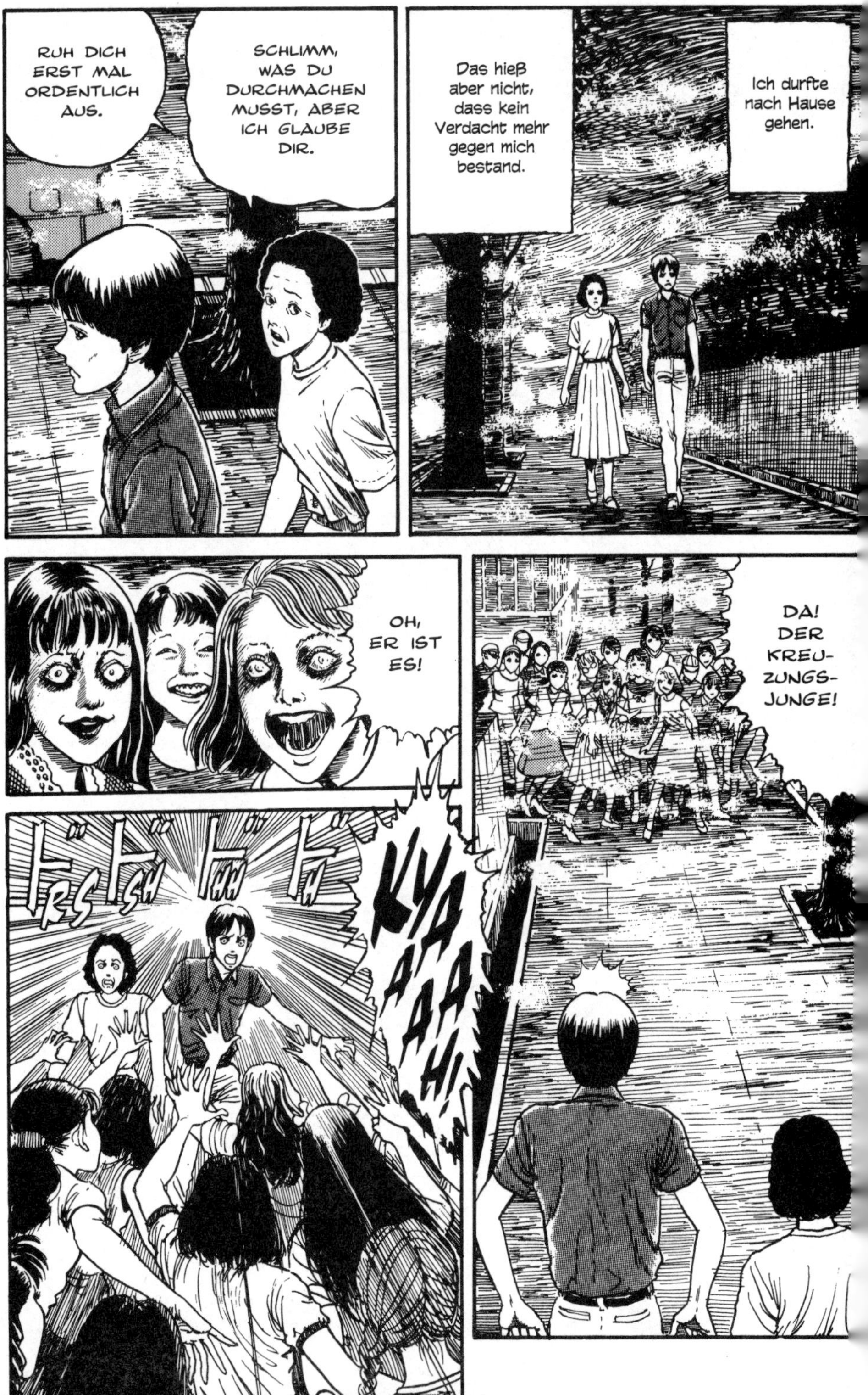

Ich durfte nach Hause gehen.
Das hieß aber nicht, dass kein Verdacht mehr gegen mich bestand.
SCHLIMM, WAS DU DURCHMACHEN MUSST, ABER ICH GLAUBE DIR.
RUH DICH ERST MAL ORDENTLICH AUS.
DA! DER KREUZUNGS-JUNGE!
OH, ER IST ES!
KYAAAAH!

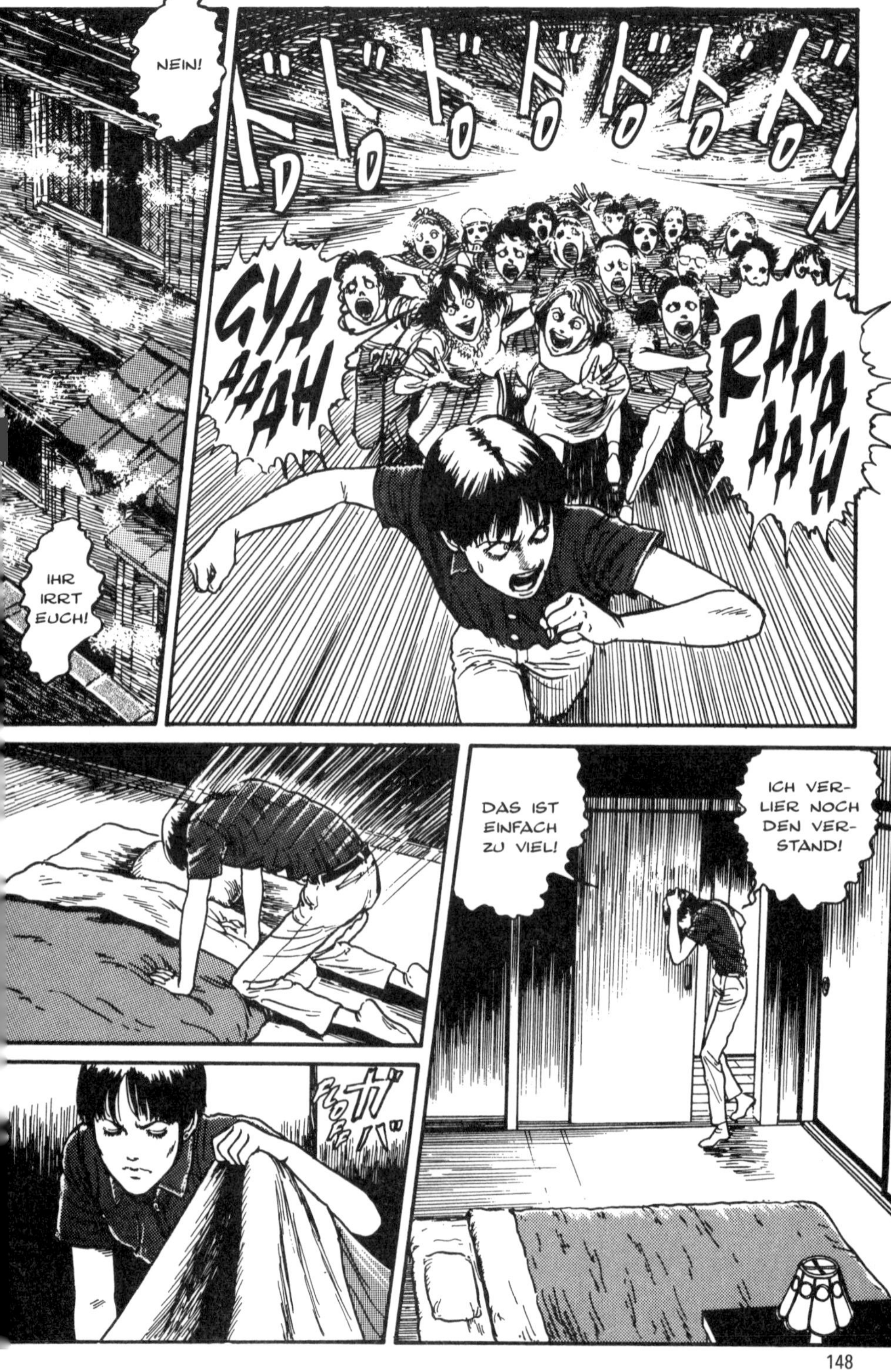
GYAAAAH
NEIN!
IHR IRRT EUCH!
ICH VER-
LIER NOCH
DEN VER-
STAND!
DAS IST
EINFACH
ZU VIEL!
ガバ

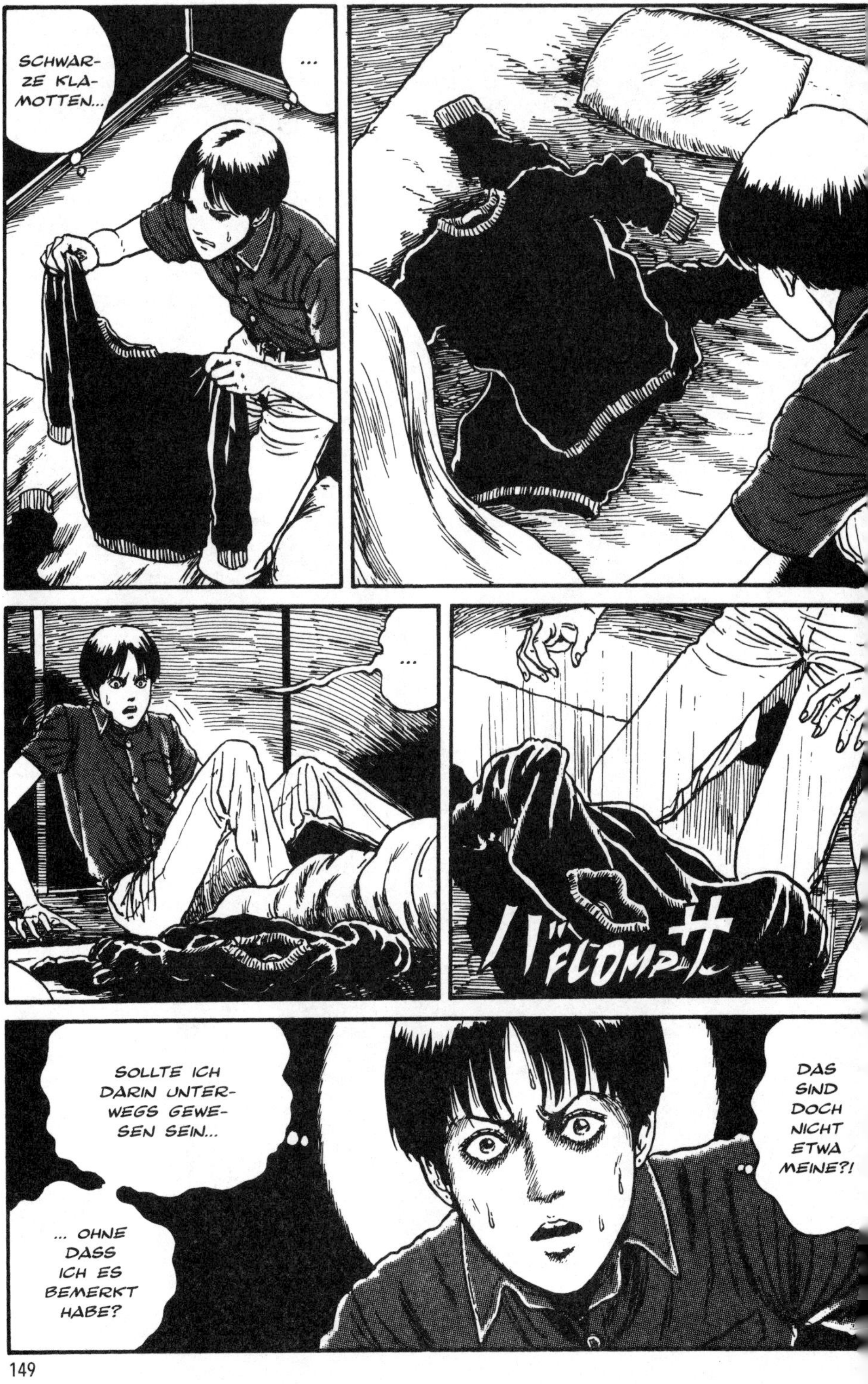
...
SCHWARZE KLAMOTTEN...
FLOMP
...
DAS SIND DOCH NICHT ETWA MEINE?!
SOLLTE ICH DARIN UNTERWEGS GEWESEN SEIN...
... OHNE DASS ICH ES BEMERKT HABE?

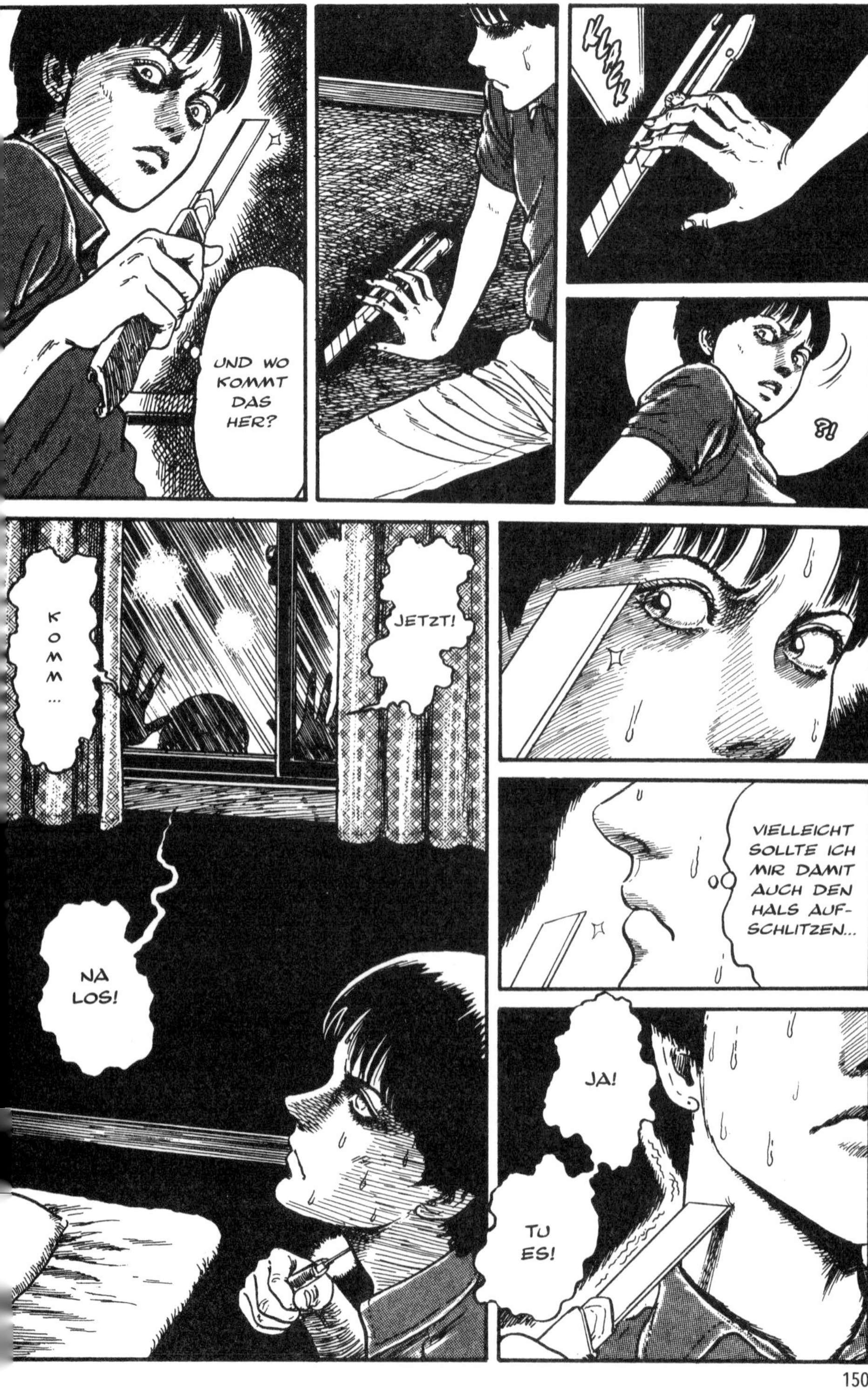
?!
UND WO KOMMT DAS HER?
VIELLEICHT SOLLTE ICH MIR DAMIT AUCH DEN HALS AUF-SCHLITZEN...
JA!
TU ES!
JETZT!
KOMM...
NA LOS!

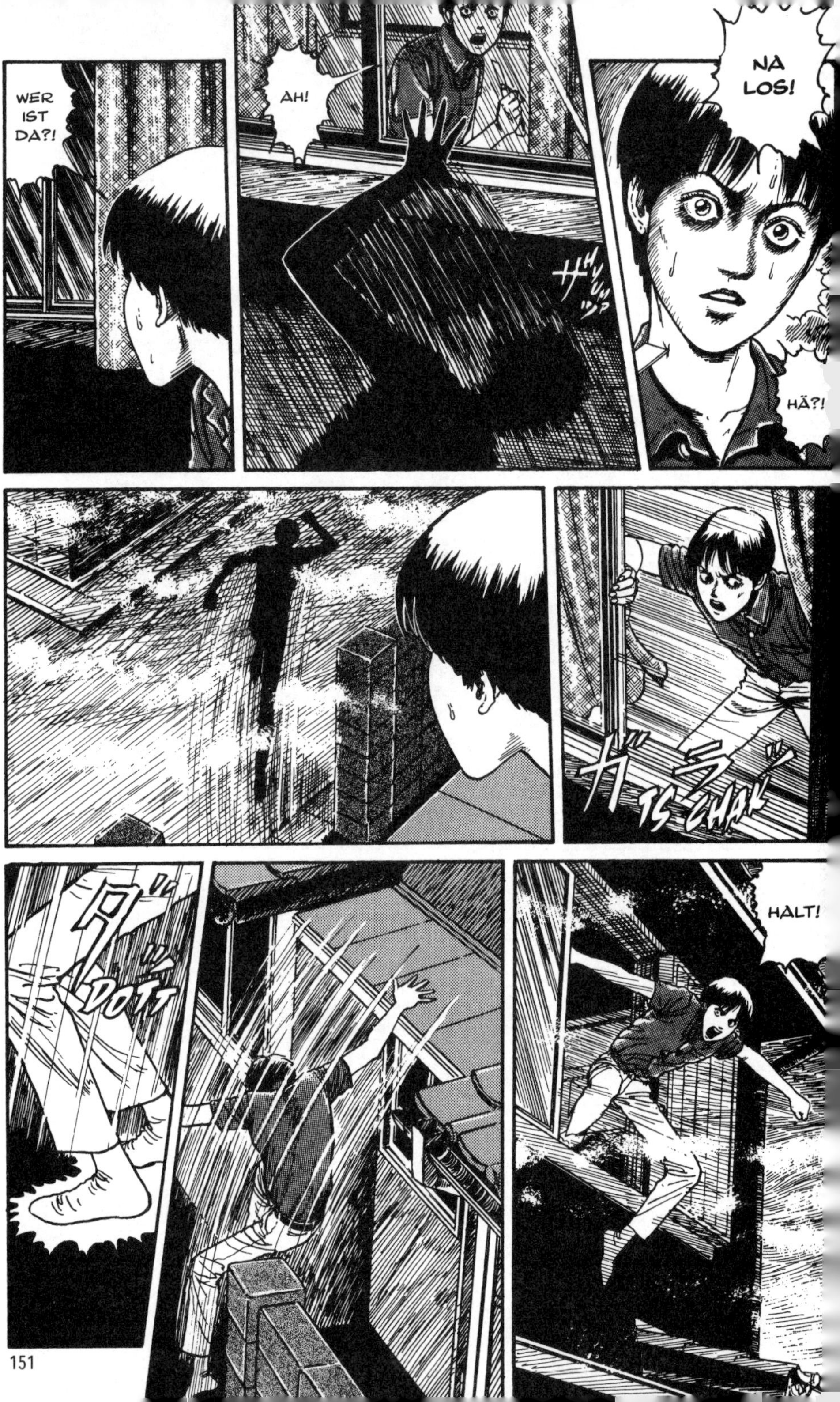
NA LOS!
HÄ?!
AH!
HYUMP
WER IST DA?!
TS CHAK
HALT!
DOTT

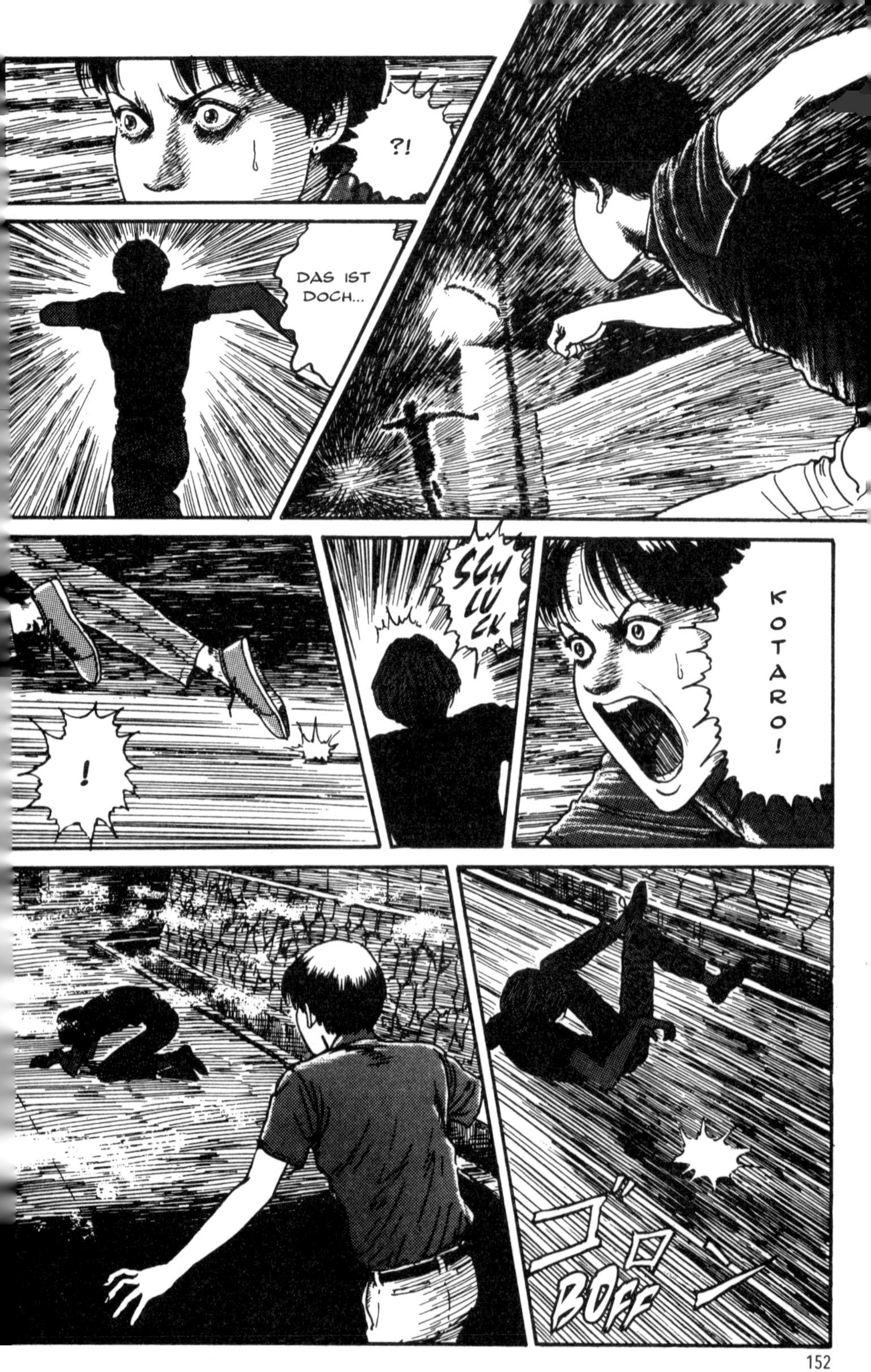
?!
DAS IST DOCH...
KOTARO!
SCHLUCK
!
ゴロン
BOFF

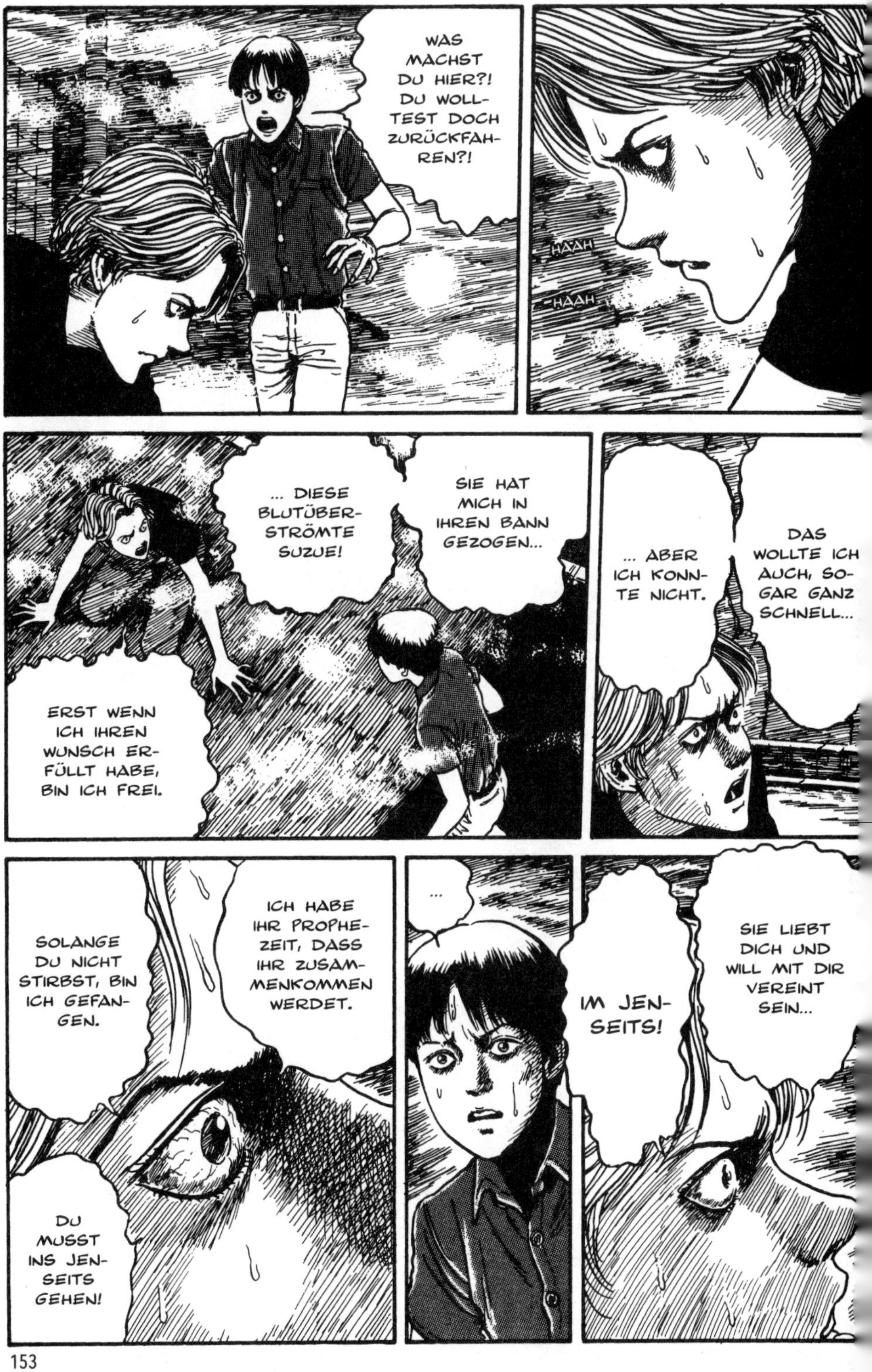
HAAH
HAAH
WAS MACHST DU HIER?! DU WOLLTEST DOCH ZURÜCKFAHREN?!
DAS WOLLTE ICH AUCH, SOGAR GANZ SCHNELL...
... ABER ICH KONNTE NICHT.
SIE HAT MICH IN IHREN BANN GEZOGEN...
... DIESE BLUTÜBERSTRÖMTE SUZUE!
ERST WENN ICH IHREN WUNSCH ERFÜLLT HABE, BIN ICH FREI.
SIE LIEBT DICH UND WILL MIT DIR VEREINT SEIN...
IM JENSEITS!
...
ICH HABE IHR PROPHEZEIT, DASS IHR ZUSAMMENKOMMEN WERDET.
SOLANGE DU NICHT STIRBST, BIN ICH GEFANGEN.
DU MUSST INS JENSEITS GEHEN!

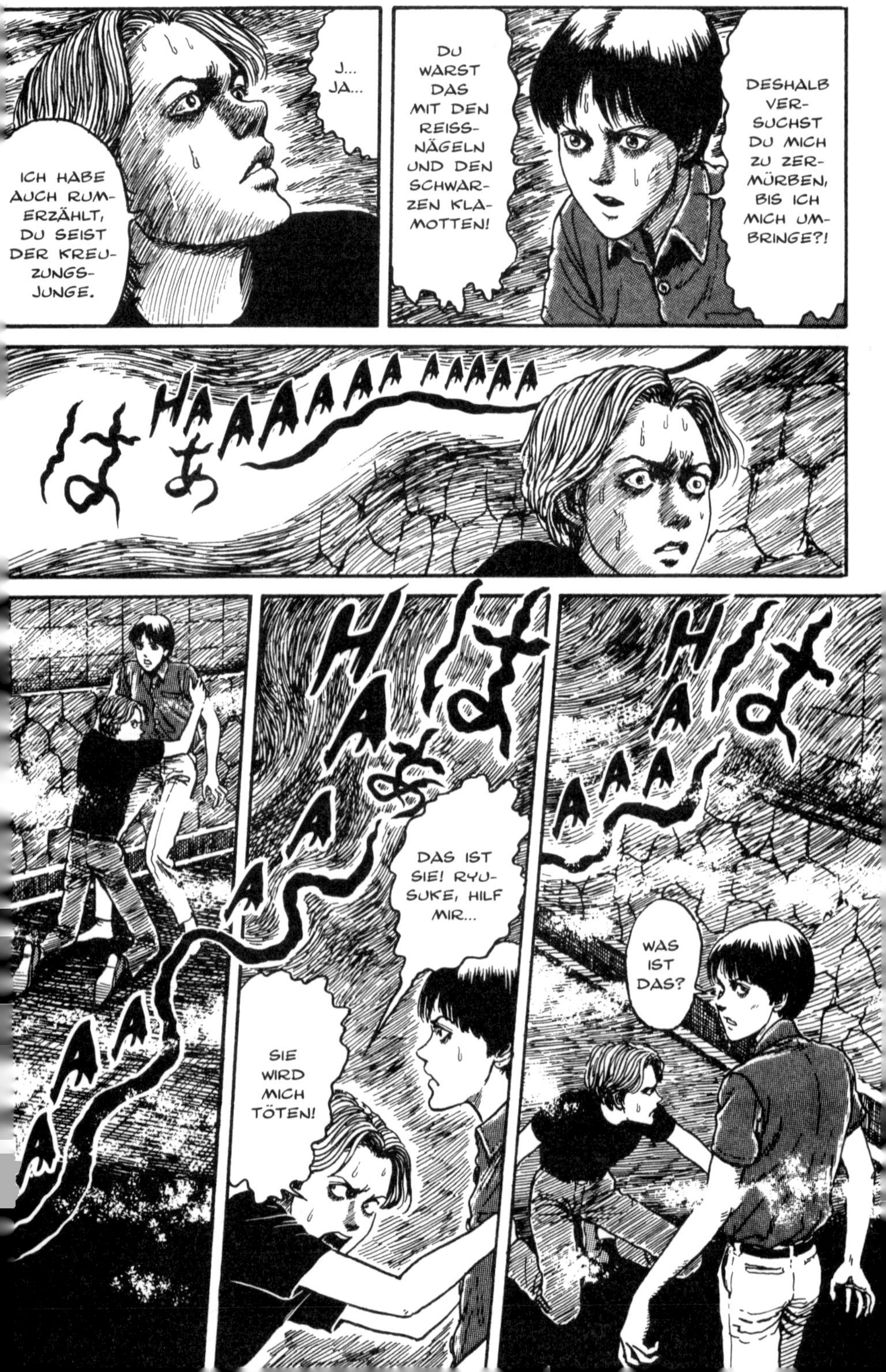
DESHALB VERSUCHST DU MICH ZU ZERMÜRBEN, BIS ICH MICH UMBRINGE?!
DU WARST DAS MIT DEN REISSNÄGELN UND DEN SCHWARZEN KLAMOTTEN!
J... JA...
ICH HABE AUCH RUMERZÄHLT, DU SEIST DER KREUZUNGSJUNGE.
HAAAAAAA AAAAA
はあ
HI
は
AAAA
WAS IST DAS?
HI
は
DAS IST SIE! RYUSUKE, HILF MIR...
SIE WIRD MICH TÖTEN!

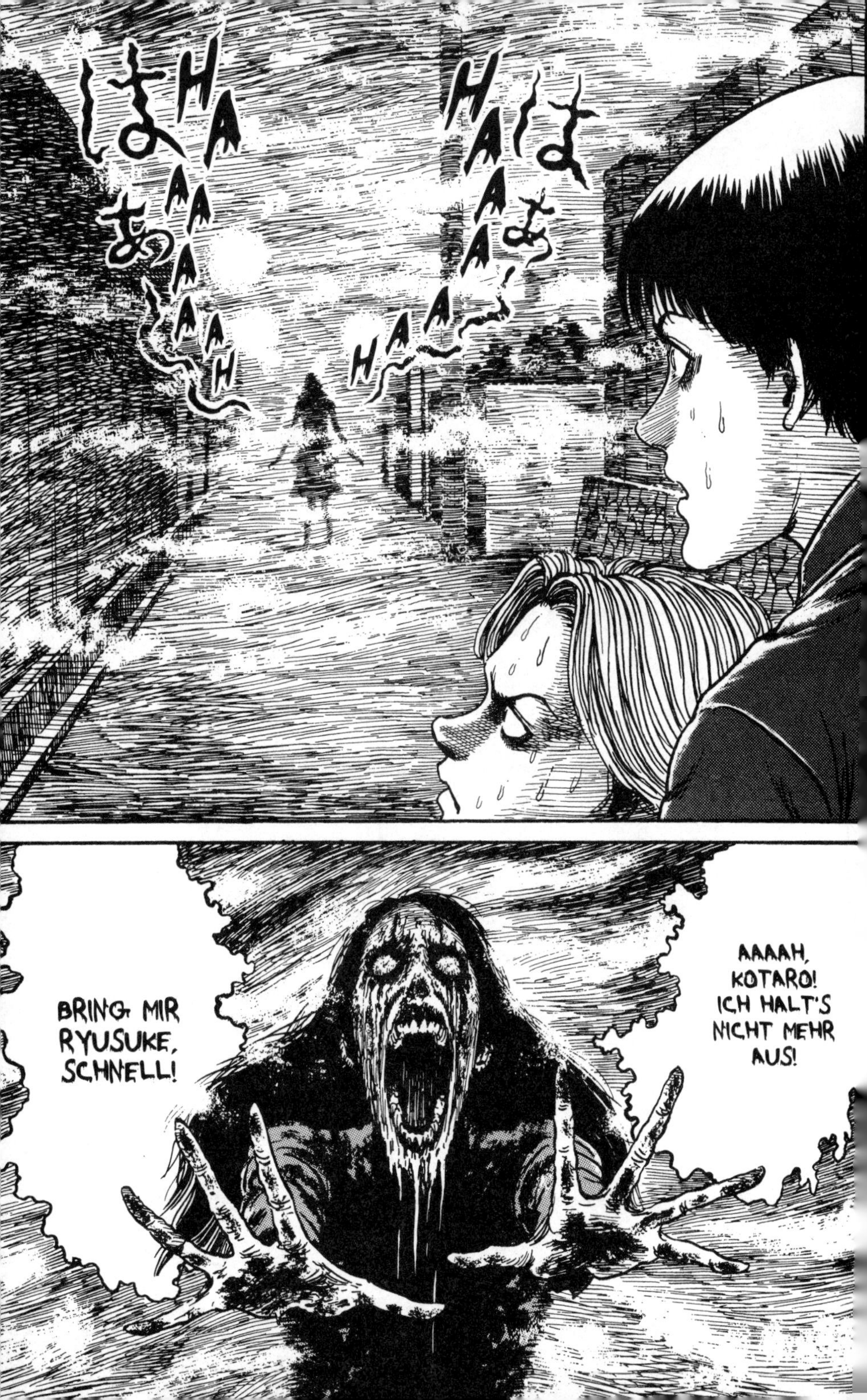
はあ
HAAAAAH
はあ
HAAAAAAH
AAAAH, KOTARO! ICH HALT'S NICHT MEHR AUS!
BRING MIR RYUSUKE, SCHNELL!

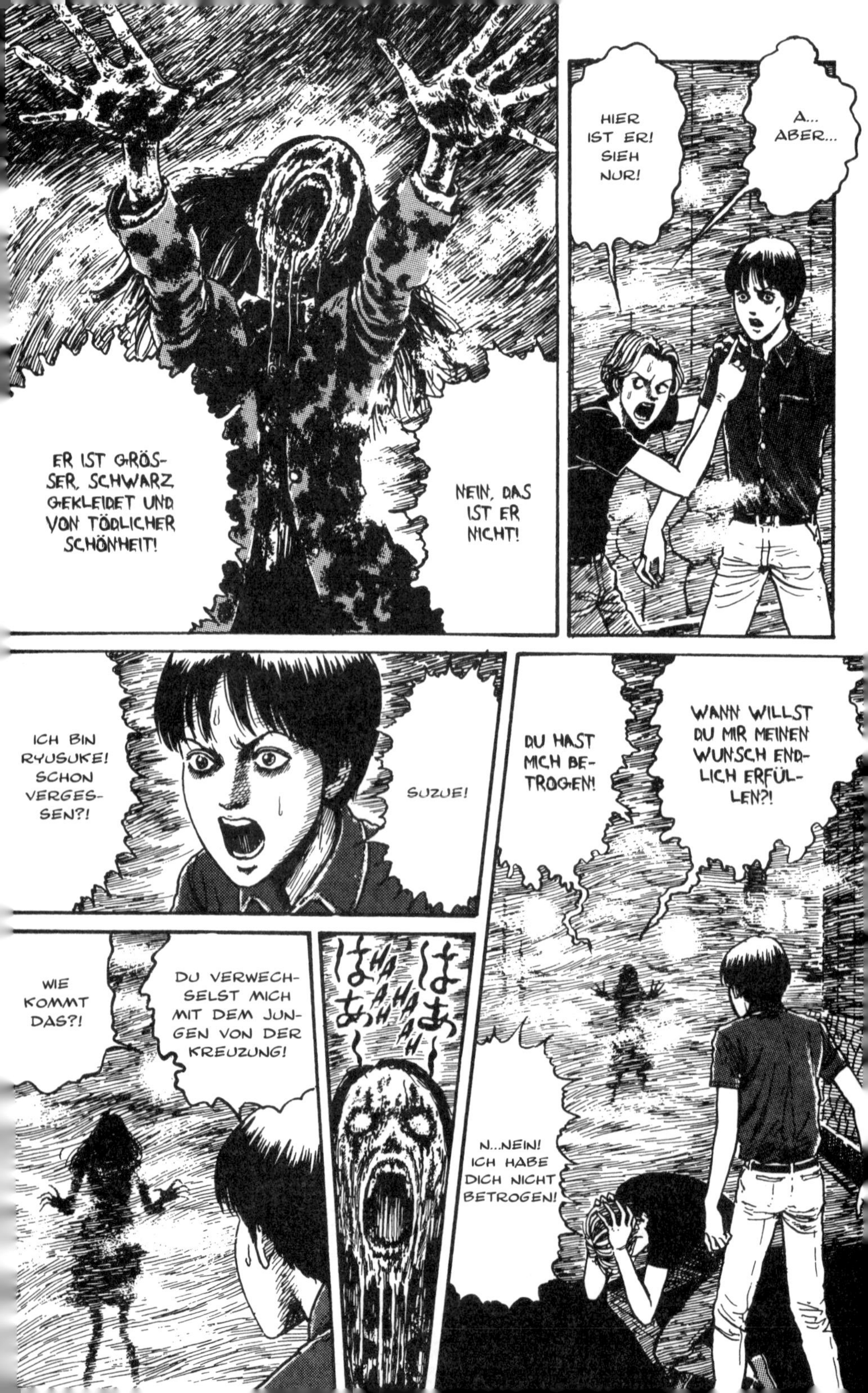

A... ABER...
HIER IST ER! SIEH NUR!
NEIN, DAS IST ER NICHT!
ER IST GRÖSSER, SCHWARZ GEKLEIDET UND VON TÖDLICHER SCHÖNHEIT!
WANN WILLST DU MIR MEINEN WUNSCH ENDLICH ERFÜLLEN?!
DU HAST MICH BETROGEN!
SUZUE!
ICH BIN RYUSUKE! SCHON VERGESSEN?!
N...NEIN! ICH HABE DICH NICHT BETROGEN!
はあ はあ
HAH HAH HAH HAH
DU VERWECHSELST MICH MIT DEM JUNGEN VON DER KREUZUNG!
WIE KOMMT DAS?!

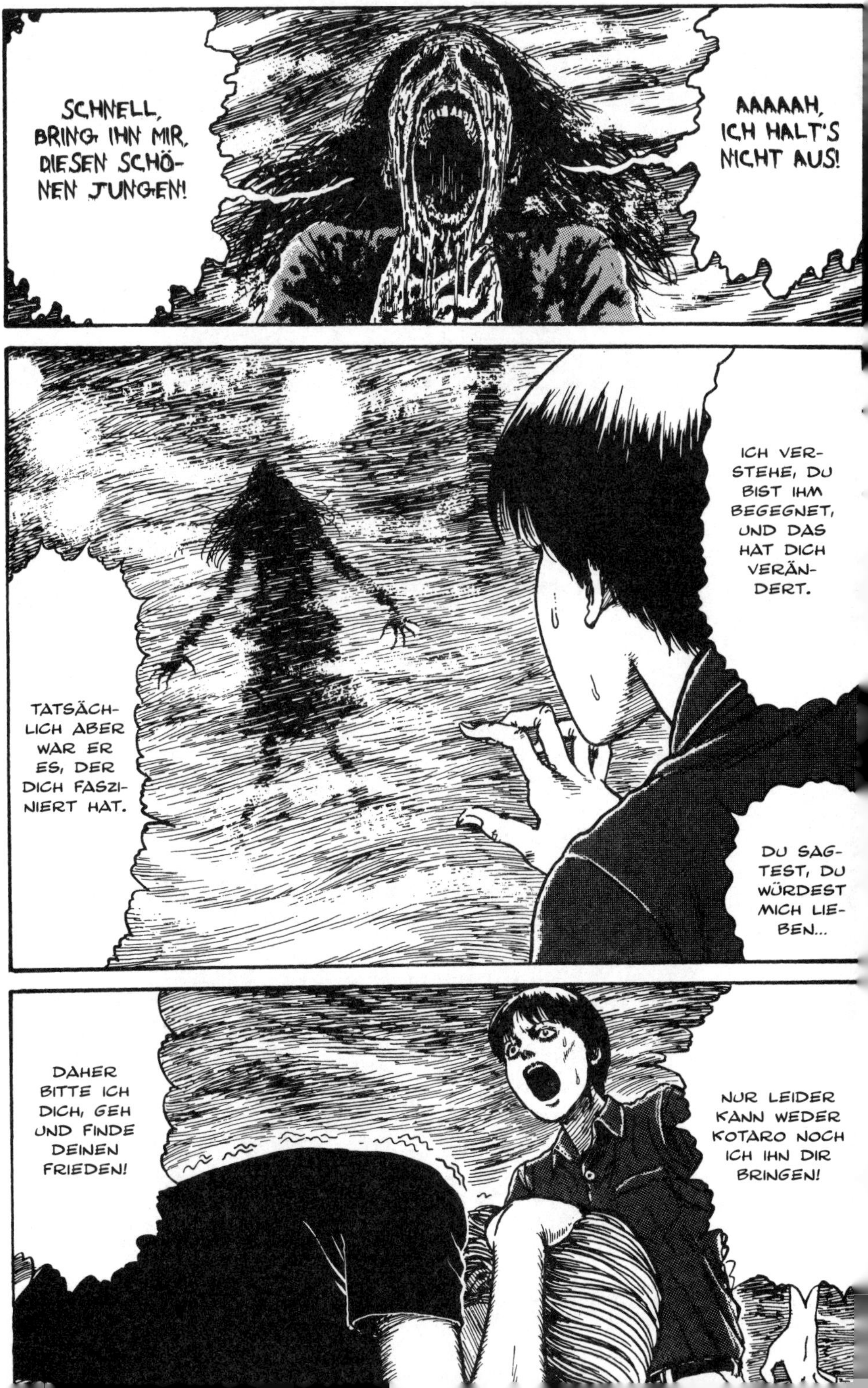
AAAAAH, ICH HALT'S NICHT AUS!
SCHNELL, BRING IHN MIR, DIESEN SCHÖNEN JUNGEN!
ICH VERSTEHE, DU BIST IHM BEGEGNET, UND DAS HAT DICH VERÄNDERT.
TATSÄCHLICH ABER WAR ER ES, DER DICH FASZINIERT HAT.
DU SAGTEST, DU WÜRDEST MICH LIEBEN...
NUR LEIDER KANN WEDER KOTARO NOCH ICH IHN DIR BRINGEN!
DAHER BITTE ICH DICH, GEH UND FINDE DEINEN FRIEDEN!

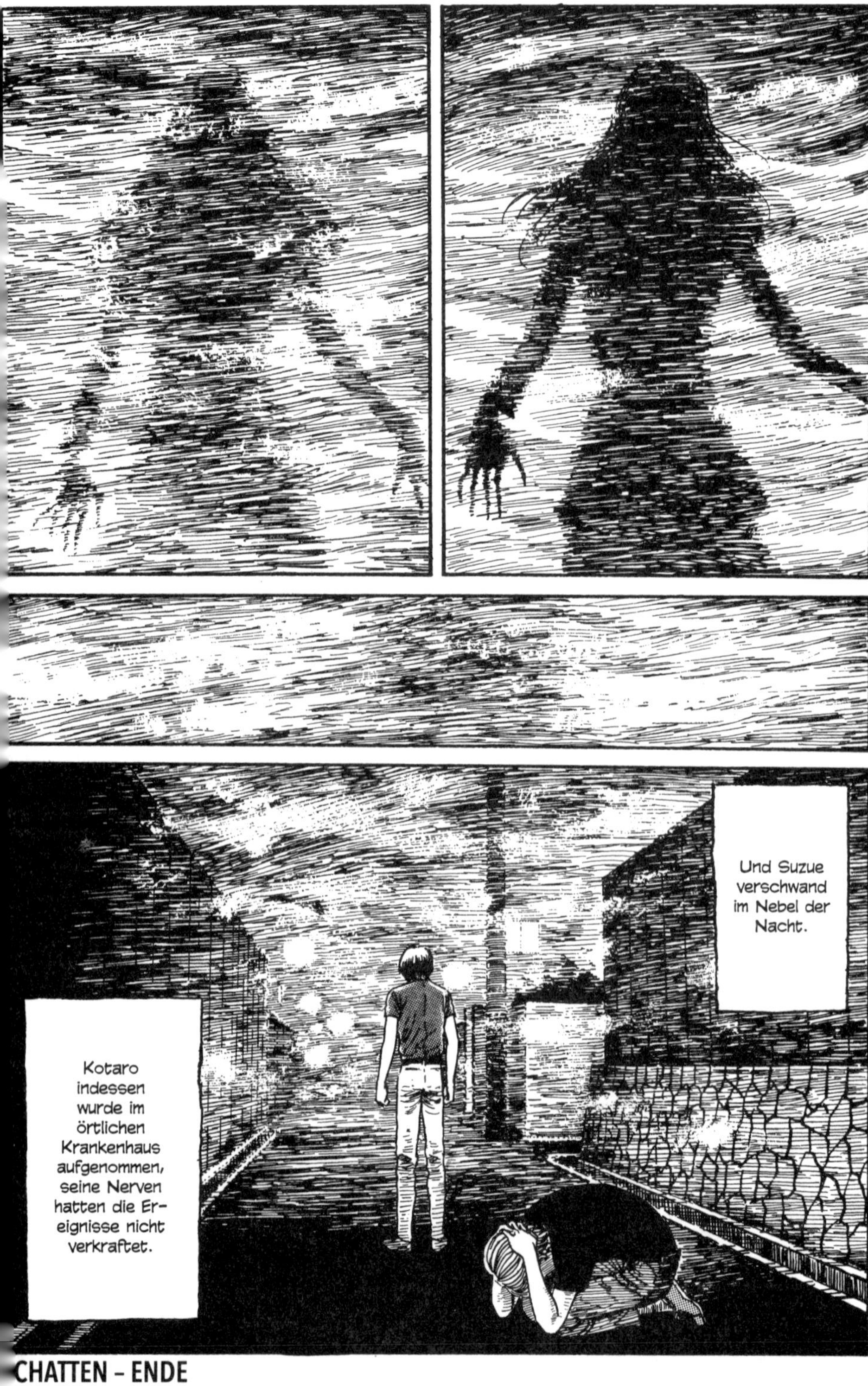

CHATTEN – ENDE

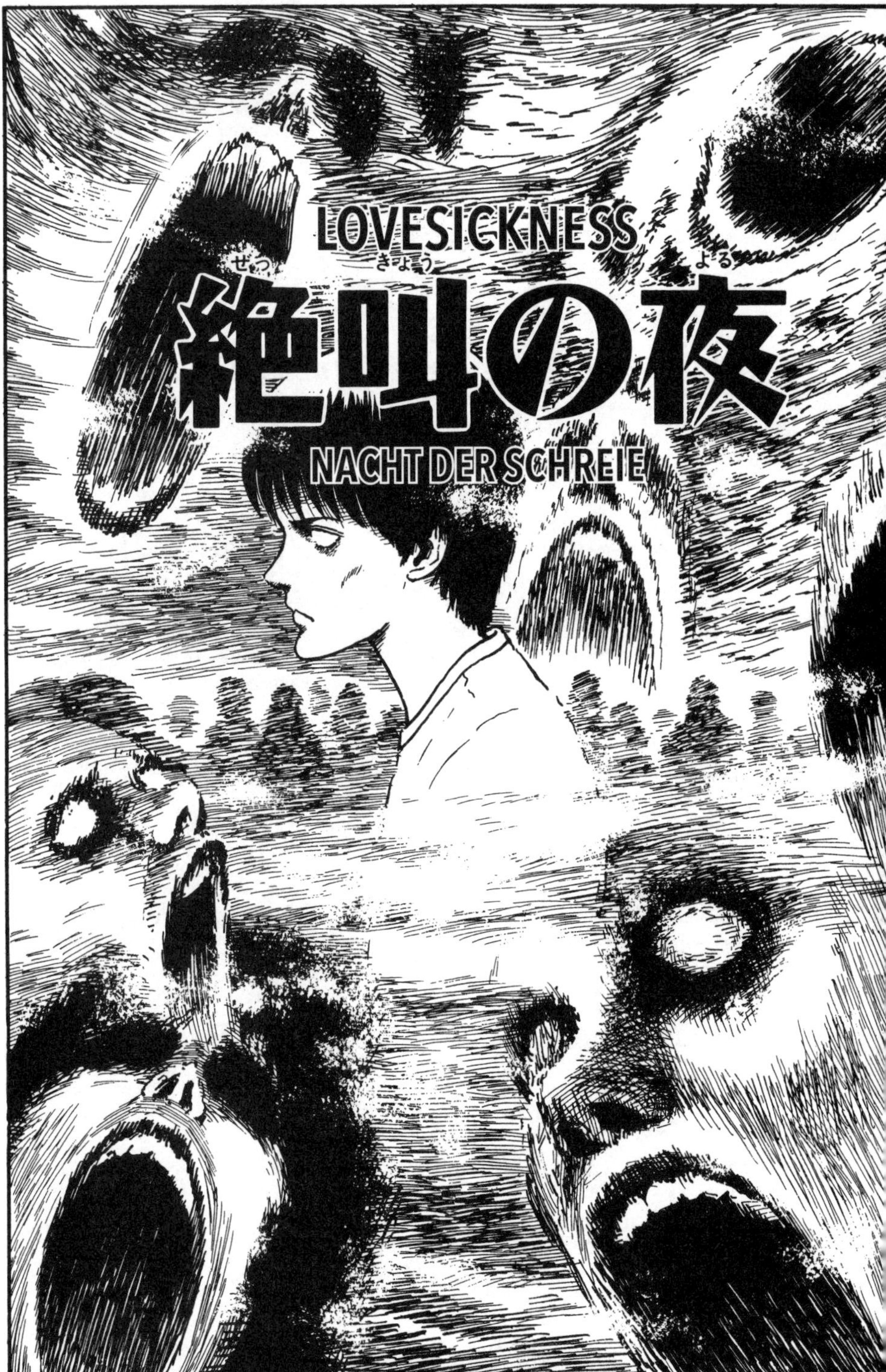
LOVESICKNESS
絶叫の夜（ぜっきょうのよる）
NACHT DER SCHREIE

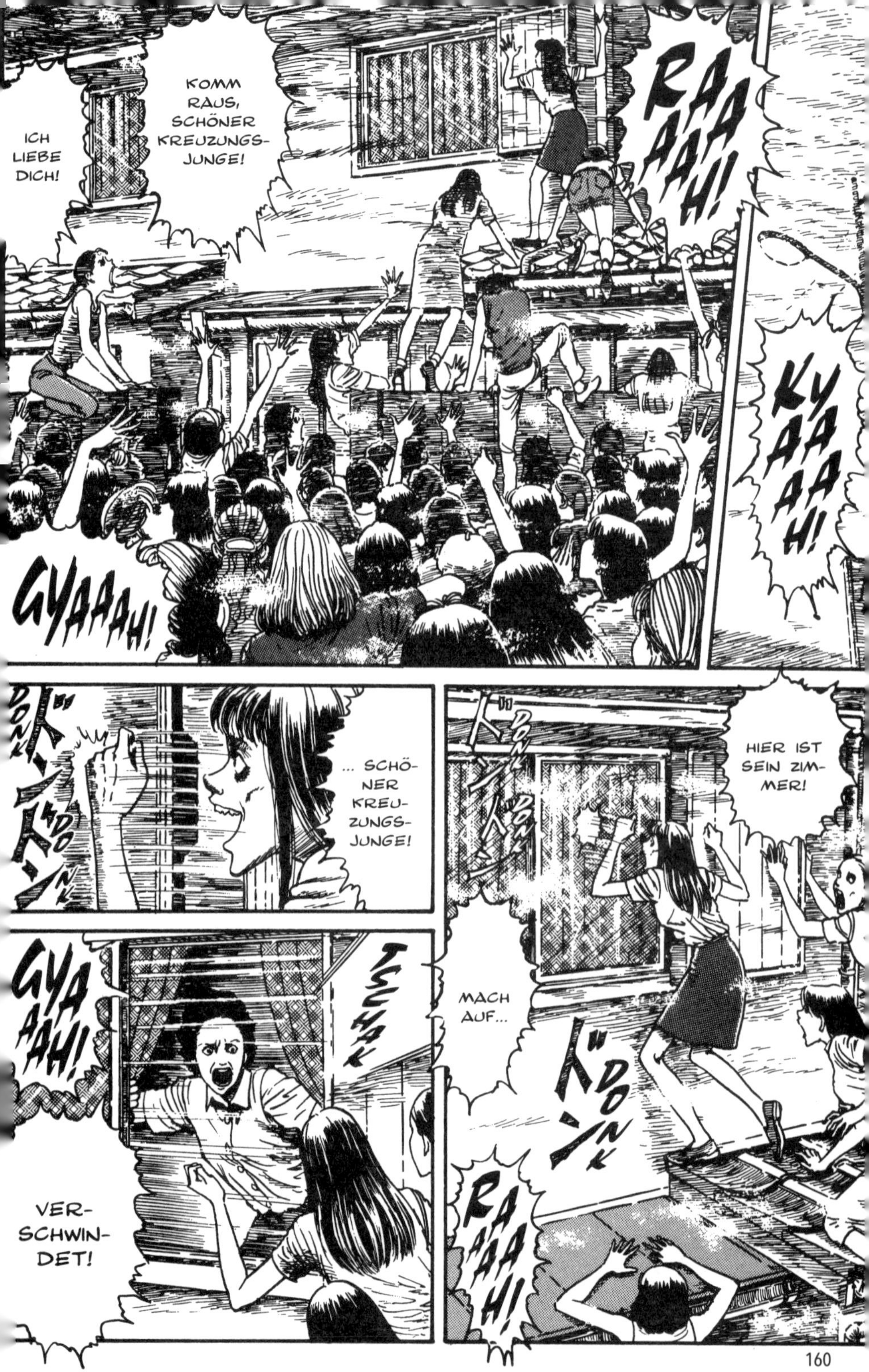
RAAAAH!
KYAAAAH!
KOMM RAUS, SCHÖNER KREUZUNGSJUNGE!
ICH LIEBE DICH!
GYAAAAH!
HIER IST SEIN ZIMMER!
DONK DONK
... SCHÖNER KREUZUNGSJUNGE!
DONK DONK
MACH AUF...
DONK
RAAAH!
TSCHAK
GYAAAH!
VERSCHWINDET!

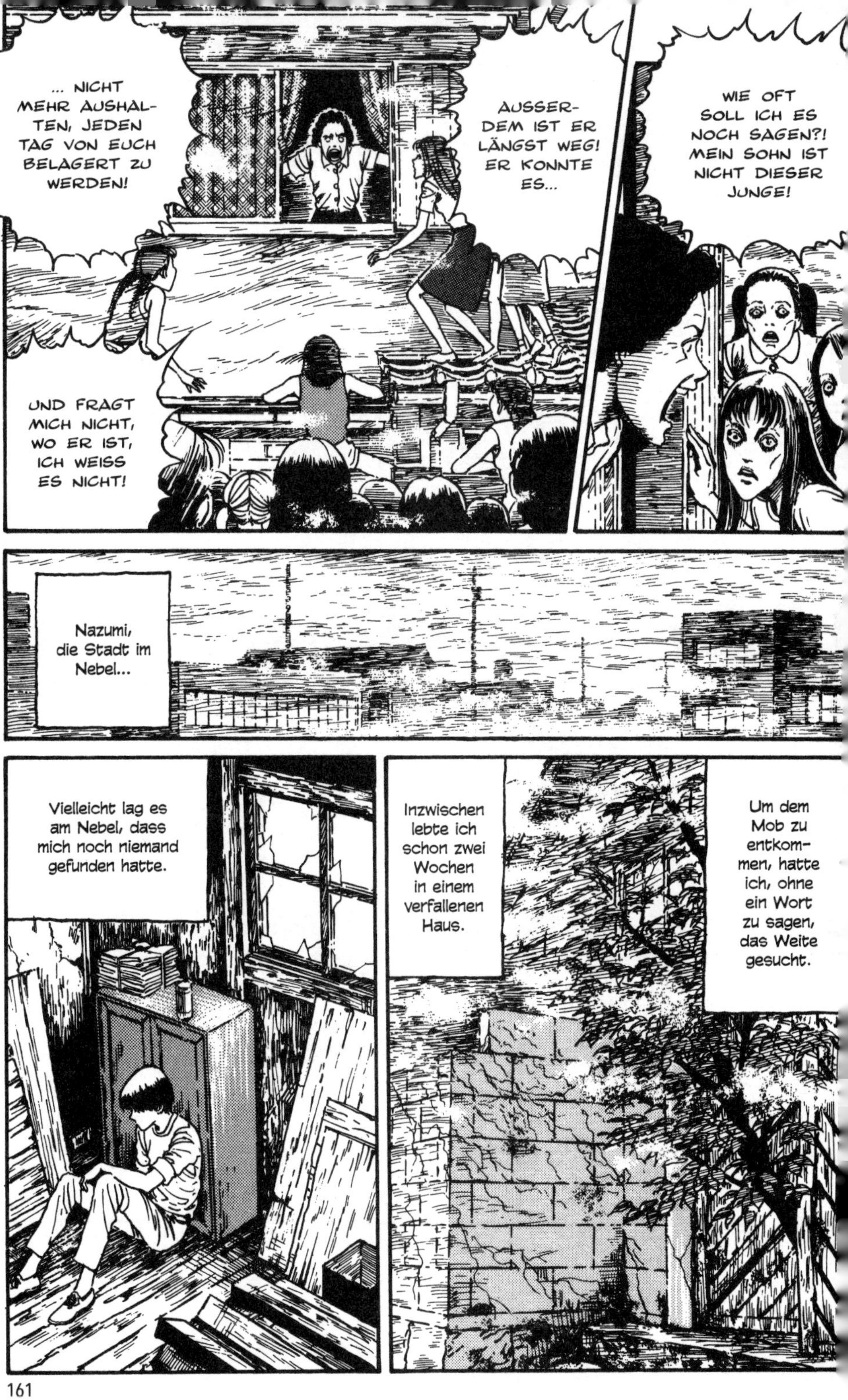
WIE OFT SOLL ICH ES NOCH SAGEN?! MEIN SOHN IST NICHT DIESER JUNGE!
AUSSERDEM IST ER LÄNGST WEG! ER KONNTE ES...
... NICHT MEHR AUSHALTEN, JEDEN TAG VON EUCH BELAGERT ZU WERDEN!
UND FRAGT MICH NICHT, WO ER IST, ICH WEISS ES NICHT!
Nazumi, die Stadt im Nebel...
Um dem Mob zu entkommen, hatte ich, ohne ein Wort zu sagen, das Weite gesucht.
Inzwischen lebte ich schon zwei Wochen in einem verfallenen Haus.
Vielleicht lag es am Nebel, dass mich noch niemand gefunden hatte.

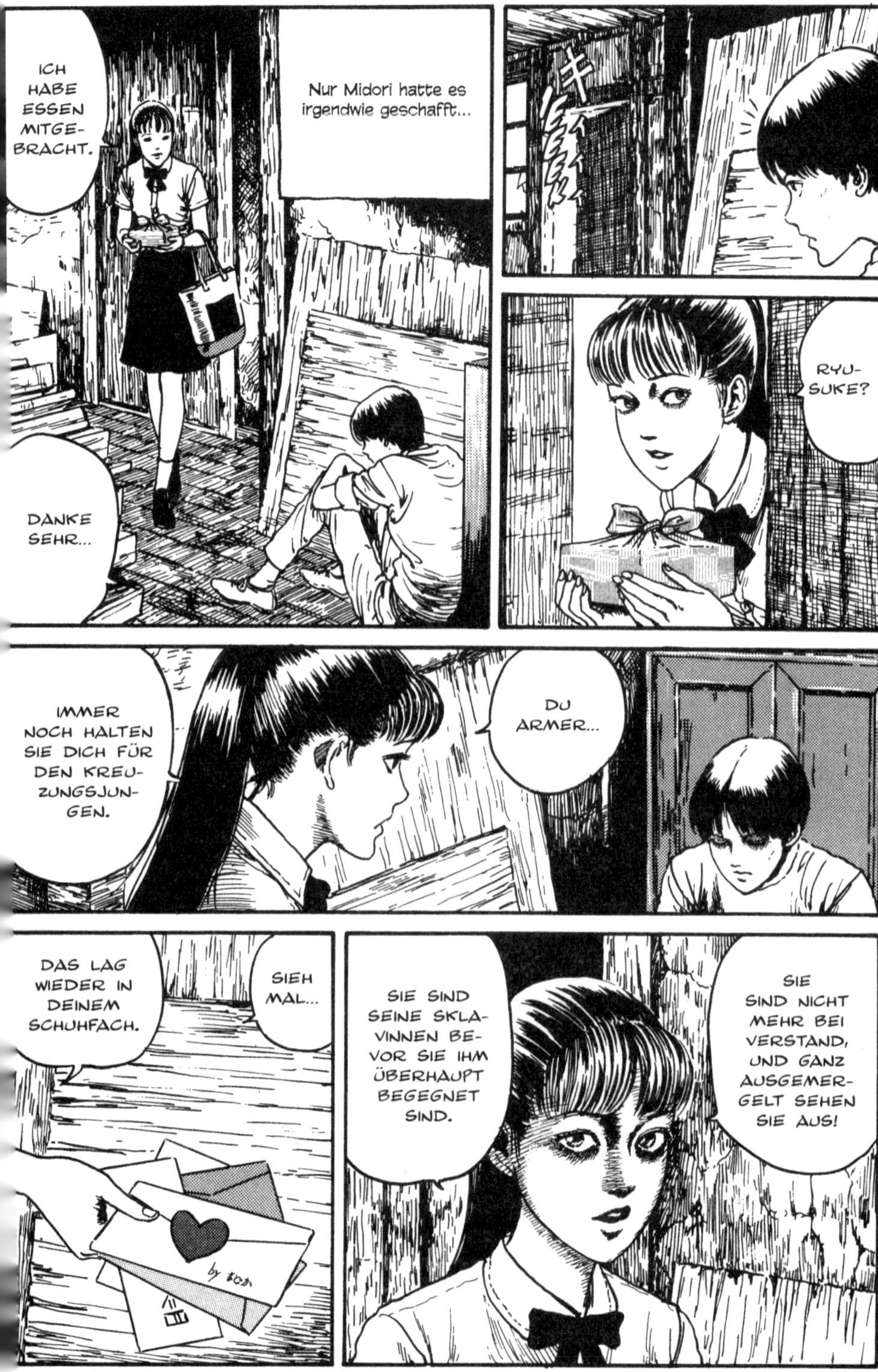
RYU-SUKE?
Nur Midori hatte es irgendwie geschafft...
ICH HABE ESSEN MITGE-BRACHT.
DANKE SEHR...
DU ARMER...
IMMER NOCH HALTEN SIE DICH FÜR DEN KREU-ZUNGSJUN-GEN.
SIE SIND NICHT MEHR BEI VERSTAND, UND GANZ AUSGEMER-GELT SEHEN SIE AUS!
SIE SIND SEINE SKLA-VINNEN BE-VOR SIE IHM ÜBERHAUPT BEGEGNET SIND.
SIEH MAL...
DAS LAG WIEDER IN DEINEM SCHUHFACH.

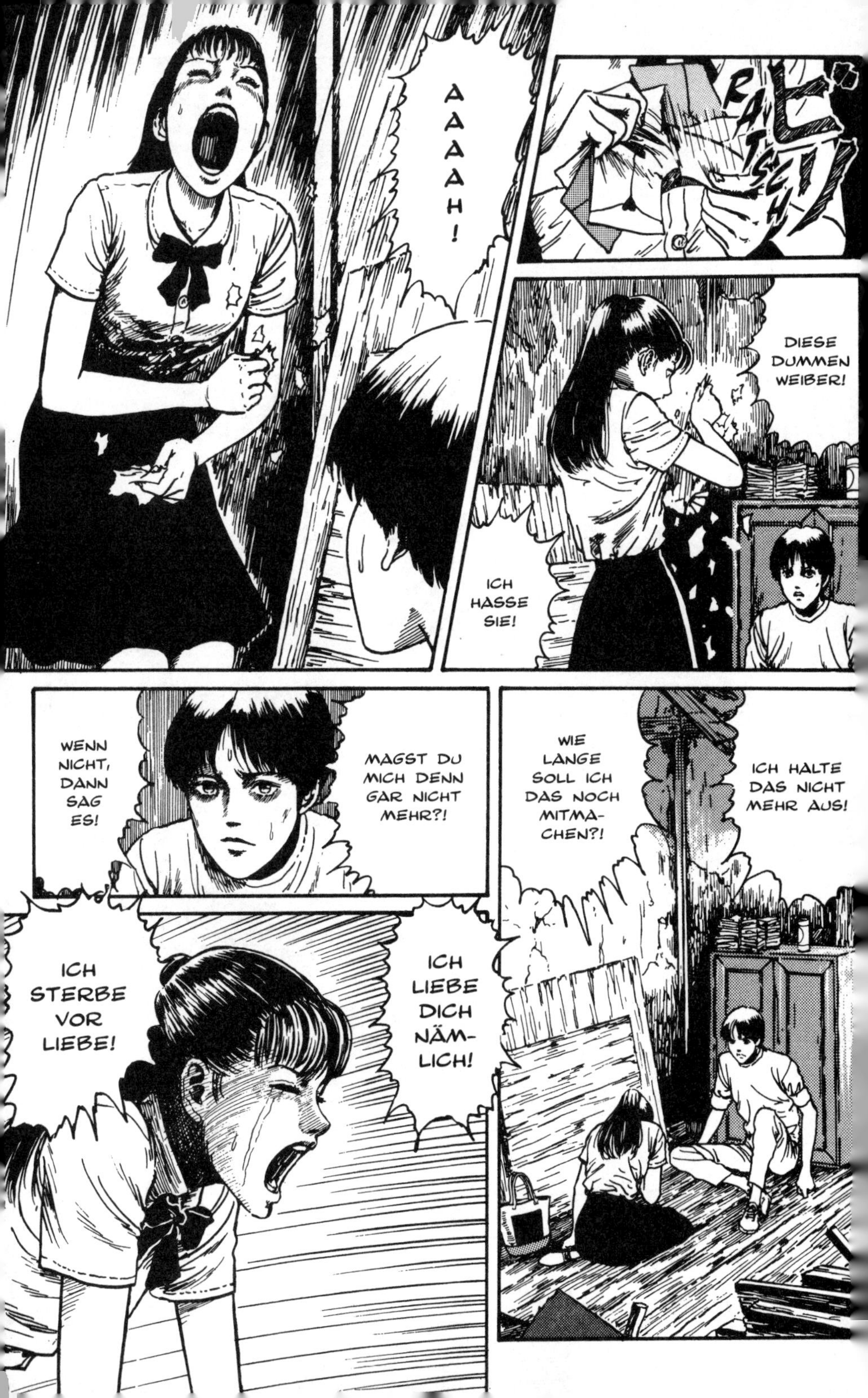
RATSCH!
AAAAAH!
DIESE DUMMEN WEIBER!
ICH HASSE SIE!
MAGST DU MICH DENN GAR NICHT MEHR?!
WENN NICHT, DANN SAG ES!
ICH HALTE DAS NICHT MEHR AUS!
WIE LANGE SOLL ICH DAS NOCH MITMA-CHEN?!
ICH LIEBE DICH NÄM-LICH!
ICH STERBE VOR LIEBE!

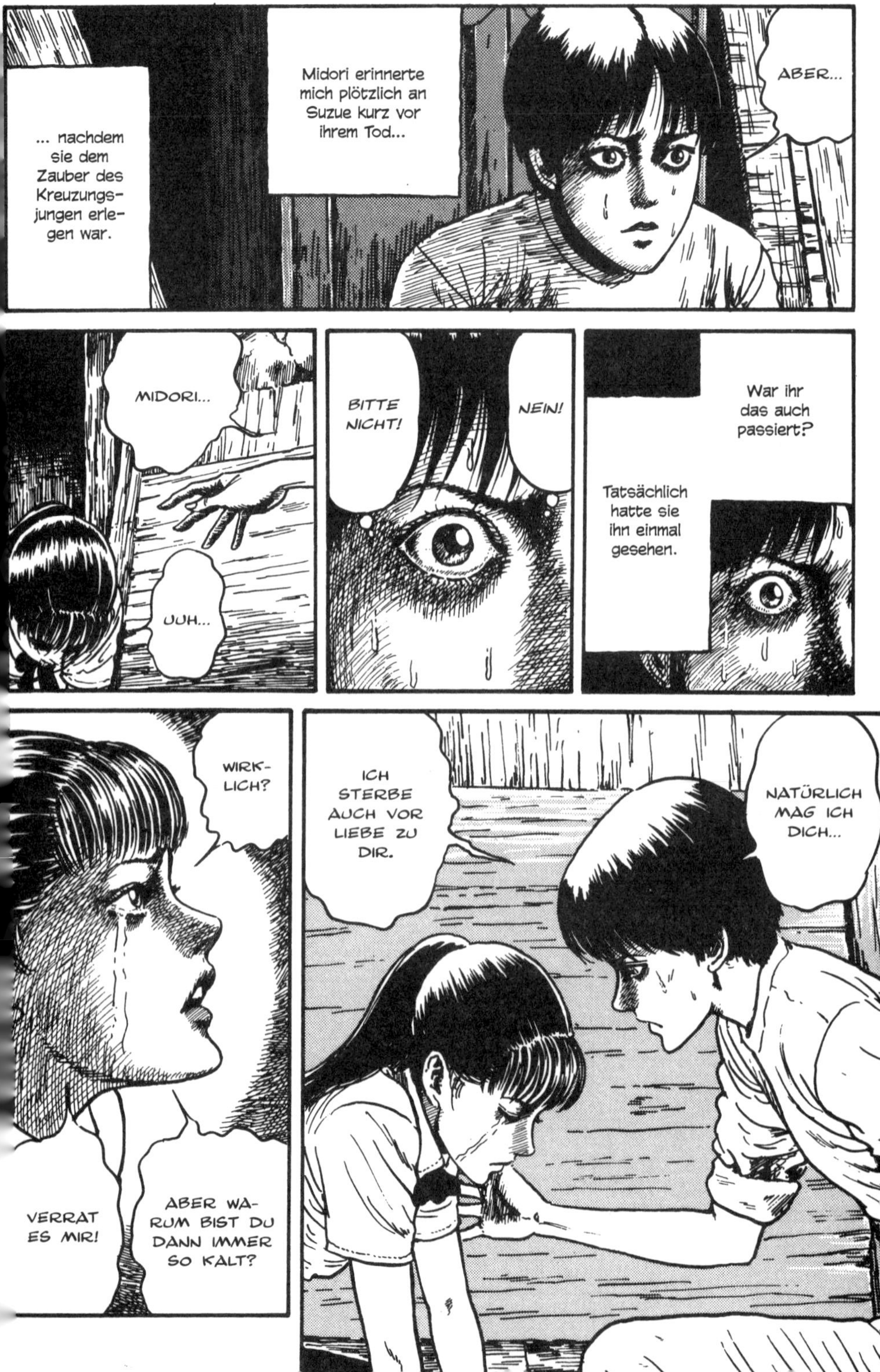
ABER...
Midori erinnerte mich plötzlich an Suzue kurz vor ihrem Tod...
... nachdem sie dem Zauber des Kreuzungs-jungen erlegen war.
War ihr das auch passiert?
Tatsächlich hatte sie ihn einmal gesehen.
NEIN!
BITTE NICHT!
MIDORI...
UUH...
NATÜRLICH MAG ICH DICH...
ICH STERBE AUCH VOR LIEBE ZU DIR.
WIRK-LICH?
ABER WA-RUM BIST DU DANN IMMER SO KALT?
VERRAT ES MIR!

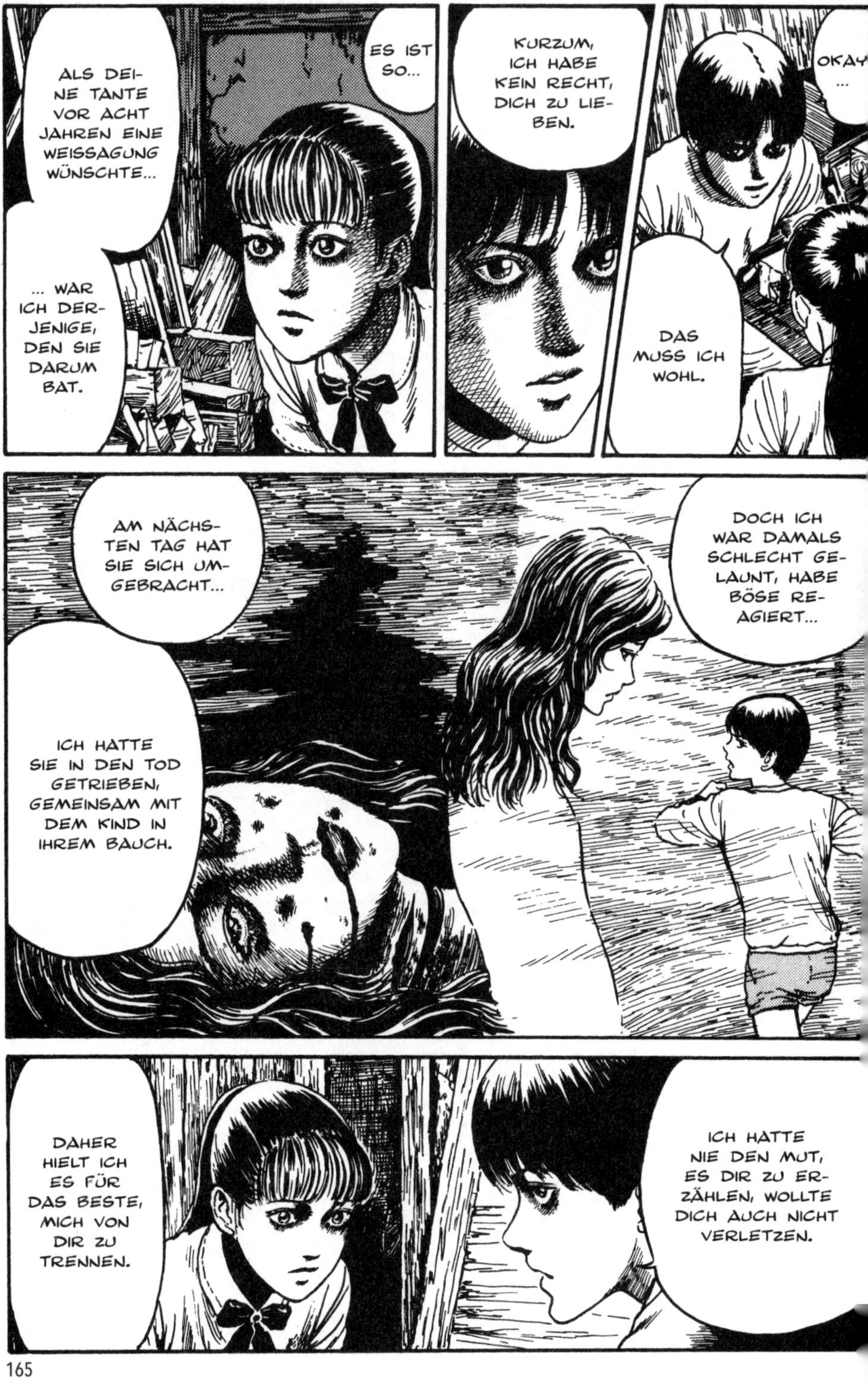
OKAY ...
DAS MUSS ICH WOHL.
KURZUM, ICH HABE KEIN RECHT, DICH ZU LIEBEN.
ES IST SO...
ALS DEINE TANTE VOR ACHT JAHREN EINE WEISSAGUNG WÜNSCHTE...
... WAR ICH DERJENIGE, DEN SIE DARUM BAT.
DOCH ICH WAR DAMALS SCHLECHT GELAUNT, HABE BÖSE REAGIERT...
AM NÄCHSTEN TAG HAT SIE SICH UMGEBRACHT...
ICH HATTE SIE IN DEN TOD GETRIEBEN, GEMEINSAM MIT DEM KIND IN IHREM BAUCH.
ICH HATTE NIE DEN MUT, ES DIR ZU ERZÄHLEN, WOLLTE DICH AUCH NICHT VERLETZEN.
DAHER HIELT ICH ES FÜR DAS BESTE, MICH VON DIR ZU TRENNEN.

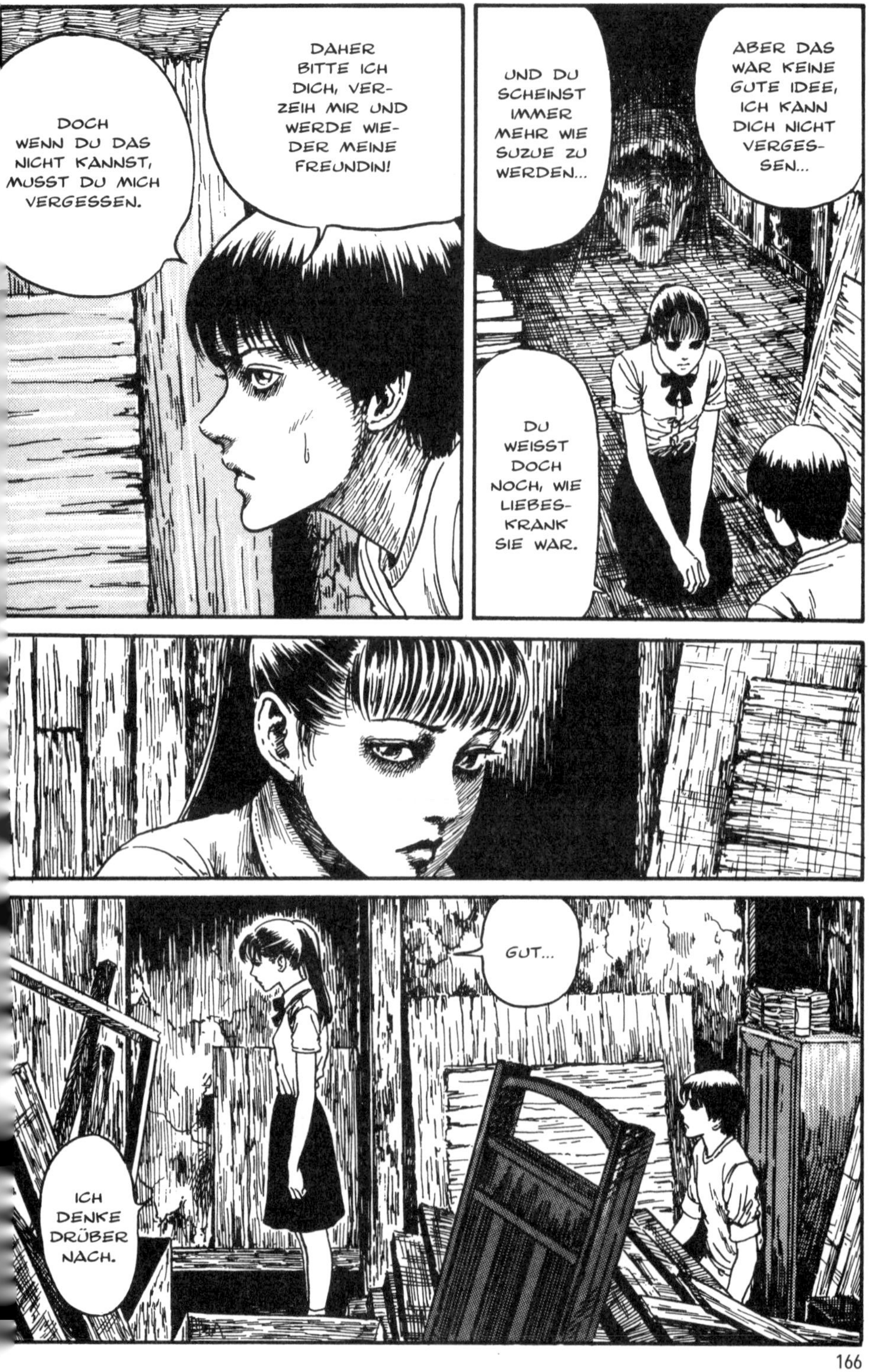

ABER DAS WAR KEINE GUTE IDEE, ICH KANN DICH NICHT VERGESSEN...
UND DU SCHEINST IMMER MEHR WIE SUZUE ZU WERDEN...
DU WEISST DOCH NOCH, WIE LIEBESKRANK SIE WAR.
DAHER BITTE ICH DICH, VERZEIH MIR UND WERDE WIEDER MEINE FREUNDIN!
DOCH WENN DU DAS NICHT KANNST, MUSST DU MICH VERGESSEN.
GUT...
ICH DENKE DRÜBER NACH.

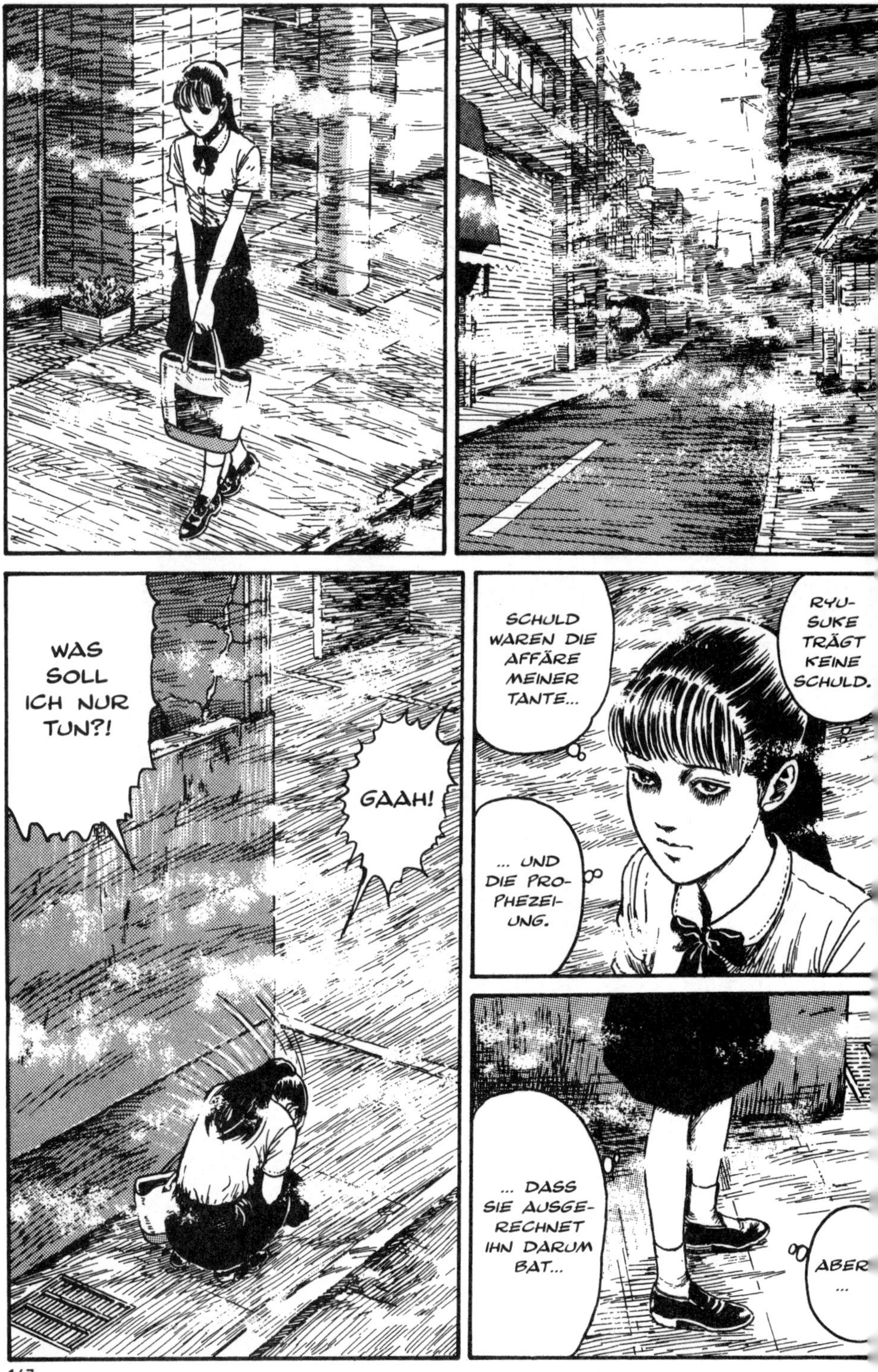
RYUSUKE TRÄGT KEINE SCHULD.
SCHULD WAREN DIE AFFÄRE MEINER TANTE...
... UND DIE PROPHEZEIUNG.
ABER ...
... DASS SIE AUSGERECHNET IHN DARUM BAT...
GAAH!
WAS SOLL ICH NUR TUN?!

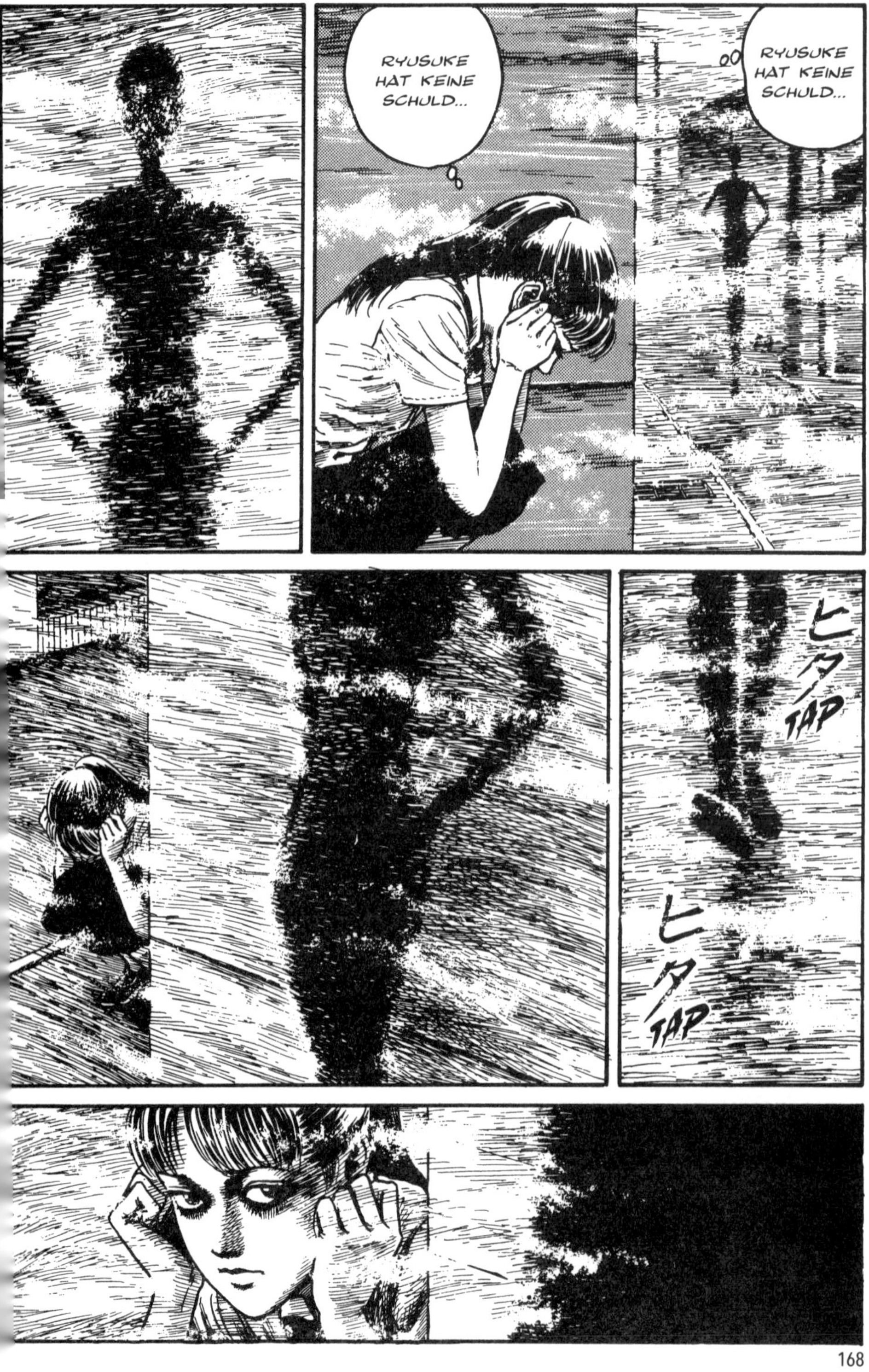
RYUSUKE HAT KEINE SCHULD...
RYUSUKE HAT KEINE SCHULD...
ヒタ
TAP
ヒタ
TAP

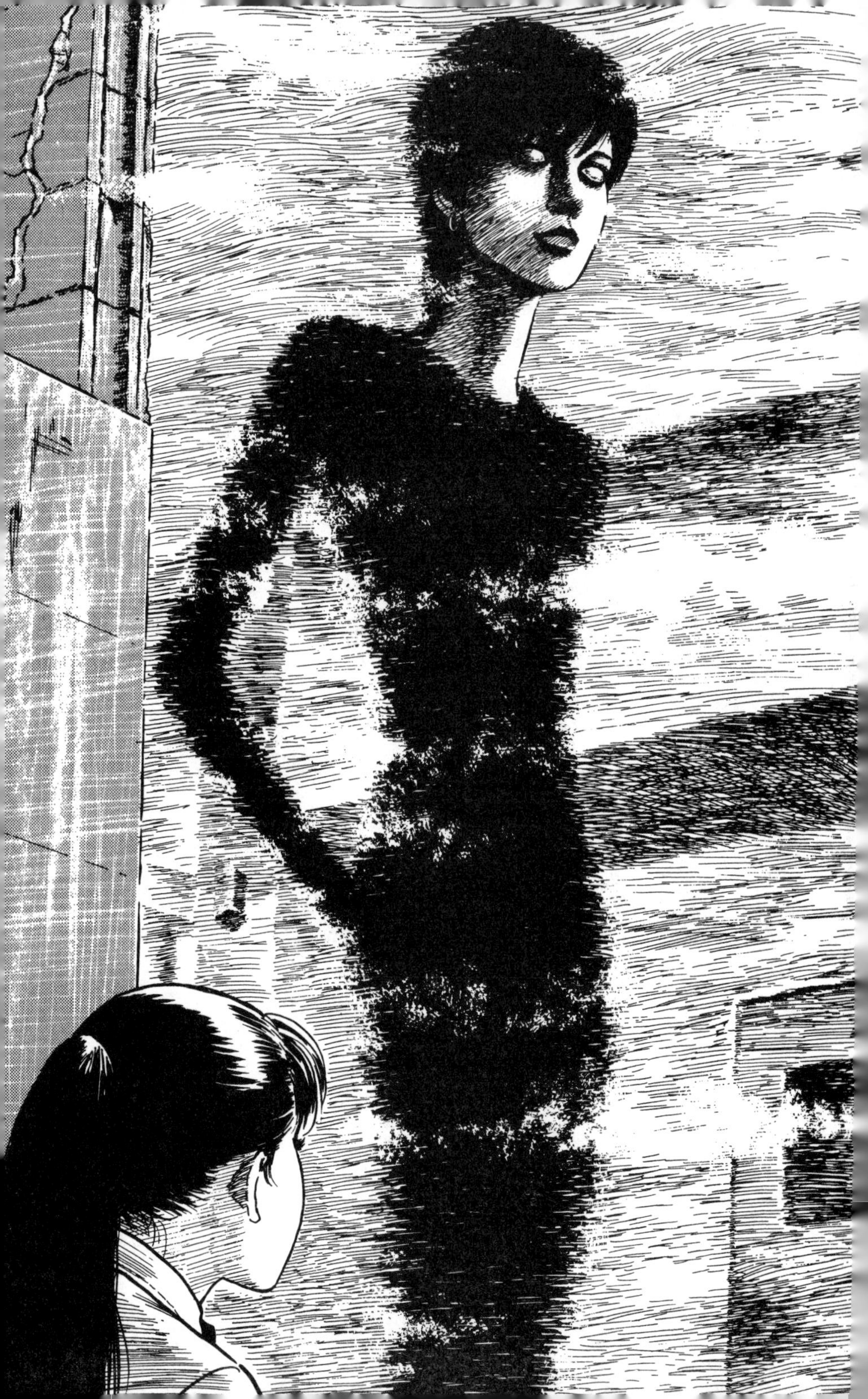

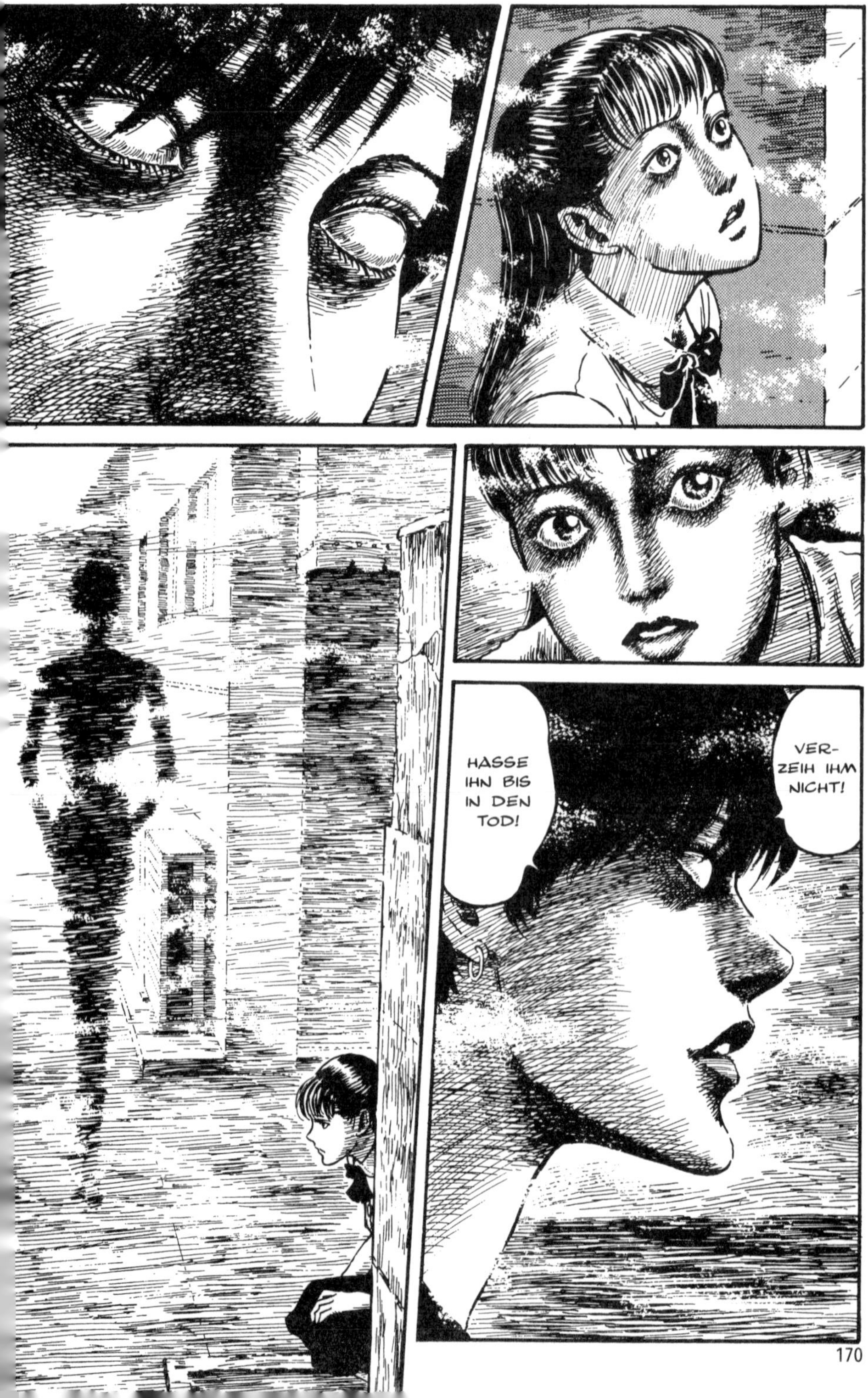
VER-
ZEIH IHM
NICHT!
HASSE
IHN BIS
IN DEN
TOD!

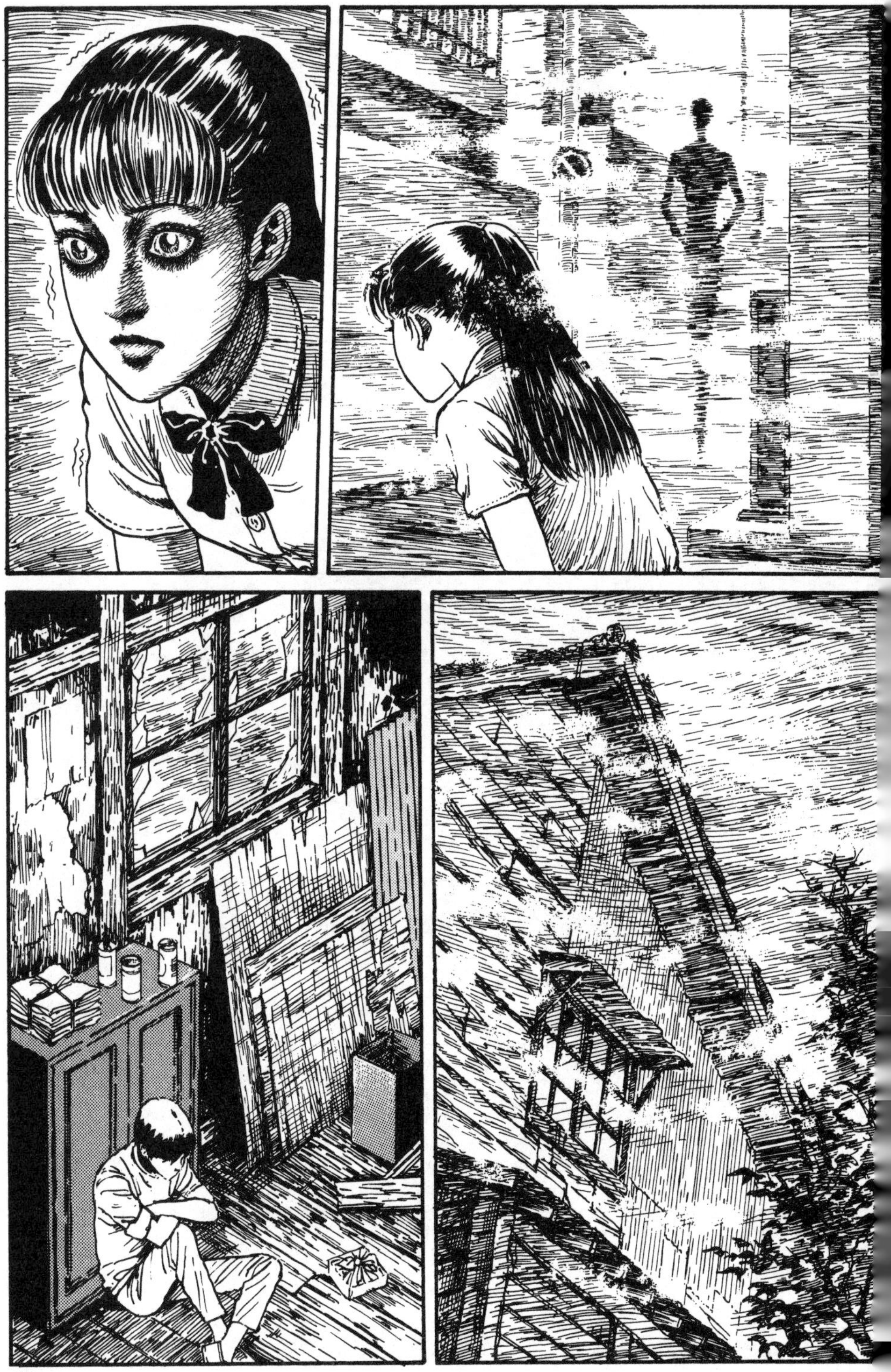

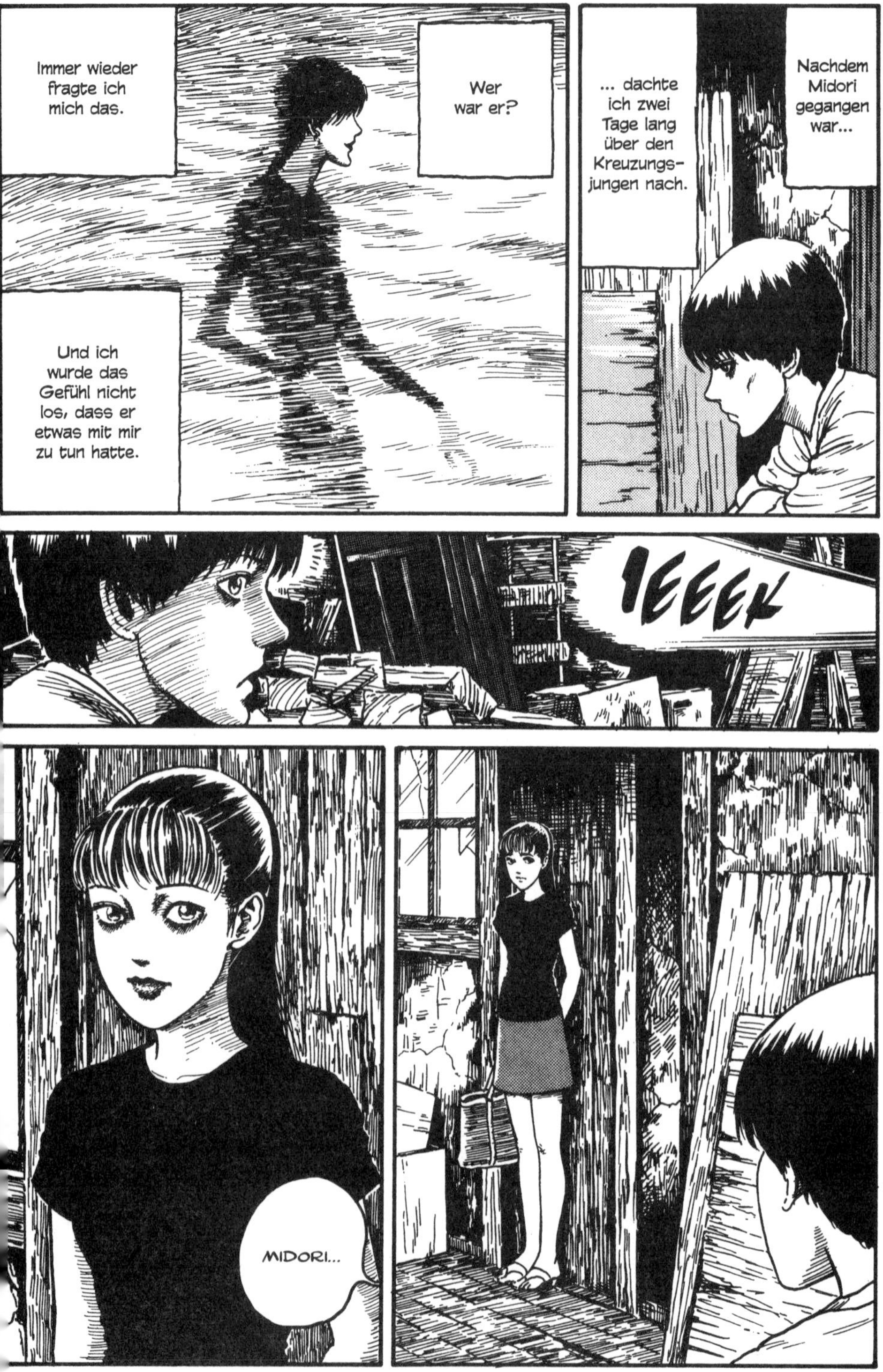
Nachdem Midori gegangen war...
... dachte ich zwei Tage lang über den Kreuzungsjungen nach.
Wer war er?
Immer wieder fragte ich mich das.
Und ich wurde das Gefühl nicht los, dass er etwas mit mir zu tun hatte.
IEEEK
MIDORI...

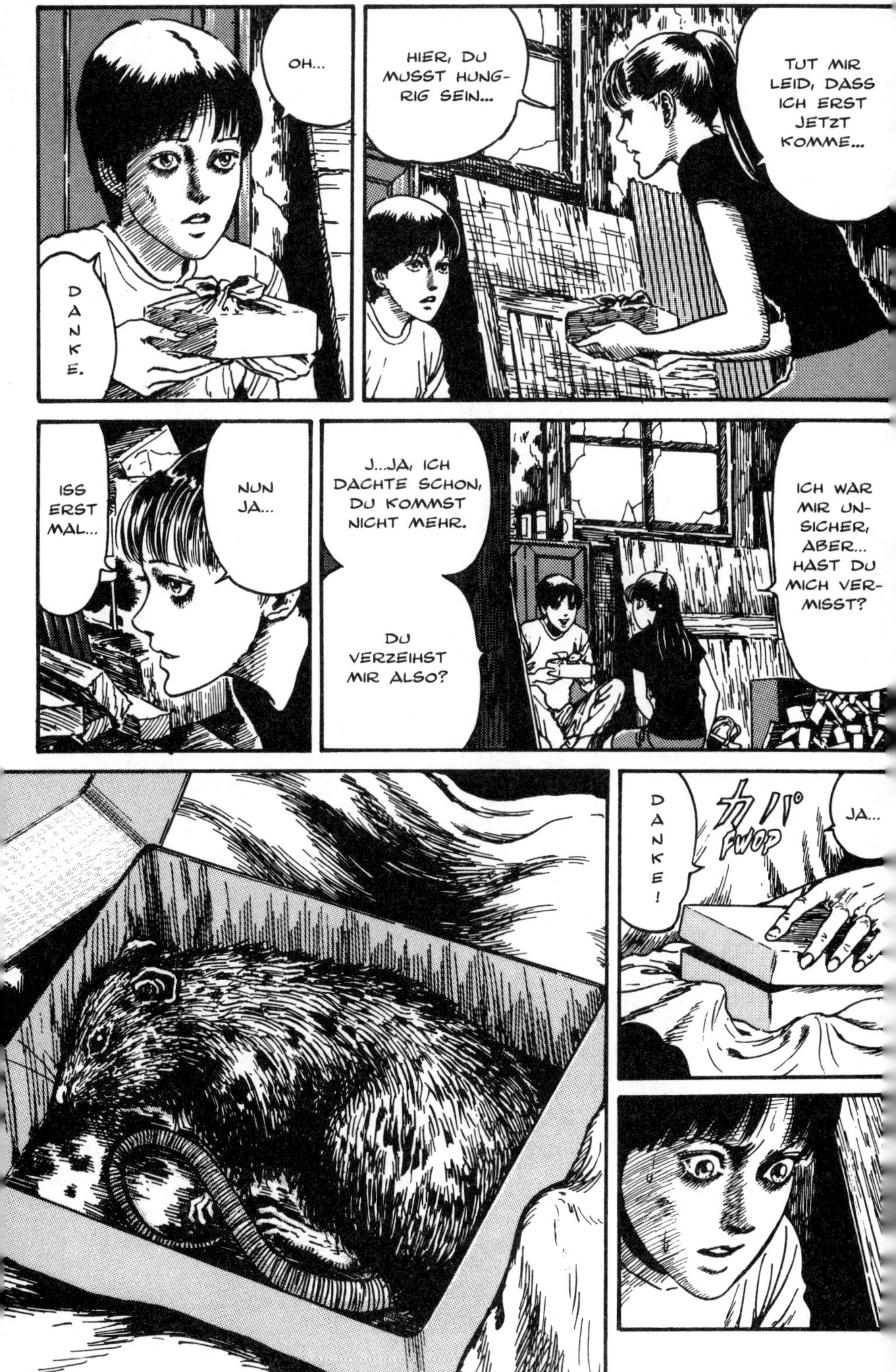
TUT MIR LEID, DASS ICH ERST JETZT KOMME...
HIER, DU MUSST HUNGRIG SEIN...
OH...
DANKE.
ICH WAR MIR UNSICHER, ABER... HAST DU MICH VERMISST?
J...JA, ICH DACHTE SCHON, DU KOMMST NICHT MEHR.
DU VERZEIHST MIR ALSO?
NUN JA...
ISS ERST MAL...
JA...
カパ
FWOP
DANKE!

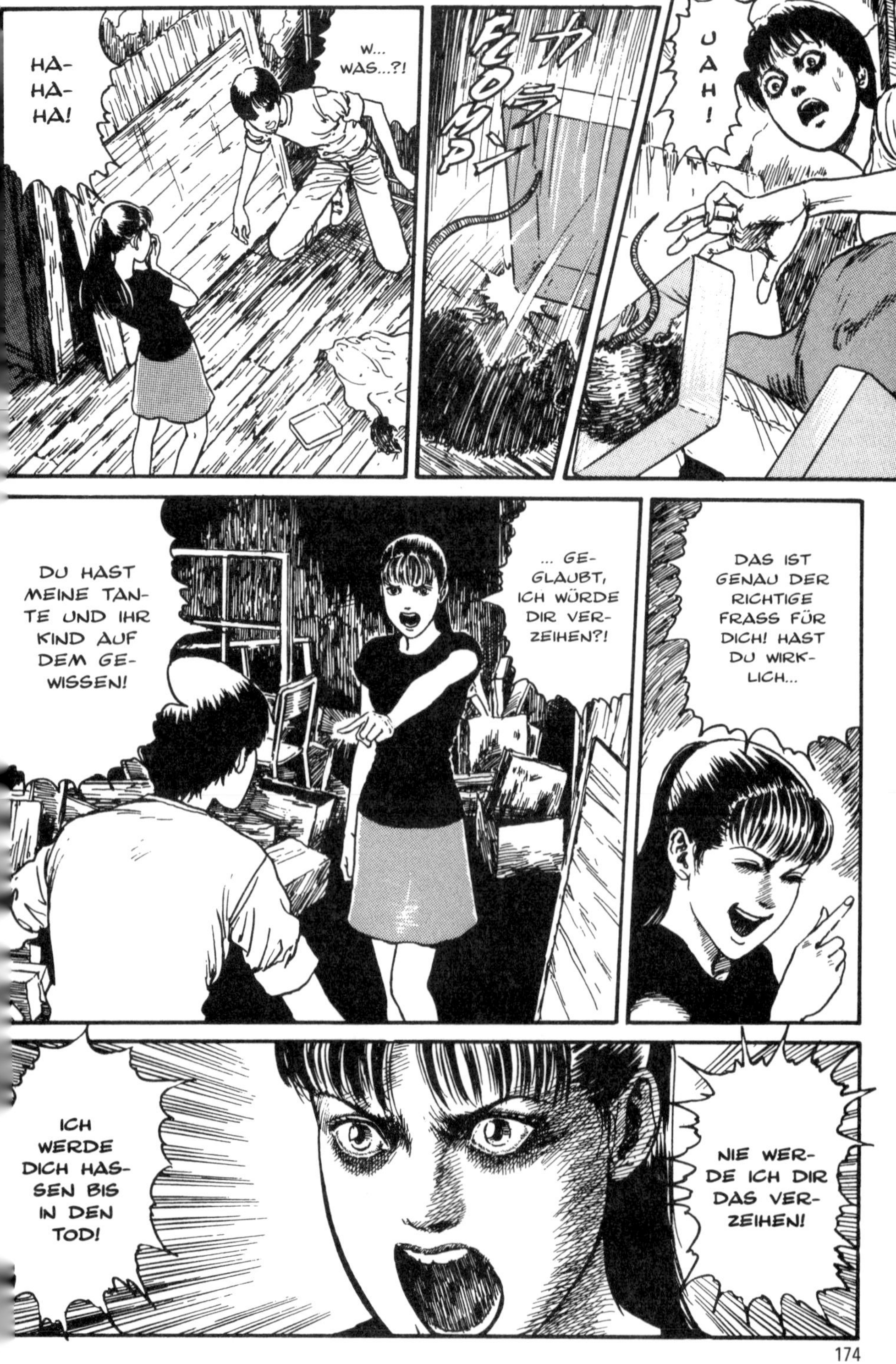
UAH!
FLOMP
W... WAS...?!
HA-HA-HA!
DAS IST GENAU DER RICHTIGE FRASS FÜR DICH! HAST DU WIRK-LICH...
... GE-GLAUBT, ICH WÜRDE DIR VER-ZEIHEN?!
DU HAST MEINE TAN-TE UND IHR KIND AUF DEM GE-WISSEN!
NIE WER-DE ICH DIR DAS VER-ZEIHEN!
ICH WERDE DICH HAS-SEN BIS IN DEN TOD!

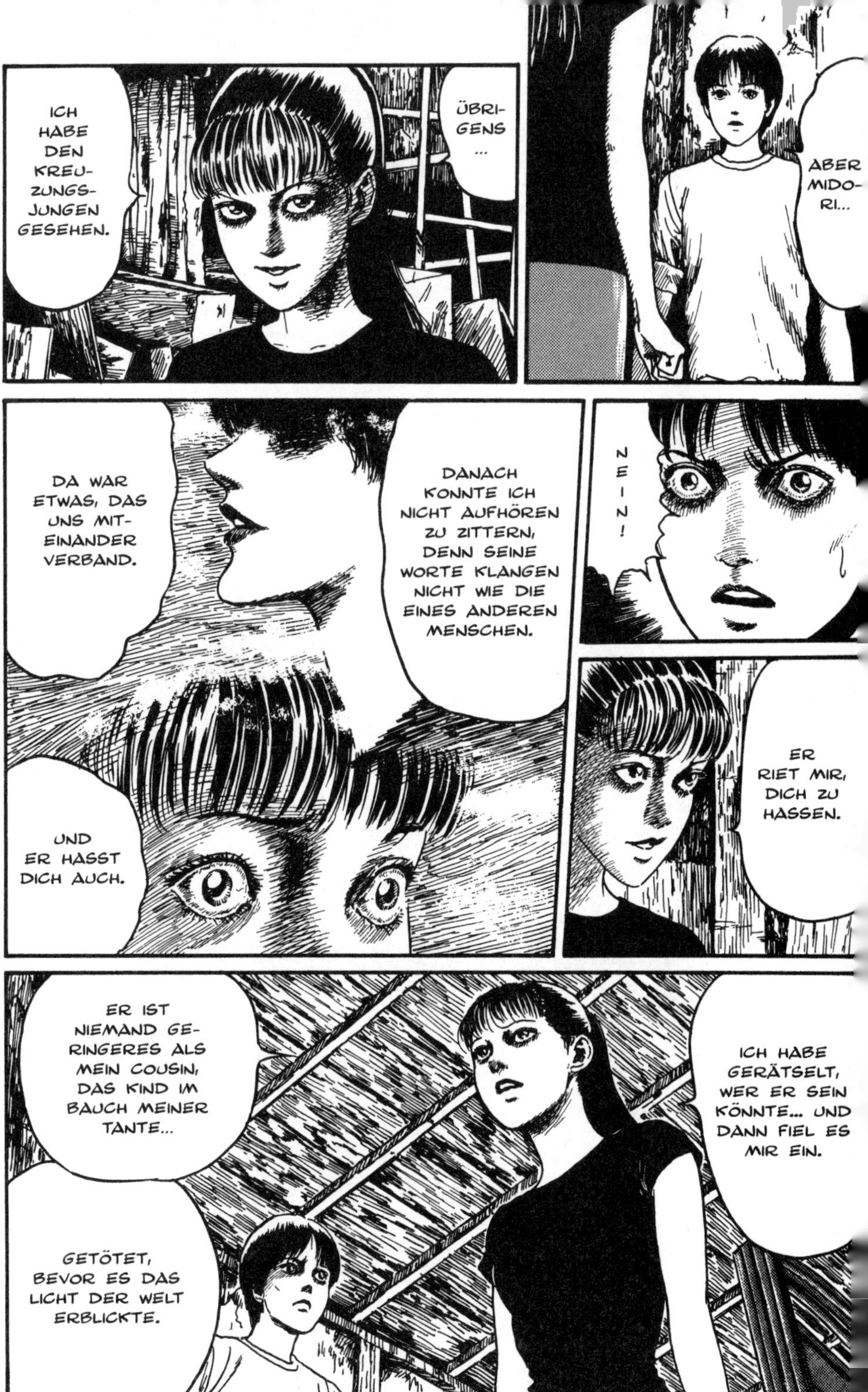

ABER MIDORI...
ÜBRIGENS ...
ICH HABE DEN KREUZUNGSJUNGEN GESEHEN.
N E I N !
DANACH KONNTE ICH NICHT AUFHÖREN ZU ZITTERN, DENN SEINE WORTE KLANGEN NICHT WIE DIE EINES ANDEREN MENSCHEN.
DA WAR ETWAS, DAS UNS MITEINANDER VERBAND.
ER RIET MIR, DICH ZU HASSEN.
UND ER HASST DICH AUCH.
ICH HABE GERÄTSELT, WER ER SEIN KÖNNTE... UND DANN FIEL ES MIR EIN.
ER IST NIEMAND GERINGERES ALS MEIN COUSIN, DAS KIND IM BAUCH MEINER TANTE...
GETÖTET, BEVOR ES DAS LICHT DER WELT ERBLICKTE.

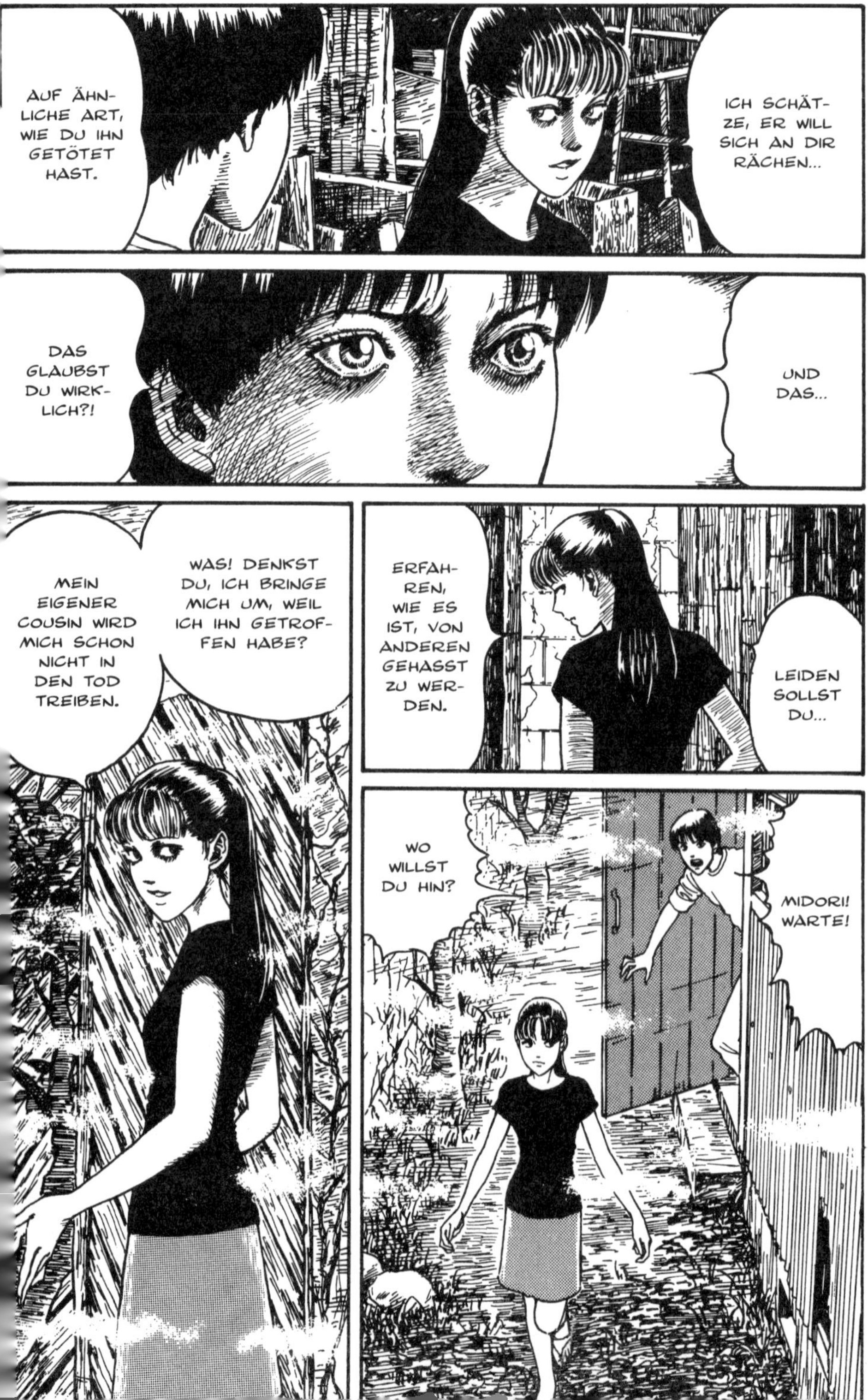
ICH SCHÄTZE, ER WILL SICH AN DIR RÄCHEN...
AUF ÄHNLICHE ART, WIE DU IHN GETÖTET HAST.
UND DAS...
DAS GLAUBST DU WIRKLICH?!
LEIDEN SOLLST DU...
ERFAHREN, WIE ES IST, VON ANDEREN GEHASST ZU WERDEN.
WAS! DENKST DU, ICH BRINGE MICH UM, WEIL ICH IHN GETROFFEN HABE?
MEIN EIGENER COUSIN WIRD MICH SCHON NICHT IN DEN TOD TREIBEN.
MIDORI! WARTE!
WO WILLST DU HIN?

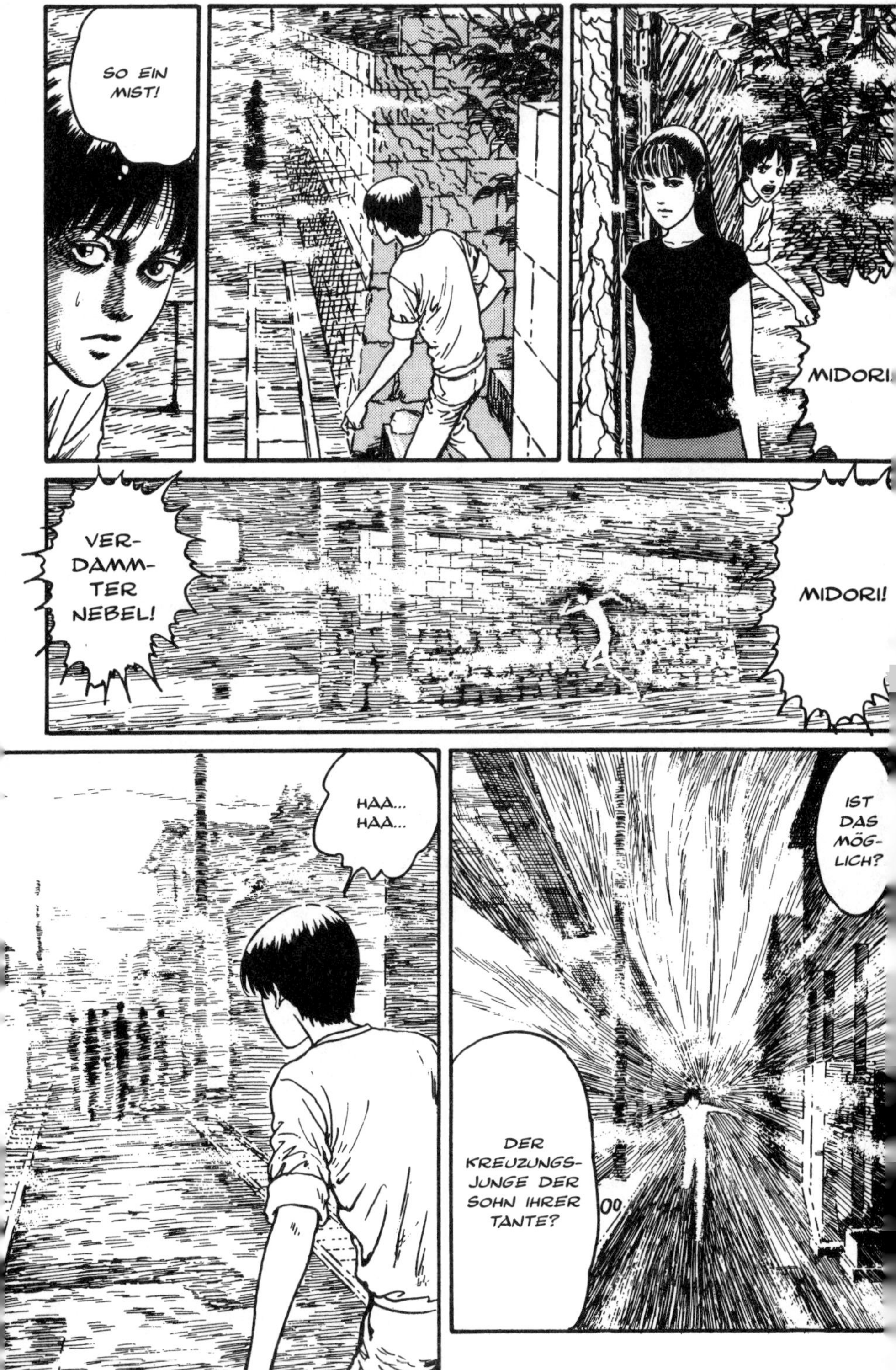
MIDORI!
SO EIN MIST!
MIDORI!
VERDAMMTER NEBEL!
IST DAS MÖGLICH?
DER KREUZUNGSJUNGE DER SOHN IHRER TANTE?
HAA... HAA...

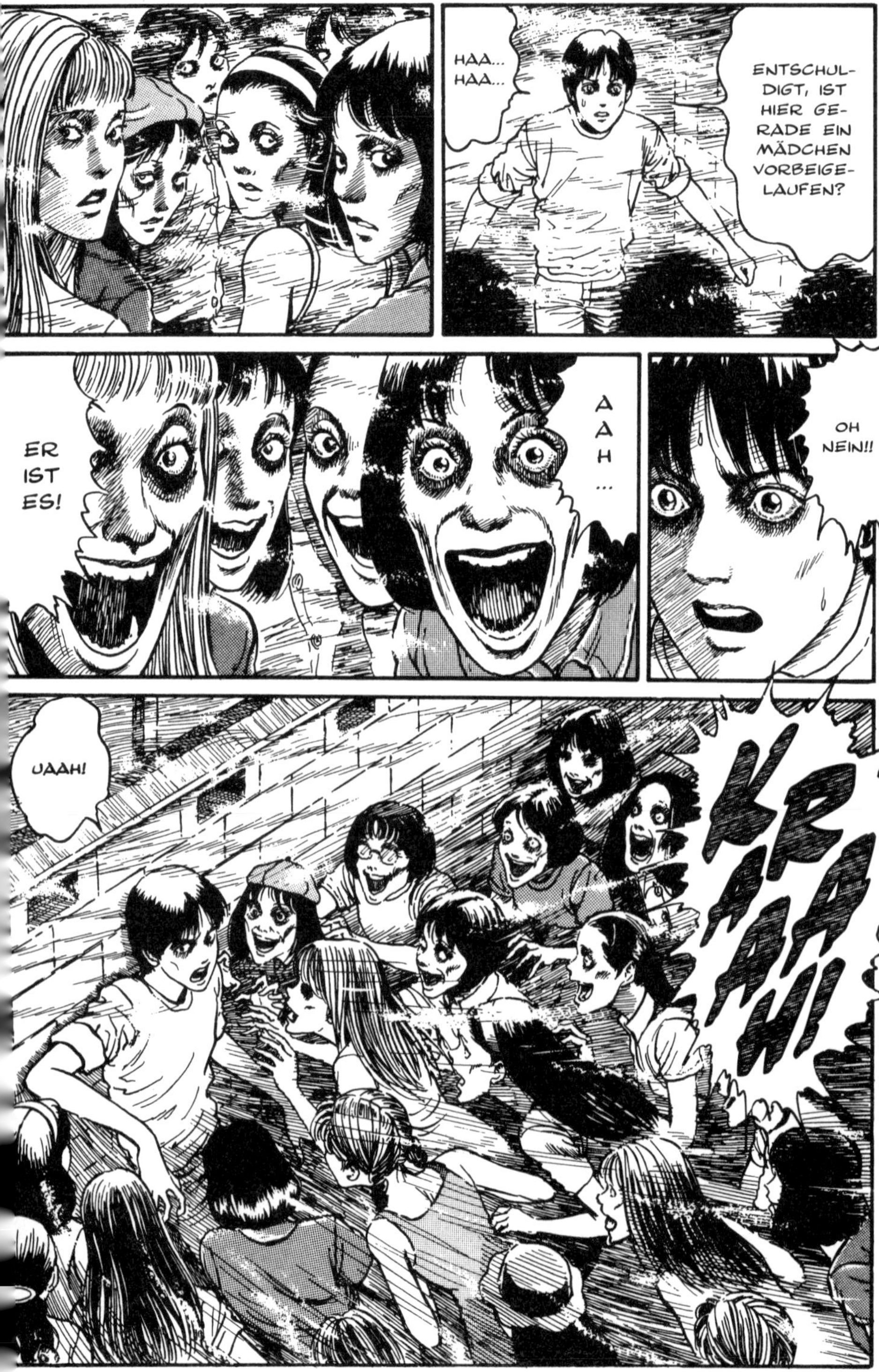
ENTSCHULDIGT, IST HIER GERADE EIN MÄDCHEN VORBEIGELAUFEN?
HAA... HAA...
OH NEIN!!
AAH...
ER IST ES!
KRAAAAH!
UAAH!

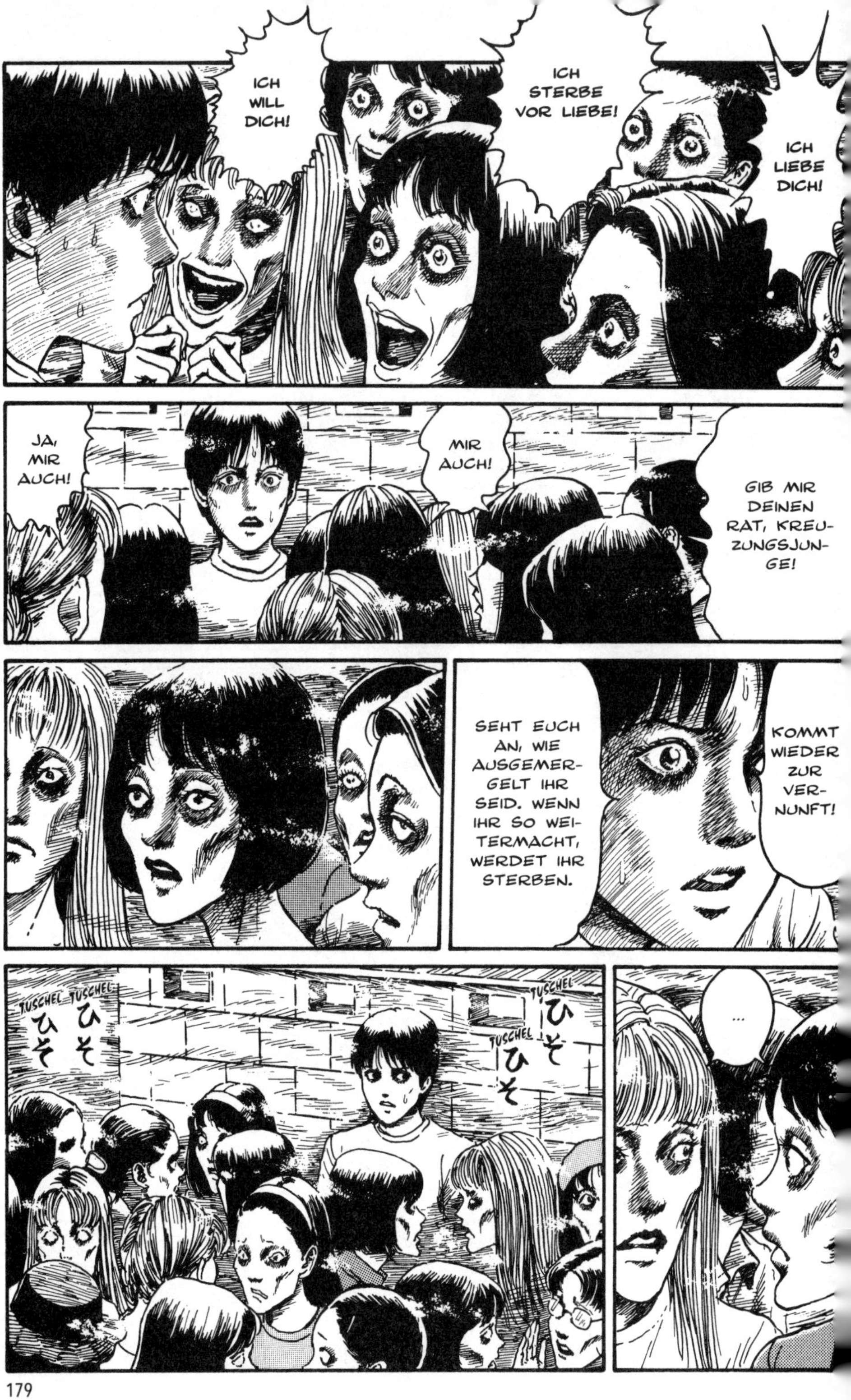

ICH WILL DICH!
ICH STERBE VOR LIEBE!
ICH LIEBE DICH!
JA, MIR AUCH!
MIR AUCH!
GIB MIR DEINEN RAT, KREUZUNGSJUNGE!
SEHT EUCH AN, WIE AUSGEMERGELT IHR SEID. WENN IHR SO WEITERMACHT, WERDET IHR STERBEN.
KOMMT WIEDER ZUR VERNUNFT!
TUSCHEL TUSCHEL
ひそ ひそ
TUSCHEL TUSCHEL
ひそ ひそ
...

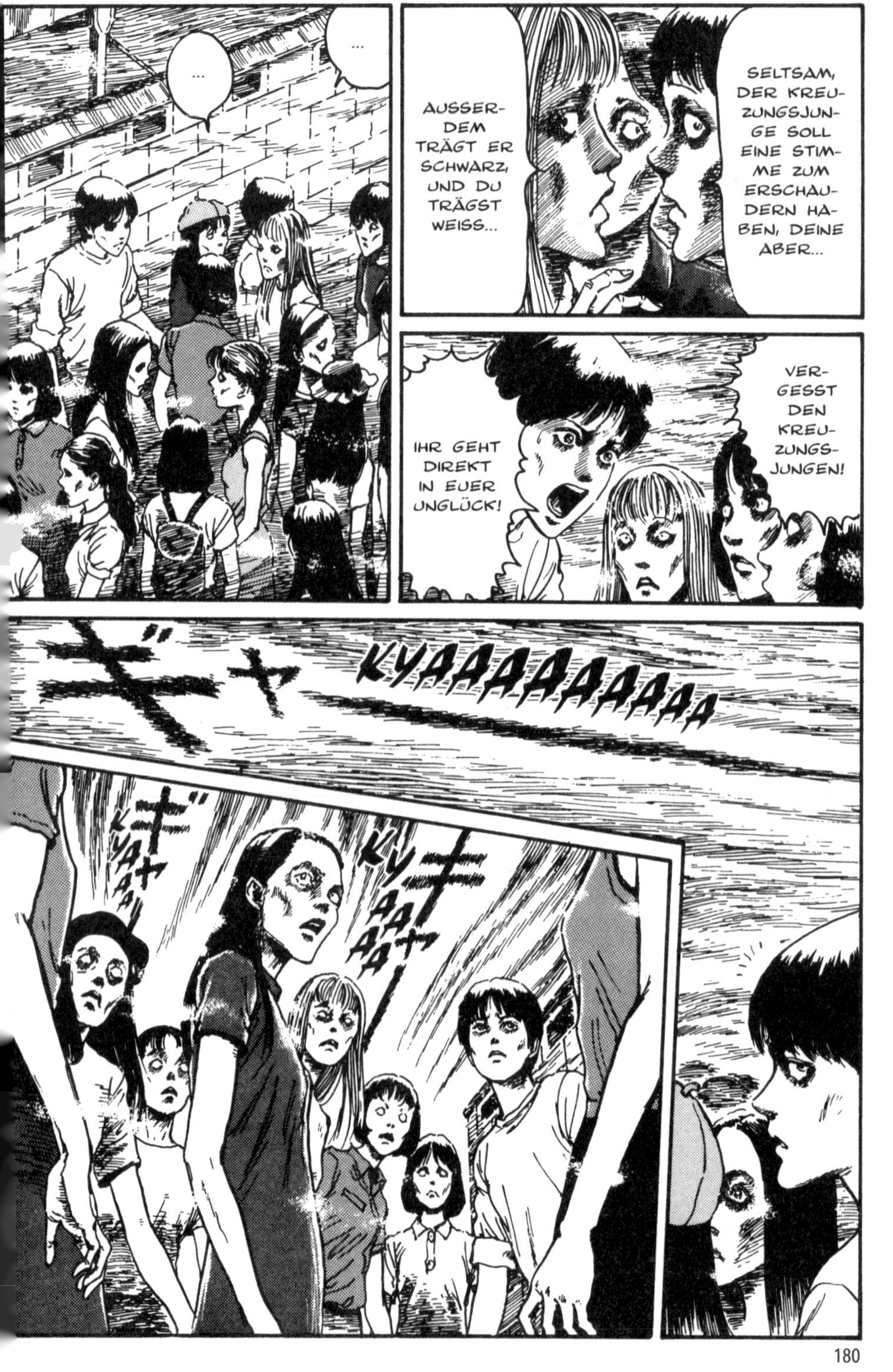
SELTSAM, DER KREUZUNGSJUNGE SOLL EINE STIMME ZUM ERSCHAUDERN HABEN, DEINE ABER...
AUSSERDEM TRÄGT ER SCHWARZ, UND DU TRÄGST WEISS...
...
...
VERGESST DEN KREUZUNGSJUNGEN!
IHR GEHT DIREKT IN EUER UNGLÜCK!
ギャ
KYAAAAAAAAAA
ギャ
KYAAAA
KYAAAAAA

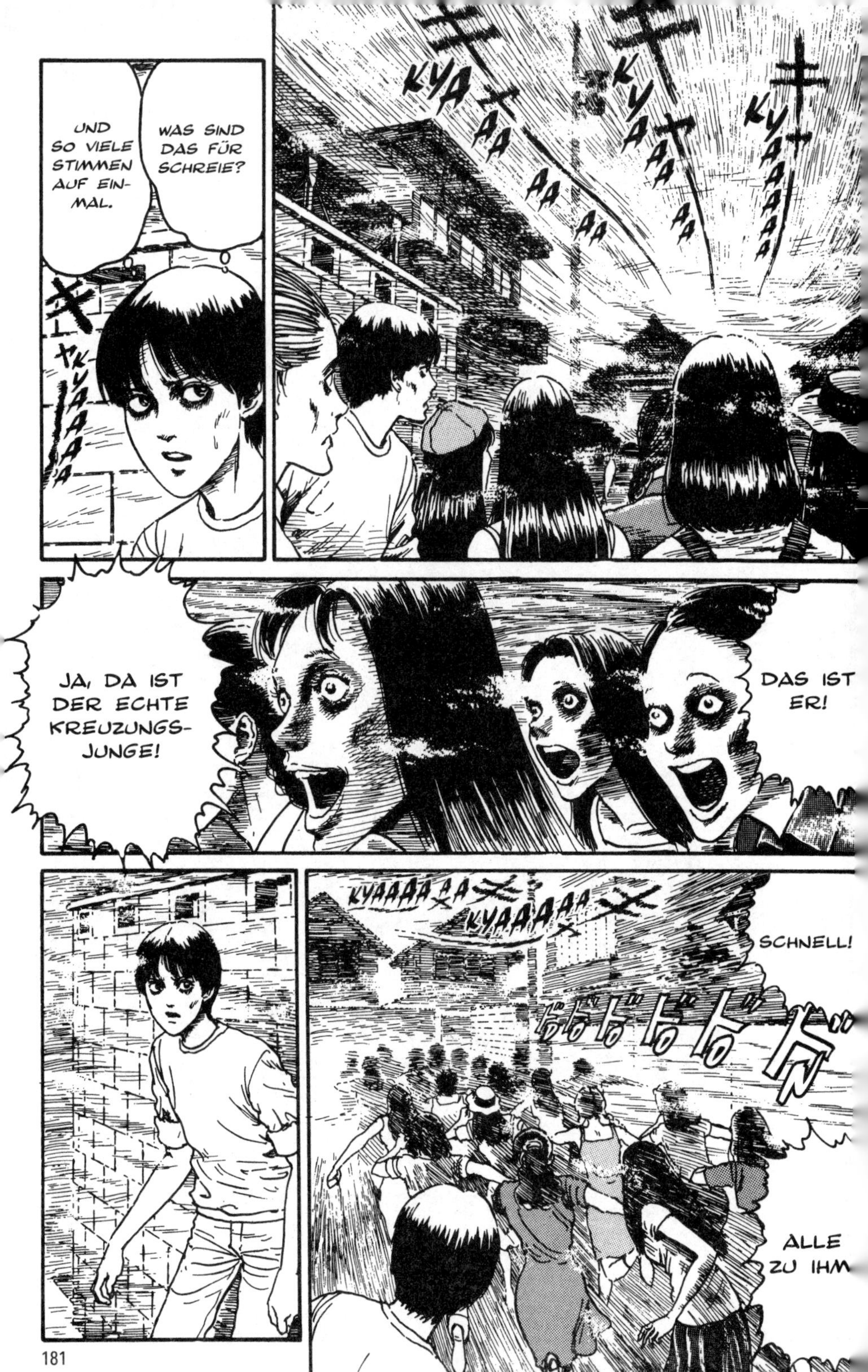

KYAAAAAAA
KYAAAAAA
KYAAAAAA
WAS SIND DAS FÜR SCHREIE?
UND SO VIELE STIMMEN AUF EIN-MAL.
KYAAAAAA
DAS IST ER!
JA, DA IST DER ECHTE KREUZUNGS-JUNGE!
KYAAAAAA
KYAAAAAA
SCHNELL!
ALLE ZU IHM

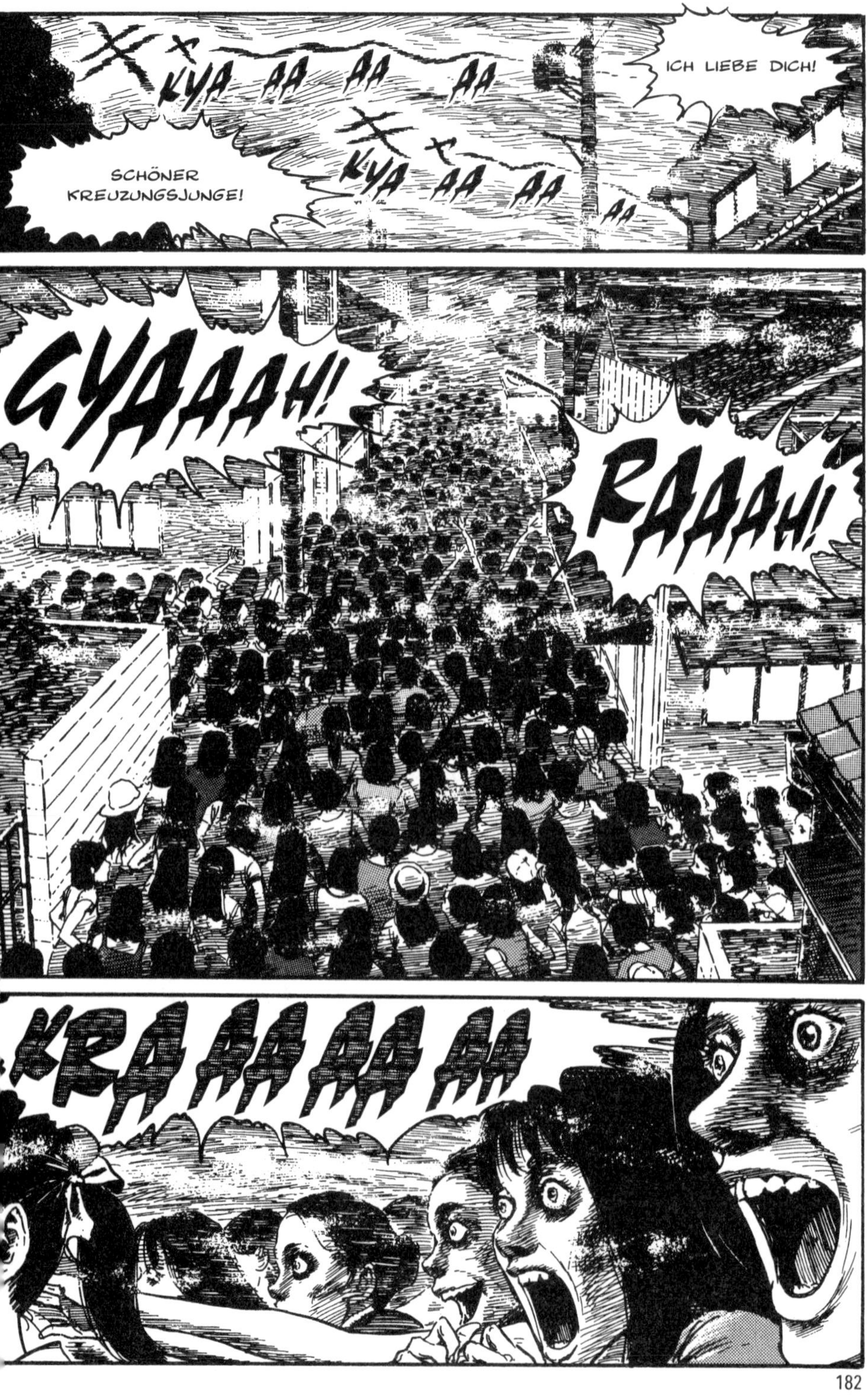
ICH LIEBE DICH!
KYA AA AA AA
SCHÖNER KREUZUNGSJUNGE!
KYA AA AA AA
RAAAH!
GYAAAH!
KRA AA AA AA AA

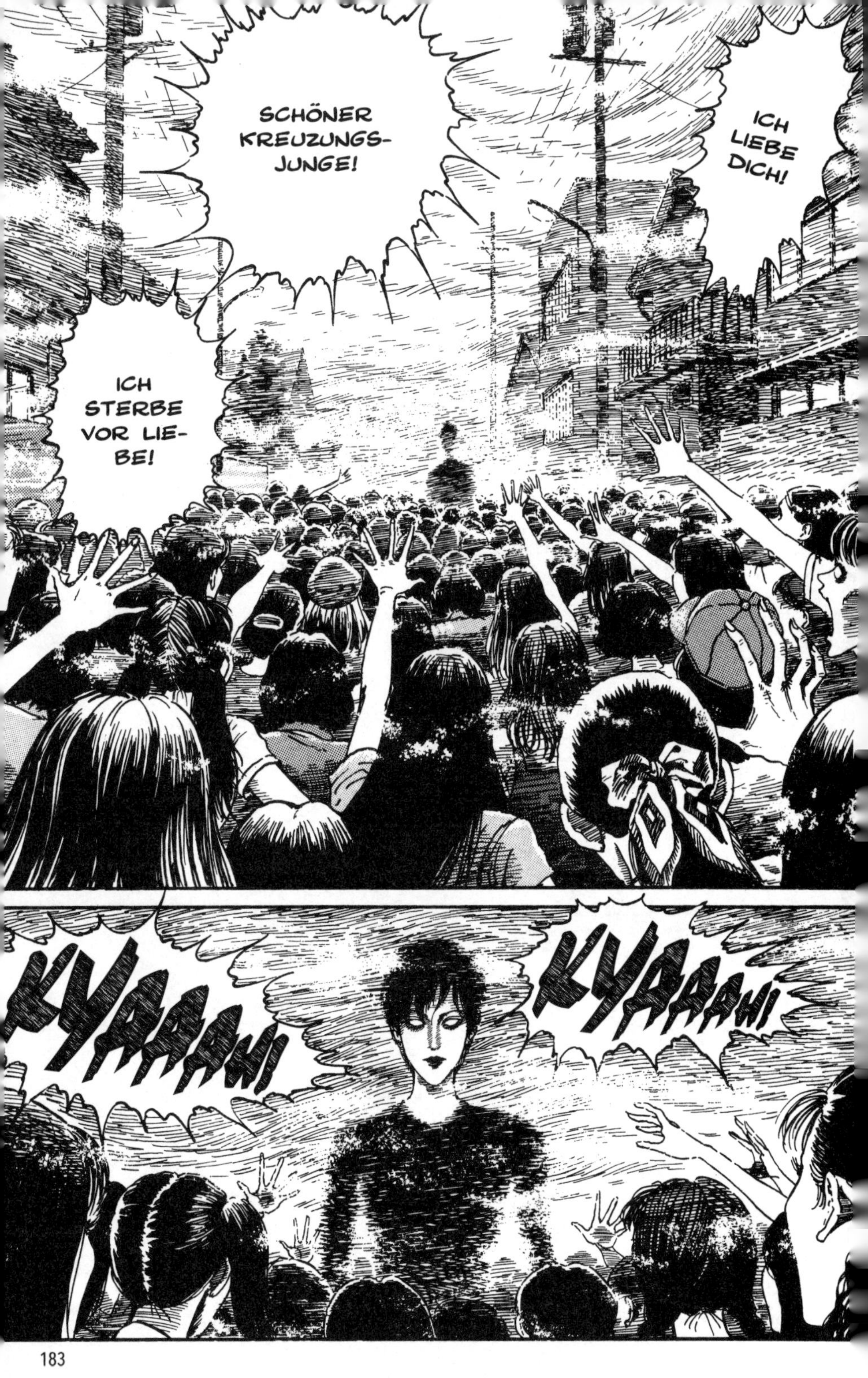
ICH LIEBE DICH!
SCHÖNER KREUZUNGS-JUNGE!
ICH STERBE VOR LIE-BE!
KYAAAH!
KYAAAH!

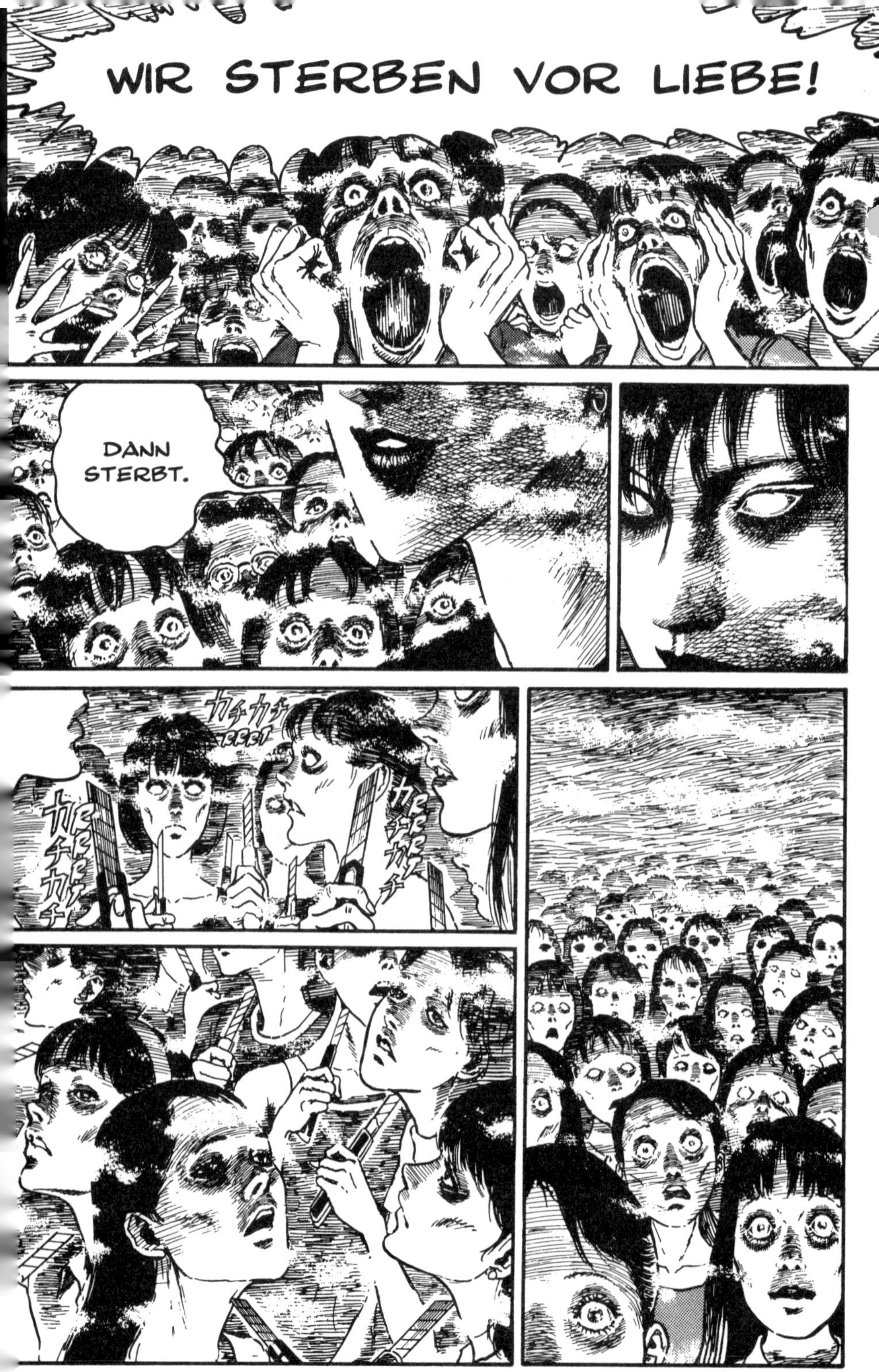
WIR STERBEN VOR LIEBE!
DANN STERBT.
カチカチ
RRRT

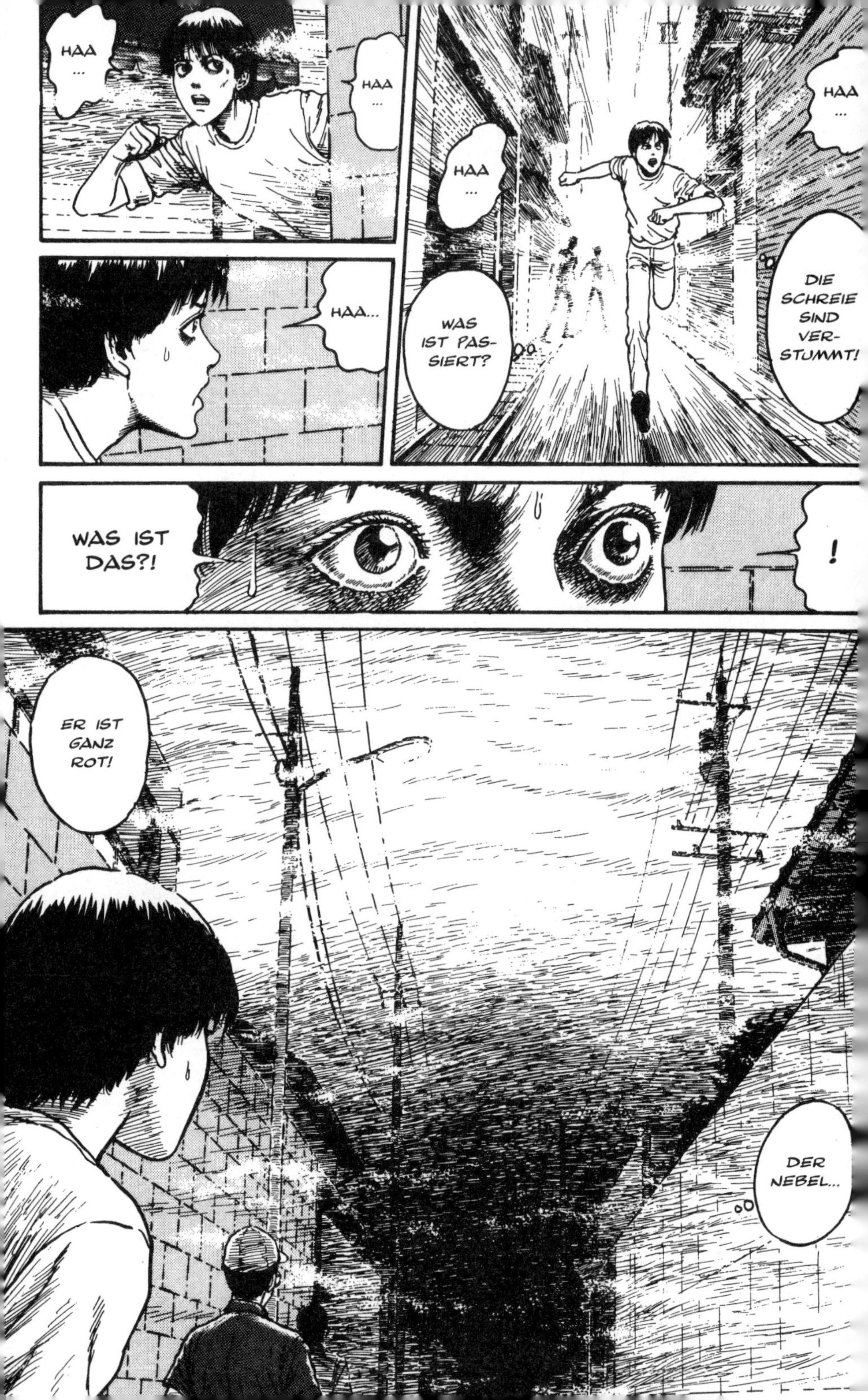
HAA ...
DIE SCHREIE SIND VER-STUMMT!
HAA ...
WAS IST PAS-SIERT?
HAA ...
HAA ...
HAA...
!
WAS IST DAS?!
DER NEBEL...
ER IST GANZ ROT!

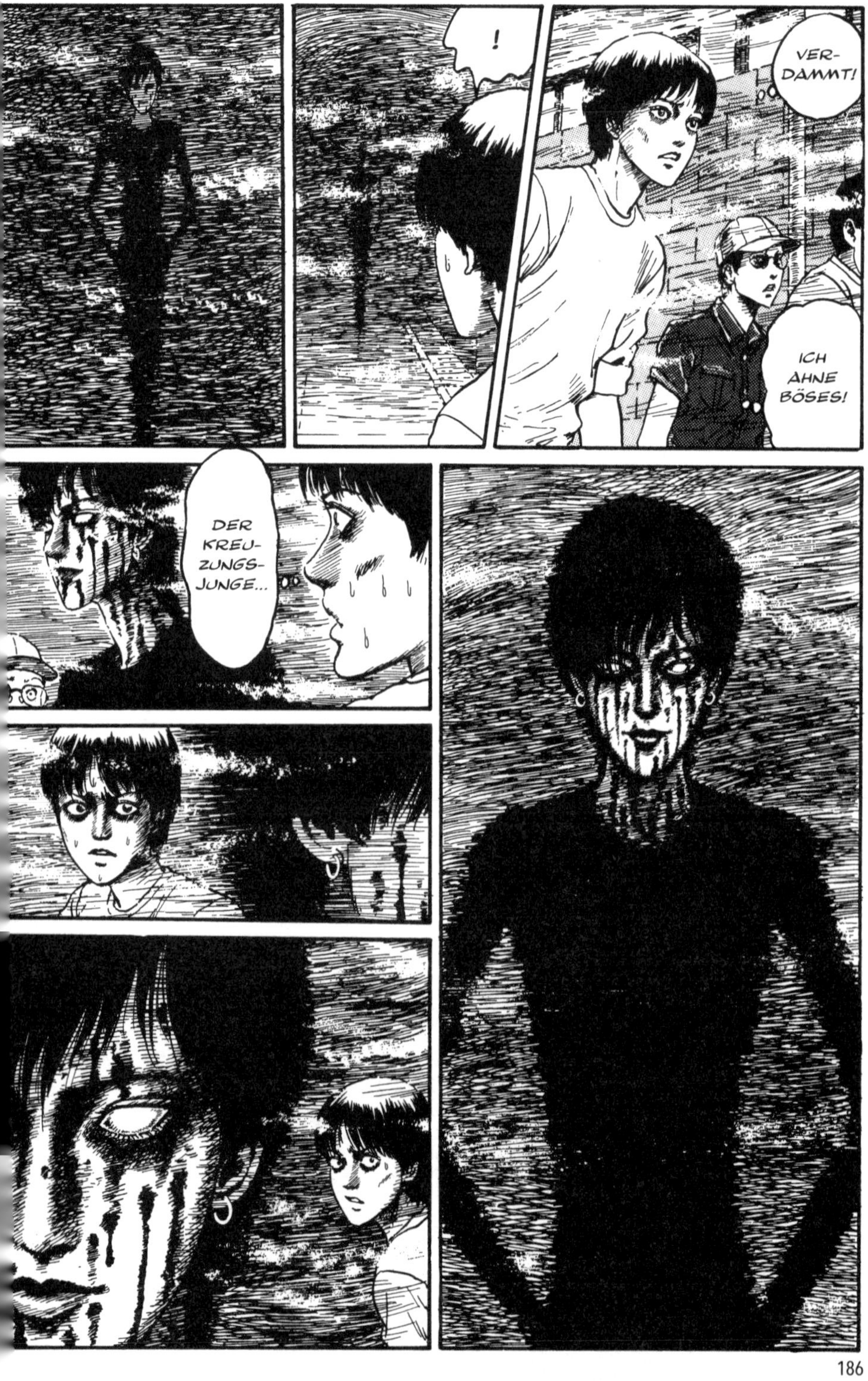
!
VERDAMMT!
ICH AHNE BÖSES!
DER KREUZUNGSJUNGE...

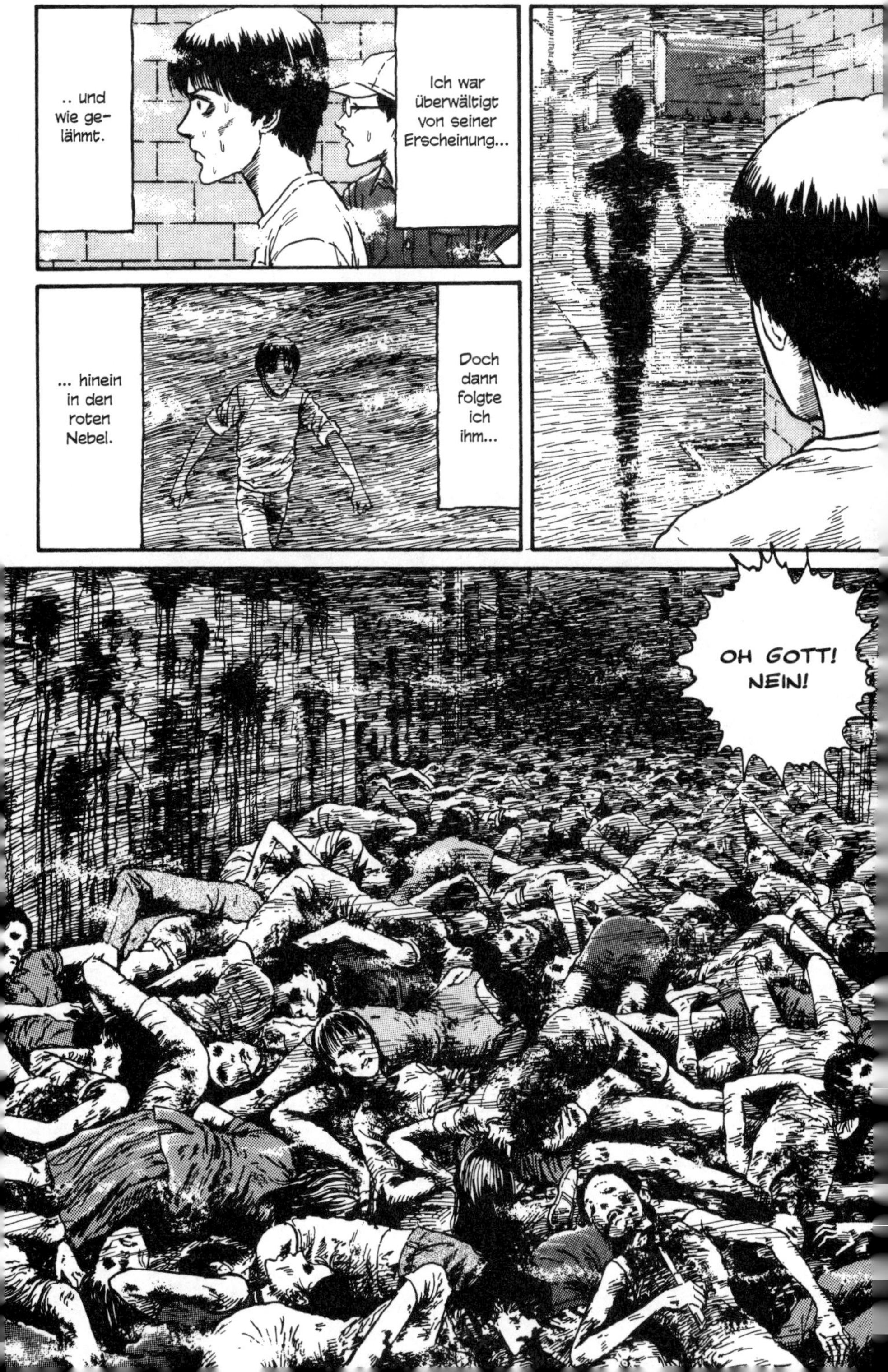
Ich war überwältigt von seiner Erscheinung...
.. und wie gelähmt.
Doch dann folgte ich ihm...
... hinein in den roten Nebel.
OH GOTT! NEIN!

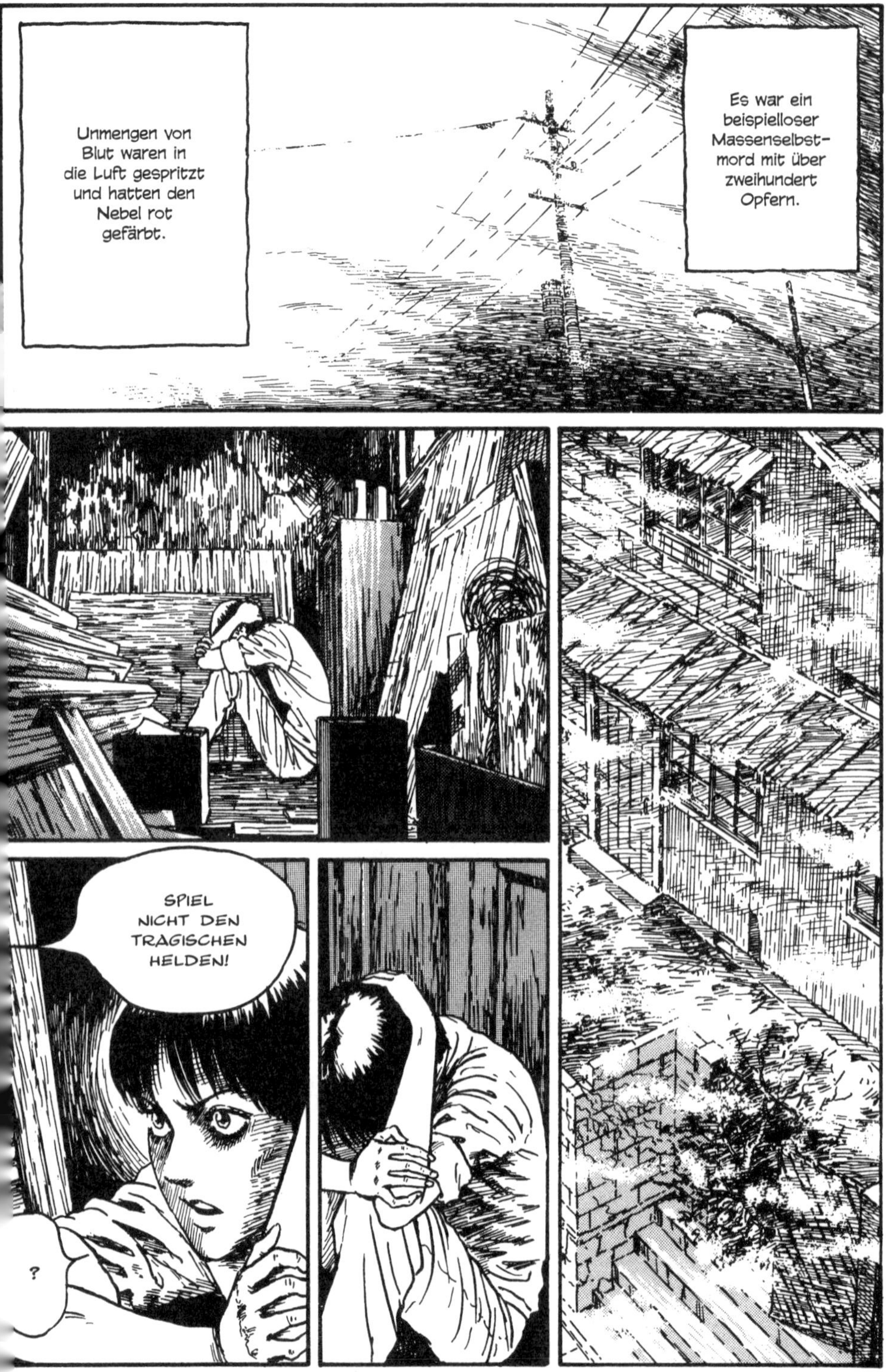
Es war ein beispielloser Massenselbstmord mit über zweihundert Opfern.
Unmengen von Blut waren in die Luft gespritzt und hatten den Nebel rot gefärbt.
SPIEL NICHT DEN TRAGISCHEN HELDEN!
?

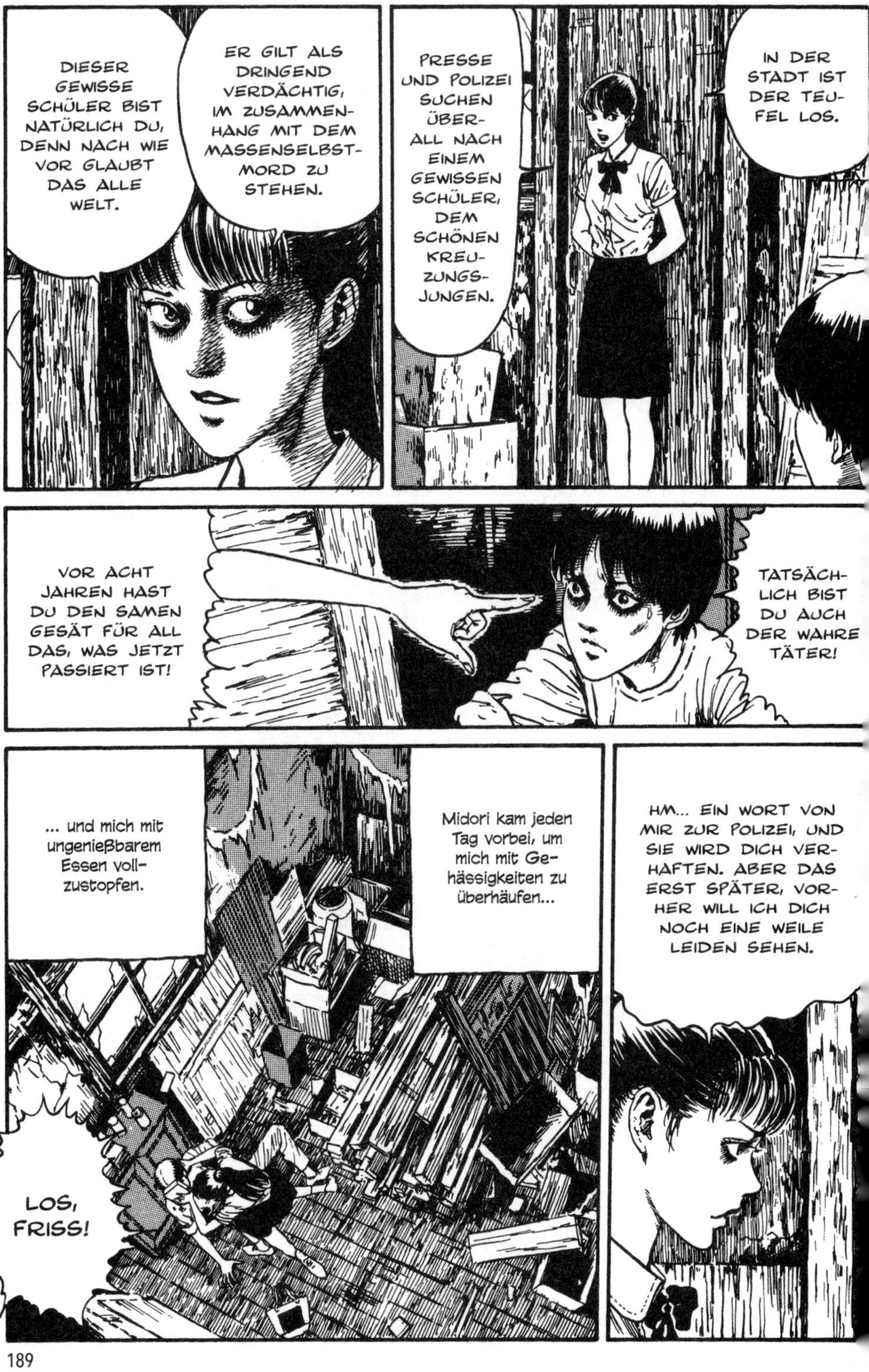
IN DER STADT IST DER TEUFEL LOS.
PRESSE UND POLIZEI SUCHEN ÜBERALL NACH EINEM GEWISSEN SCHÜLER, DEM SCHÖNEN KREUZUNGSJUNGEN.
ER GILT ALS DRINGEND VERDÄCHTIG, IM ZUSAMMENHANG MIT DEM MASSENSELBSTMORD ZU STEHEN.
DIESER GEWISSE SCHÜLER BIST NATÜRLICH DU, DENN NACH WIE VOR GLAUBT DAS ALLE WELT.
TATSÄCHLICH BIST DU AUCH DER WAHRE TÄTER!
VOR ACHT JAHREN HAST DU DEN SAMEN GESÄT FÜR ALL DAS, WAS JETZT PASSIERT IST!
HM... EIN WORT VON MIR ZUR POLIZEI, UND SIE WIRD DICH VERHAFTEN. ABER DAS ERST SPÄTER, VORHER WILL ICH DICH NOCH EINE WEILE LEIDEN SEHEN.
Midori kam jeden Tag vorbei, um mich mit Gehässigkeiten zu überhäufen...
... und mich mit ungenießbarem Essen vollzustopfen.
LOS, FRISS!

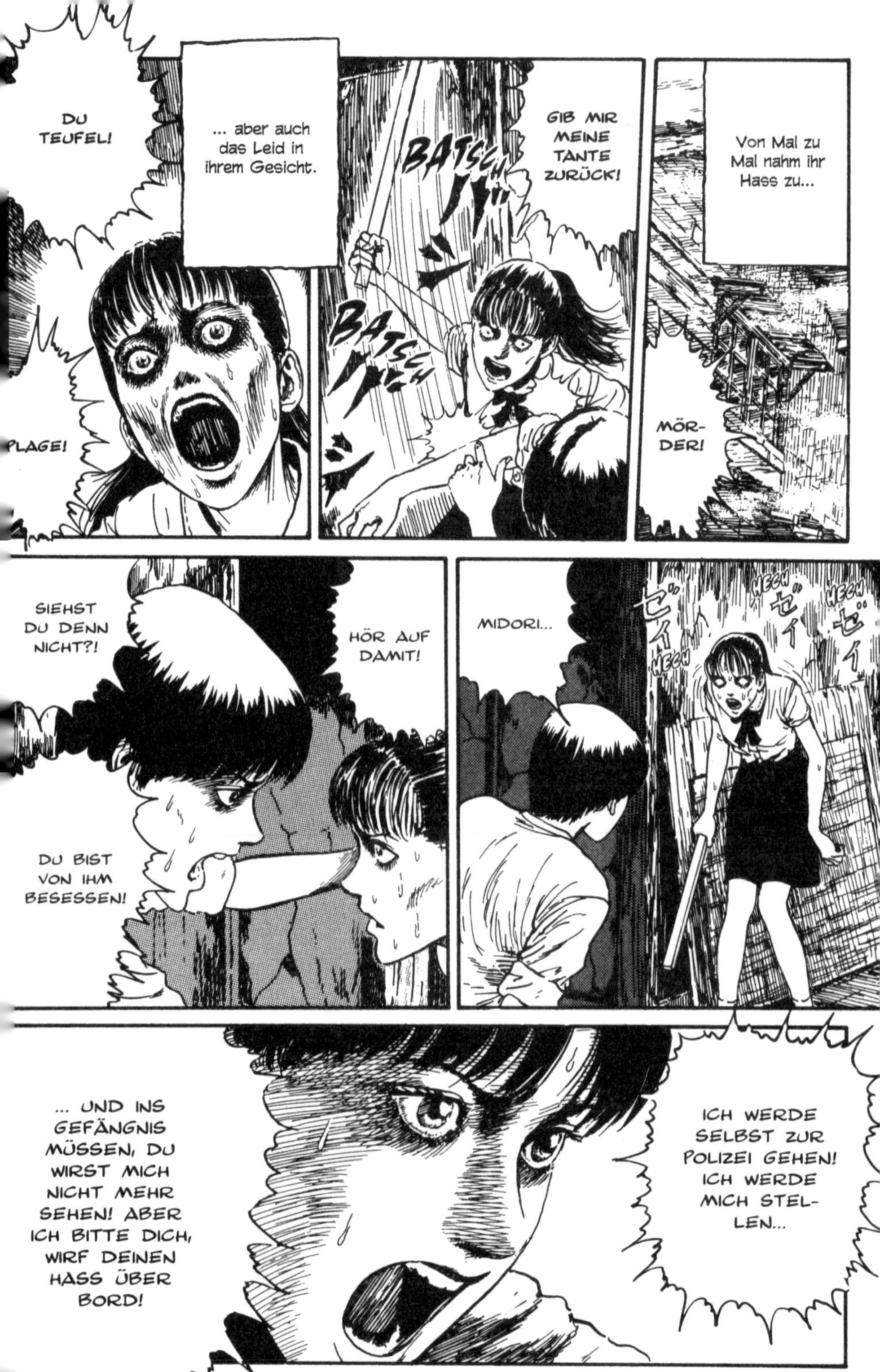

Von Mal zu Mal nahm ihr Hass zu...
MÖR-
DER!
GIB MIR MEINE TANTE ZURÜCK!
BATSCH
BATSCH
... aber auch das Leid in ihrem Gesicht.
DU TEUFEL!
PLAGE!
MIDORI...
HECH
HECH
HECH
HÖR AUF DAMIT!
SIEHST DU DENN NICHT?!
DU BIST VON IHM BESESSEN!
ICH WERDE SELBST ZUR POLIZEI GEHEN! ICH WERDE MICH STEL-
LEN...
... UND INS GEFÄNGNIS MÜSSEN, DU WIRST MICH NICHT MEHR SEHEN! ABER ICH BITTE DICH, WIRF DEINEN HASS ÜBER BORD!

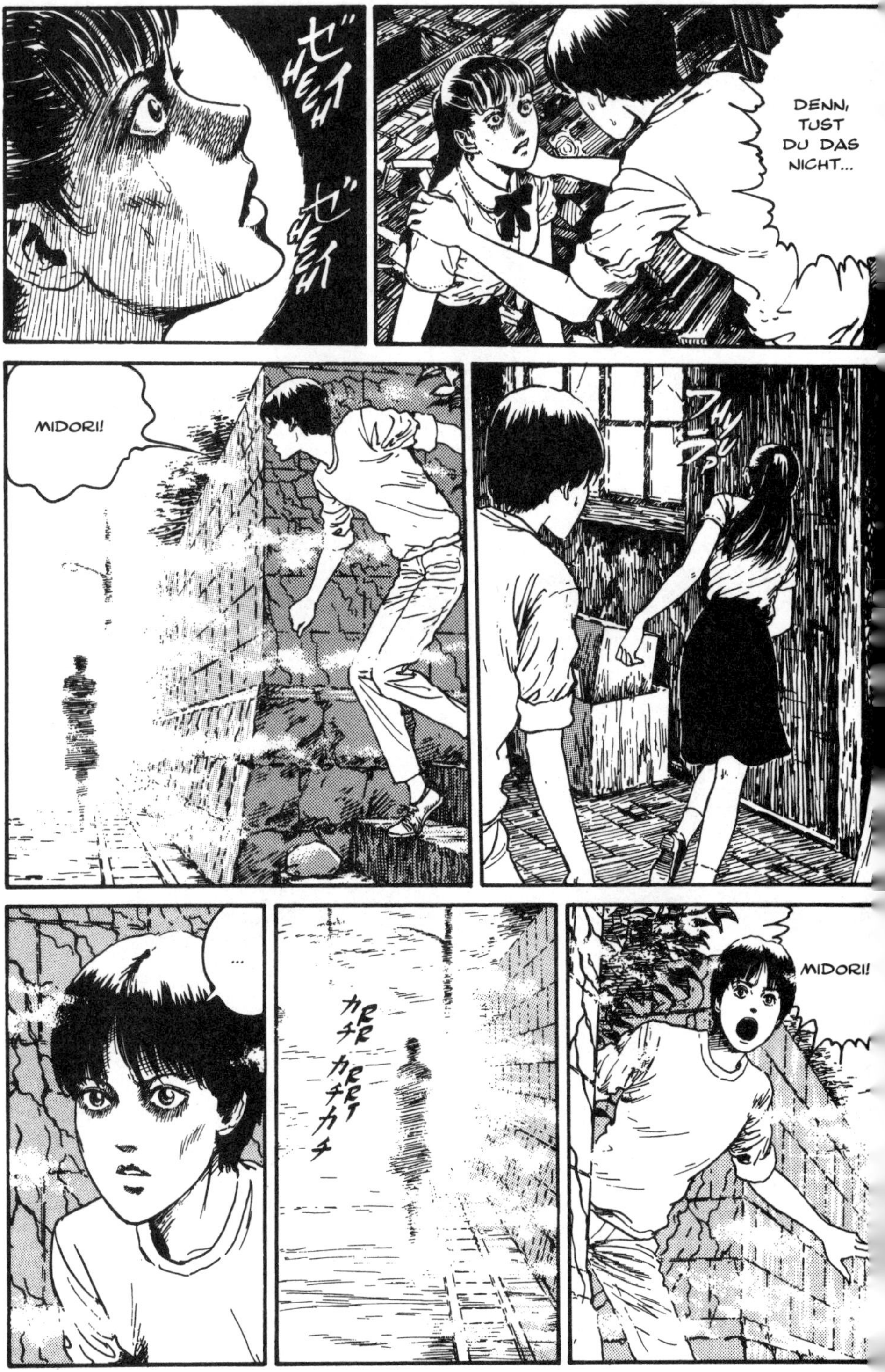
ゼイ HECH
ゼイ HECH
DENN, TUST DU DAS NICHT...
MIDORI!
フッ FHUP
...
カチ KRR
カチカチ KRRT
MIDORI!

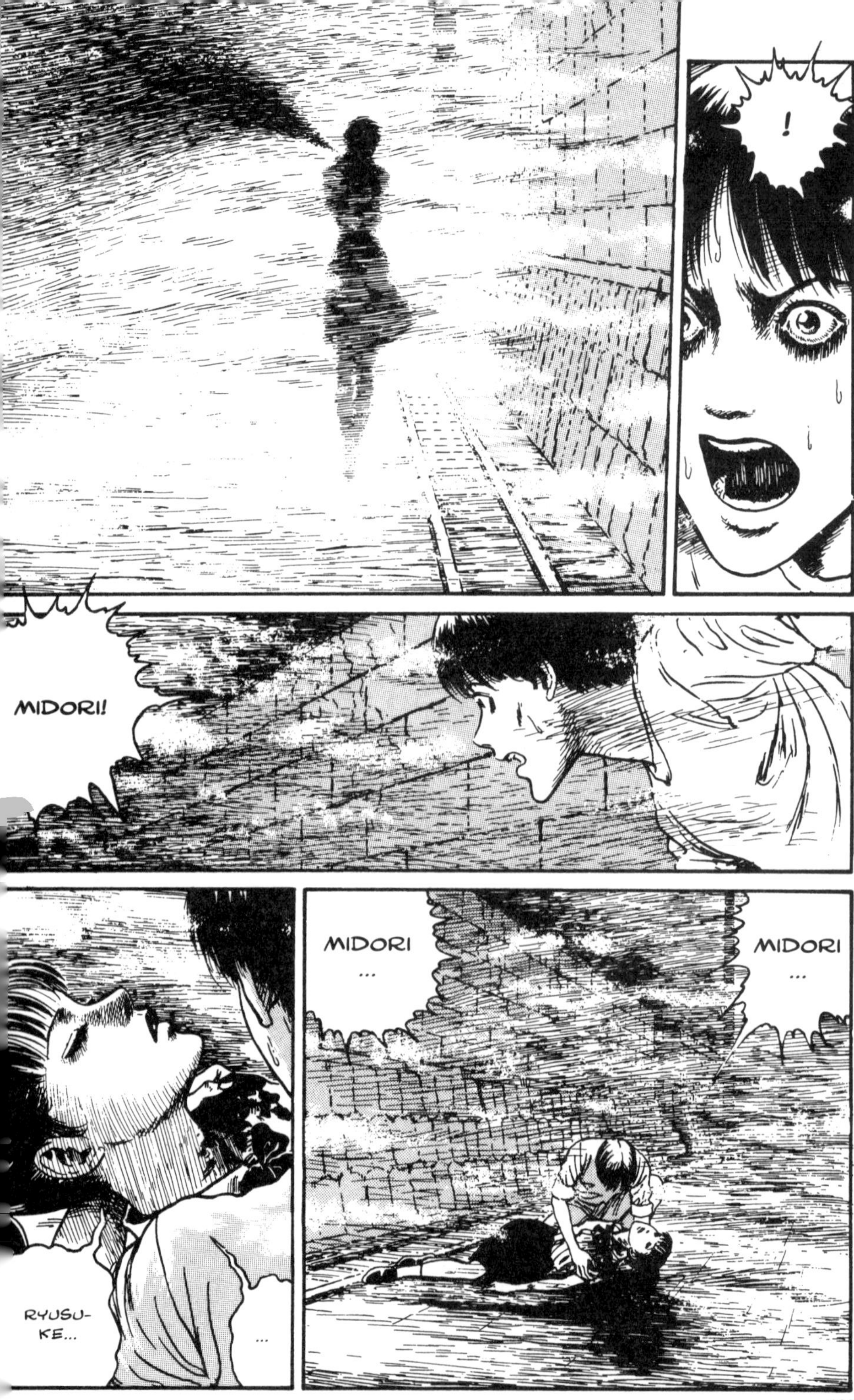
!
MIDORI!
MIDORI ...
MIDORI ...
RYUSU-KE...
...

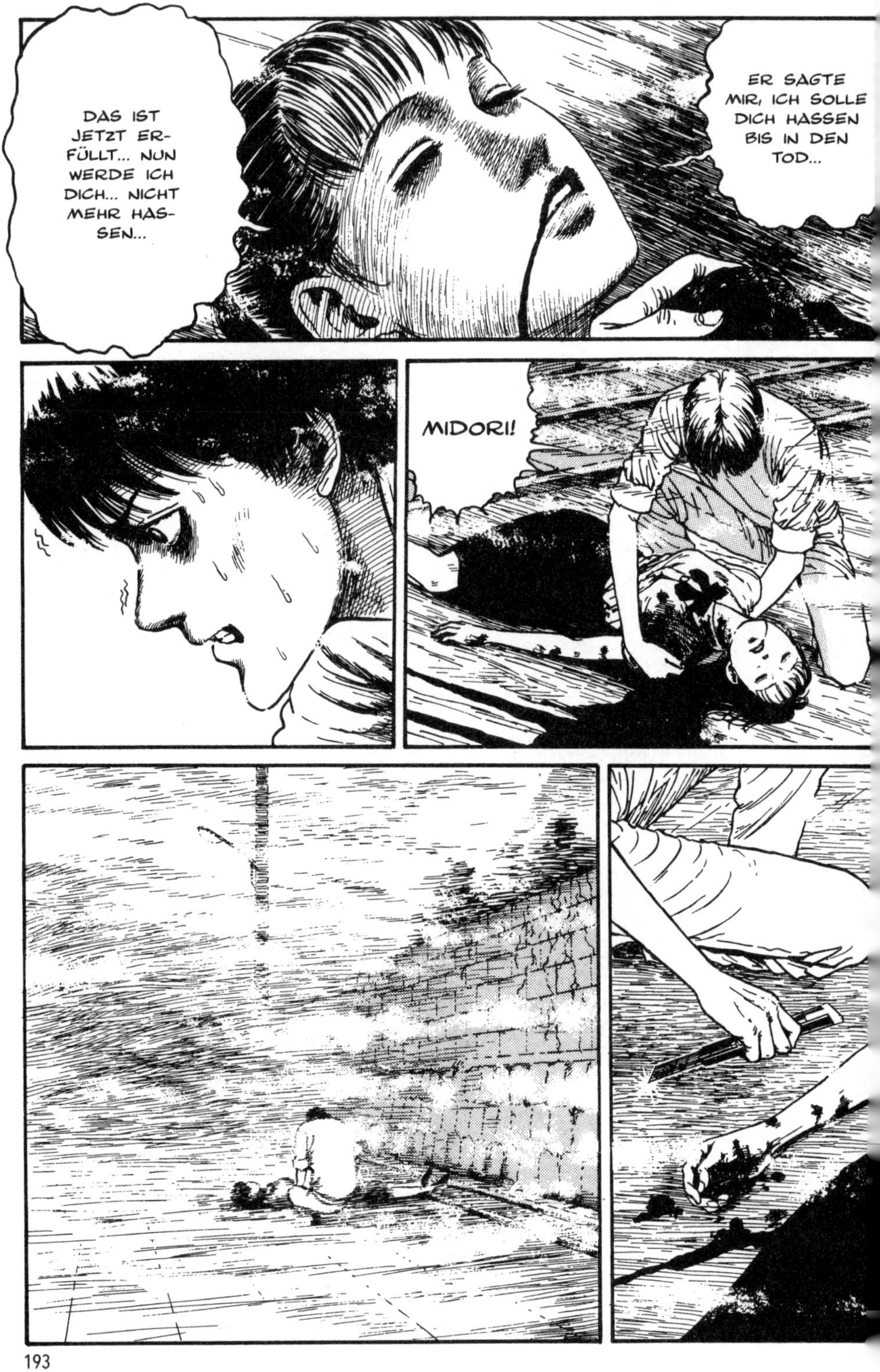
ER SAGTE MIR, ICH SOLLE DICH HASSEN BIS IN DEN TOD...
DAS IST JETZT ER-FÜLLT... NUN WERDE ICH DICH... NICHT MEHR HAS-SEN...
MIDORI!

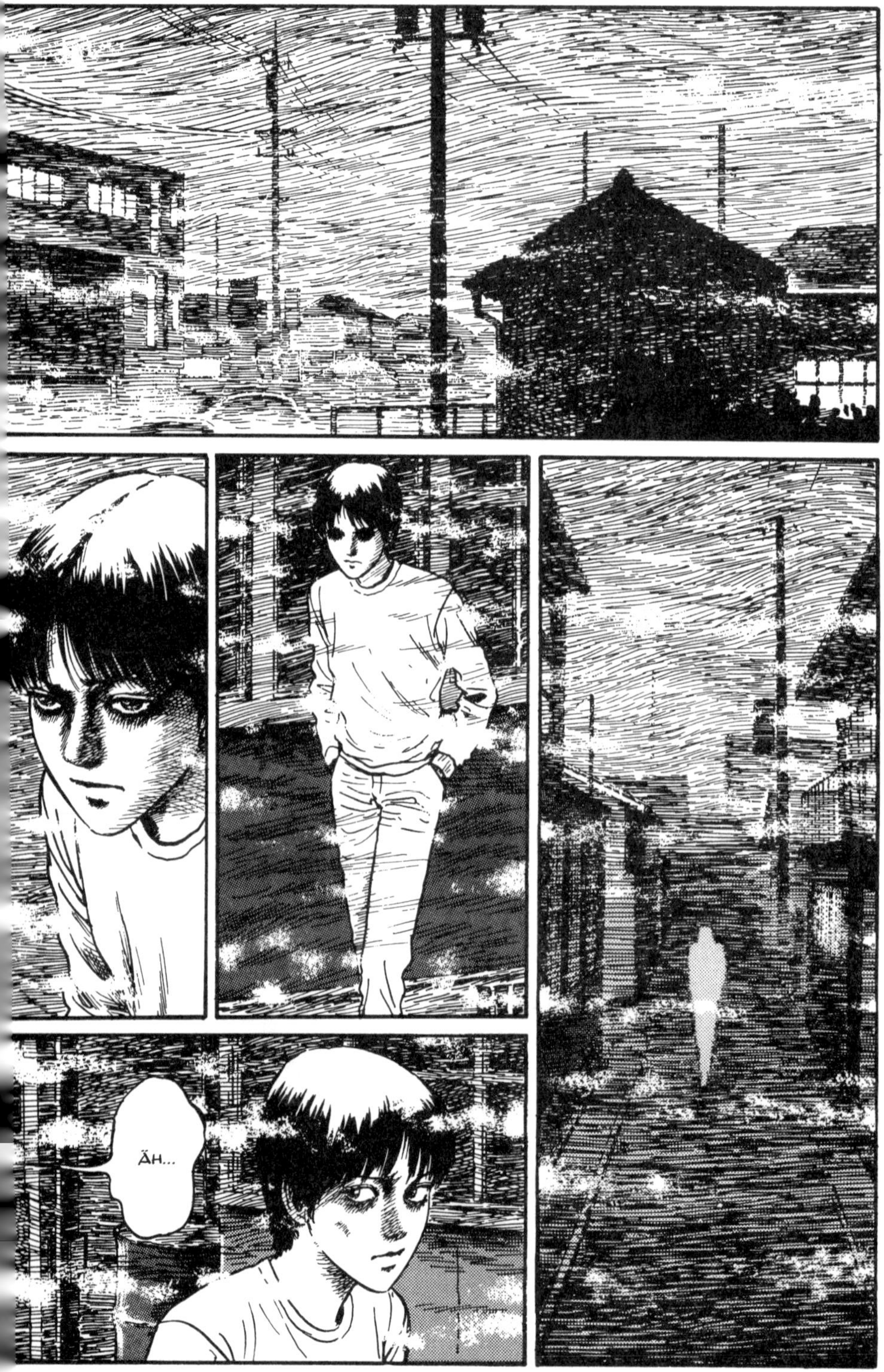
ÄH...

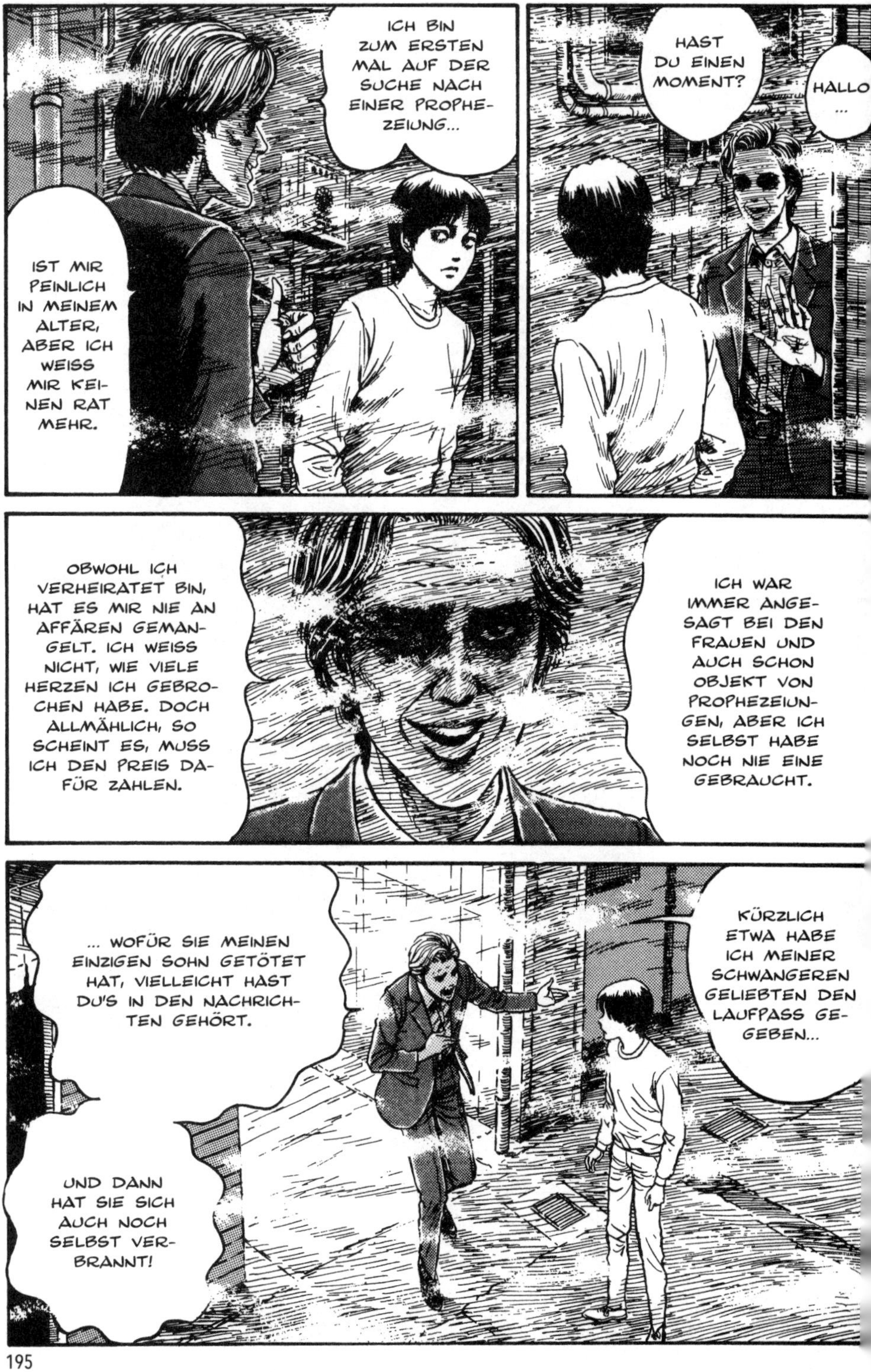
HALLO ...
HAST DU EINEN MOMENT?
ICH BIN ZUM ERSTEN MAL AUF DER SUCHE NACH EINER PROPHEZEIUNG...
IST MIR PEINLICH IN MEINEM ALTER, ABER ICH WEISS MIR KEINEN RAT MEHR.
ICH WAR IMMER ANGESAGT BEI DEN FRAUEN UND AUCH SCHON OBJEKT VON PROPHEZEIUNGEN, ABER ICH SELBST HABE NOCH NIE EINE GEBRAUCHT.
OBWOHL ICH VERHEIRATET BIN, HAT ES MIR NIE AN AFFÄREN GEMANGELT. ICH WEISS NICHT, WIE VIELE HERZEN ICH GEBROCHEN HABE. DOCH ALLMÄHLICH, SO SCHEINT ES, MUSS ICH DEN PREIS DAFÜR ZAHLEN.
KÜRZLICH ETWA HABE ICH MEINER SCHWANGEREN GELIEBTEN DEN LAUFPASS GEGEBEN...
... WOFÜR SIE MEINEN EINZIGEN SOHN GETÖTET HAT, VIELLEICHT HAST DU'S IN DEN NACHRICHTEN GEHÖRT.
UND DANN HAT SIE SICH AUCH NOCH SELBST VERBRANNT!

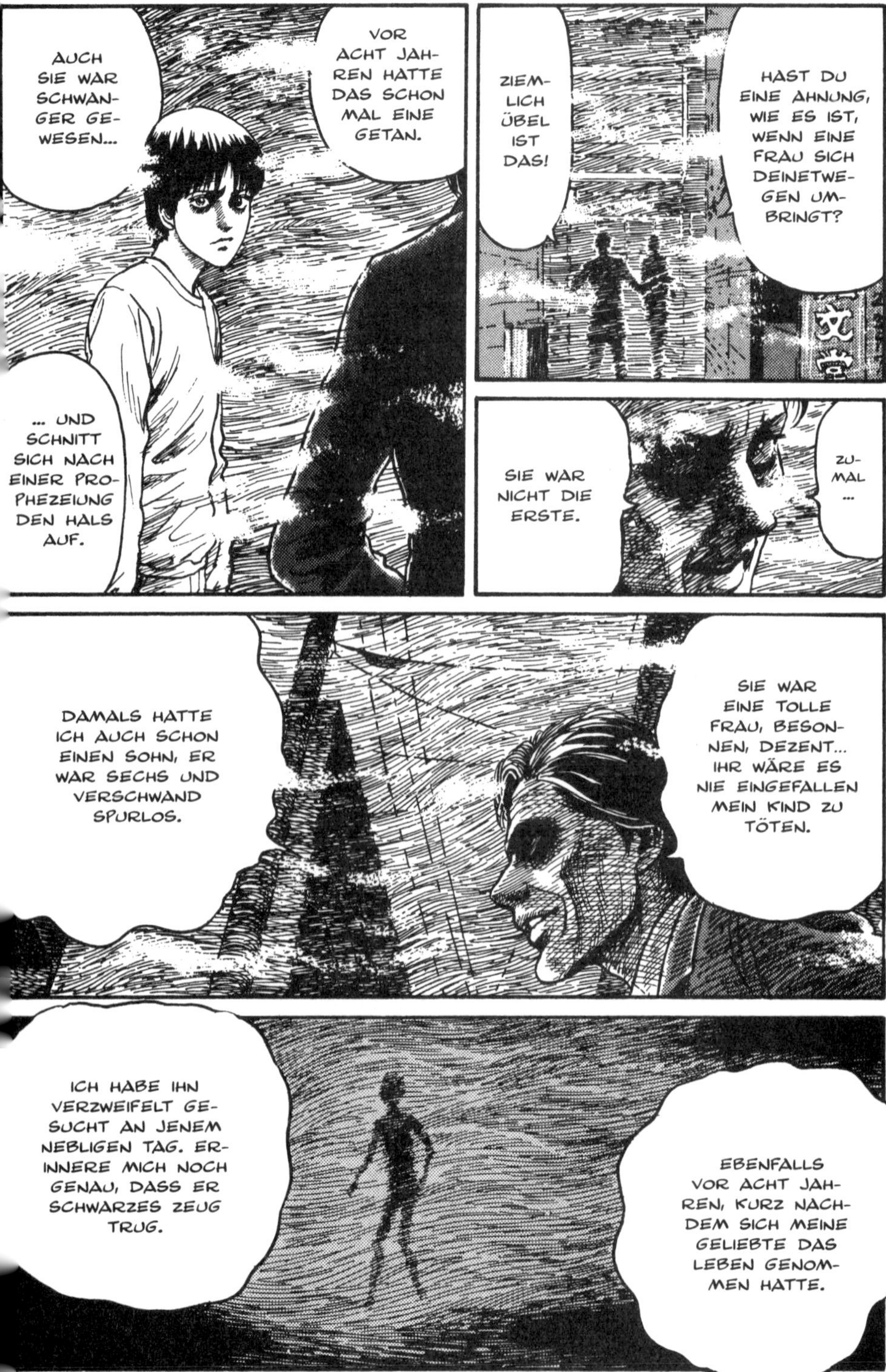
HAST DU EINE AHNUNG, WIE ES IST, WENN EINE FRAU SICH DEINETWEGEN UMBRINGT?
ZIEMLICH ÜBEL IST DAS!
ZUMAL ...
SIE WAR NICHT DIE ERSTE.
VOR ACHT JAHREN HATTE DAS SCHON MAL EINE GETAN.
AUCH SIE WAR SCHWANGER GEWESEN...
... UND SCHNITT SICH NACH EINER PROPHEZEIUNG DEN HALS AUF.
SIE WAR EINE TOLLE FRAU, BESONNEN, DEZENT... IHR WÄRE ES NIE EINGEFALLEN MEIN KIND ZU TÖTEN.
DAMALS HATTE ICH AUCH SCHON EINEN SOHN, ER WAR SECHS UND VERSCHWAND SPURLOS.
EBENFALLS VOR ACHT JAHREN, KURZ NACHDEM SICH MEINE GELIEBTE DAS LEBEN GENOMMEN HATTE.
ICH HABE IHN VERZWEIFELT GESUCHT AN JENEM NEBLIGEN TAG. ERINNERE MICH NOCH GENAU, DASS ER SCHWARZES ZEUG TRUG.

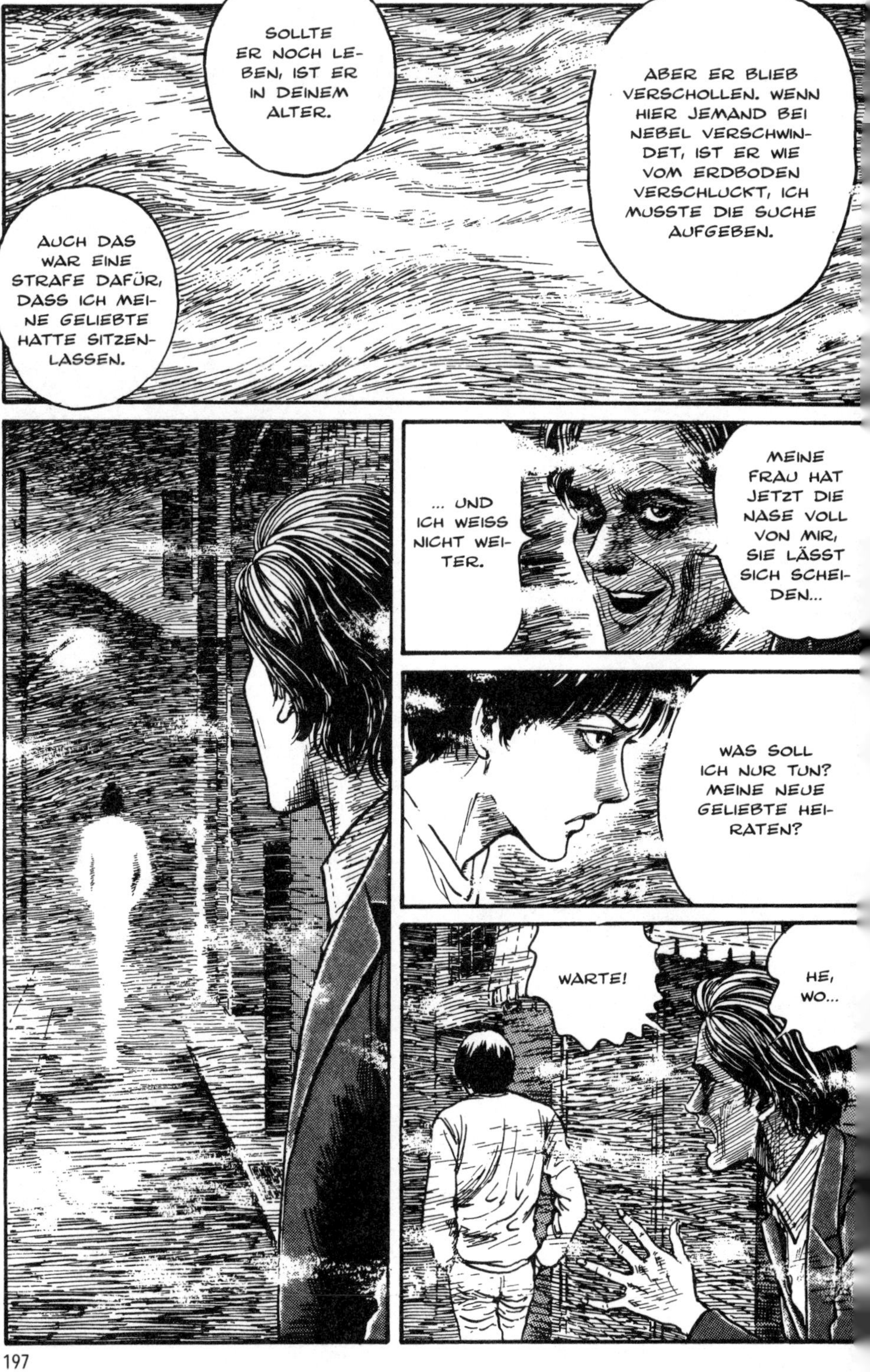
ABER ER BLIEB VERSCHOLLEN. WENN HIER JEMAND BEI NEBEL VERSCHWINDET, IST ER WIE VOM ERDBODEN VERSCHLUCKT, ICH MUSSTE DIE SUCHE AUFGEBEN.
SOLLTE ER NOCH LEBEN, IST ER IN DEINEM ALTER.
AUCH DAS WAR EINE STRAFE DAFÜR, DASS ICH MEINE GELIEBTE HATTE SITZENLASSEN.
MEINE FRAU HAT JETZT DIE NASE VOLL VON MIR, SIE LÄSST SICH SCHEIDEN...
... UND ICH WEISS NICHT WEITER.
WAS SOLL ICH NUR TUN? MEINE NEUE GELIEBTE HEIRATEN?
HE, WO...
WARTE!

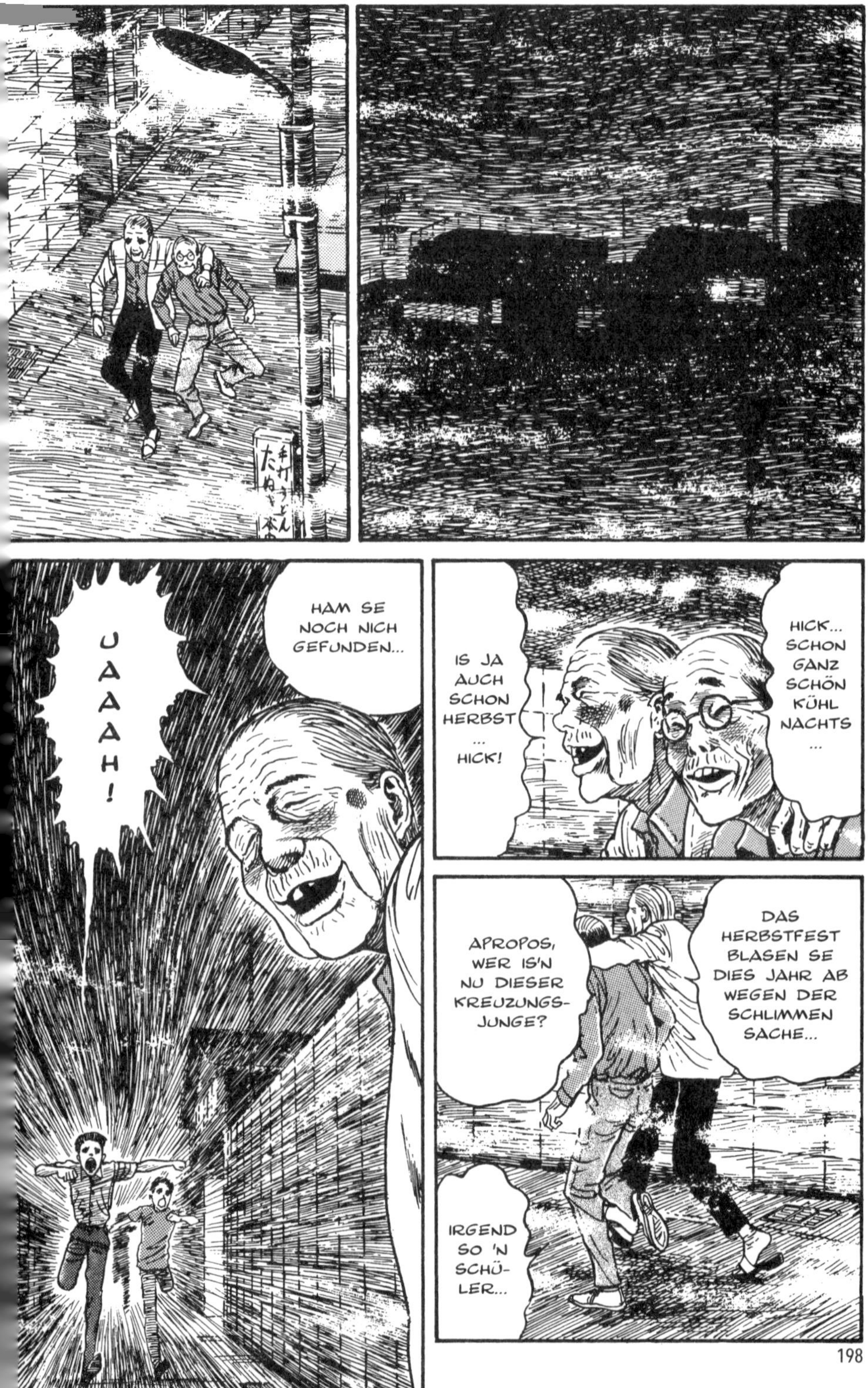
HICK... SCHON GANZ SCHÖN KÜHL NACHTS ...
IS JA AUCH SCHON HERBST ... HICK!
DAS HERBSTFEST BLASEN SE DIES JAHR AB WEGEN DER SCHLIMMEN SACHE...
APROPOS, WER IS'N NU DIESER KREUZUNGS-JUNGE?
IRGEND SO 'N SCHÜLER...
HAM SE NOCH NICH GEFUNDEN...
UAAAAH!

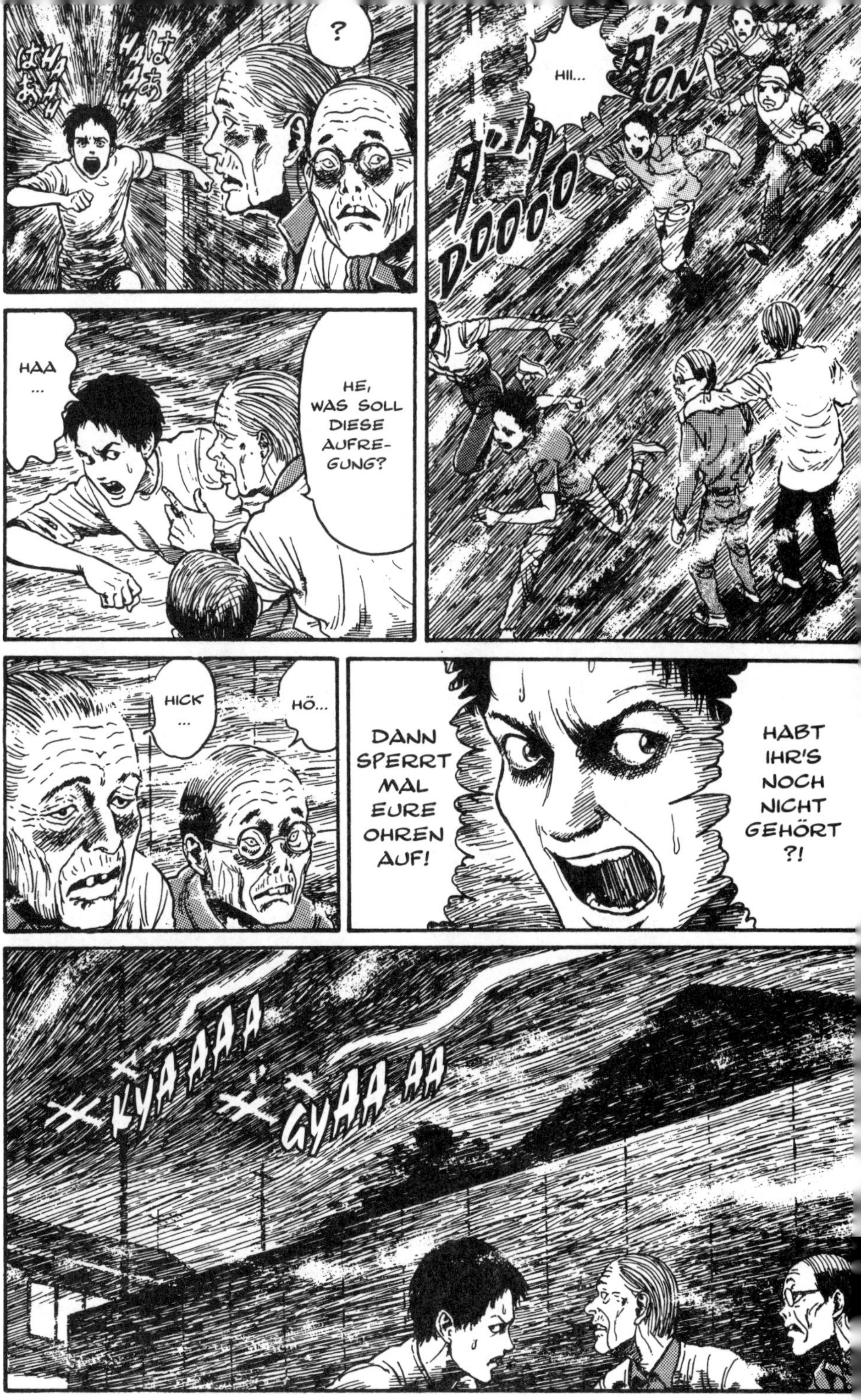
HII...
DON
DOOOOO
?
HAAHH
HAAHH
HE, WAS SOLL DIESE AUFREGUNG?
HAA ...
HABT IHR'S NOCH NICHT GEHÖRT ?!
DANN SPERRT MAL EURE OHREN AUF!
HÖ...
HICK ...
KYAAAA
GYAA AA

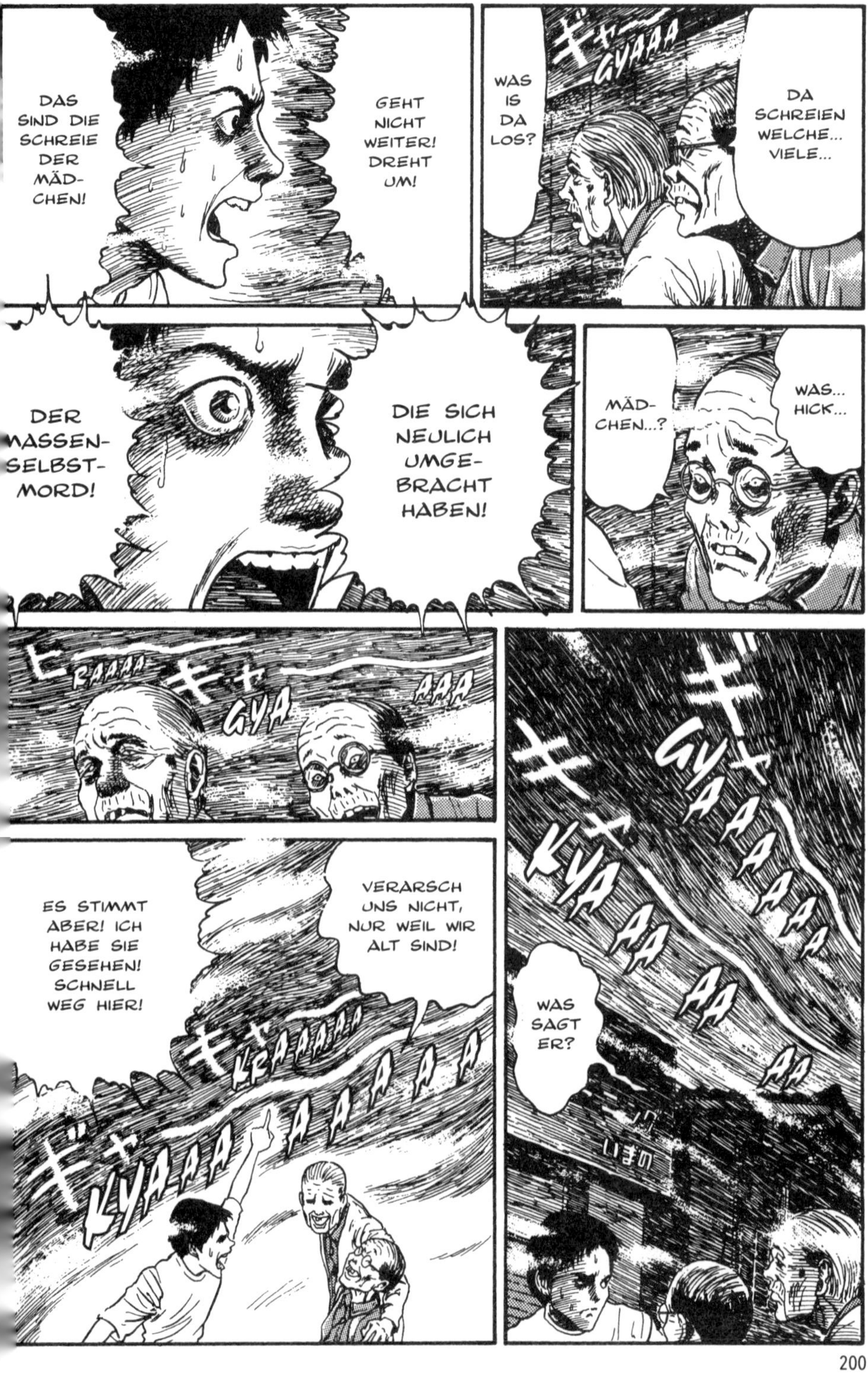
GYAAA
DA SCHREIEN WELCHE... VIELE...
WAS IS DA LOS?
GEHT NICHT WEITER! DREHT UM!
DAS SIND DIE SCHREIE DER MÄD-CHEN!
WAS... HICK...
MÄD-CHEN...?
DIE SICH NEULICH UMGE-BRACHT HABEN!
DER MASSEN-SELBST-MORD!
RAAAA
GYA
AAA
GYAAAAAAAAAA
KYAAAAAAA
WAS SAGT ER?
いまの
VERARSCH UNS NICHT, NUR WEIL WIR ALT SIND!
ES STIMMT ABER! ICH HABE SIE GESEHEN! SCHNELL WEG HIER!
KRAAAAAA
KYAAAAAAAAAA

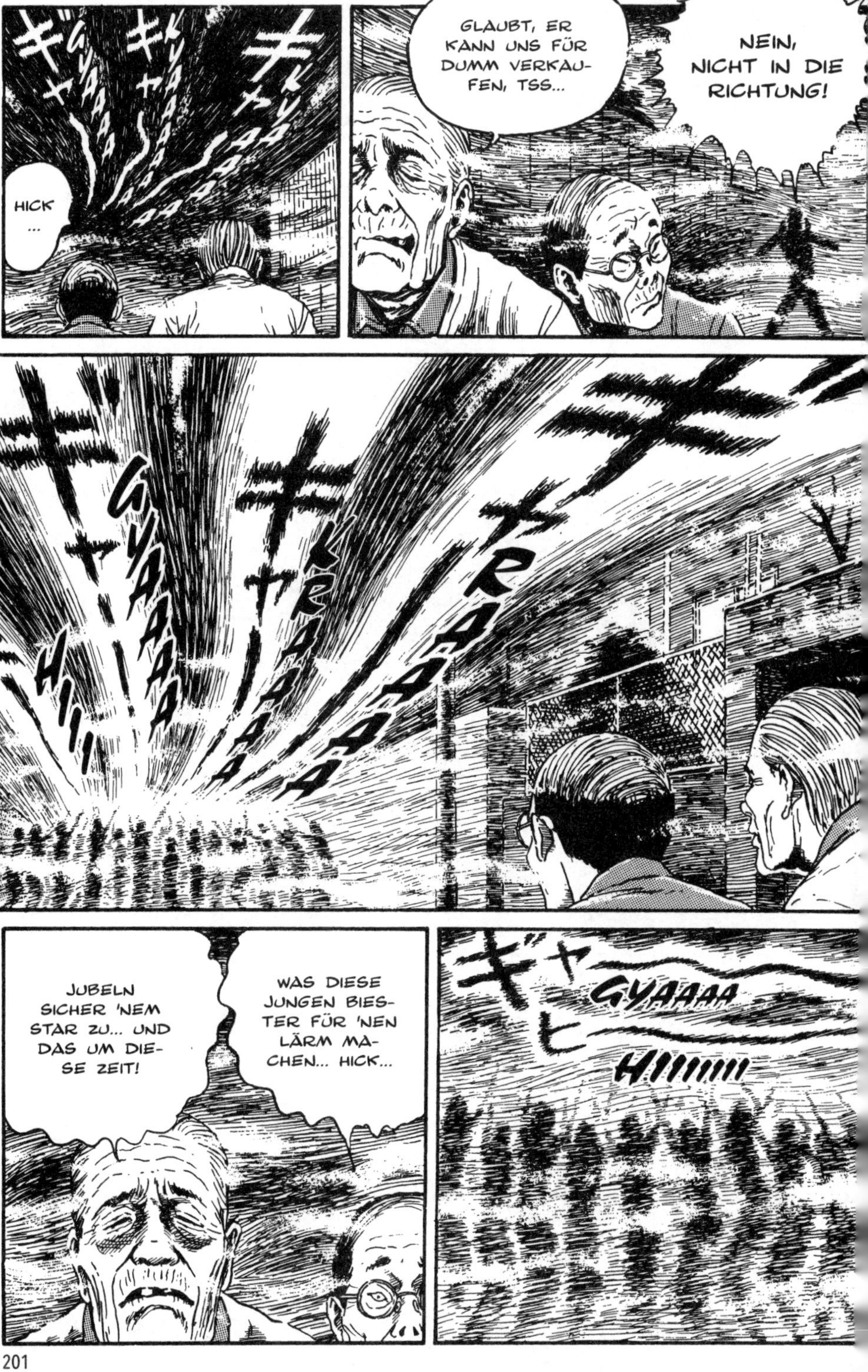
NEIN, NICHT IN DIE RICHTUNG!
GLAUBT, ER KANN UNS FÜR DUMM VERKAU-FEN, TSS...
HICK ...
WAS DIESE JUNGEN BIES-TER FÜR 'NEN LÄRM MA-CHEN... HICK...
JUBELN SICHER 'NEM STAR ZU... UND DAS UM DIE-SE ZEIT!

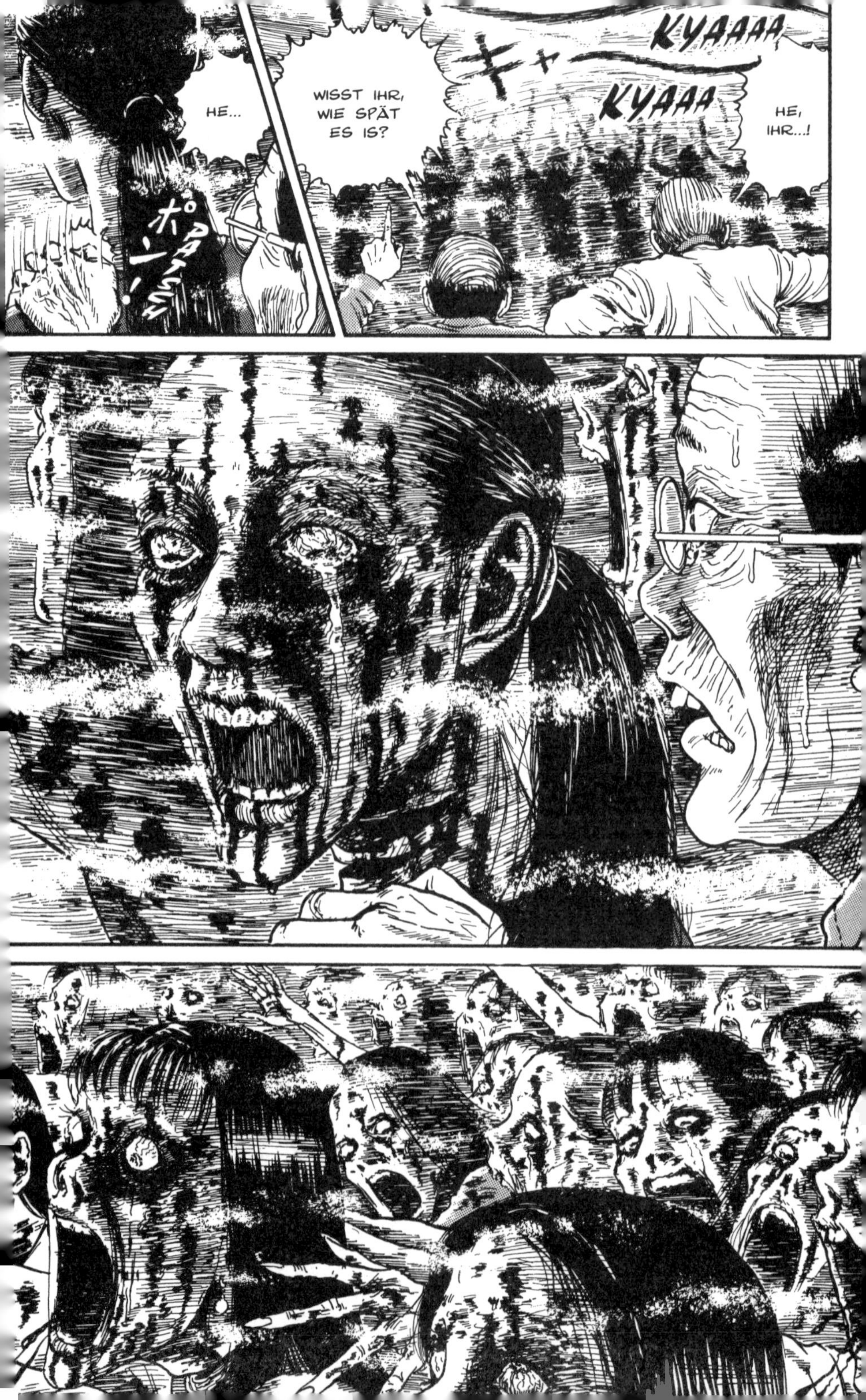
KYAAAA
KYAAA
HE, IHR...!
WISST IHR, WIE SPÄT ES IS?
HE...
PATSCH

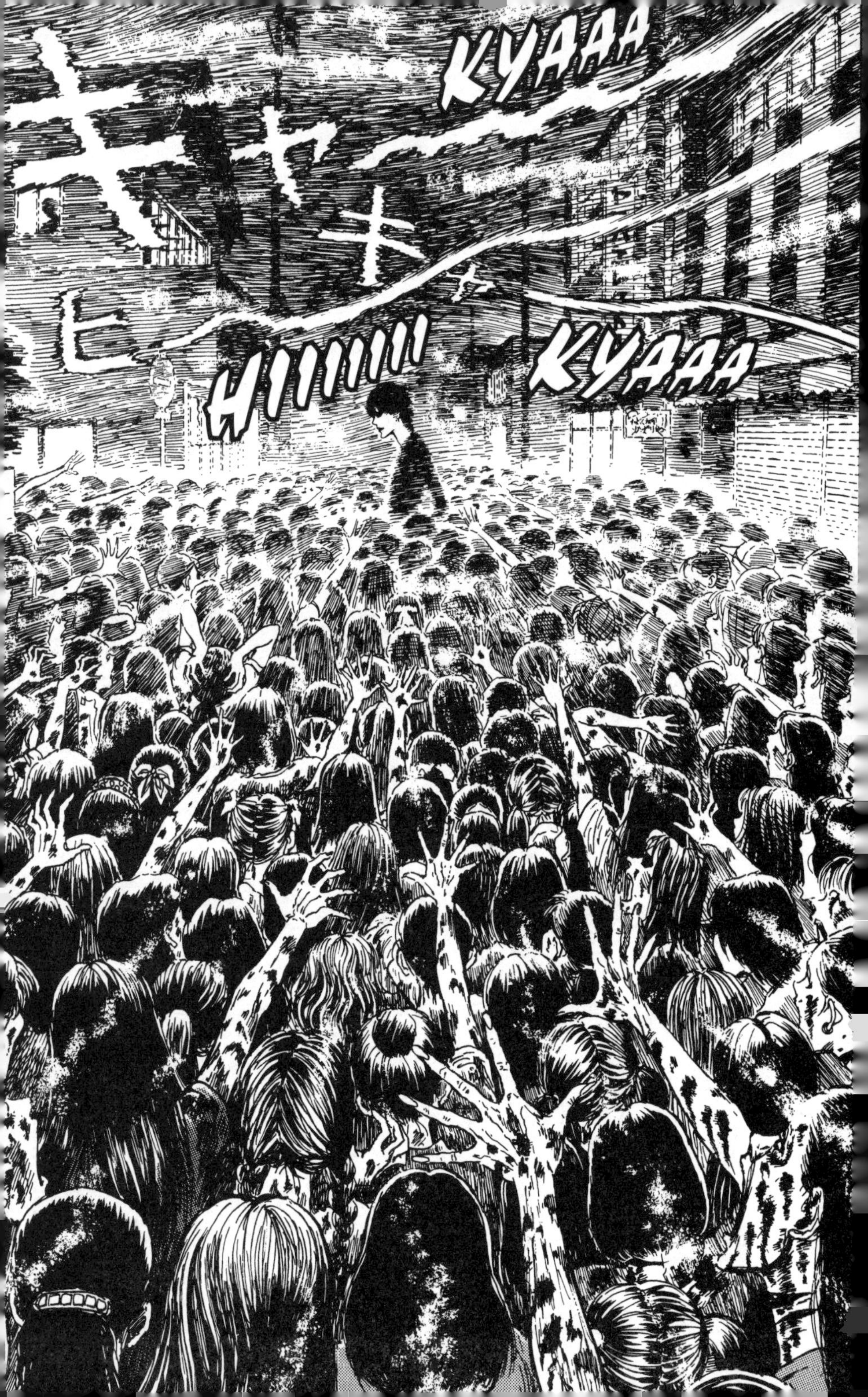
KYAAA
KYAAA
HIIIIIII

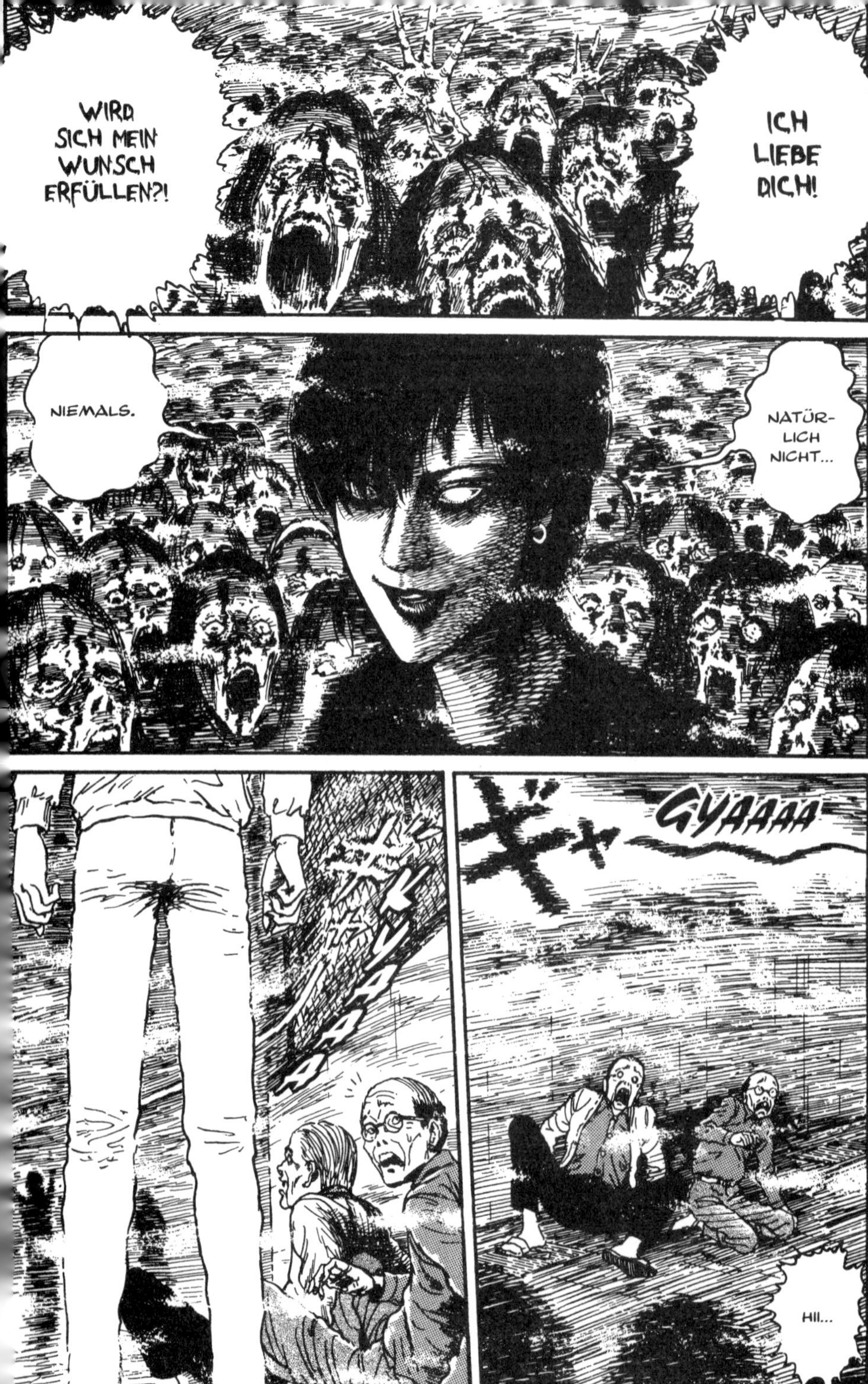
ICH LIEBE DICH!
WIRD SICH MEIN WUNSCH ERFÜLLEN?!
NATÜR-LICH NICHT...
NIEMALS.
GYAAAA
HII...

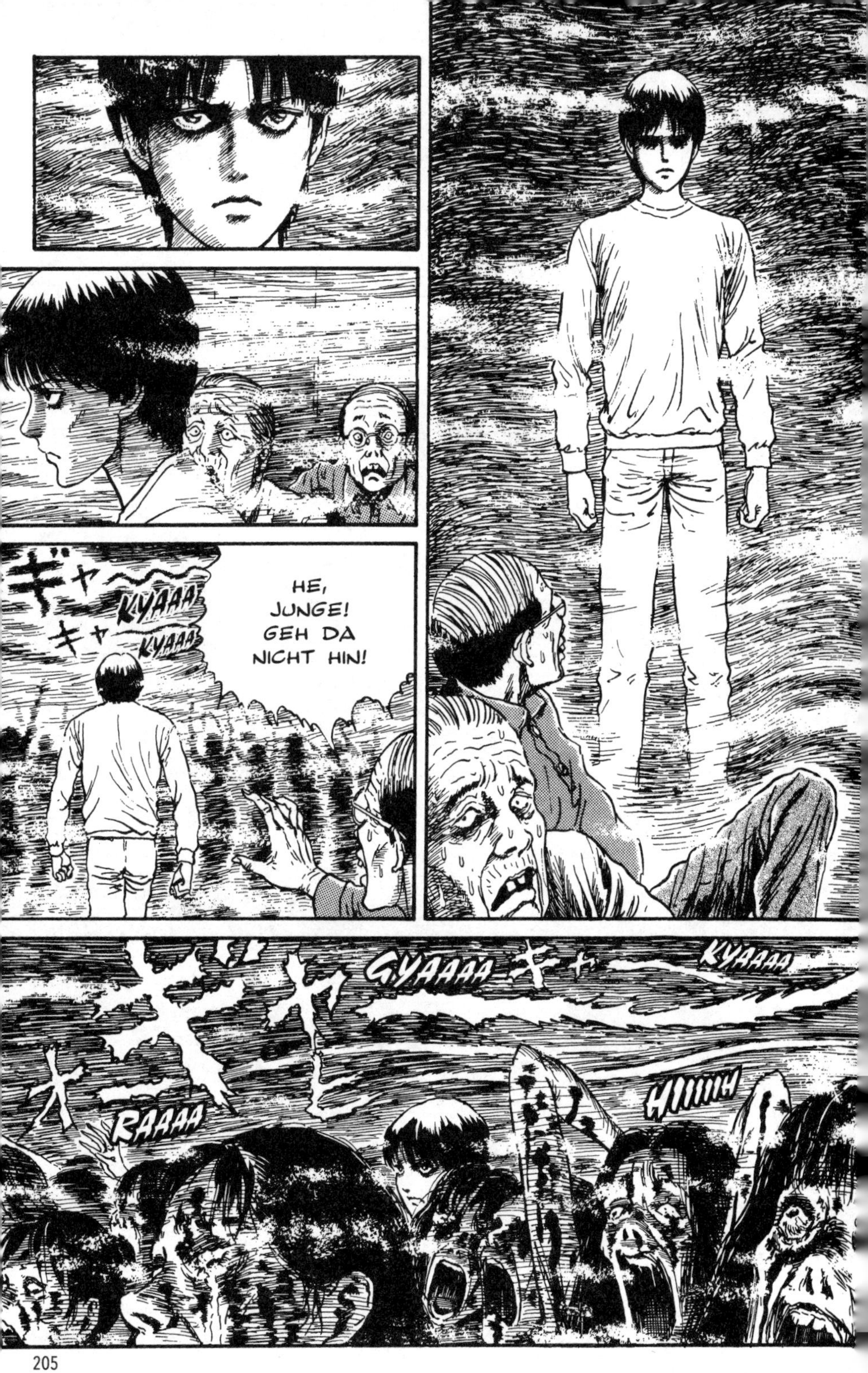
KYAAA
KYAAA
HE, JUNGE! GEH DA NICHT HIN!
GYAAAA
KYAAAA
HIIIIIH
RAAAA

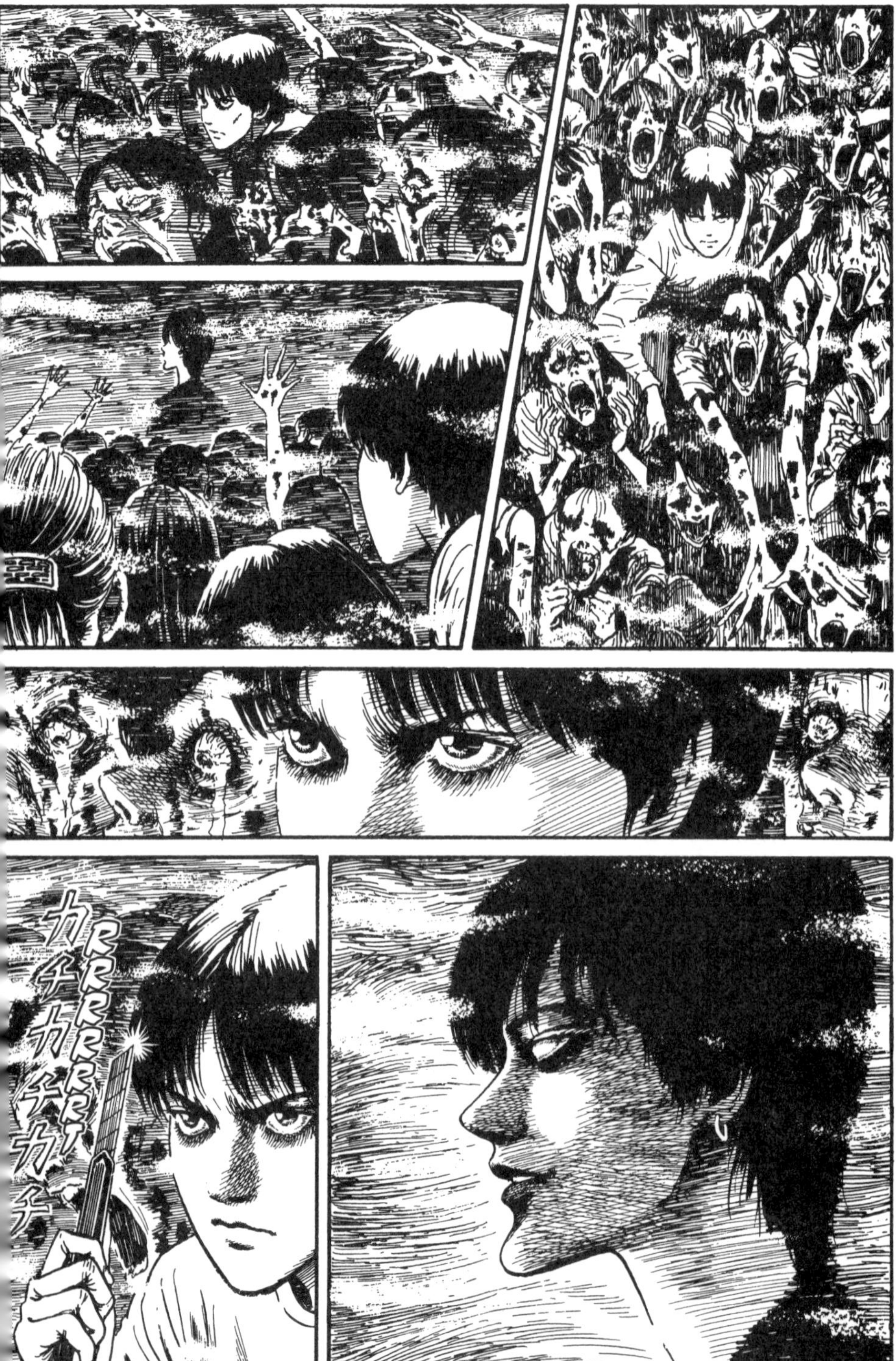
カチカチカチ
RRRRRRRT

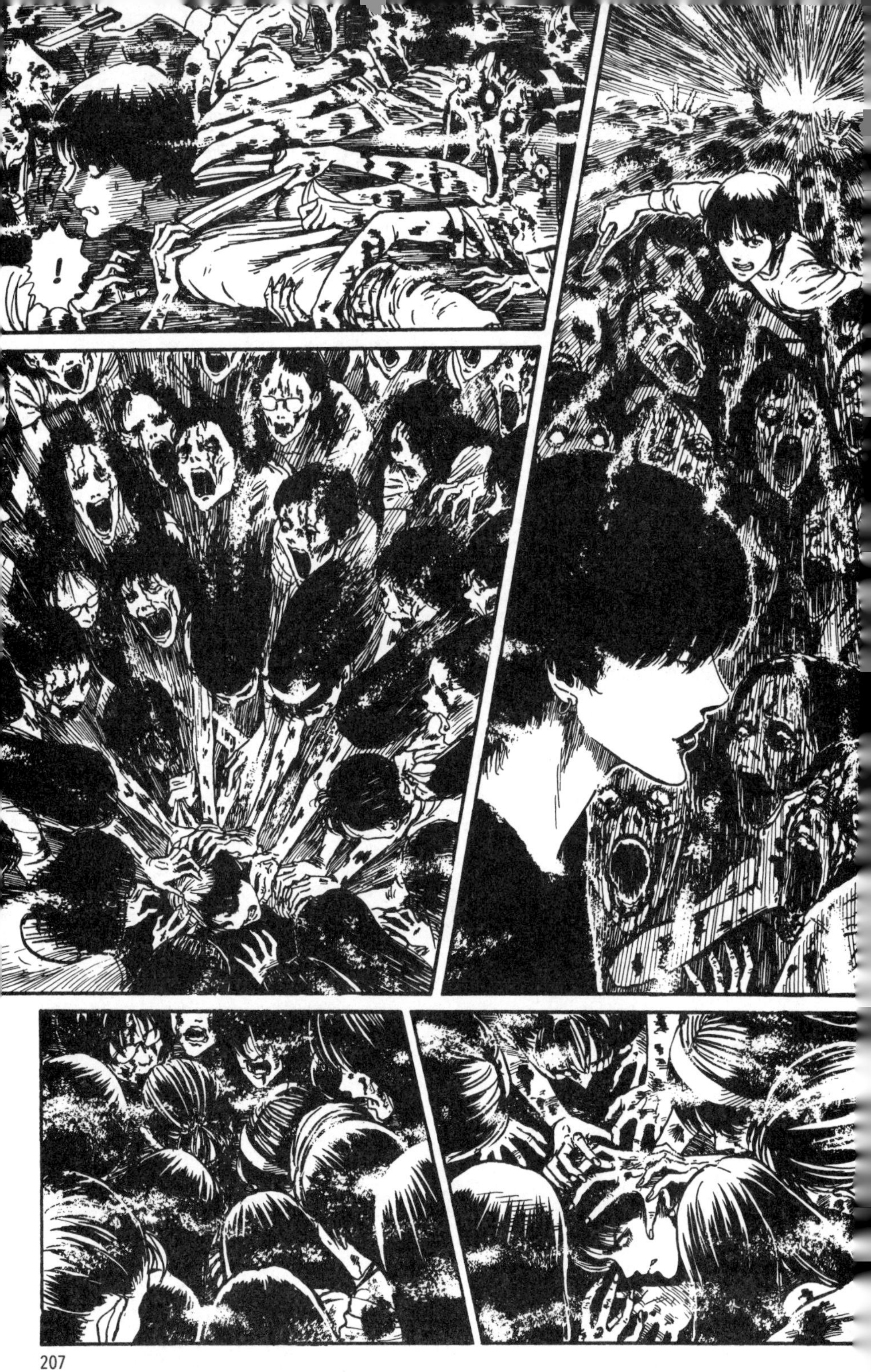

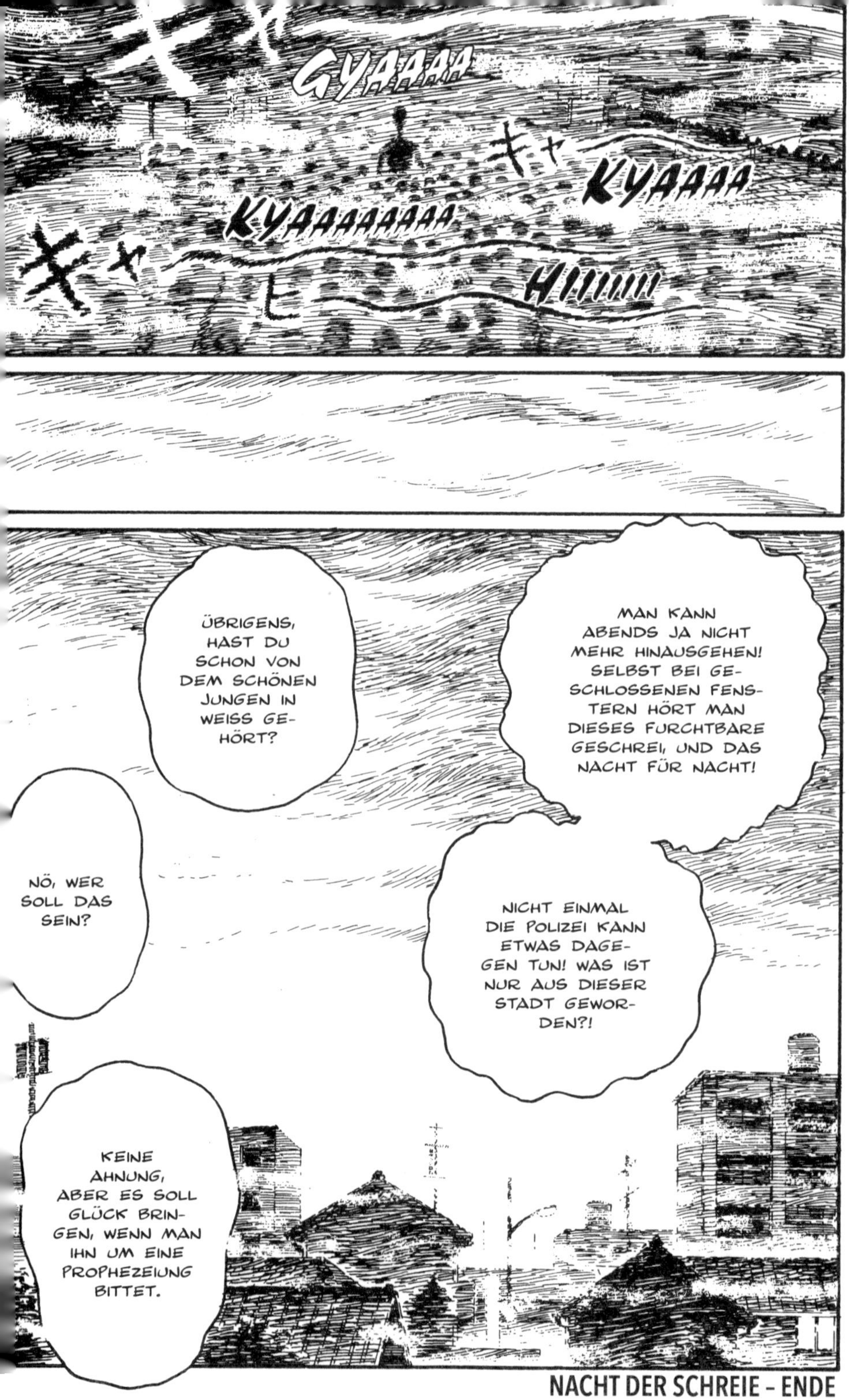

NACHT DER SCHREIE – ENDE

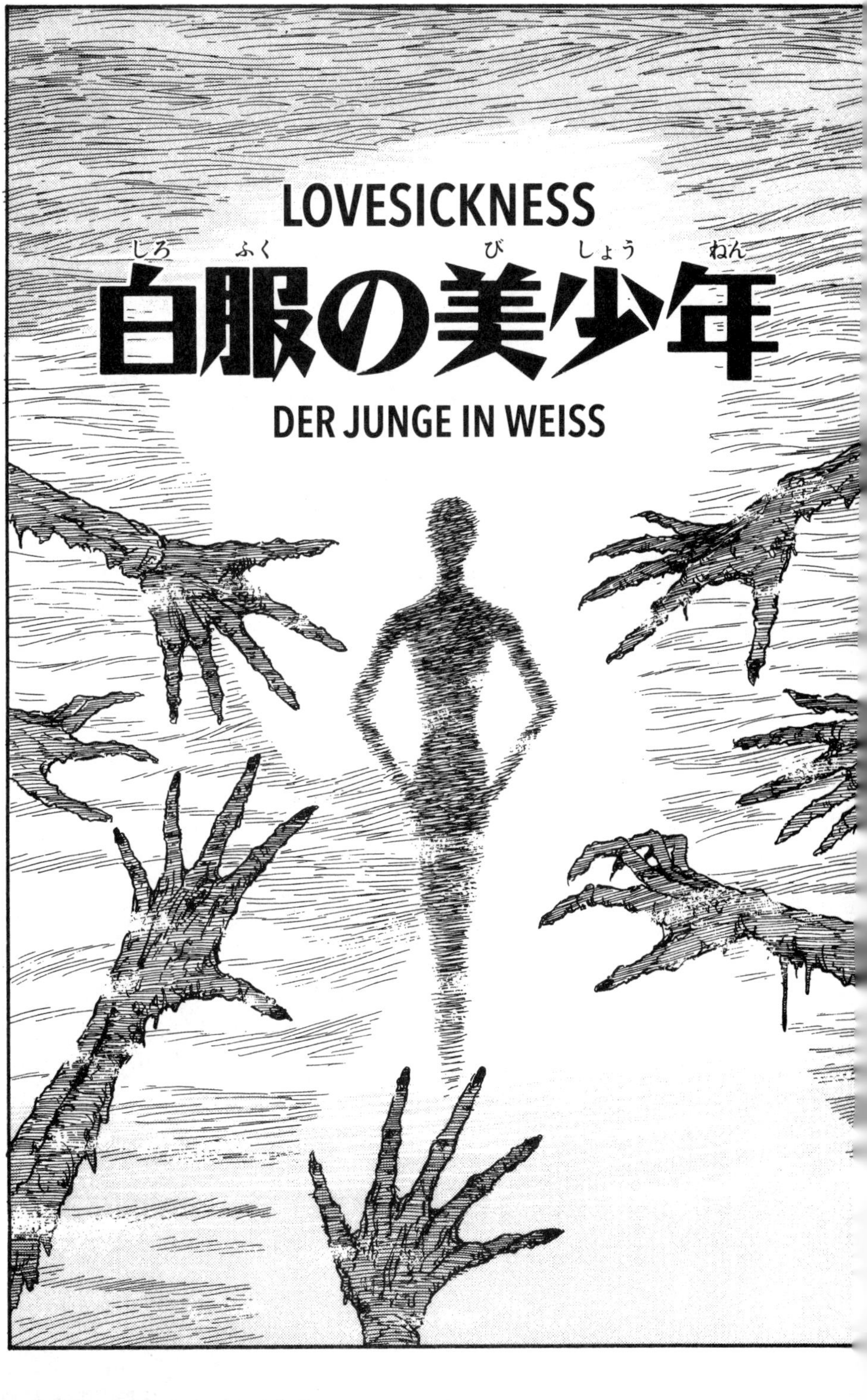
LOVESICKNESS
白服の美少年
DER JUNGE IN WEISS

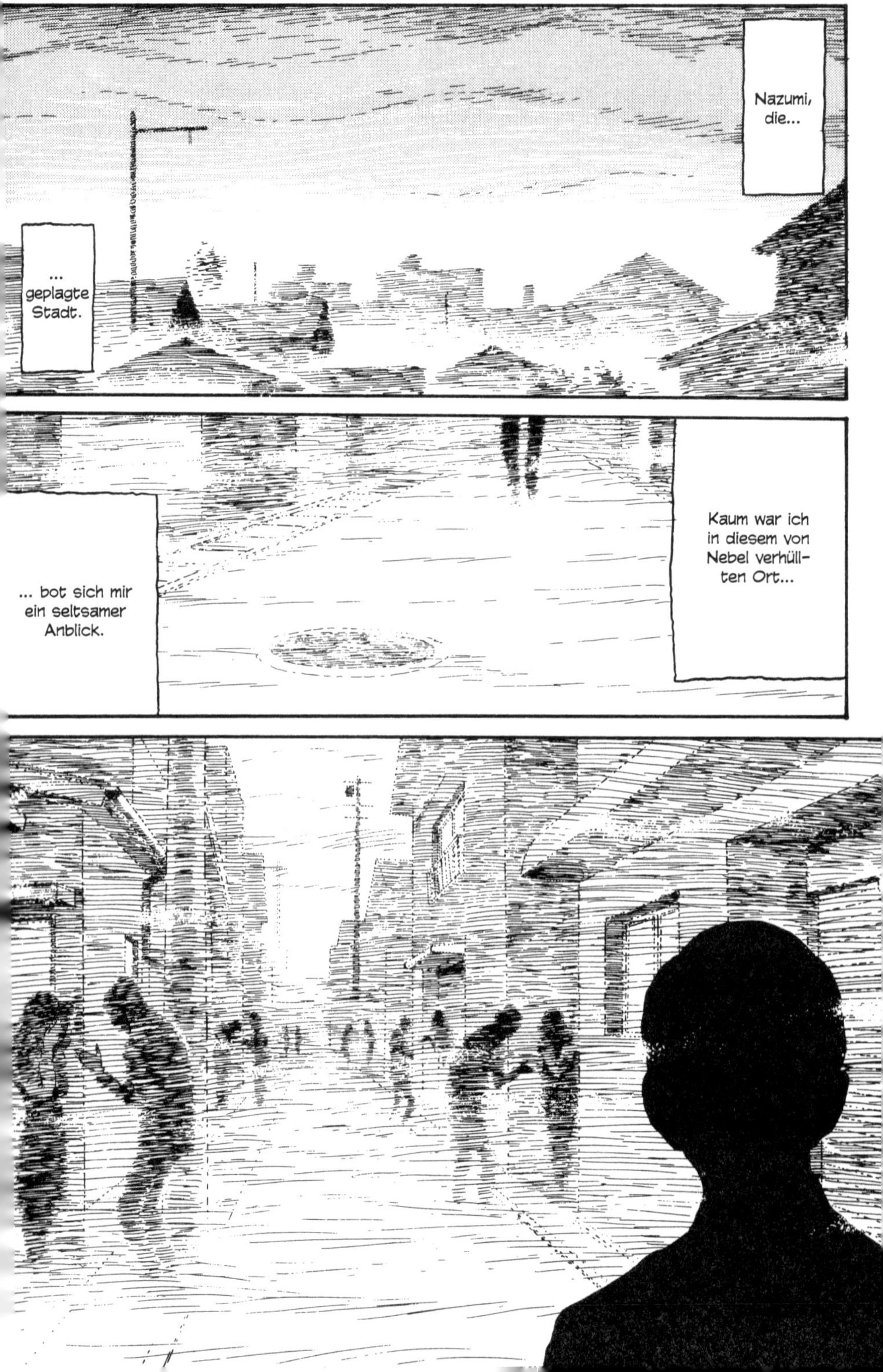
Nazumi, die...
... geplagte Stadt.
Kaum war ich in diesem von Nebel verhüllten Ort...
... bot sich mir ein seltsamer Anblick.

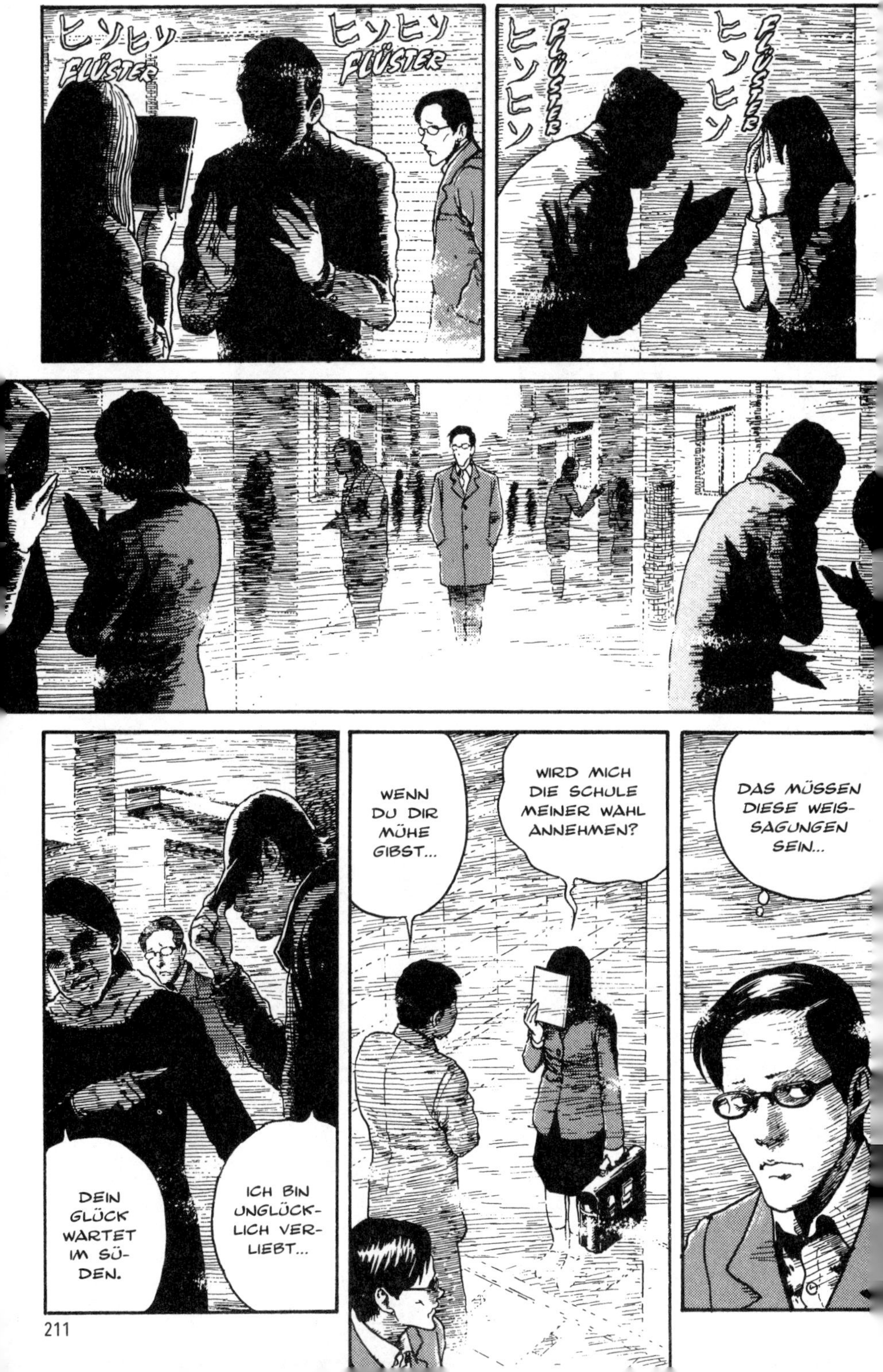
ヒソヒソ
FLÜSTER
ヒソヒソ
FLÜSTER
ヒソヒソ
FLÜSTER
ヒソヒソ
FLÜSTER
DAS MÜSSEN DIESE WEIS-SAGUNGEN SEIN...
WIRD MICH DIE SCHULE MEINER WAHL ANNEHMEN?
WENN DU DIR MÜHE GIBST...
ICH BIN UNGLÜCK-LICH VER-LIEBT...
DEIN GLÜCK WARTET IM SÜ-DEN.

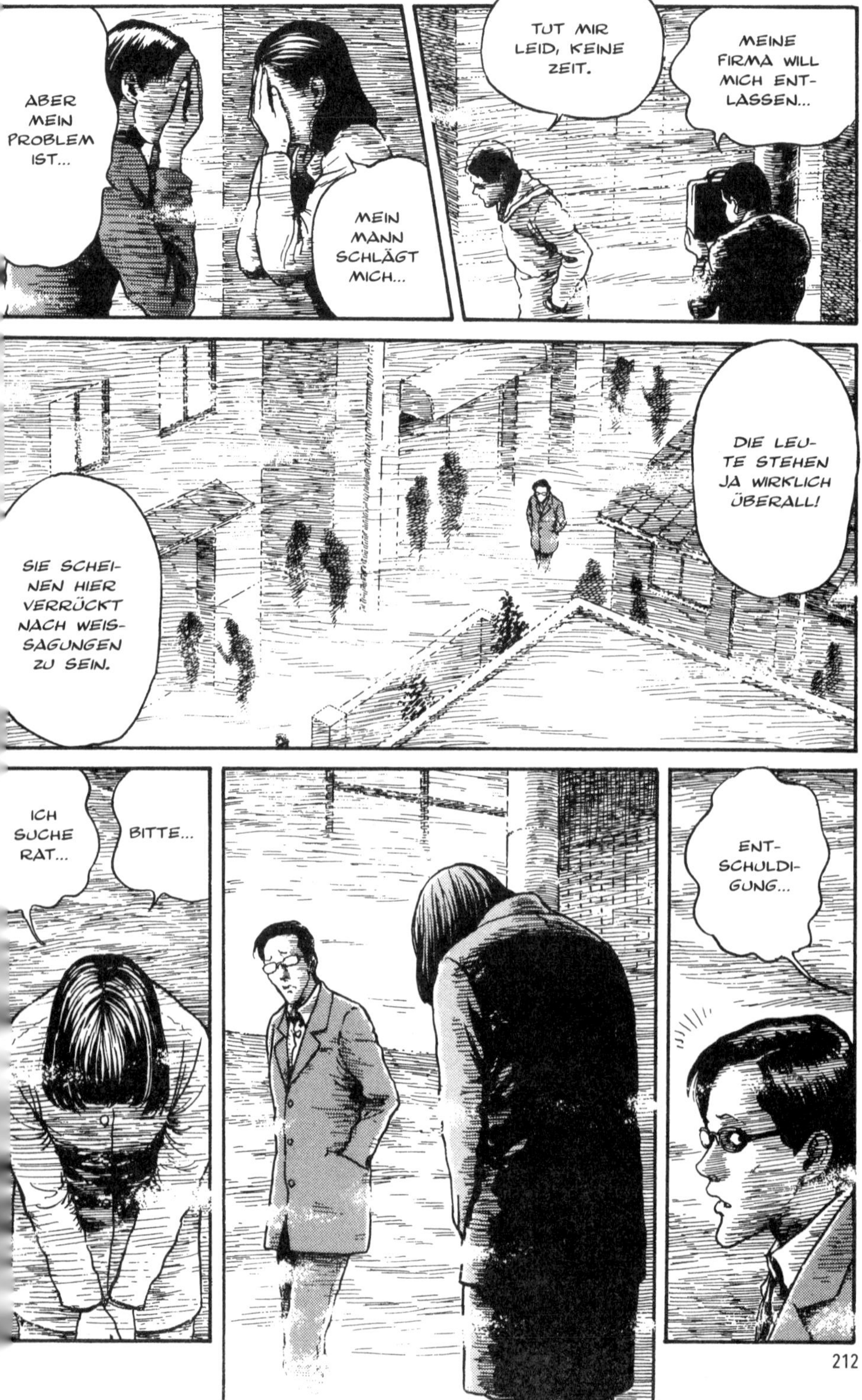
MEINE FIRMA WILL MICH ENTLASSEN...
TUT MIR LEID, KEINE ZEIT.
MEIN MANN SCHLÄGT MICH...
ABER MEIN PROBLEM IST...
DIE LEUTE STEHEN JA WIRKLICH ÜBERALL!
SIE SCHEINEN HIER VERRÜCKT NACH WEISSAGUNGEN ZU SEIN.
ENTSCHULDIGUNG...
BITTE...
ICH SUCHE RAT...

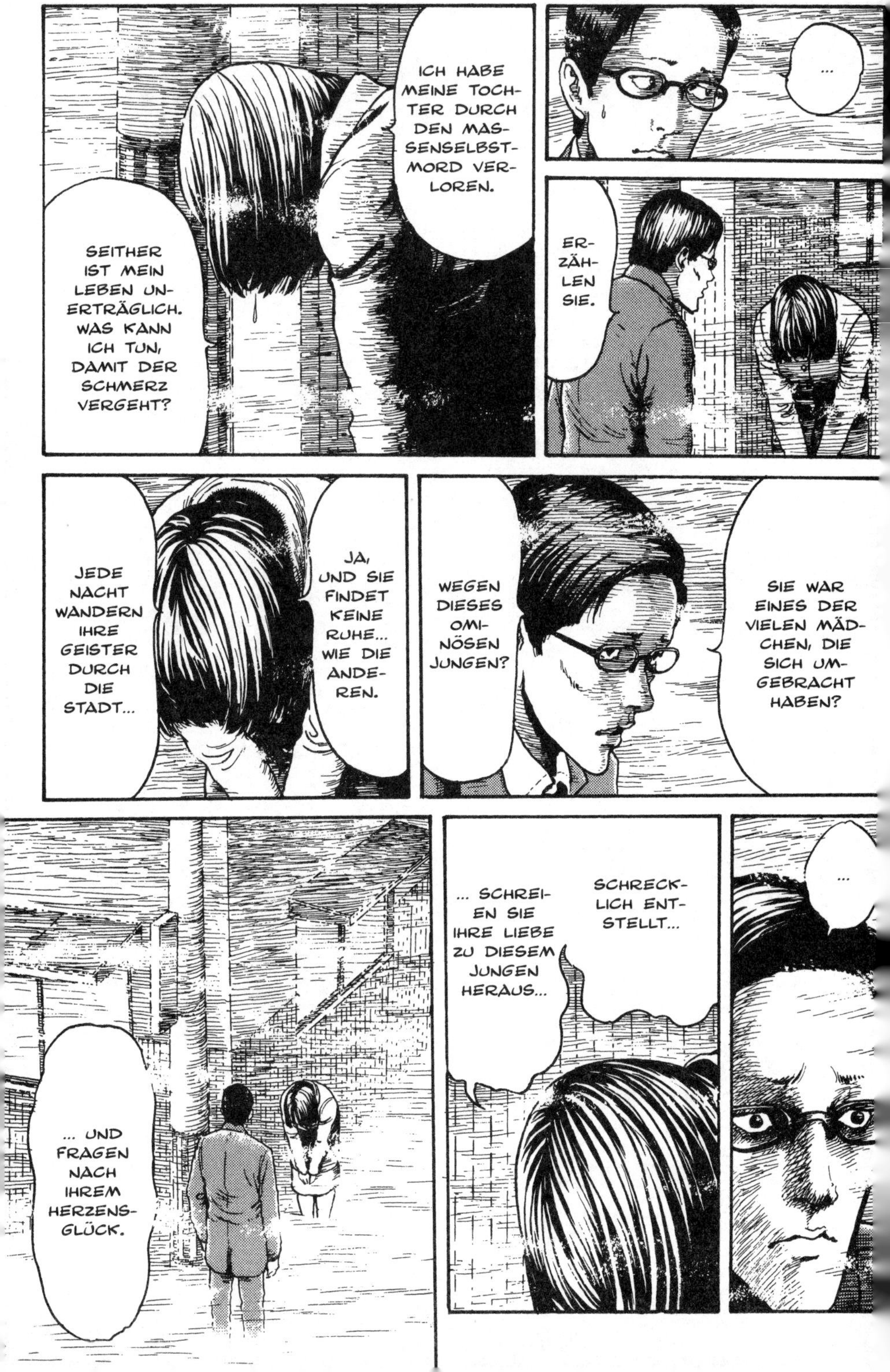
...
ER-ZÄH-LEN SIE.
ICH HABE MEINE TOCH-TER DURCH DEN MAS-SENSELBST-MORD VER-LOREN.
SEITHER IST MEIN LEBEN UN-ERTRÄGLICH. WAS KANN ICH TUN, DAMIT DER SCHMERZ VERGEHT?
SIE WAR EINES DER VIELEN MÄD-CHEN, DIE SICH UM-GEBRACHT HABEN?
WEGEN DIESES OMI-NÖSEN JUNGEN?
JA, UND SIE FINDET KEINE RUHE... WIE DIE ANDE-REN.
JEDE NACHT WANDERN IHRE GEISTER DURCH DIE STADT...
...
SCHRECK-LICH ENT-STELLT...
... SCHREI-EN SIE IHRE LIEBE ZU DIESEM JUNGEN HERAUS...
... UND FRAGEN NACH IHREM HERZENS-GLÜCK.

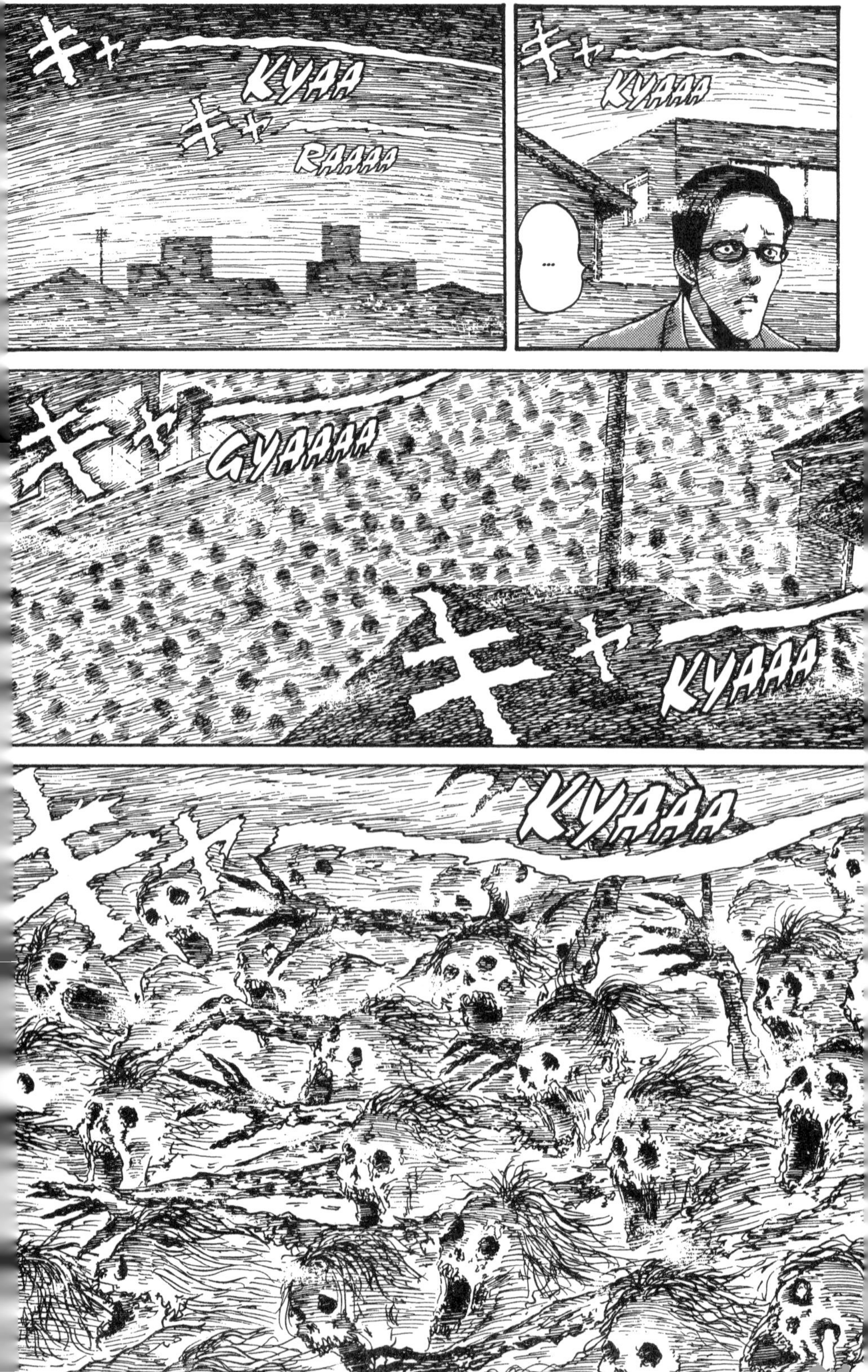
キャ
KYAAA
...
キャ
KYAA
キャ
RAAAA
ギャ
GYAAAA
キャ
KYAAA
キャ
KYAAA

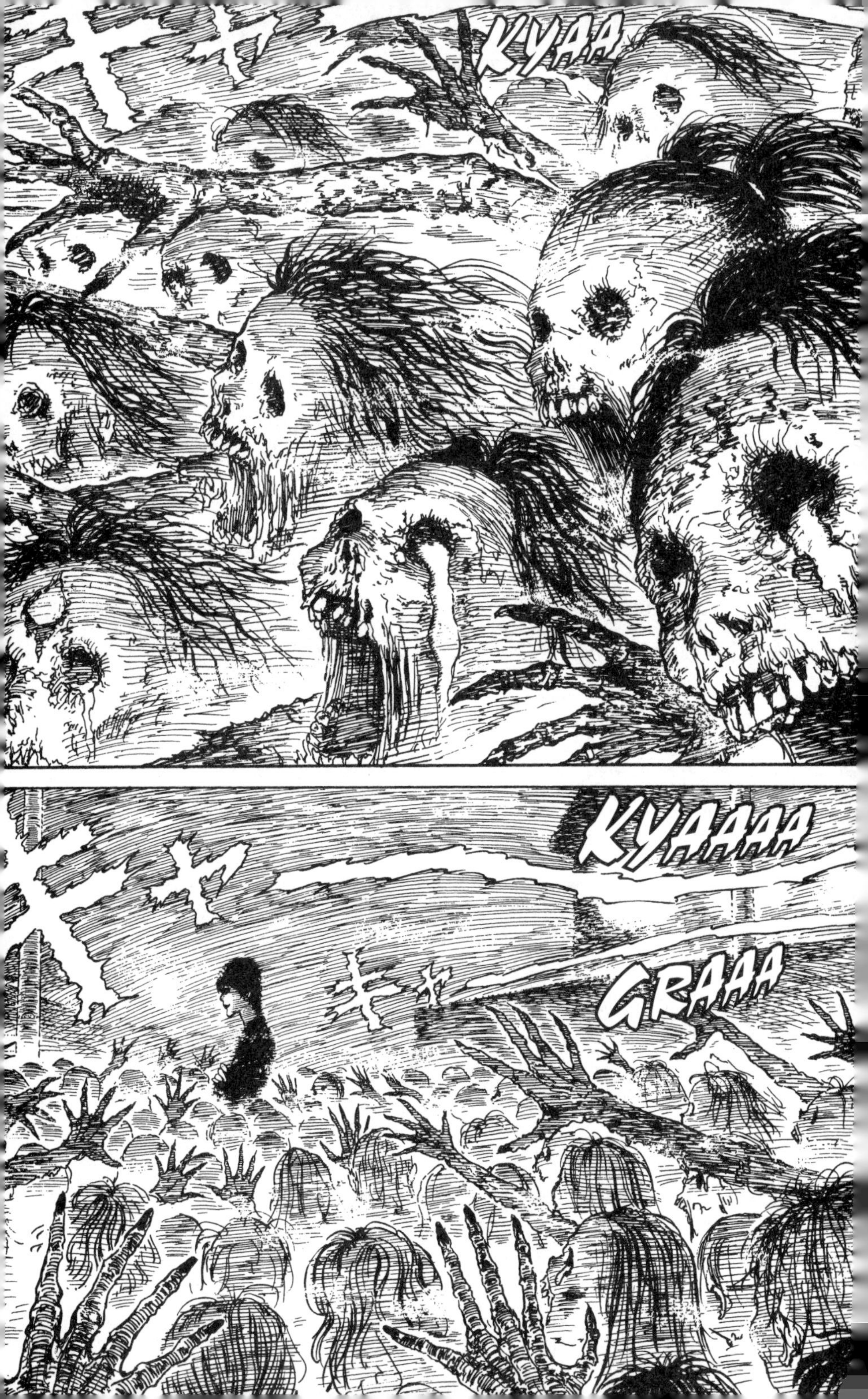
KYAA
KYAAAA
GRAAA

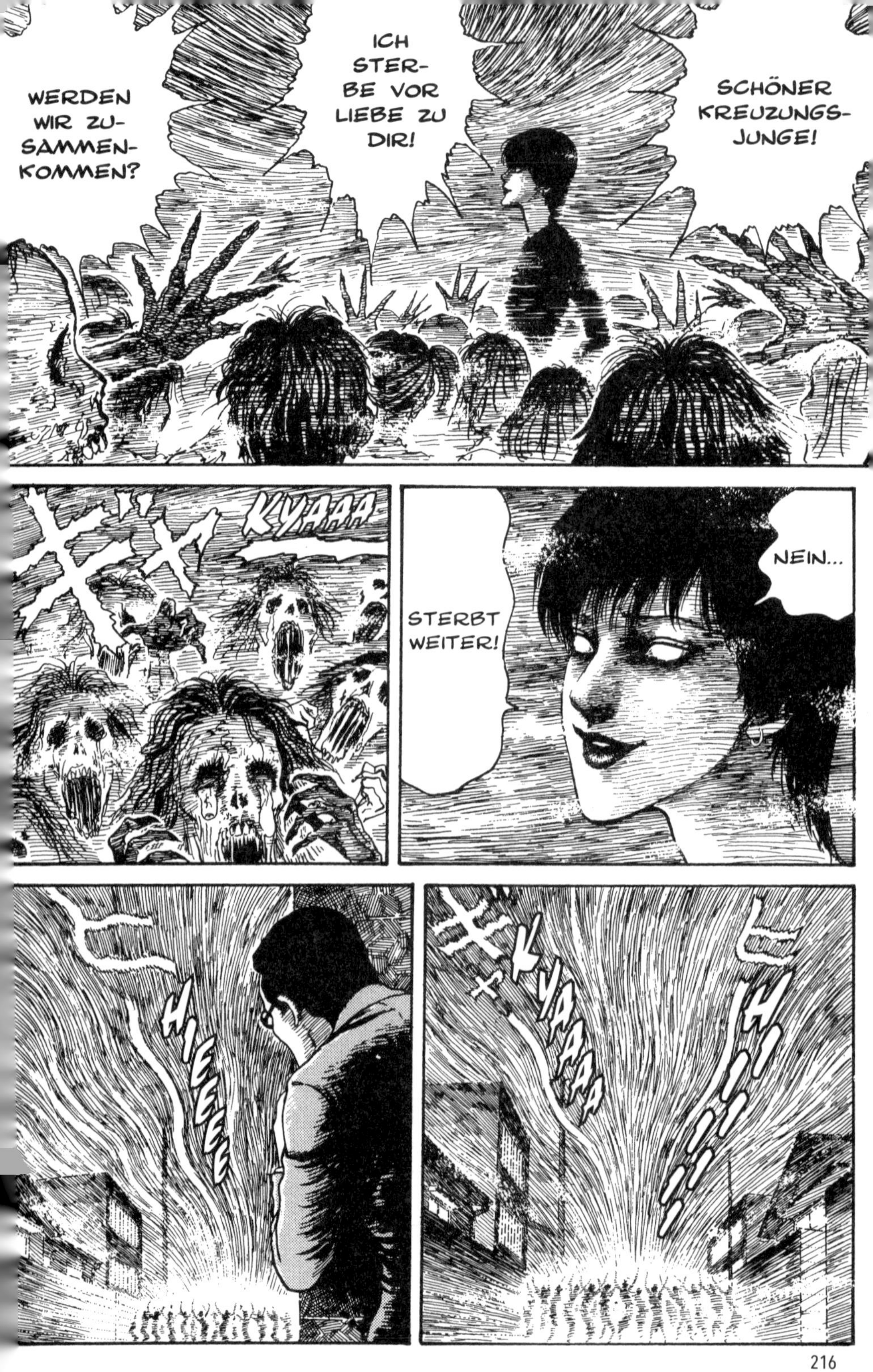
SCHÖNER KREUZUNGS-JUNGE!
ICH STER-BE VOR LIEBE ZU DIR!
WERDEN WIR ZU-SAMMEN-KOMMEN?
KYAAA
NEIN...
STERBT WEITER!
KYAAAA
HI-------
HIEEEE

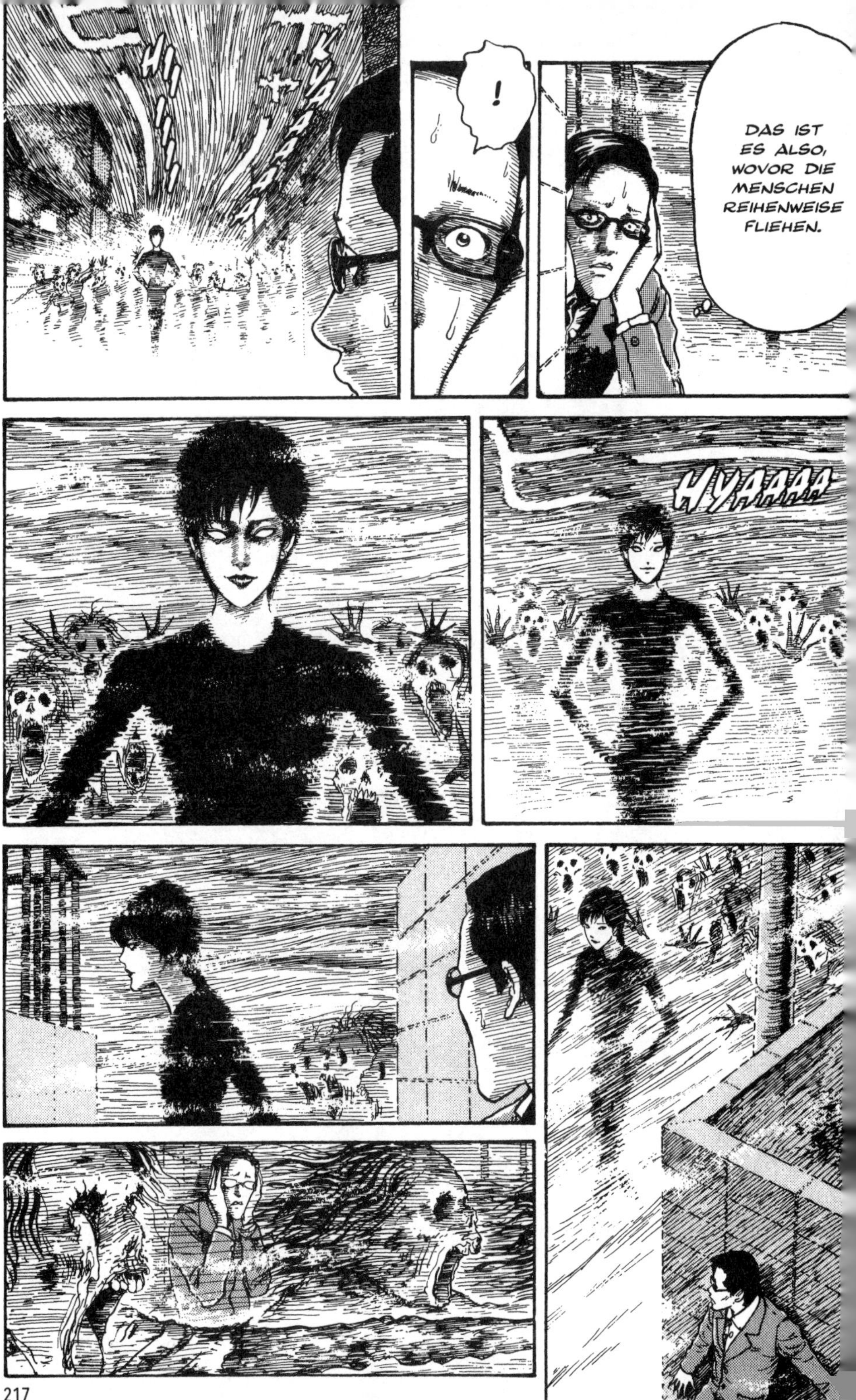
DAS IST ES ALSO, WOVOR DIE MENSCHEN REIHENWEISE FLIEHEN.
!
KYAAAAAAA
HIIIIIII
HYAAAA

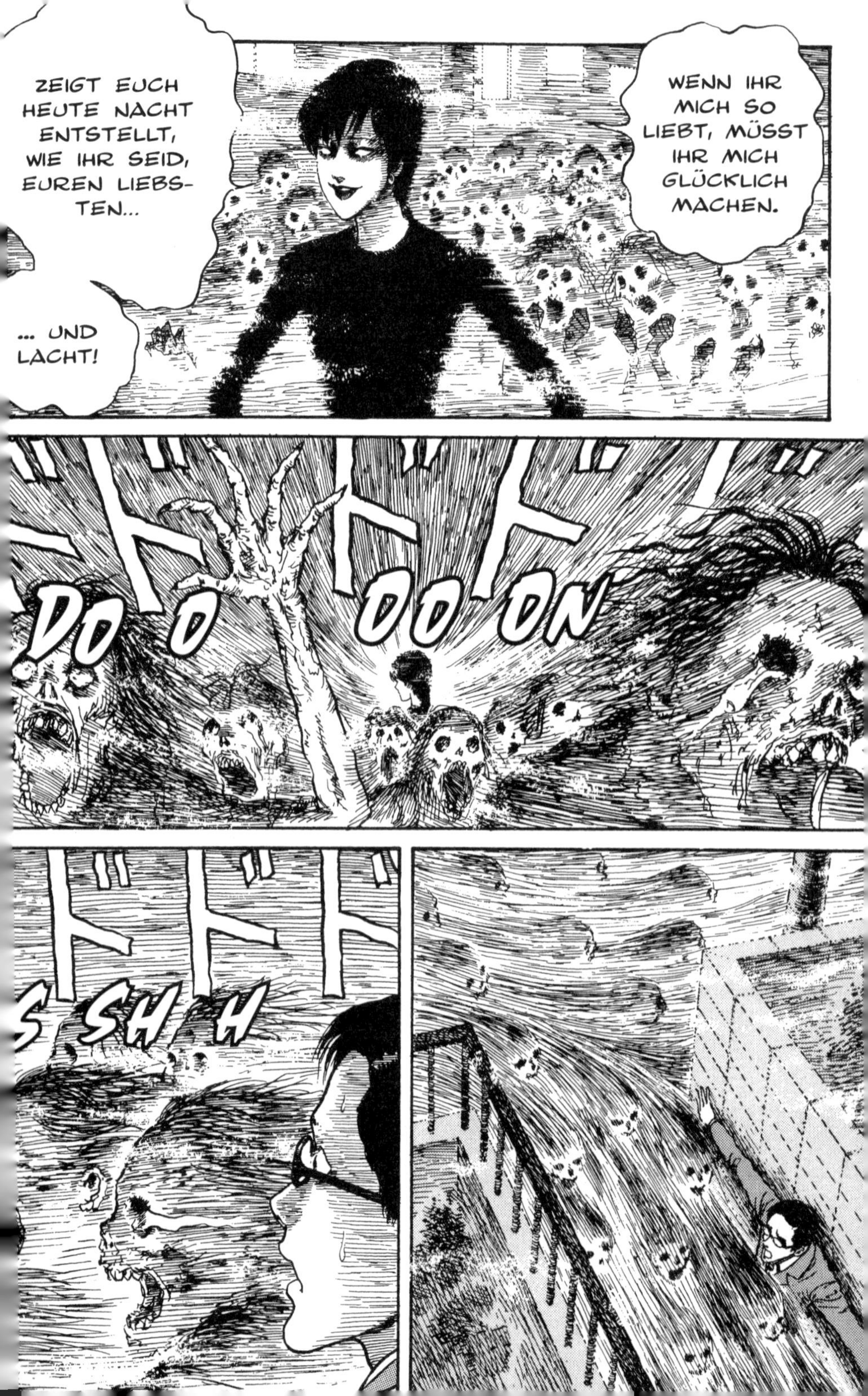

WENN IHR MICH SO LIEBT, MÜSST IHR MICH GLÜCKLICH MACHEN.
ZEIGT EUCH HEUTE NACHT ENTSTELLT, WIE IHR SEID, EUREN LIEBS-TEN...
... UND LACHT!
DO O OO ON
SSH H

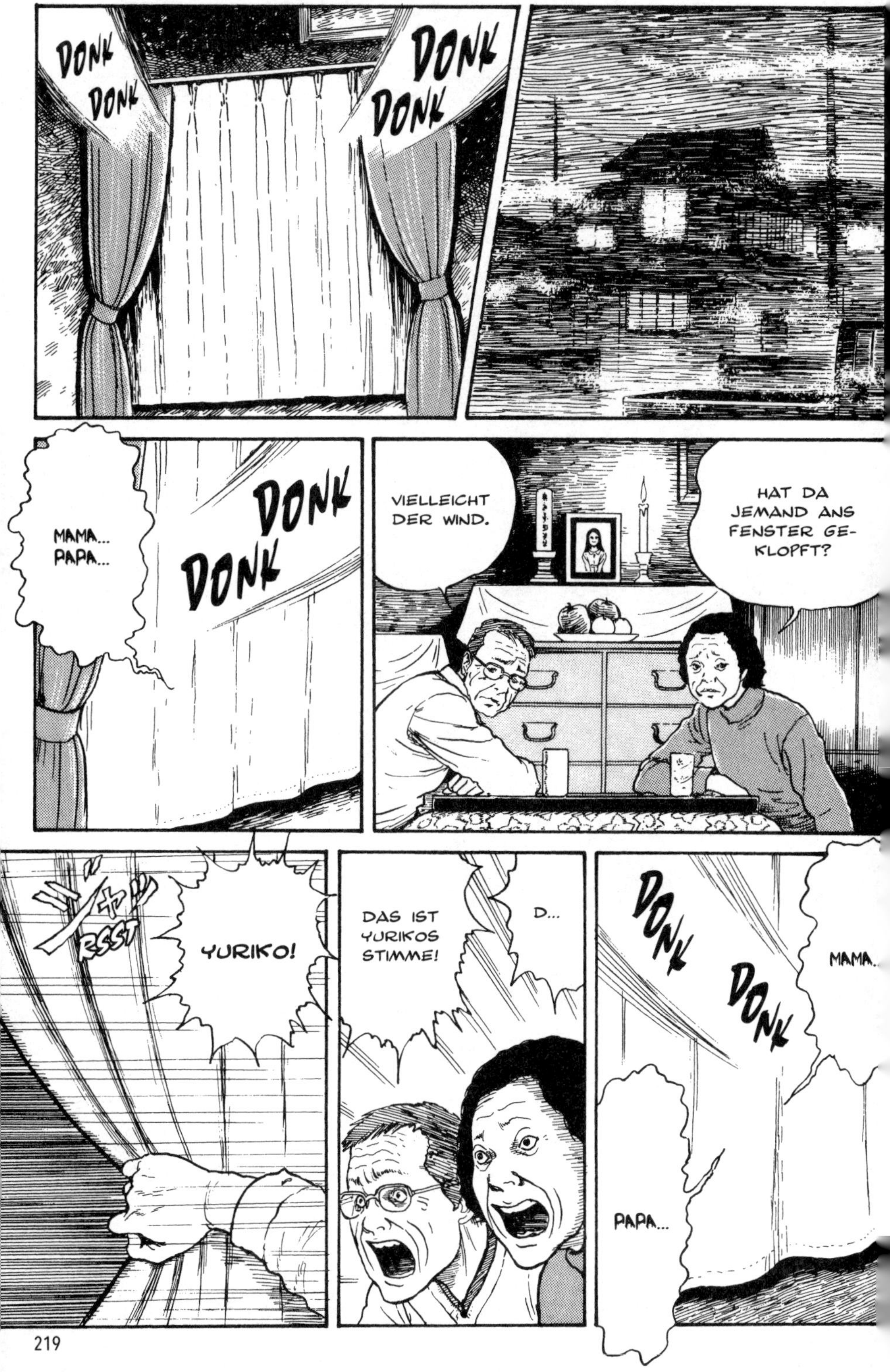
DONK
DONK
DONK
DONK
MAMA...
PAPA...
DONK
DONK
VIELLEICHT DER WIND.
HAT DA JEMAND ANS FENSTER GE-KLOPFT?
RSST
YURIKO!
DAS IST YURIKOS STIMME!
D...
DONK
DONK
MAMA...
PAPA...

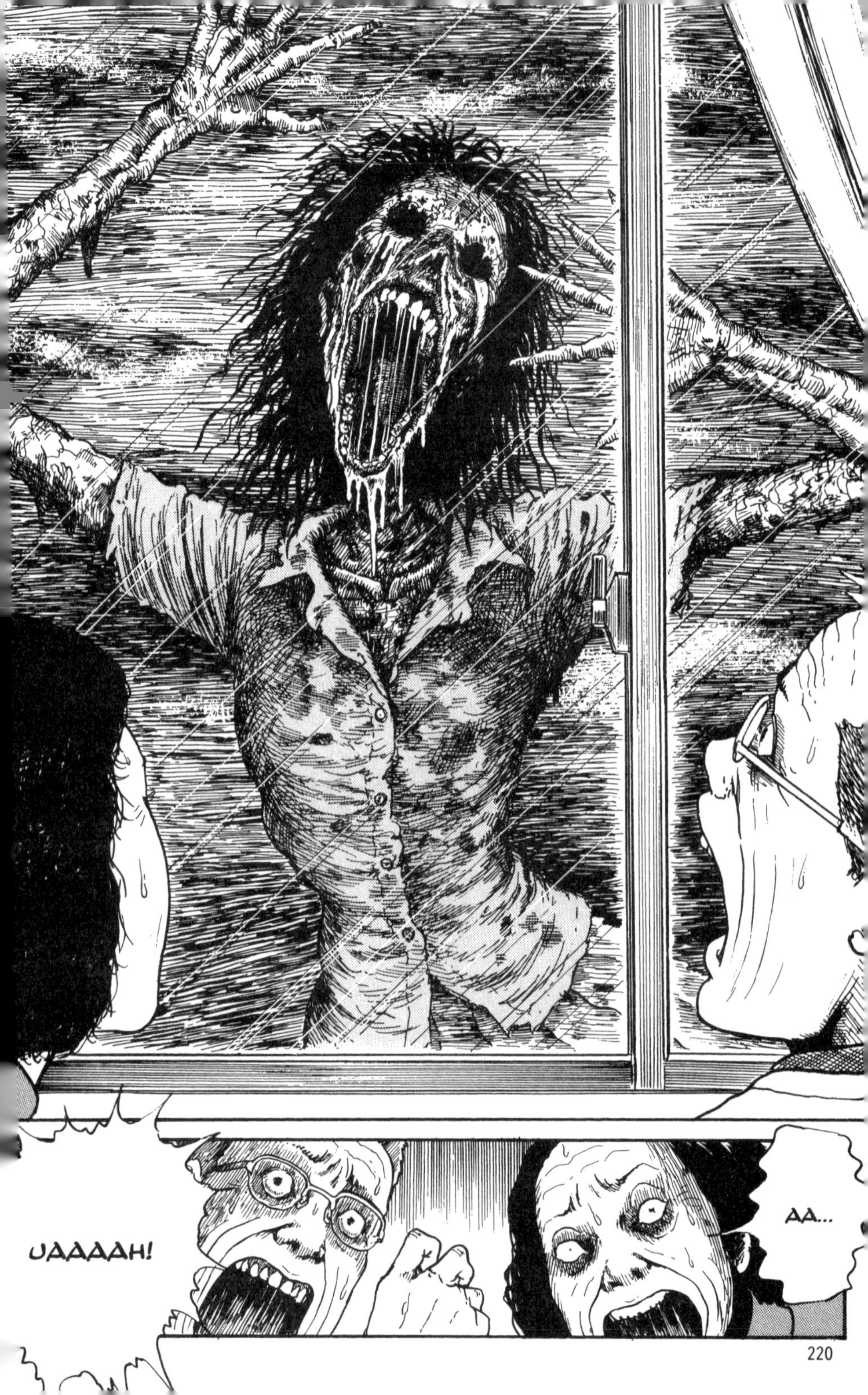
AA...
UAAAAH!

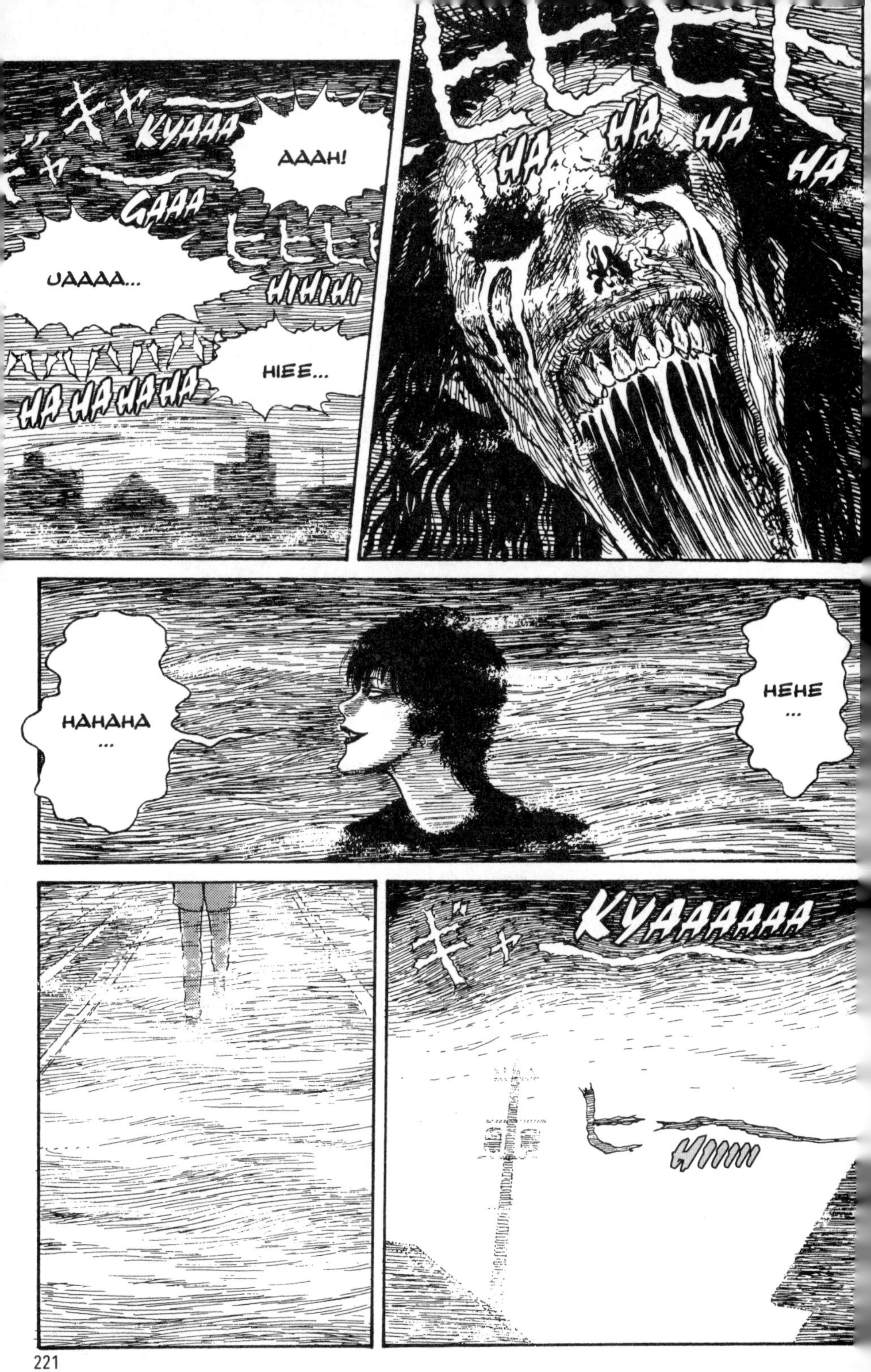
HA HA HA HA
KYAAA
AAAH!
GAAA
UAAAA...
HIHIHI
HA HA HA HA
HIEE...
HEHE ...
HAHAHA ...
KYAAAAAAA
HIIIII

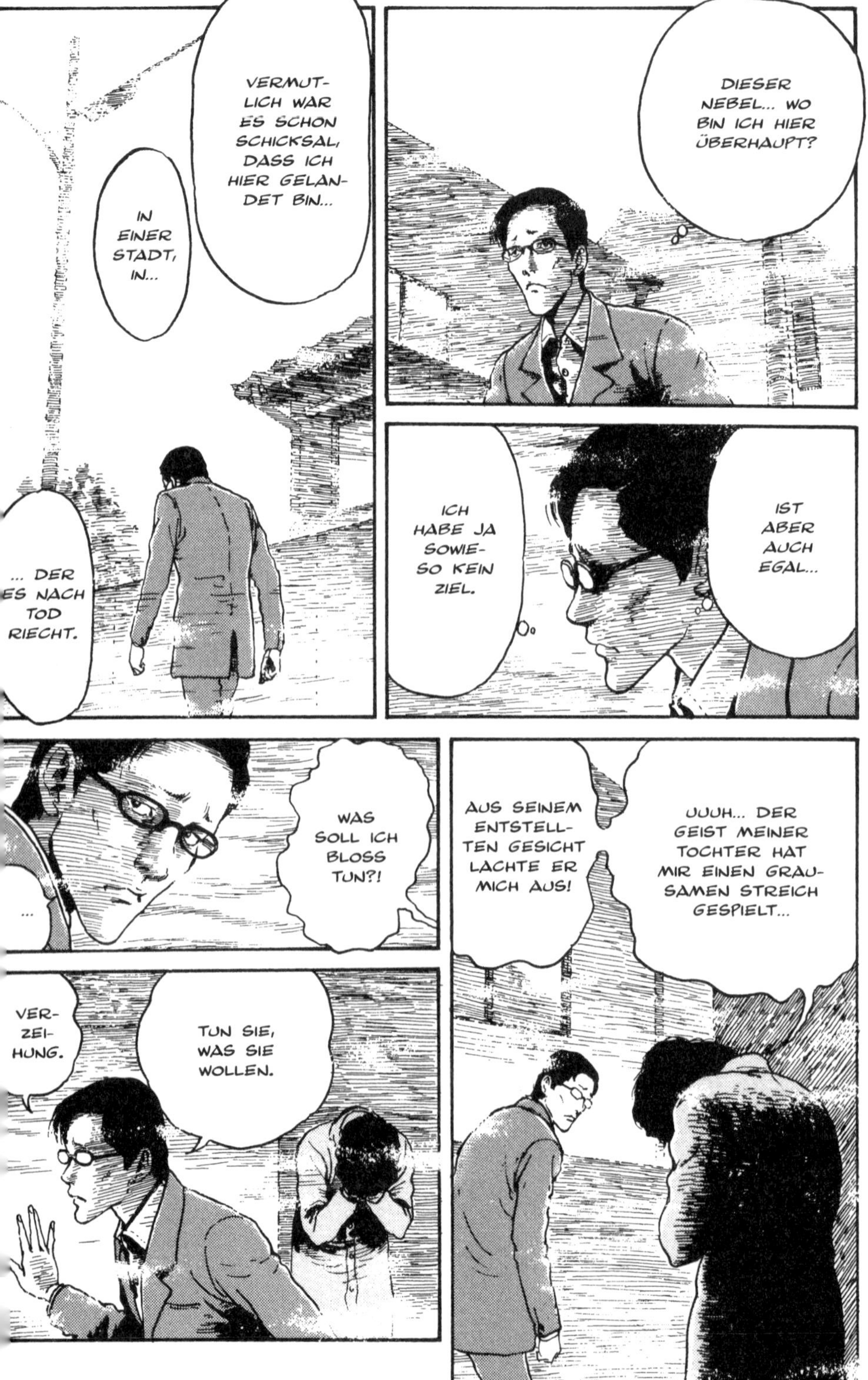

DIESER NEBEL... WO BIN ICH HIER ÜBERHAUPT?
IST ABER AUCH EGAL...
ICH HABE JA SOWIESO KEIN ZIEL.
VERMUTLICH WAR ES SCHON SCHICKSAL, DASS ICH HIER GELANDET BIN...
IN EINER STADT, IN...
... DER ES NACH TOD RIECHT.
UUUH... DER GEIST MEINER TOCHTER HAT MIR EINEN GRAUSAMEN STREICH GESPIELT...
AUS SEINEM ENTSTELLTEN GESICHT LACHTE ER MICH AUS!
WAS SOLL ICH BLOSS TUN?!
...
TUN SIE, WAS SIE WOLLEN.
VERZEIHUNG.

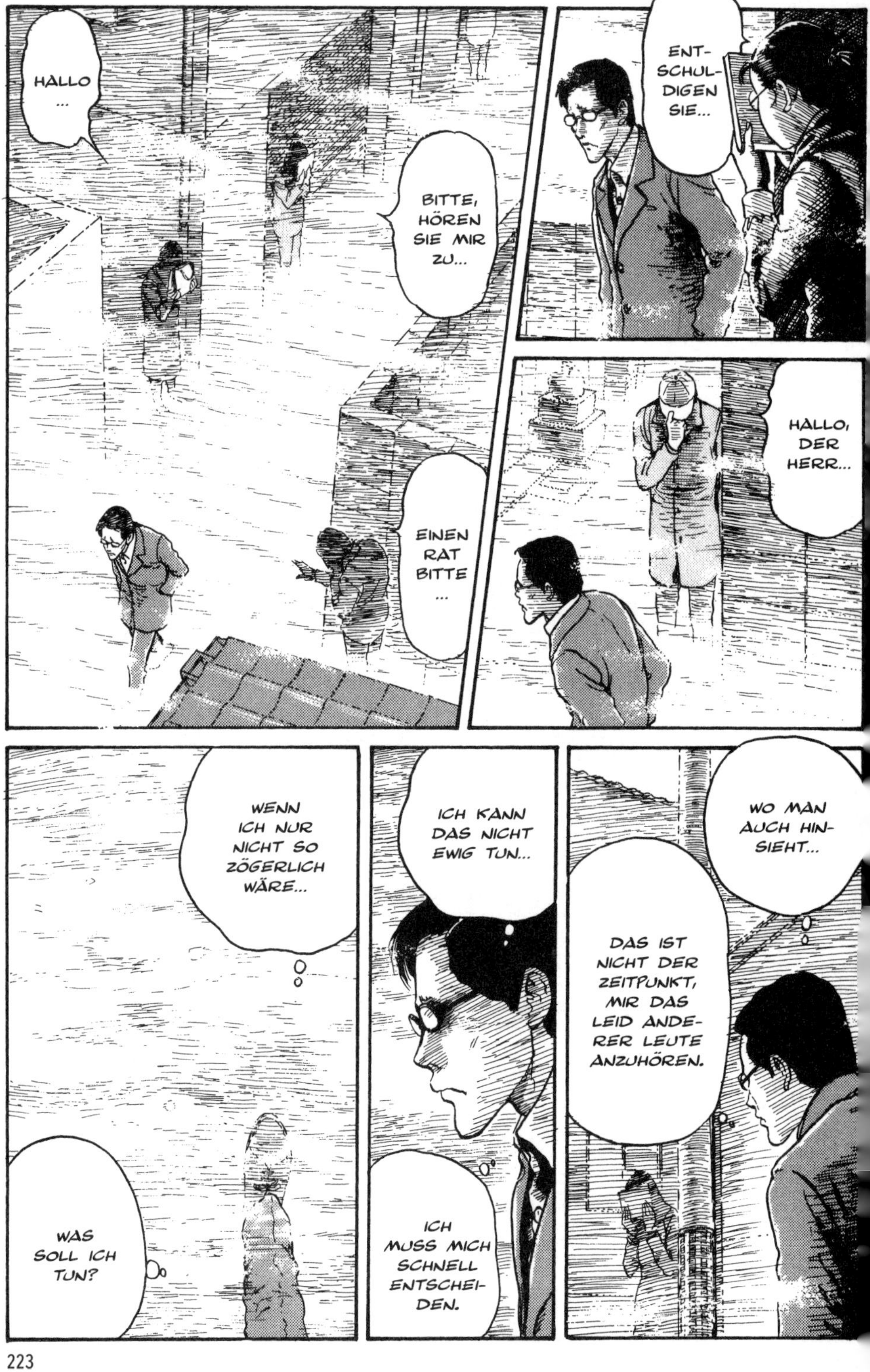
ENTSCHULDIGEN SIE...
HALLO, DER HERR...
HALLO ...
BITTE, HÖREN SIE MIR ZU...
EINEN RAT BITTE ...
WO MAN AUCH HINSIEHT...
DAS IST NICHT DER ZEITPUNKT, MIR DAS LEID ANDERER LEUTE ANZUHÖREN.
ICH KANN DAS NICHT EWIG TUN...
ICH MUSS MICH SCHNELL ENTSCHEIDEN.
WENN ICH NUR NICHT SO ZÖGERLICH WÄRE...
WAS SOLL ICH TUN?

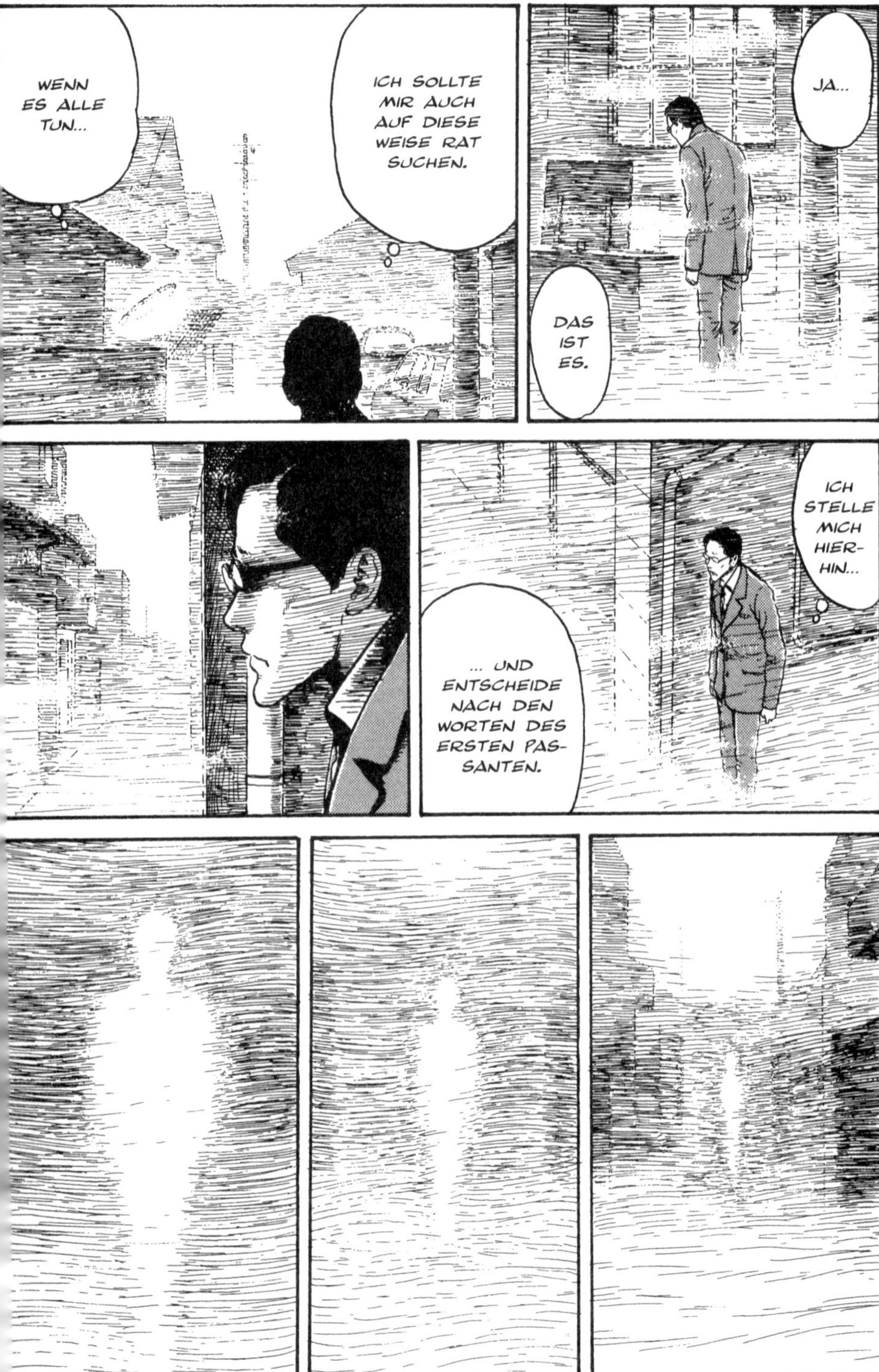
JA…
DAS IST ES.
ICH SOLLTE MIR AUCH AUF DIESE WEISE RAT SUCHEN.
WENN ES ALLE TUN…
ICH STELLE MICH HIERHIN…
… UND ENTSCHEIDE NACH DEN WORTEN DES ERSTEN PASSANTEN.

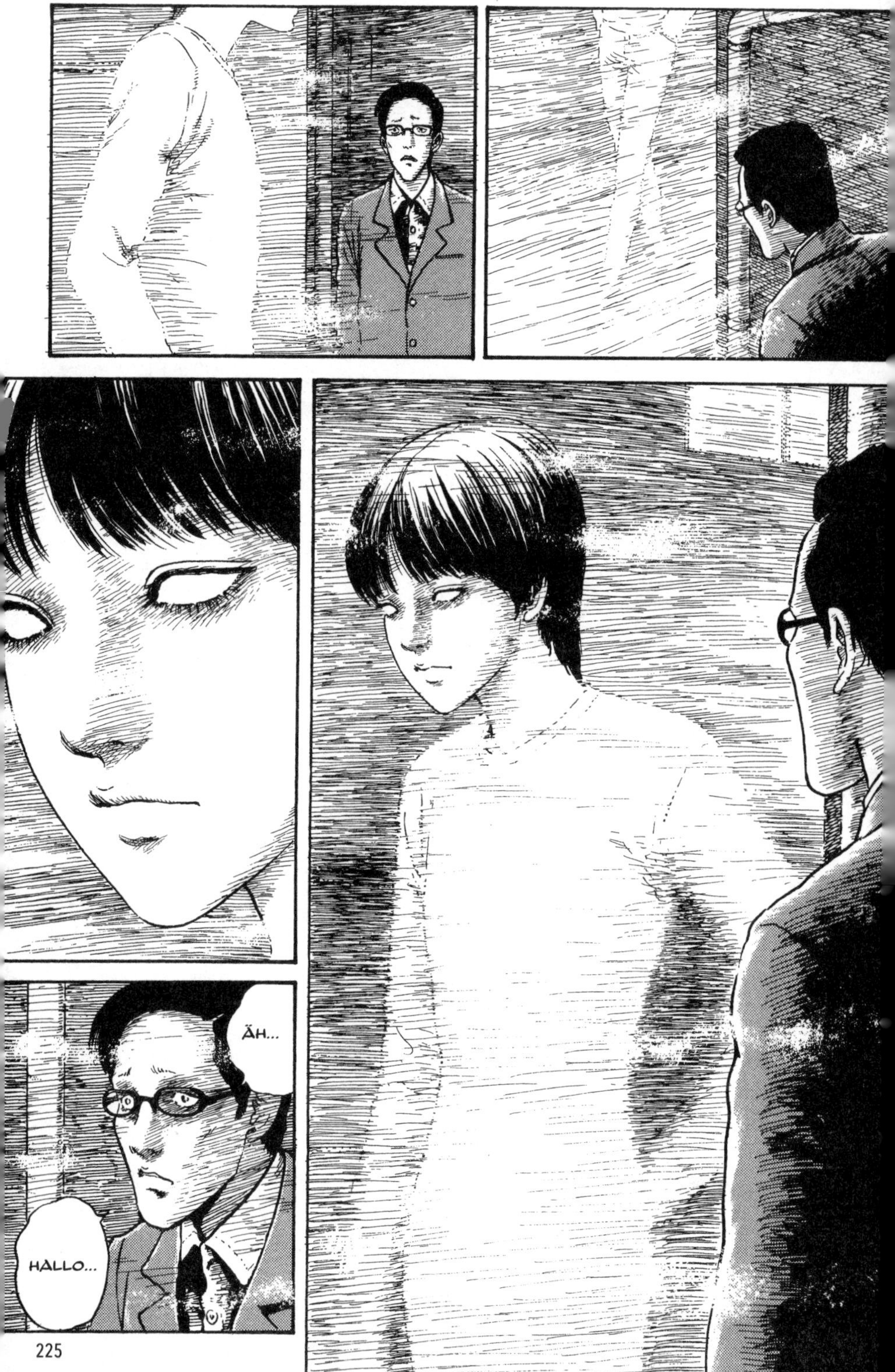
ÄH...
HALLO...

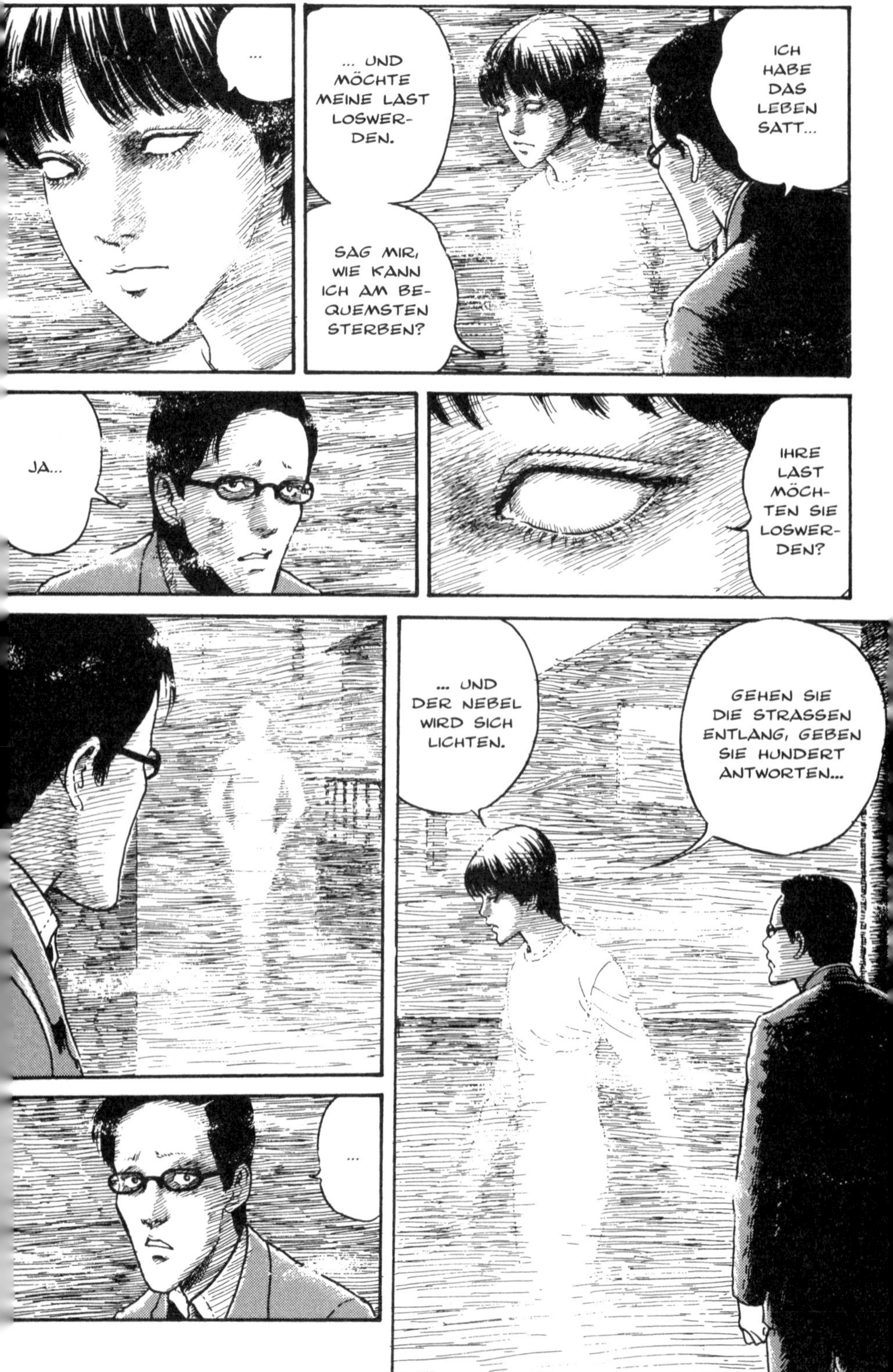
ICH HABE DAS LEBEN SATT...
... UND MÖCHTE MEINE LAST LOSWERDEN.
SAG MIR, WIE KANN ICH AM BEQUEMSTEN STERBEN?
...
IHRE LAST MÖCHTEN SIE LOSWERDEN?
JA...
GEHEN SIE DIE STRASSEN ENTLANG, GEBEN SIE HUNDERT ANTWORTEN...
... UND DER NEBEL WIRD SICH LICHTEN.
...

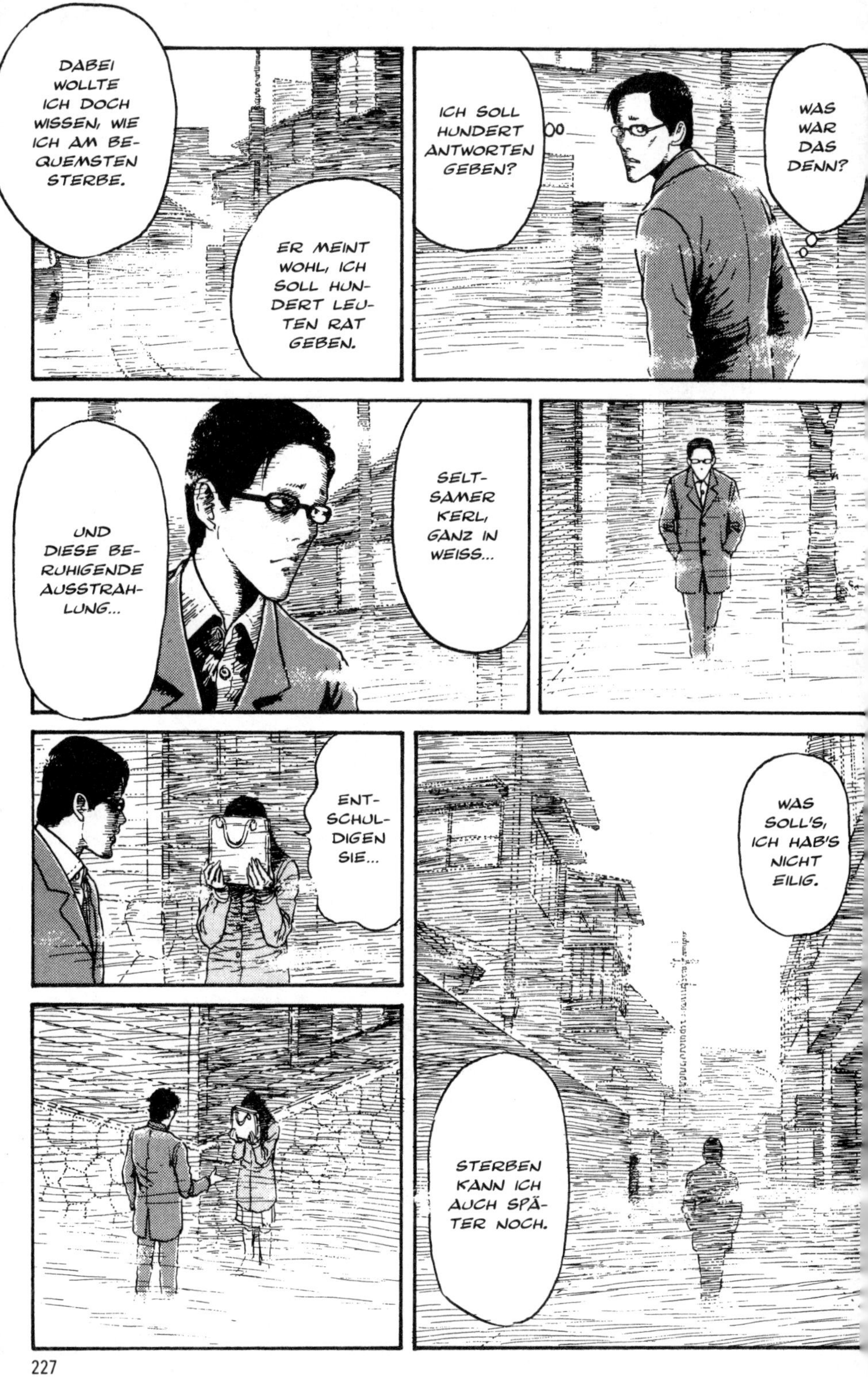
WAS WAR DAS DENN?
ICH SOLL HUNDERT ANTWORTEN GEBEN?
ER MEINT WOHL, ICH SOLL HUNDERT LEUTEN RAT GEBEN.
DABEI WOLLTE ICH DOCH WISSEN, WIE ICH AM BEQUEMSTEN STERBE.
SELTSAMER KERL, GANZ IN WEISS...
UND DIESE BERUHIGENDE AUSSTRAHLUNG...
WAS SOLL'S, ICH HAB'S NICHT EILIG.
STERBEN KANN ICH AUCH SPÄTER NOCH.
ENTSCHULDIGEN SIE...

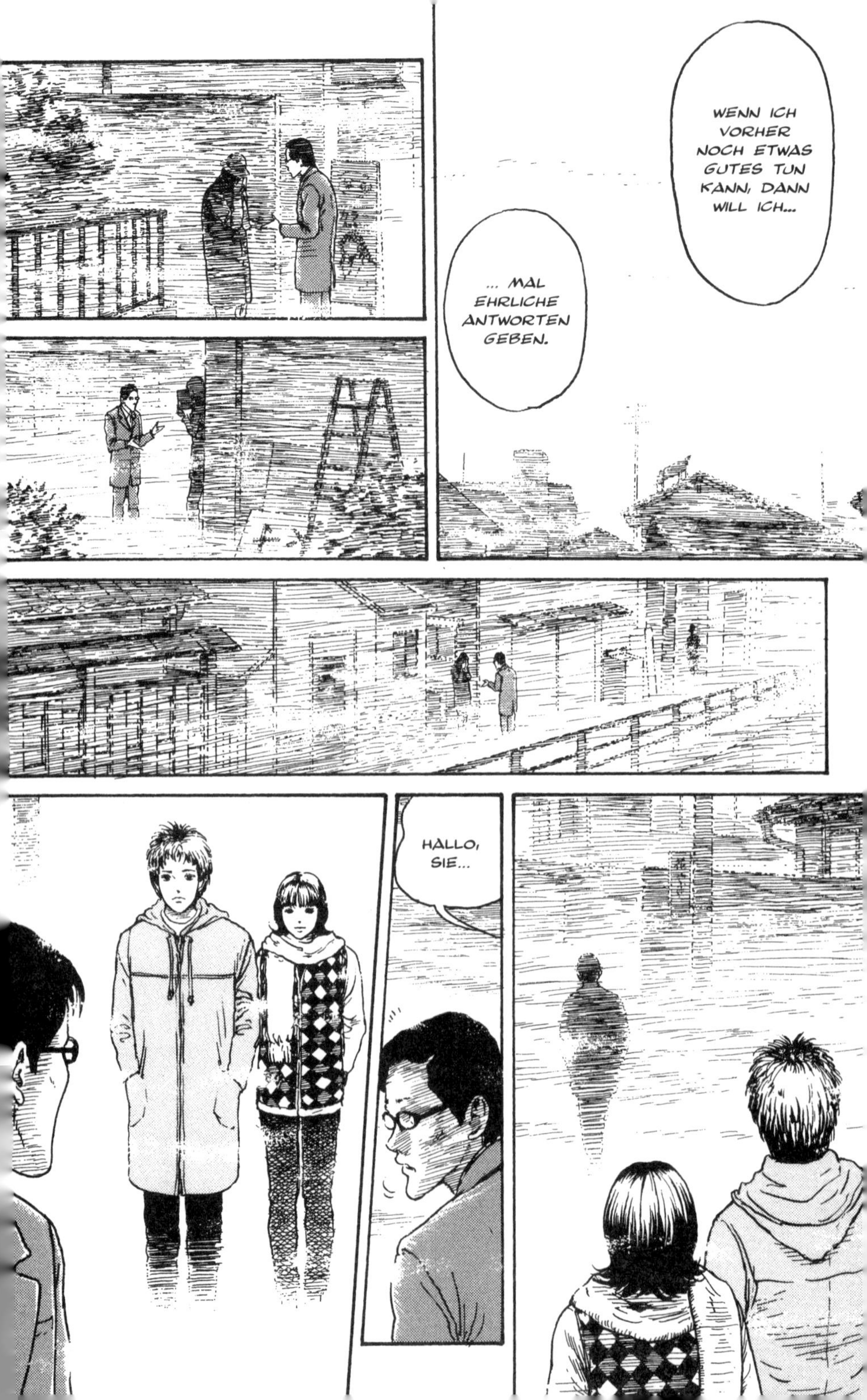
WENN ICH VORHER NOCH ETWAS GUTES TUN KANN, DANN WILL ICH...
... MAL EHRLICHE ANTWORTEN GEBEN.
HALLO, SIE...

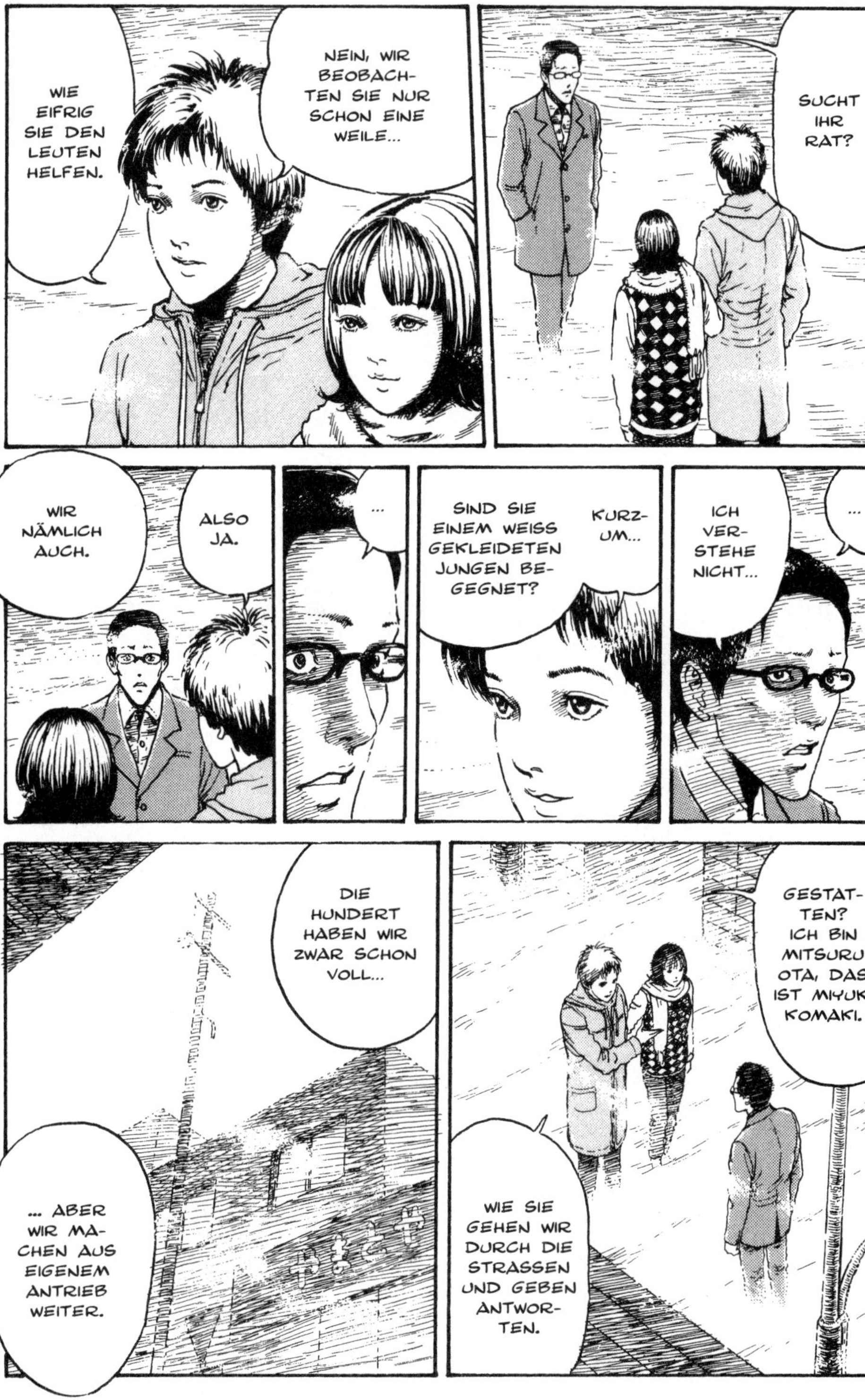
Wie eifrig sie den Leuten helfen.
Nein, wir beobachten sie nur schon eine Weile...
Sucht ihr Rat?
Wir nämlich auch.
Also ja.
...
Kurzum...
Sind Sie einem weiss gekleideten Jungen begegnet?
Ich verstehe nicht...
...
Die hundert haben wir zwar schon voll...
... aber wir machen aus eigenem Antrieb weiter.
Gestatten? Ich bin Mitsuru Ota, das ist Miyuki Komaki.
Wie Sie gehen wir durch die Strassen und geben Antworten.

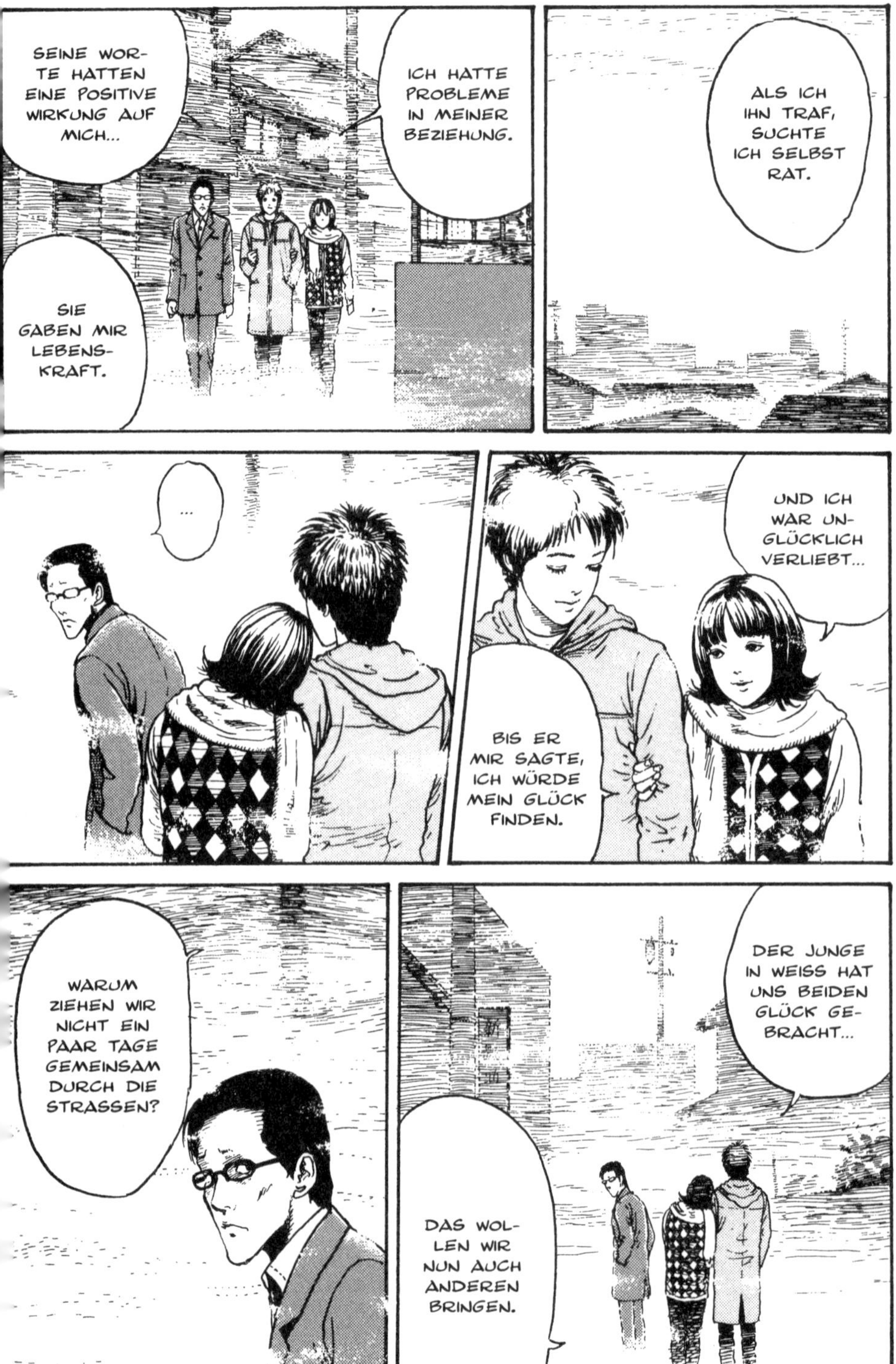
ALS ICH IHN TRAF, SUCHTE ICH SELBST RAT.
ICH HATTE PROBLEME IN MEINER BEZIEHUNG.
SEINE WORTE HATTEN EINE POSITIVE WIRKUNG AUF MICH...
SIE GABEN MIR LEBENSKRAFT.
UND ICH WAR UNGLÜCKLICH VERLIEBT...
BIS ER MIR SAGTE, ICH WÜRDE MEIN GLÜCK FINDEN.
...
DER JUNGE IN WEISS HAT UNS BEIDEN GLÜCK GEBRACHT...
DAS WOLLEN WIR NUN AUCH ANDEREN BRINGEN.
WARUM ZIEHEN WIR NICHT EIN PAAR TAGE GEMEINSAM DURCH DIE STRASSEN?

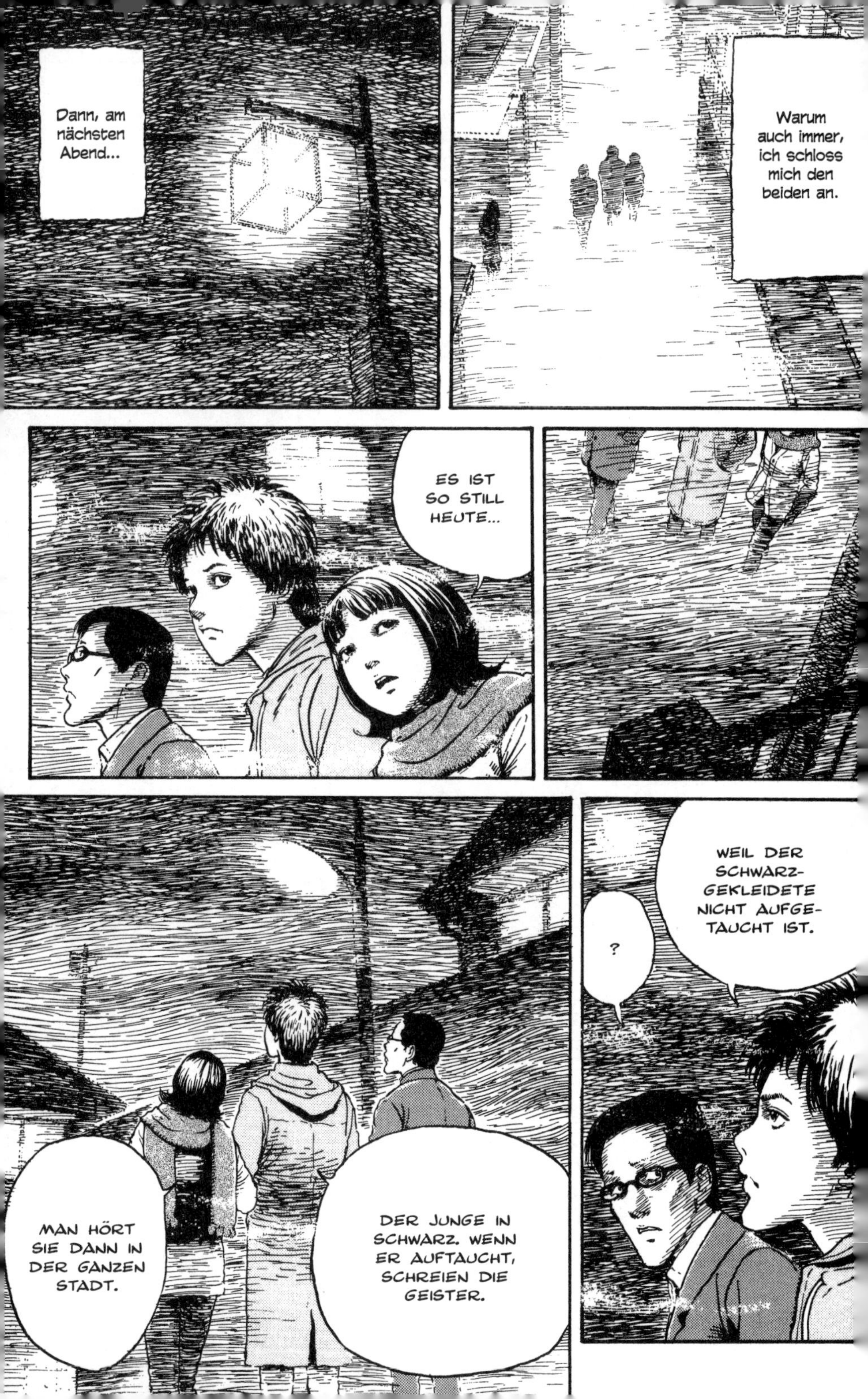
Dann, am nächsten Abend...
Warum auch immer, ich schloss mich den beiden an.
ES IST SO STILL HEUTE...
WEIL DER SCHWARZGEKLEIDETE NICHT AUFGETAUCHT IST.
?
DER JUNGE IN SCHWARZ. WENN ER AUFTAUCHT, SCHREIEN DIE GEISTER.
MAN HÖRT SIE DANN IN DER GANZEN STADT.

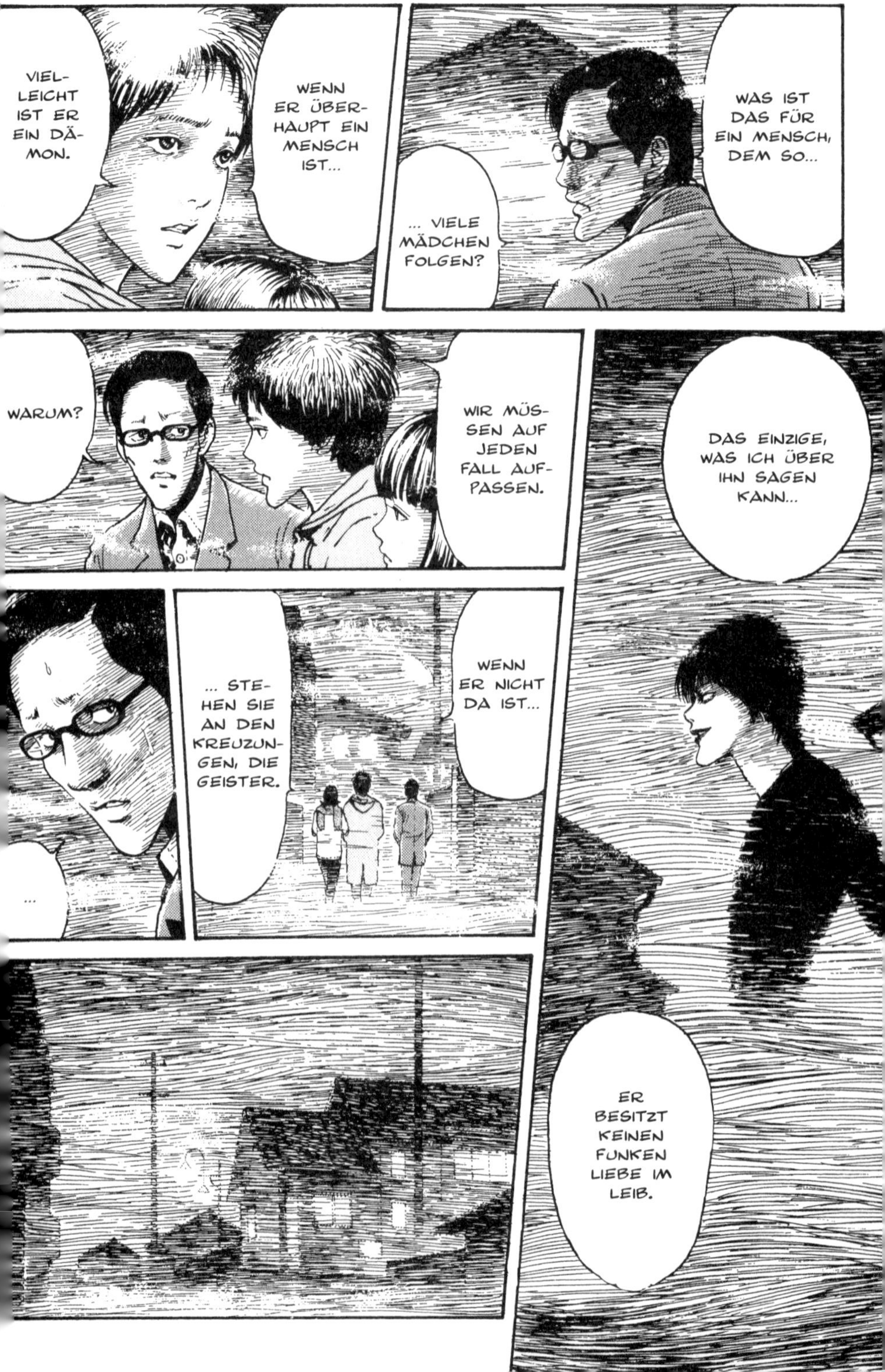
WAS IST DAS FÜR EIN MENSCH, DEM SO...
... VIELE MÄDCHEN FOLGEN?
WENN ER ÜBER-HAUPT EIN MENSCH IST...
VIEL-LEICHT IST ER EIN DÄ-MON.
DAS EINZIGE, WAS ICH ÜBER IHN SAGEN KANN...
ER BESITZT KEINEN FUNKEN LIEBE IM LEIB.
WIR MÜS-SEN AUF JEDEN FALL AUF-PASSEN.
WARUM?
WENN ER NICHT DA IST...
... STE-HEN SIE AN DEN KREUZUN-GEN, DIE GEISTER.
...

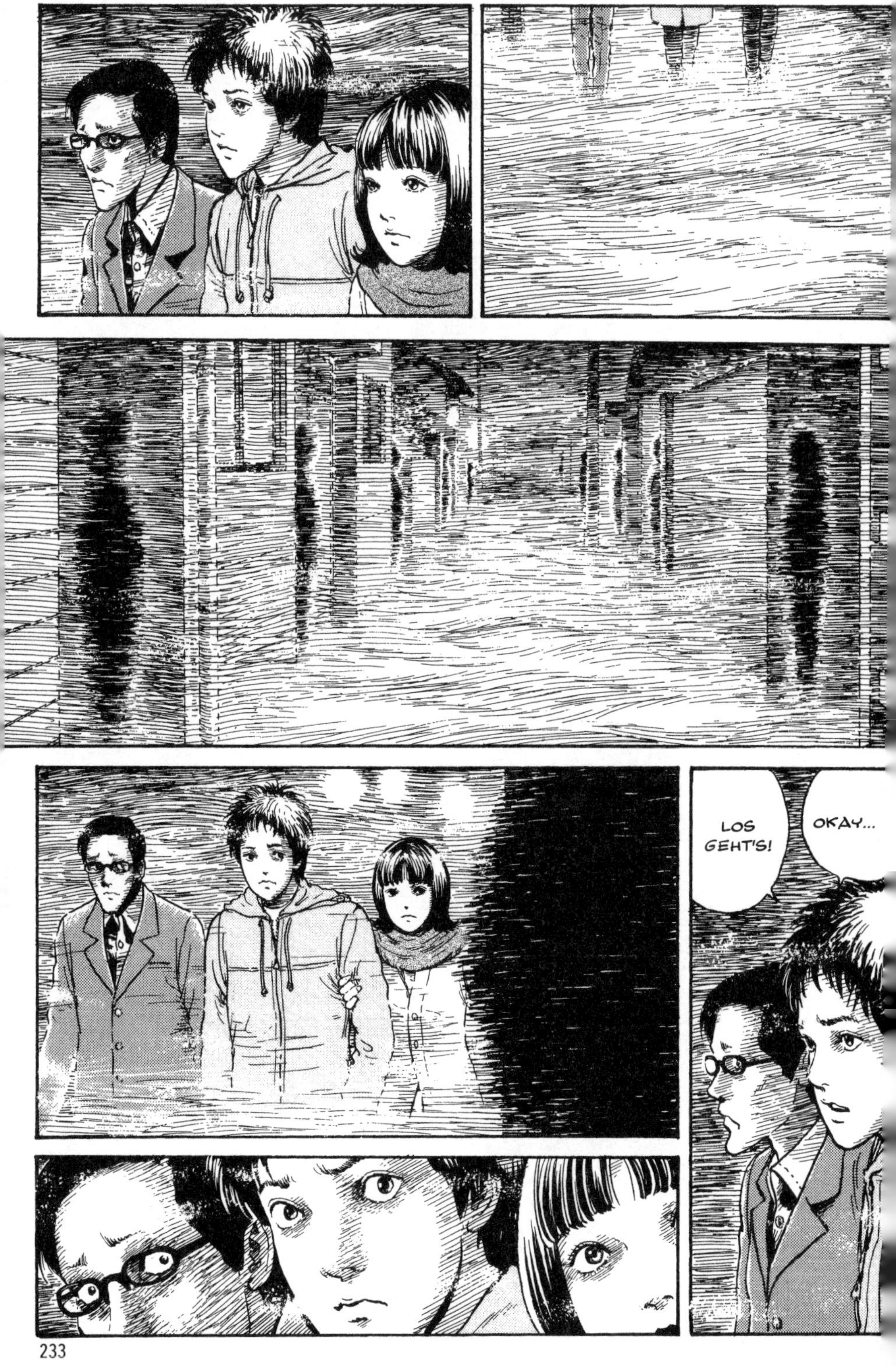
OKAY...
LOS GEHT'S!

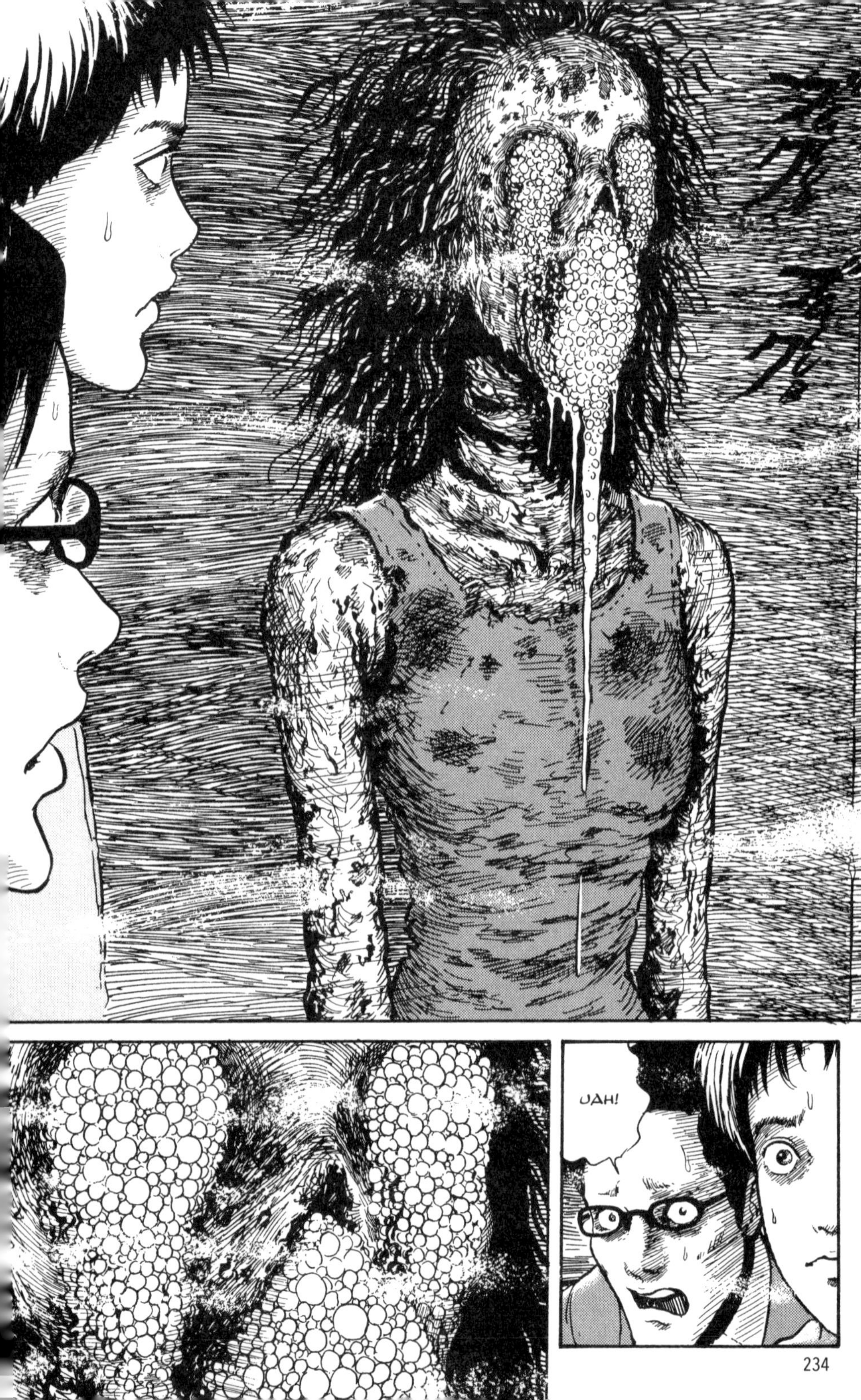
UAH!

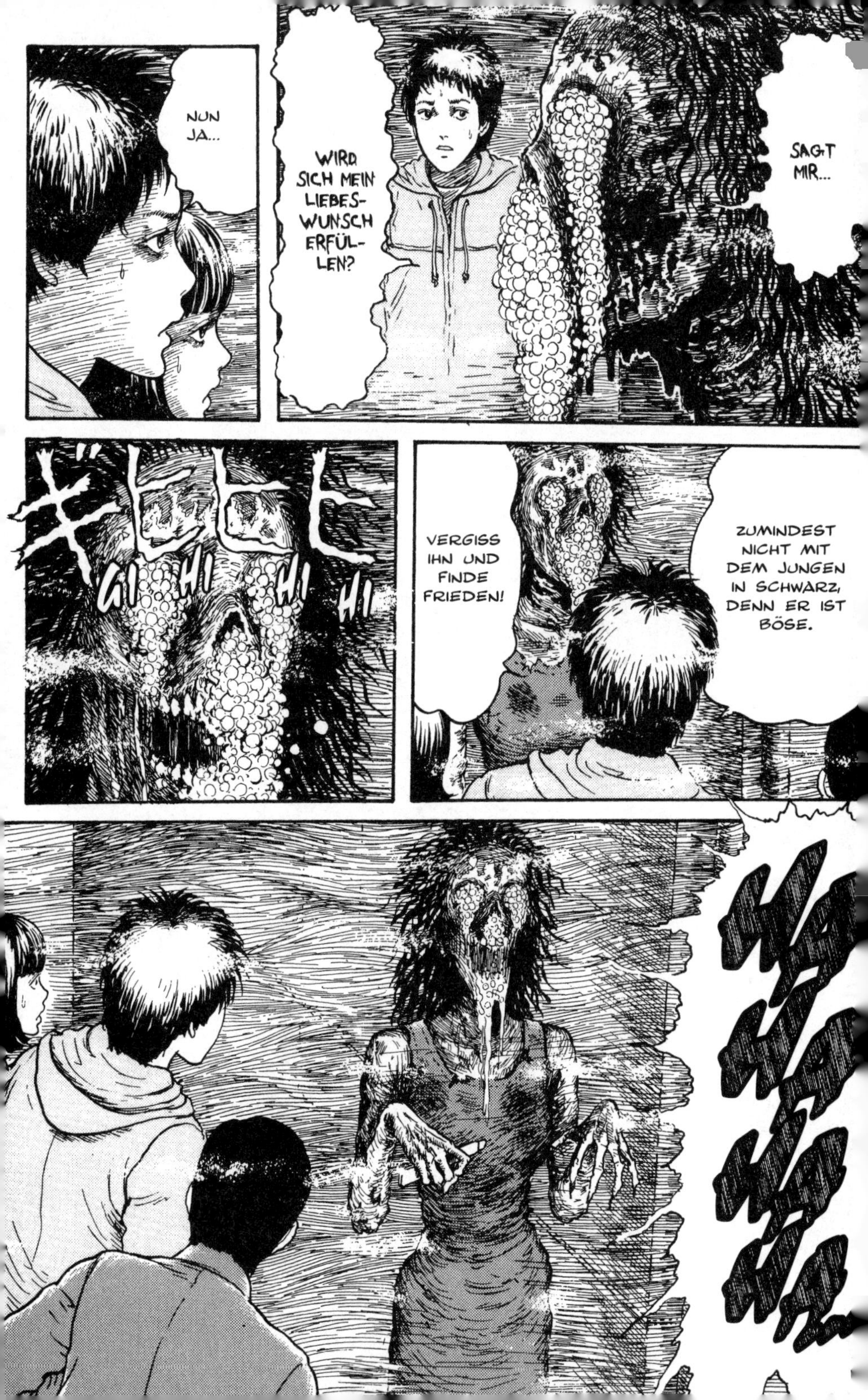
SAGT MIR...
WIRD SICH MEIN LIEBES-WUNSCH ERFÜL-LEN?
NUN JA...
ZUMINDEST NICHT MIT DEM JUNGEN IN SCHWARZ, DENN ER IST BÖSE.
VERGISS IHN UND FINDE FRIEDEN!
ギヒヒヒ
GI HI HI HI

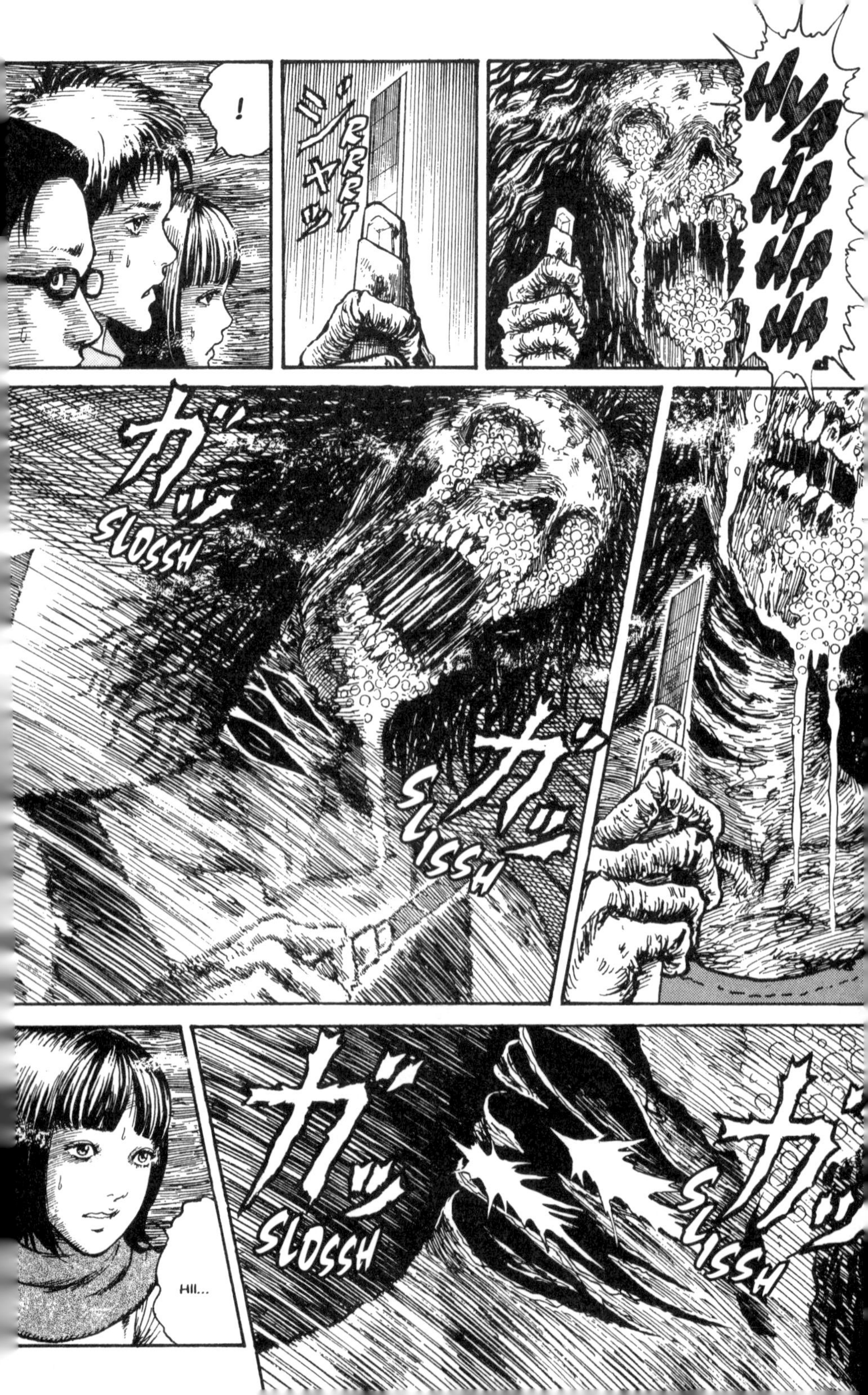

!
ジャッ
RRRT
HYAHAHAHA
ガッ
SLOSSH
ガッ
SLISSH
HII...
ガッ
SLOSSH
ガッ
SLISSH

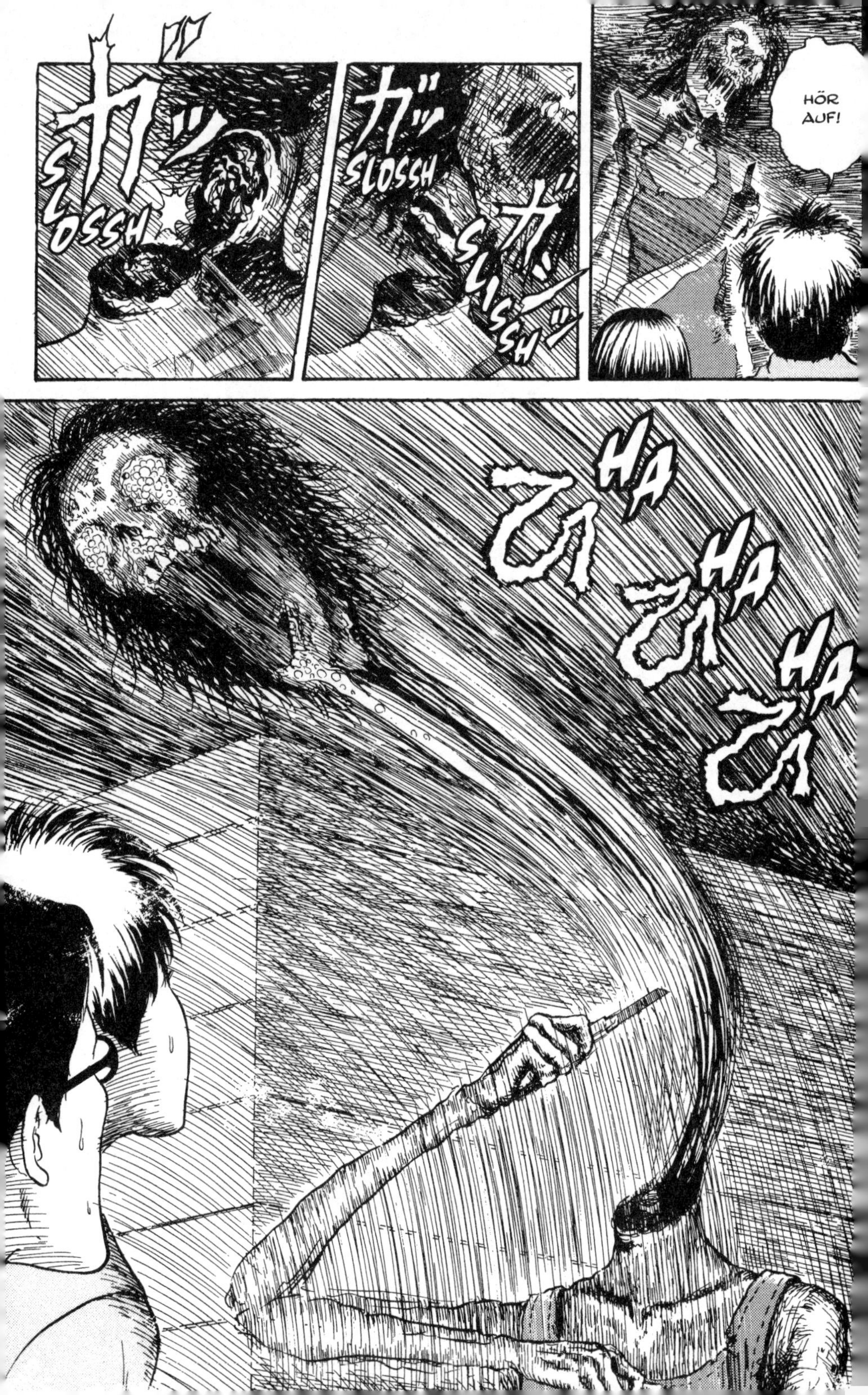
HÖR AUF!
SLOSSH
SLISSH
SLOSSH
HA
HA
HA

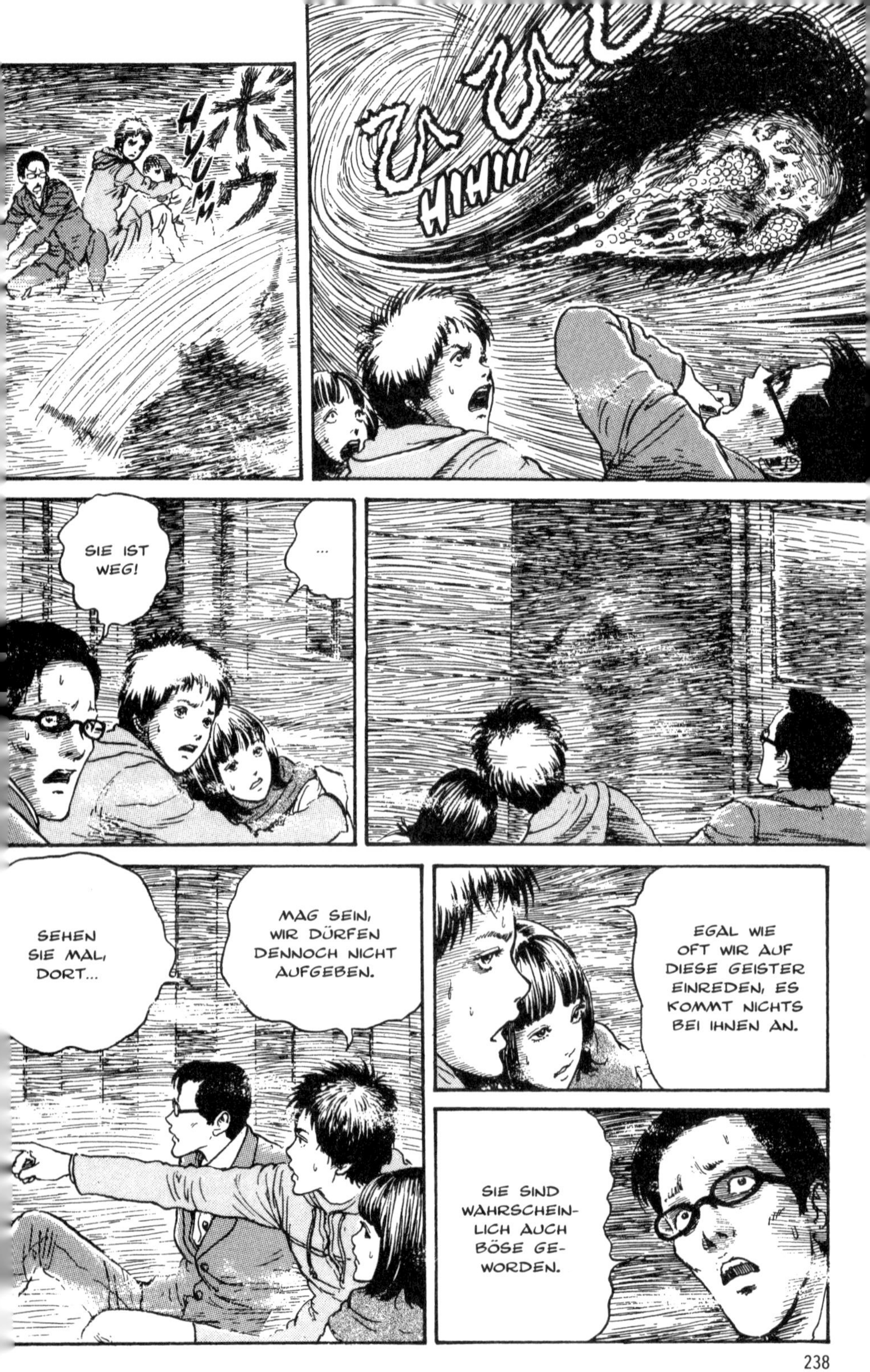
HIHIII
HYUMM
...
SIE IST WEG!
EGAL WIE OFT WIR AUF DIESE GEISTER EINREDEN, ES KOMMT NICHTS BEI IHNEN AN.
SIE SIND WAHRSCHEIN-LICH AUCH BÖSE GE-WORDEN.
MAG SEIN, WIR DÜRFEN DENNOCH NICHT AUFGEBEN.
SEHEN SIE MAL, DORT...

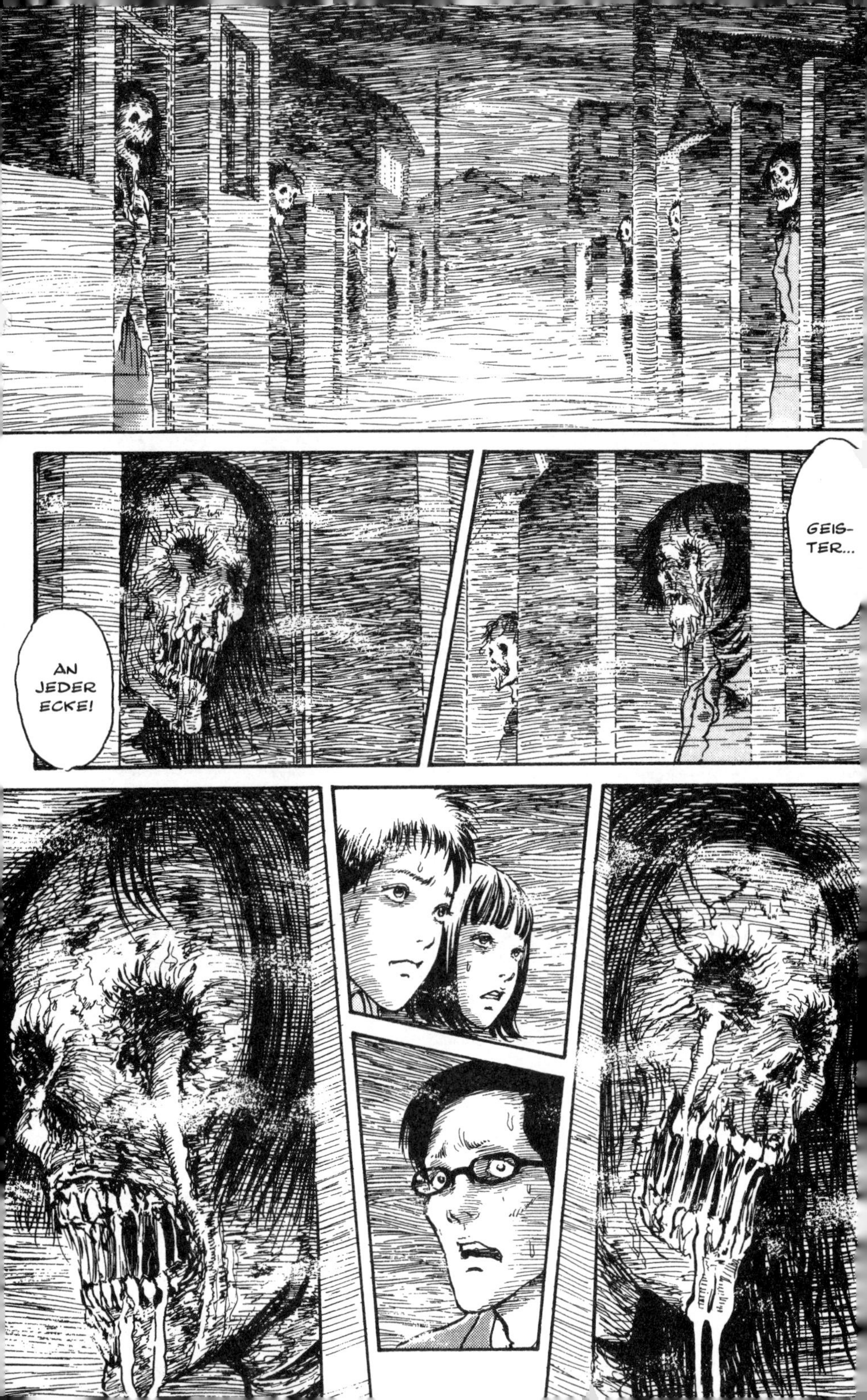
GEIS-TER...
AN JEDER ECKE!

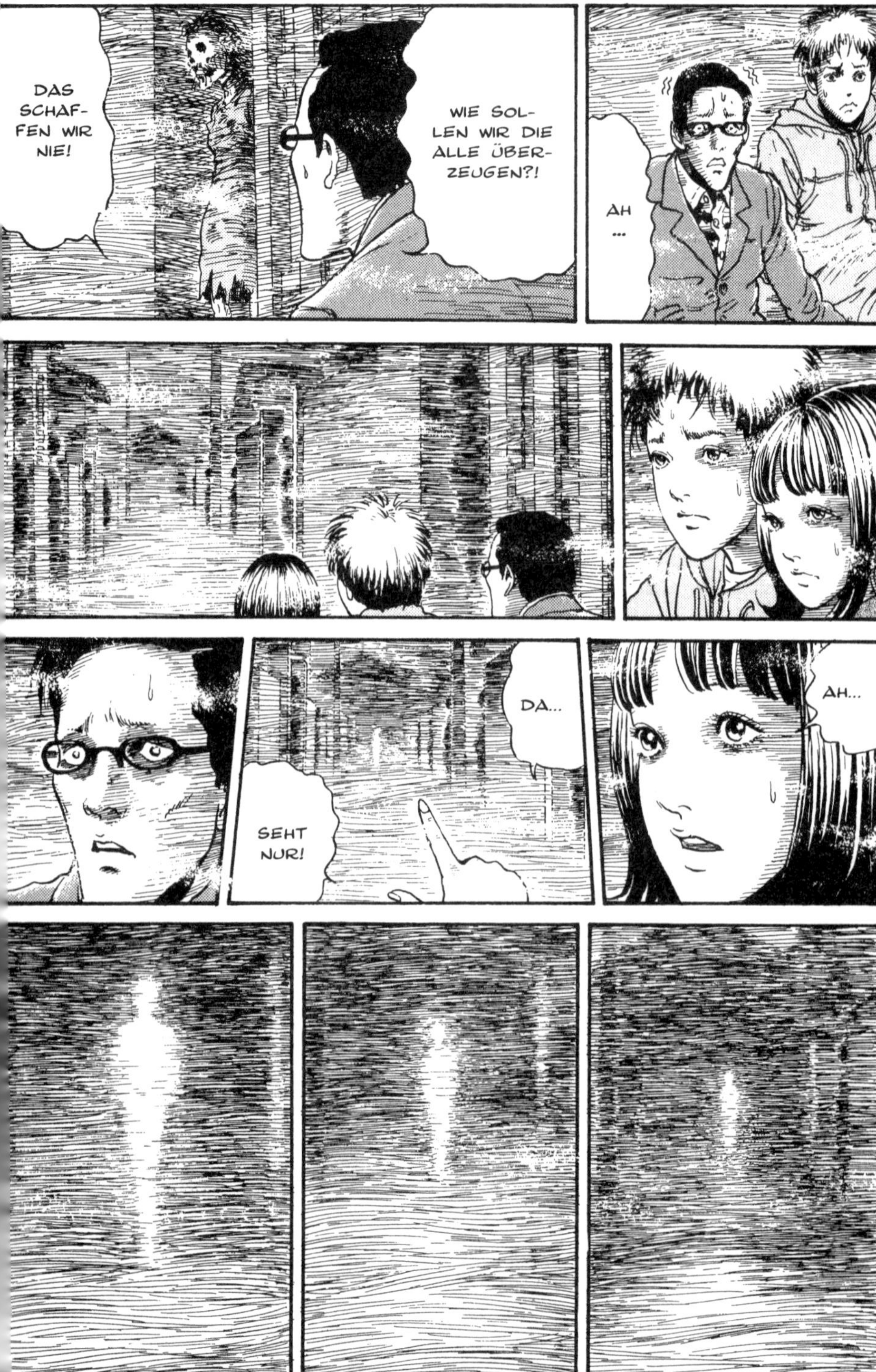
WIE SOLLEN WIR DIE ALLE ÜBERZEUGEN?!
DAS SCHAFFEN WIR NIE!
AH ...
DA...
SEHT NUR!
AH...

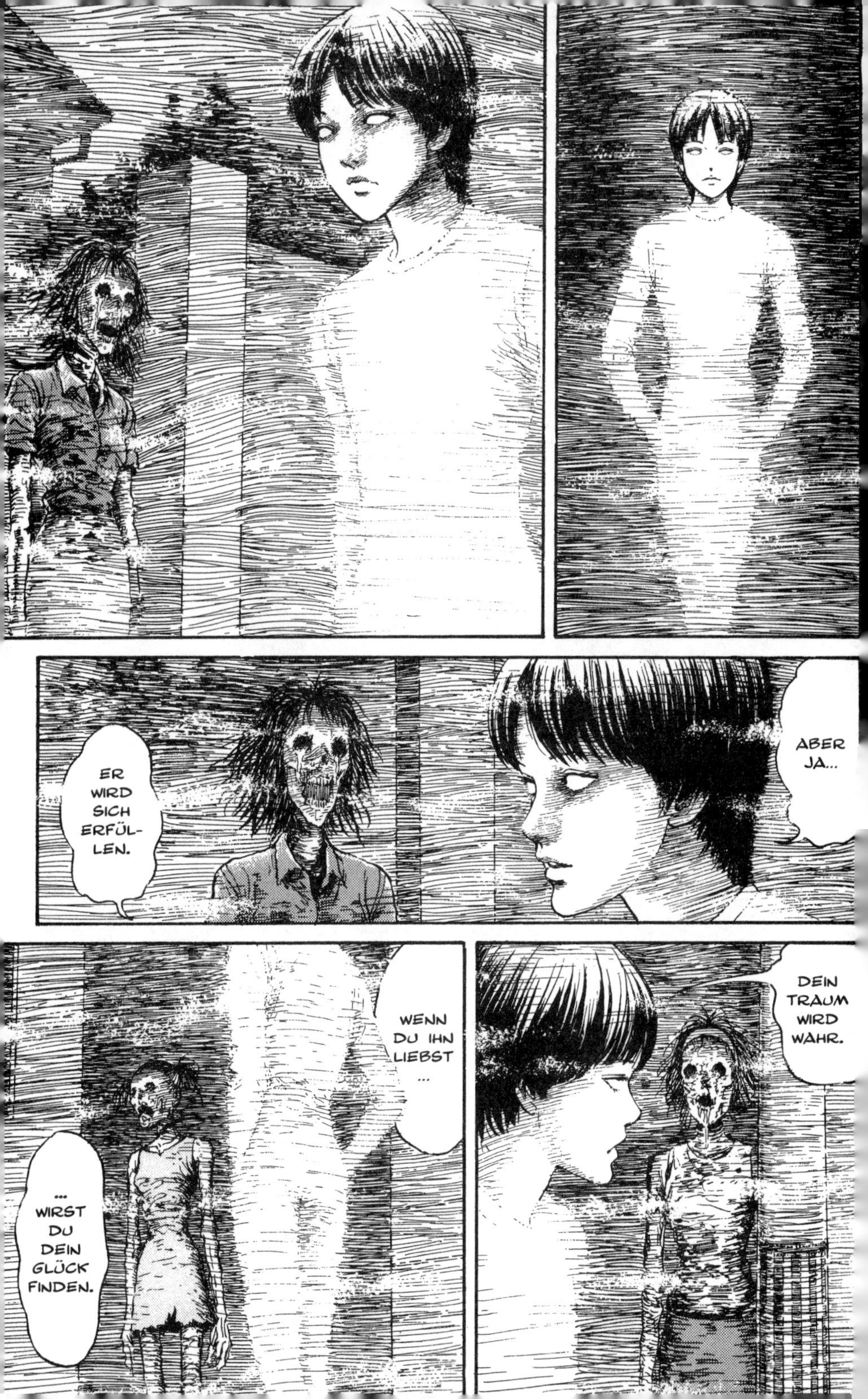
ABER JA...
ER WIRD SICH ERFÜL-LEN.
DEIN TRAUM WIRD WAHR.
WENN DU IHN LIEBST ...
... WIRST DU DEIN GLÜCK FINDEN.

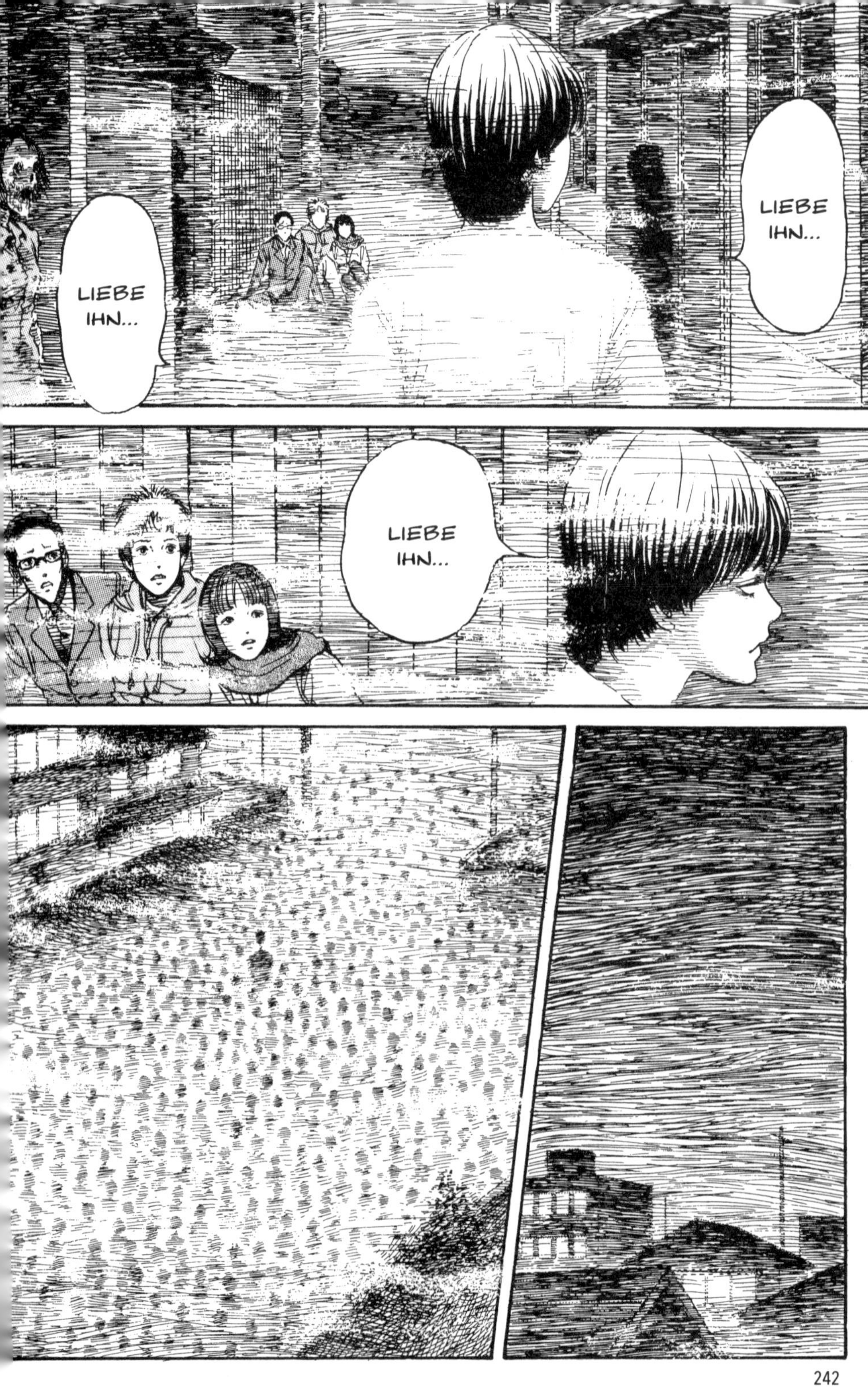
LIEBE IHN...
LIEBE IHN...
LIEBE IHN...

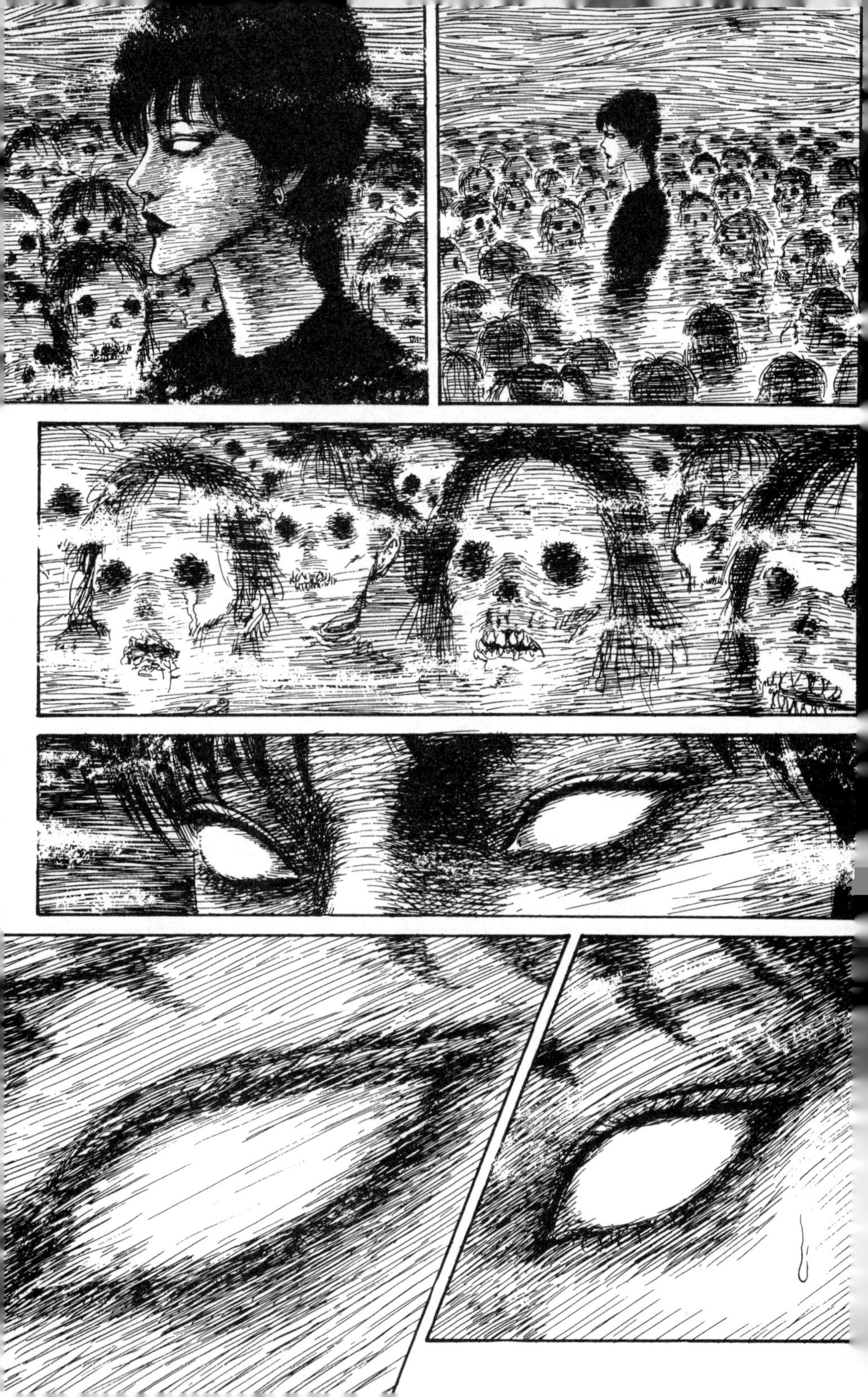

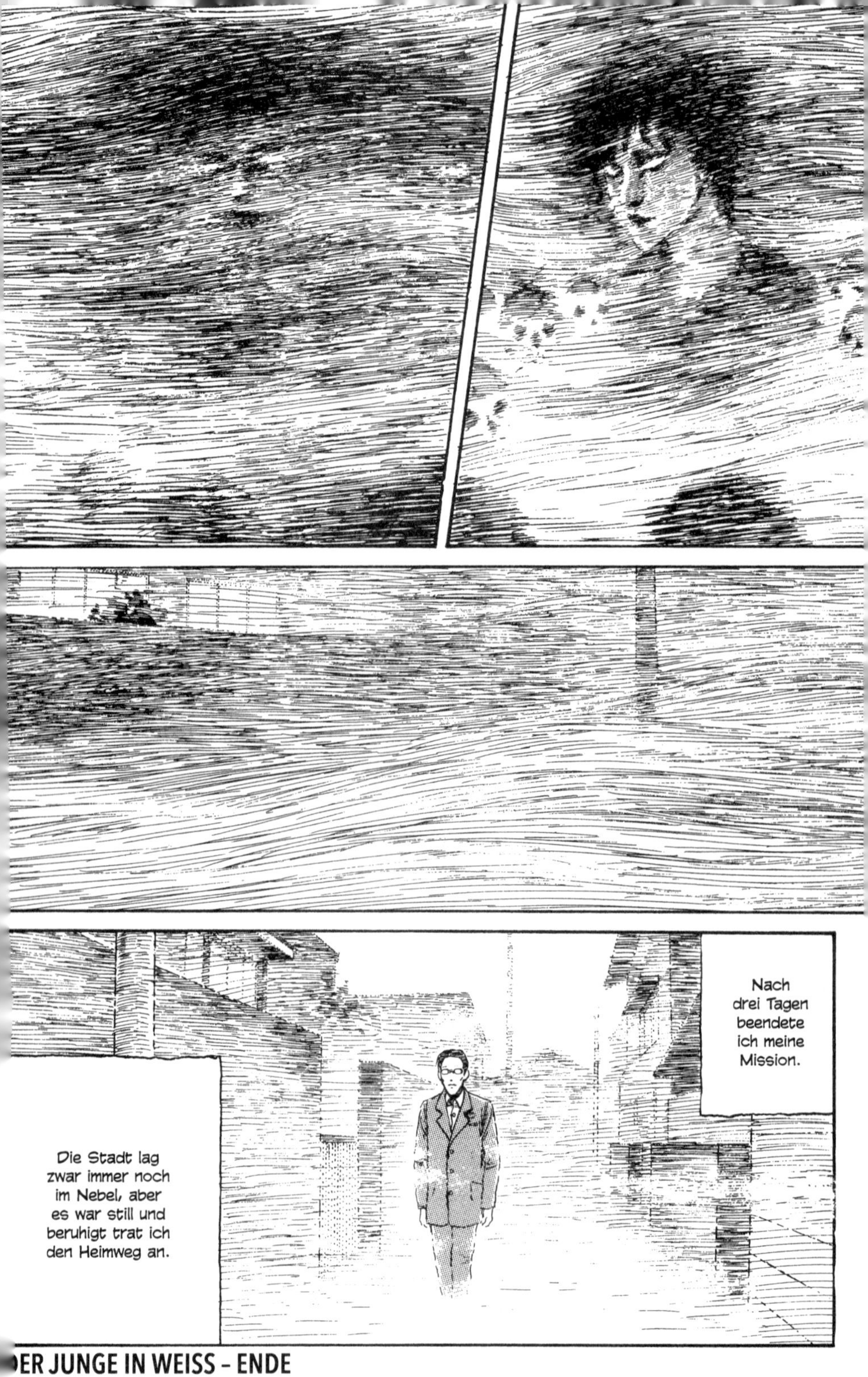

DER JUNGE IN WEISS – ENDE

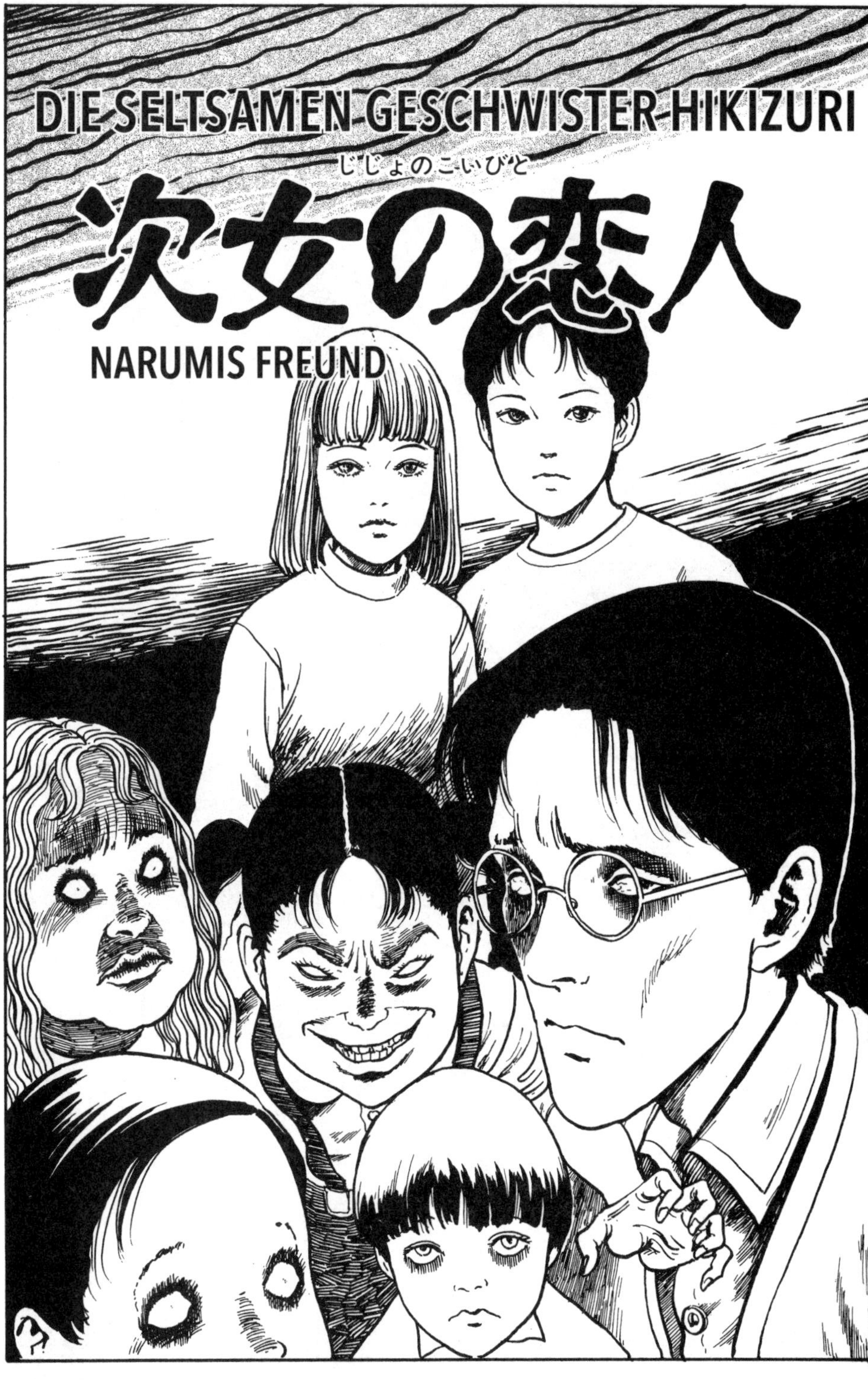
DIE SELTSAMEN GESCHWISTER HIKIZURI
じじょのこいびと
次女の恋人
NARUMIS FREUND

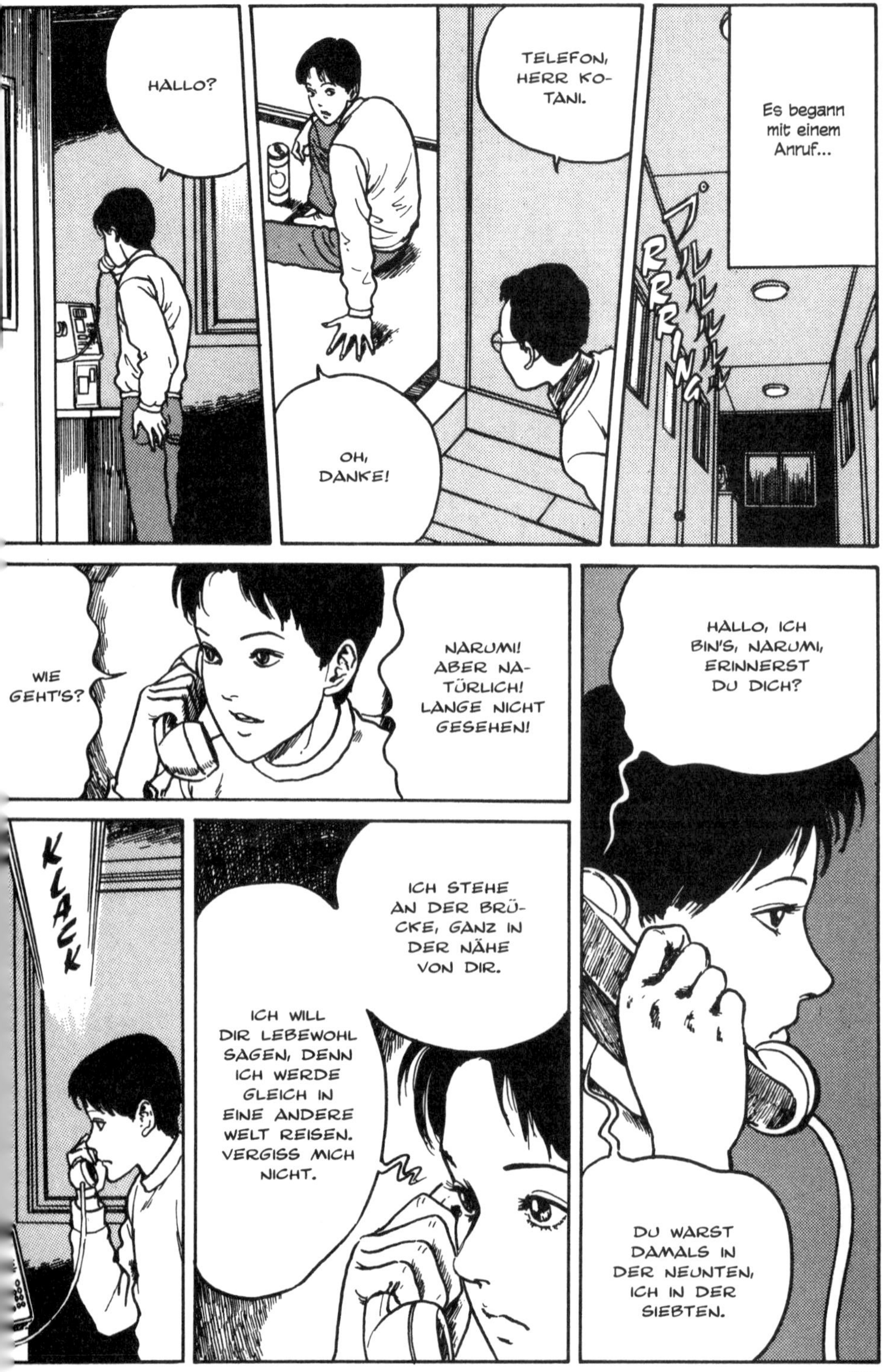
Es begann mit einem Anruf...
RRRING
TELEFON, HERR KO-TANI.
OH, DANKE!
HALLO?
HALLO, ICH BIN'S, NARUMI, ERINNERST DU DICH?
NARUMI! ABER NA-TÜRLICH! LANGE NICHT GESEHEN!
WIE GEHT'S?
DU WARST DAMALS IN DER NEUNTEN, ICH IN DER SIEBTEN.
ICH STEHE AN DER BRÜ-CKE, GANZ IN DER NÄHE VON DIR.
ICH WILL DIR LEBEWOHL SAGEN, DENN ICH WERDE GLEICH IN EINE ANDERE WELT REISEN. VERGISS MICH NICHT.
KLACK

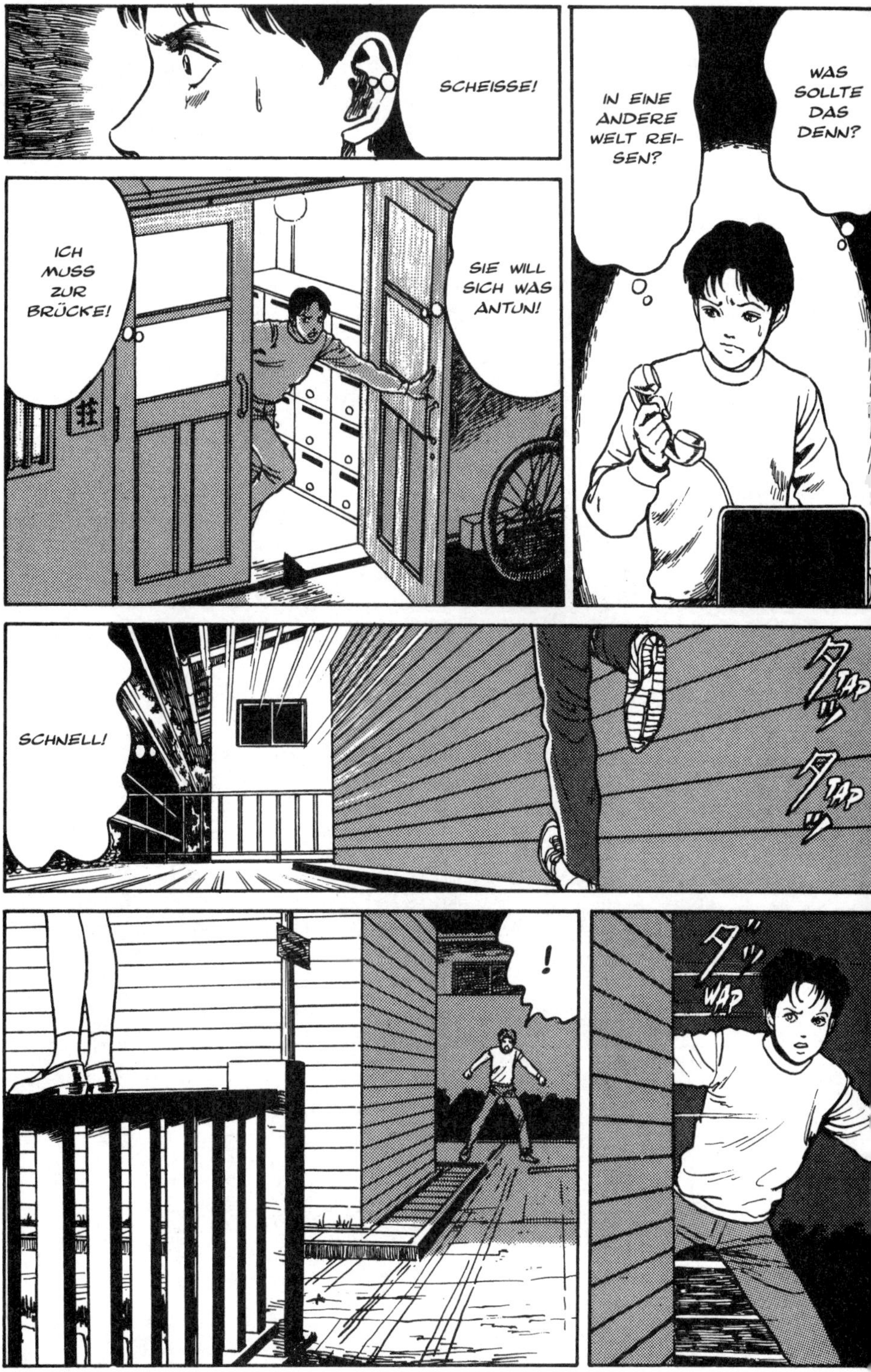
WAS SOLLTE DAS DENN?
IN EINE ANDERE WELT REI-SEN?
SCHEISSE!
SIE WILL SICH WAS ANTUN!
ICH MUSS ZUR BRÜCKE!
TAP
TAP
SCHNELL!
WAP
!

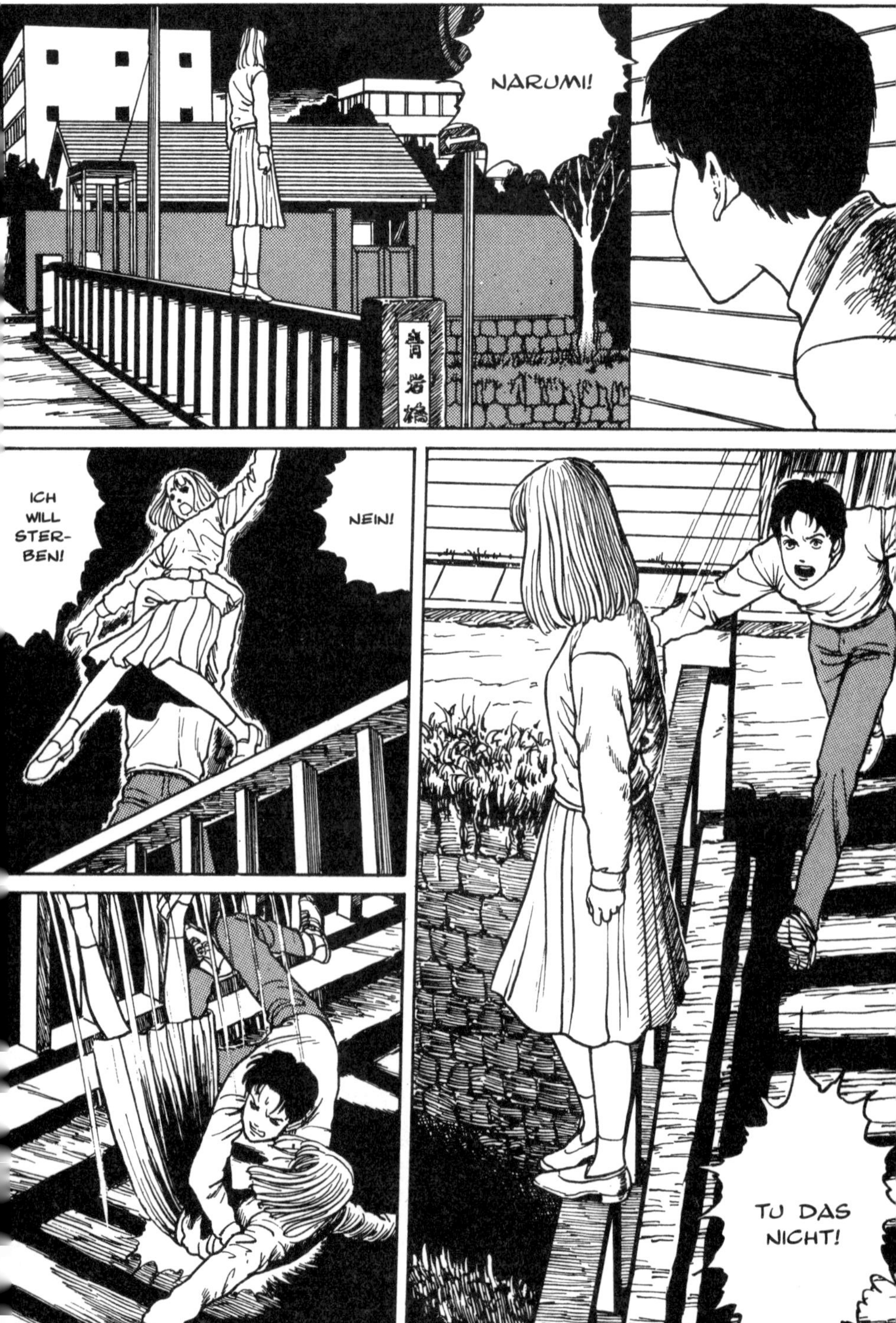
NARUMI!
TU DAS NICHT!
NEIN!
ICH WILL STERBEN!

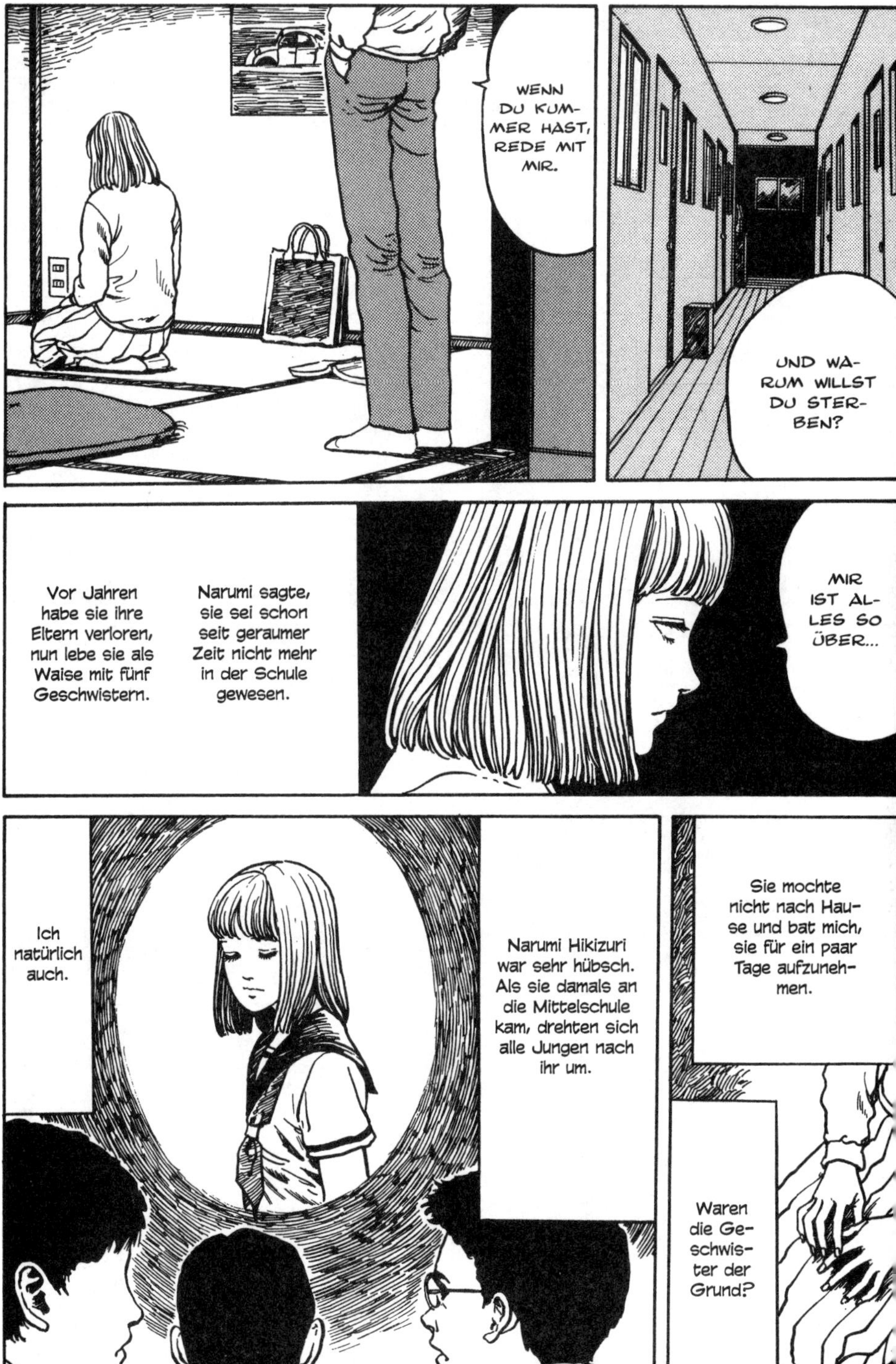
UND WARUM WILLST DU STERBEN?
WENN DU KUMMER HAST, REDE MIT MIR.
MIR IST ALLES SO ÜBER...
Narumi sagte, sie sei schon seit geraumer Zeit nicht mehr in der Schule gewesen.
Vor Jahren habe sie ihre Eltern verloren, nun lebe sie als Waise mit fünf Geschwistern.
Sie mochte nicht nach Hause und bat mich, sie für ein paar Tage aufzunehmen.
Waren die Geschwister der Grund?
Narumi Hikizuri war sehr hübsch. Als sie damals an die Mittelschule kam, drehten sich alle Jungen nach ihr um.
Ich natürlich auch.

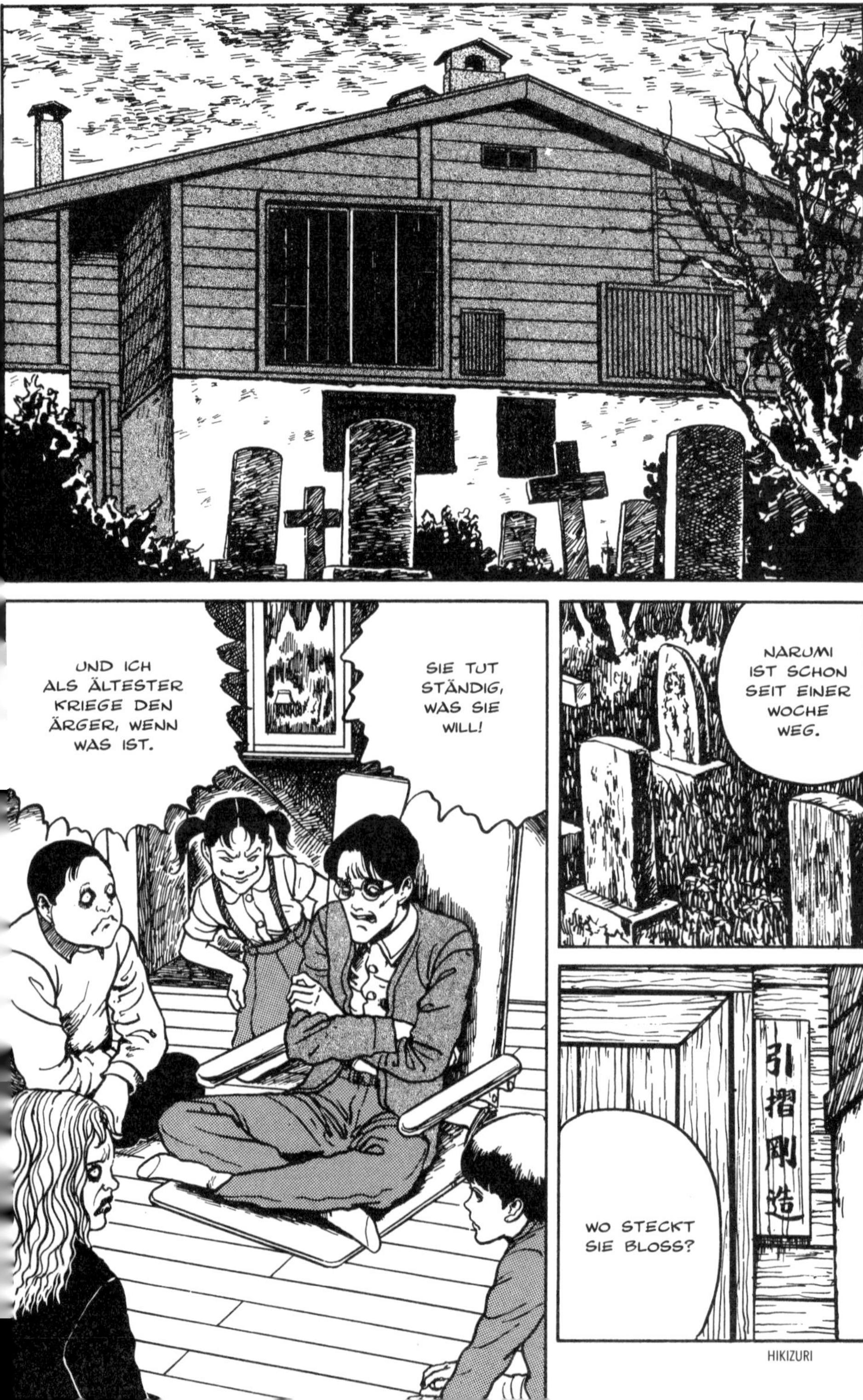
NARUMI IST SCHON SEIT EINER WOCHE WEG.
引摺剛造
WO STECKT SIE BLOSS?
SIE TUT STÄNDIG, WAS SIE WILL!
UND ICH ALS ÄLTESTER KRIEGE DEN ÄRGER, WENN WAS IST.

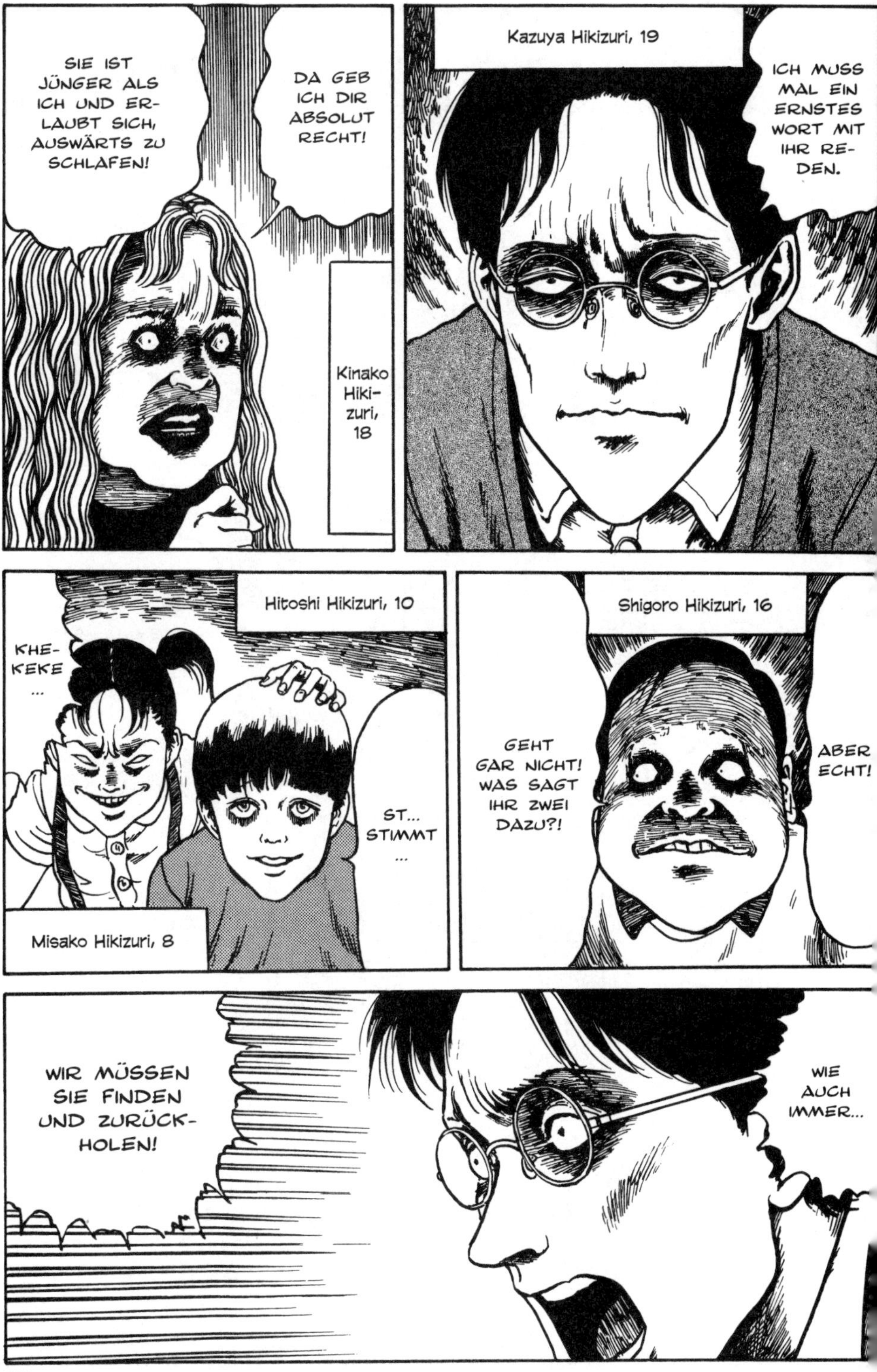
SIE IST JÜNGER ALS ICH UND ER-LAUBT SICH, AUSWÄRTS ZU SCHLAFEN!
DA GEB ICH DIR ABSOLUT RECHT!
Kinako Hiki-zuri, 18
Kazuya Hikizuri, 19
ICH MUSS MAL EIN ERNSTES WORT MIT IHR RE-DEN.
Hitoshi Hikizuri, 10
KHE-KEKE ...
ST... STIMMT ...
Misako Hikizuri, 8
Shigoro Hikizuri, 16
GEHT GAR NICHT! WAS SAGT IHR ZWEI DAZU?!
ABER ECHT!
WIR MÜSSEN SIE FINDEN UND ZURÜCK-HOLEN!
WIE AUCH IMMER...

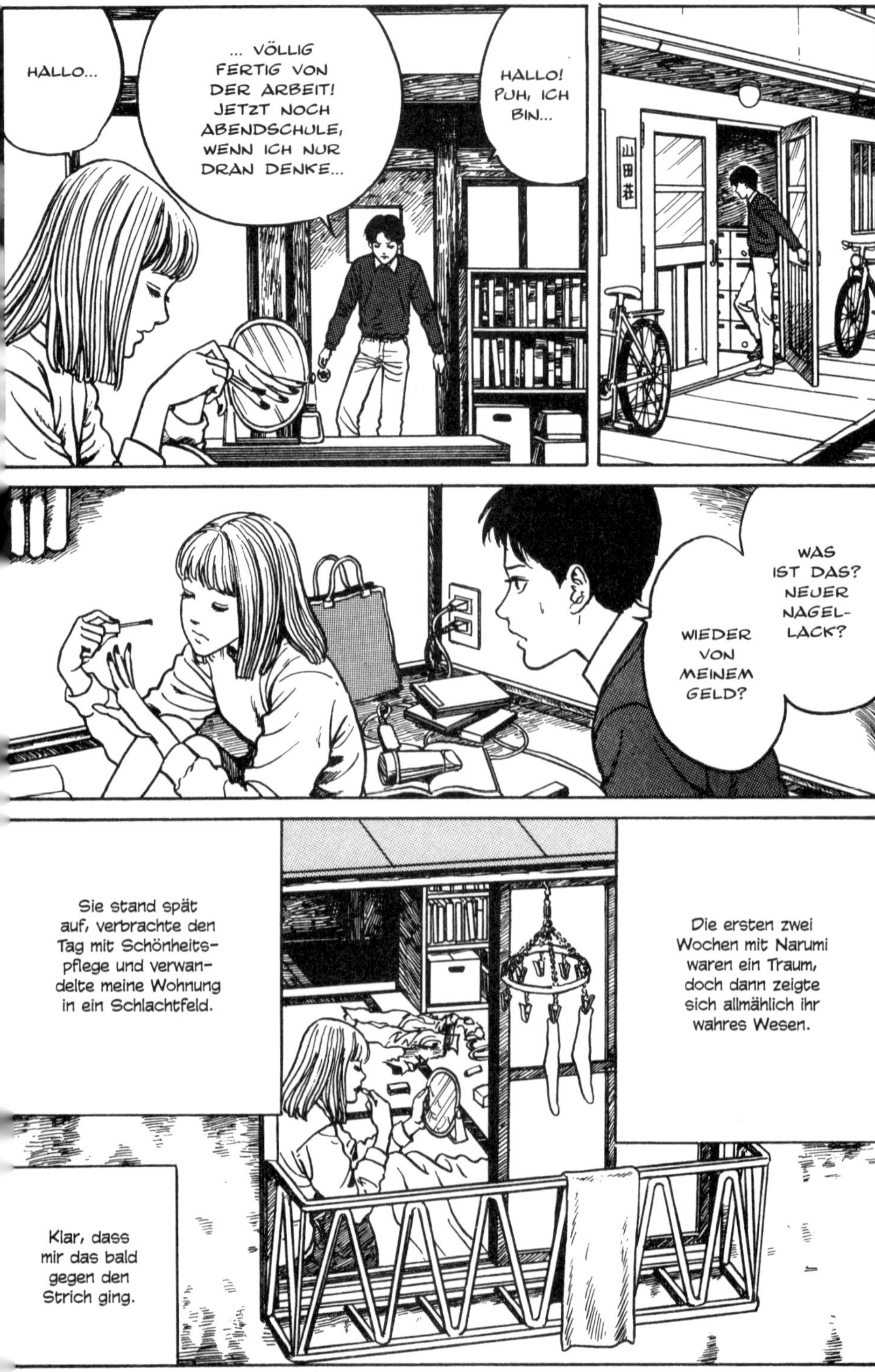
HALLO! PUH, ICH BIN...
... VÖLLIG FERTIG VON DER ARBEIT! JETZT NOCH ABENDSCHULE, WENN ICH NUR DRAN DENKE...
HALLO...
WAS IST DAS? NEUER NAGEL-LACK?
WIEDER VON MEINEM GELD?
Die ersten zwei Wochen mit Narumi waren ein Traum, doch dann zeigte sich allmählich ihr wahres Wesen.
Sie stand spät auf, verbrachte den Tag mit Schönheitspflege und verwandelte meine Wohnung in ein Schlachtfeld.
Klar, dass mir das bald gegen den Strich ging.

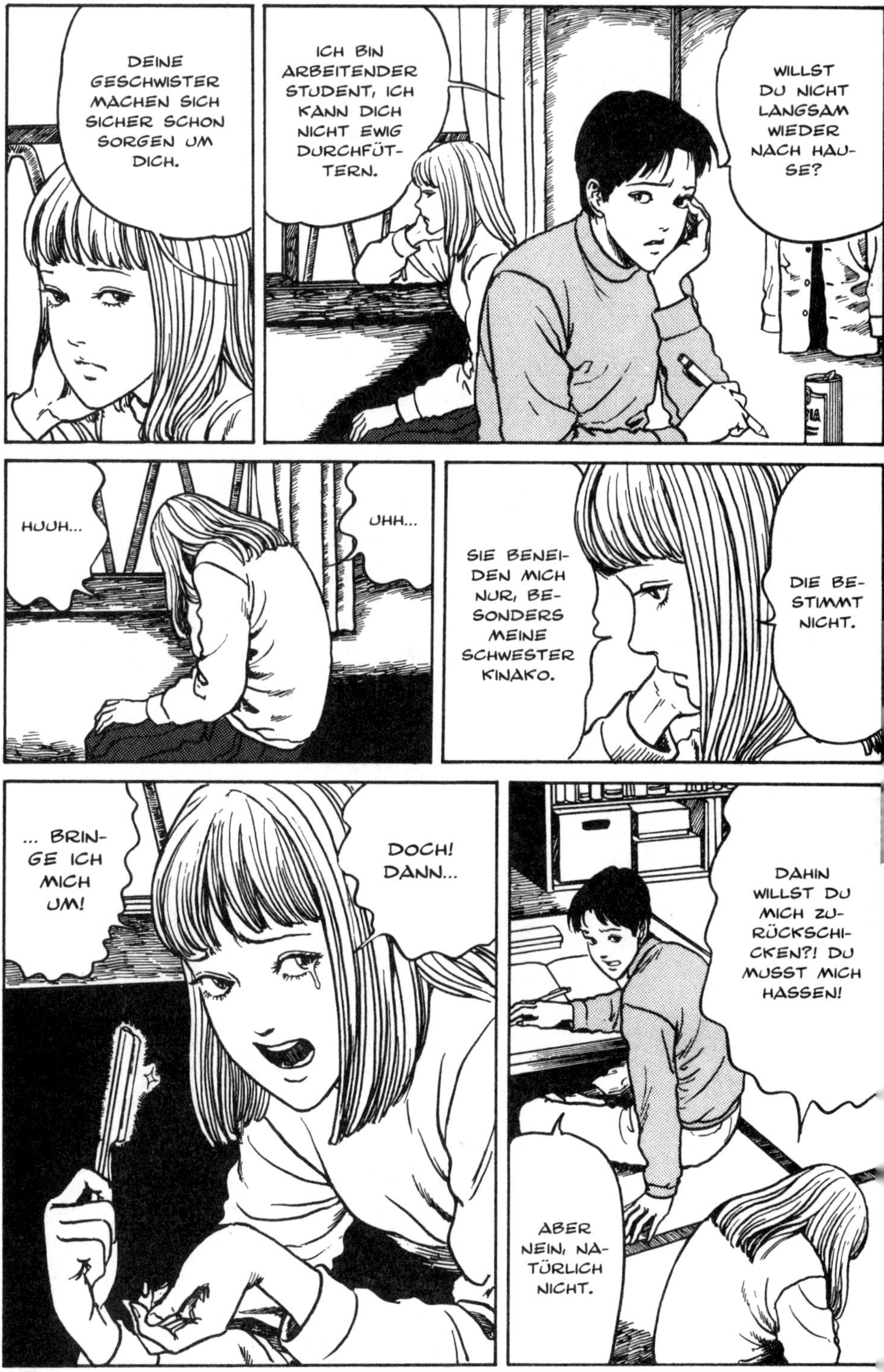
WILLST DU NICHT LANGSAM WIEDER NACH HAU-SE?
ICH BIN ARBEITENDER STUDENT, ICH KANN DICH NICHT EWIG DURCHFÜT-TERN.
DEINE GESCHWISTER MACHEN SICH SICHER SCHON SORGEN UM DICH.
DIE BE-STIMMT NICHT.
SIE BENEI-DEN MICH NUR, BE-SONDERS MEINE SCHWESTER KINAKO.
UHH...
HUUH...
DAHIN WILLST DU MICH ZU-RÜCKSCHI-CKEN?! DU MUSST MICH HASSEN!
ABER NEIN, NA-TÜRLICH NICHT.
DOCH! DANN...
... BRIN-GE ICH MICH UM!

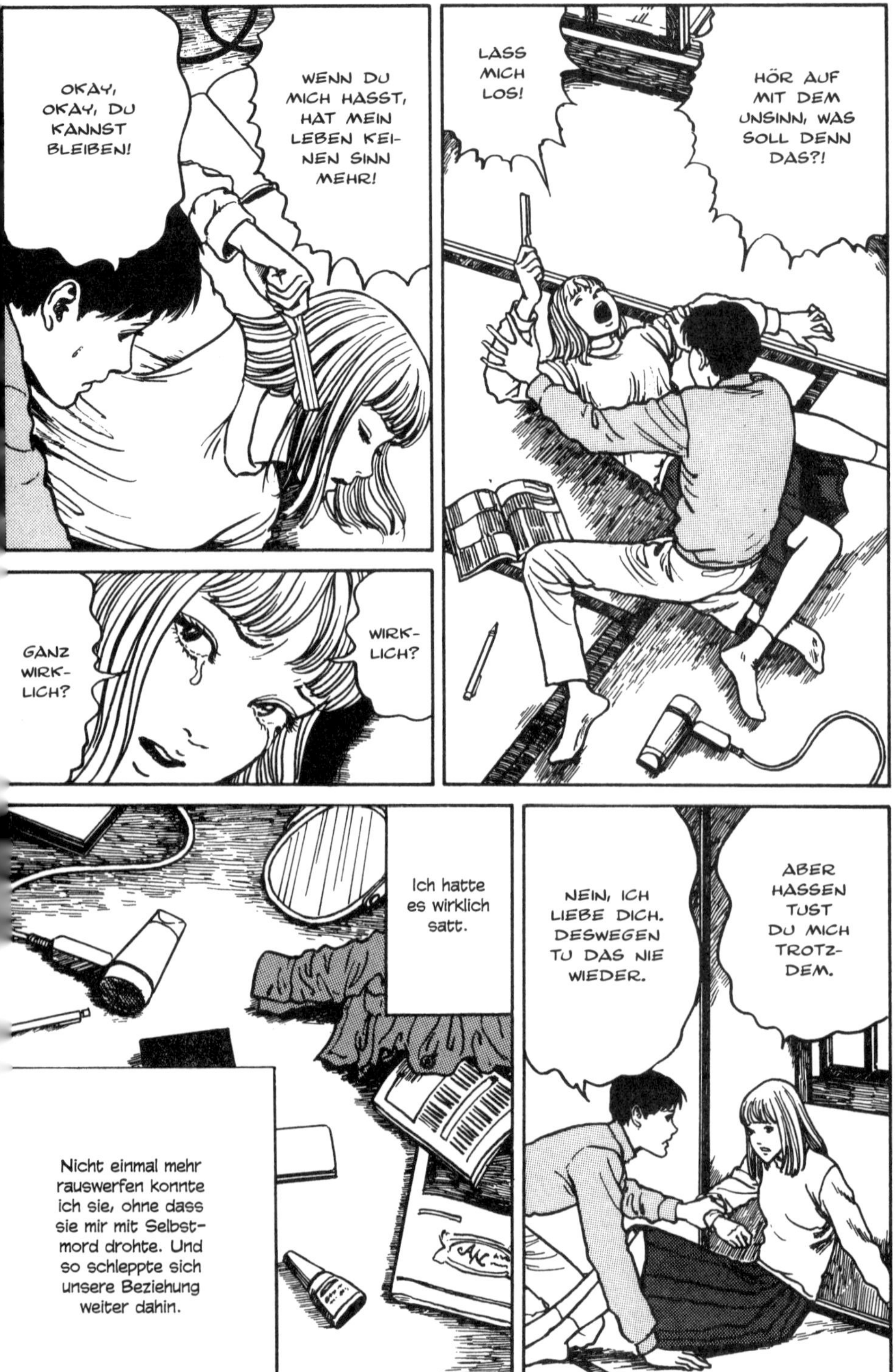
HÖR AUF MIT DEM UNSINN, WAS SOLL DENN DAS?!
LASS MICH LOS!
WENN DU MICH HASST, HAT MEIN LEBEN KEINEN SINN MEHR!
OKAY, OKAY, DU KANNST BLEIBEN!
WIRKLICH?
GANZ WIRKLICH?
ABER HASSEN TUST DU MICH TROTZDEM.
NEIN, ICH LIEBE DICH. DESWEGEN TU DAS NIE WIEDER.
Ich hatte es wirklich satt.
Nicht einmal mehr rauswerfen konnte ich sie, ohne dass sie mir mit Selbstmord drohte. Und so schleppte sich unsere Beziehung weiter dahin.

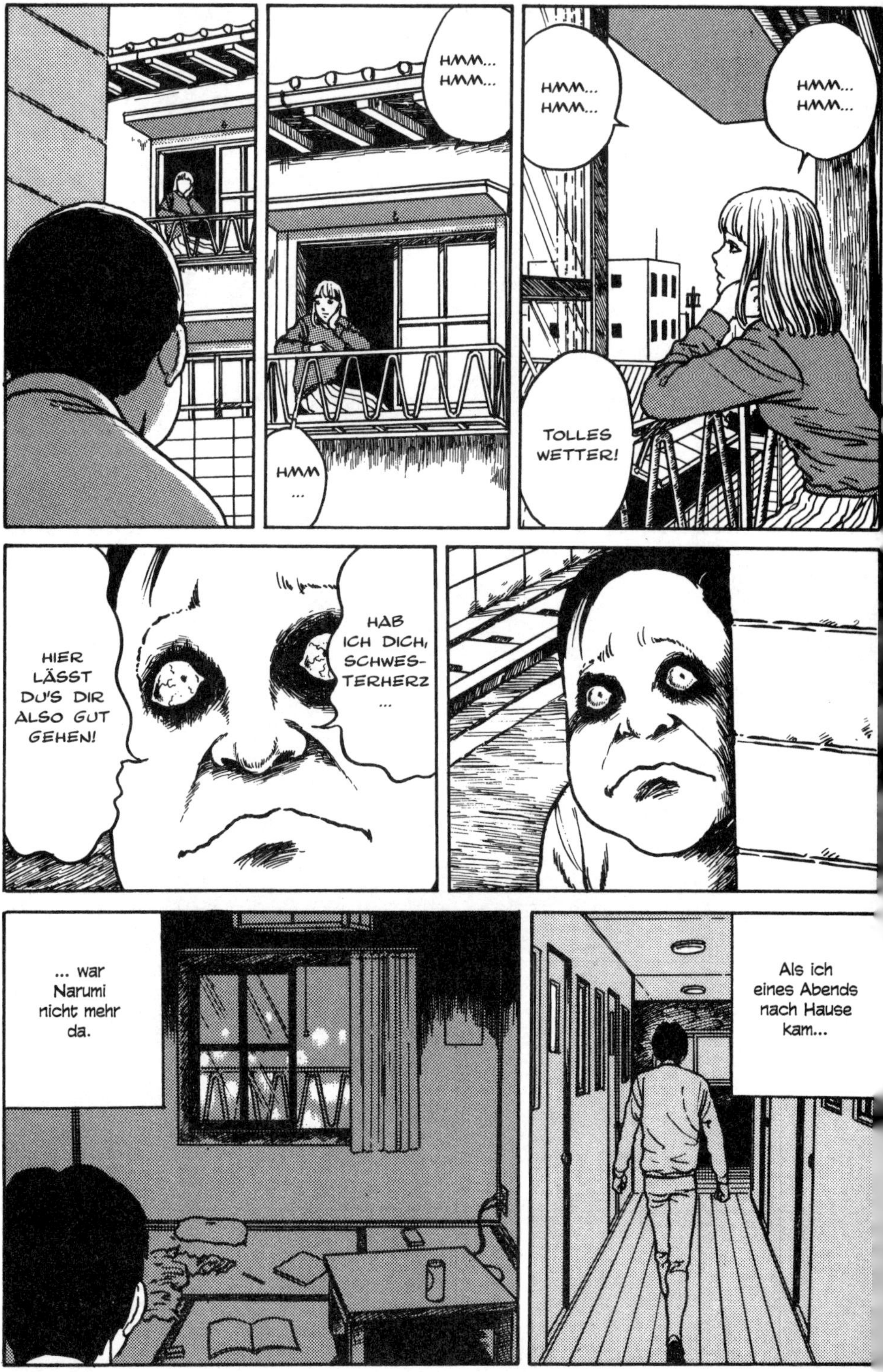
HMM...
HMM...
TOLLES WETTER!
HMM...
HMM...
HMM...
HMM...
HMM
...
HAB ICH DICH, SCHWESTERHERZ
...
HIER LÄSST DU'S DIR ALSO GUT GEHEN!
Als ich eines Abends nach Hause kam...
... war Narumi nicht mehr da.

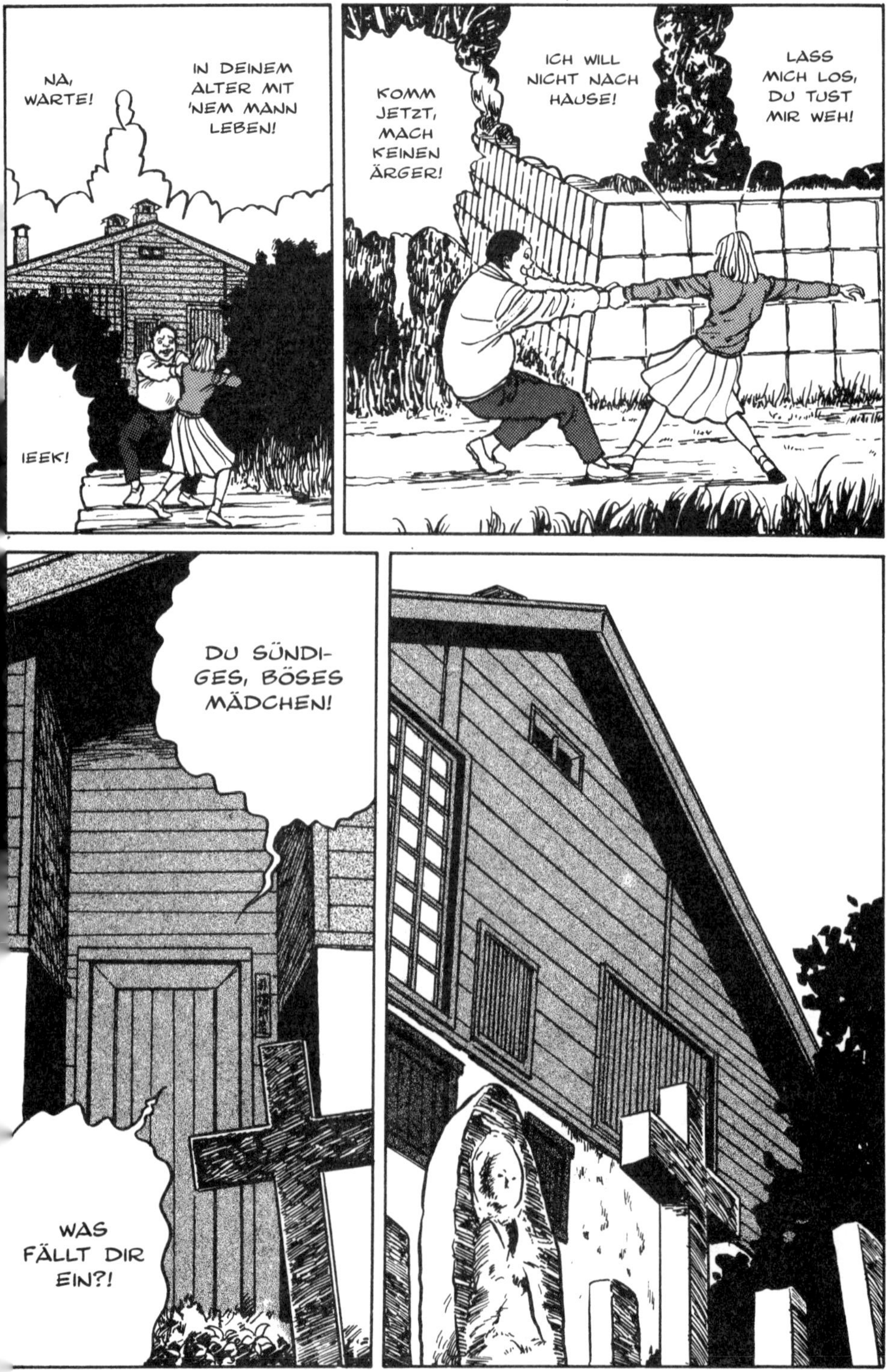
NA, WARTE!
IN DEINEM ALTER MIT 'NEM MANN LEBEN!
IEEK!
KOMM JETZT, MACH KEINEN ÄRGER!
ICH WILL NICHT NACH HAUSE!
LASS MICH LOS, DU TUST MIR WEH!
DU SÜNDIGES, BÖSES MÄDCHEN!
WAS FÄLLT DIR EIN?!

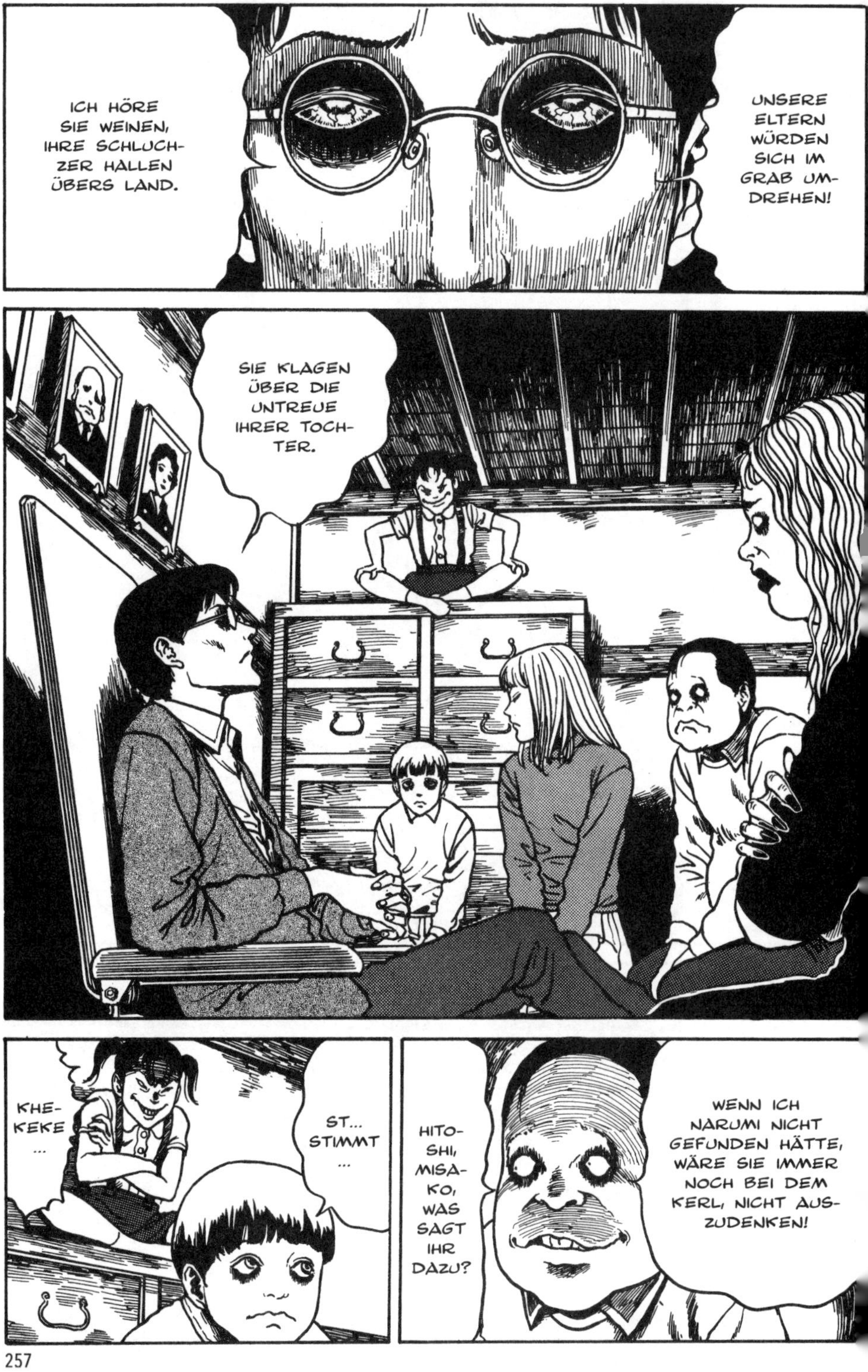
UNSERE ELTERN WÜRDEN SICH IM GRAB UMDREHEN!
ICH HÖRE SIE WEINEN, IHRE SCHLUCHZER HALLEN ÜBERS LAND.
SIE KLAGEN ÜBER DIE UNTREUE IHRER TOCHTER.
WENN ICH NARUMI NICHT GEFUNDEN HÄTTE, WÄRE SIE IMMER NOCH BEI DEM KERL, NICHT AUSZUDENKEN!
HITOSHI, MISAKO, WAS SAGT IHR DAZU?
ST... STIMMT ...
KHEKEKE ...

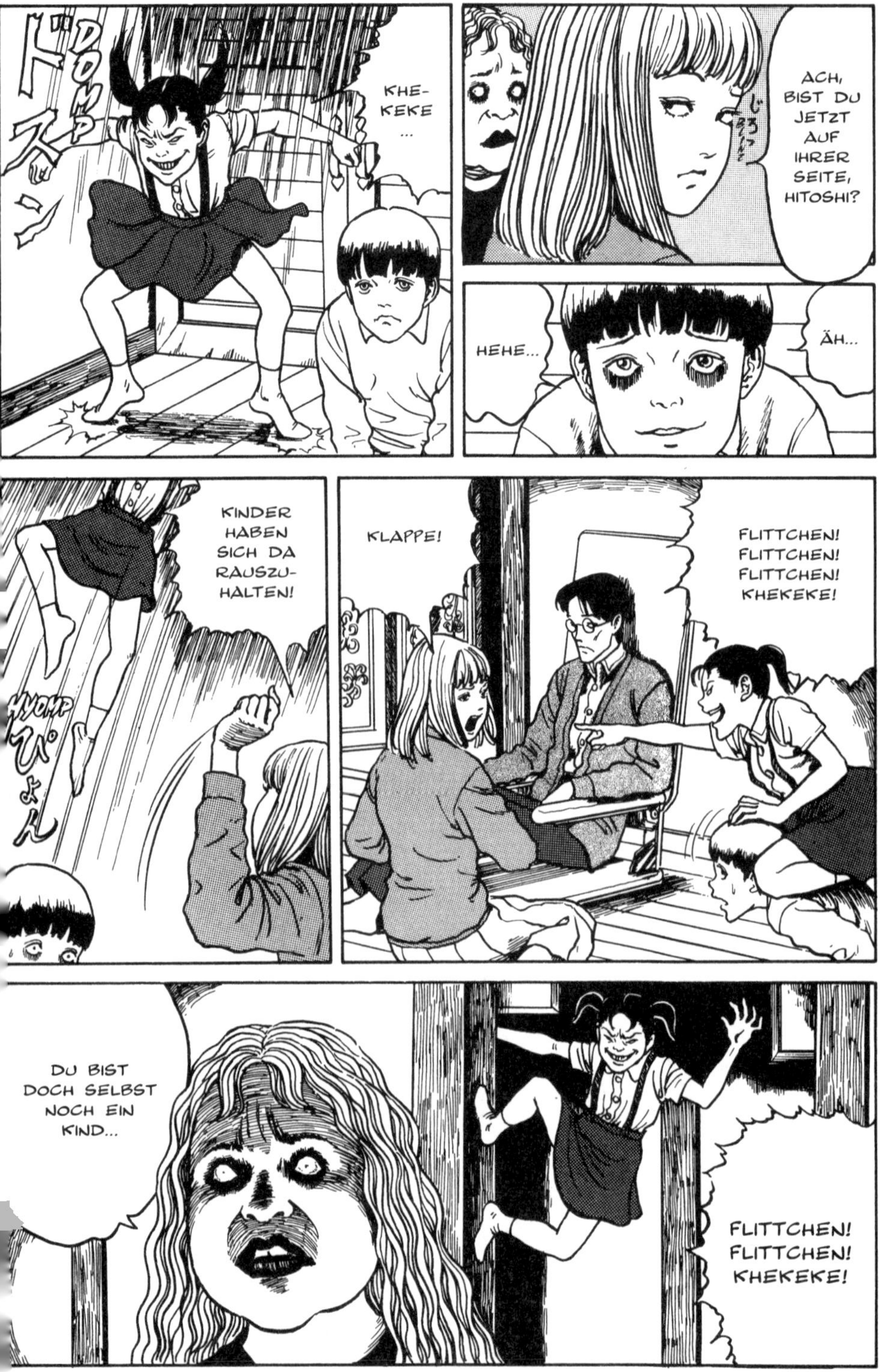
ACH, BIST DU JETZT AUF IHRER SEITE, HITOSHI?
じろ
ÄH...
HEHE...
KHE-KEKE ...
DOMP
ドスン
FLITTCHEN! FLITTCHEN! FLITTCHEN! KHEKEKE!
KLAPPE!
KINDER HABEN SICH DA RAUSZUHALTEN!
HYOMP
ぴょん
FLITTCHEN! FLITTCHEN! KHEKEKE!
DU BIST DOCH SELBST NOCH EIN KIND...

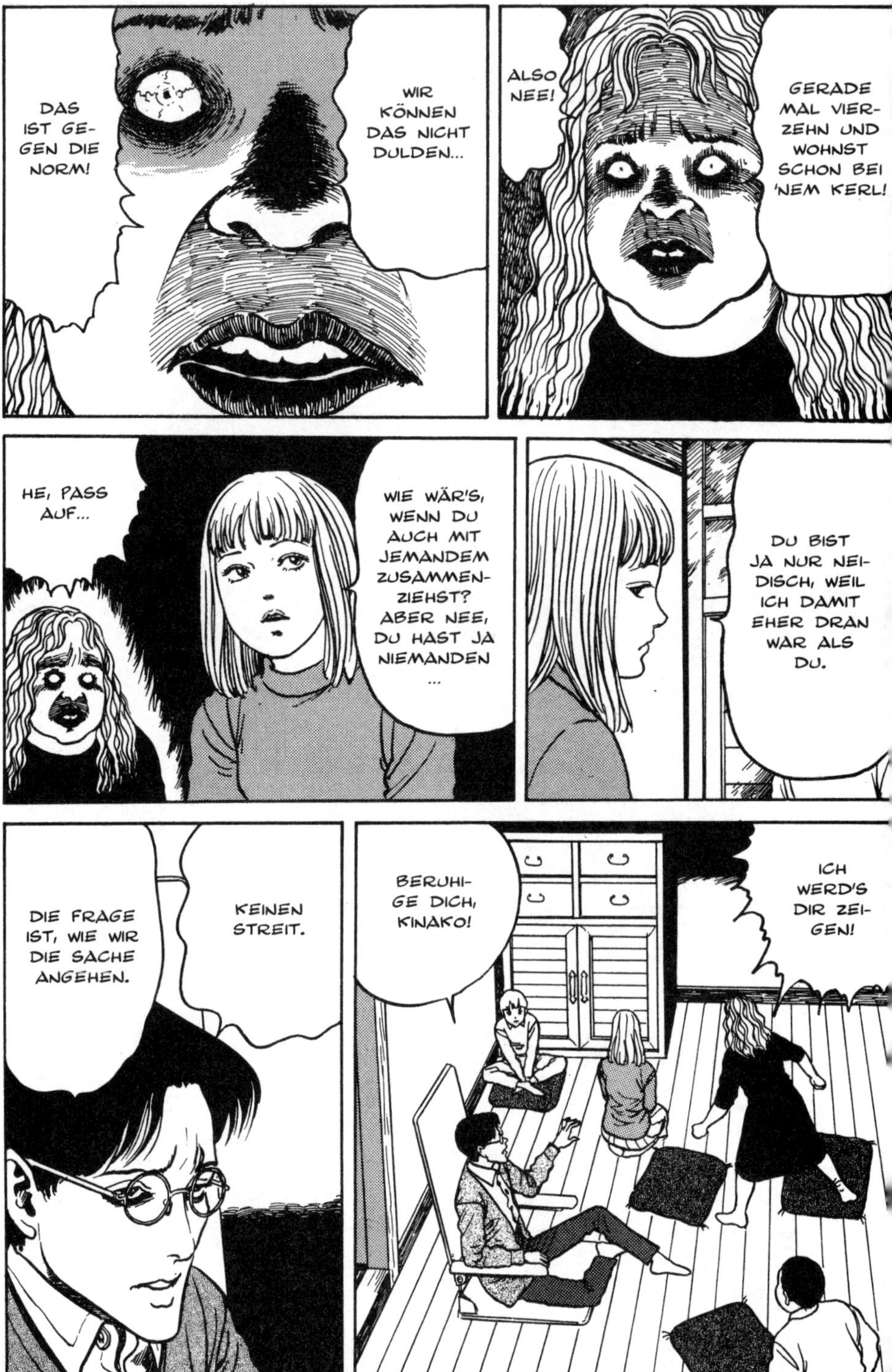
ALSO NEE!
GERADE MAL VIERZEHN UND WOHNST SCHON BEI 'NEM KERL!
WIR KÖNNEN DAS NICHT DULDEN...
DAS IST GEGEN DIE NORM!
DU BIST JA NUR NEIDISCH, WEIL ICH DAMIT EHER DRAN WAR ALS DU.
WIE WÄR'S, WENN DU AUCH MIT JEMANDEM ZUSAMMENZIEHST? ABER NEE, DU HAST JA NIEMANDEN ...
HE, PASS AUF...
ICH WERD'S DIR ZEIGEN!
BERUHIGE DICH, KINAKO!
KEINEN STREIT.
DIE FRAGE IST, WIE WIR DIE SACHE ANGEHEN.

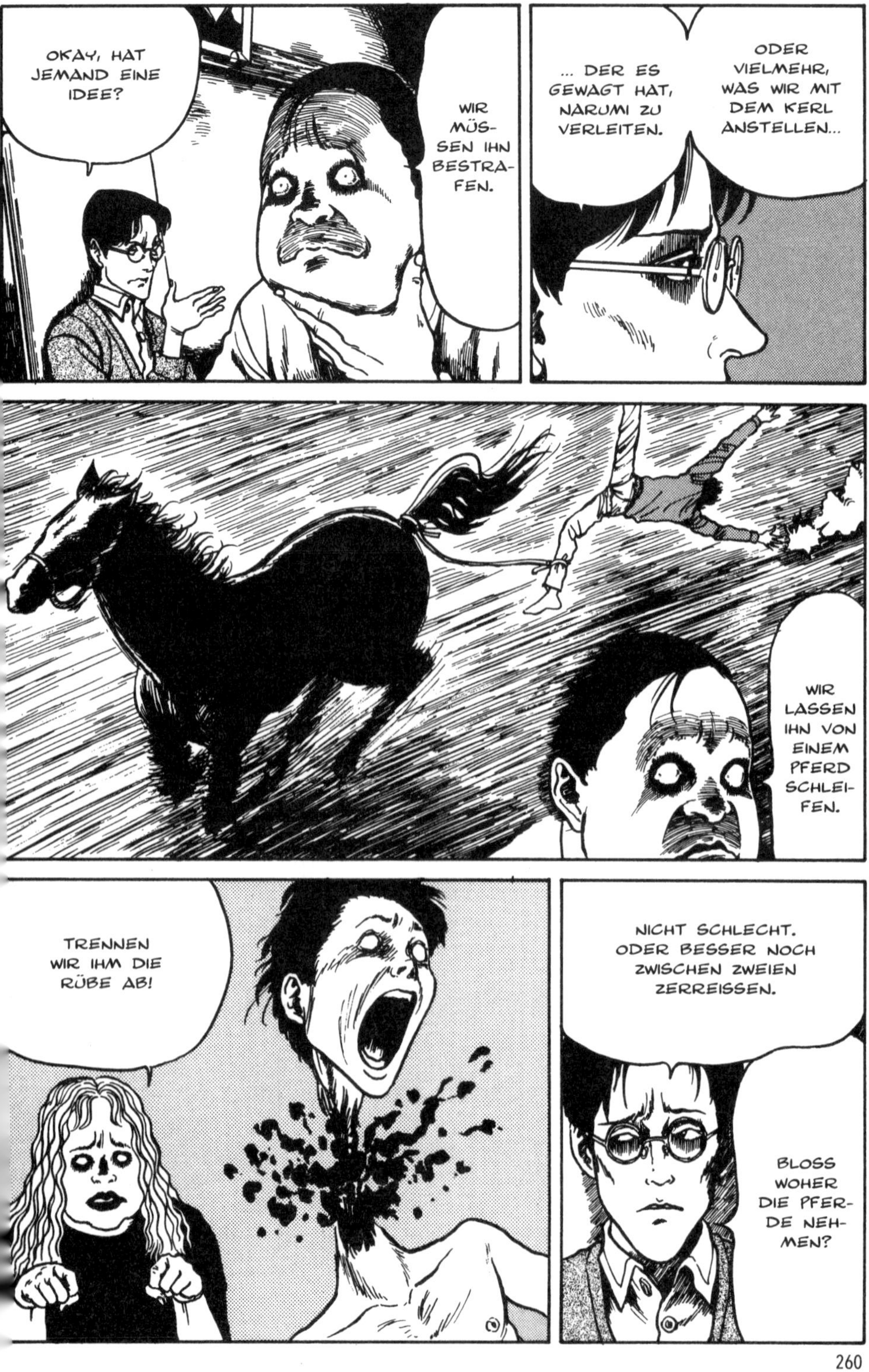
OKAY, HAT JEMAND EINE IDEE?
WIR MÜS-SEN IHN BESTRA-FEN.
ODER VIELMEHR, WAS WIR MIT DEM KERL ANSTELLEN...
... DER ES GEWAGT HAT, NARUMI ZU VERLEITEN.
WIR LASSEN IHN VON EINEM PFERD SCHLEI-FEN.
TRENNEN WIR IHM DIE RÜBE AB!
NICHT SCHLECHT. ODER BESSER NOCH ZWISCHEN ZWEIEN ZERREISSEN.
BLOSS WOHER DIE PFER-DE NEH-MEN?

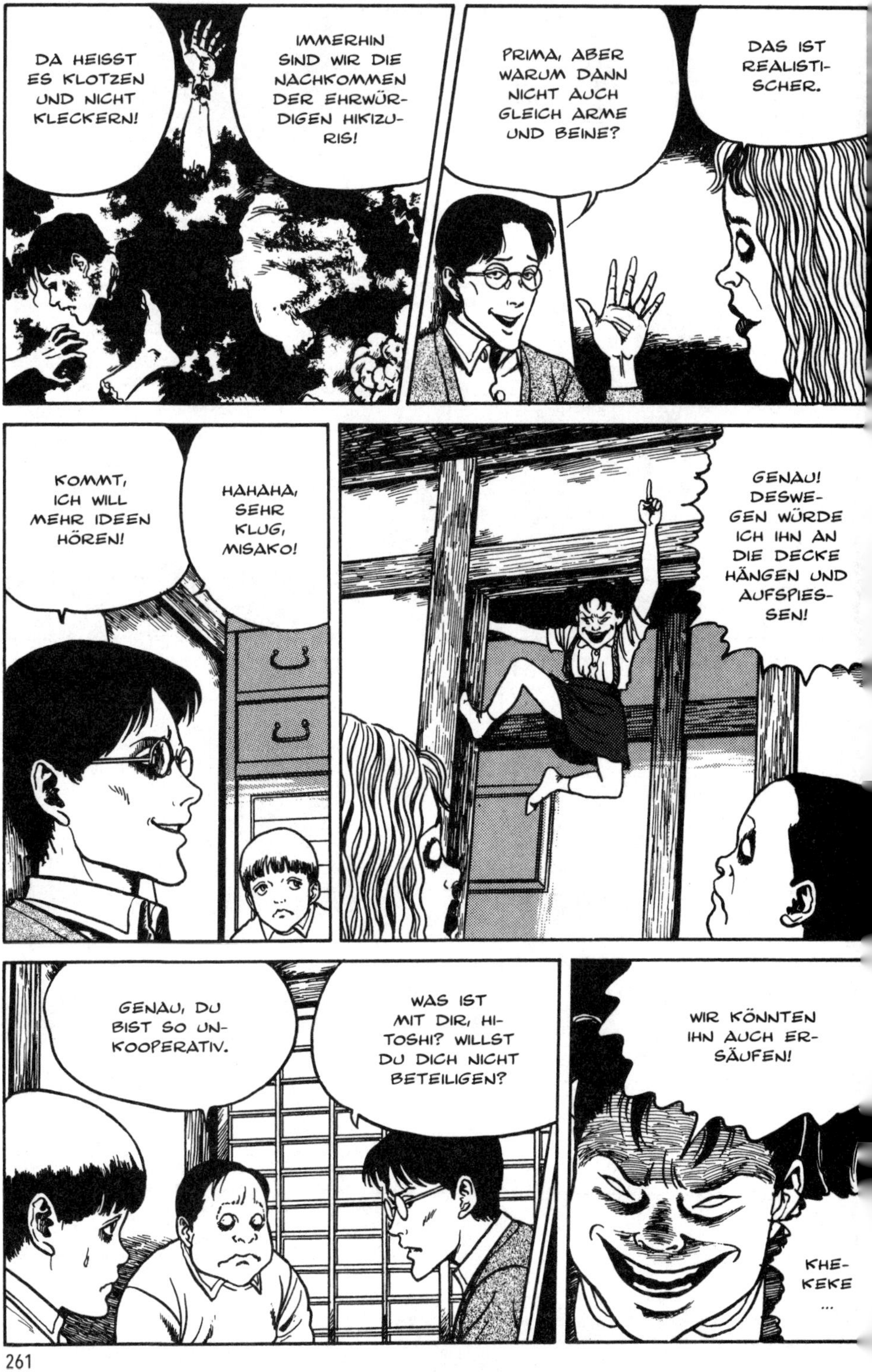
IMMERHIN SIND WIR DIE NACHKOMMEN DER EHRWÜRDIGEN HIKIZURIS!
DA HEISST ES KLOTZEN UND NICHT KLECKERN!
PRIMA, ABER WARUM DANN NICHT AUCH GLEICH ARME UND BEINE?
DAS IST REALISTISCHER.
HAHAHA, SEHR KLUG, MISAKO!
KOMMT, ICH WILL MEHR IDEEN HÖREN!
GENAU! DESWEGEN WÜRDE ICH IHN AN DIE DECKE HÄNGEN UND AUFSPIESSEN!
WAS IST MIT DIR, HITOSHI? WILLST DU DICH NICHT BETEILIGEN?
GENAU, DU BIST SO UNKOOPERATIV.
WIR KÖNNTEN IHN AUCH ERSÄUFEN!
KHEKEKE ...

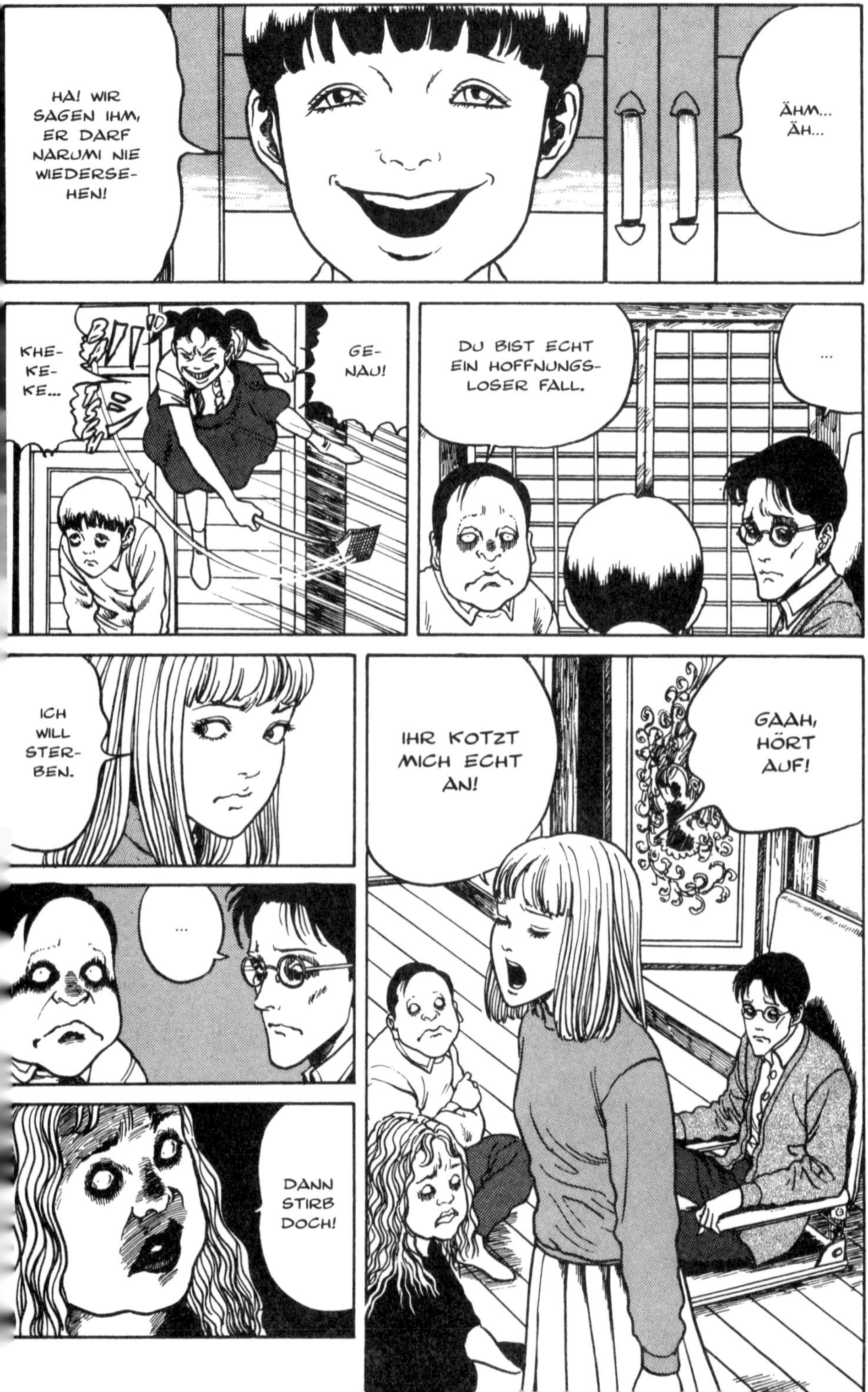

ÄHM... ÄH...
HA! WIR SAGEN IHM, ER DARF NARUMI NIE WIEDERSE-HEN!
...
DU BIST ECHT EIN HOFFNUNGS-LOSER FALL.
GE-NAU!
KHE-KE-KE...
GAAH, HÖRT AUF!
IHR KOTZT MICH ECHT AN!
ICH WILL STER-BEN.
...
DANN STIRB DOCH!

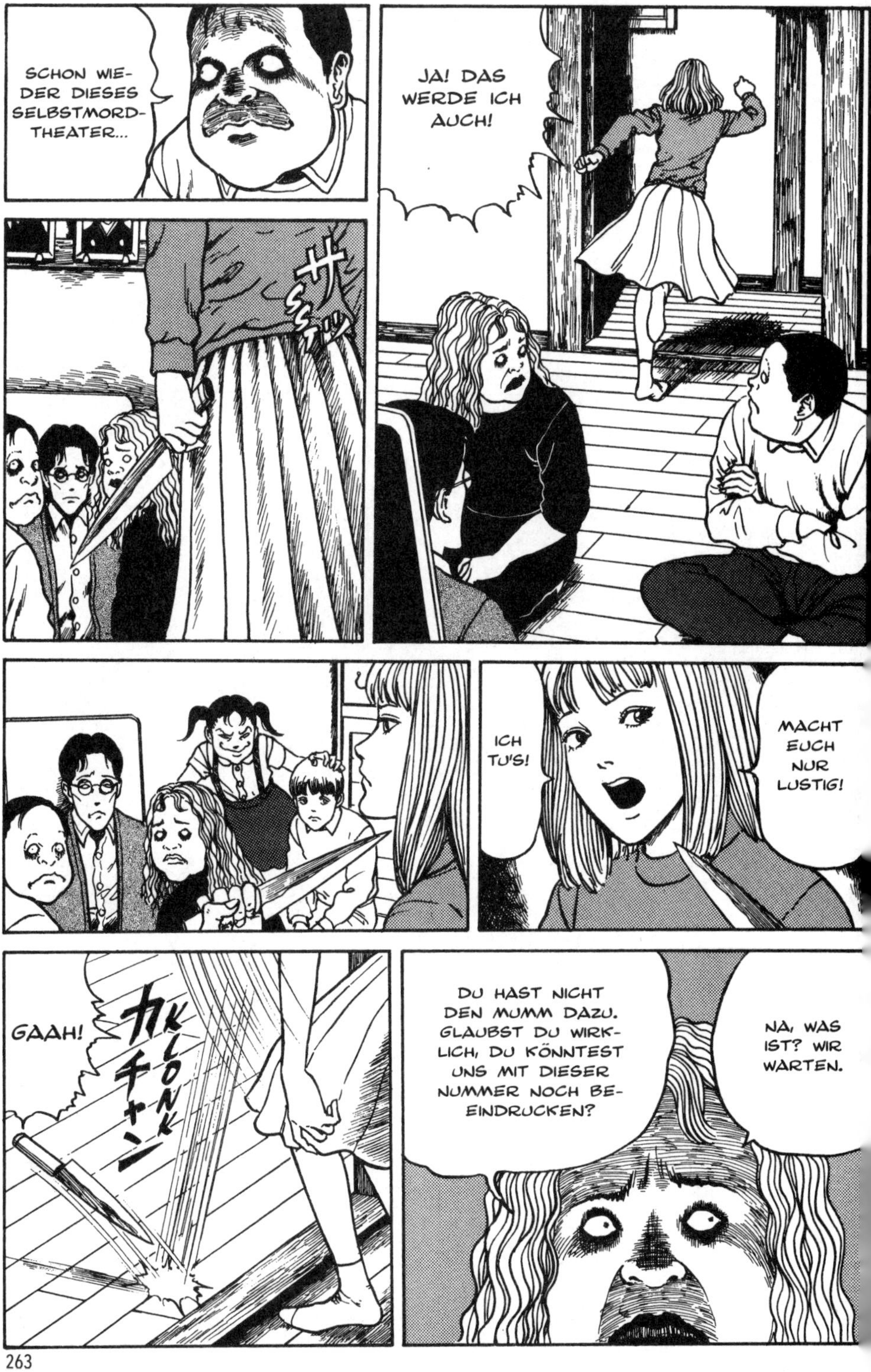
JA! DAS WERDE ICH AUCH!
SCHON WIEDER DIESES SELBSTMORDTHEATER...
サッ
SSST
MACHT EUCH NUR LUSTIG!
ICH TU'S!
NA, WAS IST? WIR WARTEN.
DU HAST NICHT DEN MUMM DAZU. GLAUBST DU WIRKLICH, DU KÖNNTEST UNS MIT DIESER NUMMER NOCH BEEINDRUCKEN?
GAAH!
カチャン
KLONK

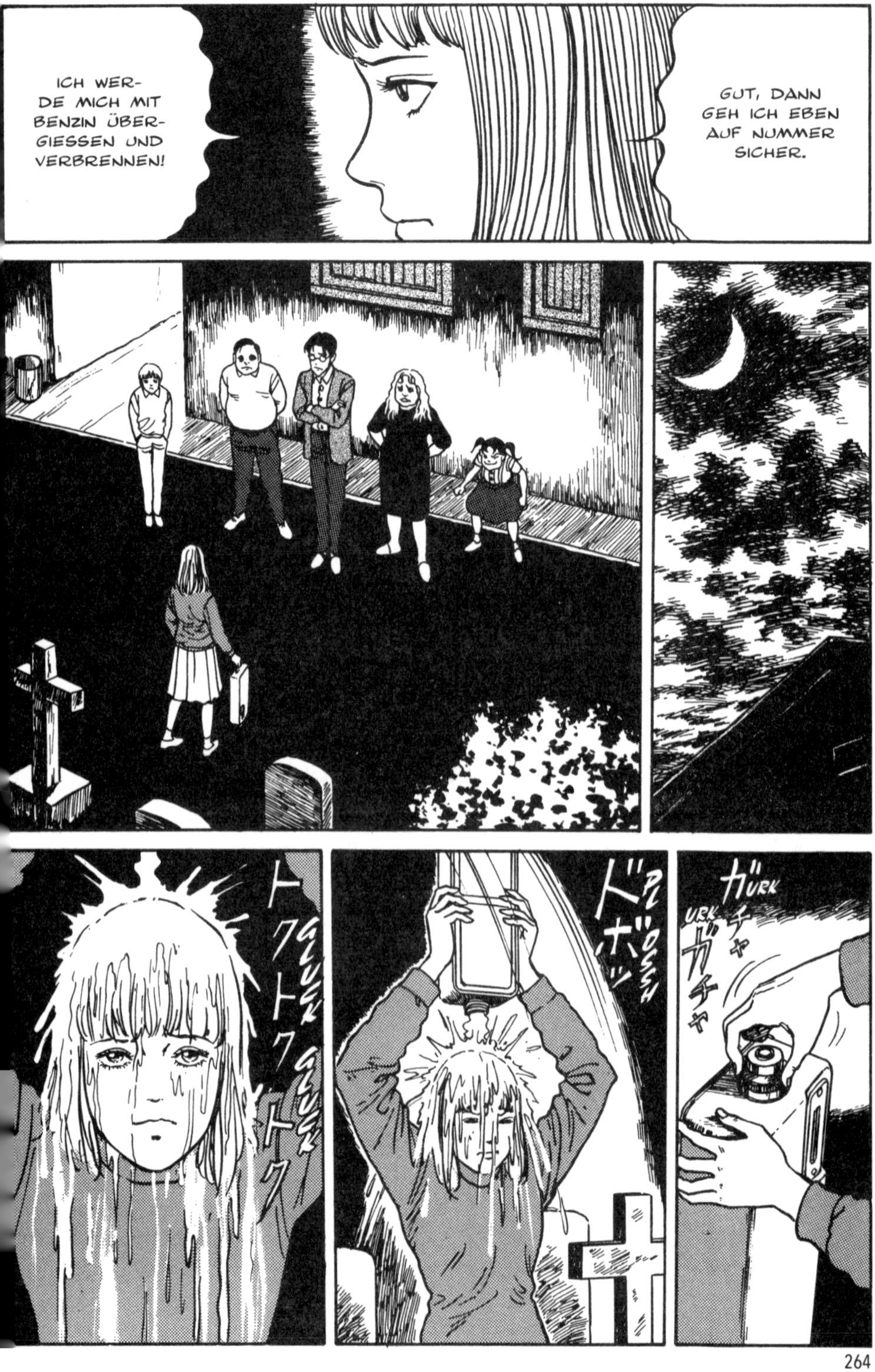
GUT, DANN GEH ICH EBEN AUF NUMMER SICHER.
ICH WER-DE MICH MIT BENZIN ÜBER-GIESSEN UND VERBRENNEN!
GÜRK
URK
ガチャガチャ
ドボッ
PLOSSH
トクトクトク
GLUCK GLUCK

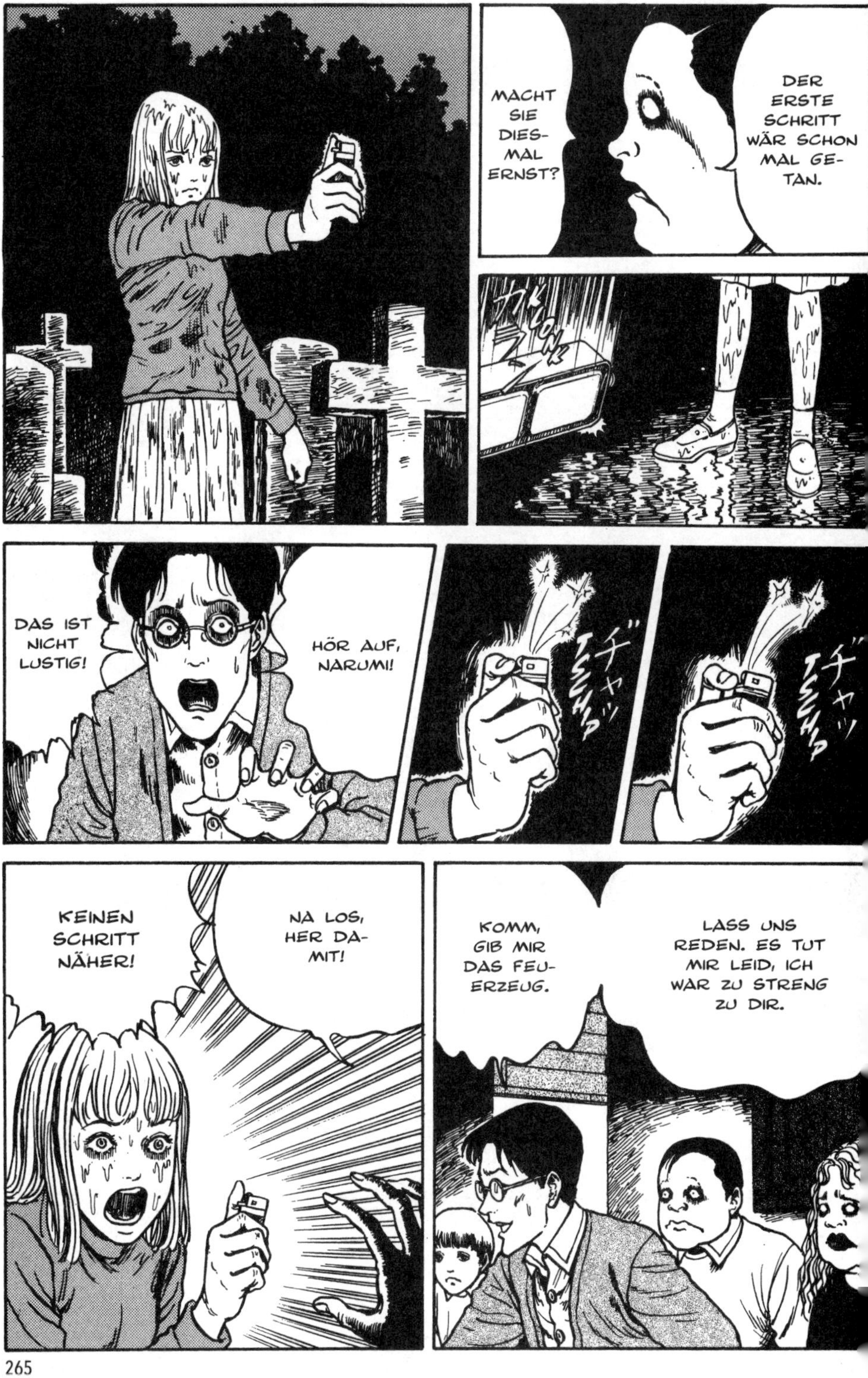

DER ERSTE SCHRITT WÄR SCHON MAL GETAN.
MACHT SIE DIESMAL ERNST?
KLONK
HÖR AUF, NARUMI!
DAS IST NICHT LUSTIG!
TSCHAP
TSCHAP
NA LOS, HER DAMIT!
KEINEN SCHRITT NÄHER!
LASS UNS REDEN. ES TUT MIR LEID, ICH WAR ZU STRENG ZU DIR.
KOMM, GIB MIR DAS FEUERZEUG.

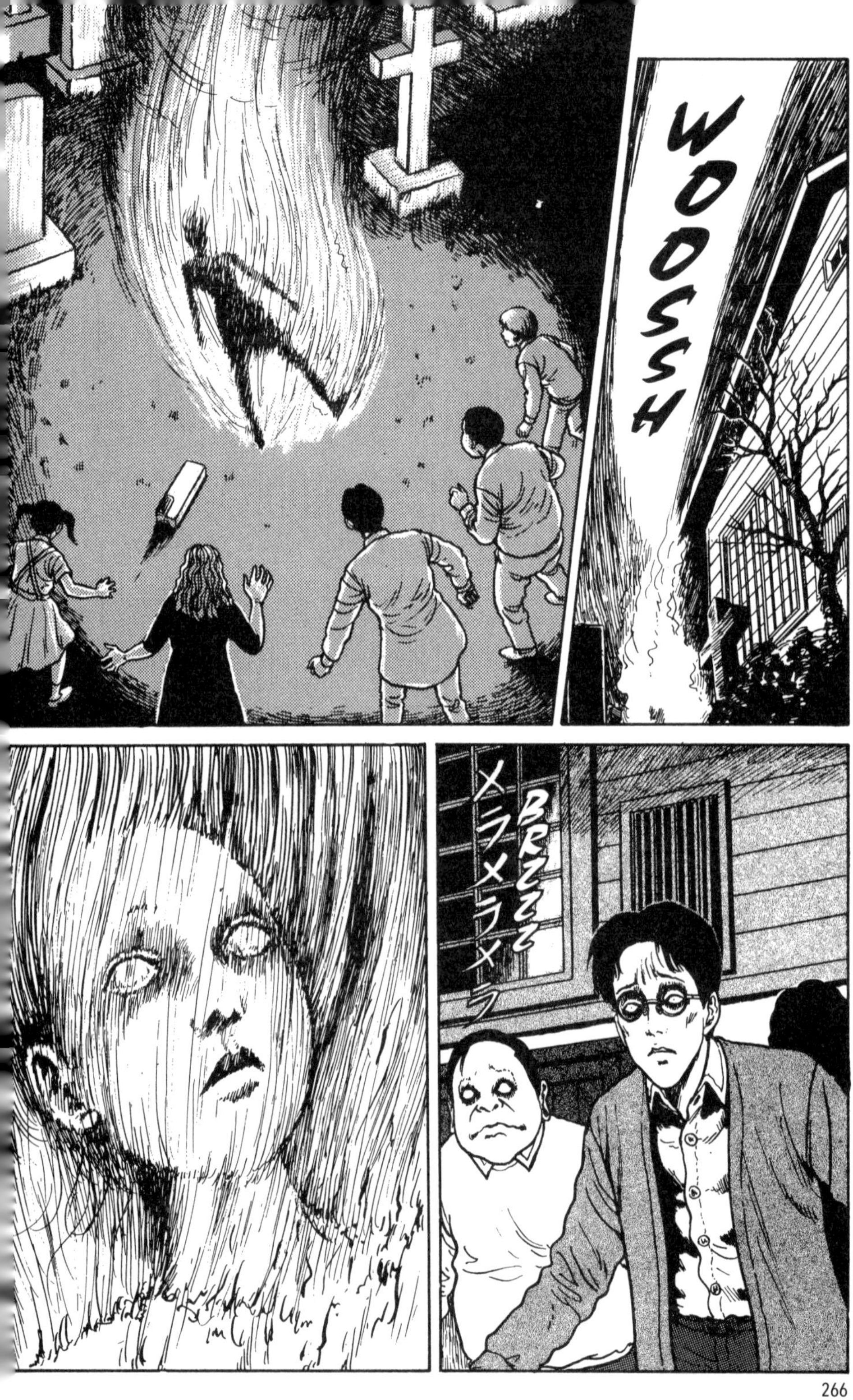
WOOSSH
BRZZZ
メラメラメラ

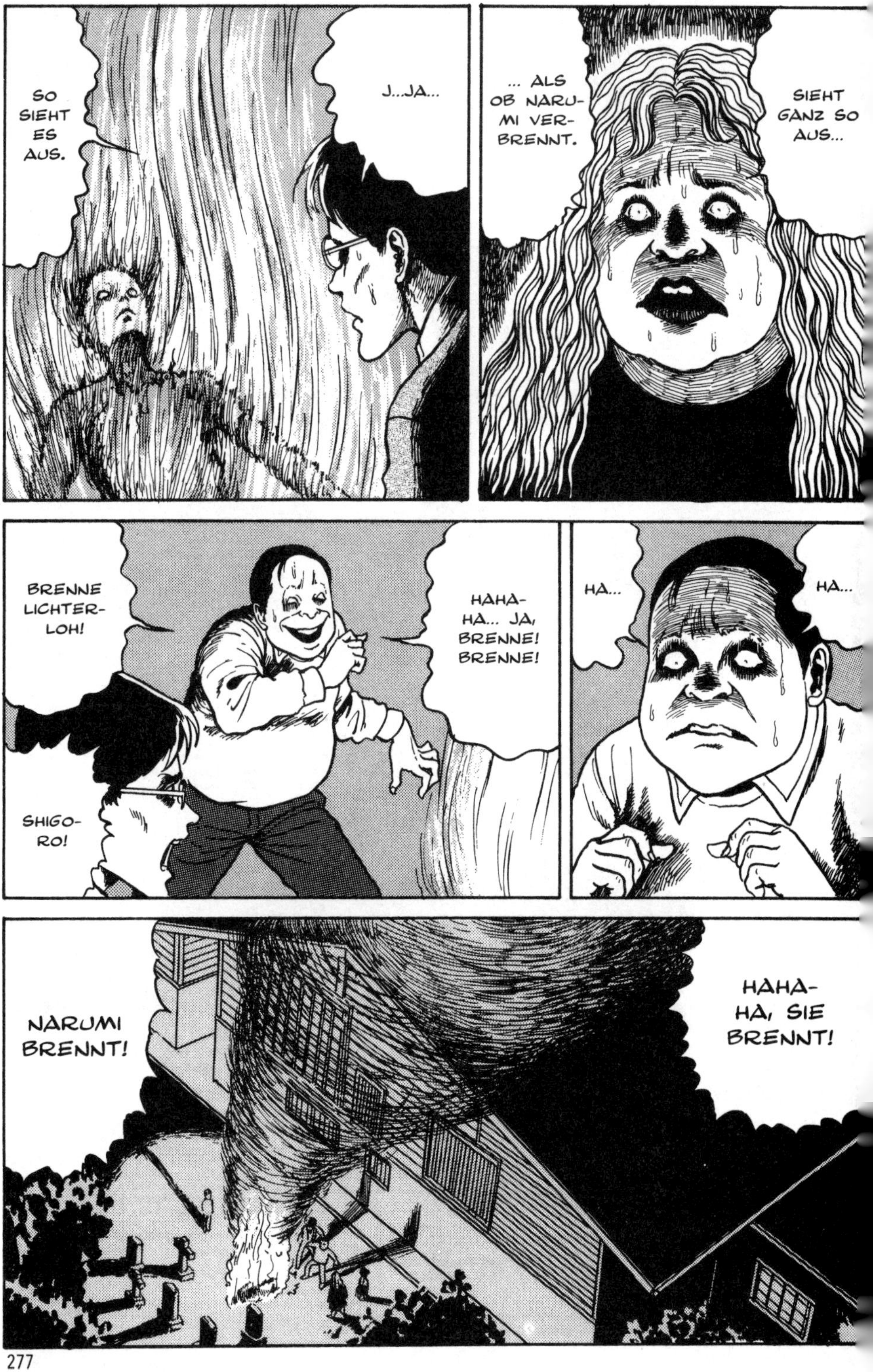
SIEHT GANZ SO AUS...
... ALS OB NARUMI VERBRENNT.
J...JA...
SO SIEHT ES AUS.
HA...
HA...
HAHAHA... JA, BRENNE! BRENNE!
BRENNE LICHTERLOH!
SHIGORO!
HAHAHA, SIE BRENNT!
NARUMI BRENNT!

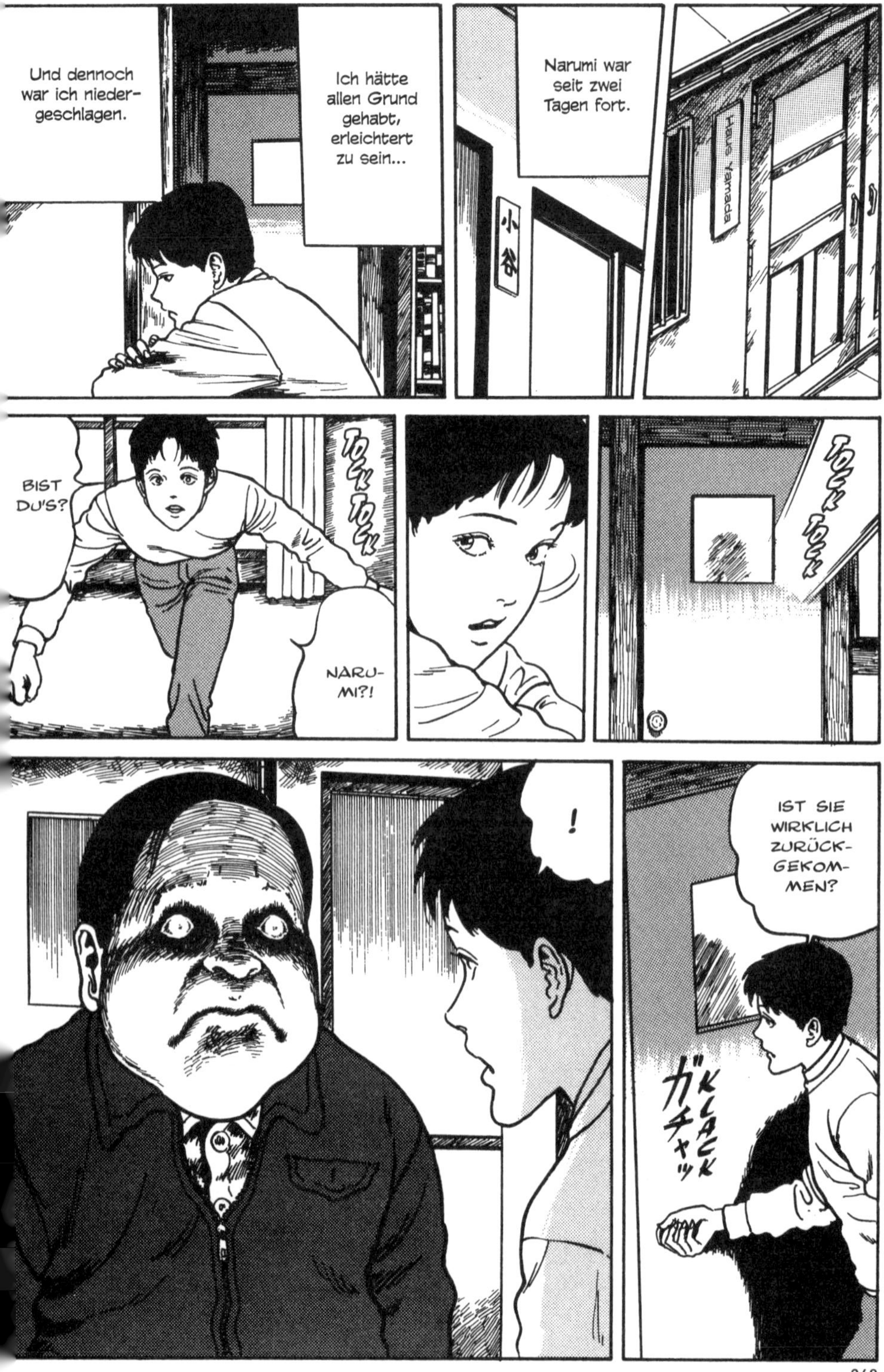
Narumi war seit zwei Tagen fort.
Haus Yamada
小谷
Ich hätte allen Grund gehabt, erleichtert zu sein...
Und dennoch war ich niedergeschlagen.
TOCK TOCK
NARU-MI?!
TOCK TOCK
BIST DU'S?
IST SIE WIRKLICH ZURÜCK-GEKOM-MEN?
KLACK
ガチャッ
!

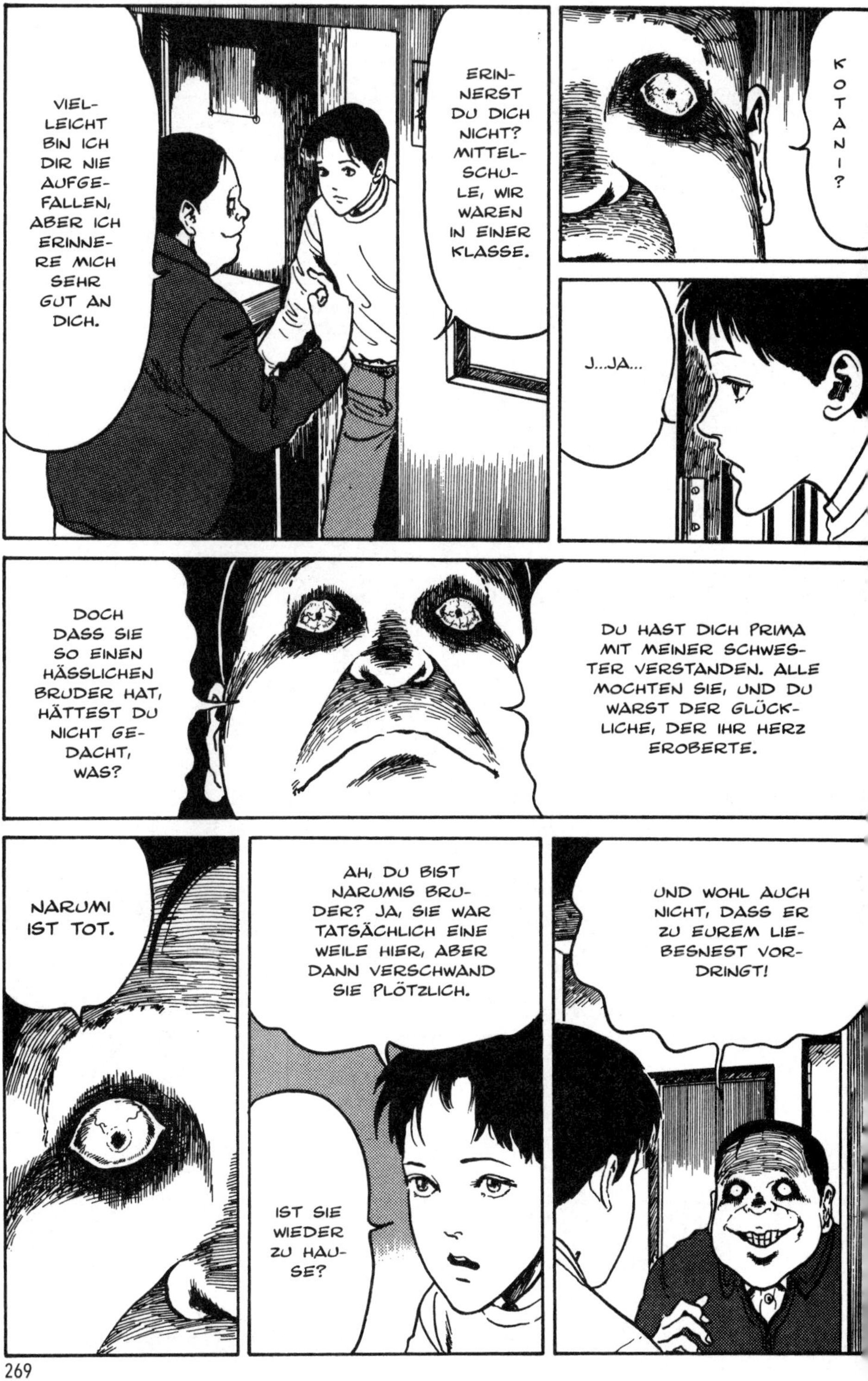
KOTANI?
ERINNERST DU DICH NICHT? MITTELSCHULE, WIR WAREN IN EINER KLASSE.
VIELLEICHT BIN ICH DIR NIE AUFGEFALLEN, ABER ICH ERINNERE MICH SEHR GUT AN DICH.
J...JA...
DU HAST DICH PRIMA MIT MEINER SCHWESTER VERSTANDEN. ALLE MOCHTEN SIE, UND DU WARST DER GLÜCKLICHE, DER IHR HERZ EROBERTE.
DOCH DASS SIE SO EINEN HÄSSLICHEN BRUDER HAT, HÄTTEST DU NICHT GEDACHT, WAS?
UND WOHL AUCH NICHT, DASS ER ZU EUREM LIEBESNEST VORDRINGT!
AH, DU BIST NARUMIS BRUDER? JA, SIE WAR TATSÄCHLICH EINE WEILE HIER, ABER DANN VERSCHWAND SIE PLÖTZLICH.
IST SIE WIEDER ZU HAUSE?
NARUMI IST TOT.

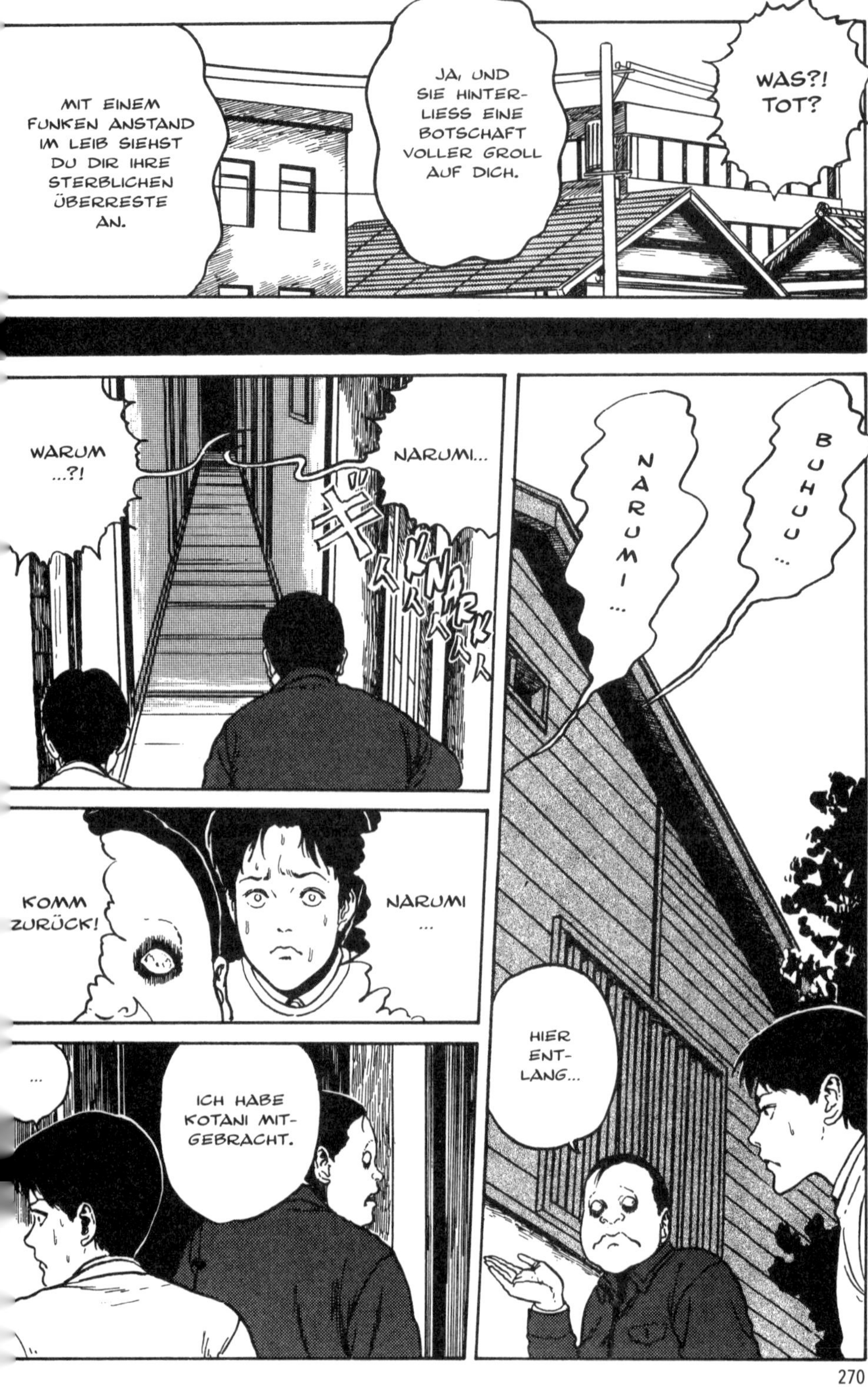
WAS?! TOT?
JA, UND SIE HINTER-LIESS EINE BOTSCHAFT VOLLER GROLL AUF DICH.
MIT EINEM FUNKEN ANSTAND IM LEIB SIEHST DU DIR IHRE STERBLICHEN ÜBERRESTE AN.
BUHUU...
NARUMI...
HIER ENT-LANG...
NARUMI...
KNARK KNARK
WARUM ...?!
NARUMI ...
KOMM ZURÜCK!
ICH HABE KOTANI MIT-GEBRACHT.
...

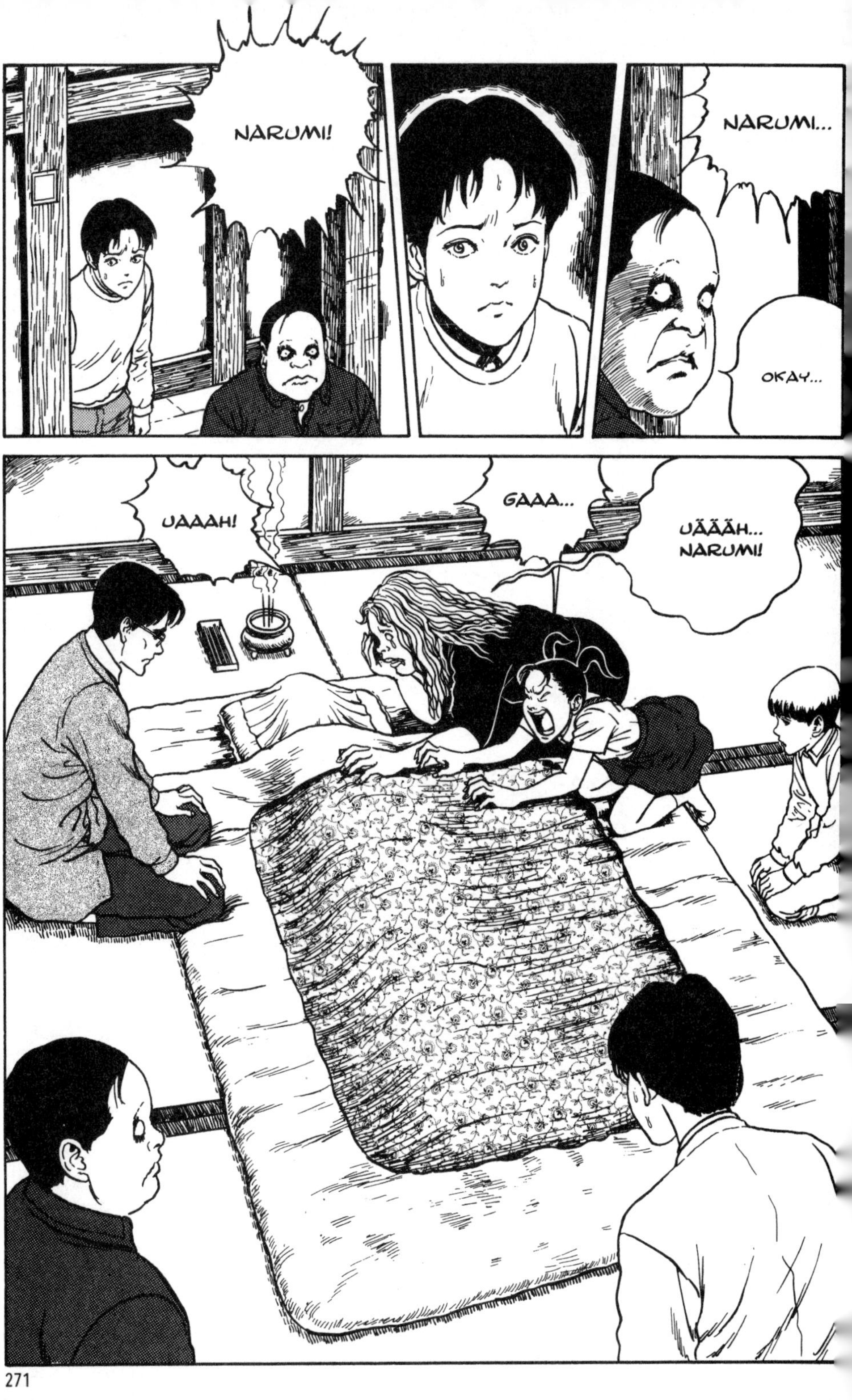
NARUMI...
OKAY...
NARUMI!
UÄÄÄH... NARUMI!
GAAA...
UAAAH!

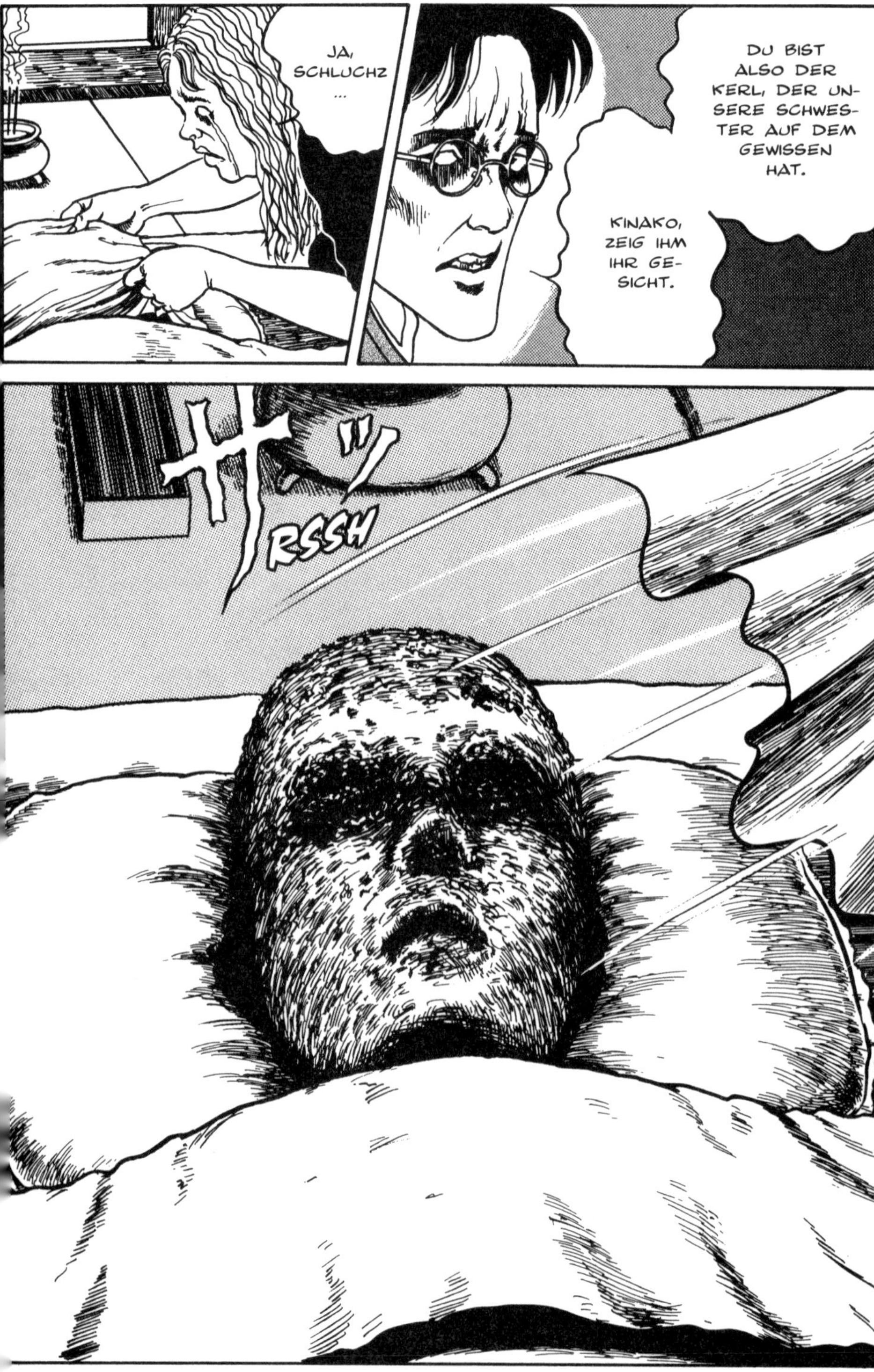
DU BIST ALSO DER KERL, DER UNSERE SCHWESTER AUF DEM GEWISSEN HAT.
JA, SCHLUCHZ ...
KINAKO, ZEIG IHM IHR GESICHT.
RSSH

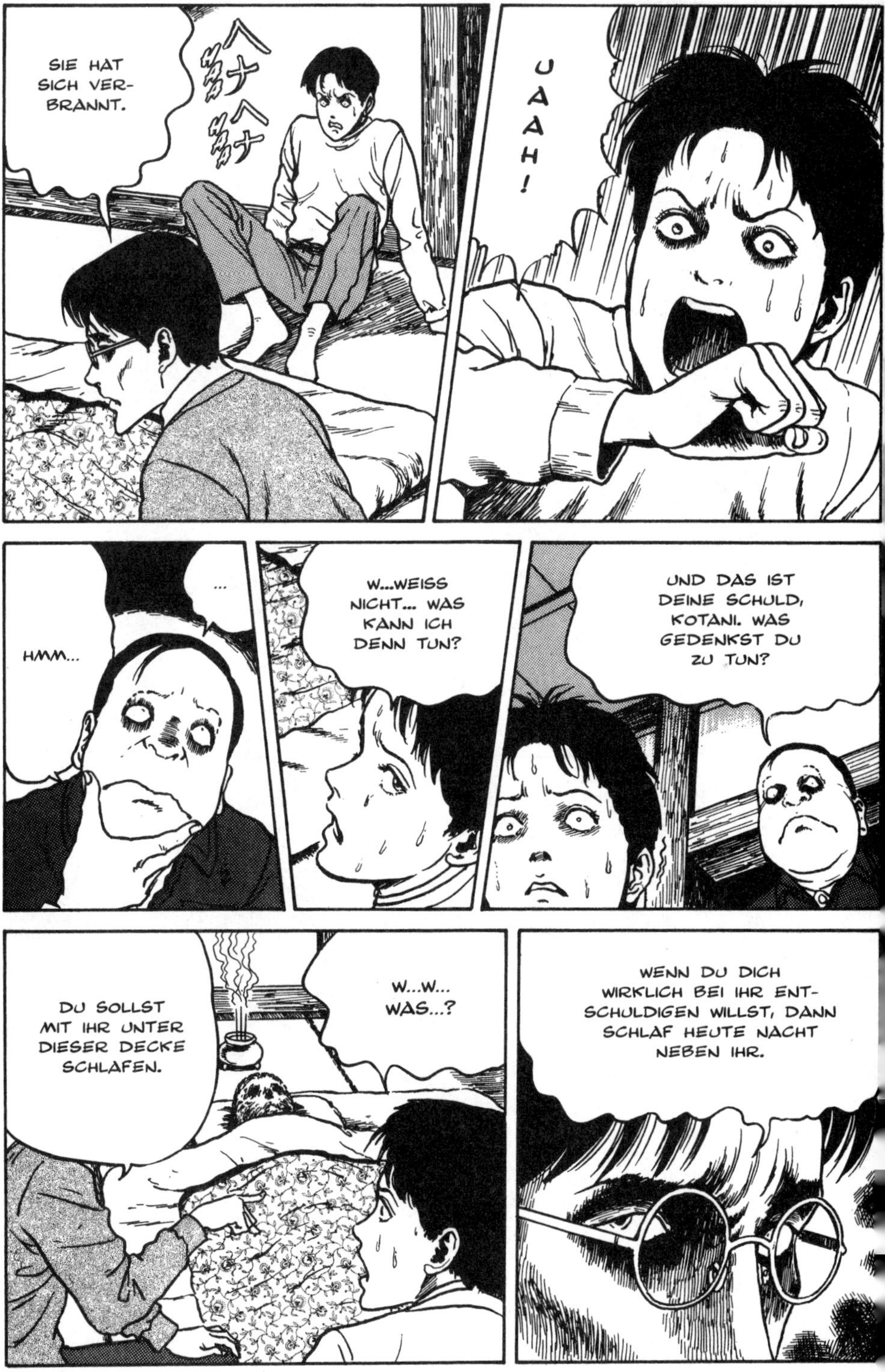
UAAAH!
ヘナヘナ
SIE HAT SICH VERBRANNT.
UND DAS IST DEINE SCHULD, KOTANI. WAS GEDENKST DU ZU TUN?
W...WEISS NICHT... WAS KANN ICH DENN TUN?
...
HMM...
WENN DU DICH WIRKLICH BEI IHR ENTSCHULDIGEN WILLST, DANN SCHLAF HEUTE NACHT NEBEN IHR.
W...W... WAS...?
DU SOLLST MIT IHR UNTER DIESER DECKE SCHLAFEN.

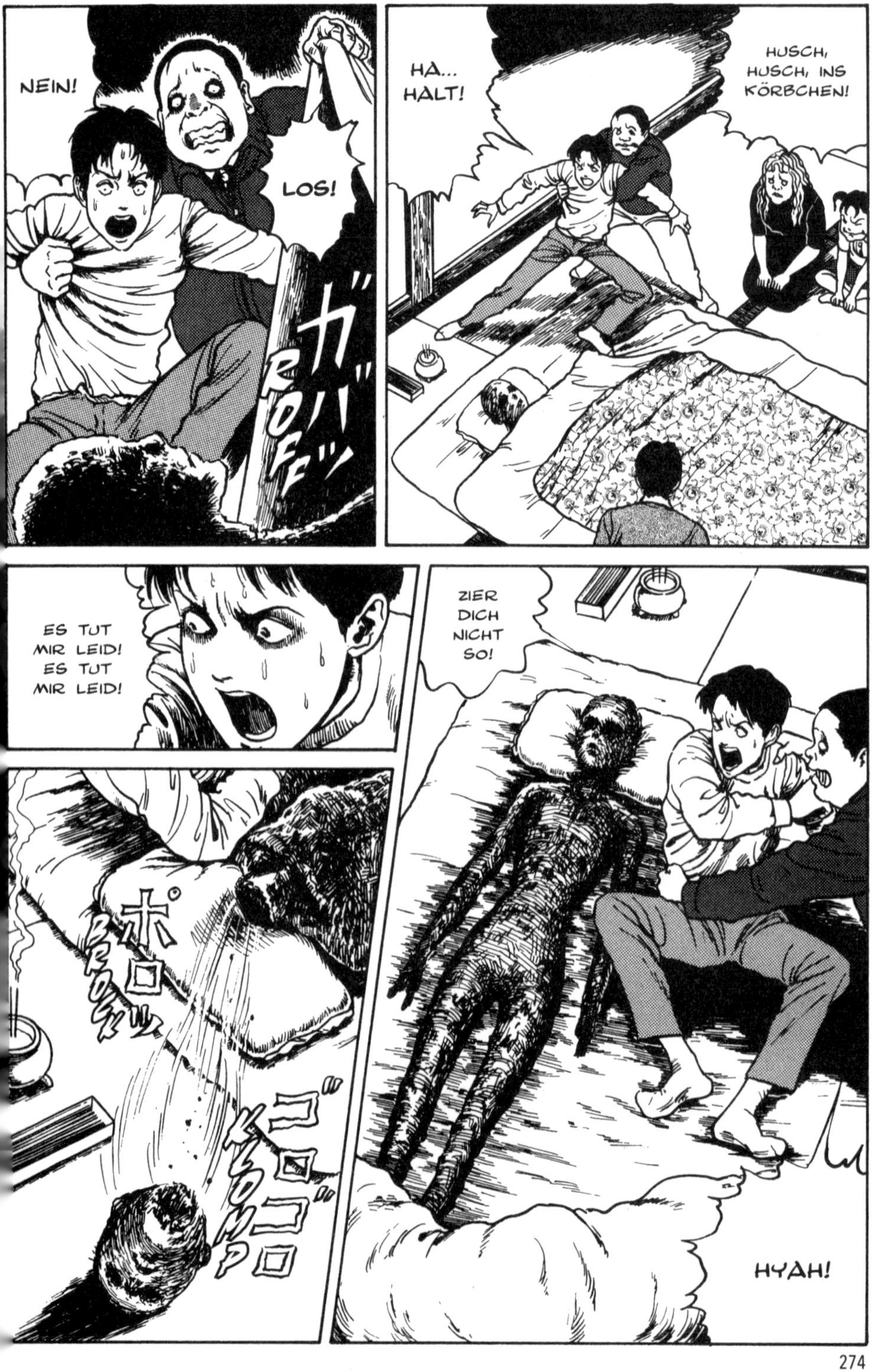
HUSCH, HUSCH, INS KÖRBCHEN!
HA... HALT!
NEIN!
LOS!
ガバッ
ROFF
ZIER DICH NICHT SO!
HYAH!
ES TUT MIR LEID! ES TUT MIR LEID!
ポロッ
BROCK
ゴロゴロ
KLOMP

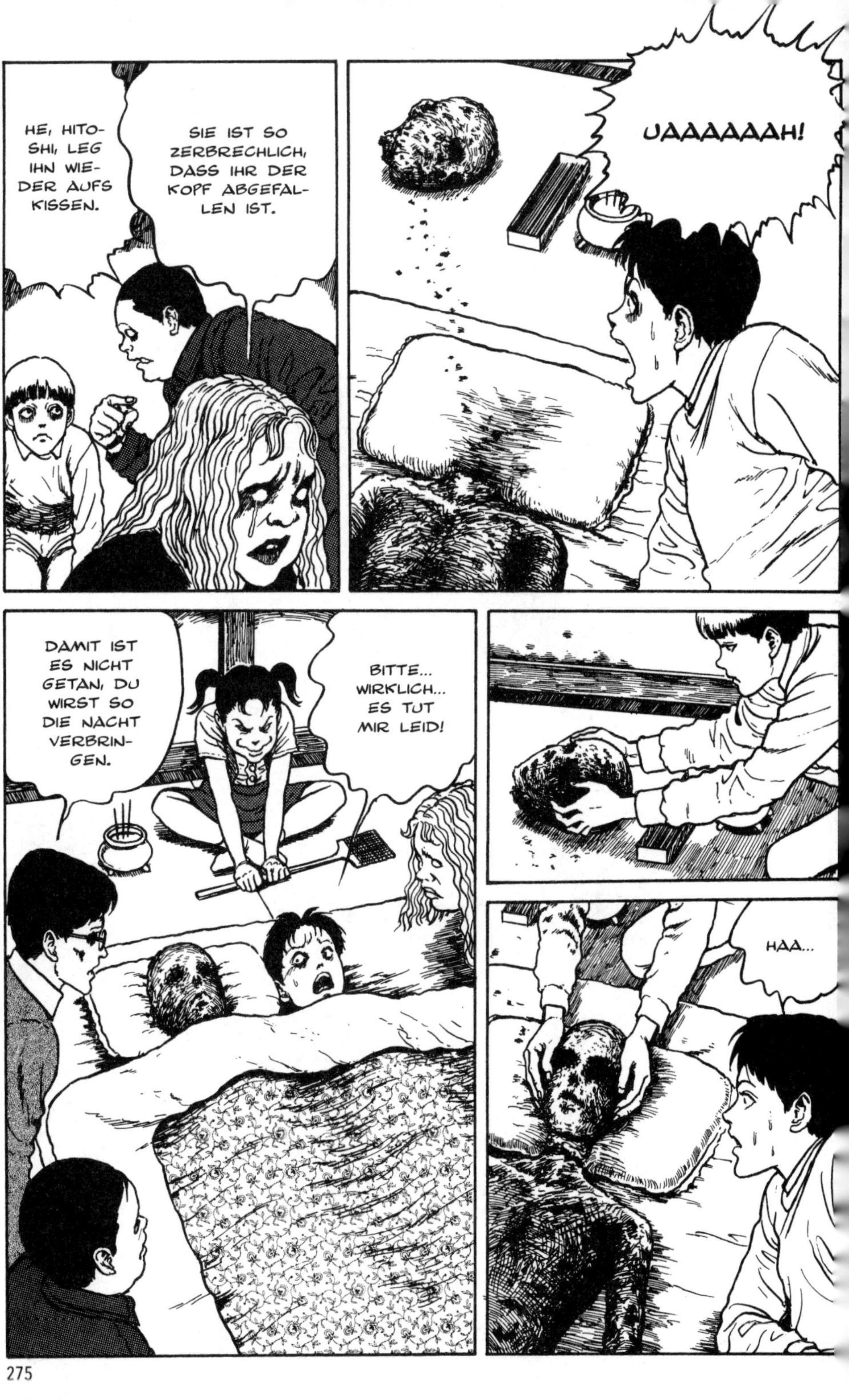
UAAAAAAH!
SIE IST SO ZERBRECHLICH, DASS IHR DER KOPF ABGEFALLEN IST.
HE, HITOSHI, LEG IHN WIEDER AUFS KISSEN.
HAA...
BITTE... WIRKLICH... ES TUT MIR LEID!
DAMIT IST ES NICHT GETAN, DU WIRST SO DIE NACHT VERBRINGEN.

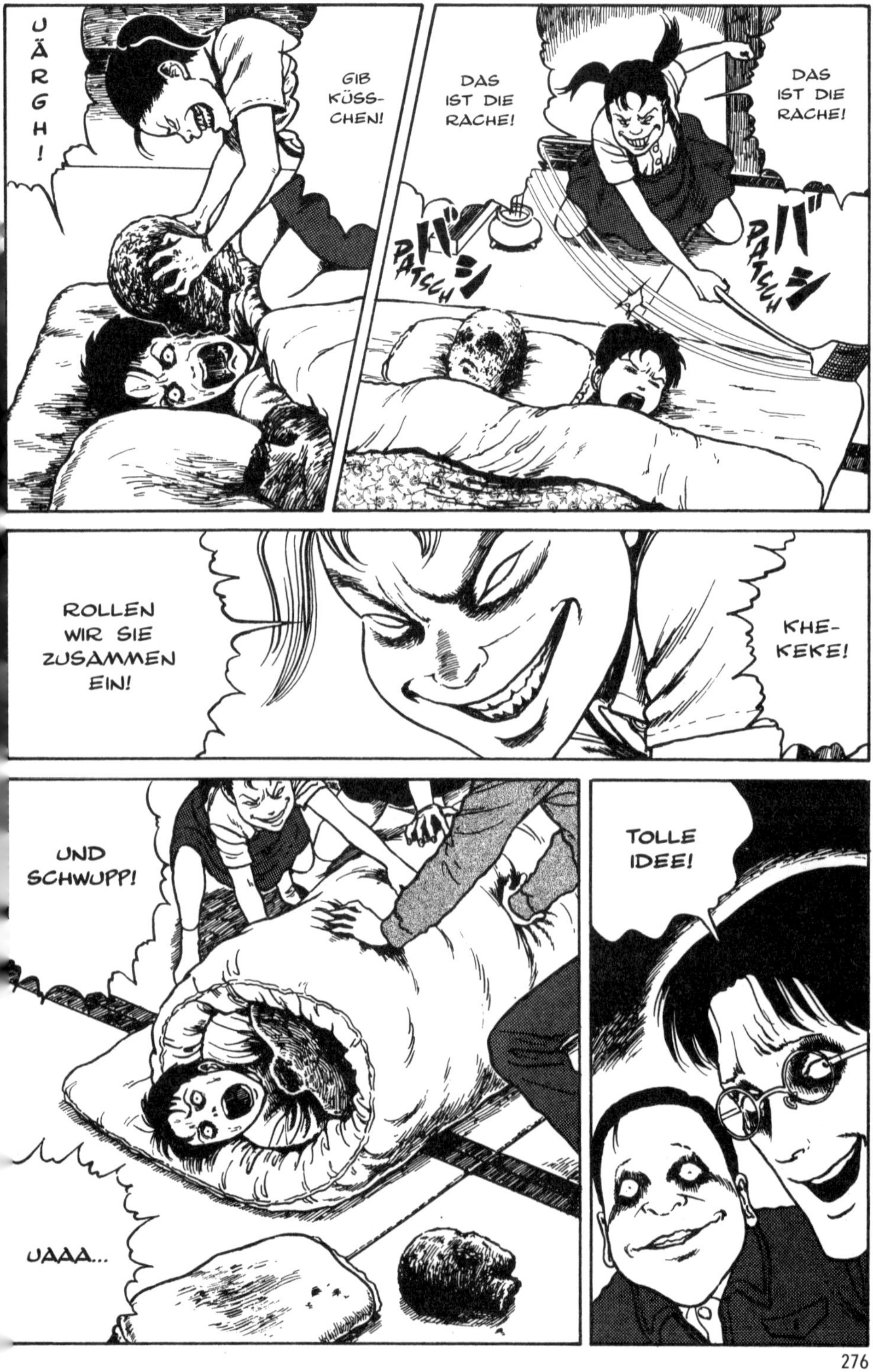
DAS IST DIE RACHE!
PATSCH
DAS IST DIE RACHE!
PATSCH
GIB KÜSSCHEN!
UÄRGH!
KHE-KEKE!
ROLLEN WIR SIE ZUSAMMEN EIN!
TOLLE IDEE!
UND SCHWUPP!
UAAA...

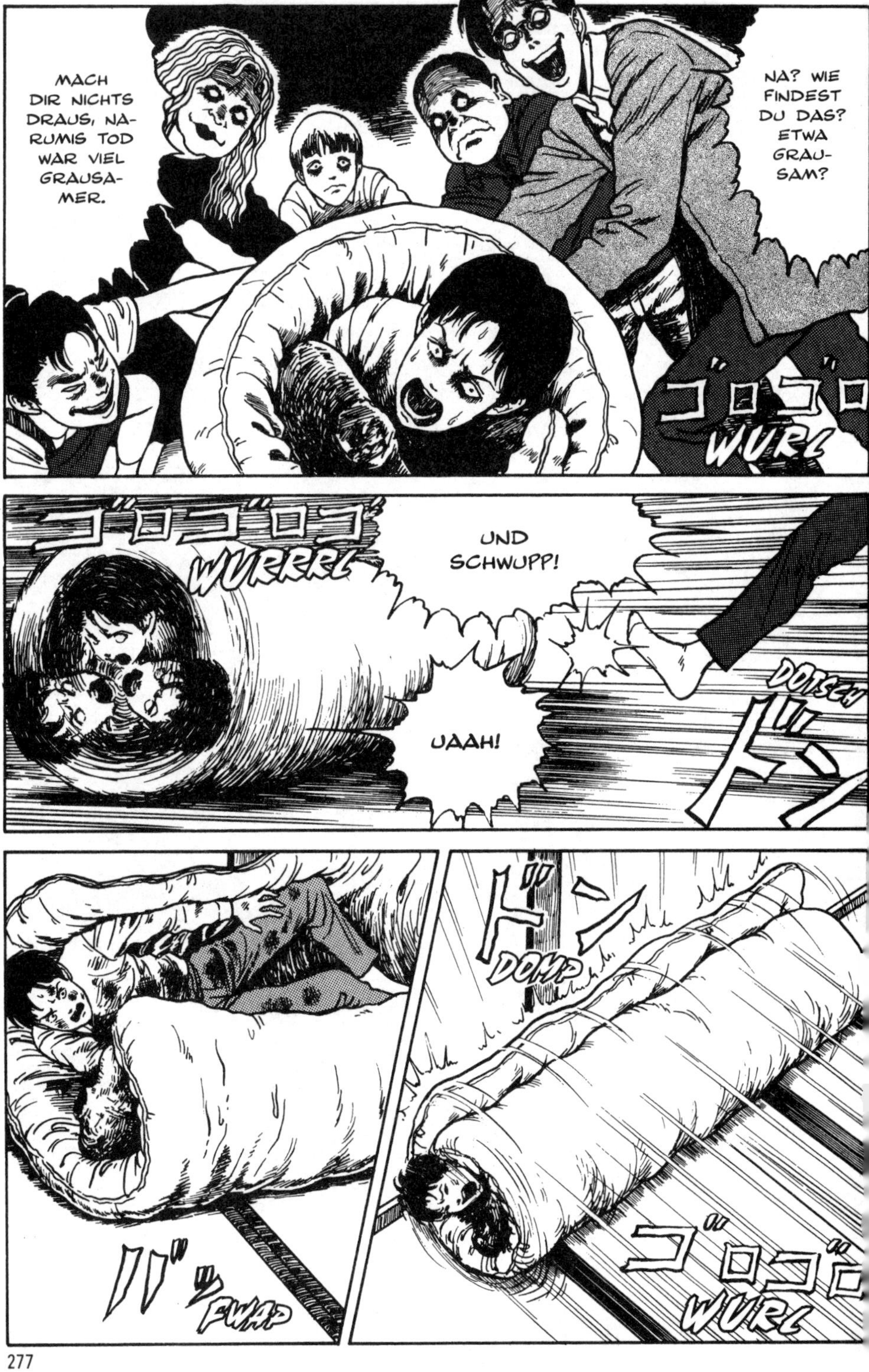
NA? WIE FINDEST DU DAS? ETWA GRAUSAM?
MACH DIR NICHTS DRAUS, NARUMIS TOD WAR VIEL GRAUSAMER.
ゴロゴロ
WURL
ゴロゴロゴ
WURRRL
UND SCHWUPP!
DOTSCH
ドン
UAAH!
ドン
DOMP
ゴロゴロ
WURL
バッ
FWAP

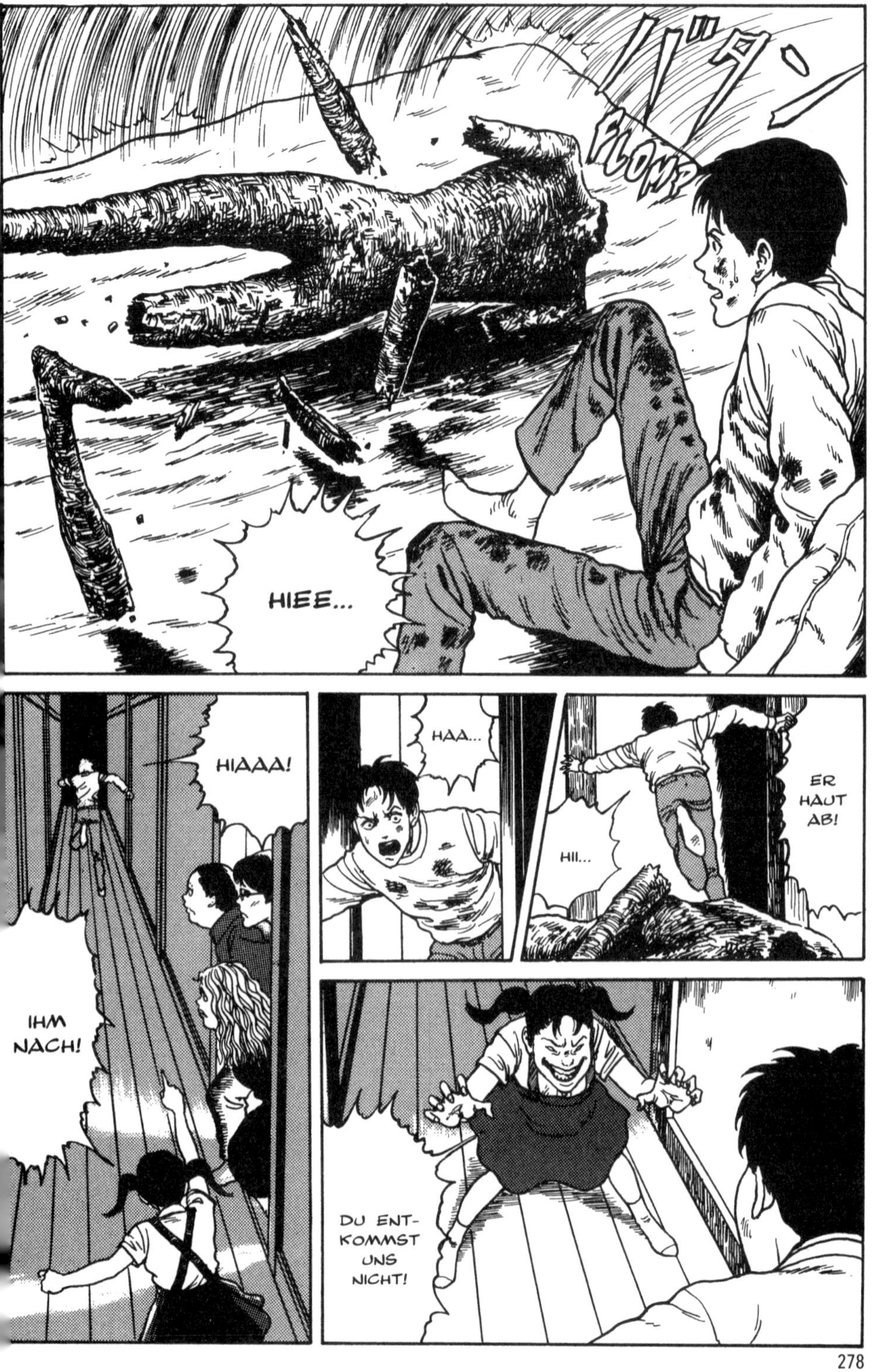
バダ
FLOMP
HIEE...
HAA...
ER HAUT AB!
HII...
HIAAA!
IHM NACH!
DU ENT-KOMMST UNS NICHT!

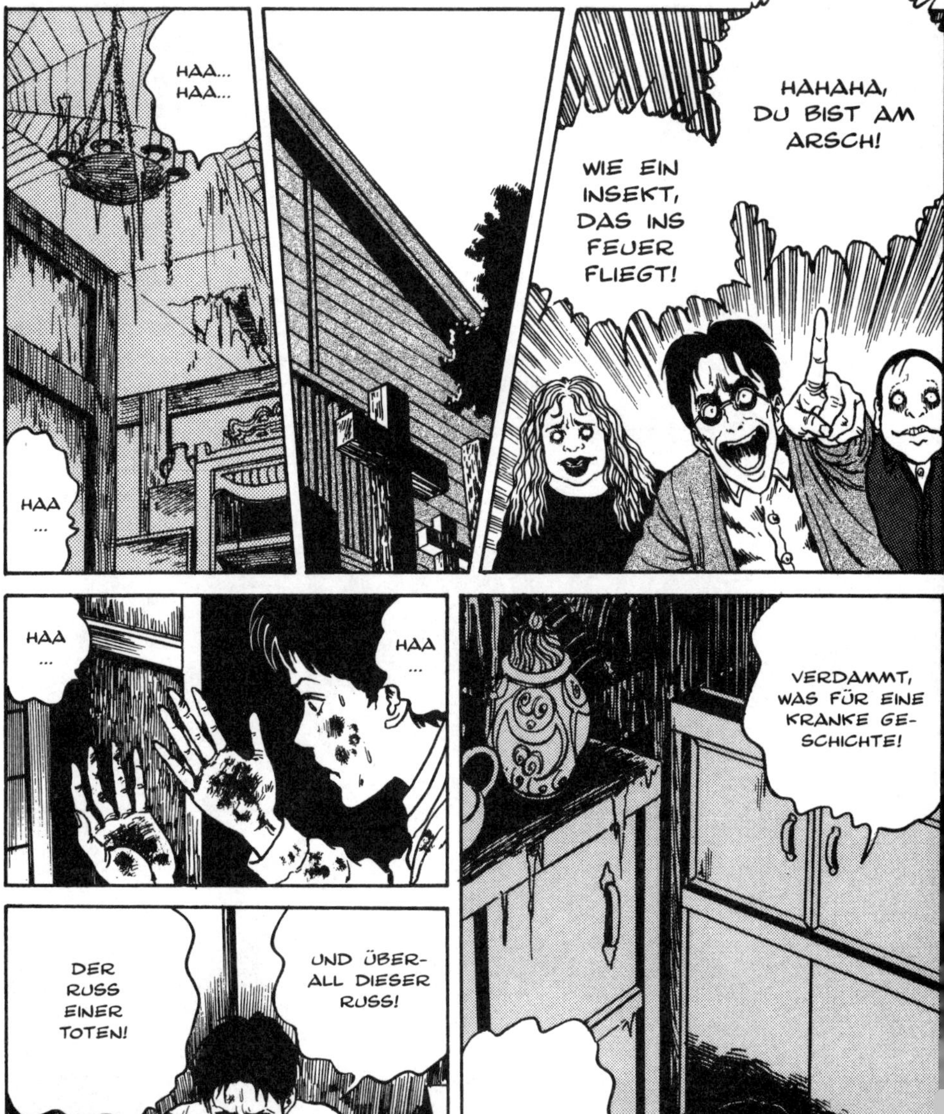
HAA... HAA...
HAA ...
HAHAHA, DU BIST AM ARSCH!
WIE EIN INSEKT, DAS INS FEUER FLIEGT!
HAA ...
HAA ...
DER RUSS EINER TOTEN!
UND ÜBER-ALL DIESER RUSS!
VERDAMMT, WAS FÜR EINE KRANKE GE-SCHICHTE!
DAS GLAUBT MIR KEI-NER!

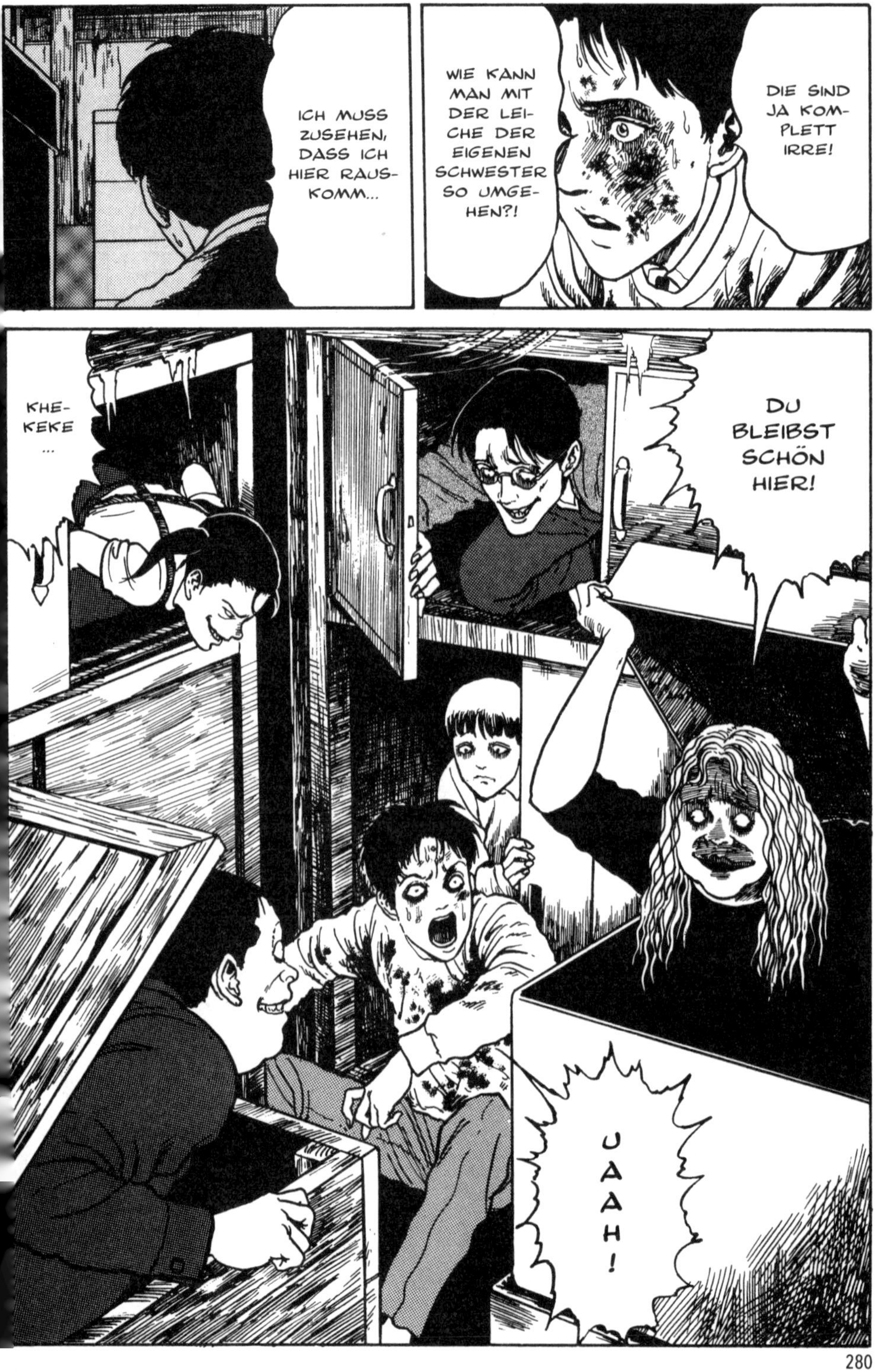
DIE SIND JA KOMPLETT IRRE!
WIE KANN MAN MIT DER LEICHE DER EIGENEN SCHWESTER SO UMGEHEN?!
ICH MUSS ZUSEHEN, DASS ICH HIER RAUSKOMM...
DU BLEIBST SCHÖN HIER!
KHEKEKE ...
UAAH!

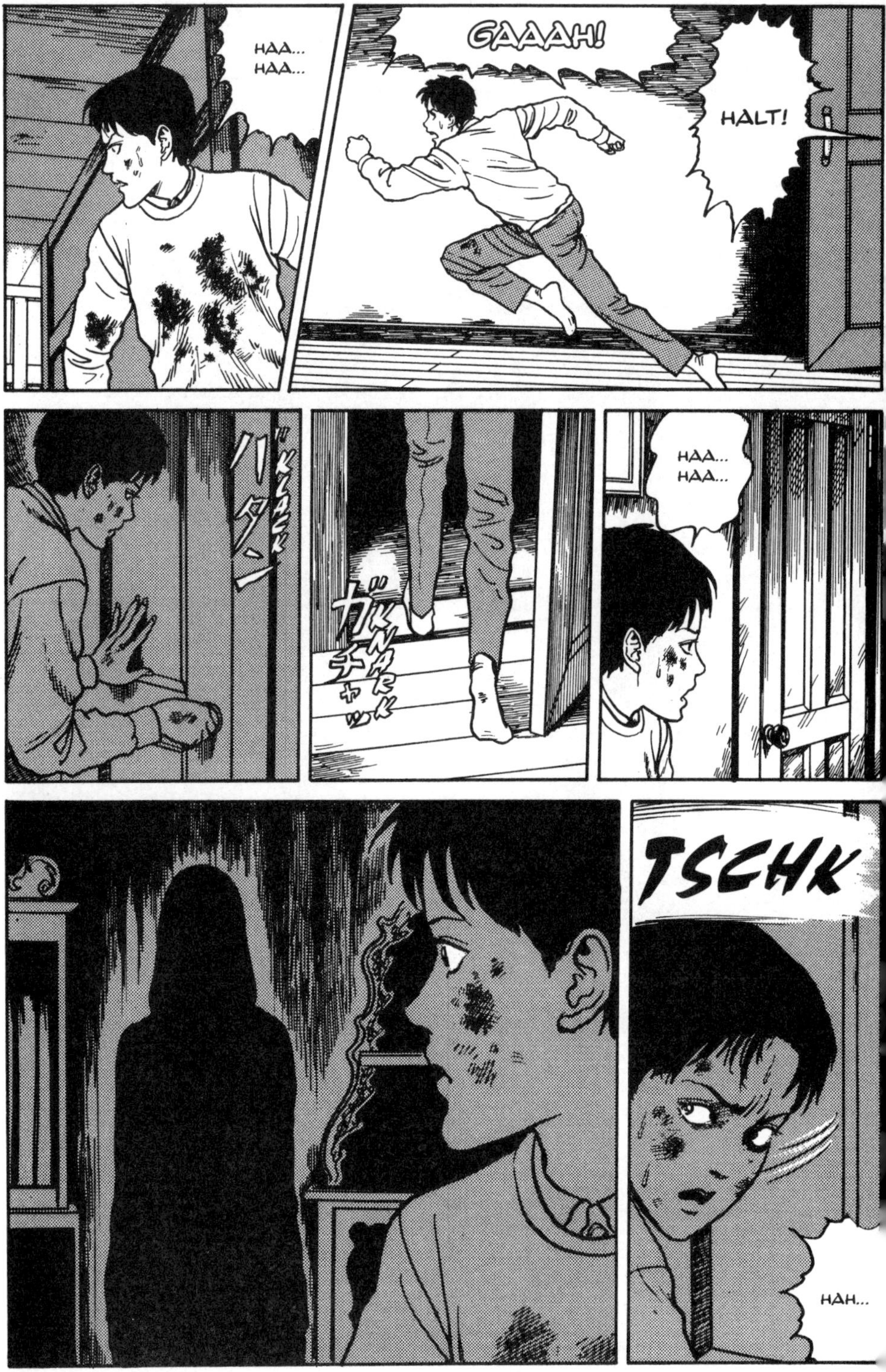
HALT!
GAAAH!
HAA...
HAA...
HAA...
HAA...
ガチャッ
KNACK
バタン
KLACK
TSCHK
HAH...

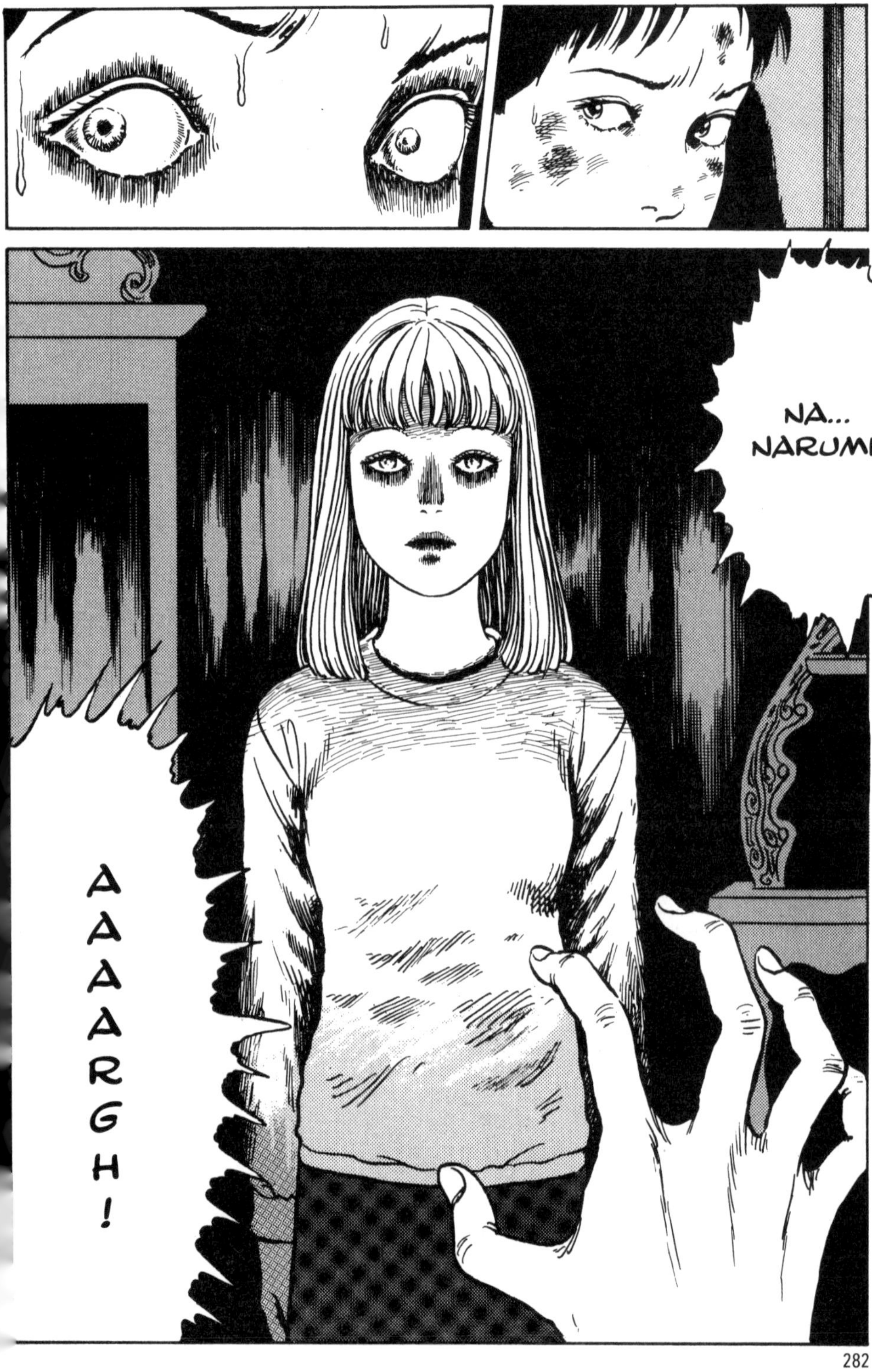
NA... NARUMI!
AAAAARGH!

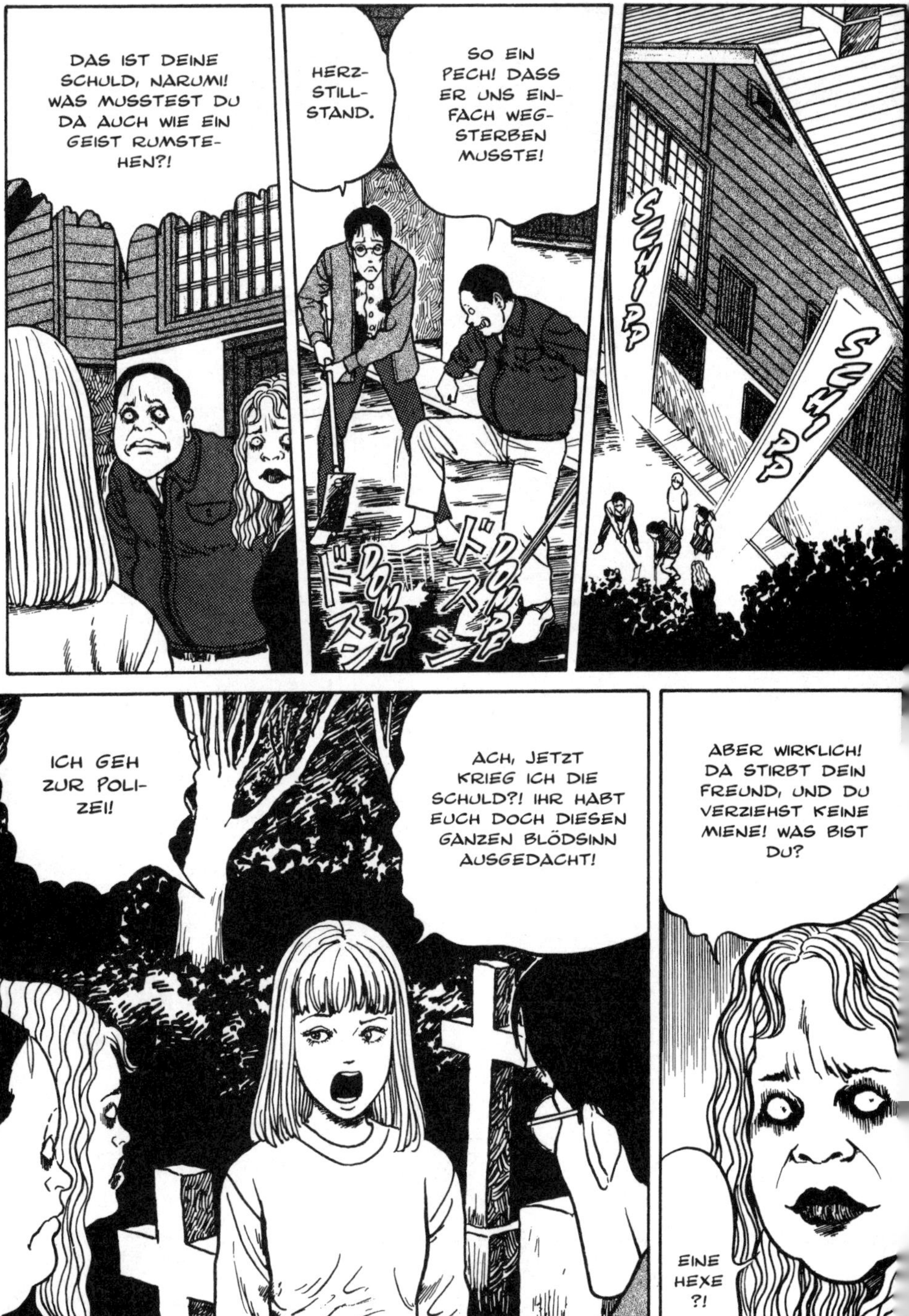
SCHIPP
SCHIPP
SO EIN PECH! DASS ER UNS EIN-FACH WEG-STERBEN MUSSTE!
HERZ-STILL-STAND.
DOMPF
ドスン
DOMPF
ドスン
DAS IST DEINE SCHULD, NARUMI! WAS MUSSTEST DU DA AUCH WIE EIN GEIST RUMSTE-HEN?!
ABER WIRKLICH! DA STIRBT DEIN FREUND, UND DU VERZIEHST KEINE MIENE! WAS BIST DU?
EINE HEXE ?!
ACH, JETZT KRIEG ICH DIE SCHULD?! IHR HABT EUCH DOCH DIESEN GANZEN BLÖDSINN AUSGEDACHT!
ICH GEH ZUR POLI-ZEI!

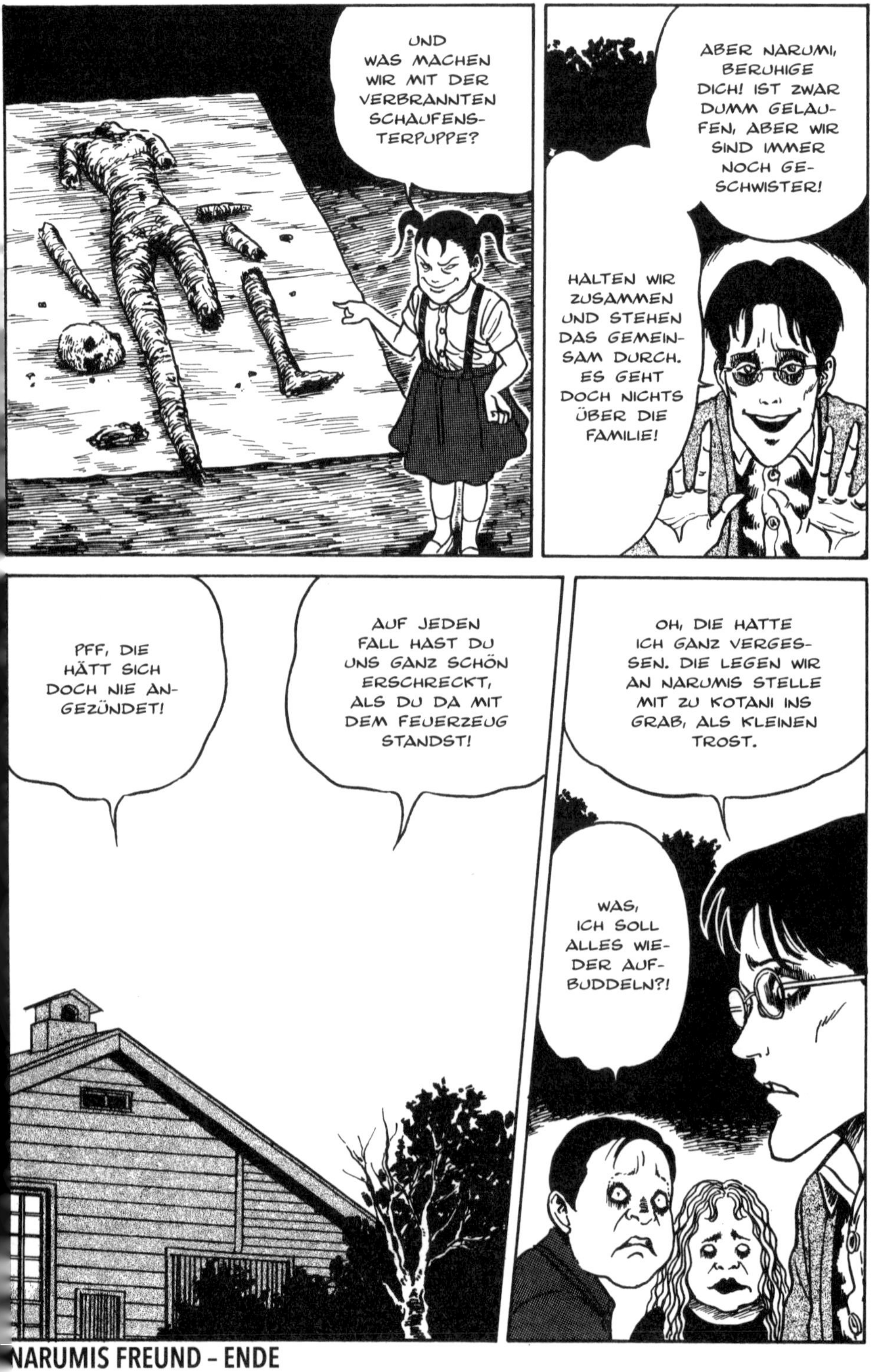

NARUMIS FREUND – ENDE

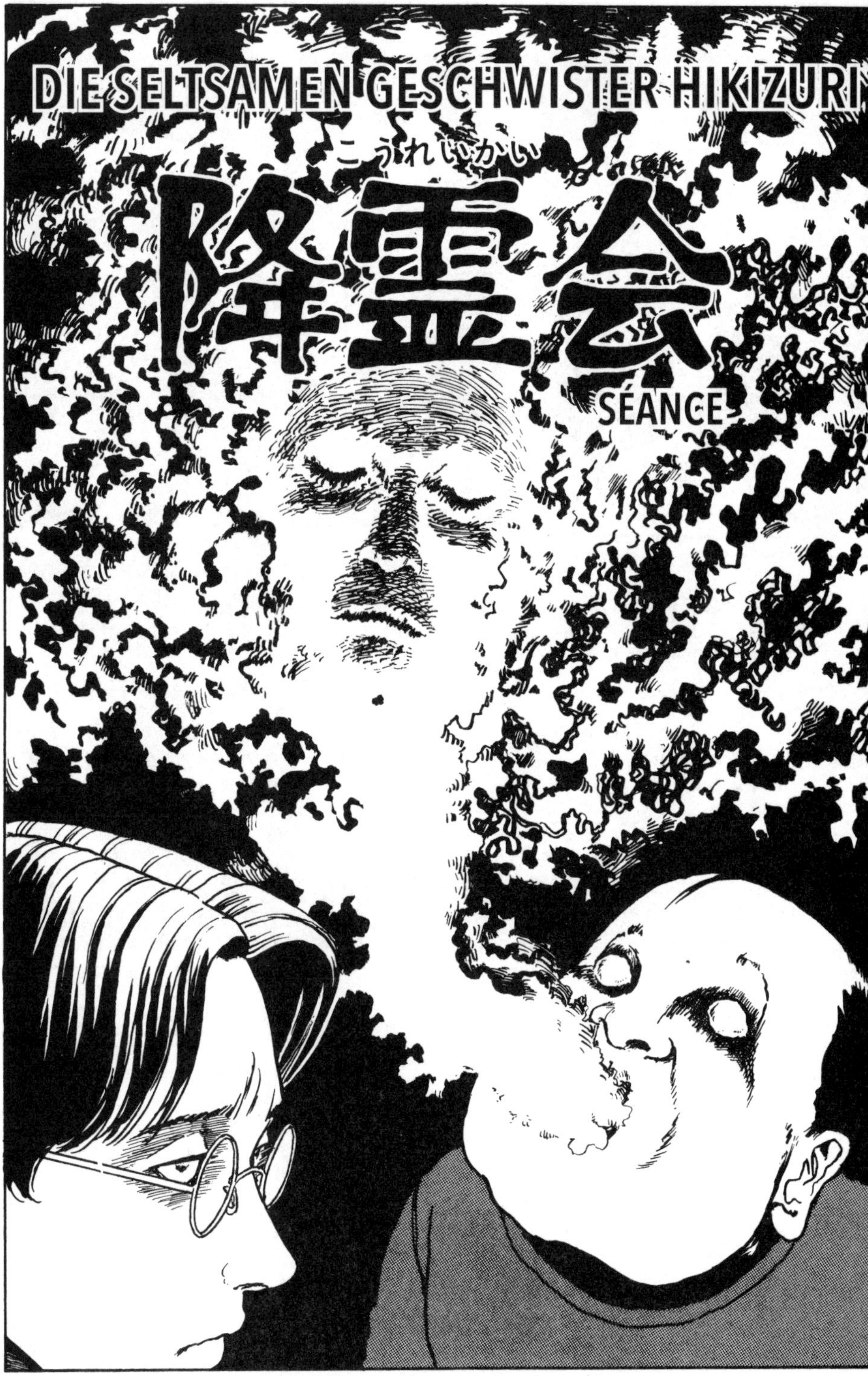
DIE SELTSAMEN GESCHWISTER HIKIZURI
こうれいかい
降霊会
SÉANCE

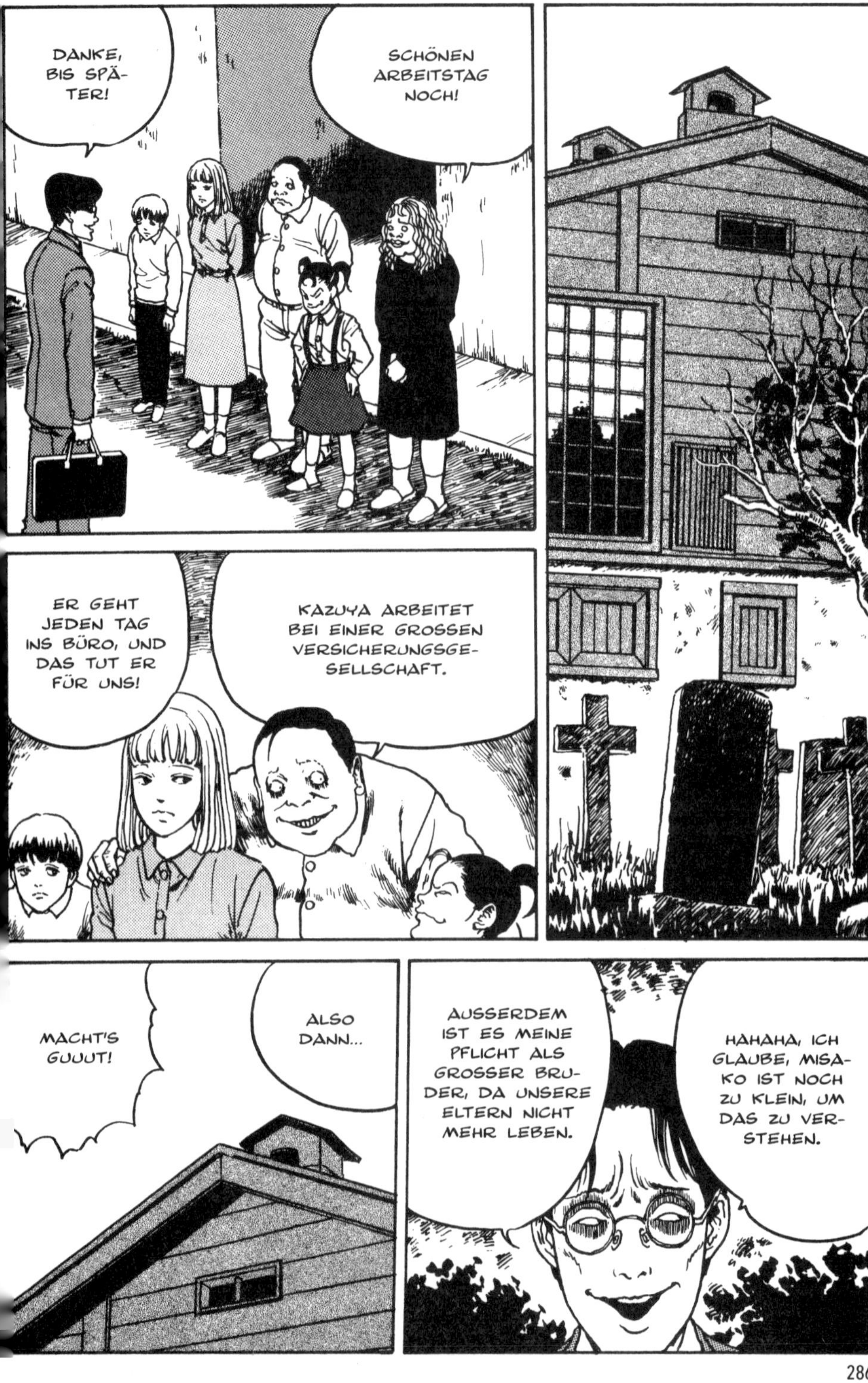
SCHÖNEN ARBEITSTAG NOCH!
DANKE, BIS SPÄ-TER!
KAZUYA ARBEITET BEI EINER GROSSEN VERSICHERUNGSGE-SELLSCHAFT.
ER GEHT JEDEN TAG INS BÜRO, UND DAS TUT ER FÜR UNS!
HAHAHA, ICH GLAUBE, MISA-KO IST NOCH ZU KLEIN, UM DAS ZU VER-STEHEN.
AUSSERDEM IST ES MEINE PFLICHT ALS GROSSER BRU-DER, DA UNSERE ELTERN NICHT MEHR LEBEN.
ALSO DANN...
MACHT'S GUUUT!

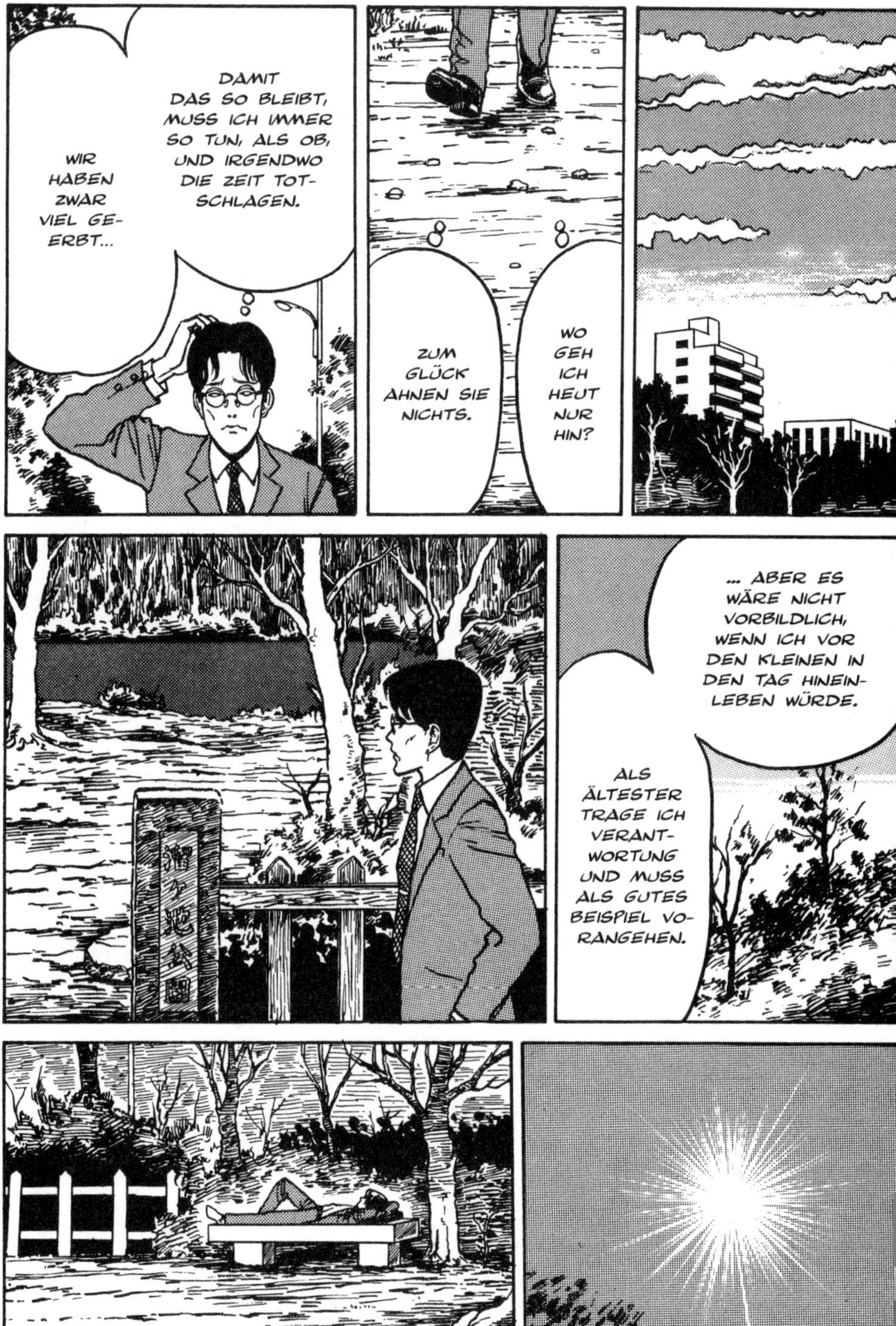
WIR HABEN ZWAR VIEL GE-ERBT...
DAMIT DAS SO BLEIBT, MUSS ICH IMMER SO TUN, ALS OB, UND IRGENDWO DIE ZEIT TOT-SCHLAGEN.
ZUM GLÜCK AHNEN SIE NICHTS.
WO GEH ICH HEUT NUR HIN?
... ABER ES WÄRE NICHT VORBILDLICH, WENN ICH VOR DEN KLEINEN IN DEN TAG HINEIN-LEBEN WÜRDE.
ALS ÄLTESTER TRAGE ICH VERANT-WORTUNG UND MUSS ALS GUTES BEISPIEL VO-RANGEHEN.

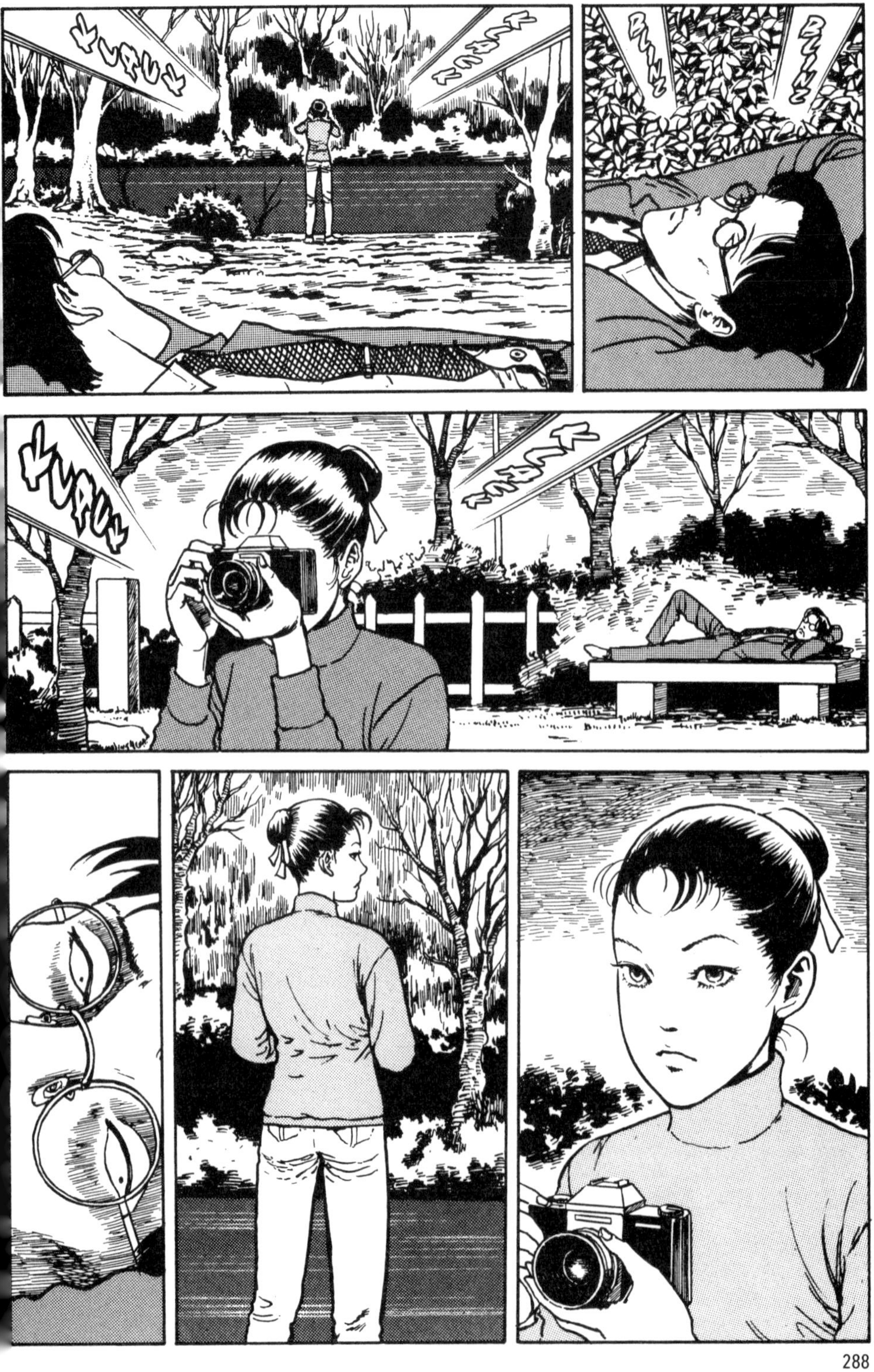
KLACK
KLACK
BLINZ
BLINZ
KLACK
KLACK

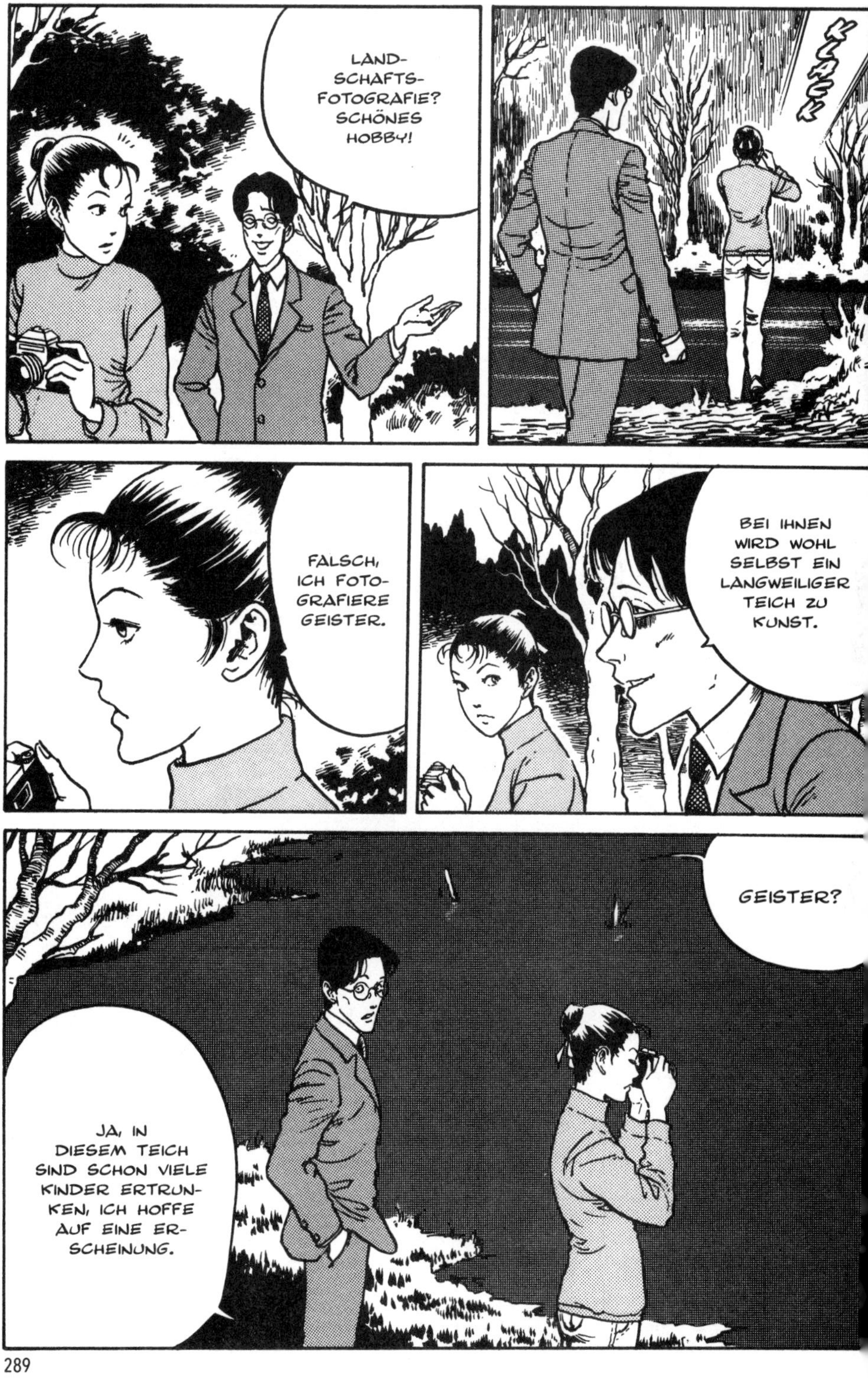
LAND-
SCHAFTS-
FOTOGRAFIE?
SCHÖNES
HOBBY!
KLACK
FALSCH,
ICH FOTO-
GRAFIERE
GEISTER.
BEI IHNEN
WIRD WOHL
SELBST EIN
LANGWEILIGER
TEICH ZU
KUNST.
GEISTER?
JA, IN
DIESEM TEICH
SIND SCHON VIELE
KINDER ERTRUN-
KEN, ICH HOFFE
AUF EINE ER-
SCHEINUNG.

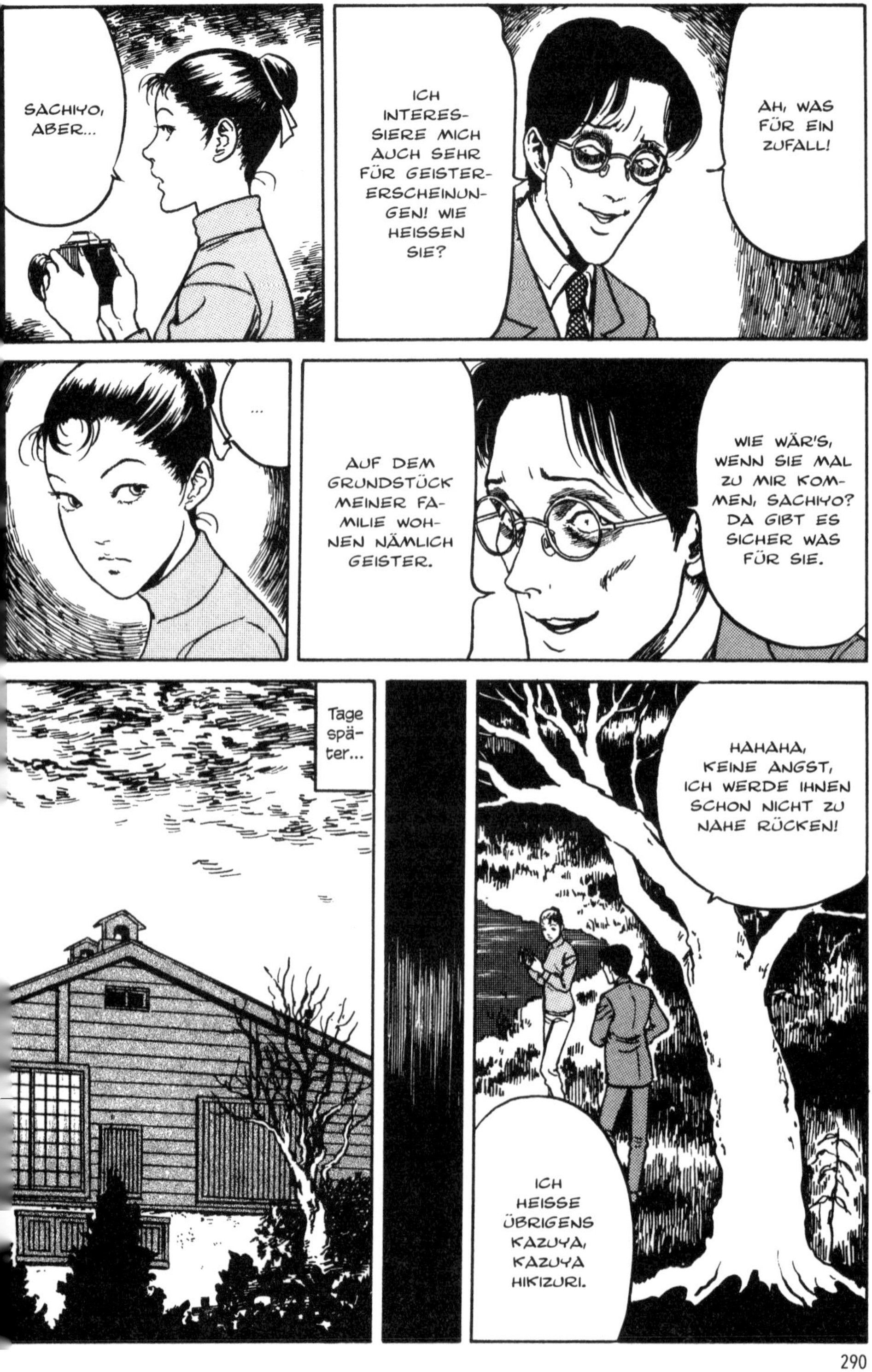
AH, WAS FÜR EIN ZUFALL!
ICH INTERESSIERE MICH AUCH SEHR FÜR GEISTERERSCHEINUNGEN! WIE HEISSEN SIE?
SACHIYO, ABER...
WIE WÄR'S, WENN SIE MAL ZU MIR KOMMEN, SACHIYO? DA GIBT ES SICHER WAS FÜR SIE.
AUF DEM GRUNDSTÜCK MEINER FAMILIE WOHNEN NÄMLICH GEISTER.
...
Tage später...
HAHAHA, KEINE ANGST, ICH WERDE IHNEN SCHON NICHT ZU NAHE RÜCKEN!
ICH HEISSE ÜBRIGENS KAZUYA, KAZUYA HIKIZURI.

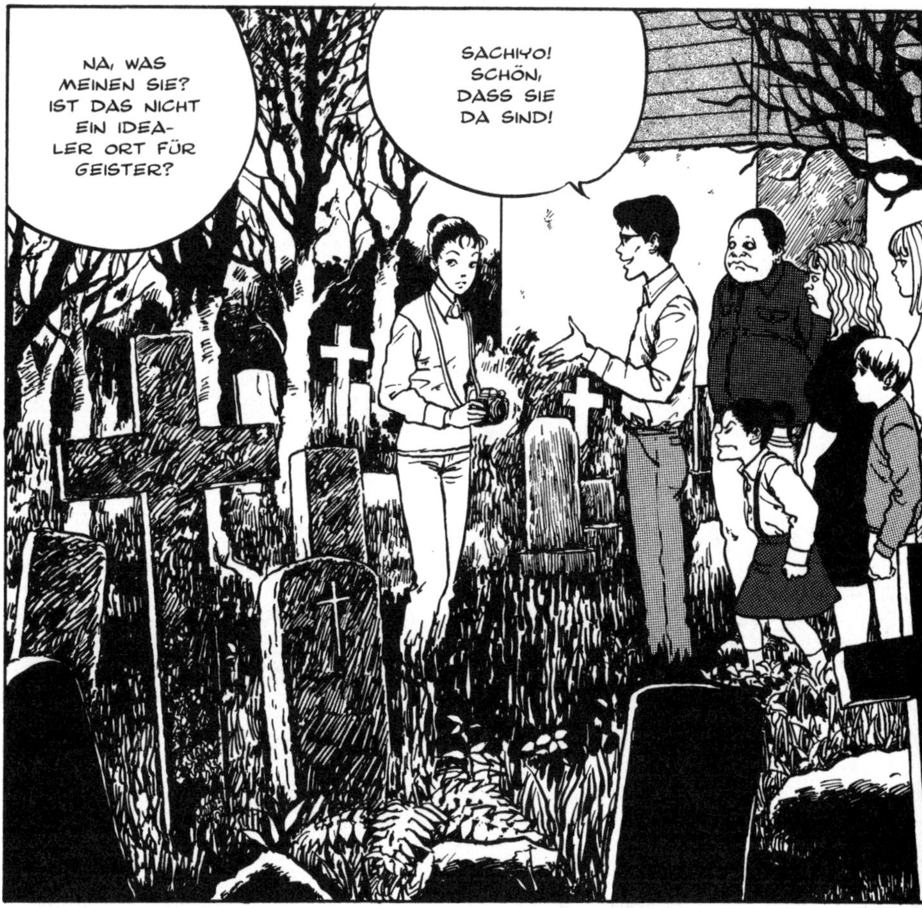

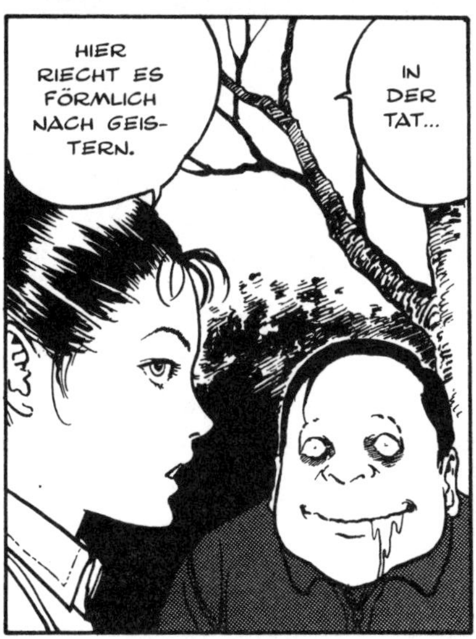

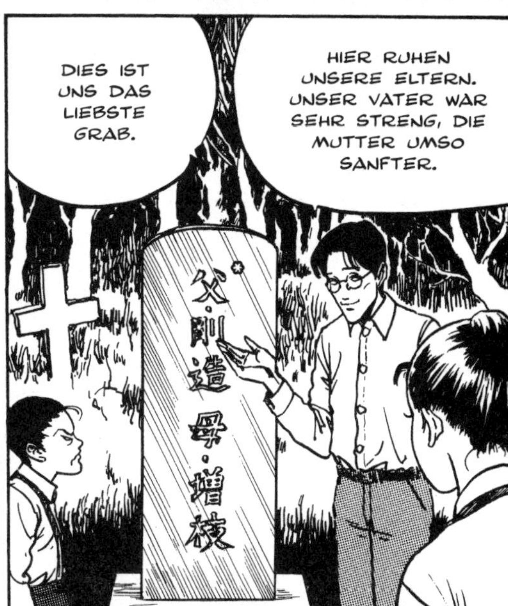

* VATER GOZO & MUTTER MASUE

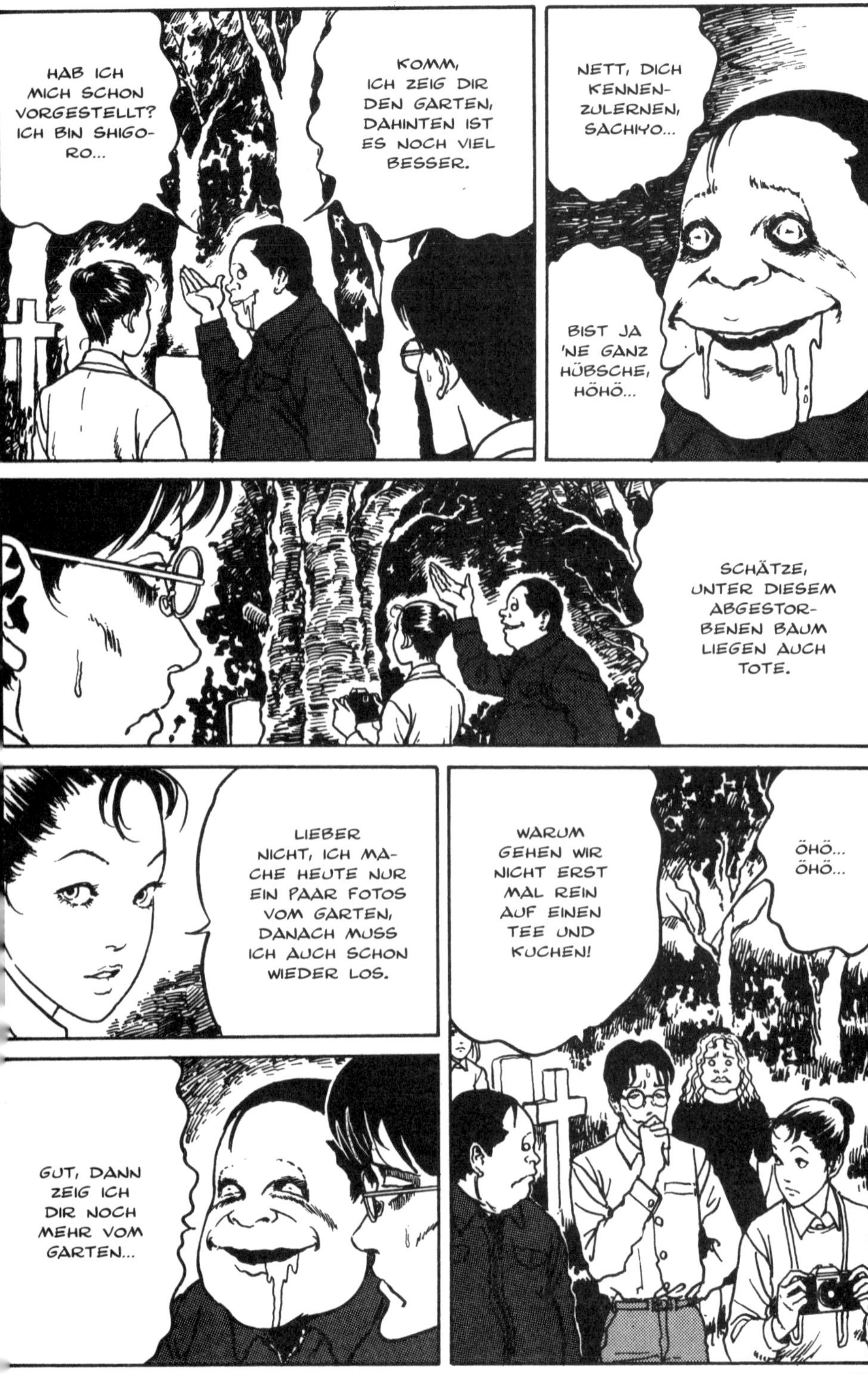
NETT, DICH KENNEN-ZULERNEN, SACHIYO...
BIST JA 'NE GANZ HÜBSCHE, HÖHÖ...
KOMM, ICH ZEIG DIR DEN GARTEN, DAHINTEN IST ES NOCH VIEL BESSER.
HAB ICH MICH SCHON VORGESTELLT? ICH BIN SHIGO-RO...
SCHÄTZE, UNTER DIESEM ABGESTOR-BENEN BAUM LIEGEN AUCH TOTE.
ÖHÖ... ÖHÖ...
WARUM GEHEN WIR NICHT ERST MAL REIN AUF EINEN TEE UND KUCHEN!
LIEBER NICHT, ICH MA-CHE HEUTE NUR EIN PAAR FOTOS VOM GARTEN, DANACH MUSS ICH AUCH SCHON WIEDER LOS.
GUT, DANN ZEIG ICH DIR NOCH MEHR VOM GARTEN...

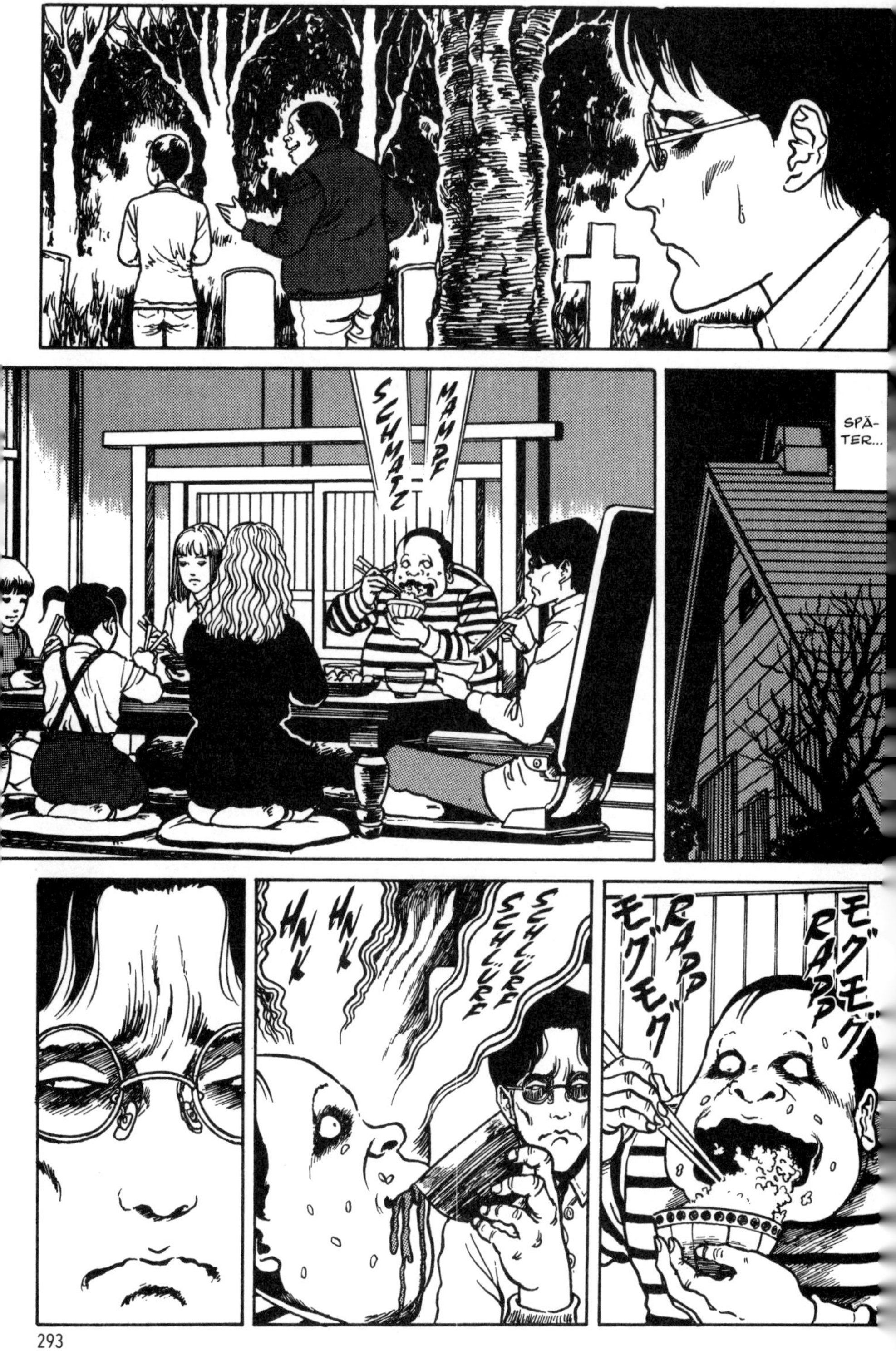
SPÄ-
TER...
MAMPF
SCHMATZ
モグモグ
RAPP
RAPP
モグモグ
SCHLÜRF
SCHLÜRF
HNK
HNK

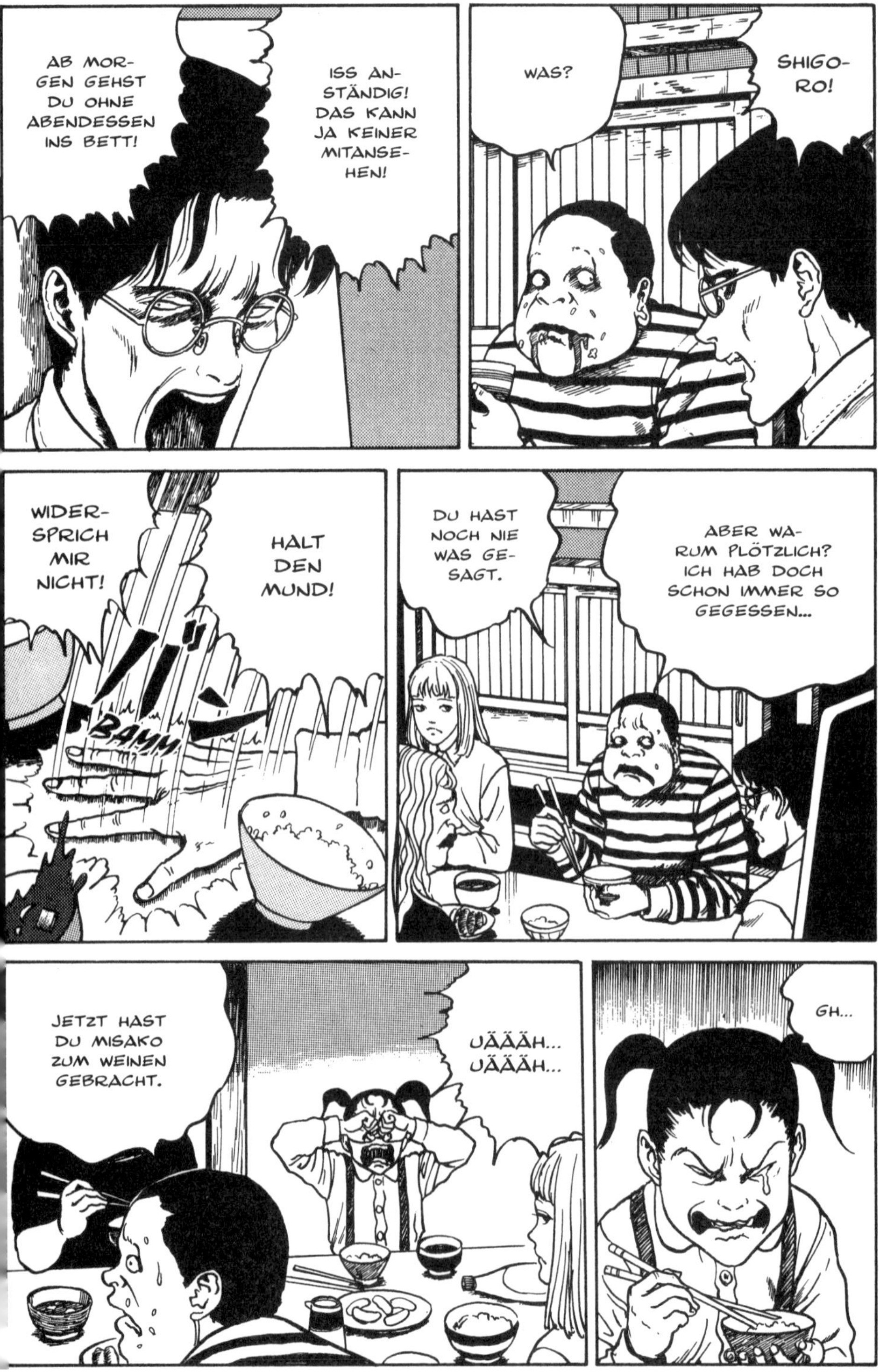
SHIGORO!
WAS?
ISS ANSTÄNDIG! DAS KANN JA KEINER MITANSEHEN!
AB MORGEN GEHST DU OHNE ABENDESSEN INS BETT!
ABER WARUM PLÖTZLICH? ICH HAB DOCH SCHON IMMER SO GEGESSEN...
DU HAST NOCH NIE WAS GESAGT.
HALT DEN MUND!
WIDERSPRICH MIR NICHT!
BAMM
GH...
UÄÄÄH... UÄÄÄH...
JETZT HAST DU MISAKO ZUM WEINEN GEBRACHT.

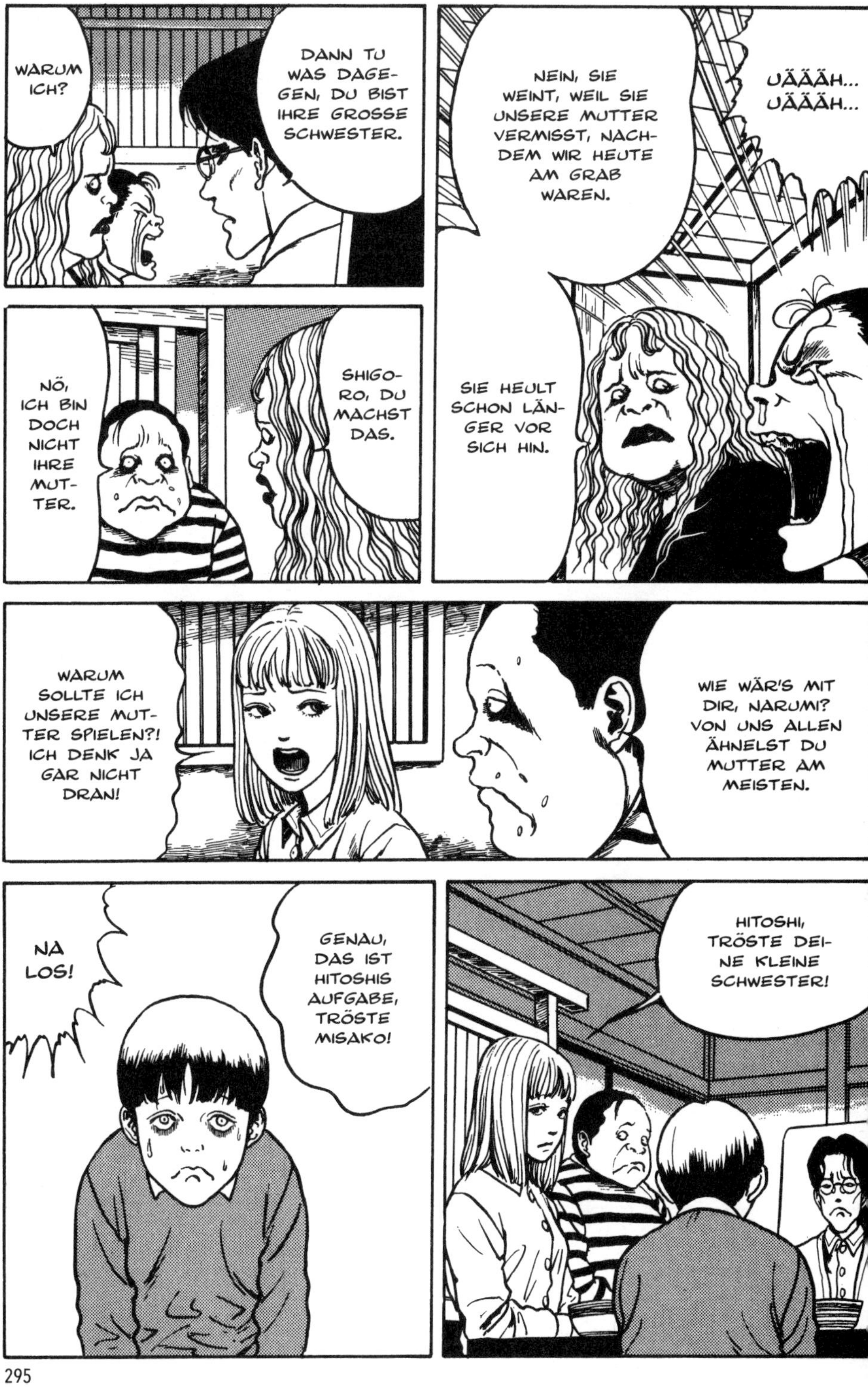
UÄÄÄH... UÄÄÄH...
NEIN, SIE WEINT, WEIL SIE UNSERE MUTTER VERMISST, NACHDEM WIR HEUTE AM GRAB WAREN.
SIE HEULT SCHON LÄNGER VOR SICH HIN.
DANN TU WAS DAGEGEN, DU BIST IHRE GROSSE SCHWESTER.
WARUM ICH?
SHIGORO, DU MACHST DAS.
NÖ, ICH BIN DOCH NICHT IHRE MUTTER.
WIE WÄR'S MIT DIR, NARUMI? VON UNS ALLEN ÄHNELST DU MUTTER AM MEISTEN.
WARUM SOLLTE ICH UNSERE MUTTER SPIELEN?! ICH DENK JA GAR NICHT DRAN!
HITOSHI, TRÖSTE DEINE KLEINE SCHWESTER!
GENAU, DAS IST HITOSHIS AUFGABE, TRÖSTE MISAKO!
NA LOS!

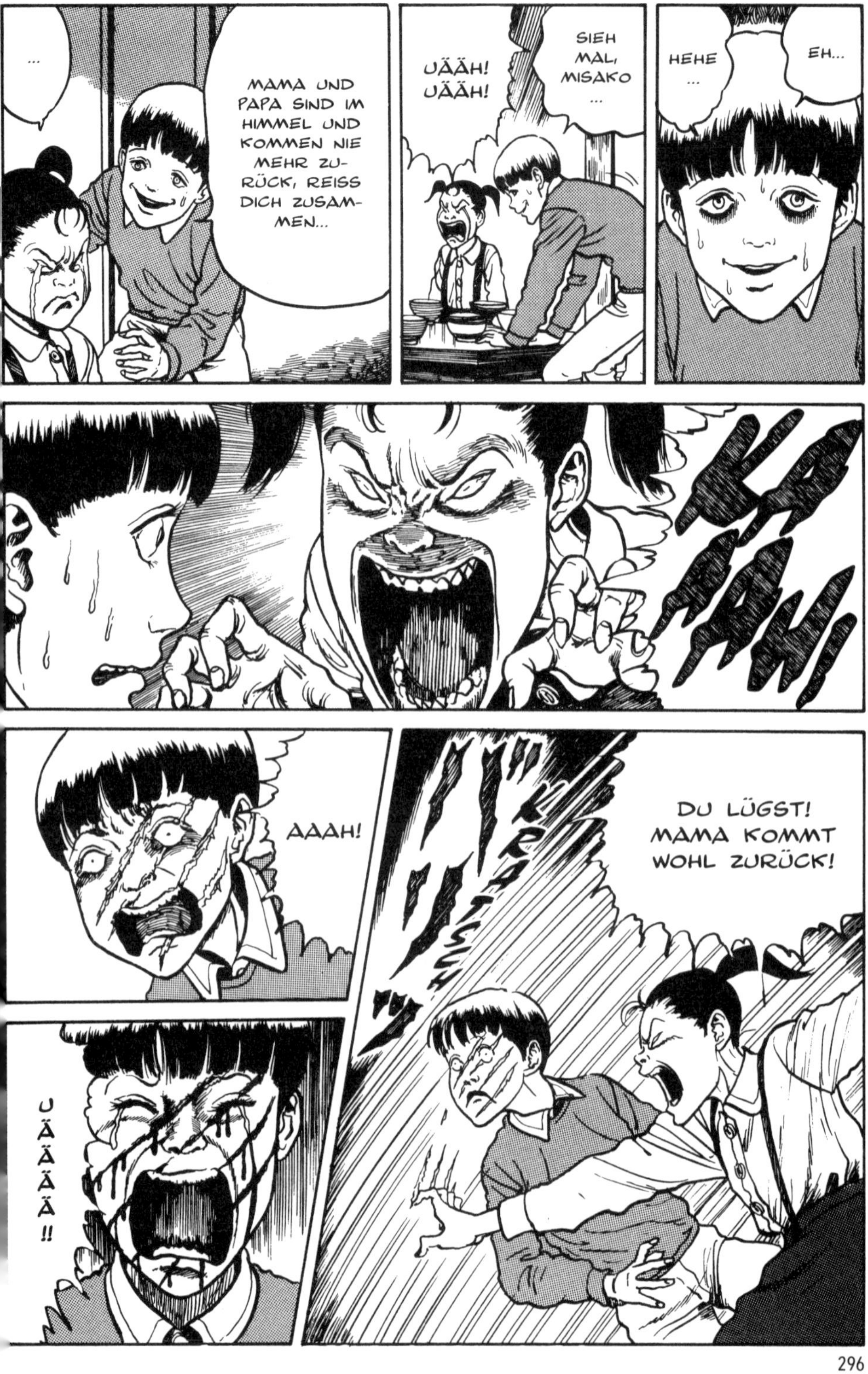
EH...
HEHE ...
SIEH MAL, MISAKO ...
UÄÄH! UÄÄH!
...
MAMA UND PAPA SIND IM HIMMEL UND KOMMEN NIE MEHR ZURÜCK, REISS DICH ZUSAMMEN...
KA PAWM!
KRATSCHH
DU LÜGST! MAMA KOMMT WOHL ZURÜCK!
AAAH!
UÄÄÄÄÄ!!

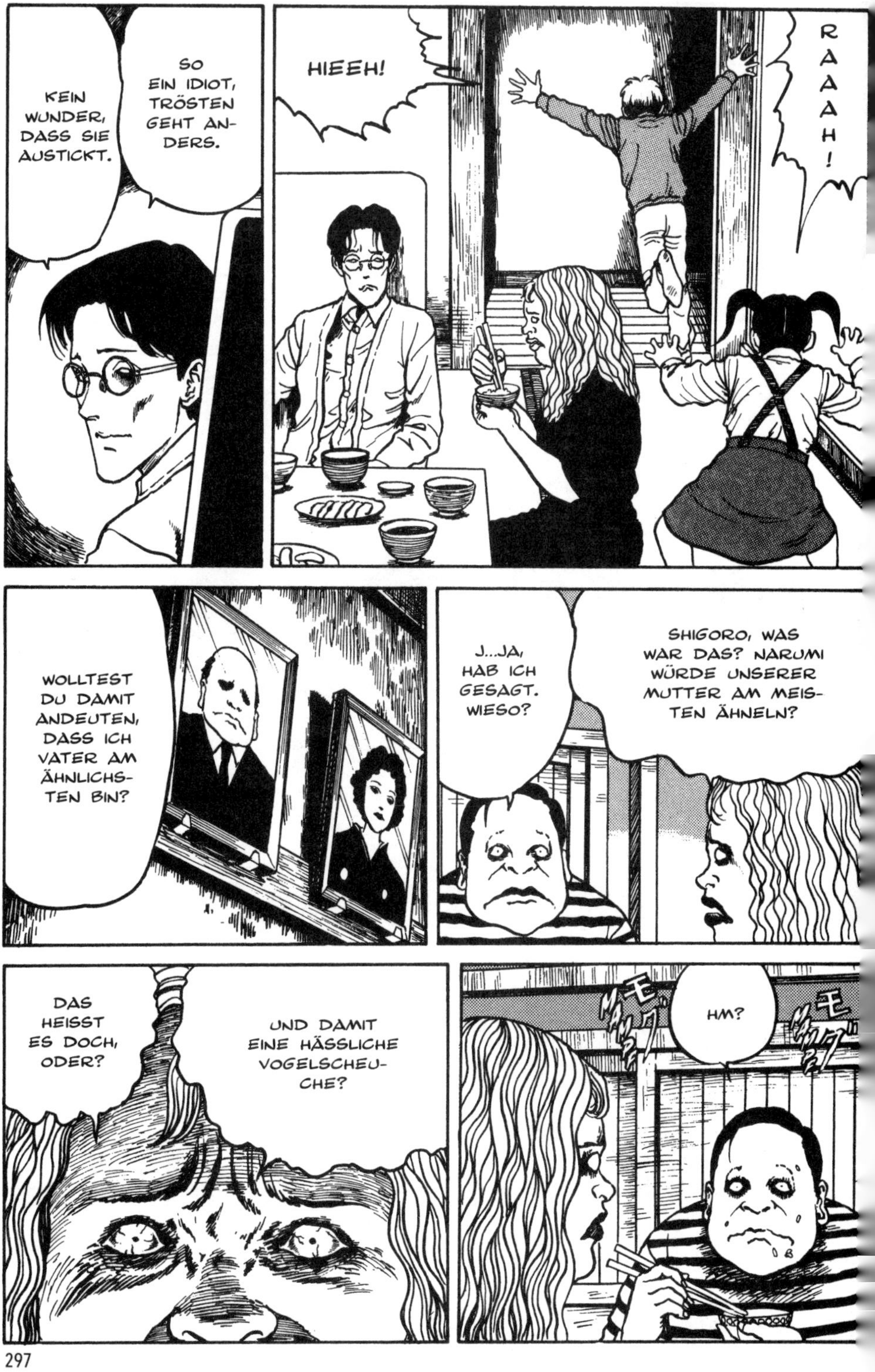
RAAAAH!
HIEEH!
SO EIN IDIOT, TRÖSTEN GEHT ANDERS.
KEIN WUNDER, DASS SIE AUSTICKT.
SHIGORO, WAS WAR DAS? NARUMI WÜRDE UNSERER MUTTER AM MEISTEN ÄHNELN?
J...JA, HAB ICH GESAGT. WIESO?
WOLLTEST DU DAMIT ANDEUTEN, DASS ICH VATER AM ÄHNLICHSTEN BIN?
HM?
UND DAMIT EINE HÄSSLICHE VOGELSCHEUCHE?
DAS HEISST ES DOCH, ODER?

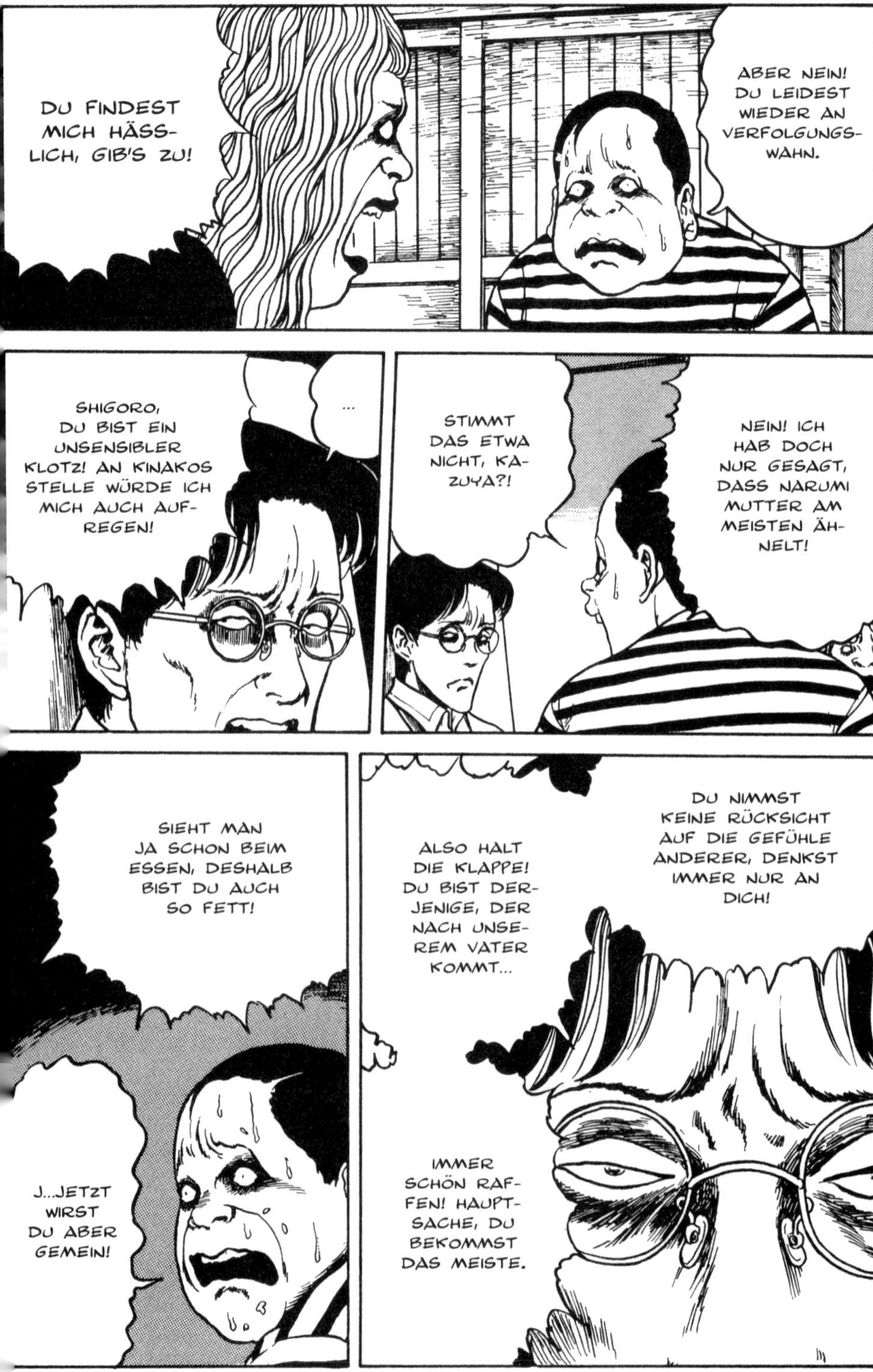
DU FINDEST MICH HÄSS-LICH, GIB'S ZU!
ABER NEIN! DU LEIDEST WIEDER AN VERFOLGUNGS-WAHN.
SHIGORO, DU BIST EIN UNSENSIBLER KLOTZ! AN KINAKOS STELLE WÜRDE ICH MICH AUCH AUF-REGEN!
...
STIMMT DAS ETWA NICHT, KA-ZUYA?!
NEIN! ICH HAB DOCH NUR GESAGT, DASS NARUMI MUTTER AM MEISTEN ÄH-NELT!
SIEHT MAN JA SCHON BEIM ESSEN, DESHALB BIST DU AUCH SO FETT!
J...JETZT WIRST DU ABER GEMEIN!
DU NIMMST KEINE RÜCKSICHT AUF DIE GEFÜHLE ANDERER, DENKST IMMER NUR AN DICH!
IMMER SCHÖN RAF-FEN! HAUPT-SACHE, DU BEKOMMST DAS MEISTE.
ALSO HALT DIE KLAPPE! DU BIST DER-JENIGE, DER NACH UNSE-REM VATER KOMMT...

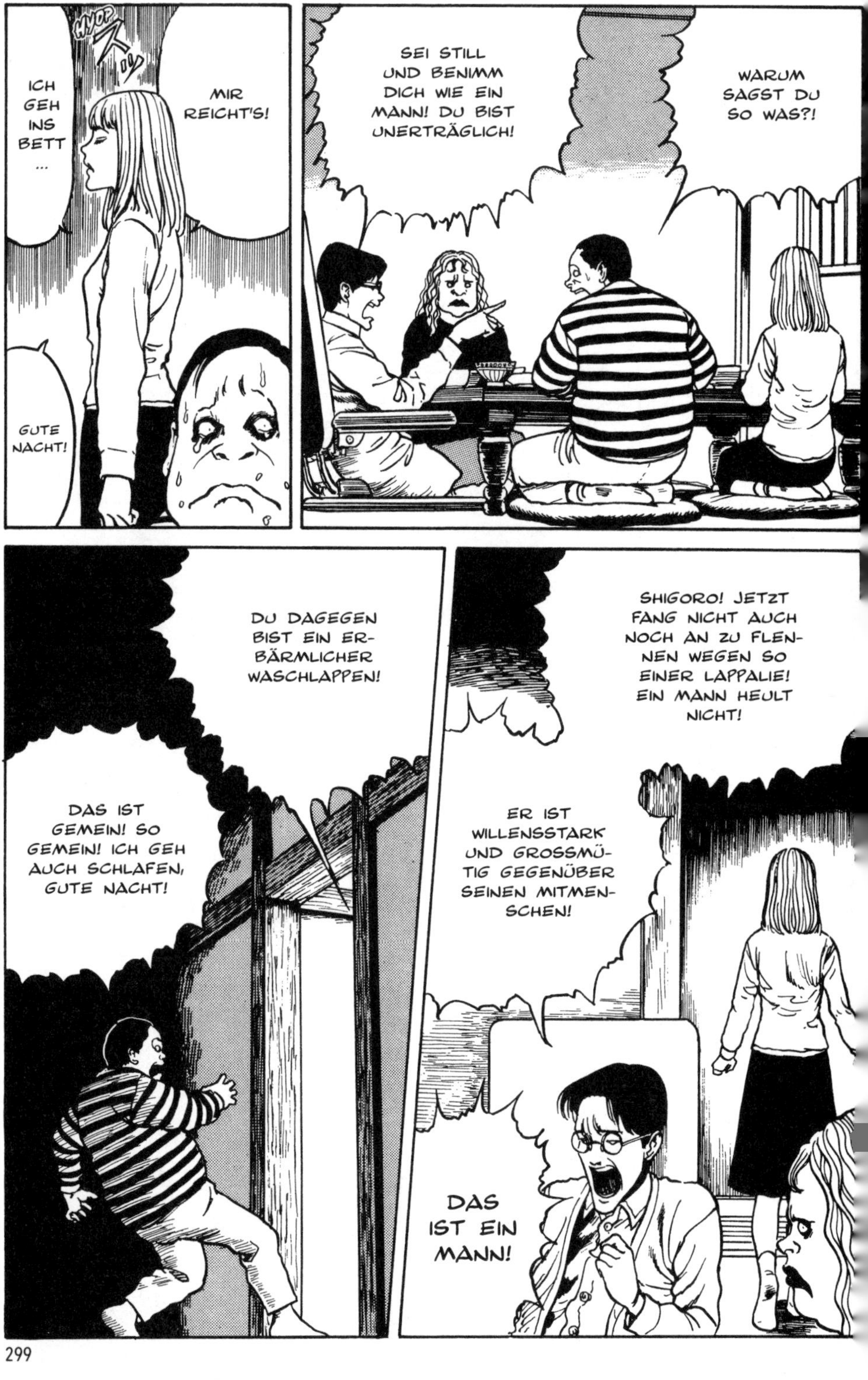
WARUM SAGST DU SO WAS?!
SEI STILL UND BENIMM DICH WIE EIN MANN! DU BIST UNERTRÄGLICH!
MIR REICHT'S!
HYOP
ICH GEH INS BETT ...
GUTE NACHT!
SHIGORO! JETZT FANG NICHT AUCH NOCH AN ZU FLENNEN WEGEN SO EINER LAPPALIE! EIN MANN HEULT NICHT!
ER IST WILLENSSTARK UND GROSSMÜTIG GEGENÜBER SEINEN MITMENSCHEN!
DAS IST EIN MANN!
DU DAGEGEN BIST EIN ERBÄRMLICHER WASCHLAPPEN!
DAS IST GEMEIN! SO GEMEIN! ICH GEH AUCH SCHLAFEN, GUTE NACHT!

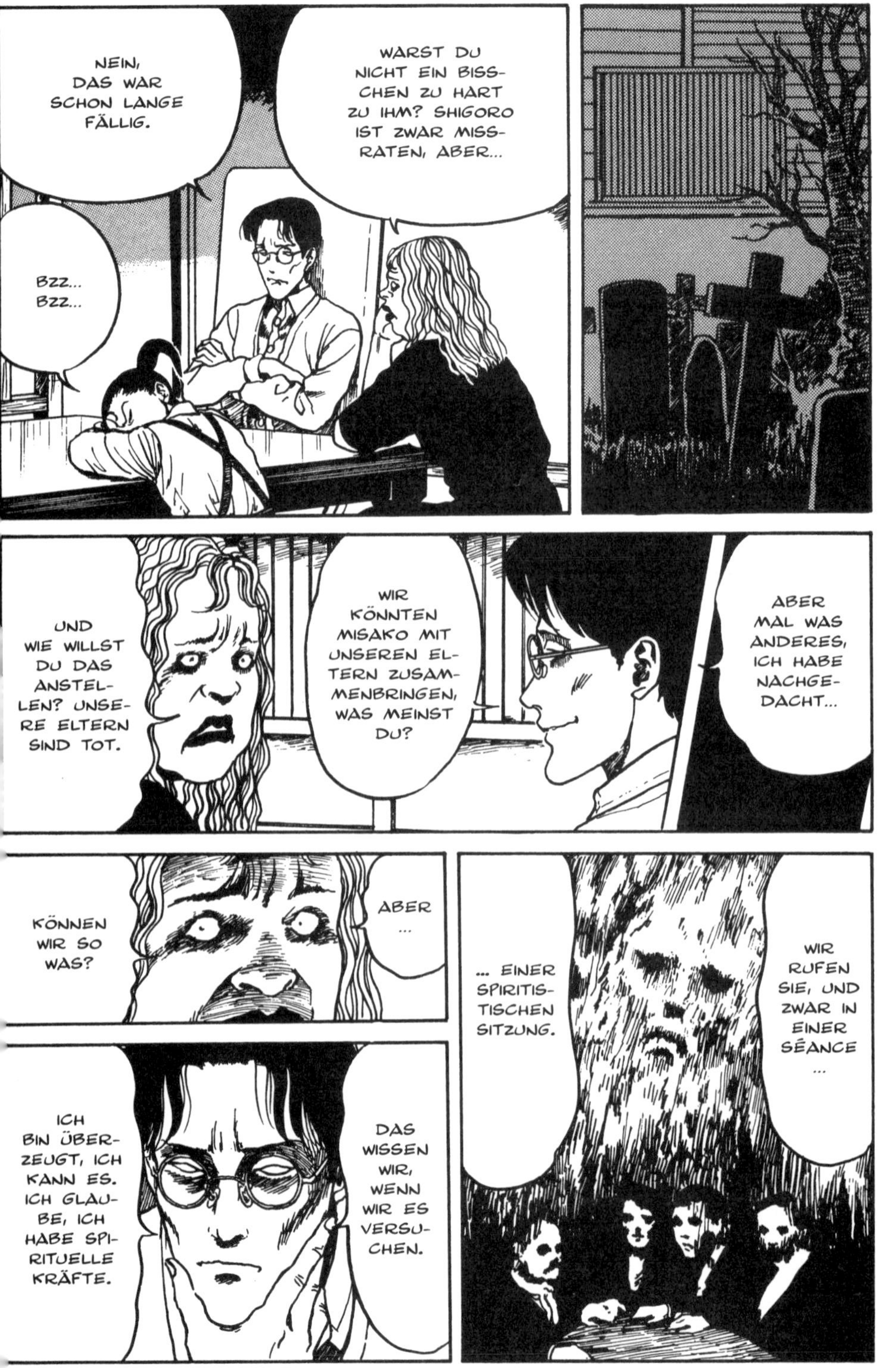
WARST DU NICHT EIN BISSCHEN ZU HART ZU IHM? SHIGORO IST ZWAR MISSRATEN, ABER...
NEIN, DAS WAR SCHON LANGE FÄLLIG.
BZZ... BZZ...
ABER MAL WAS ANDERES, ICH HABE NACHGEDACHT...
WIR KÖNNTEN MISAKO MIT UNSEREN ELTERN ZUSAMMENBRINGEN, WAS MEINST DU?
UND WIE WILLST DU DAS ANSTELLEN? UNSERE ELTERN SIND TOT.
WIR RUFEN SIE, UND ZWAR IN EINER SÉANCE ...
... EINER SPIRITISTISCHEN SITZUNG.
ABER ...
KÖNNEN WIR SO WAS?
DAS WISSEN WIR, WENN WIR ES VERSUCHEN.
ICH BIN ÜBERZEUGT, ICH KANN ES. ICH GLAUBE, ICH HABE SPIRITUELLE KRÄFTE.

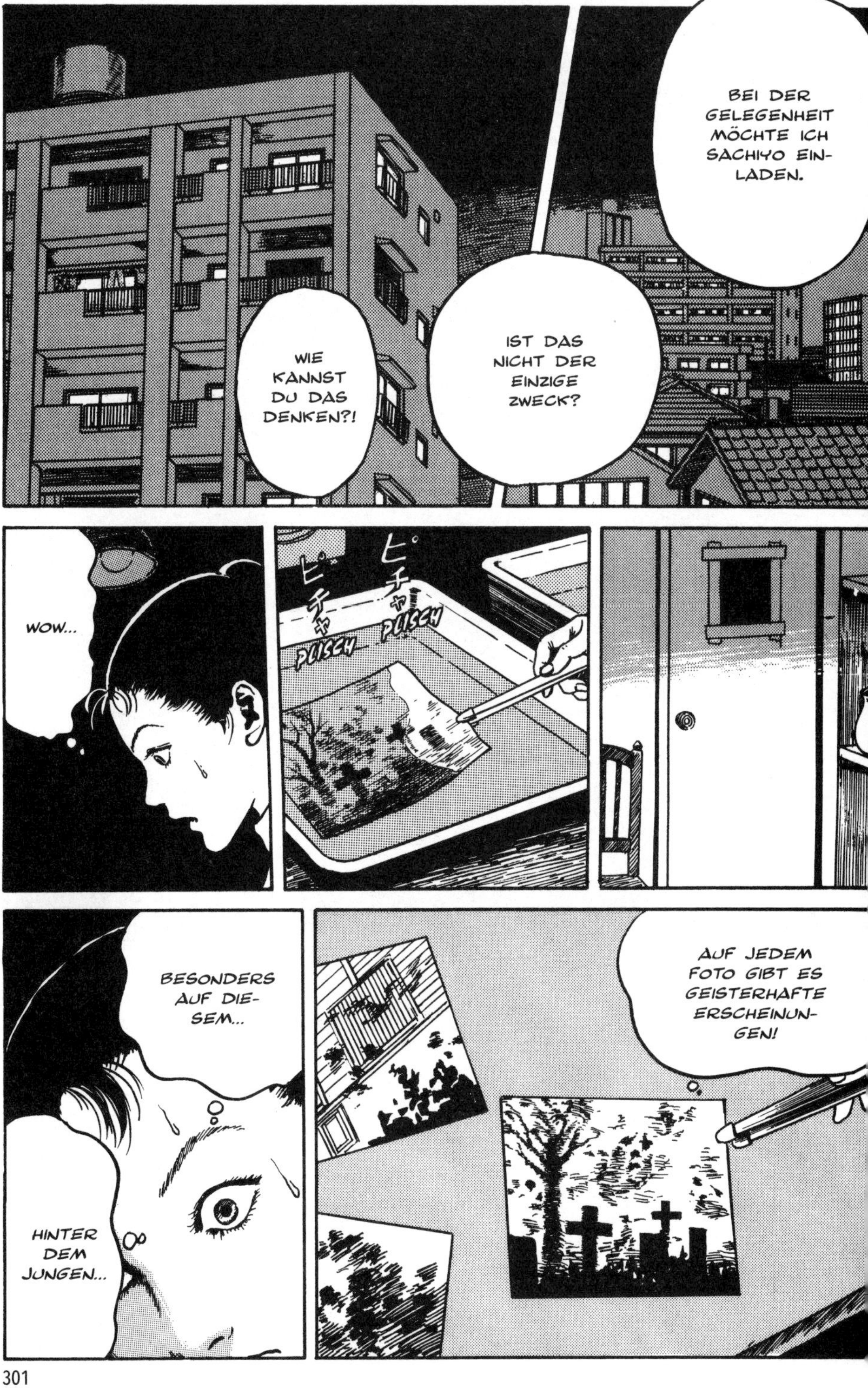
BEI DER GELEGENHEIT MÖCHTE ICH SACHIYO EIN-LADEN.
IST DAS NICHT DER EINZIGE ZWECK?
WIE KANNST DU DAS DENKEN?!
ピチャ
PLISCH
ピチャ
PLISCH
WOW...
AUF JEDEM FOTO GIBT ES GEISTERHAFTE ERSCHEINUN-GEN!
BESONDERS AUF DIE-SEM...
HINTER DEM JUNGEN...

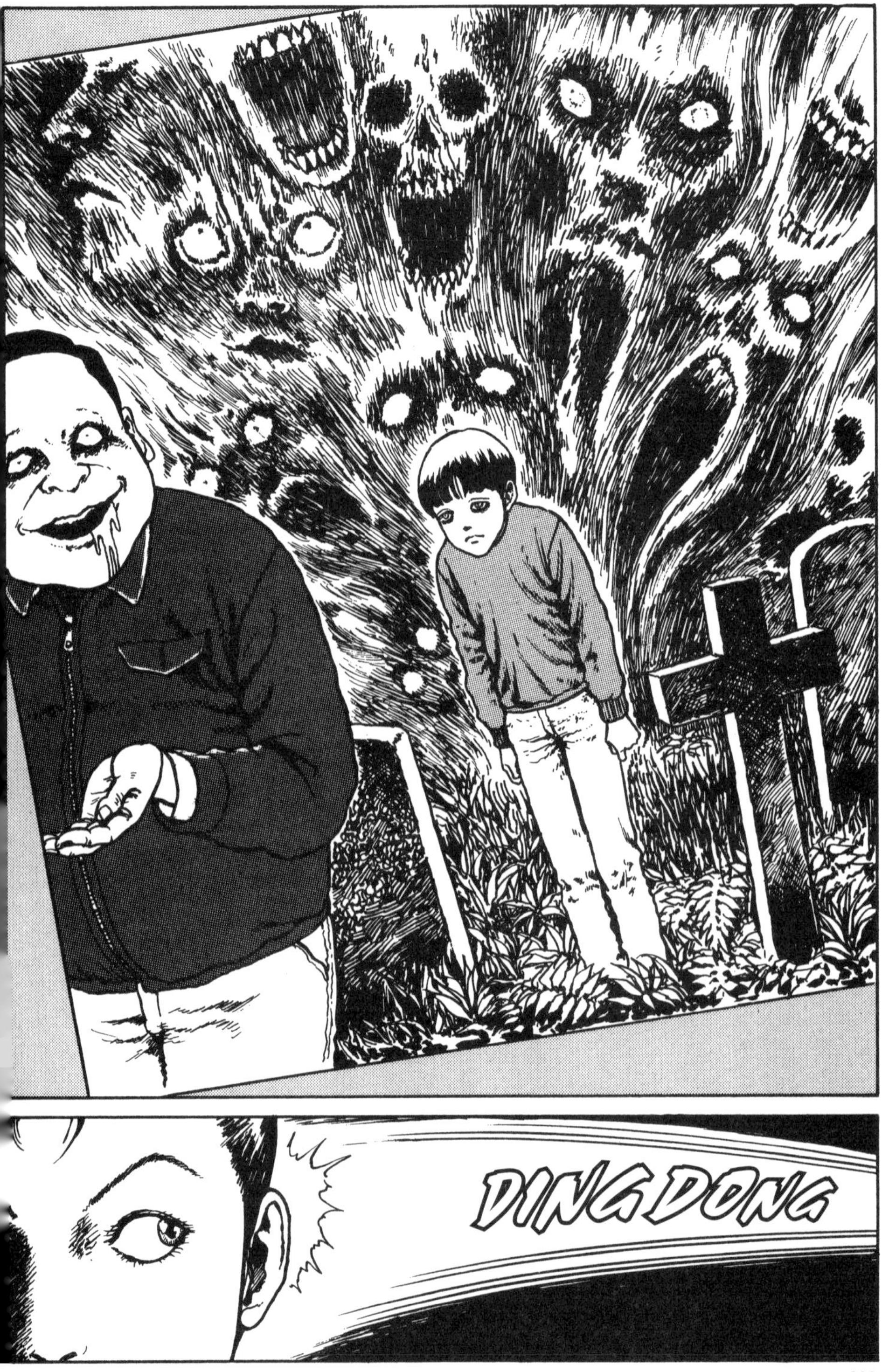
DING DONG

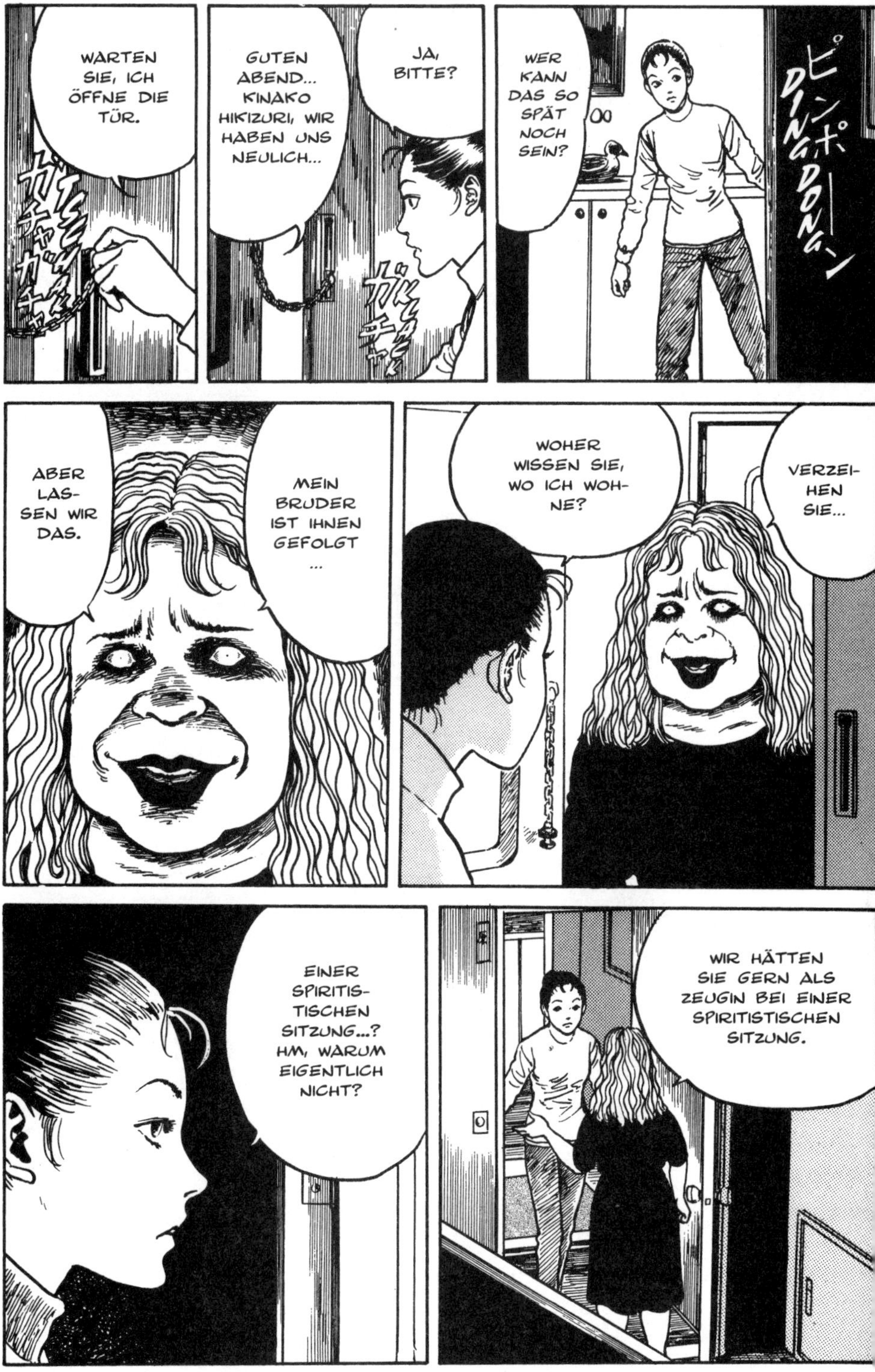
ピンポン
DING DONG
WER KANN DAS SO SPÄT NOCH SEIN?
JA, BITTE?
GUTEN ABEND... KINAKO HIKIZURI, WIR HABEN UNS NEULICH...
WARTEN SIE, ICH ÖFFNE DIE TÜR.
VERZEI-HEN SIE...
WOHER WISSEN SIE, WO ICH WOH-NE?
MEIN BRUDER IST IHNEN GEFOLGT ...
ABER LAS-SEN WIR DAS.
WIR HÄTTEN SIE GERN ALS ZEUGIN BEI EINER SPIRITISTISCHEN SITZUNG.
EINER SPIRITIS-TISCHEN SITZUNG...? HM, WARUM EIGENTLICH NICHT?

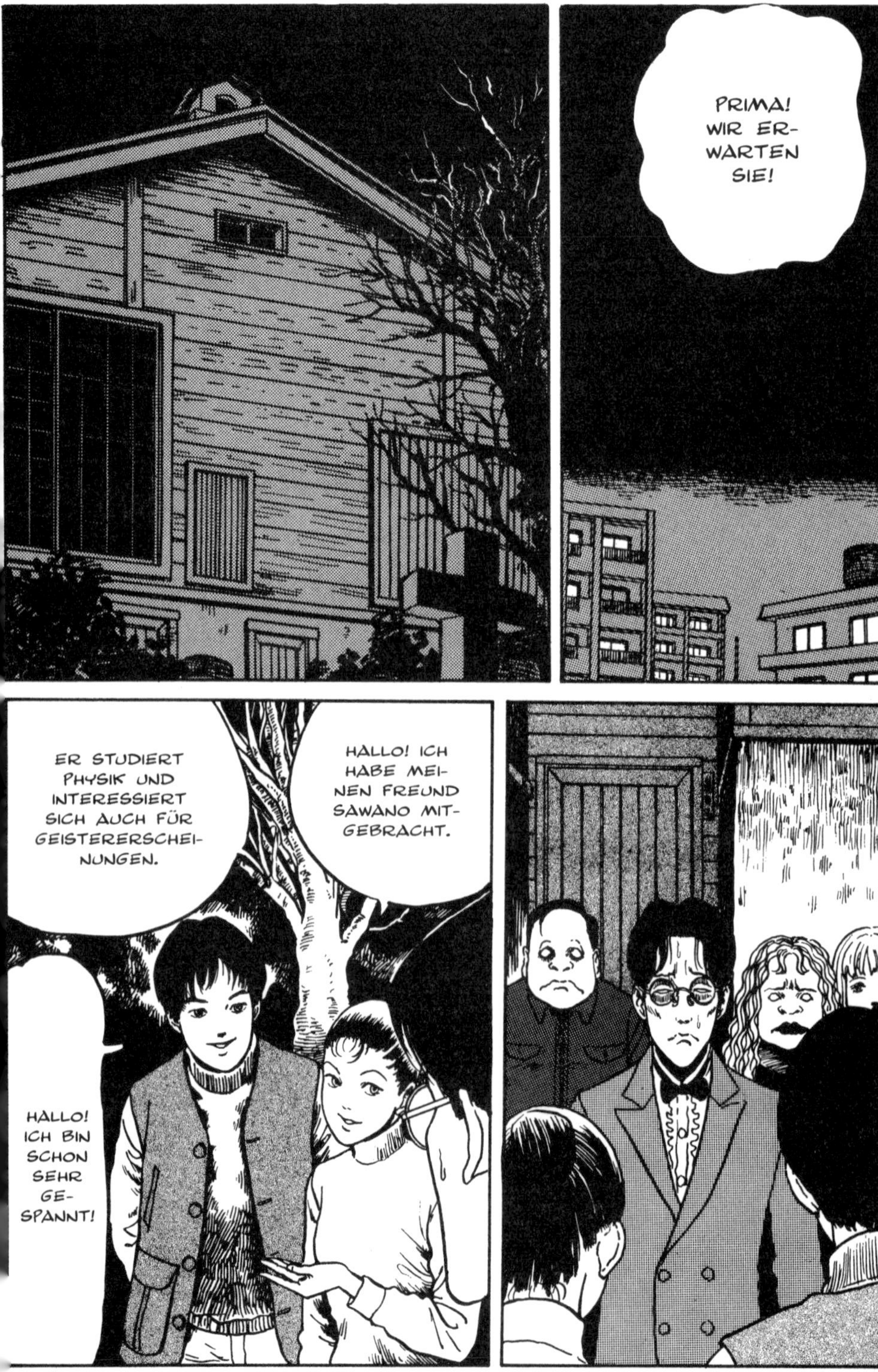
PRIMA! WIR ER-WARTEN SIE!
HALLO! ICH HABE MEI-NEN FREUND SAWANO MIT-GEBRACHT.
ER STUDIERT PHYSIK UND INTERESSIERT SICH AUCH FÜR GEISTERERSCHEI-NUNGEN.
HALLO! ICH BIN SCHON SEHR GE-SPANNT!

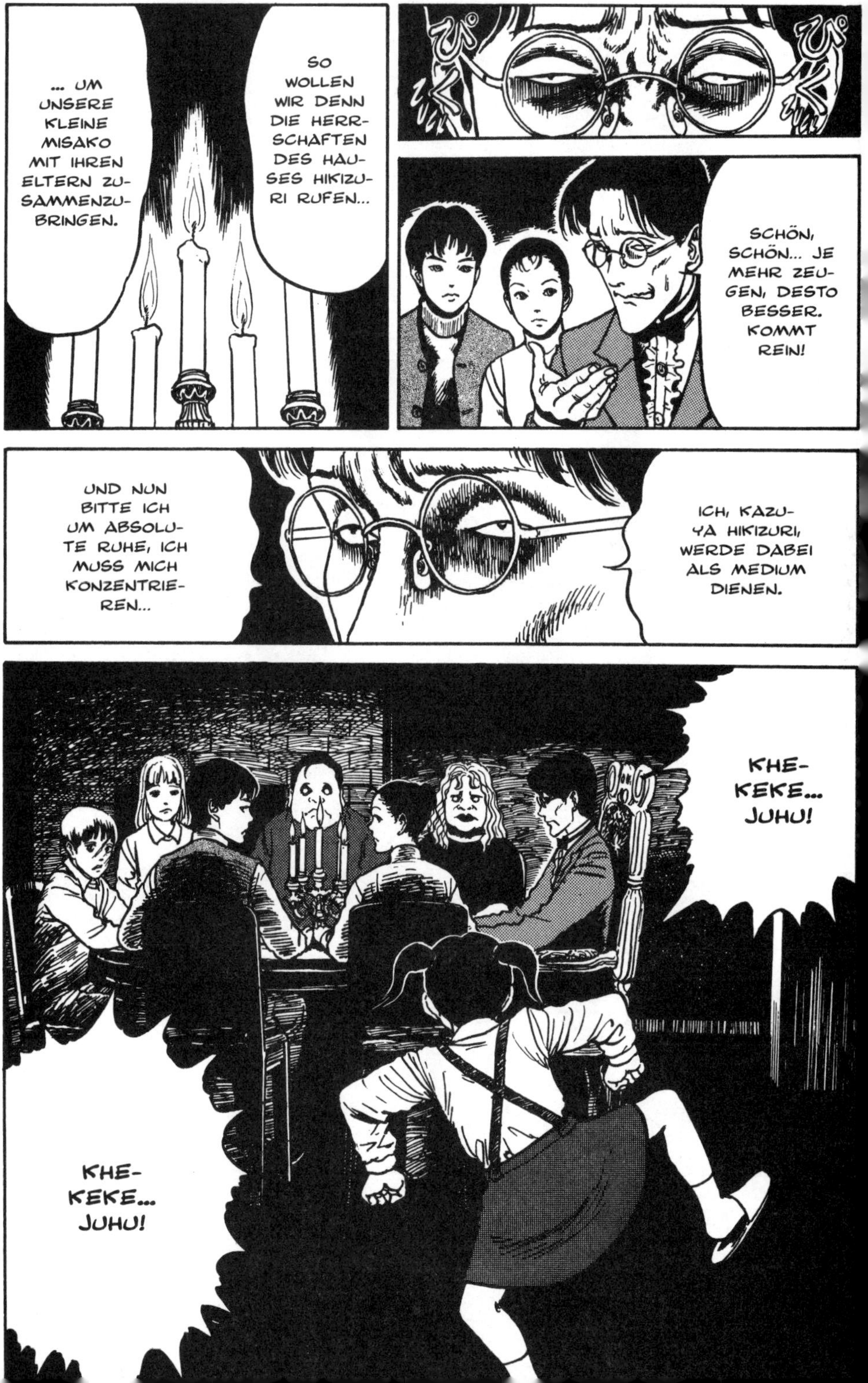

SCHÖN, SCHÖN... JE MEHR ZEUGEN, DESTO BESSER. KOMMT REIN!
SO WOLLEN WIR DENN DIE HERRSCHAFTEN DES HAUSES HIKIZURI RUFEN...
... UM UNSERE KLEINE MISAKO MIT IHREN ELTERN ZUSAMMENZUBRINGEN.
ICH, KAZUYA HIKIZURI, WERDE DABEI ALS MEDIUM DIENEN.
UND NUN BITTE ICH UM ABSOLUTE RUHE, ICH MUSS MICH KONZENTRIEREN...
KHE-KEKE... JUHU!
KHE-KEKE... JUHU!

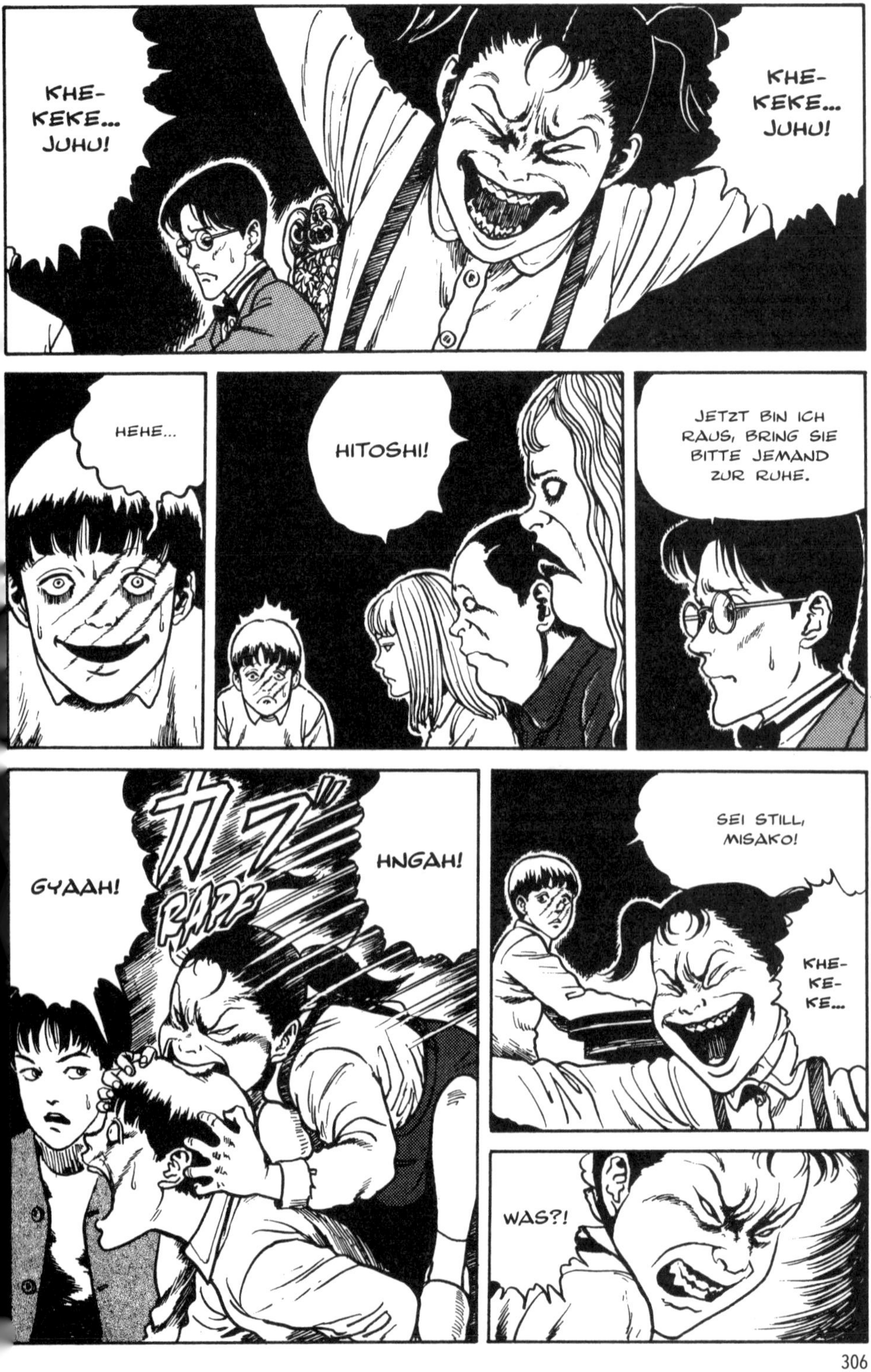
KHE-KEKE... JUHU!
KHE-KEKE... JUHU!
JETZT BIN ICH RAUS, BRING SIE BITTE JEMAND ZUR RUHE.
HITOSHI!
HEHE...
SEI STILL, MISAKO!
KHE-KE-KE...
WAS?!
ガブ
RAPF
HNGAH!
GYAAH!

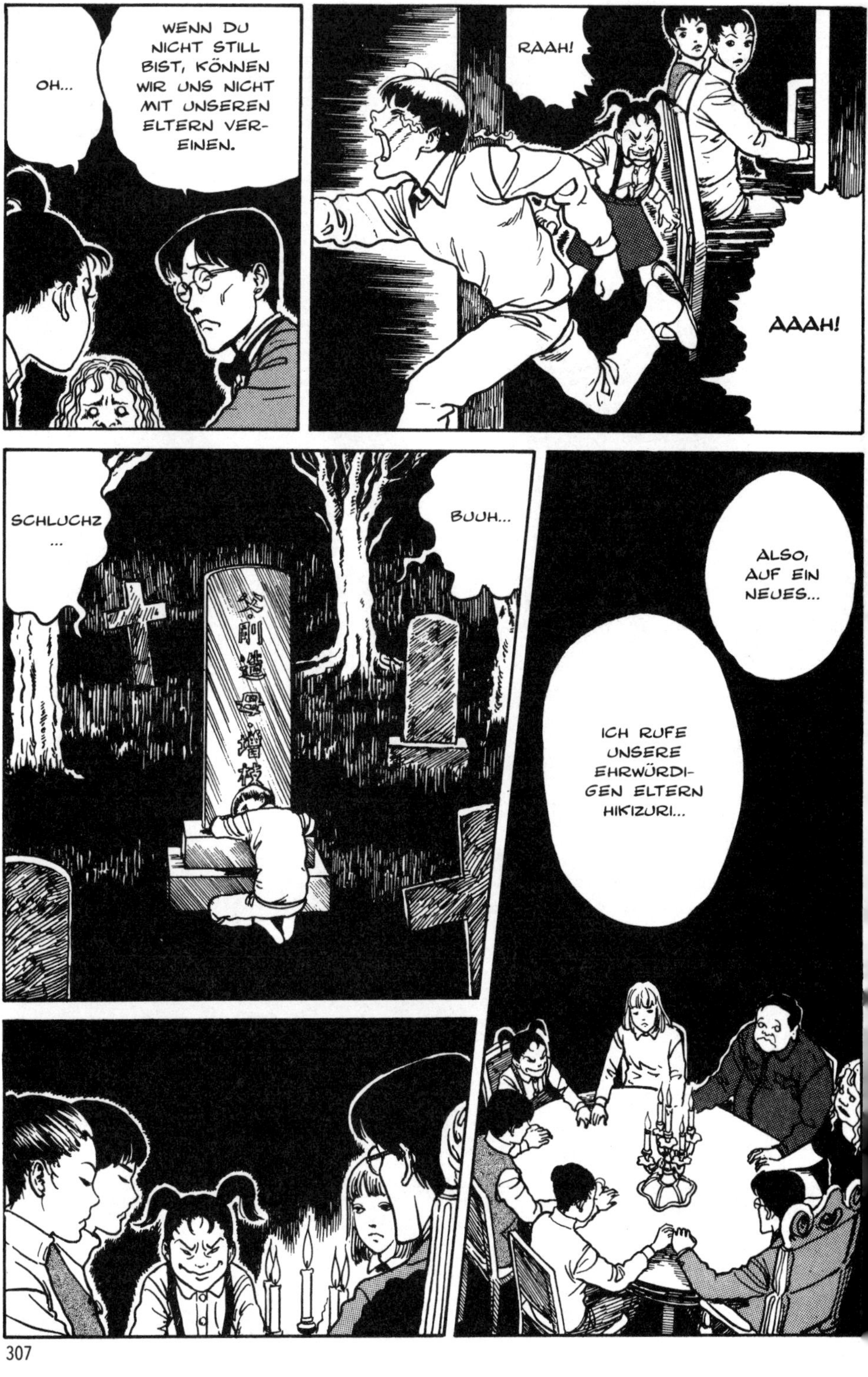
RAAH!
AAAH!
WENN DU NICHT STILL BIST, KÖNNEN WIR UNS NICHT MIT UNSEREN ELTERN VER-EINEN.
OH...
ALSO, AUF EIN NEUES...
ICH RUFE UNSERE EHRWÜRDI-GEN ELTERN HIKIZURI...
BUUH...
SCHLUCHZ ...
父剛造・母増枝

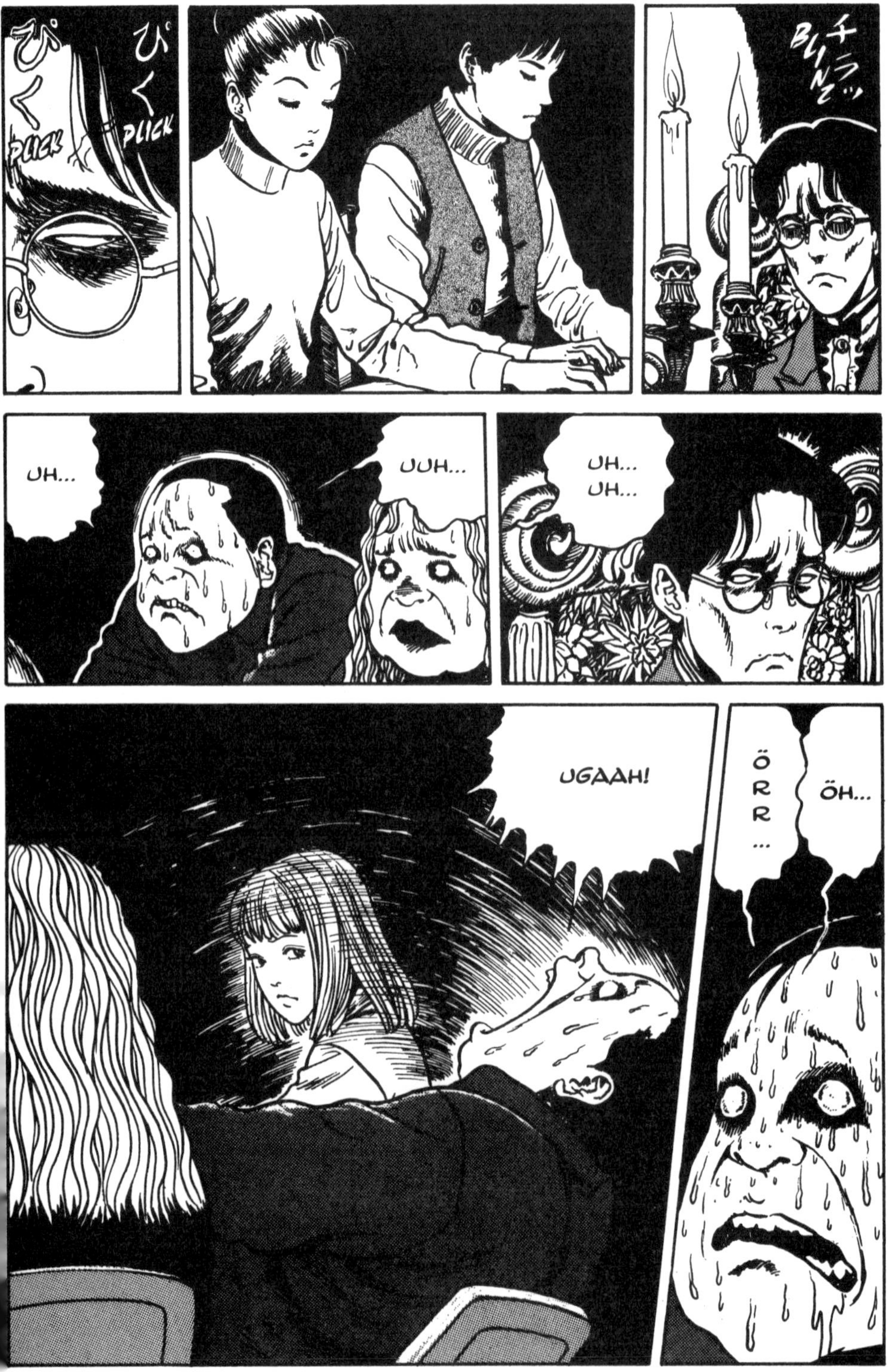
ぴく ぴく
PLICK PLICK
チラッ
BLINZ
UH...
UUH...
UH... UH...
UGAAH!
ÖH...
ÖRR...

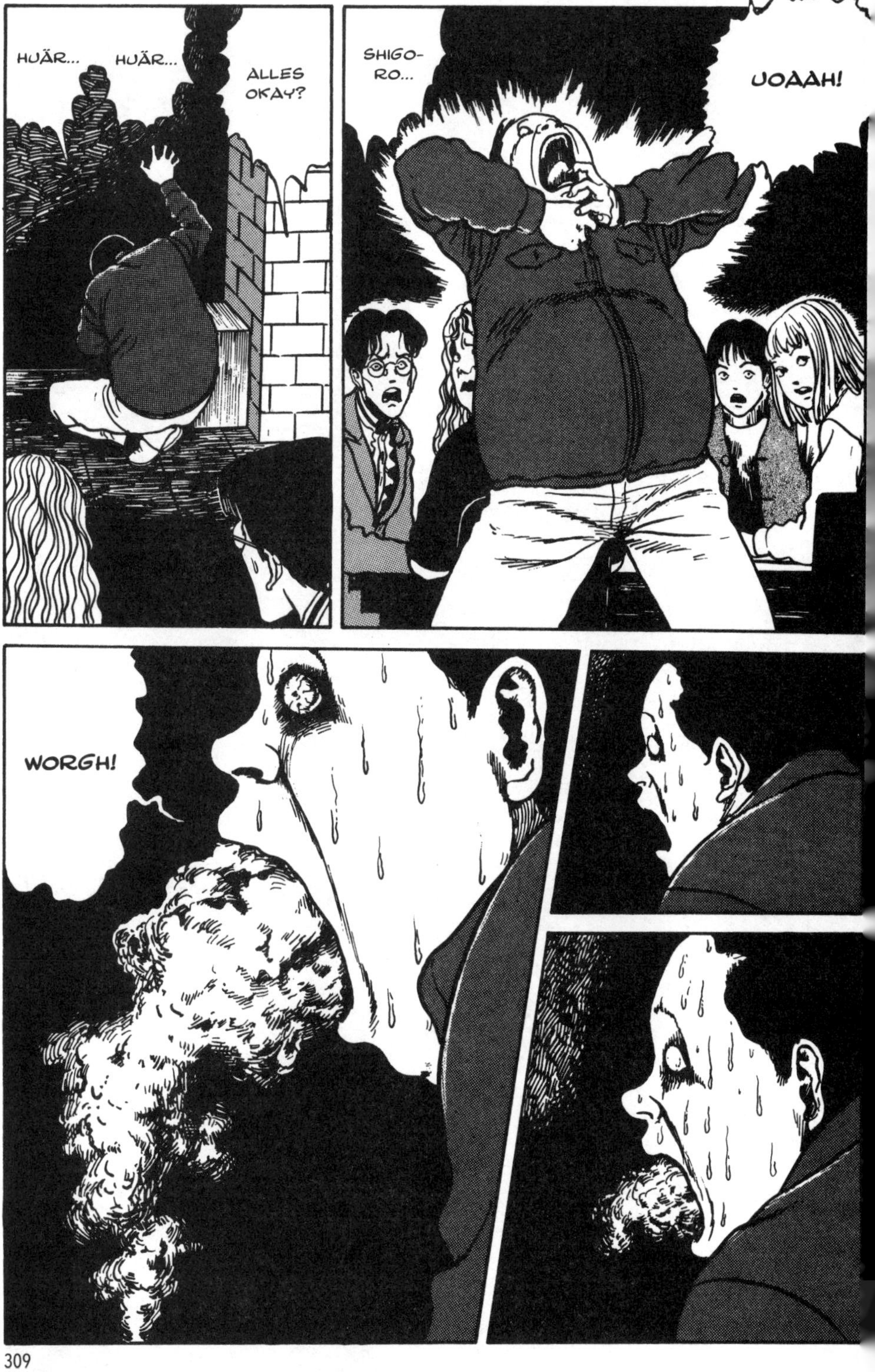
HUÄR... HUÄR...
ALLES OKAY?
SHIGO-RO...
UOAAH!
WORGH!

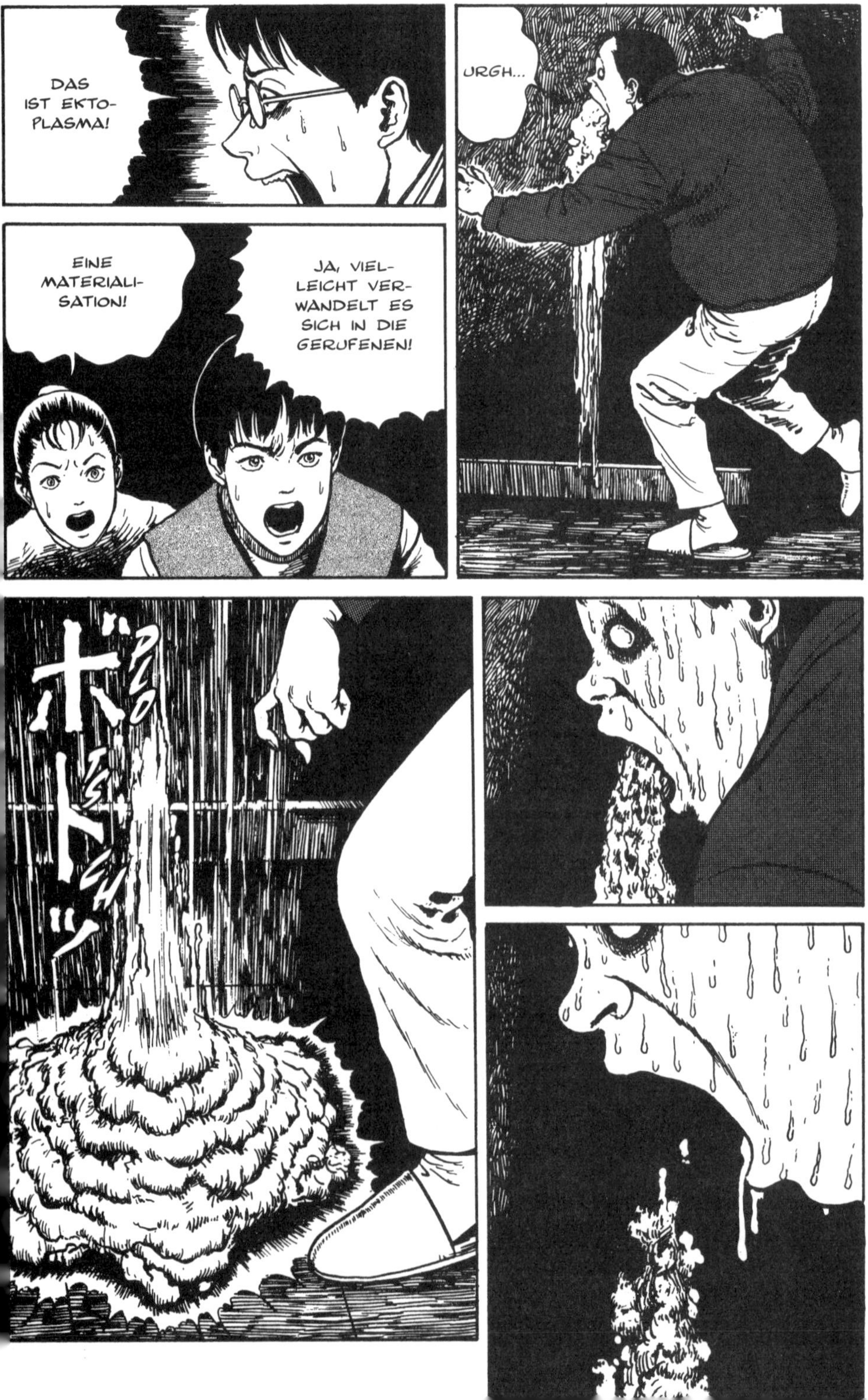
URGH...
DAS IST EKTO-PLASMA!
JA, VIEL-LEICHT VER-WANDELT ES SICH IN DIE GERUFENEN!
EINE MATERIALI-SATION!
ボトッ
PLOTSCHH

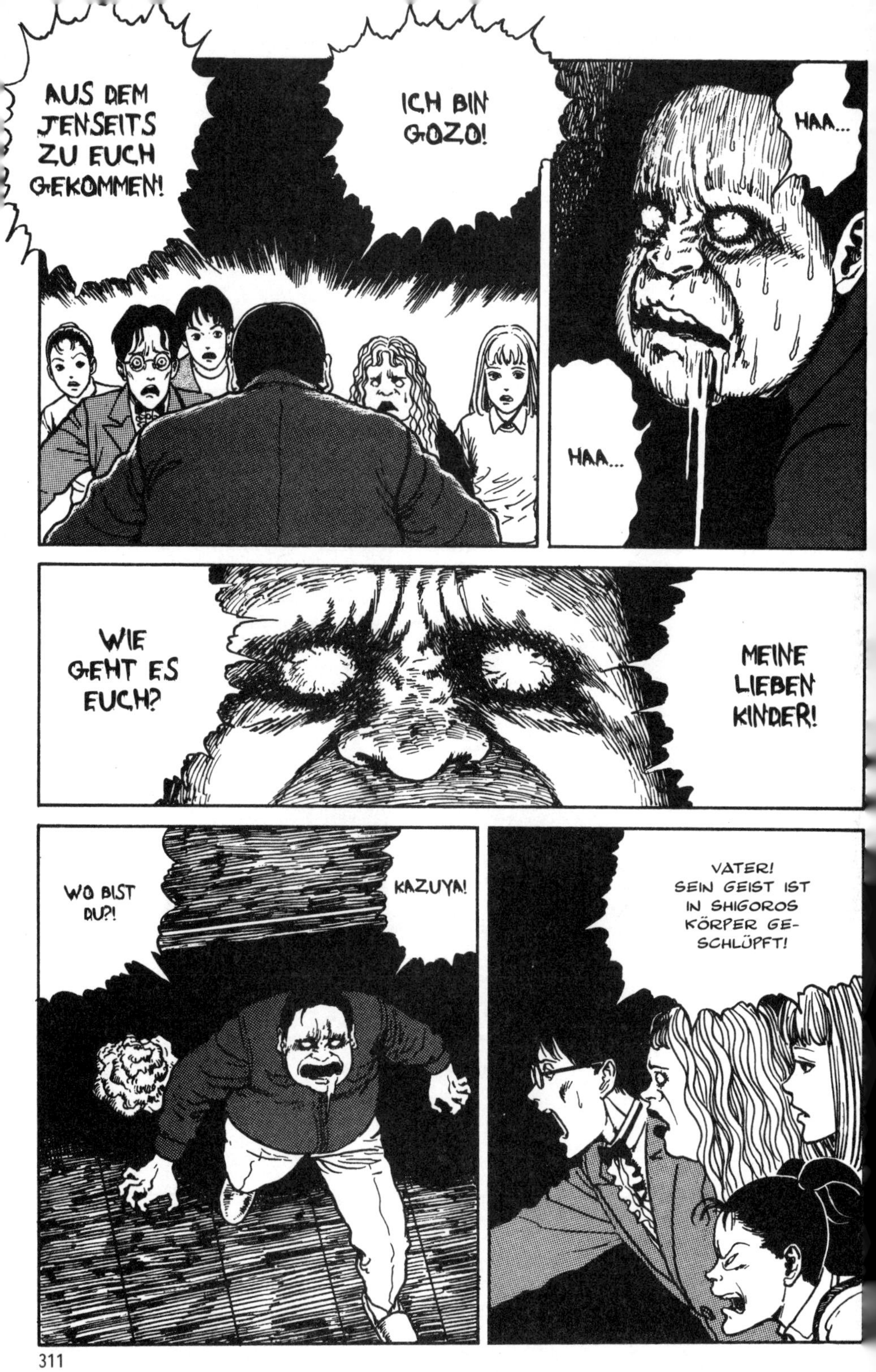
ICH BIN GOZO!
AUS DEM JENSEITS ZU EUCH GEKOMMEN!
HAA...
HAA...
MEINE LIEBEN KINDER!
WIE GEHT ES EUCH?
VATER! SEIN GEIST IST IN SHIGOROS KÖRPER GE-SCHLÜPFT!
KAZUYA!
WO BIST DU?!

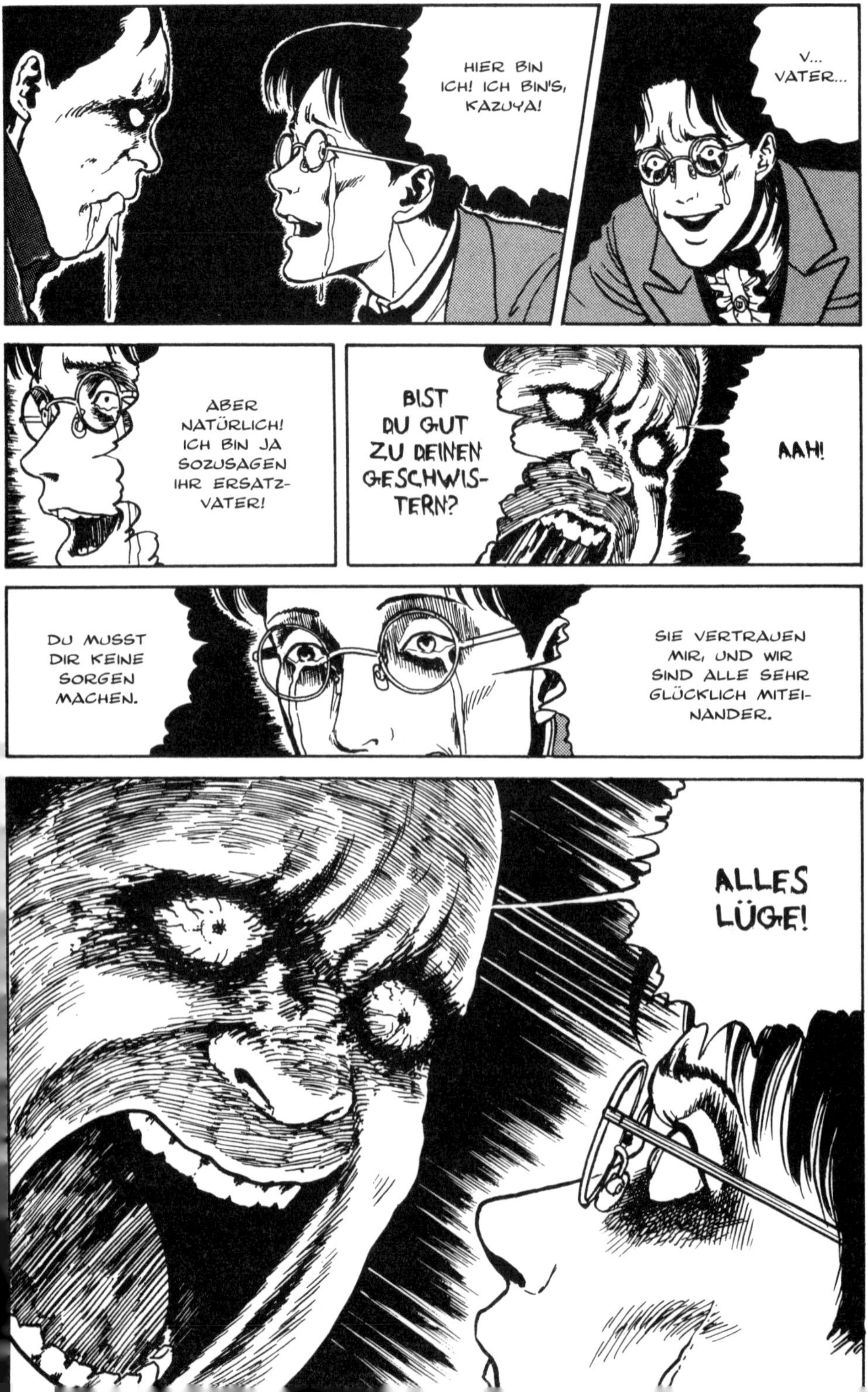
V... VATER...
HIER BIN ICH! ICH BIN'S, KAZUYA!
AAH!
BIST DU GUT ZU DEINEN GESCHWISTERN?
ABER NATÜRLICH! ICH BIN JA SOZUSAGEN IHR ERSATZVATER!
SIE VERTRAUEN MIR, UND WIR SIND ALLE SEHR GLÜCKLICH MITEINANDER.
DU MUSST DIR KEINE SORGEN MACHEN.
ALLES LÜGE!

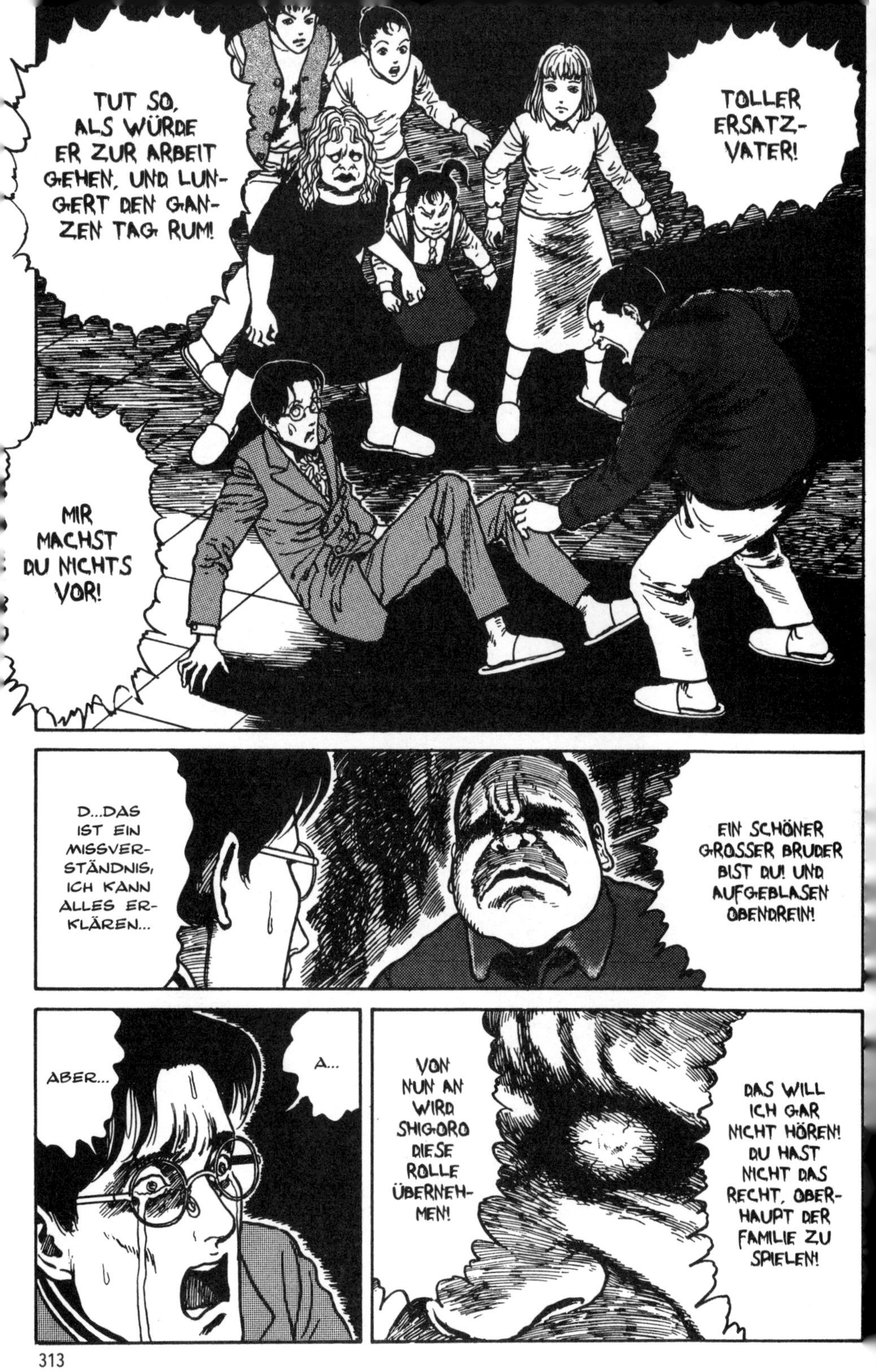
TOLLER ERSATZ-VATER!
TUT SO, ALS WÜRDE ER ZUR ARBEIT GEHEN, UND LUNGERT DEN GANZEN TAG RUM!
MIR MACHST DU NICHTS VOR!
EIN SCHÖNER GROSSER BRUDER BIST DU! UND AUFGEBLASEN OBENDREIN!
D...DAS IST EIN MISSVERSTÄNDNIS, ICH KANN ALLES ERKLÄREN...
DAS WILL ICH GAR NICHT HÖREN! DU HAST NICHT DAS RECHT, OBERHAUPT DER FAMILIE ZU SPIELEN!
VON NUN AN WIRD SHIGORO DIESE ROLLE ÜBERNEHMEN!
A...
ABER...

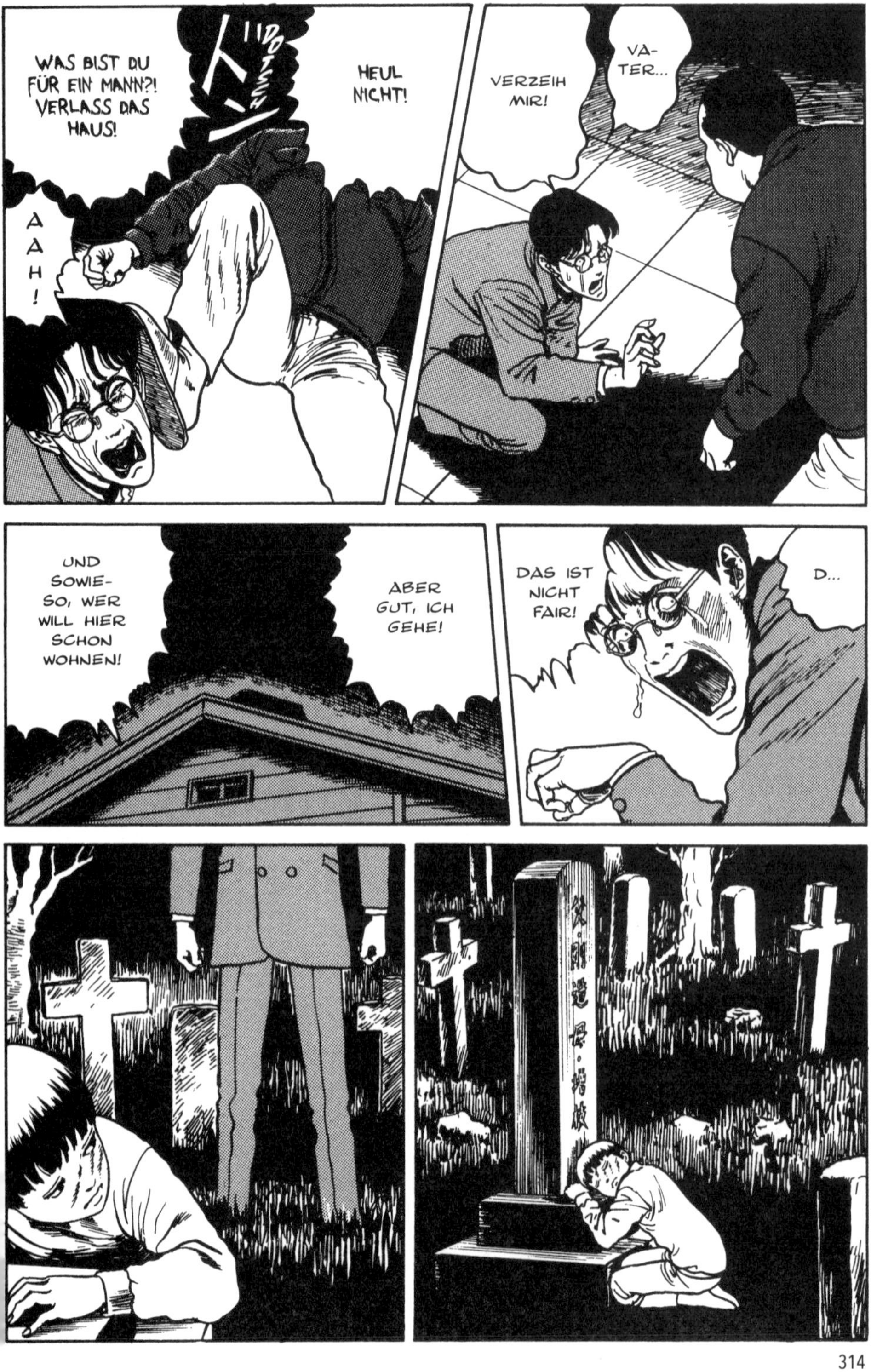

VATER...
VERZEIH MIR!
HEUL NICHT!
WAS BIST DU FÜR EIN MANN?! VERLASS DAS HAUS!
DOTSCH
AAAH!
D...
DAS IST NICHT FAIR!
ABER GUT, ICH GEHE!
UND SOWIESO, WER WILL HIER SCHON WOHNEN!

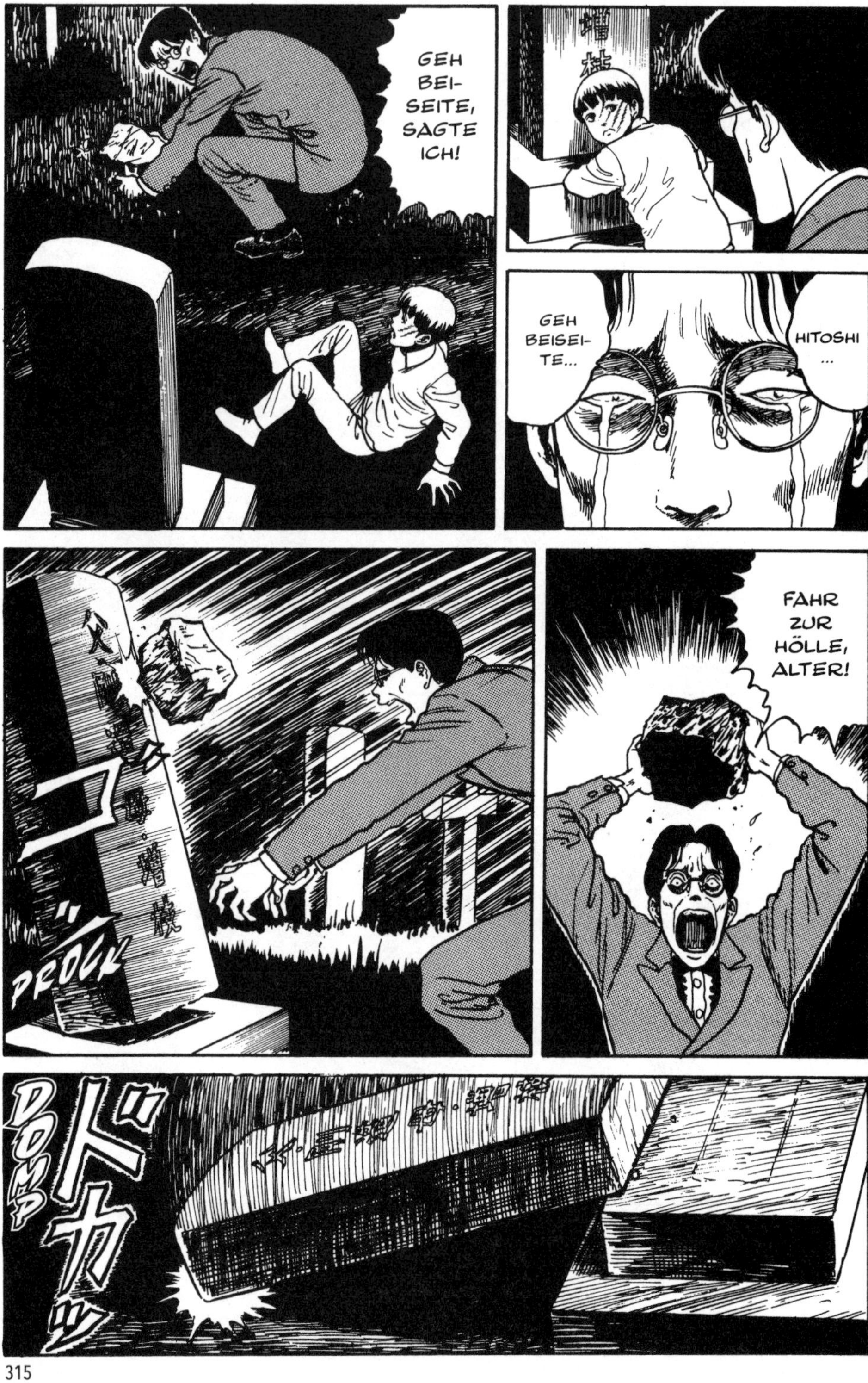
GEH BEI-SEITE, SAGTE ICH!
HITOSHI ...
GEH BEISEI-TE...
FAHR ZUR HÖLLE, ALTER!
PROCK
DOMP

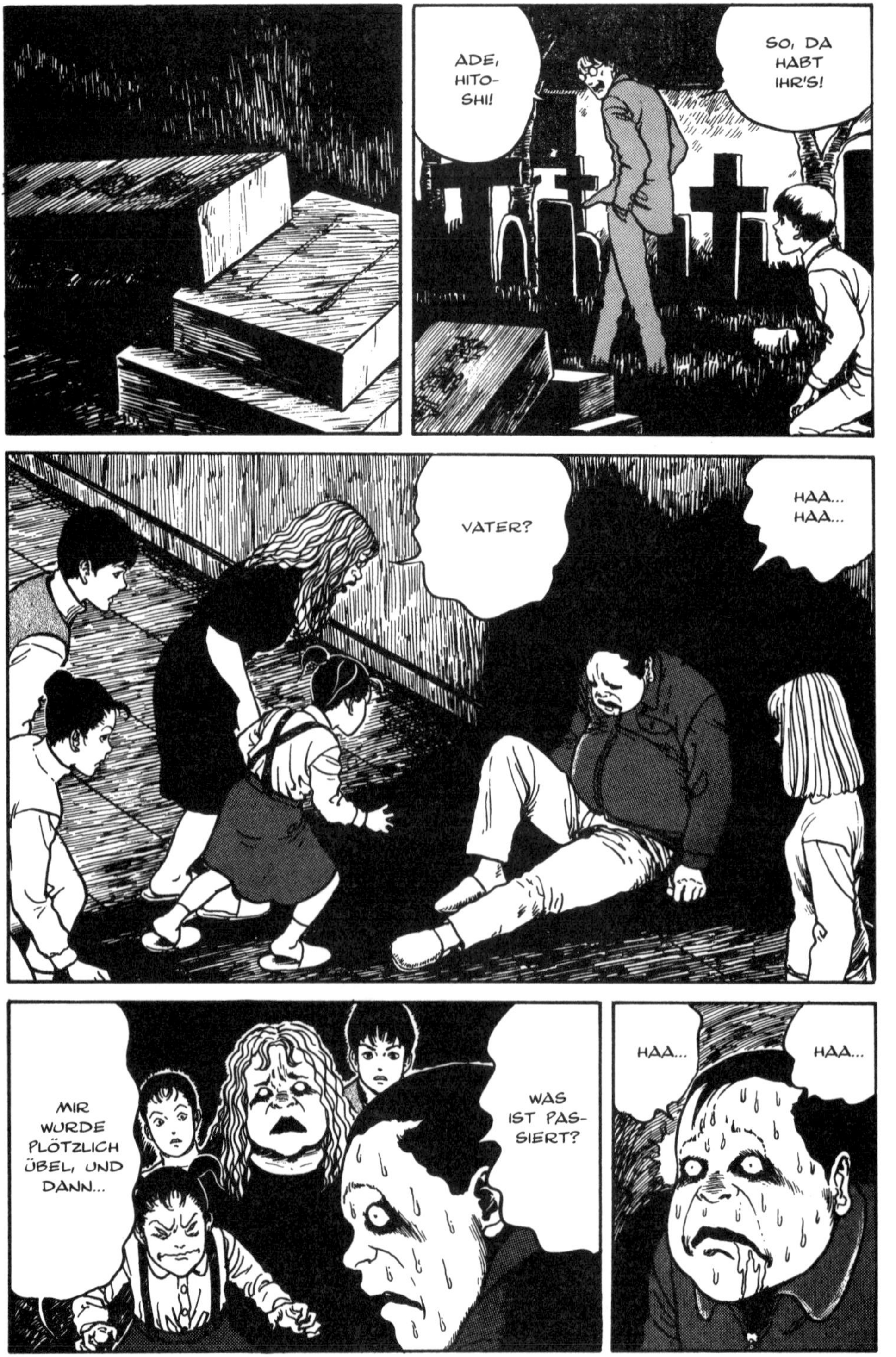
SO, DA HABT IHR'S!
ADE, HITO-SHI!
HAA... HAA...
VATER?
HAA...
HAA...
WAS IST PAS-SIERT?
MIR WURDE PLÖTZLICH ÜBEL, UND DANN...

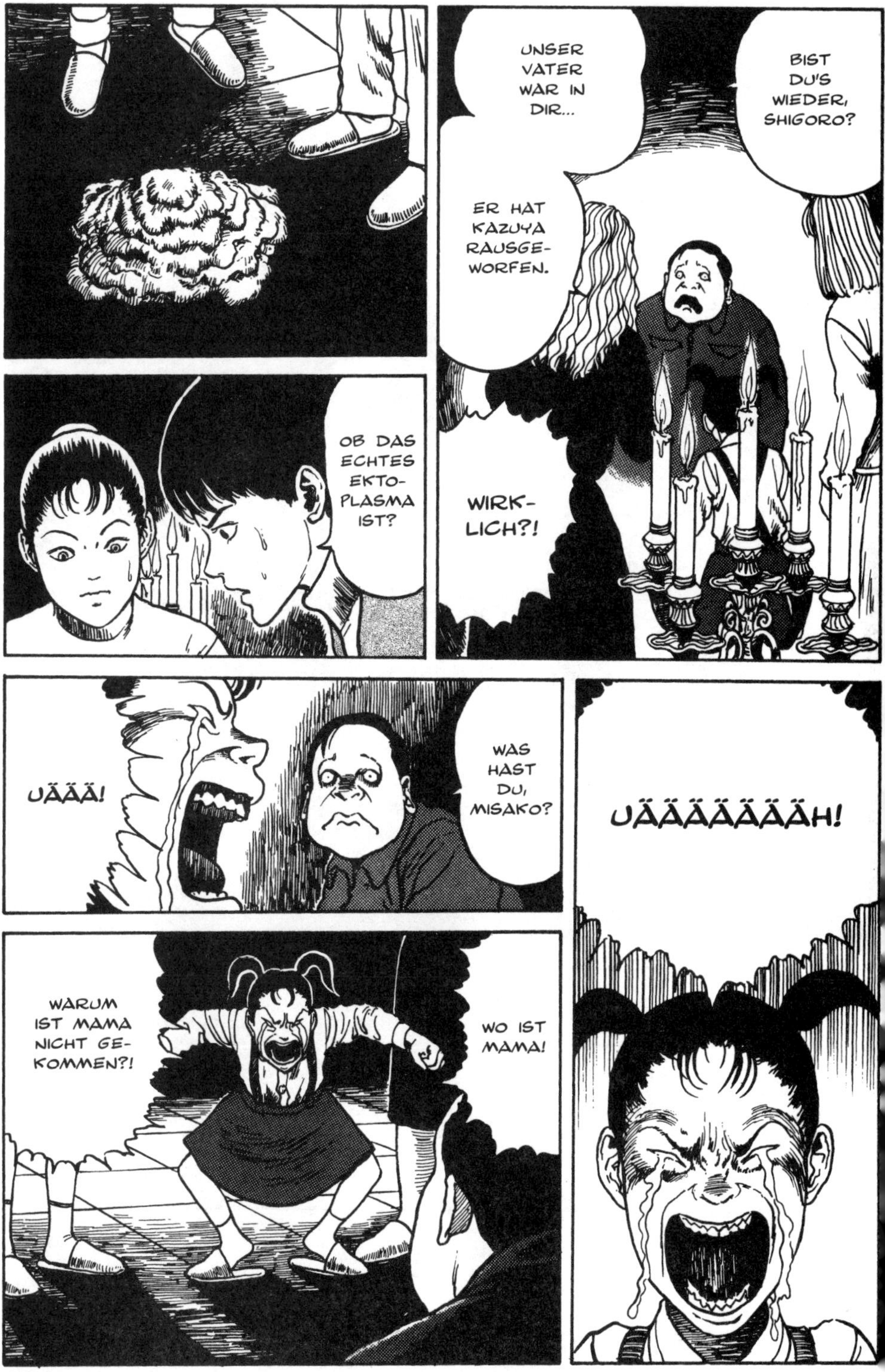
OB DAS ECHTES EKTO-PLASMA IST?
UNSER VATER WAR IN DIR...
ER HAT KAZUYA RAUSGE-WORFEN.
BIST DU'S WIEDER, SHIGORO?
WIRK-LICH?!
UÄÄÄ!
WAS HAST DU, MISAKO?
WARUM IST MAMA NICHT GE-KOMMEN?!
WO IST MAMA!
UÄÄÄÄÄÄÄH!

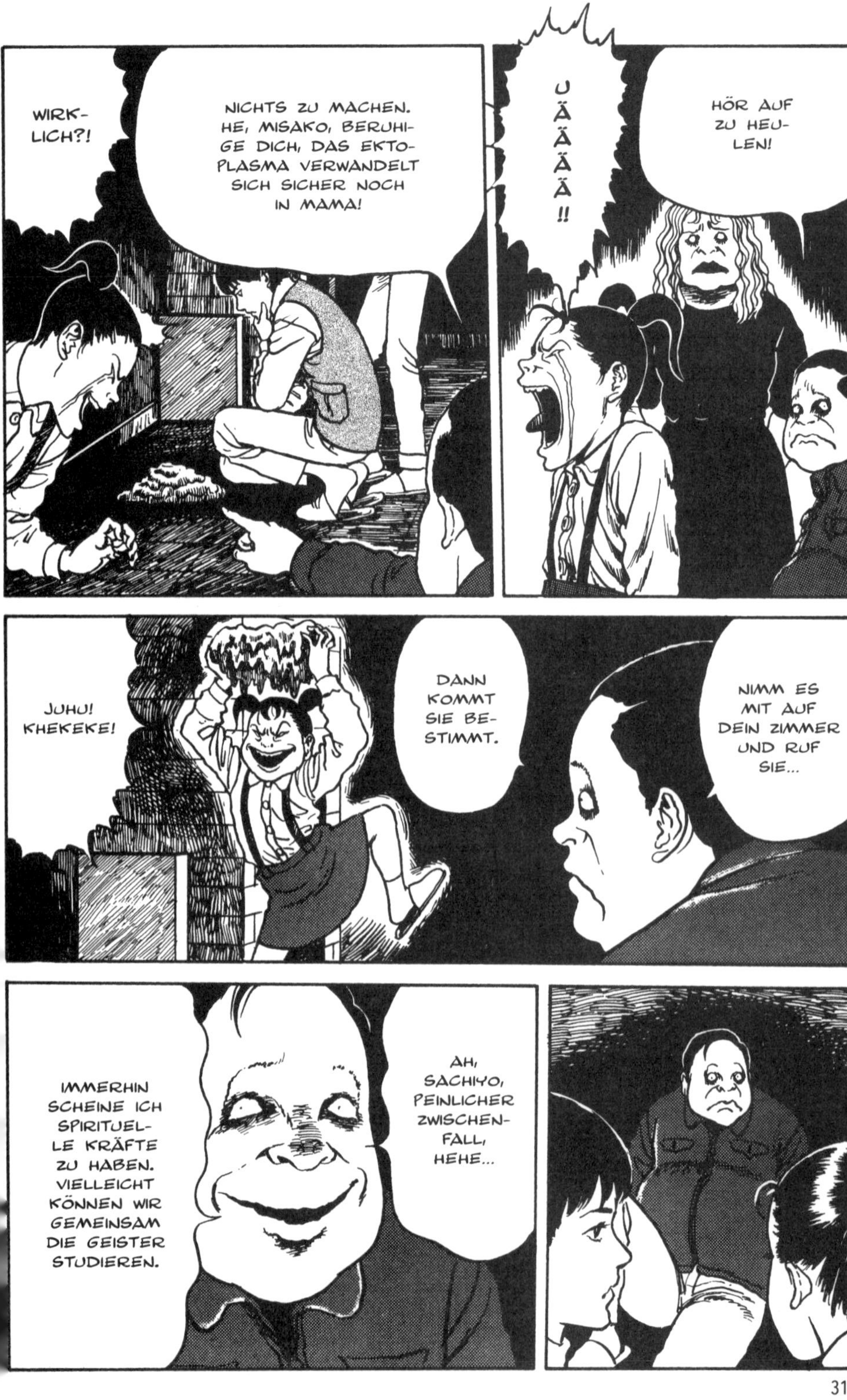
WIRKLICH?!
NICHTS ZU MACHEN. HE, MISAKO, BERUHIGE DICH, DAS EKTOPLASMA VERWANDELT SICH SICHER NOCH IN MAMA!
UÄÄÄÄ!!
HÖR AUF ZU HEULEN!
JUHU! KHEKEKE!
DANN KOMMT SIE BESTIMMT.
NIMM ES MIT AUF DEIN ZIMMER UND RUF SIE...
IMMERHIN SCHEINE ICH SPIRITUELLE KRÄFTE ZU HABEN. VIELLEICHT KÖNNEN WIR GEMEINSAM DIE GEISTER STUDIEREN.
AH, SACHIYO, PEINLICHER ZWISCHENFALL, HEHE...

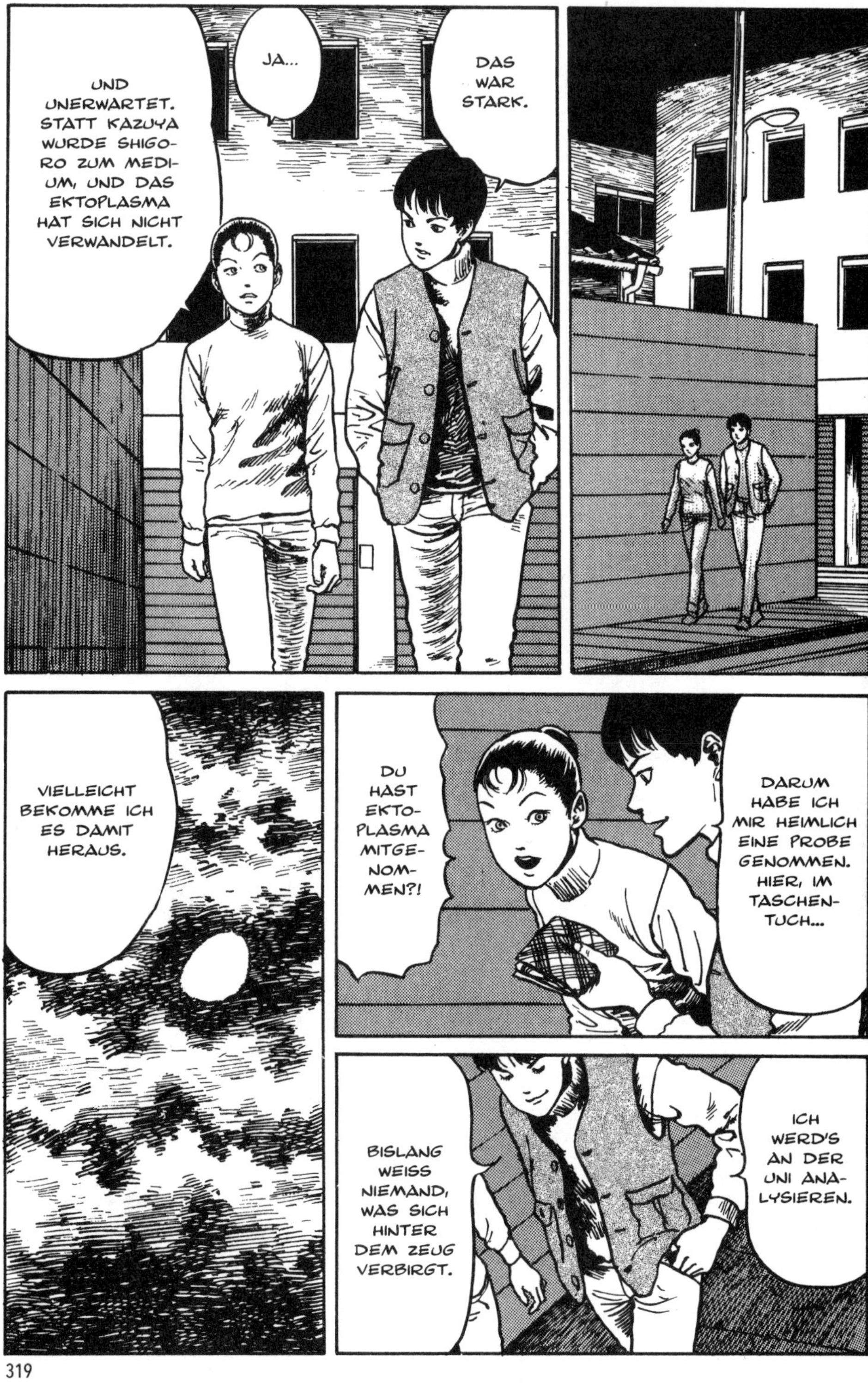
DAS WAR STARK.
JA...
UND UNERWARTET. STATT KAZUYA WURDE SHIGORO ZUM MEDIUM, UND DAS EKTOPLASMA HAT SICH NICHT VERWANDELT.
DARUM HABE ICH MIR HEIMLICH EINE PROBE GENOMMEN. HIER, IM TASCHENTUCH...
DU HAST EKTOPLASMA MITGENOMMEN?!
ICH WERD'S AN DER UNI ANALYSIEREN.
BISLANG WEISS NIEMAND, WAS SICH HINTER DEM ZEUG VERBIRGT.
VIELLEICHT BEKOMME ICH ES DAMIT HERAUS.

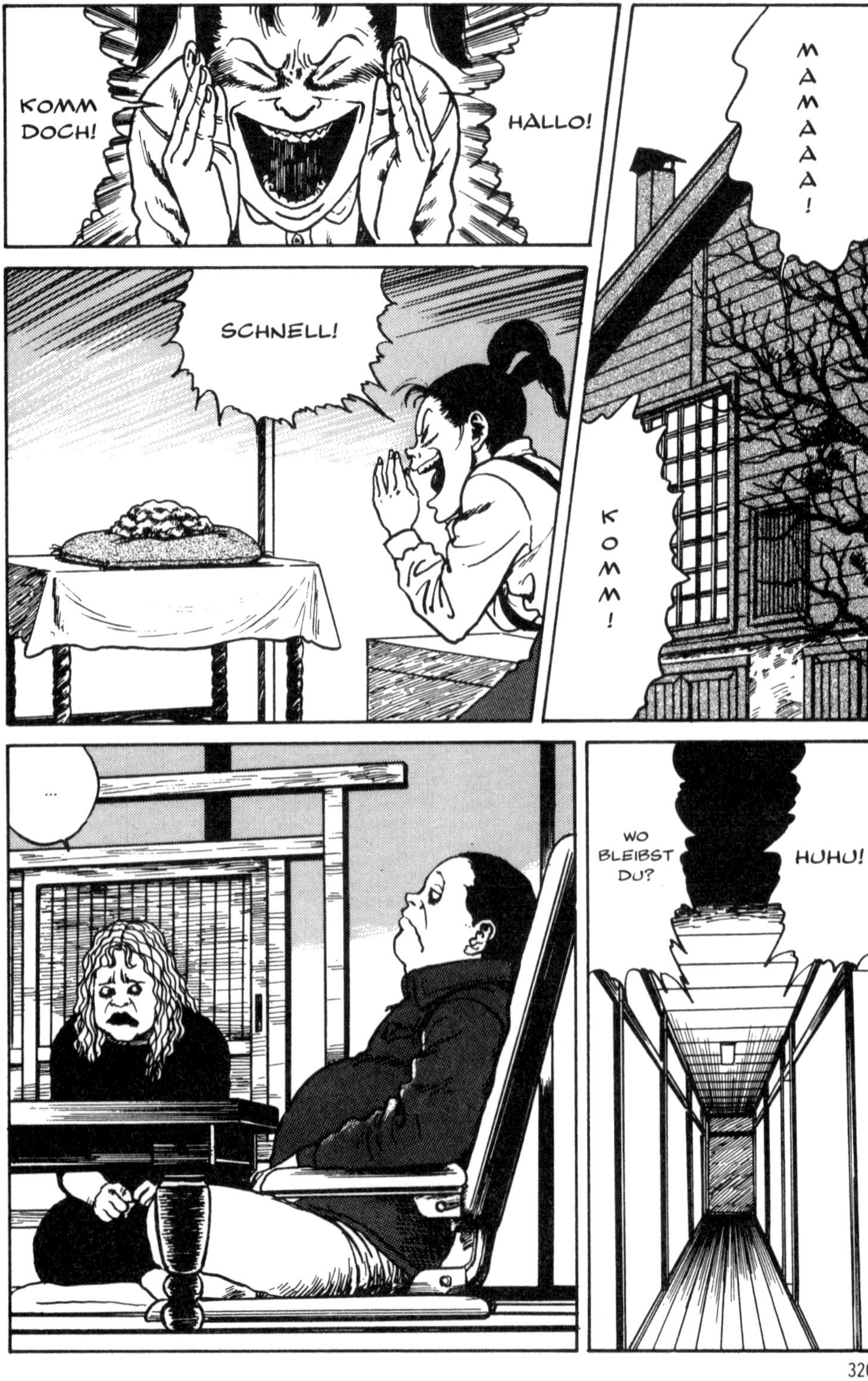
KOMM DOCH!
HALLO!
MAMAAAA!
SCHNELL!
KOMM!
...
WO BLEIBST DU?
HUHU!

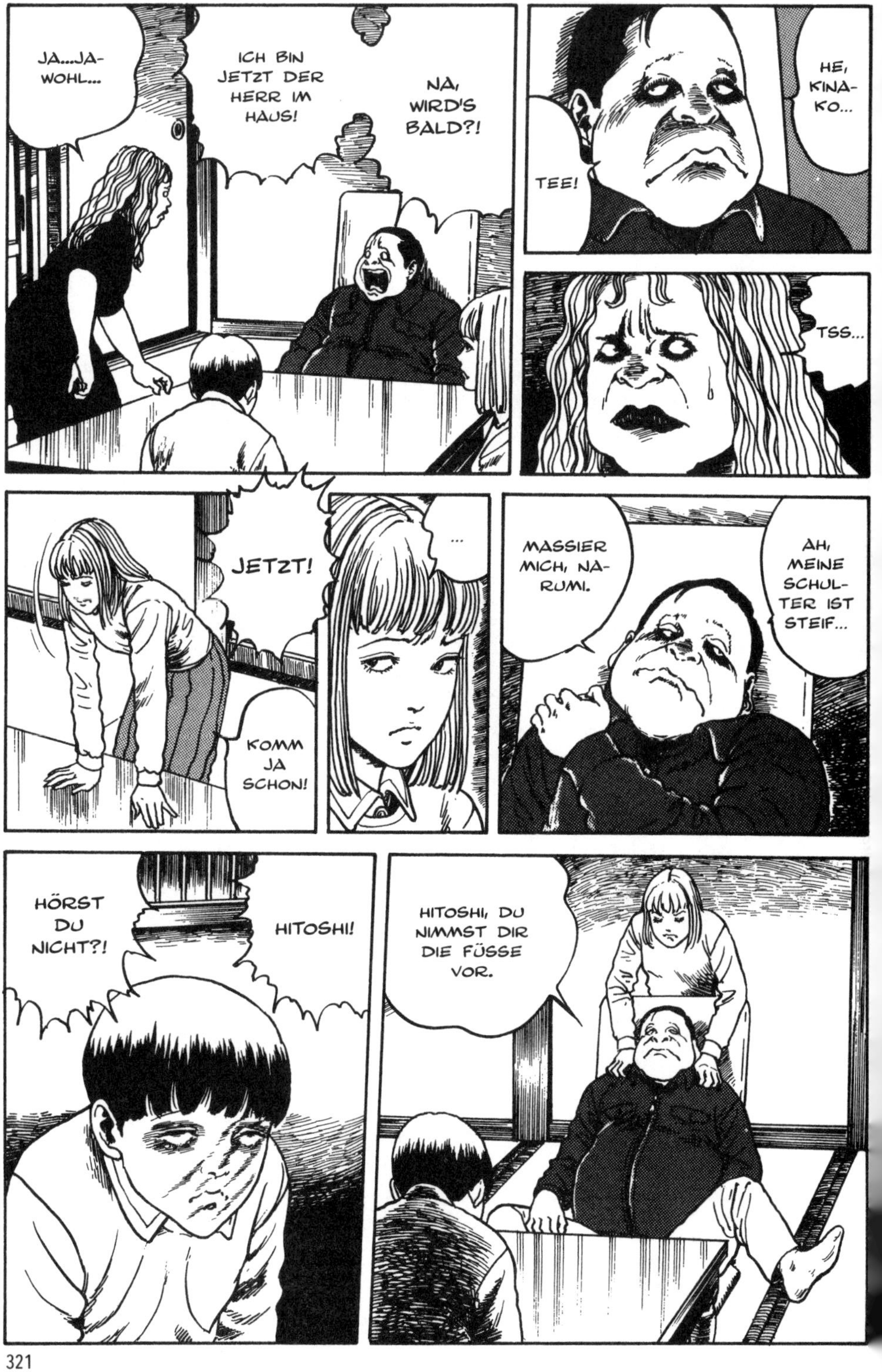
HE, KINAKO...
TEE!
TSS...
NA, WIRD'S BALD?!
ICH BIN JETZT DER HERR IM HAUS!
JA...JAWOHL...
AH, MEINE SCHULTER IST STEIF...
MASSIER MICH, NARUMI.
...
JETZT!
KOMM JA SCHON!
HITOSHI, DU NIMMST DIR DIE FÜSSE VOR.
HITOSHI!
HÖRST DU NICHT?!

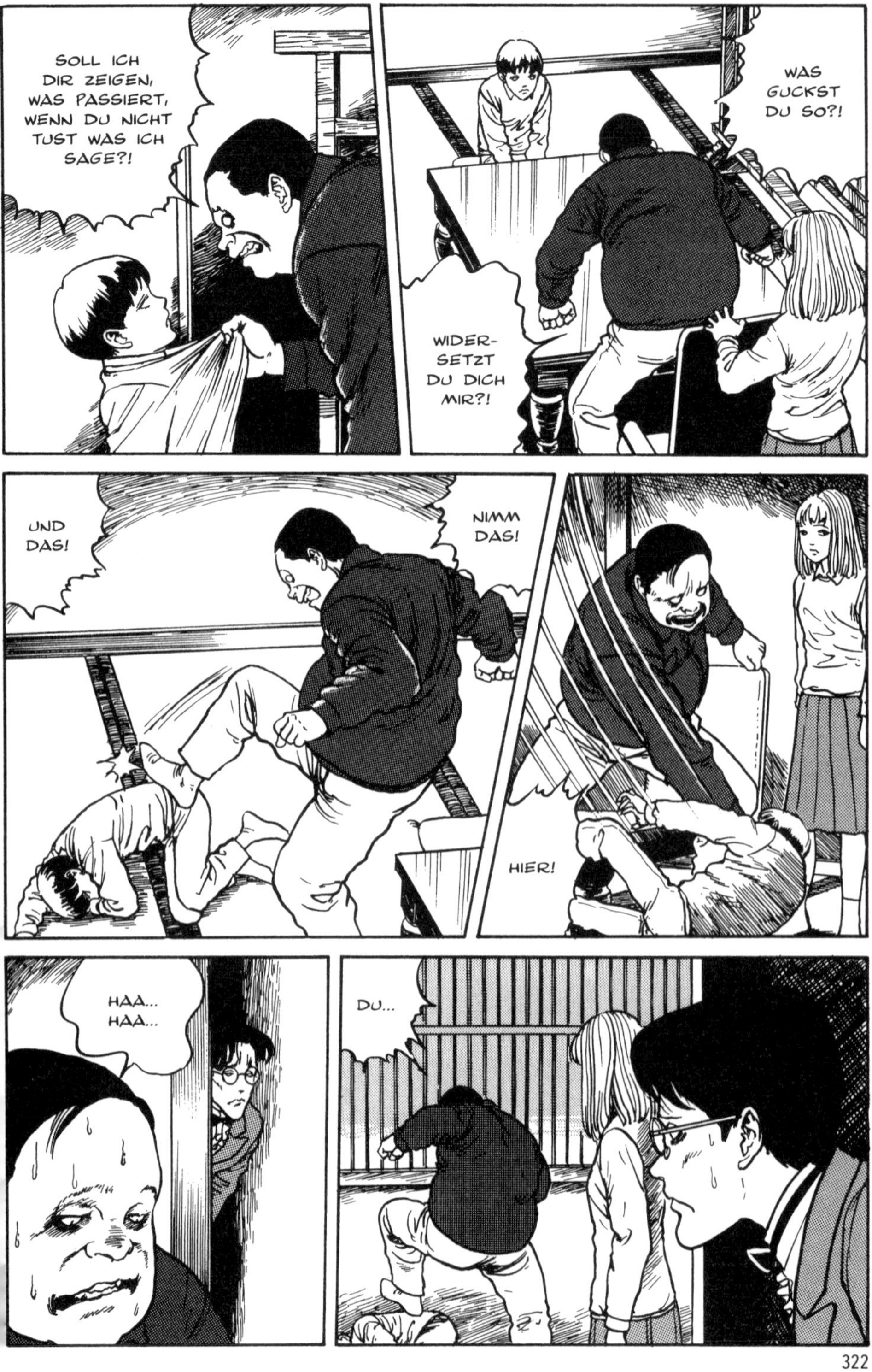
SOLL ICH DIR ZEIGEN, WAS PASSIERT, WENN DU NICHT TUST WAS ICH SAGE?!
WAS GUCKST DU SO?!
WIDER-SETZT DU DICH MIR?!
NIMM DAS!
UND DAS!
HIER!
HAA... HAA...
DU...

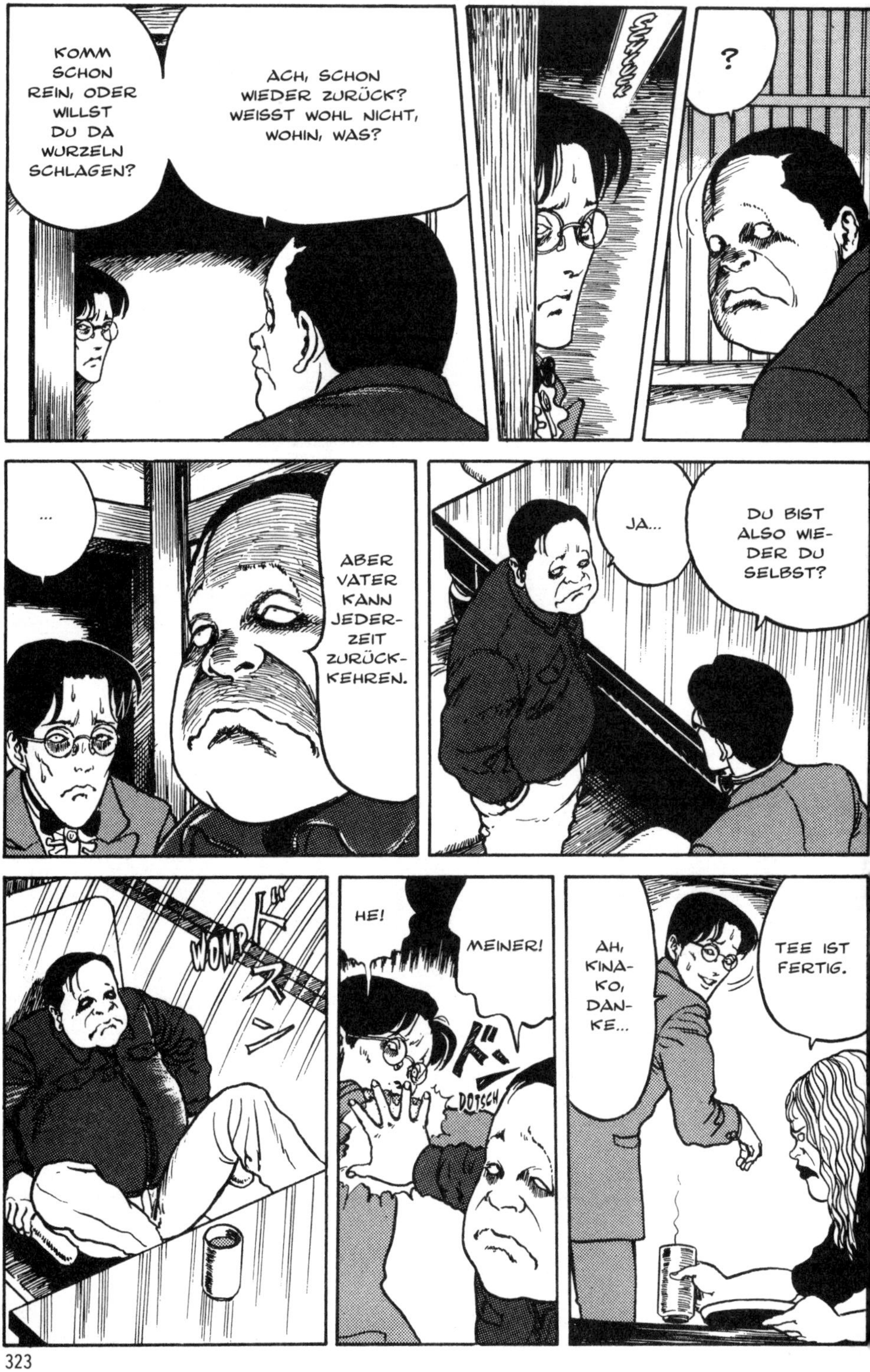
?
ACH, SCHON WIEDER ZURÜCK? WEISST WOHL NICHT, WOHIN, WAS?
KOMM SCHON REIN, ODER WILLST DU DA WURZELN SCHLAGEN?
DU BIST ALSO WIE-DER DU SELBST?
JA...
ABER VATER KANN JEDER-ZEIT ZURÜCK-KEHREN.
...
TEE IST FERTIG.
AH, KINA-KO, DAN-KE...
MEINER!
HE!
DOTSCH
WOMP

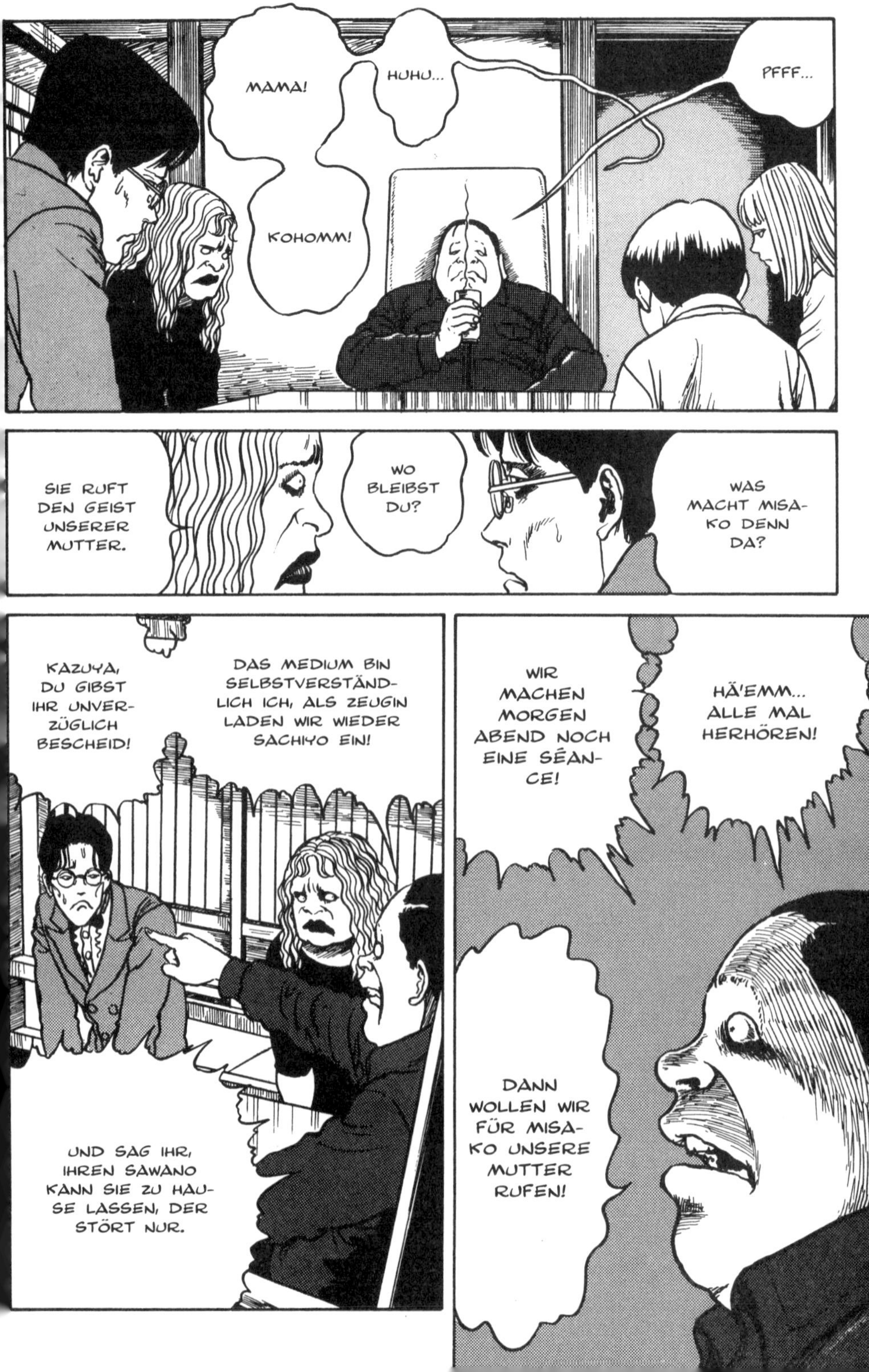
PFFF...
HUHU...
MAMA!
KOHOMM!
WAS MACHT MISA-KO DENN DA?
WO BLEIBST DU?
SIE RUFT DEN GEIST UNSERER MUTTER.
HÄ'EMM... ALLE MAL HERHÖREN!
WIR MACHEN MORGEN ABEND NOCH EINE SÉAN-CE!
DANN WOLLEN WIR FÜR MISA-KO UNSERE MUTTER RUFEN!
DAS MEDIUM BIN SELBSTVERSTÄND-LICH ICH, ALS ZEUGIN LADEN WIR WIEDER SACHIYO EIN!
KAZUYA, DU GIBST IHR UNVER-ZÜGLICH BESCHEID!
UND SAG IHR, IHREN SAWANO KANN SIE ZU HAU-SE LASSEN, DER STÖRT NUR.

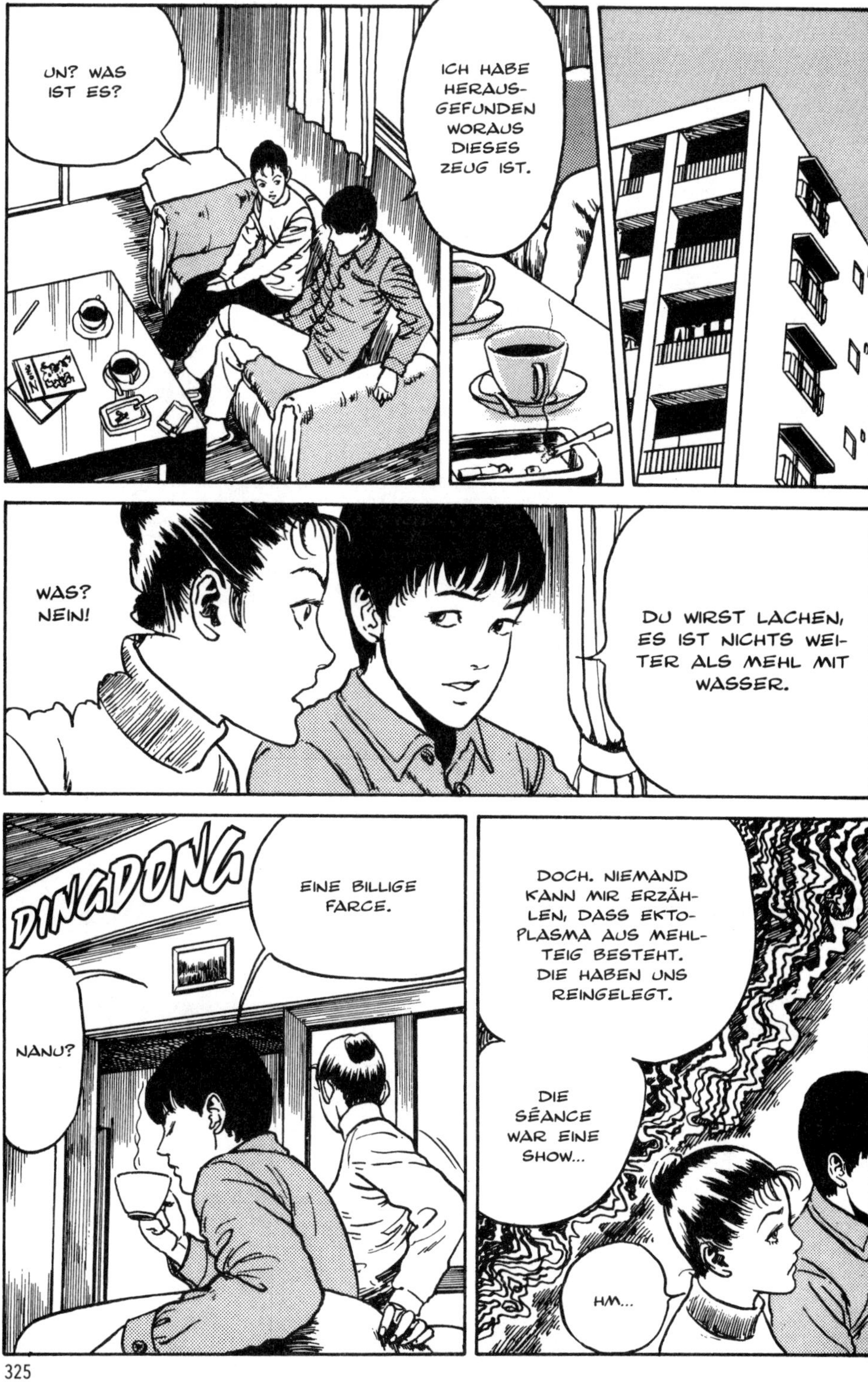
ICH HABE HERAUS-GEFUNDEN WORAUS DIESES ZEUG IST.
UN? WAS IST ES?
DU WIRST LACHEN, ES IST NICHTS WEI-TER ALS MEHL MIT WASSER.
WAS? NEIN!
DOCH. NIEMAND KANN MIR ERZÄH-LEN, DASS EKTO-PLASMA AUS MEHL-TEIG BESTEHT. DIE HABEN UNS REINGELEGT.
DIE SÉANCE WAR EINE SHOW...
HM...
EINE BILLIGE FARCE.
DINGDONG
NANU?

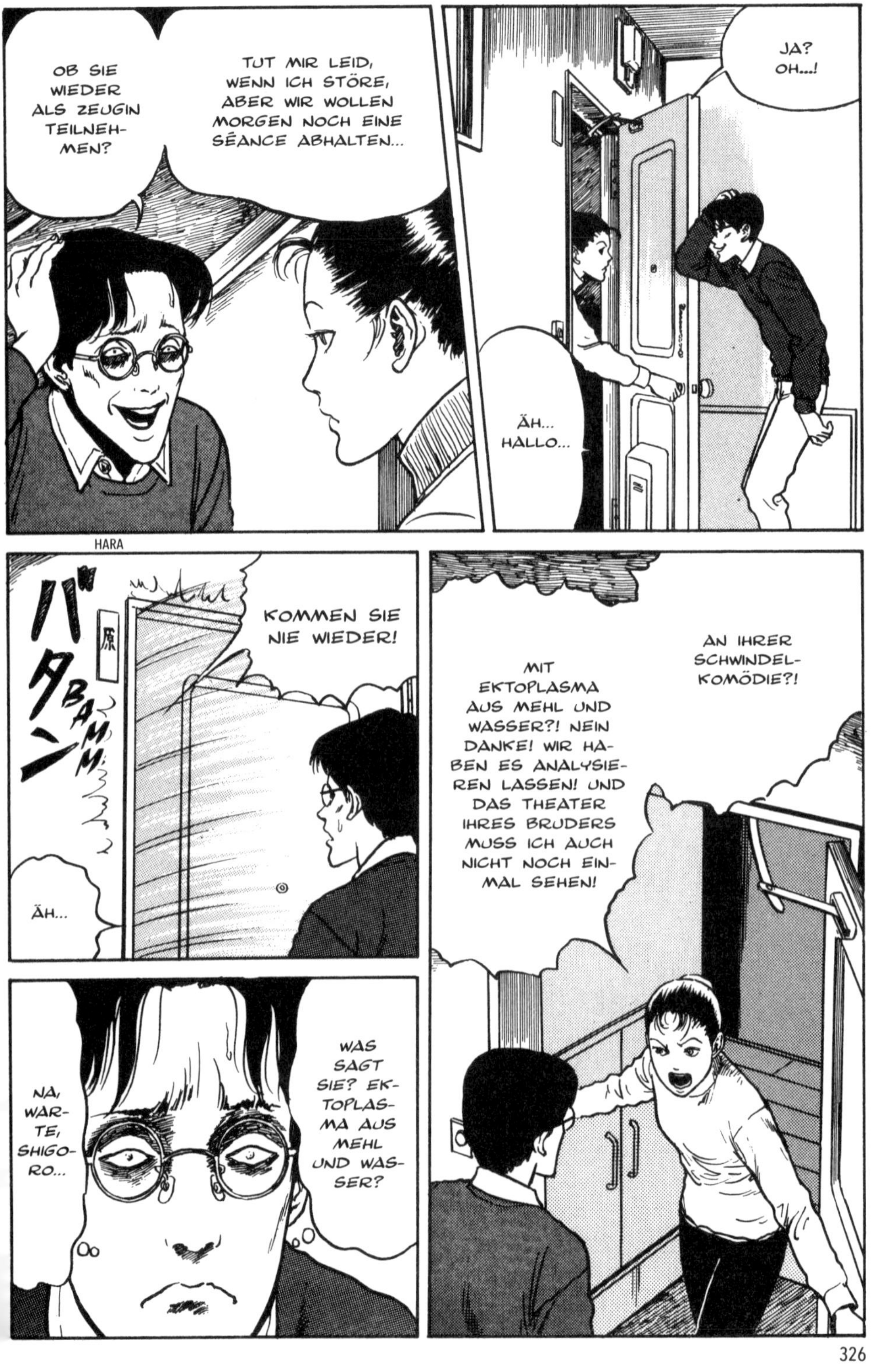
Ja? Oh...!
Äh... Hallo...
Tut mir leid, wenn ich störe, aber wir wollen morgen noch eine Séance abhalten...
Ob Sie wieder als Zeugin teilnehmen?
Hara
An Ihrer Schwindelkomödie?!
Mit Ektoplasma aus Mehl und Wasser?! Nein danke! Wir haben es analysieren lassen! Und das Theater Ihres Bruders muss ich auch nicht noch einmal sehen!
Kommen Sie nie wieder!
バタン
BAMM
原
Äh...
Was sagt sie? Ektoplasma aus Mehl und Wasser?
Na, warte, Shigoro...

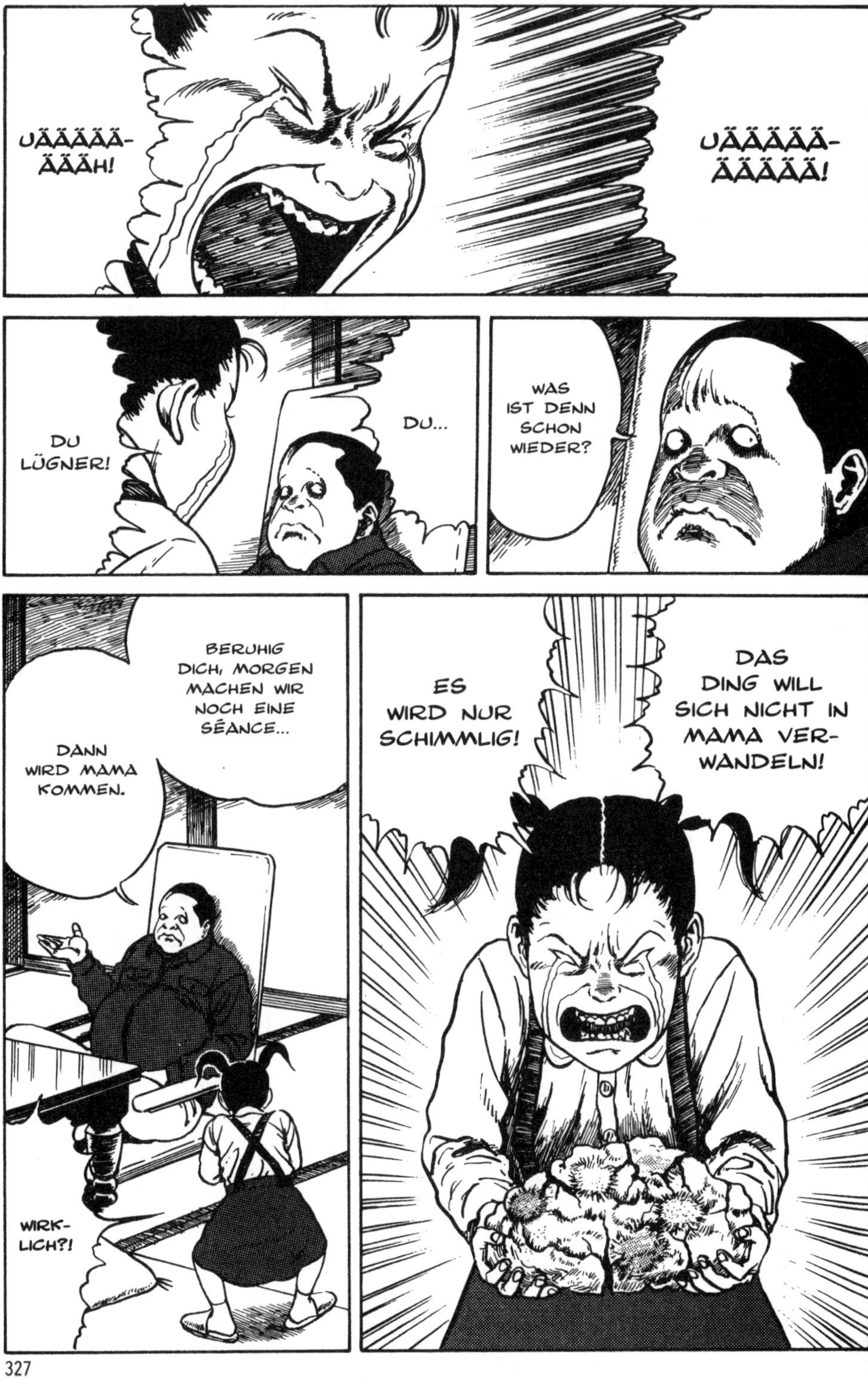
UÄÄÄÄÄ-ÄÄÄÄÄ!
UÄÄÄÄÄ-ÄÄÄH!
WAS IST DENN SCHON WIEDER?
DU...
DU LÜGNER!
DAS DING WILL SICH NICHT IN MAMA VER-WANDELN!
ES WIRD NUR SCHIMMLIG!
BERUHIG DICH, MORGEN MACHEN WIR NOCH EINE SÉANCE...
DANN WIRD MAMA KOMMEN.
WIRK-LICH?!

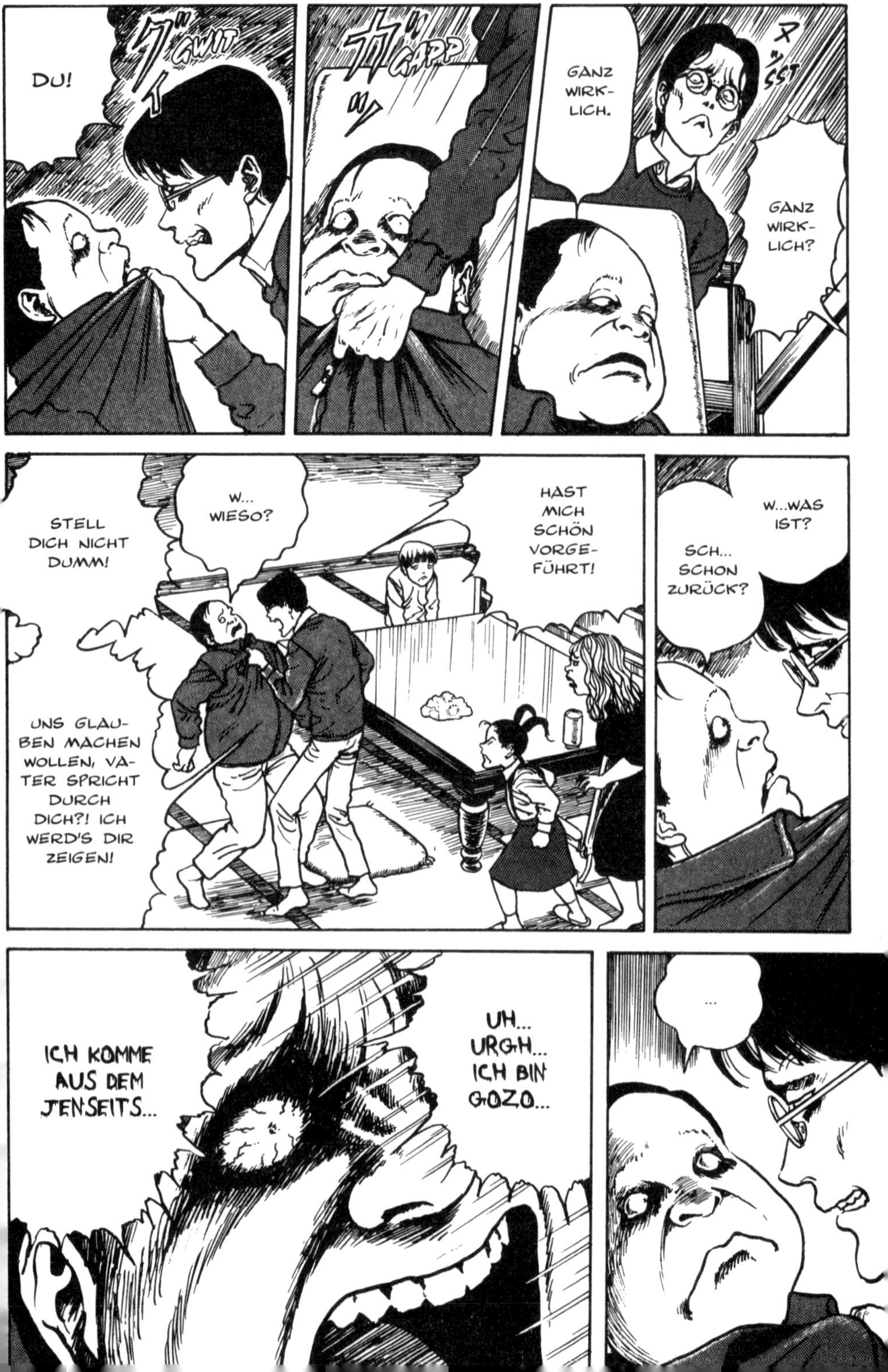
SST
GANZ WIRKLICH?
GANZ WIRKLICH.
GAPP
GWIT
DU!
W...WAS IST?
SCH... SCHON ZURÜCK?
HAST MICH SCHÖN VORGEFÜHRT!
W... WIESO?
STELL DICH NICHT DUMM!
UNS GLAUBEN MACHEN WOLLEN, VATER SPRICHT DURCH DICH?! ICH WERD'S DIR ZEIGEN!
...
UH... URGH... ICH BIN GOZO...
ICH KOMME AUS DEM JENSEITS...

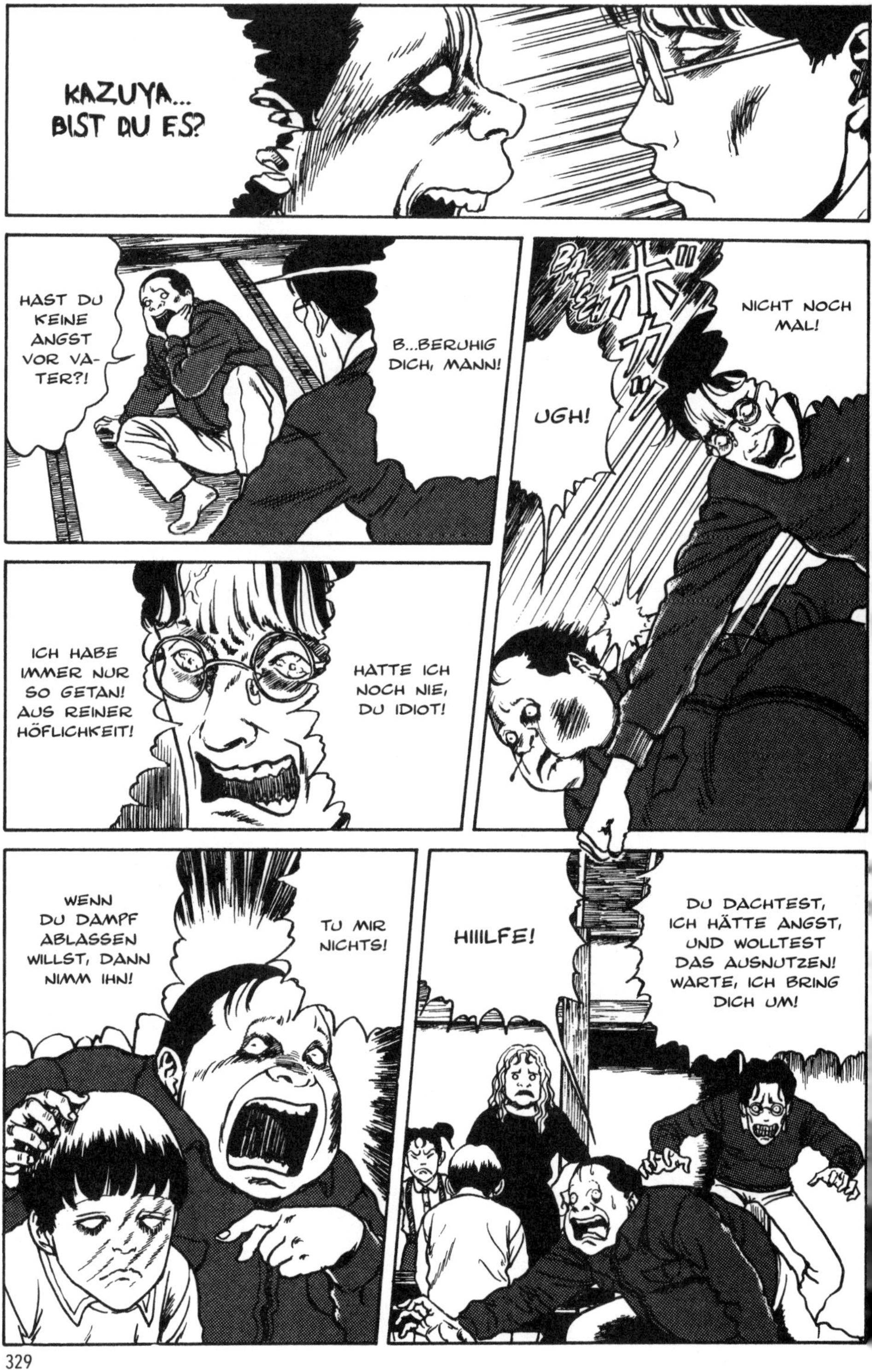
KAZUYA... BIST DU ES?
HAST DU KEINE ANGST VOR VATER?!
B...BERUHIG DICH, MANN!
HATTE ICH NOCH NIE, DU IDIOT!
ICH HABE IMMER NUR SO GETAN! AUS REINER HÖFLICHKEIT!
BATSCH
ボカッ
NICHT NOCH MAL!
UGH!
TU MIR NICHTS!
WENN DU DAMPF ABLASSEN WILLST, DANN NIMM IHN!
HIIILFE!
DU DACHTEST, ICH HÄTTE ANGST, UND WOLLTEST DAS AUSNUTZEN! WARTE, ICH BRING DICH UM!

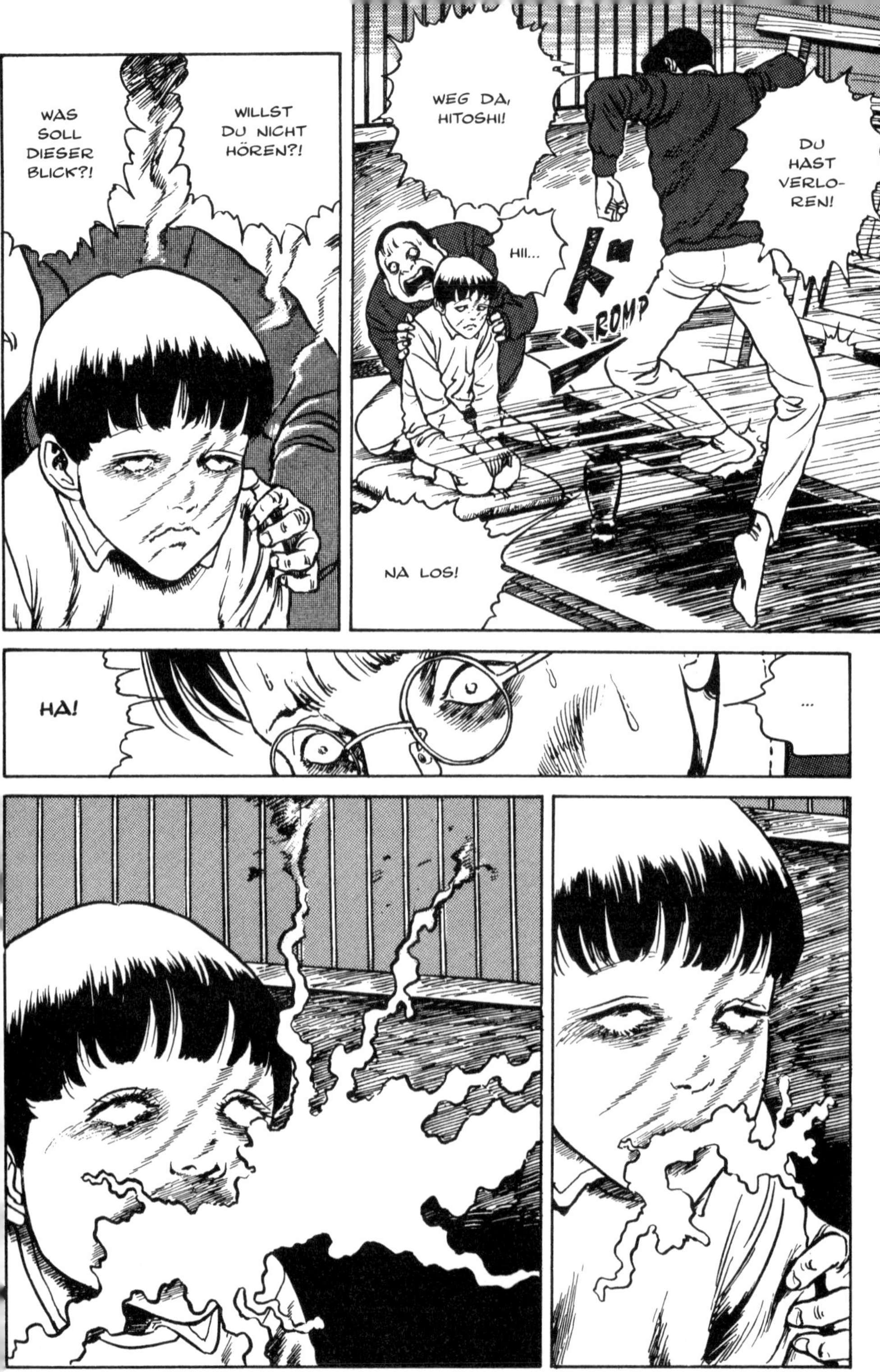
WEG DA, HITOSHI!
DU HAST VERLO-REN!
HII...
NA LOS!
WAS SOLL DIESER BLICK?!
WILLST DU NICHT HÖREN?!
...
HA!

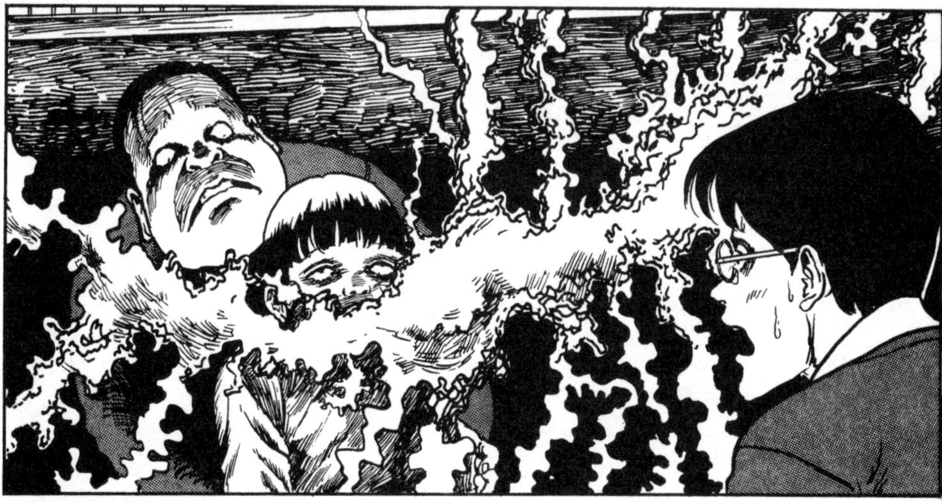

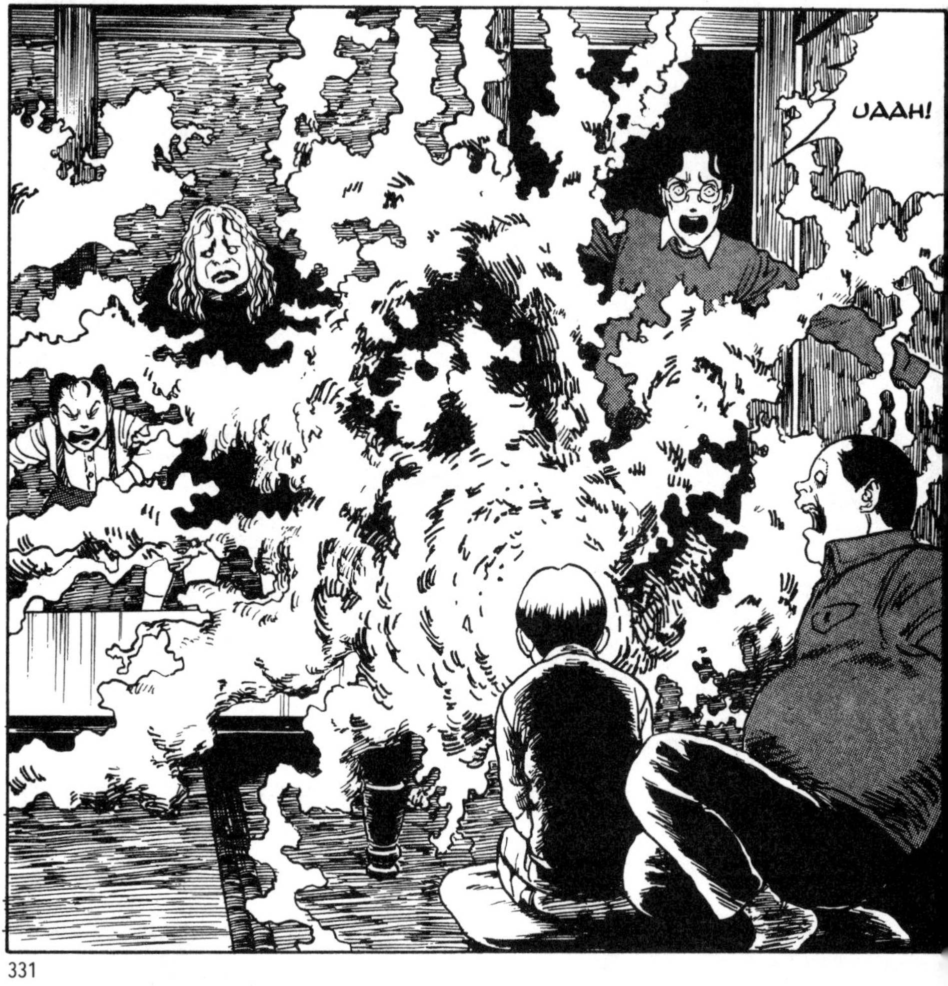
UAAH!

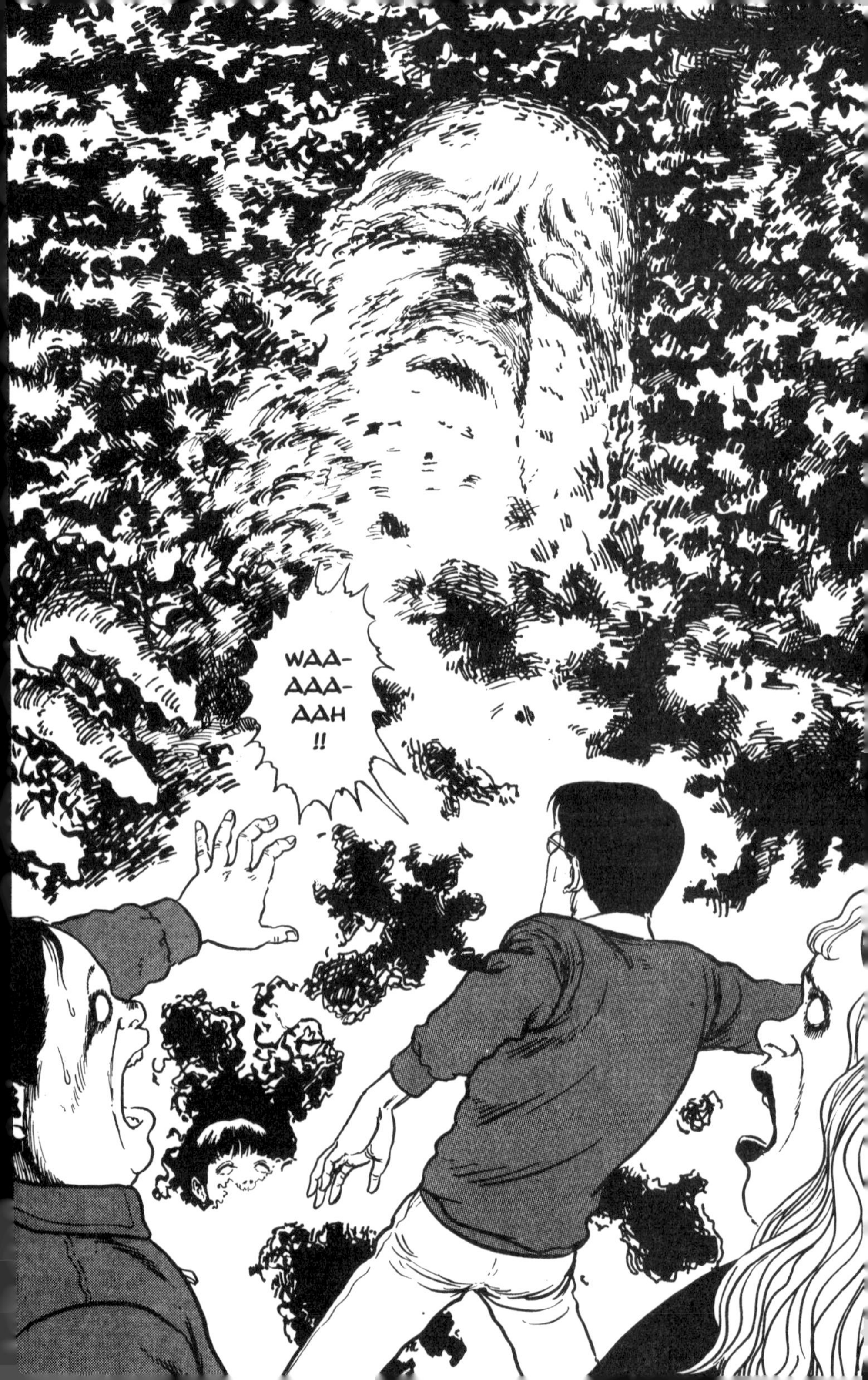
WAA-
AAA-
AAH
!!

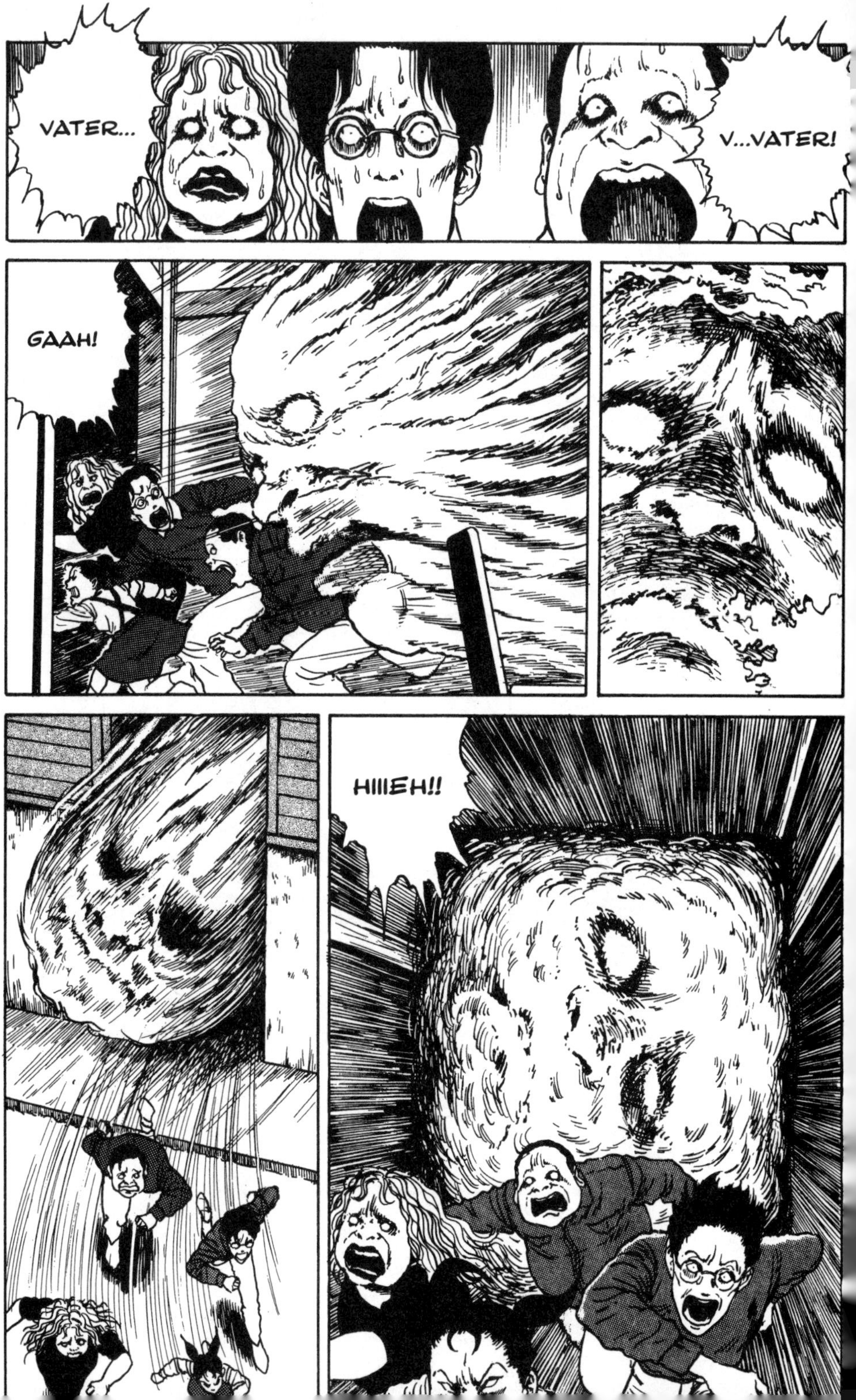
VATER...
V...VATER!
GAAH!
HIIIEH!!

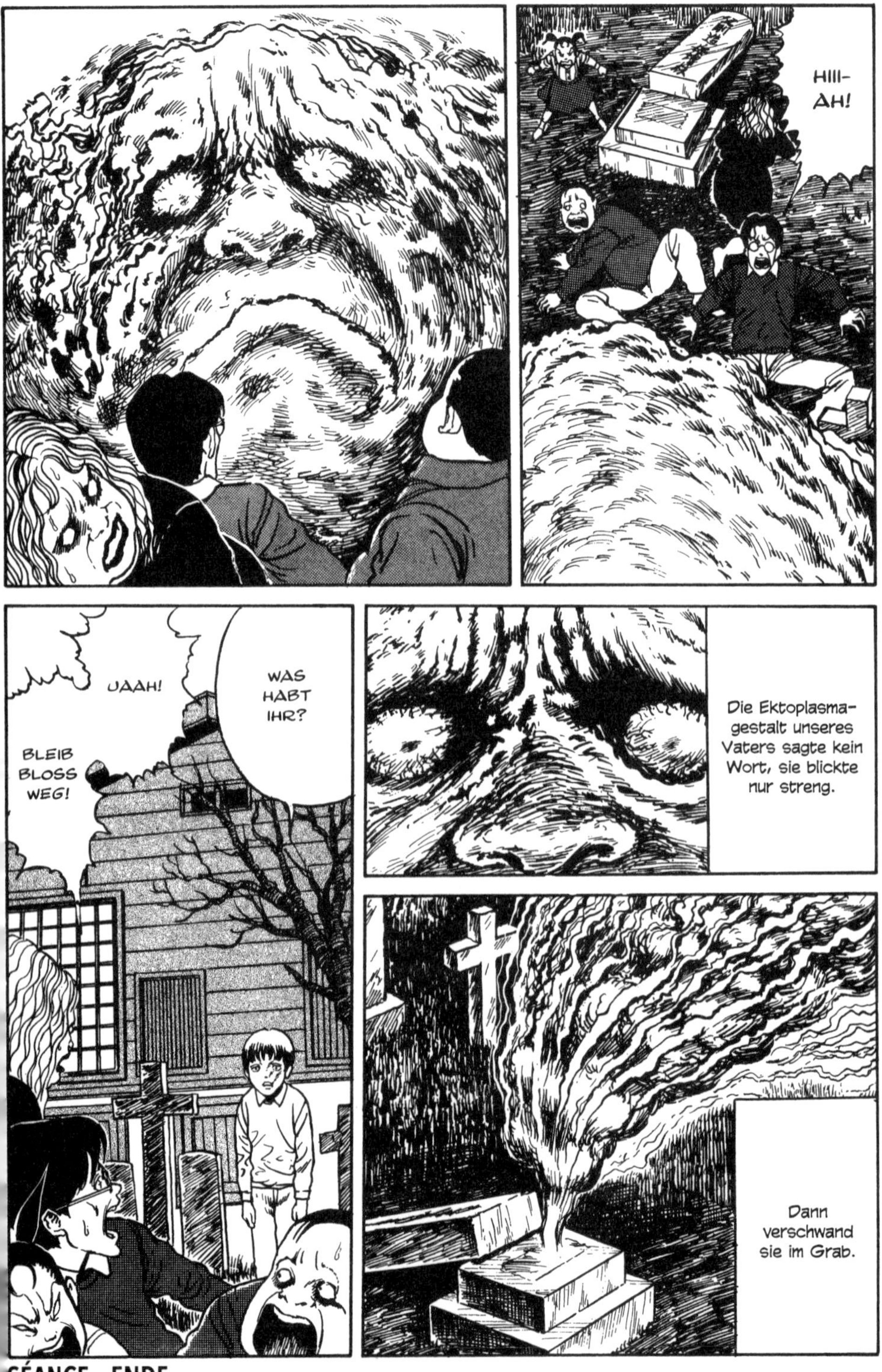
HIII-
AH!
Die Ektoplasma-
gestalt unseres
Vaters sagte kein
Wort, sie blickte
nur streng.
Dann
verschwand
sie im Grab.
WAS
HABT
IHR?
UAAH!
BLEIB
BLOSS
WEG!

SÉANCE - ENDE

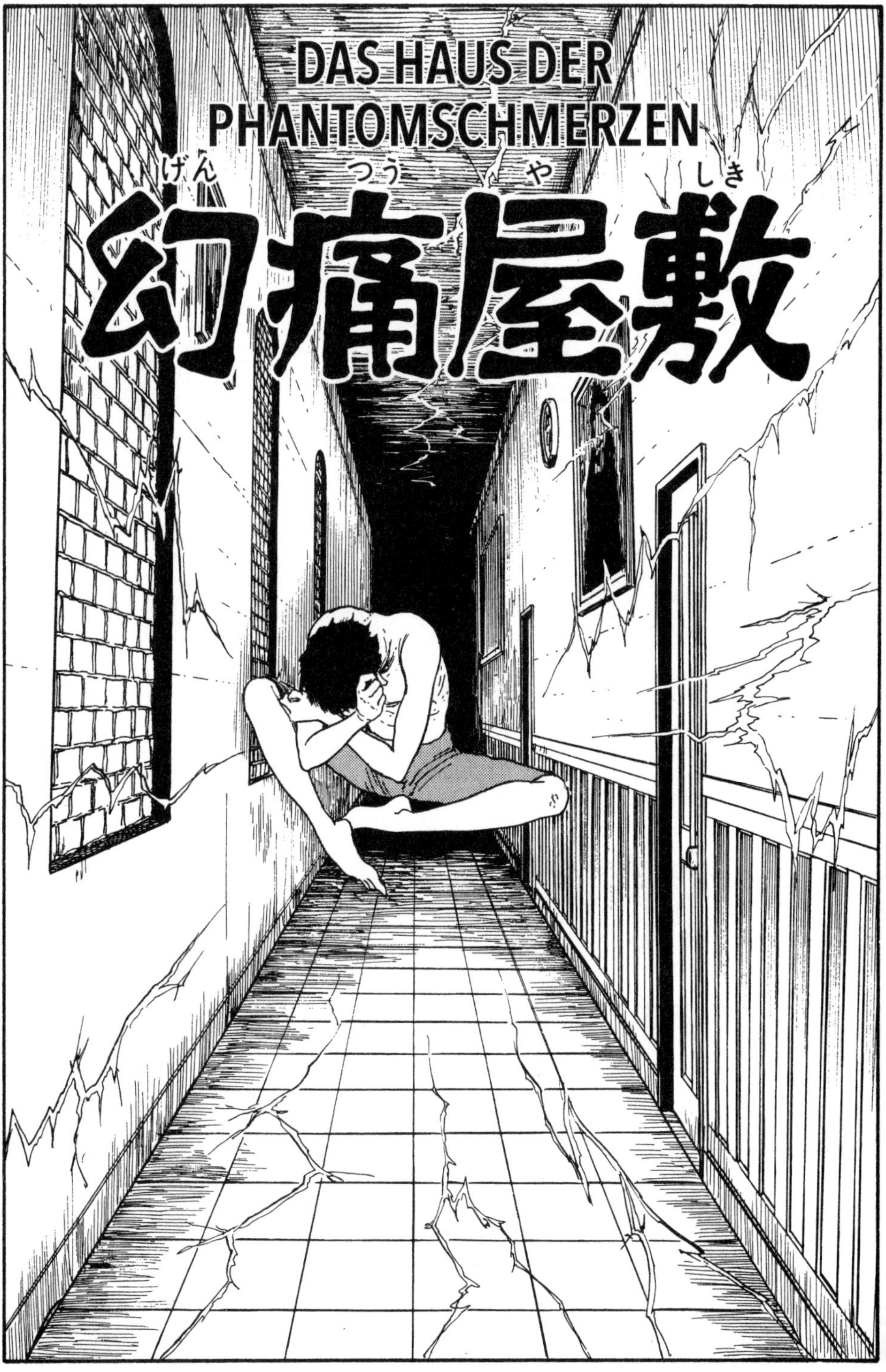

DAS HAUS DER PHANTOMSCHMERZEN
げん つう や しき
幻痛屋敷

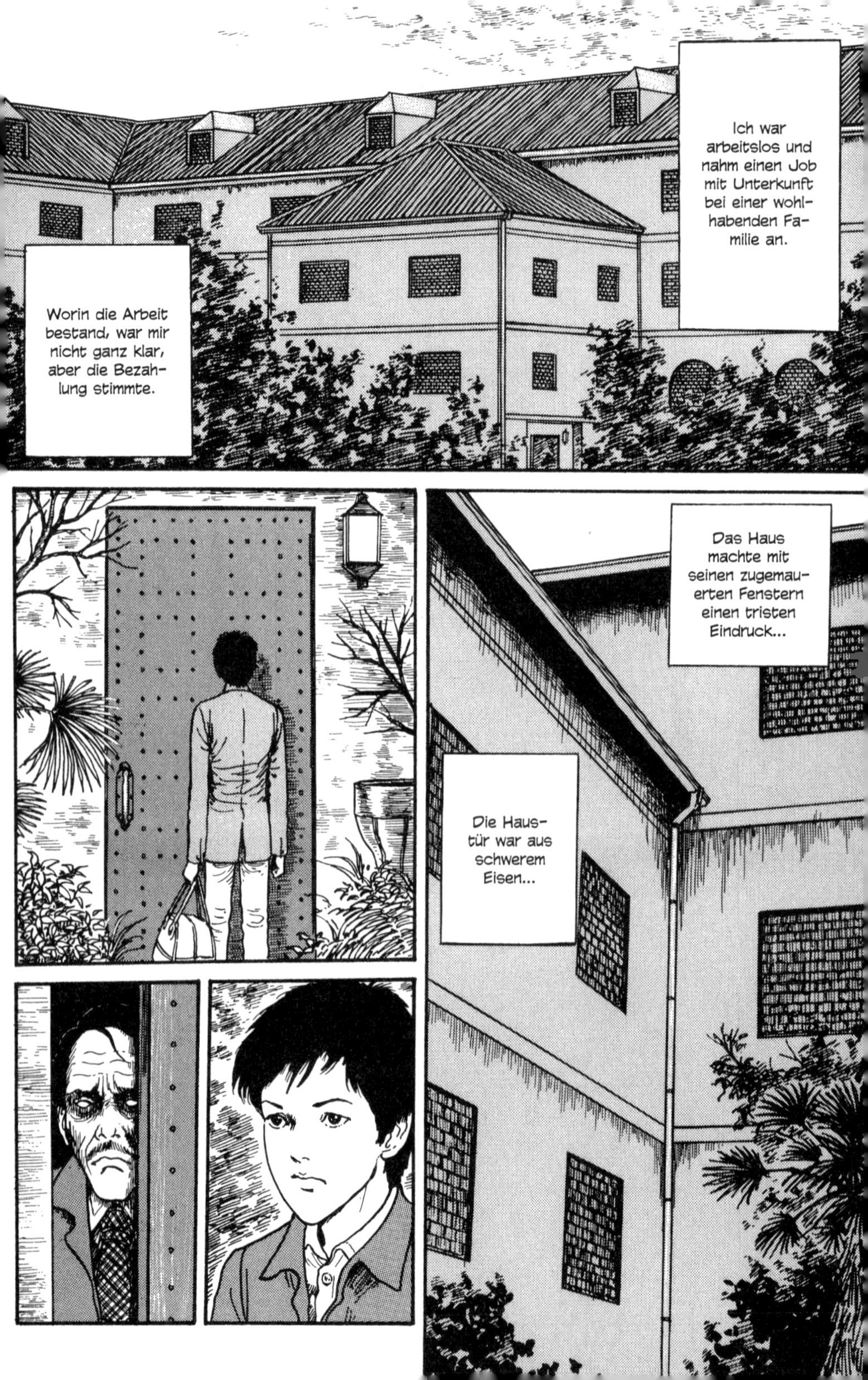
Ich war arbeitslos und nahm einen Job mit Unterkunft bei einer wohlhabenden Familie an.
Worin die Arbeit bestand, war mir nicht ganz klar, aber die Bezahlung stimmte.
Das Haus machte mit seinen zugemauerten Fenstern einen tristen Eindruck...
Die Haustür war aus schwerem Eisen...

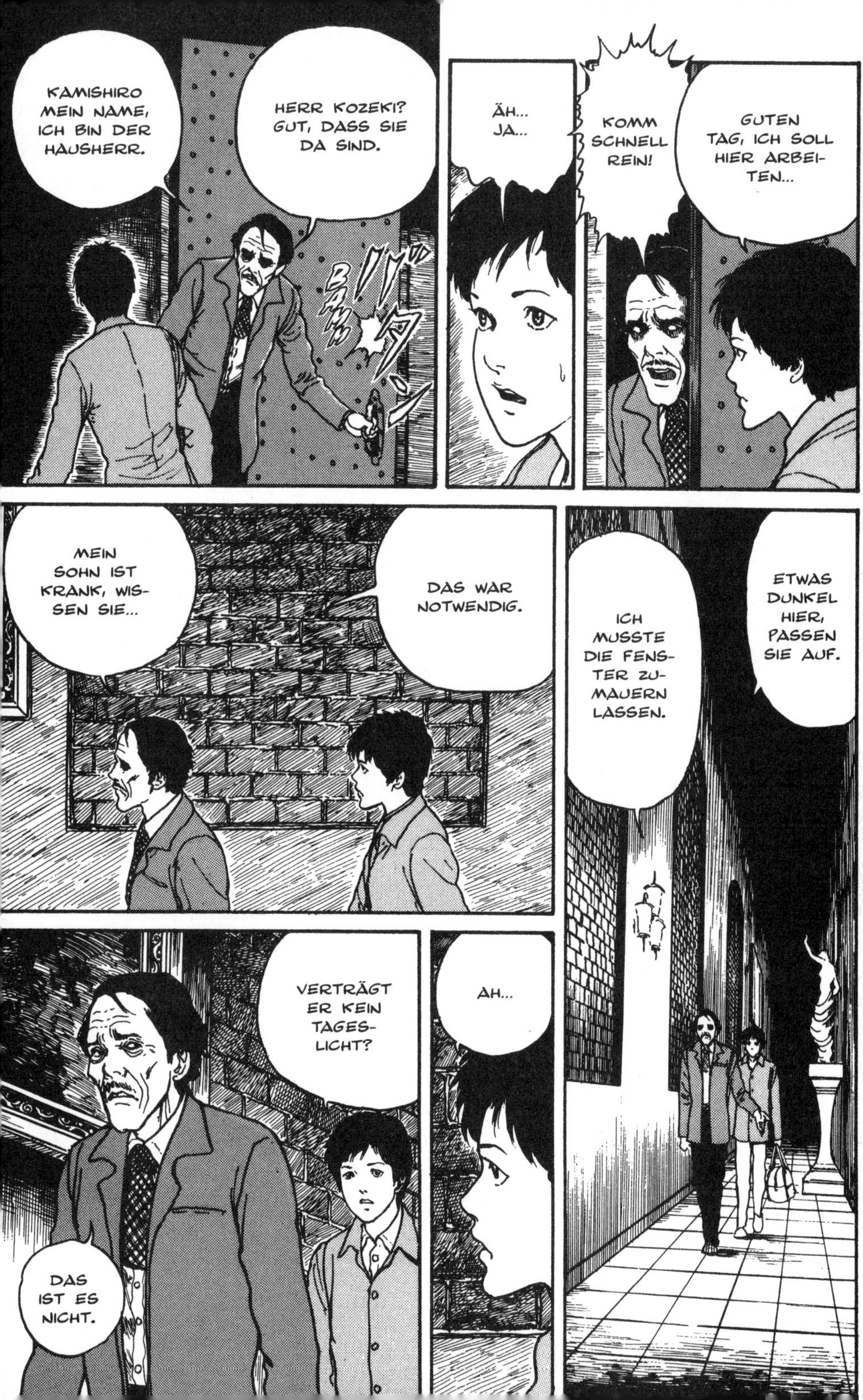

GUTEN TAG, ICH SOLL HIER ARBEITEN...
KOMM SCHNELL REIN!
ÄH... JA...
HERR KOZEKI? GUT, DASS SIE DA SIND.
KAMISHIRO MEIN NAME, ICH BIN DER HAUSHERR.
BAMM
ETWAS DUNKEL HIER, PASSEN SIE AUF.
ICH MUSSTE DIE FENSTER ZUMAUERN LASSEN.
DAS WAR NOTWENDIG.
MEIN SOHN IST KRANK, WISSEN SIE...
AH...
VERTRÄGT ER KEIN TAGESLICHT?
DAS IST ES NICHT.

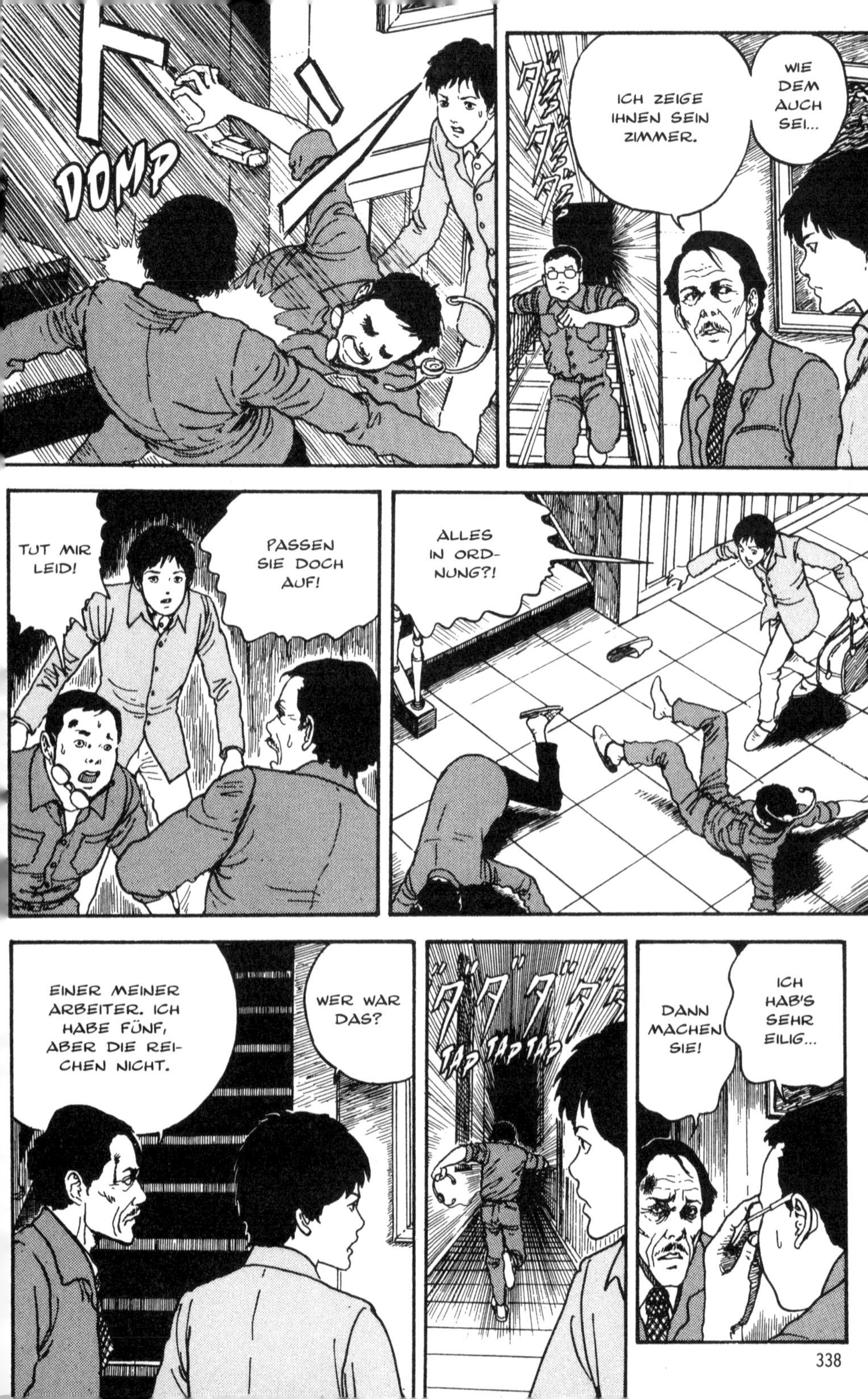

WIE DEM AUCH SEI...
ICH ZEIGE IHNEN SEIN ZIMMER.
DOMP
ALLES IN ORD-NUNG?!
PASSEN SIE DOCH AUF!
TUT MIR LEID!
ICH HAB'S SEHR EILIG...
DANN MACHEN SIE!
TAP TAP TAP
WER WAR DAS?
EINER MEINER ARBEITER. ICH HABE FÜNF, ABER DIE REI-CHEN NICHT.

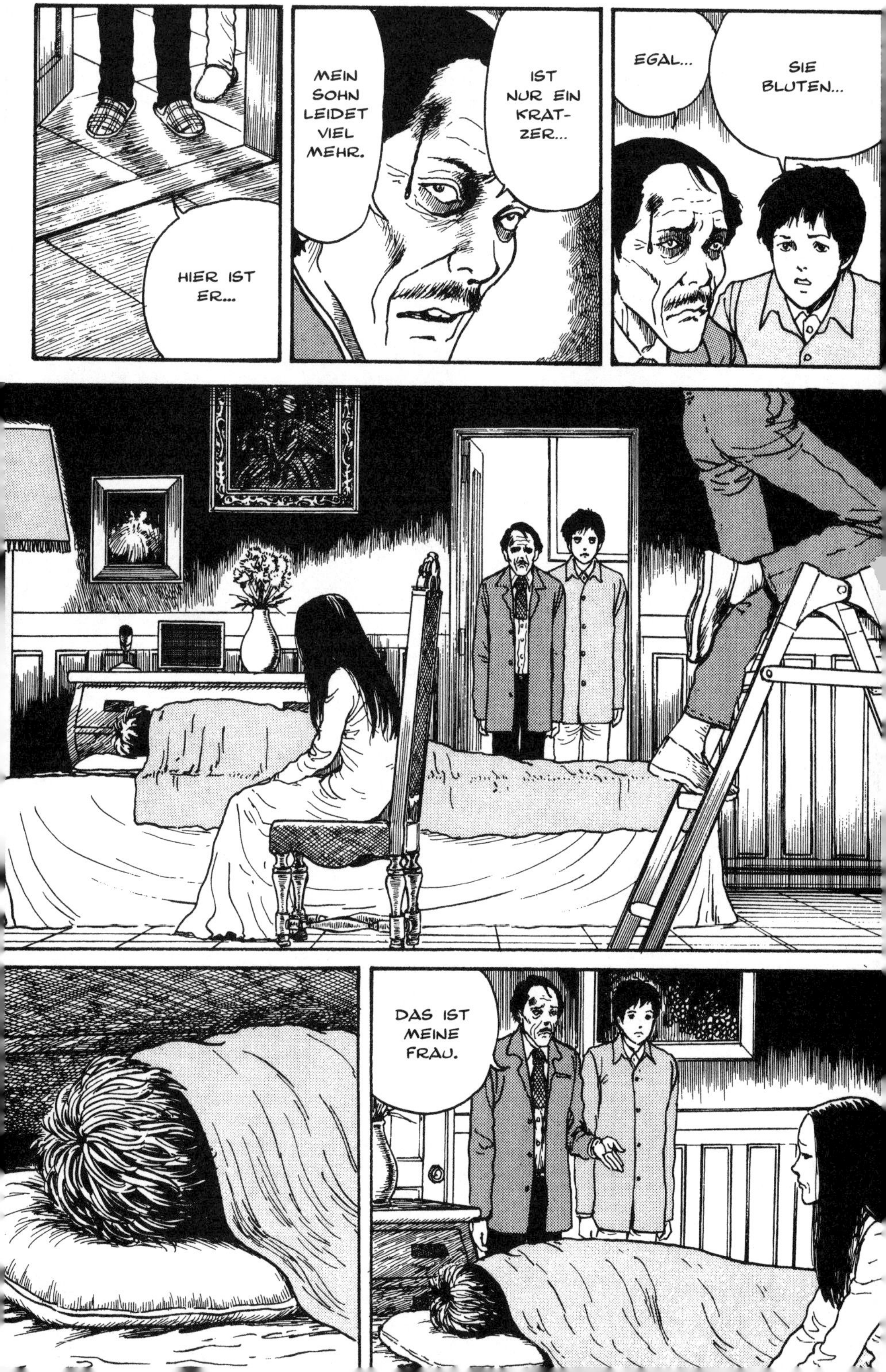
SIE BLUTEN...
EGAL...
IST NUR EIN KRATZER...
MEIN SOHN LEIDET VIEL MEHR.
HIER IST ER...
DAS IST MEINE FRAU.

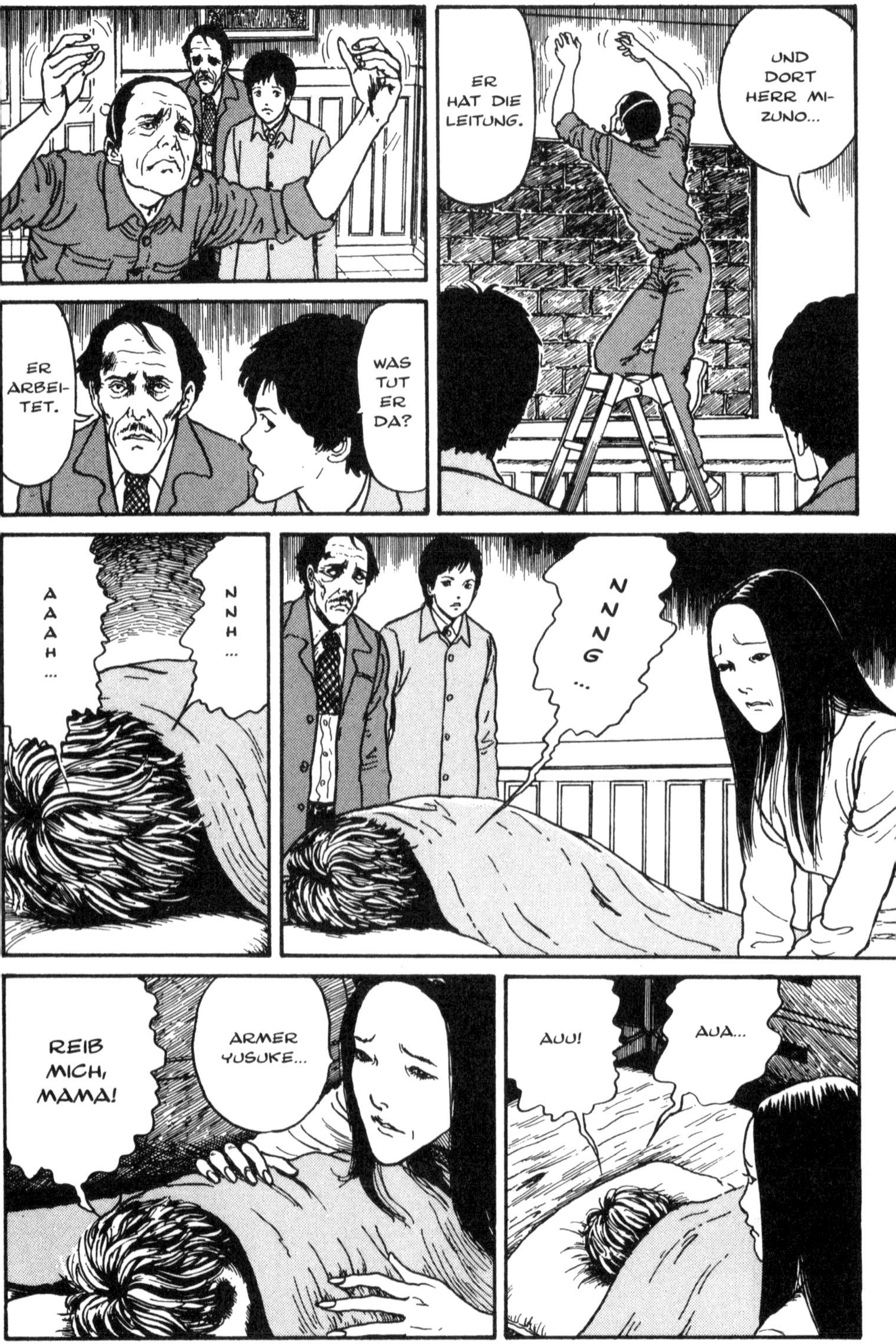
UND DORT HERR MIZUNO...
ER HAT DIE LEITUNG.
WAS TUT ER DA?
ER ARBEITET.
NNNG...
NNH...
AAAAH...
ARMER YUSUKE...
REIB MICH, MAMA!
AUA...
AUU!

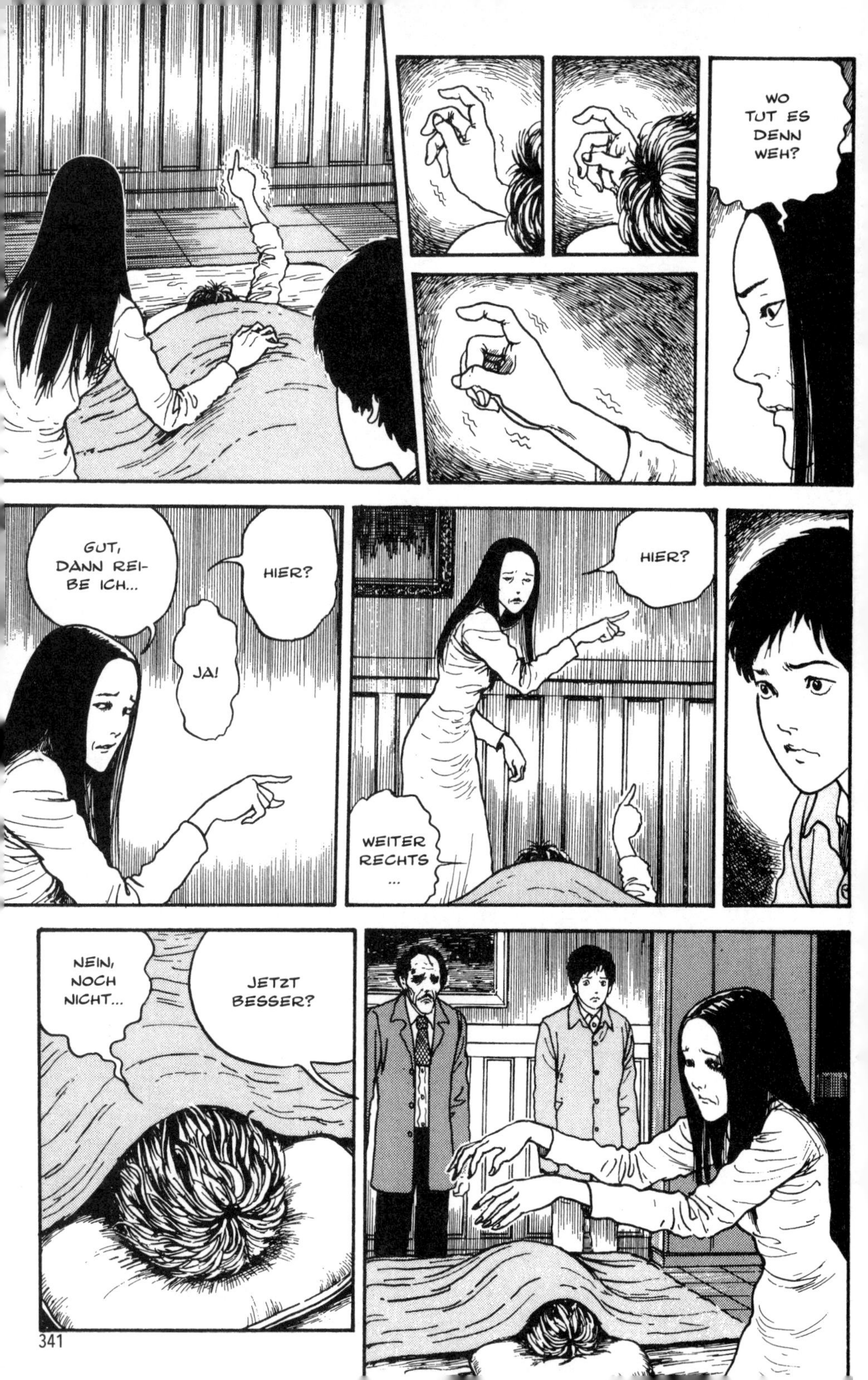
WO TUT ES DENN WEH?
HIER?
WEITER RECHTS ...
HIER?
JA!
GUT, DANN REI-BE ICH...
JETZT BESSER?
NEIN, NOCH NICHT...

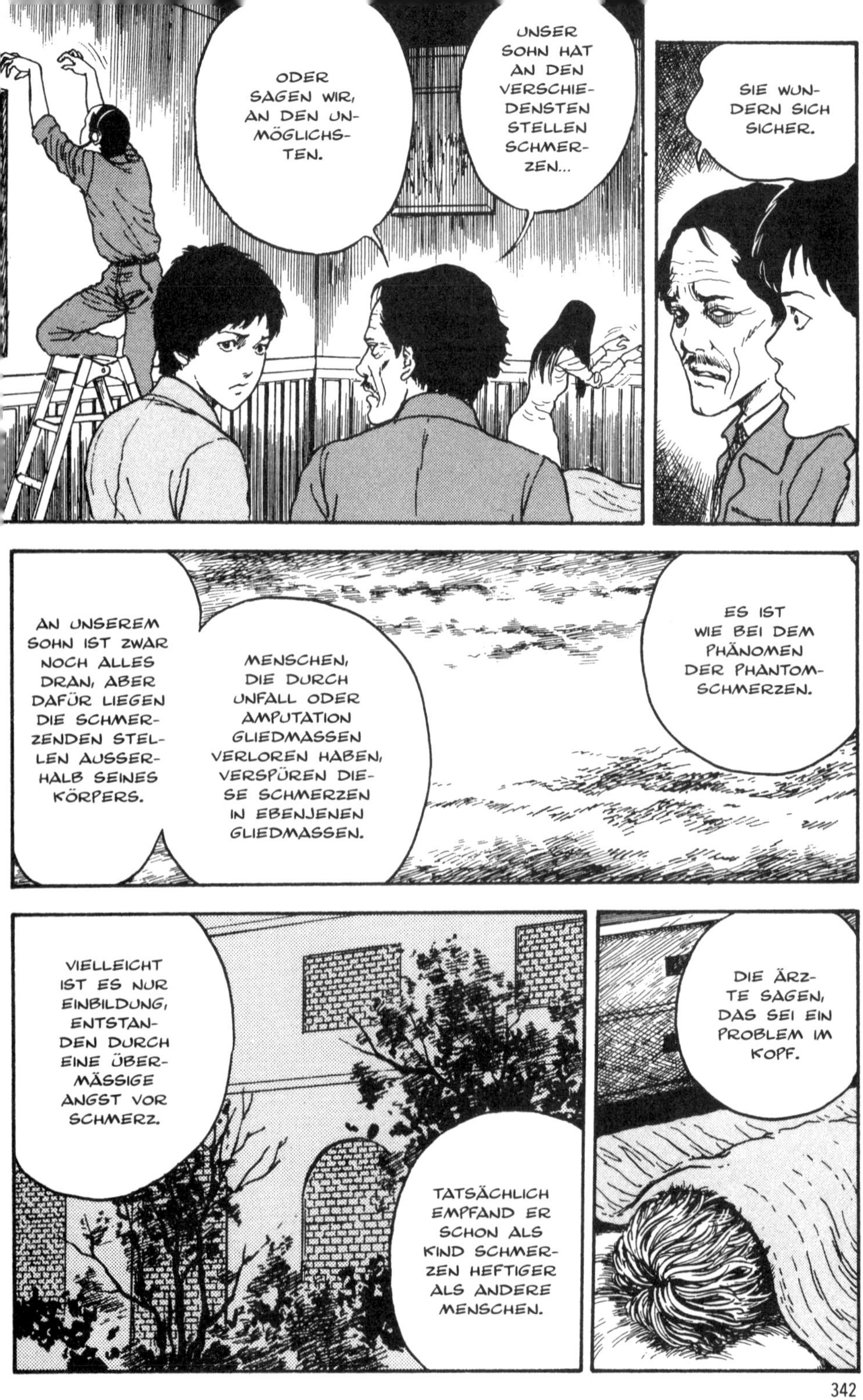

SIE WUNDERN SICH SICHER.
UNSER SOHN HAT AN DEN VERSCHIEDENSTEN STELLEN SCHMERZEN...
ODER SAGEN WIR, AN DEN UNMÖGLICHSTEN.
ES IST WIE BEI DEM PHÄNOMEN DER PHANTOMSCHMERZEN.
MENSCHEN, DIE DURCH UNFALL ODER AMPUTATION GLIEDMASSEN VERLOREN HABEN, VERSPÜREN DIESE SCHMERZEN IN EBENJENEN GLIEDMASSEN.
AN UNSEREM SOHN IST ZWAR NOCH ALLES DRAN, ABER DAFÜR LIEGEN DIE SCHMERZENDEN STELLEN AUSSERHALB SEINES KÖRPERS.
DIE ÄRZTE SAGEN, DAS SEI EIN PROBLEM IM KOPF.
VIELLEICHT IST ES NUR EINBILDUNG, ENTSTANDEN DURCH EINE ÜBERMÄSSIGE ANGST VOR SCHMERZ.
TATSÄCHLICH EMPFAND ER SCHON ALS KIND SCHMERZEN HEFTIGER ALS ANDERE MENSCHEN.

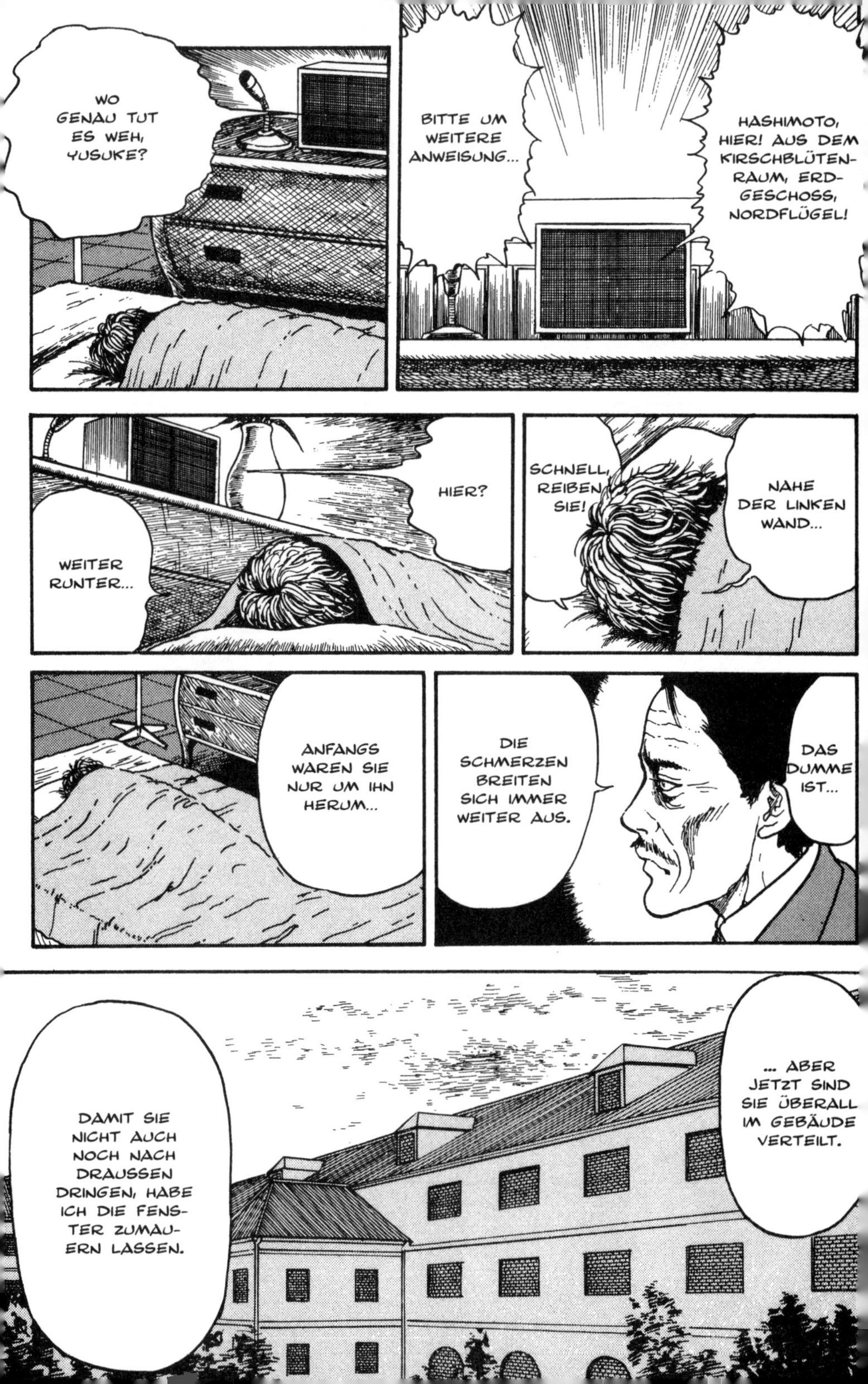
HASHIMOTO, HIER! AUS DEM KIRSCHBLÜTEN-RAUM, ERD-GESCHOSS, NORDFLÜGEL!
BITTE UM WEITERE ANWEISUNG...
WO GENAU TUT ES WEH, YUSUKE?
NAHE DER LINKEN WAND...
SCHNELL, REIBEN SIE!
HIER?
WEITER RUNTER...
DAS DUMME IST...
DIE SCHMERZEN BREITEN SICH IMMER WEITER AUS.
ANFANGS WAREN SIE NUR UM IHN HERUM...
... ABER JETZT SIND SIE ÜBERALL IM GEBÄUDE VERTEILT.
DAMIT SIE NICHT AUCH NOCH NACH DRAUSSEN DRINGEN, HABE ICH DIE FENS-TER ZUMAU-ERN LASSEN.

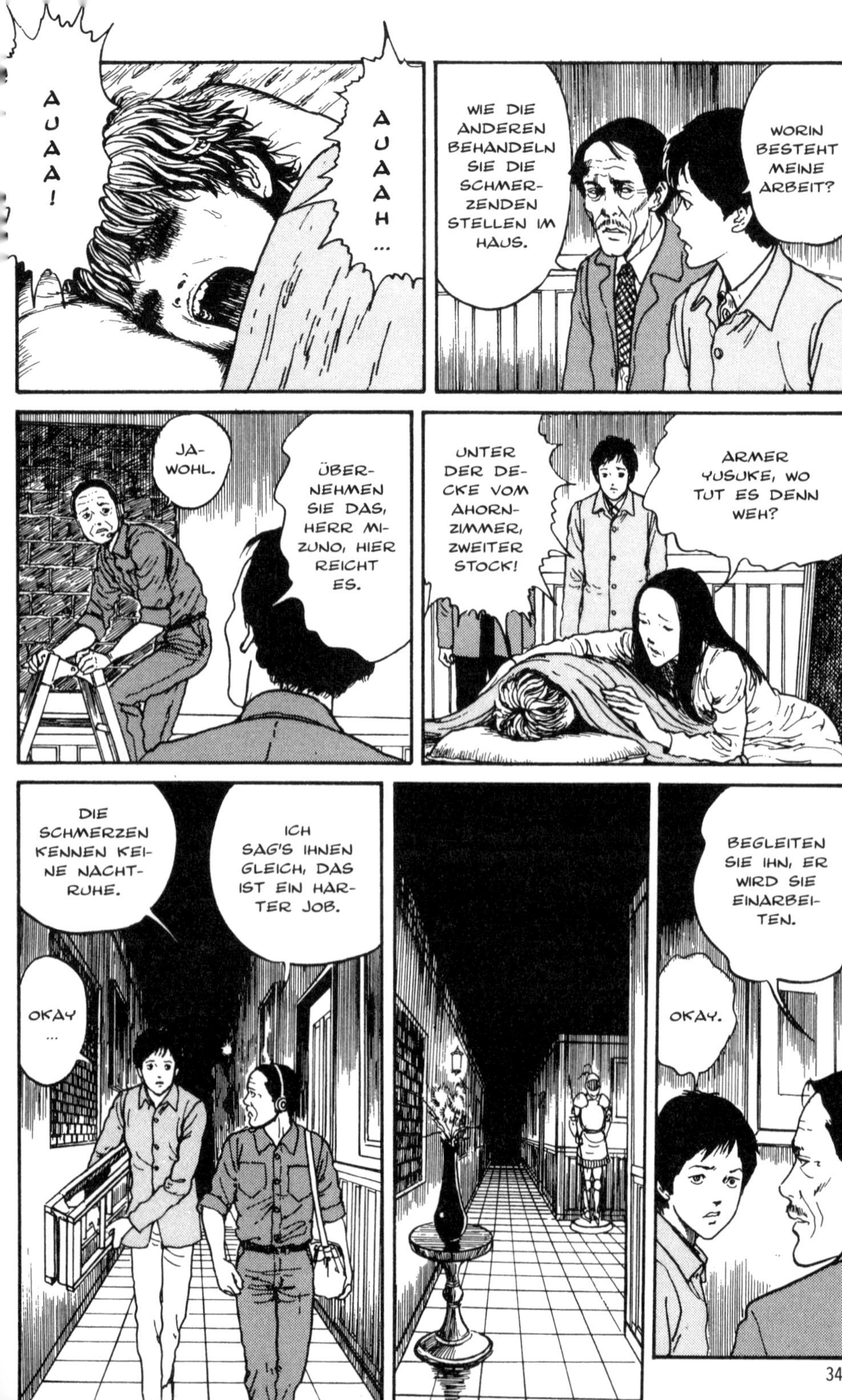
WORIN BESTEHT MEINE ARBEIT?
WIE DIE ANDEREN BEHANDELN SIE DIE SCHMERZENDEN STELLEN IM HAUS.
AUAAH ...
AUAAA!
ARMER YUSUKE, WO TUT ES DENN WEH?
UNTER DER DECKE VOM AHORNZIMMER, ZWEITER STOCK!
ÜBERNEHMEN SIE DAS, HERR MIZUNO, HIER REICHT ES.
JAWOHL.
BEGLEITEN SIE IHN, ER WIRD SIE EINARBEITEN.
OKAY.
ICH SAG'S IHNEN GLEICH, DAS IST EIN HARTER JOB.
DIE SCHMERZEN KENNEN KEINE NACHTRUHE.
OKAY ...

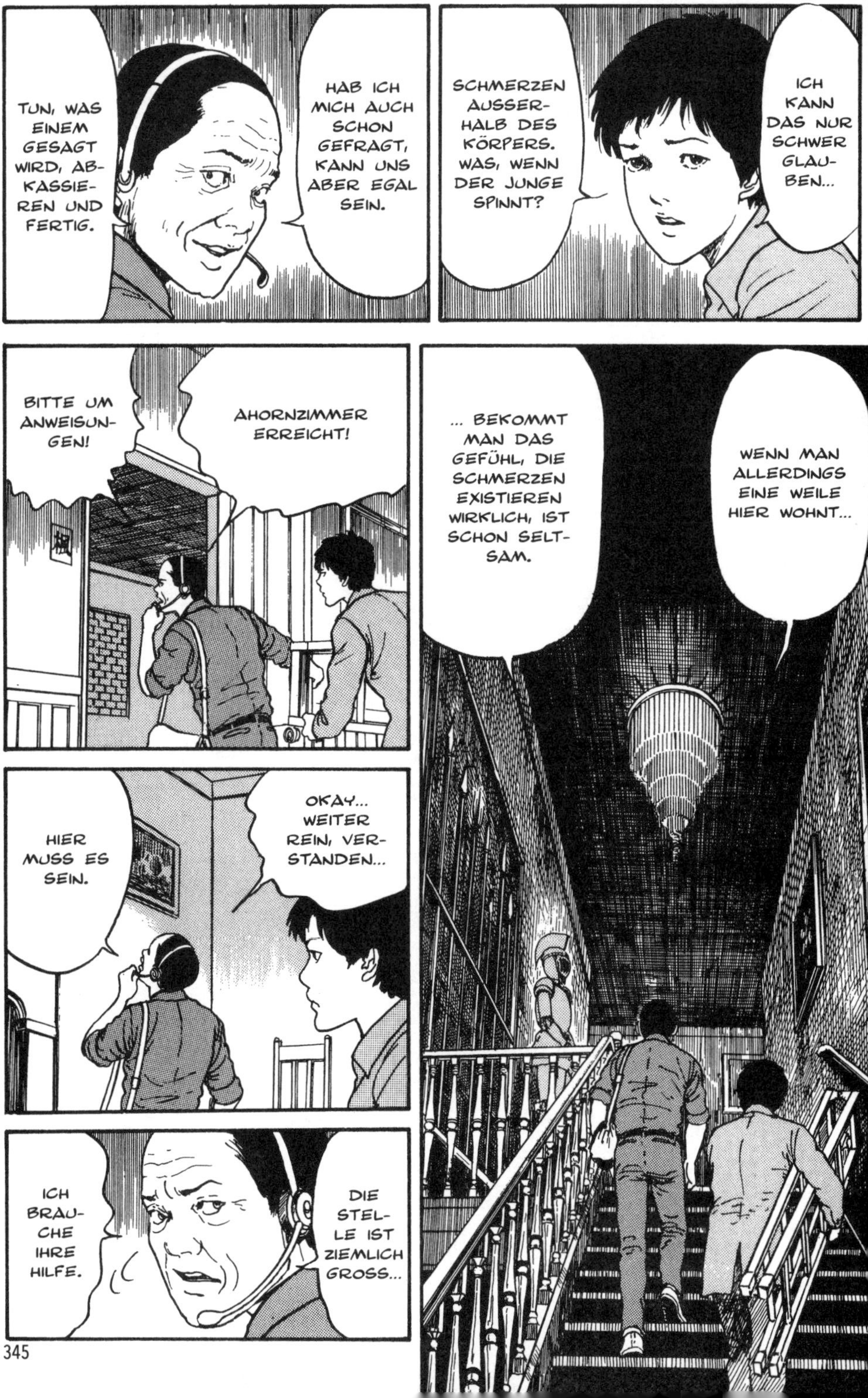

ICH KANN DAS NUR SCHWER GLAUBEN...
SCHMERZEN AUSSERHALB DES KÖRPERS. WAS, WENN DER JUNGE SPINNT?
HAB ICH MICH AUCH SCHON GEFRAGT, KANN UNS ABER EGAL SEIN.
TUN, WAS EINEM GESAGT WIRD, ABKASSIEREN UND FERTIG.
WENN MAN ALLERDINGS EINE WEILE HIER WOHNT...
... BEKOMMT MAN DAS GEFÜHL, DIE SCHMERZEN EXISTIEREN WIRKLICH, IST SCHON SELTSAM.
AHORNZIMMER ERREICHT!
BITTE UM ANWEISUNGEN!
OKAY... WEITER REIN, VERSTANDEN...
HIER MUSS ES SEIN.
DIE STELLE IST ZIEMLICH GROSS...
ICH BRAUCHE IHRE HILFE.

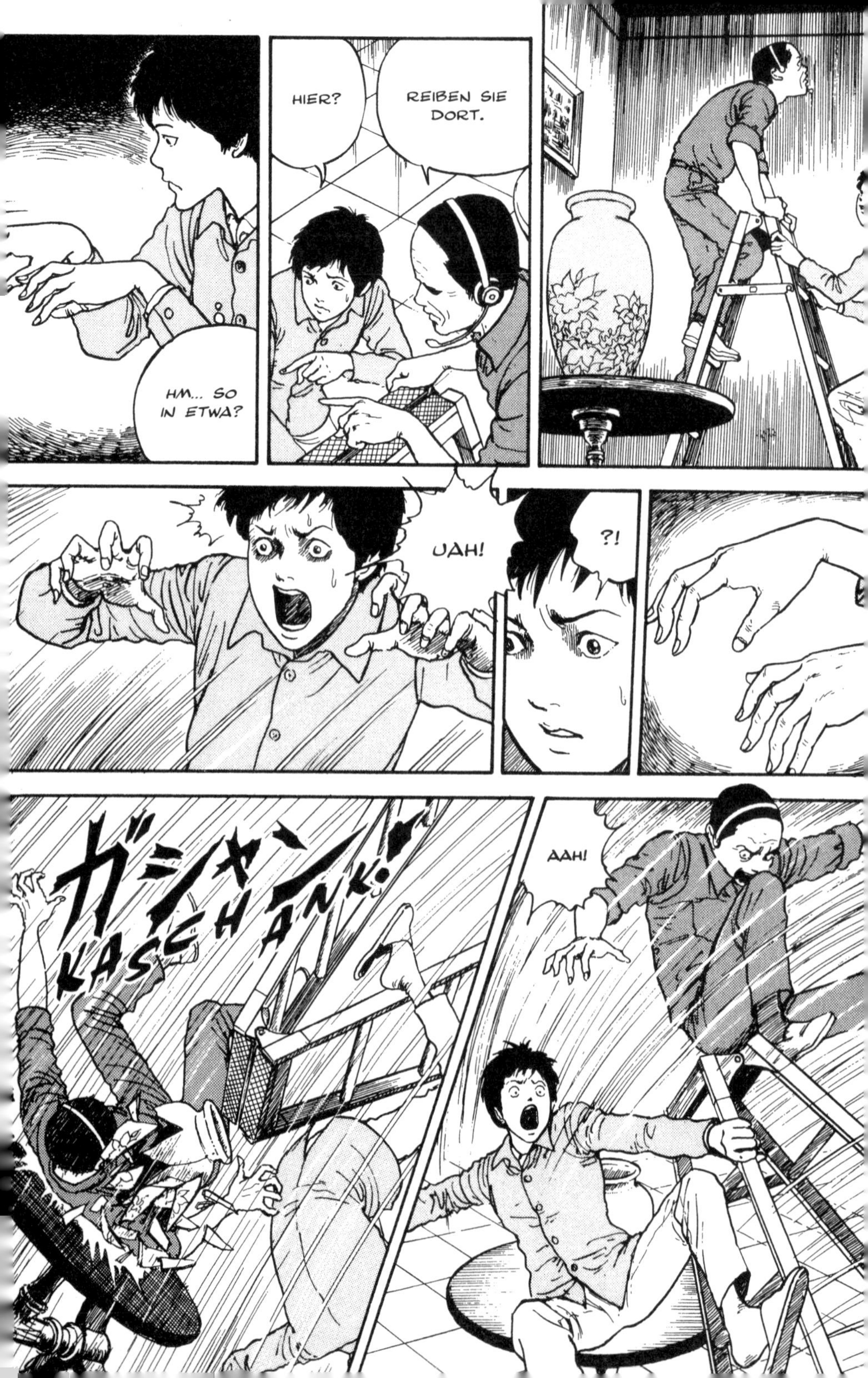
REIBEN SIE DORT.
HIER?
HM... SO IN ETWA?
?!
UAH!
AAH!
ガシャーン
KASCHANK!

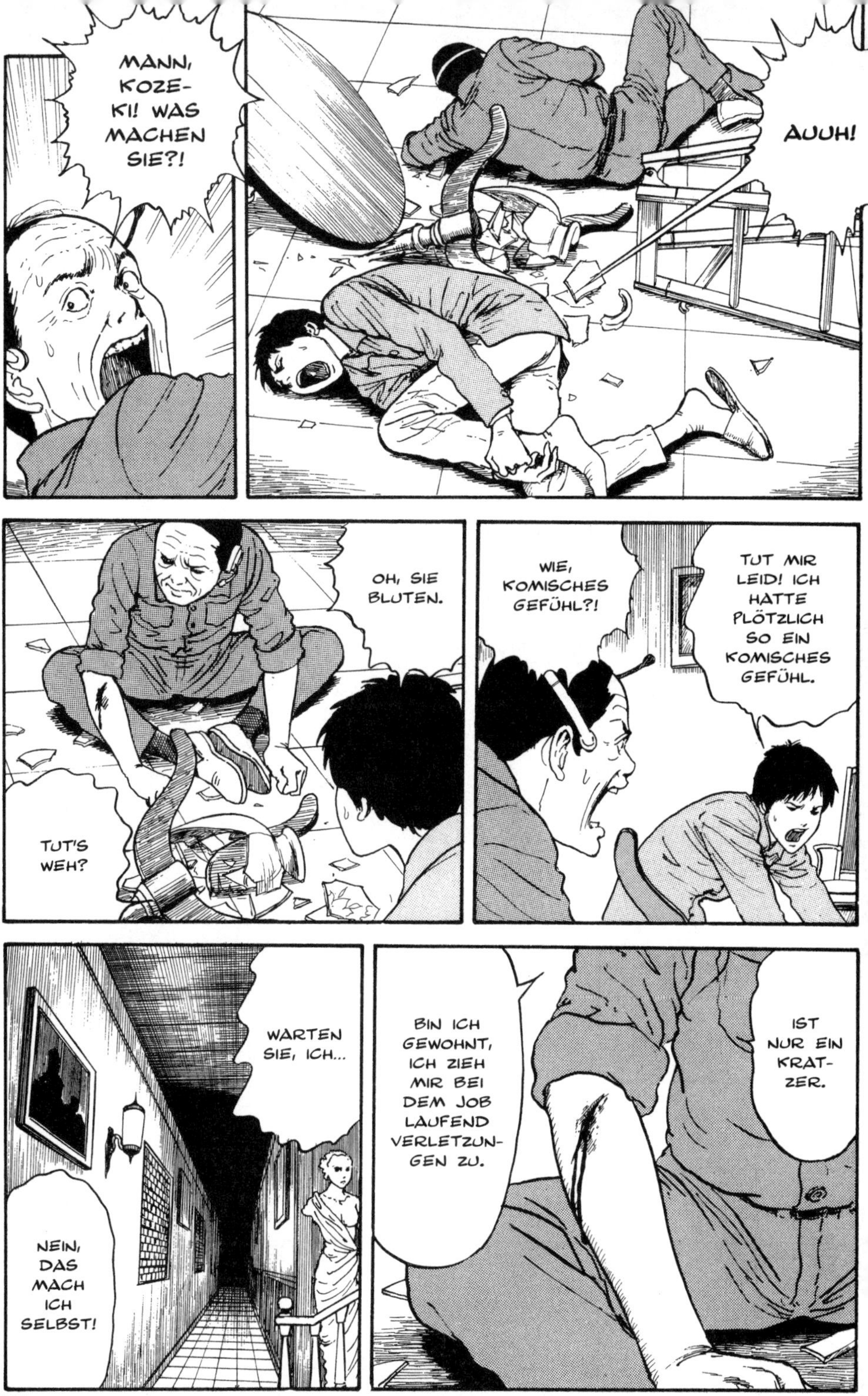
AUUH!
MANN, KOZE-KI! WAS MACHEN SIE?!
TUT MIR LEID! ICH HATTE PLÖTZLICH SO EIN KOMISCHES GEFÜHL.
WIE, KOMISCHES GEFÜHL?!
OH, SIE BLUTEN.
TUT'S WEH?
IST NUR EIN KRAT-ZER.
BIN ICH GEWOHNT, ICH ZIEH MIR BEI DEM JOB LAUFEND VERLETZUN-GEN ZU.
WARTEN SIE, ICH...
NEIN, DAS MACH ICH SELBST!

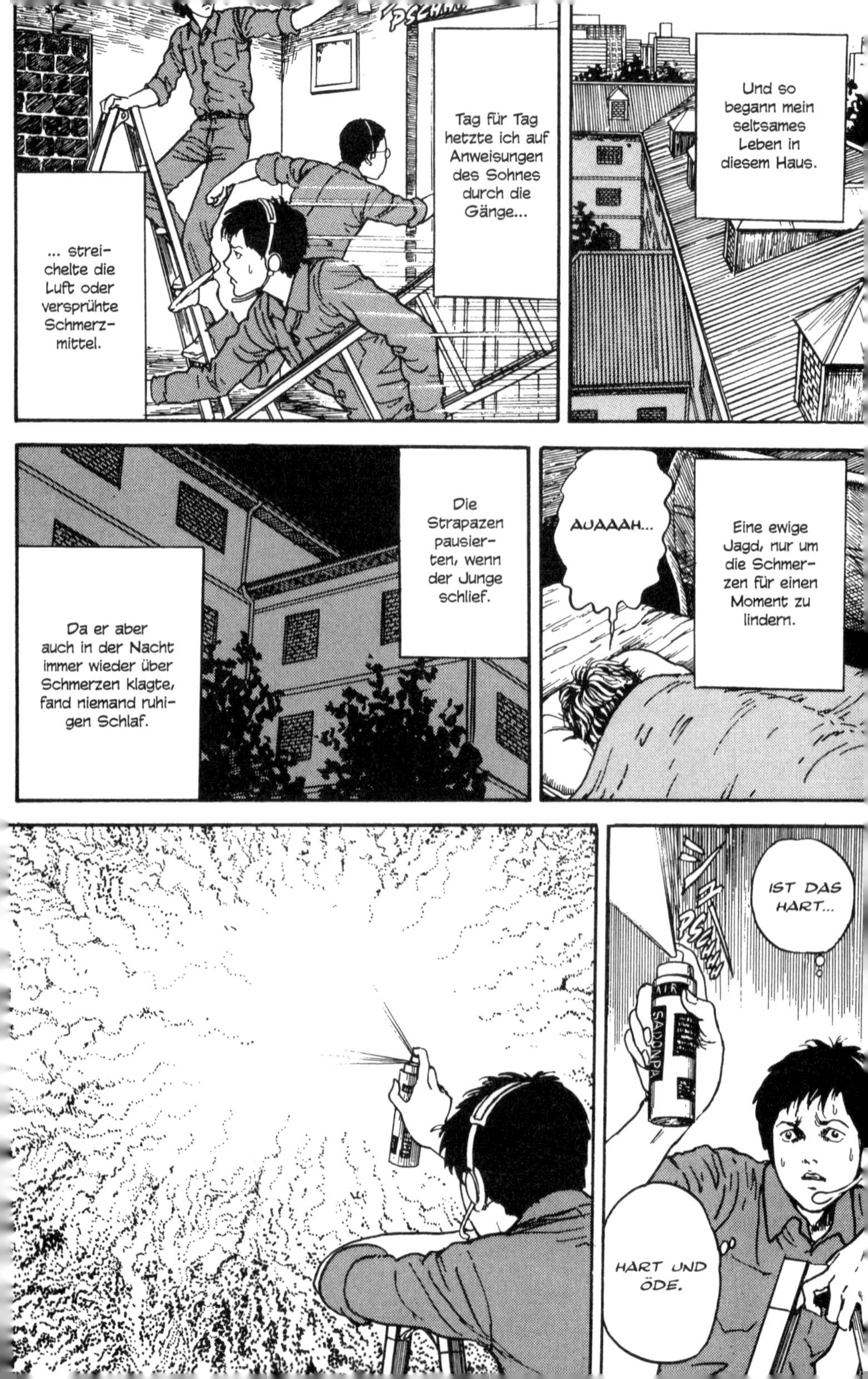

Und so begann mein seltsames Leben in diesem Haus.
Tag für Tag hetzte ich auf Anweisungen des Sohnes durch die Gänge...
... streichelte die Luft oder versprühte Schmerzmittel.
Eine ewige Jagd, nur um die Schmerzen für einen Moment zu lindern.
AUAAAH...
Die Strapazen pausierten, wenn der Junge schlief.
Da er aber auch in der Nacht immer wieder über Schmerzen klagte, fand niemand ruhigen Schlaf.
IST DAS HART...
HART UND ÖDE.

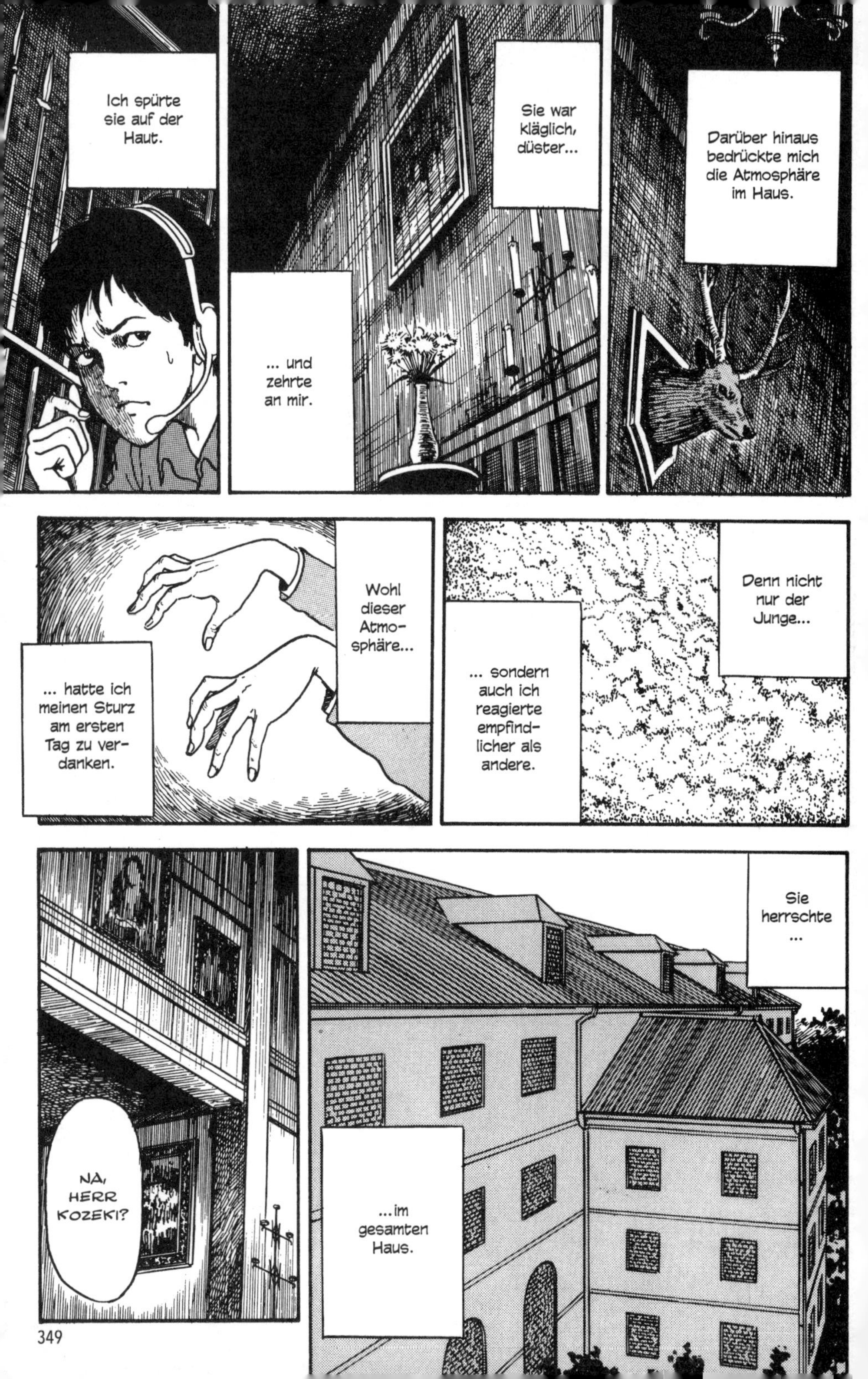
Darüber hinaus bedrückte mich die Atmosphäre im Haus.
Sie war kläglich, düster...
... und zehrte an mir.
Ich spürte sie auf der Haut.
Denn nicht nur der Junge...
... sondern auch ich reagierte empfind-licher als andere.
Wohl dieser Atmo-sphäre...
... hatte ich meinen Sturz am ersten Tag zu ver-danken.
Sie herrschte ...
...im gesamten Haus.
NA, HERR KOZEKI?

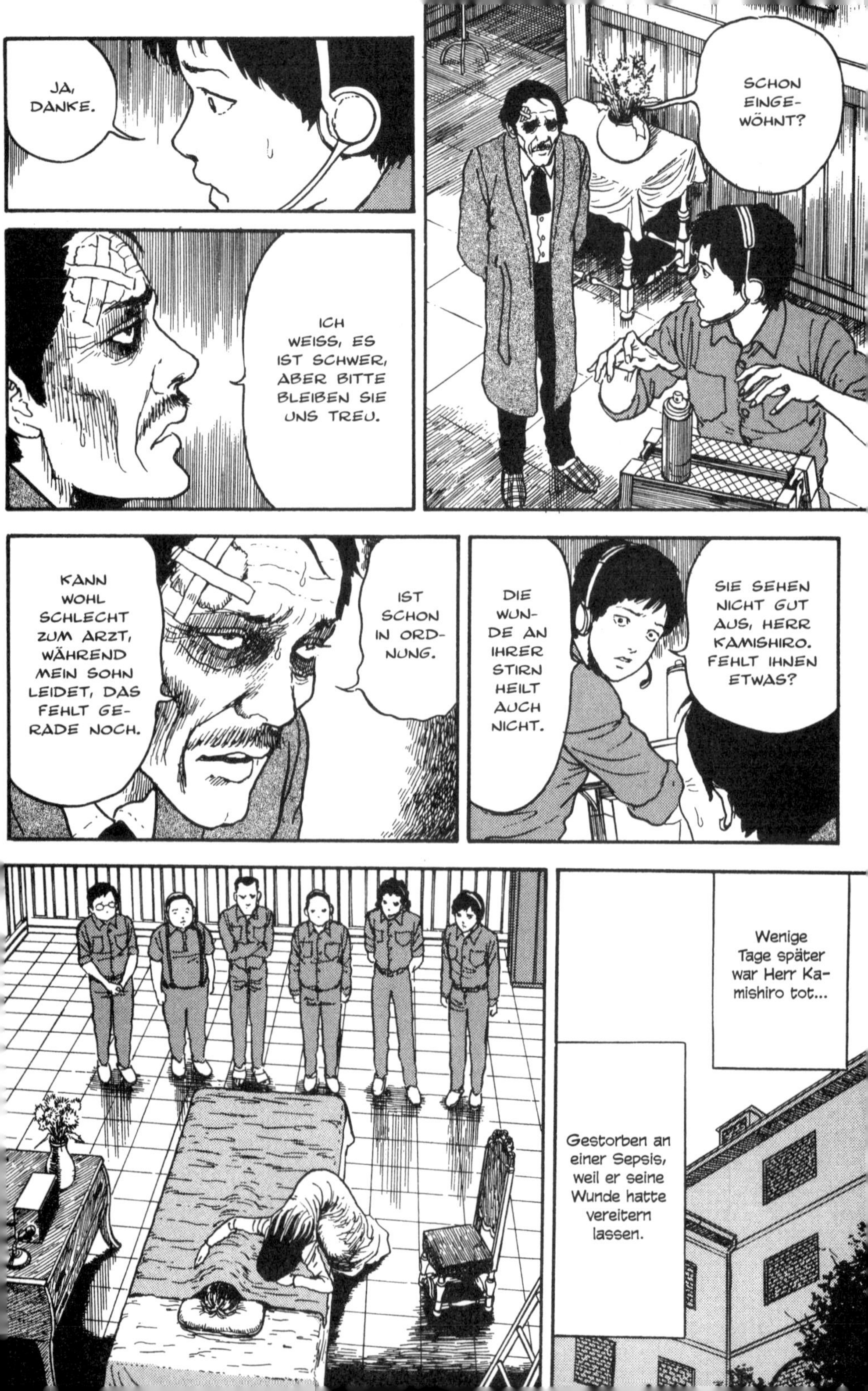
SCHON EINGEWÖHNT?
JA, DANKE.
ICH WEISS, ES IST SCHWER, ABER BITTE BLEIBEN SIE UNS TREU.
SIE SEHEN NICHT GUT AUS, HERR KAMISHIRO. FEHLT IHNEN ETWAS?
DIE WUNDE AN IHRER STIRN HEILT AUCH NICHT.
IST SCHON IN ORDNUNG.
KANN WOHL SCHLECHT ZUM ARZT, WÄHREND MEIN SOHN LEIDET, DAS FEHLT GERADE NOCH.
Wenige Tage später war Herr Kamishiro tot...
Gestorben an einer Sepsis, weil er seine Wunde hatte vereitern lassen.

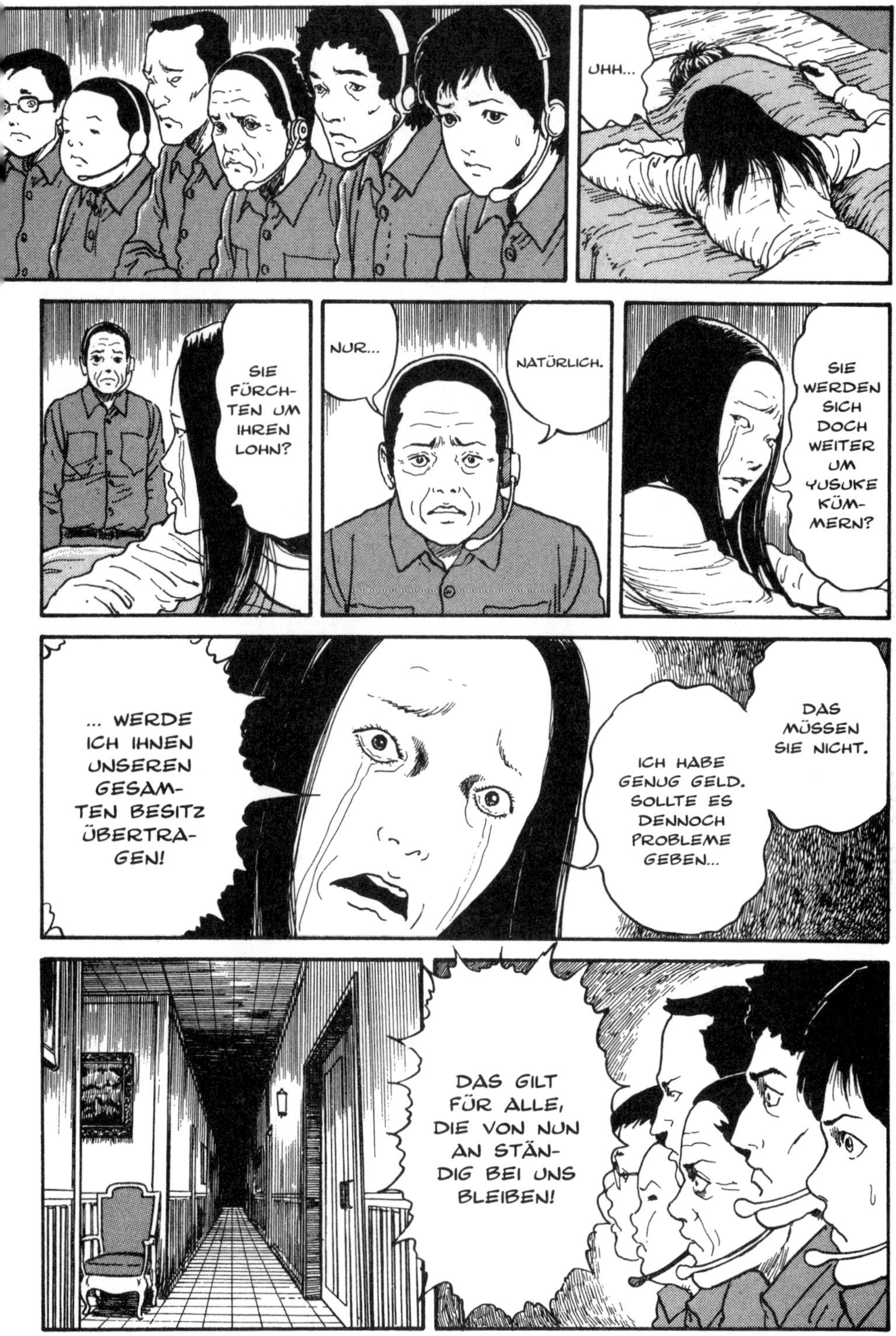
UHH...
SIE WERDEN SICH DOCH WEITER UM YUSUKE KÜMMERN?
NATÜRLICH.
NUR...
SIE FÜRCHTEN UM IHREN LOHN?
DAS MÜSSEN SIE NICHT.
ICH HABE GENUG GELD. SOLLTE ES DENNOCH PROBLEME GEBEN...
... WERDE ICH IHNEN UNSEREN GESAMTEN BESITZ ÜBERTRAGEN!
DAS GILT FÜR ALLE, DIE VON NUN AN STÄNDIG BEI UNS BLEIBEN!

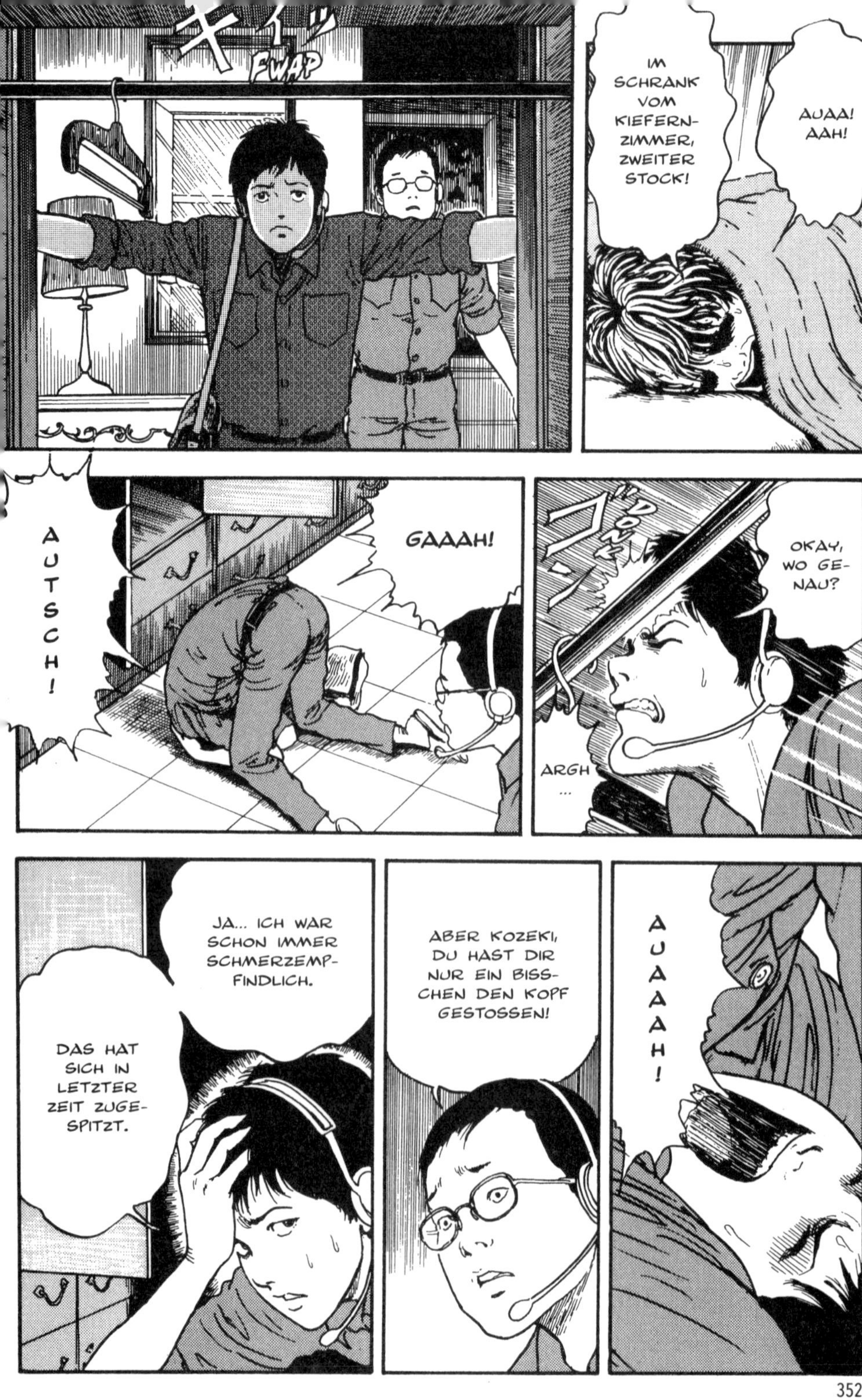
AUAA! AAH!
IM SCHRANK VOM KIEFERN-ZIMMER, ZWEITER STOCK!
FWAP
OKAY, WO GE-NAU?
DONK
ARGH ...
GAAAH!
AUTSCH!
AUAAAAH!
ABER KOZEKI, DU HAST DIR NUR EIN BISS-CHEN DEN KOPF GESTOSSEN!
JA... ICH WAR SCHON IMMER SCHMERZEMP-FINDLICH.
DAS HAT SICH IN LETZTER ZEIT ZUGE-SPITZT.

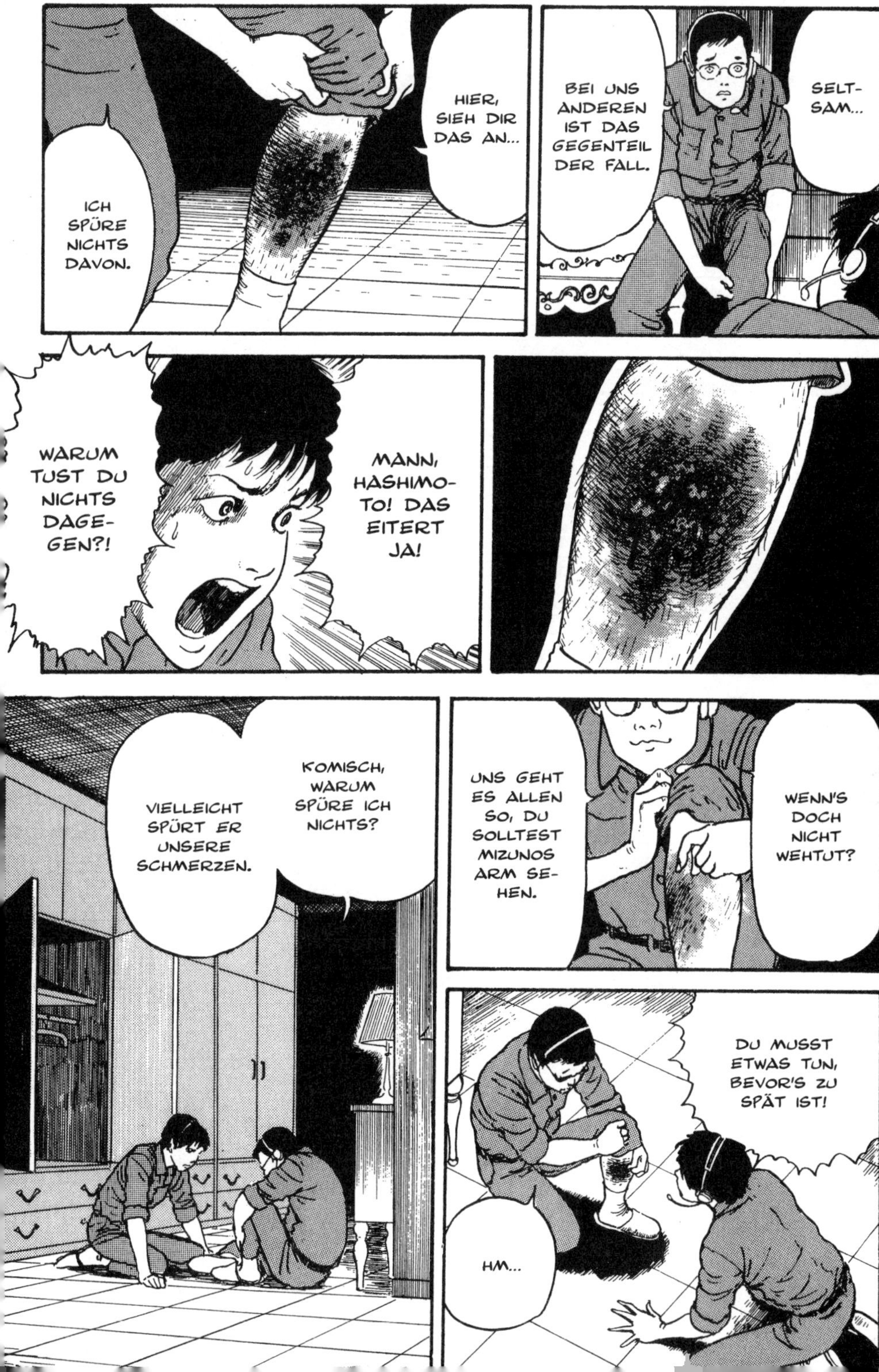

SELT-SAM...
BEI UNS ANDEREN IST DAS GEGENTEIL DER FALL.
HIER, SIEH DIR DAS AN...
ICH SPÜRE NICHTS DAVON.
MANN, HASHIMOTO! DAS EITERT JA!
WARUM TUST DU NICHTS DAGEGEN?!
WENN'S DOCH NICHT WEHTUT?
UNS GEHT ES ALLEN SO, DU SOLLTEST MIZUNOS ARM SEHEN.
DU MUSST ETWAS TUN, BEVOR'S ZU SPÄT IST!
HM...
KOMISCH, WARUM SPÜRE ICH NICHTS?
VIELLEICHT SPÜRT ER UNSERE SCHMERZEN.

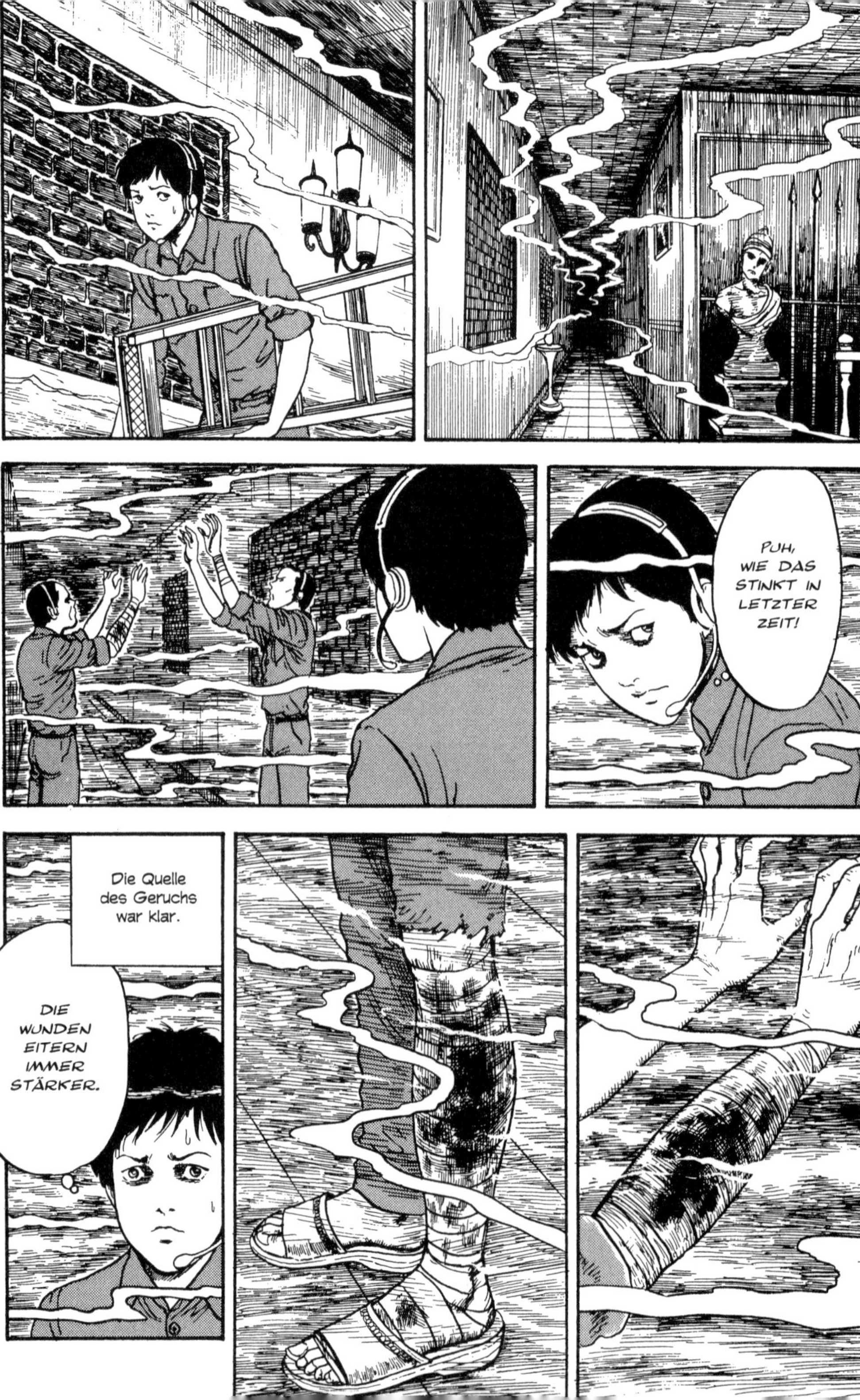
PUH, WIE DAS STINKT IN LETZTER ZEIT!
Die Quelle des Geruchs war klar.
DIE WUNDEN EITERN IMMER STÄRKER.

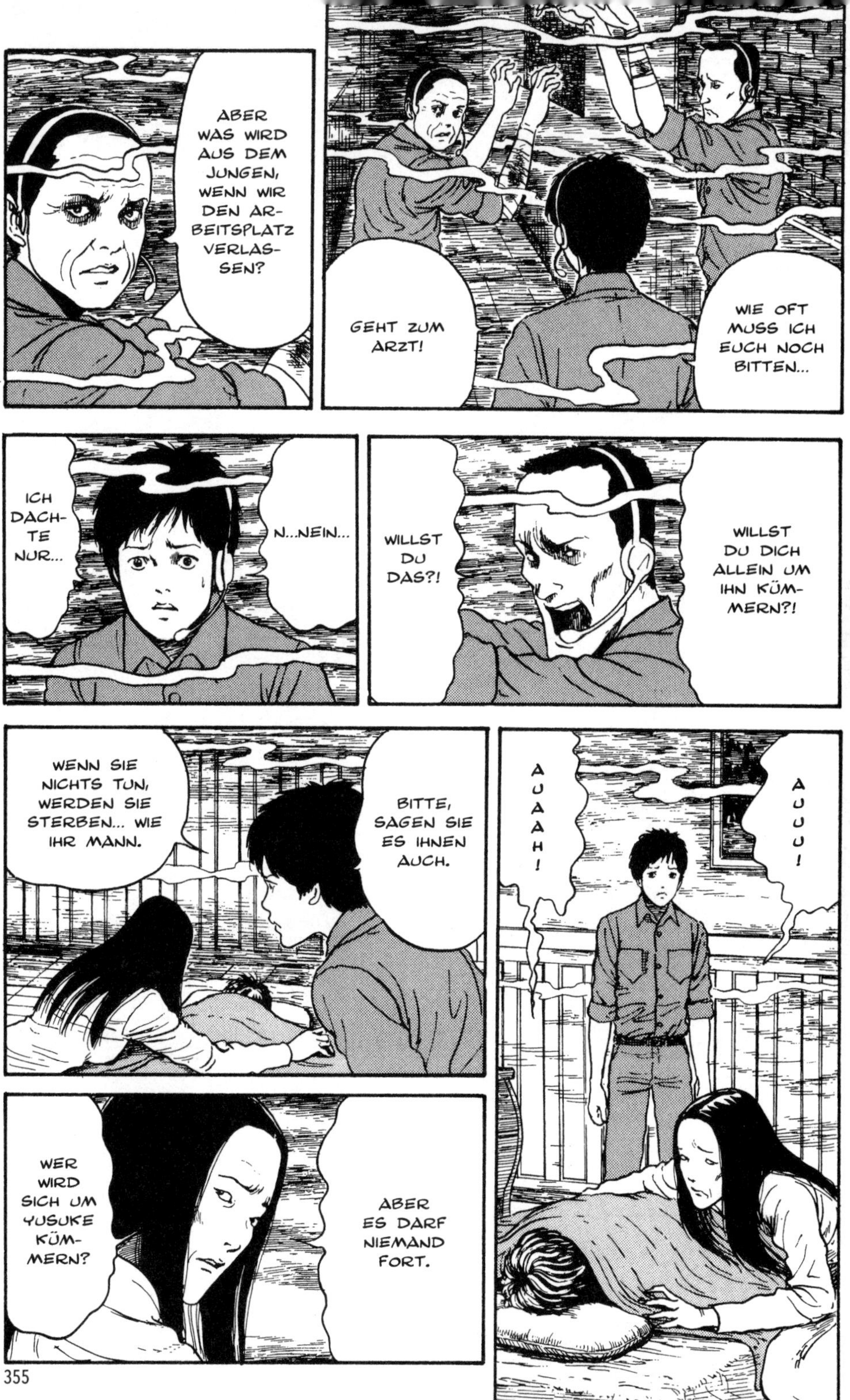

WIE OFT MUSS ICH EUCH NOCH BITTEN...
GEHT ZUM ARZT!
ABER WAS WIRD AUS DEM JUNGEN, WENN WIR DEN ARBEITSPLATZ VERLASSEN?
WILLST DU DICH ALLEIN UM IHN KÜMMERN?!
WILLST DU DAS?!
N...NEIN...
ICH DACHTE NUR...
AUUUU!
AUAAAH!
BITTE, SAGEN SIE ES IHNEN AUCH.
WENN SIE NICHTS TUN, WERDEN SIE STERBEN... WIE IHR MANN.
ABER ES DARF NIEMAND FORT.
WER WIRD SICH UM YUSUKE KÜMMERN?

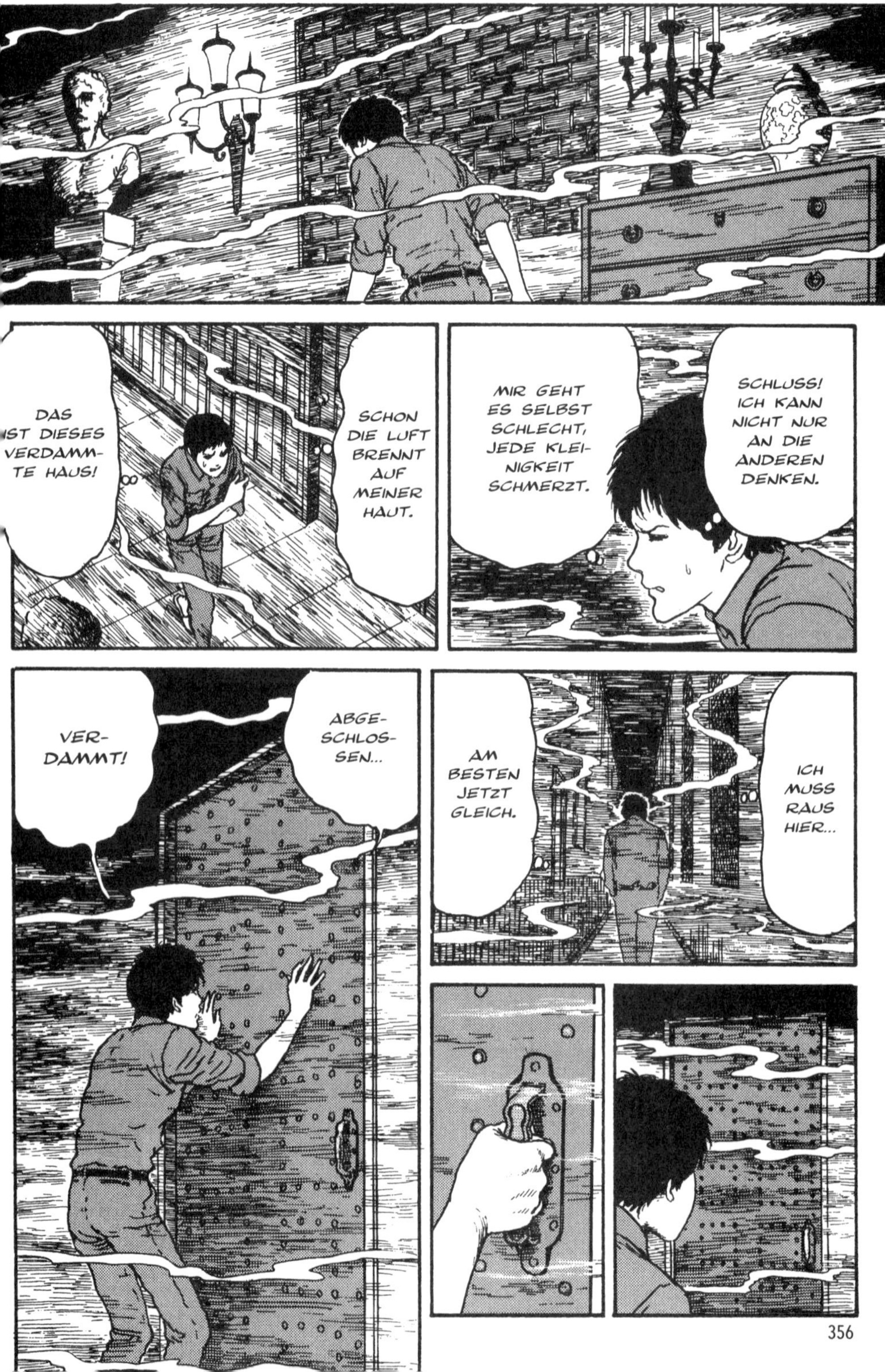
SCHLUSS! ICH KANN NICHT NUR AN DIE ANDEREN DENKEN.
MIR GEHT ES SELBST SCHLECHT, JEDE KLEI-NIGKEIT SCHMERZT.
SCHON DIE LUFT BRENNT AUF MEINER HAUT.
DAS IST DIESES VERDAMM-TE HAUS!
ICH MUSS RAUS HIER...
AM BESTEN JETZT GLEICH.
ABGE-SCHLOS-SEN...
VER-DAMMT!

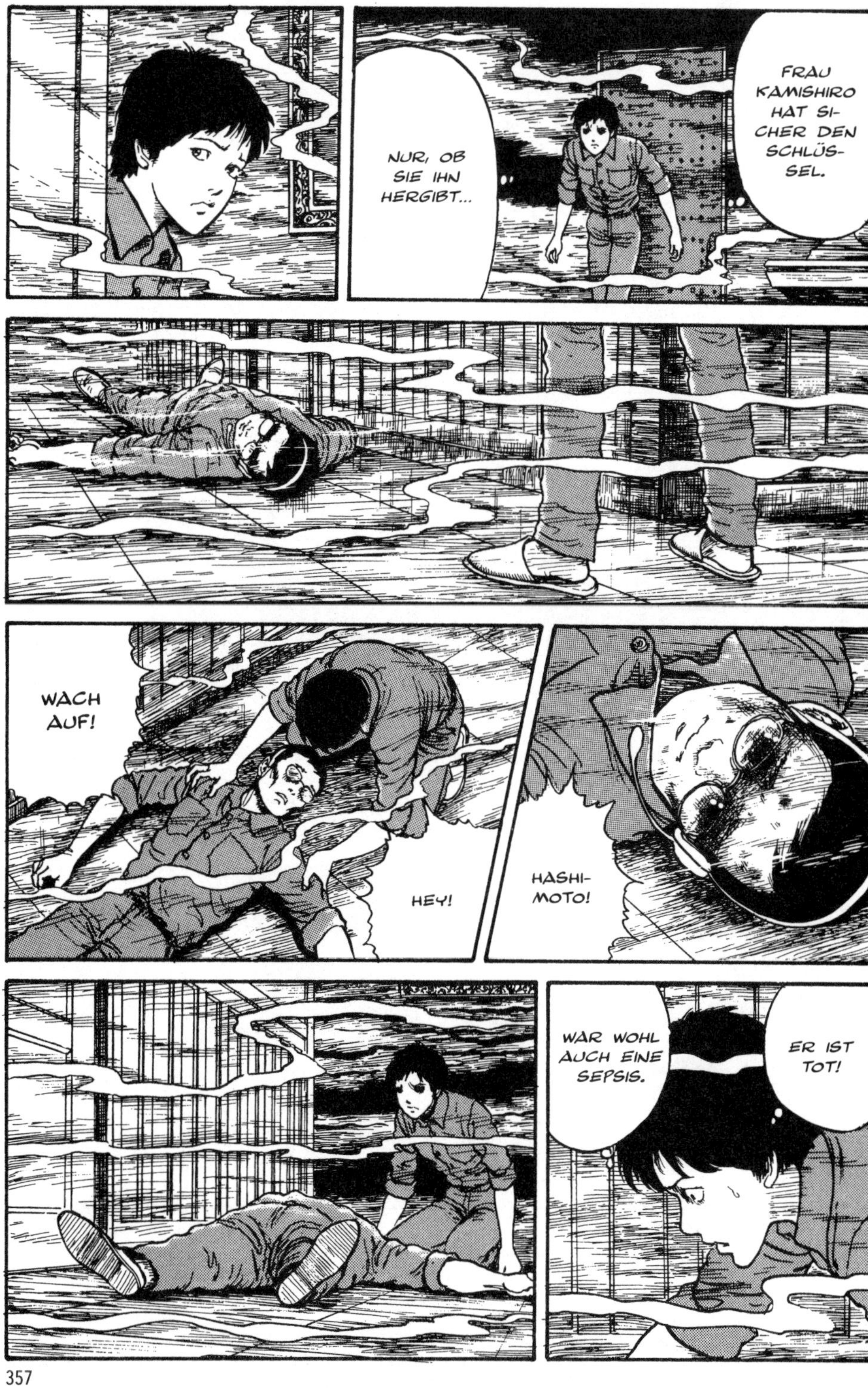
FRAU KAMISHIRO HAT SICHER DEN SCHLÜSSEL.
NUR, OB SIE IHN HERGIBT...
HASHIMOTO!
HEY!
WACH AUF!
ER IST TOT!
WAR WOHL AUCH EINE SEPSIS.

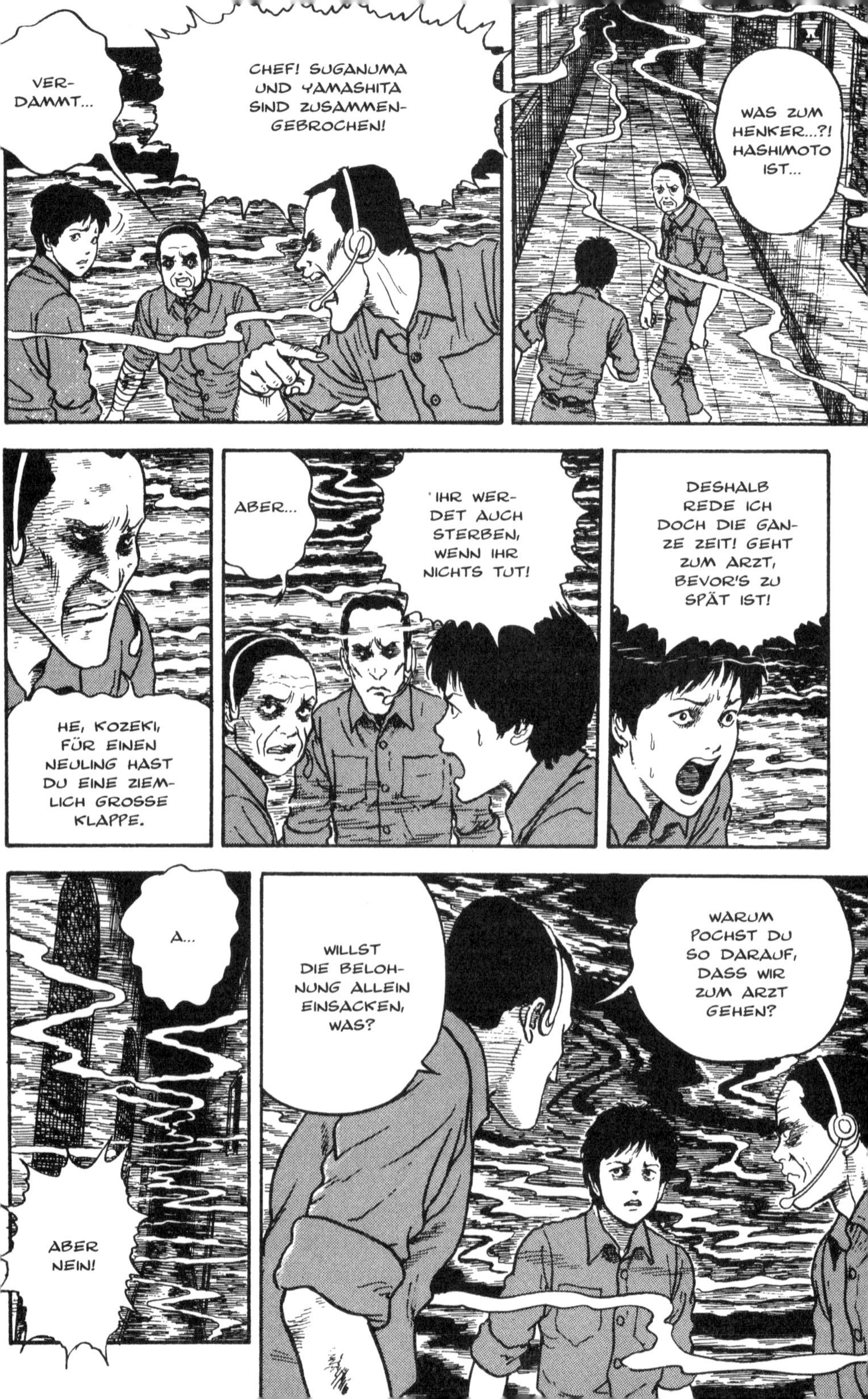
WAS ZUM HENKER...?! HASHIMOTO IST...
CHEF! SUGANUMA UND YAMASHITA SIND ZUSAMMEN-GEBROCHEN!
VER-DAMMT...
DESHALB REDE ICH DOCH DIE GAN-ZE ZEIT! GEHT ZUM ARZT, BEVOR'S ZU SPÄT IST!
IHR WER-DET AUCH STERBEN, WENN IHR NICHTS TUT!
ABER...
HE, KOZEKI, FÜR EINEN NEULING HAST DU EINE ZIEM-LICH GROSSE KLAPPE.
WARUM POCHST DU SO DARAUF, DASS WIR ZUM ARZT GEHEN?
WILLST DIE BELOH-NUNG ALLEIN EINSACKEN, WAS?
A...
ABER NEIN!

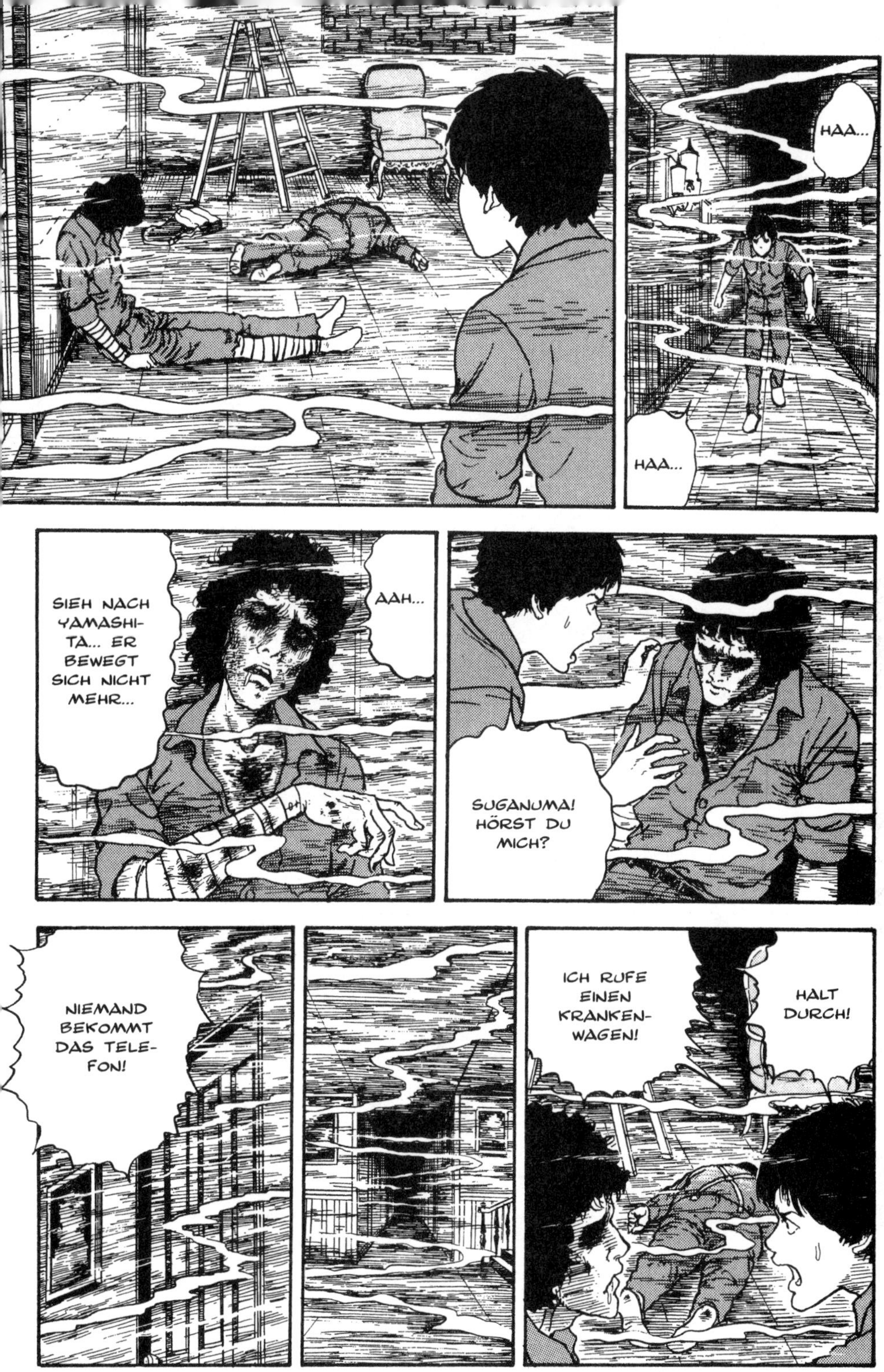
HAA...
HAA...
AAH...
SIEH NACH YAMASHITA... ER BEWEGT SICH NICHT MEHR...
SUGANUMA! HÖRST DU MICH?
HALT DURCH!
ICH RUFE EINEN KRANKENWAGEN!
NIEMAND BEKOMMT DAS TELEFON!

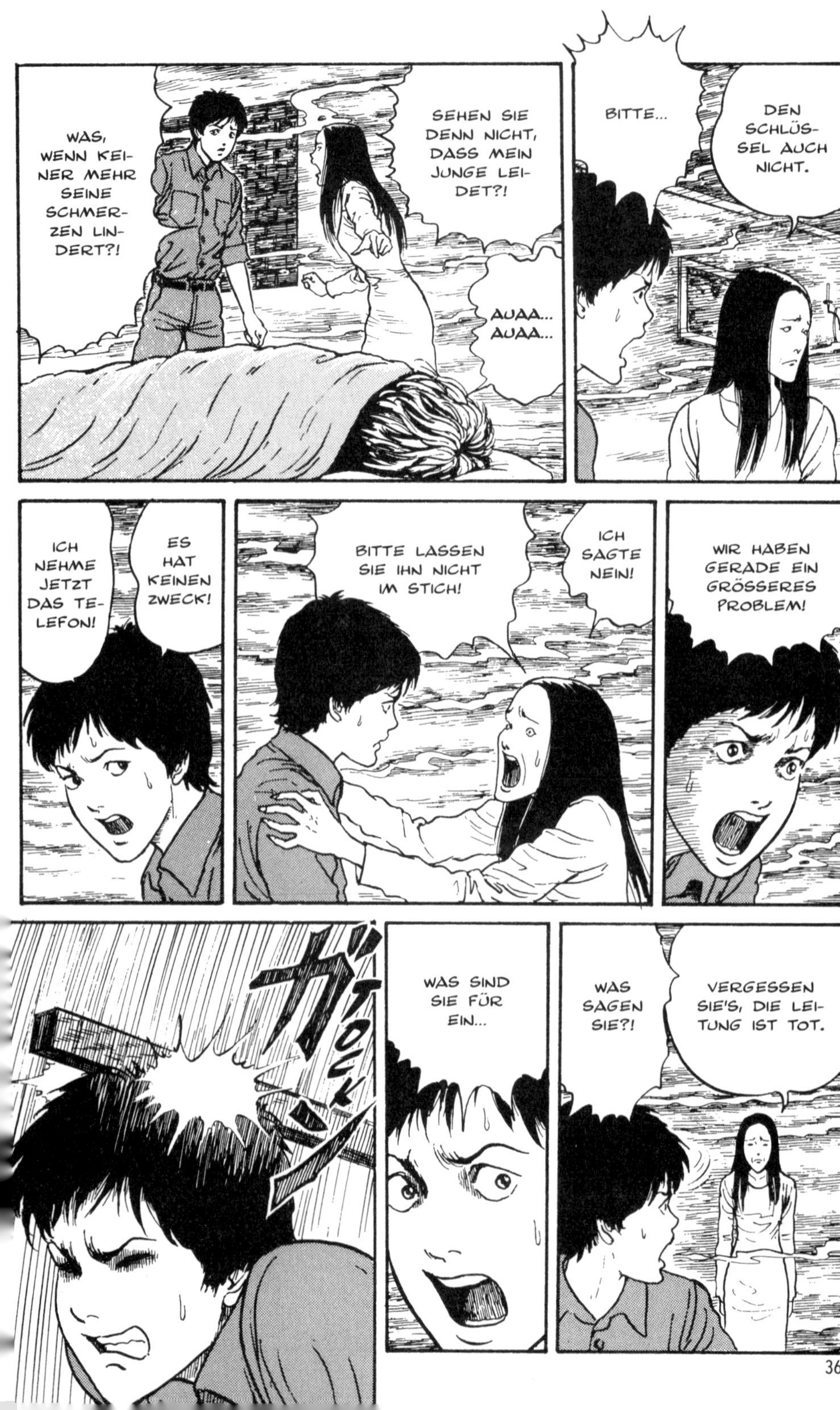
WAS, WENN KEINER MEHR SEINE SCHMERZEN LINDERT?!
SEHEN SIE DENN NICHT, DASS MEIN JUNGE LEIDET?!
AUAA... AUAA...
BITTE...
DEN SCHLÜSSEL AUCH NICHT.
ICH NEHME JETZT DAS TELEFON!
ES HAT KEINEN ZWECK!
BITTE LASSEN SIE IHN NICHT IM STICH!
ICH SAGTE NEIN!
WIR HABEN GERADE EIN GRÖSSERES PROBLEM!
TOCK
WAS SIND SIE FÜR EIN...
WAS SAGEN SIE?!
VERGESSEN SIE'S, DIE LEITUNG IST TOT.

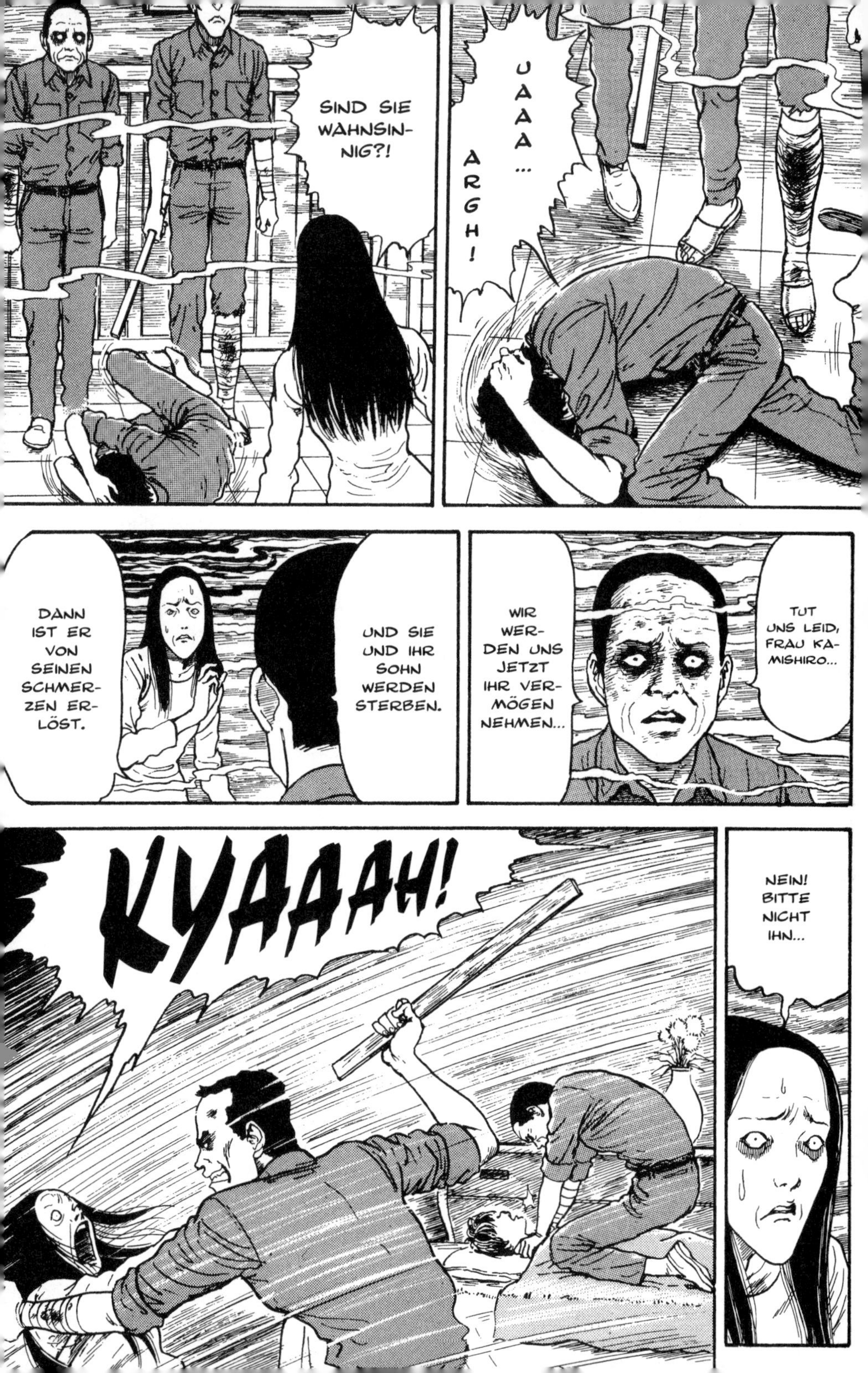
UAAAA...
ARGH!
SIND SIE WAHNSIN-NIG?!
TUT UNS LEID, FRAU KA-MISHIRO...
WIR WER-DEN UNS JETZT IHR VER-MÖGEN NEHMEN...
UND SIE UND IHR SOHN WERDEN STERBEN.
DANN IST ER VON SEINEN SCHMER-ZEN ER-LÖST.
NEIN! BITTE NICHT IHN...
KYAAAH!

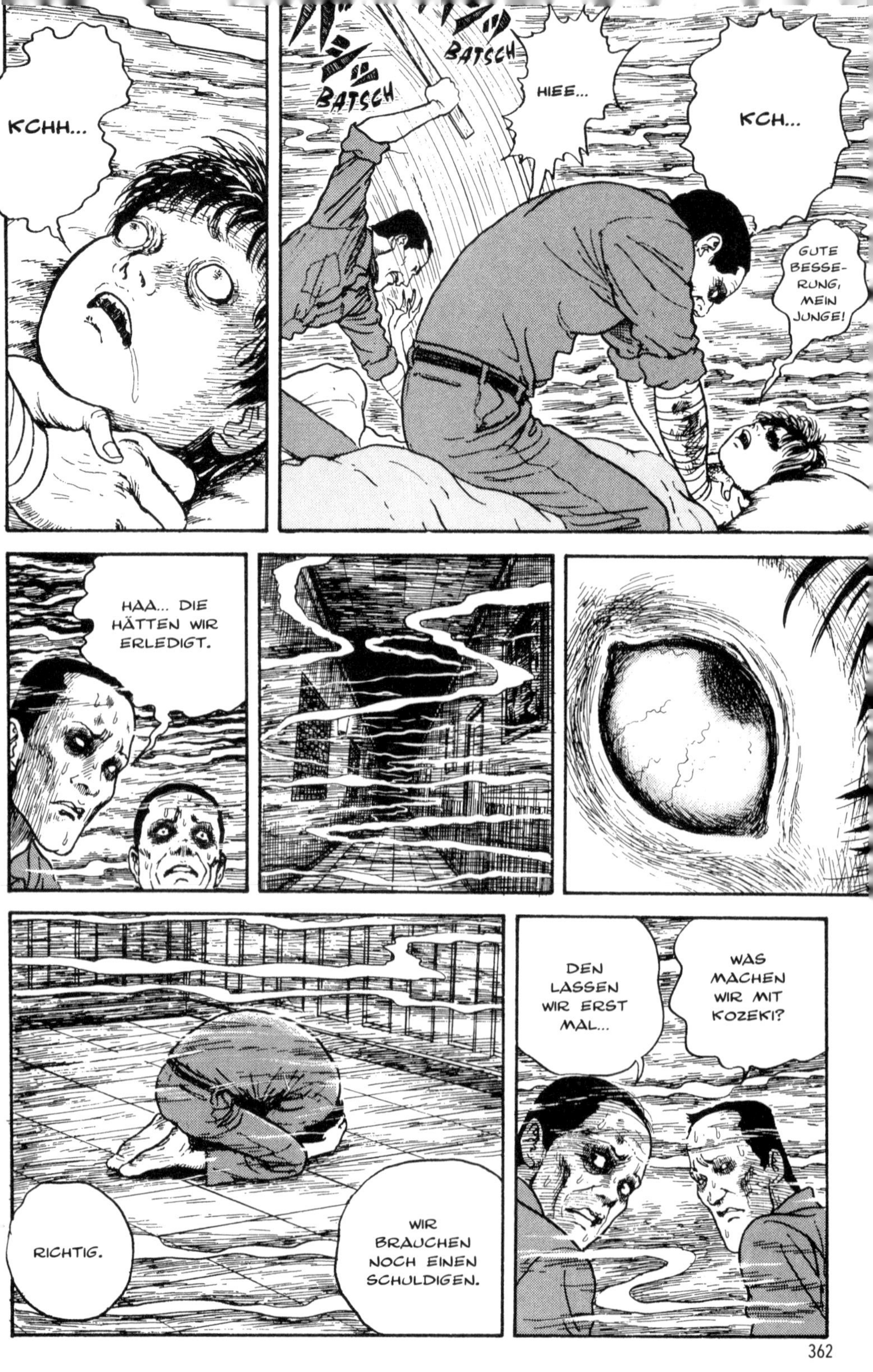
KCH...
GUTE BESSERUNG, MEIN JUNGE!
HIEE...
BATSCH
BATSCH
KCHH...
HAA... DIE HÄTTEN WIR ERLEDIGT.
WAS MACHEN WIR MIT KOZEKI?
DEN LASSEN WIR ERST MAL...
WIR BRAUCHEN NOCH EINEN SCHULDIGEN.
RICHTIG.

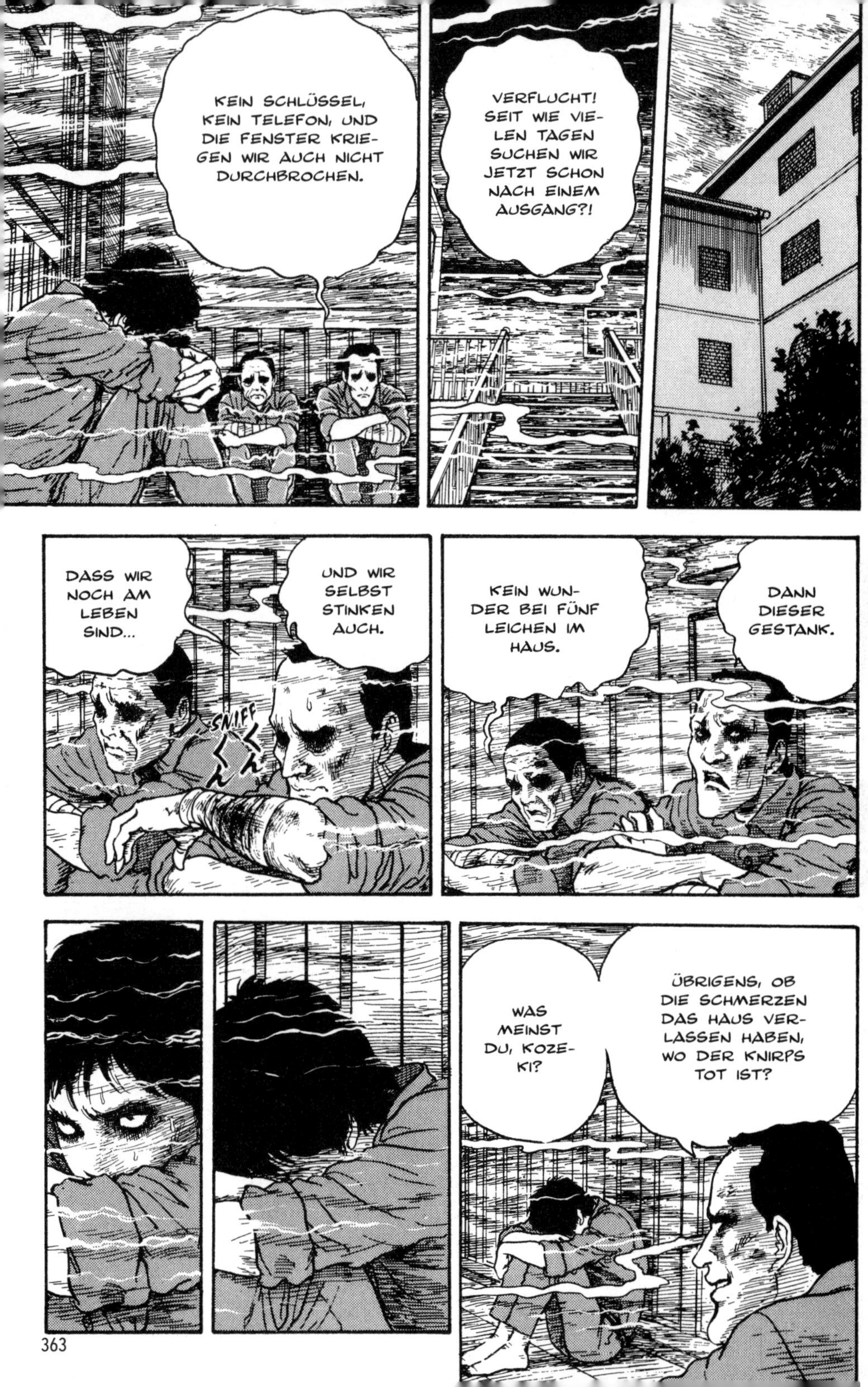

VERFLUCHT! SEIT WIE VIELEN TAGEN SUCHEN WIR JETZT SCHON NACH EINEM AUSGANG?!
KEIN SCHLÜSSEL, KEIN TELEFON, UND DIE FENSTER KRIEGEN WIR AUCH NICHT DURCHBROCHEN.
DANN DIESER GESTANK.
KEIN WUNDER BEI FÜNF LEICHEN IM HAUS.
UND WIR SELBST STINKEN AUCH.
DASS WIR NOCH AM LEBEN SIND...
SNIFF
くんくん
ÜBRIGENS, OB DIE SCHMERZEN DAS HAUS VERLASSEN HABEN, WO DER KNIRPS TOT IST?
WAS MEINST DU, KOZEKI?

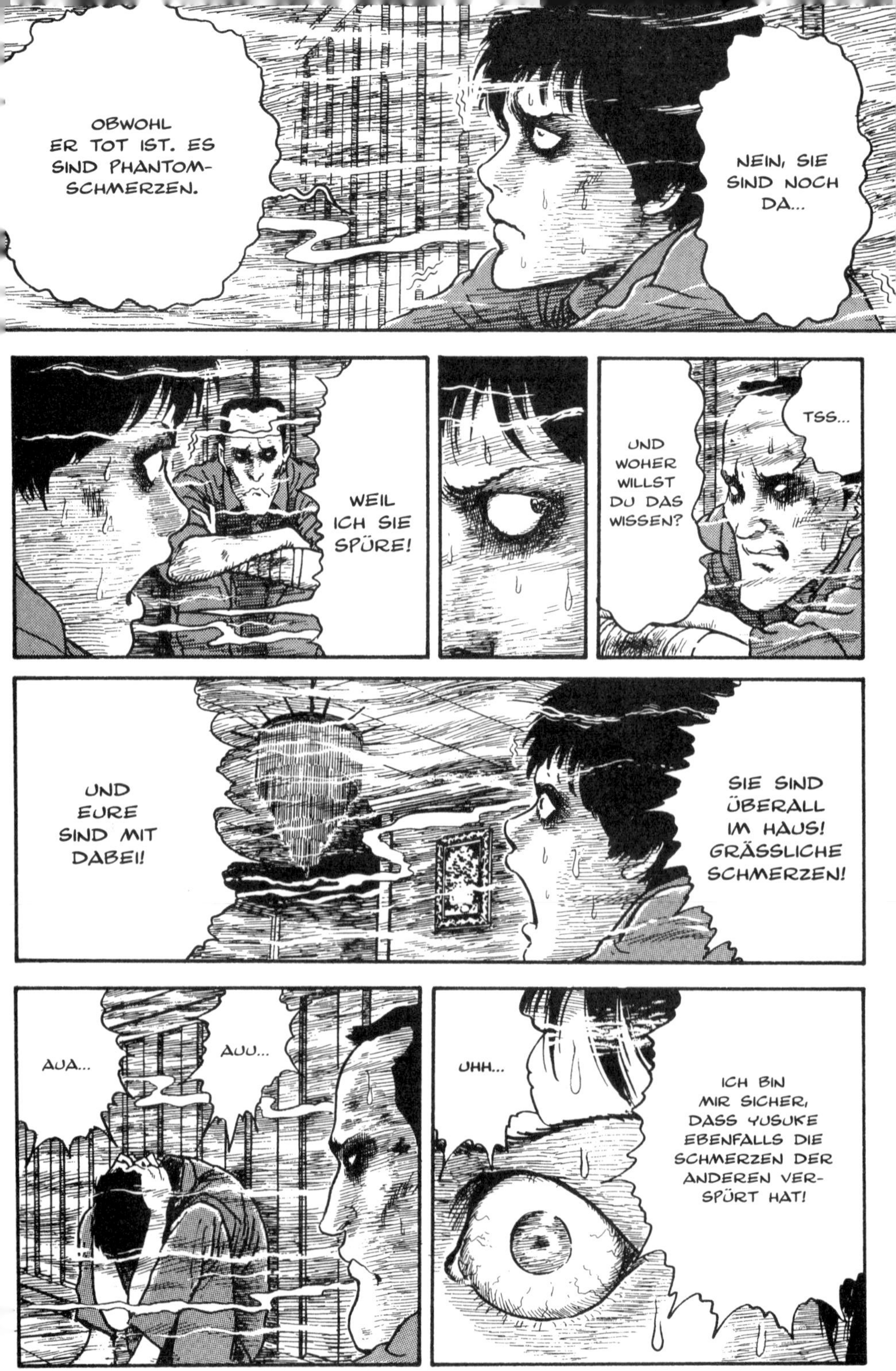
NEIN, SIE SIND NOCH DA...
OBWOHL ER TOT IST. ES SIND PHANTOM-SCHMERZEN.
TSS...
UND WOHER WILLST DU DAS WISSEN?
WEIL ICH SIE SPÜRE!
SIE SIND ÜBERALL IM HAUS! GRÄSSLICHE SCHMERZEN!
UND EURE SIND MIT DABEI!
ICH BIN MIR SICHER, DASS YUSUKE EBENFALLS DIE SCHMERZEN DER ANDEREN VER-SPÜRT HAT!
UHH...
AUU...
AUA...

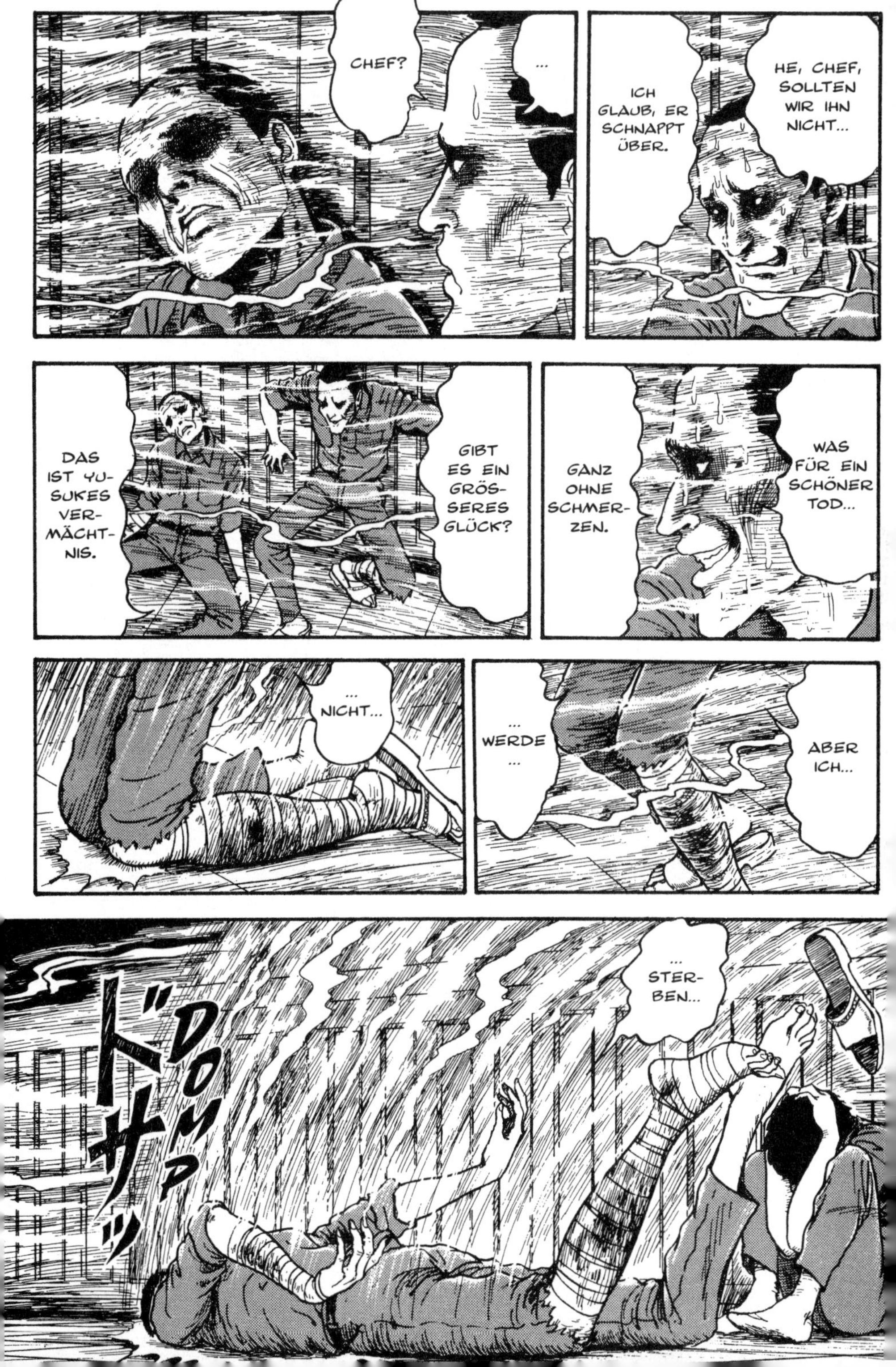

HE, CHEF, SOLLTEN WIR IHN NICHT...
ICH GLAUB, ER SCHNAPPT ÜBER.
...
CHEF?
WAS FÜR EIN SCHÖNER TOD...
GANZ OHNE SCHMER-ZEN.
GIBT ES EIN GRÖS-SERES GLÜCK?
DAS IST YU-SUKES VER-MÄCHT-NIS.
ABER ICH...
... WERDE ...
... NICHT...
... STER-BEN...
ドサッ
DOMP

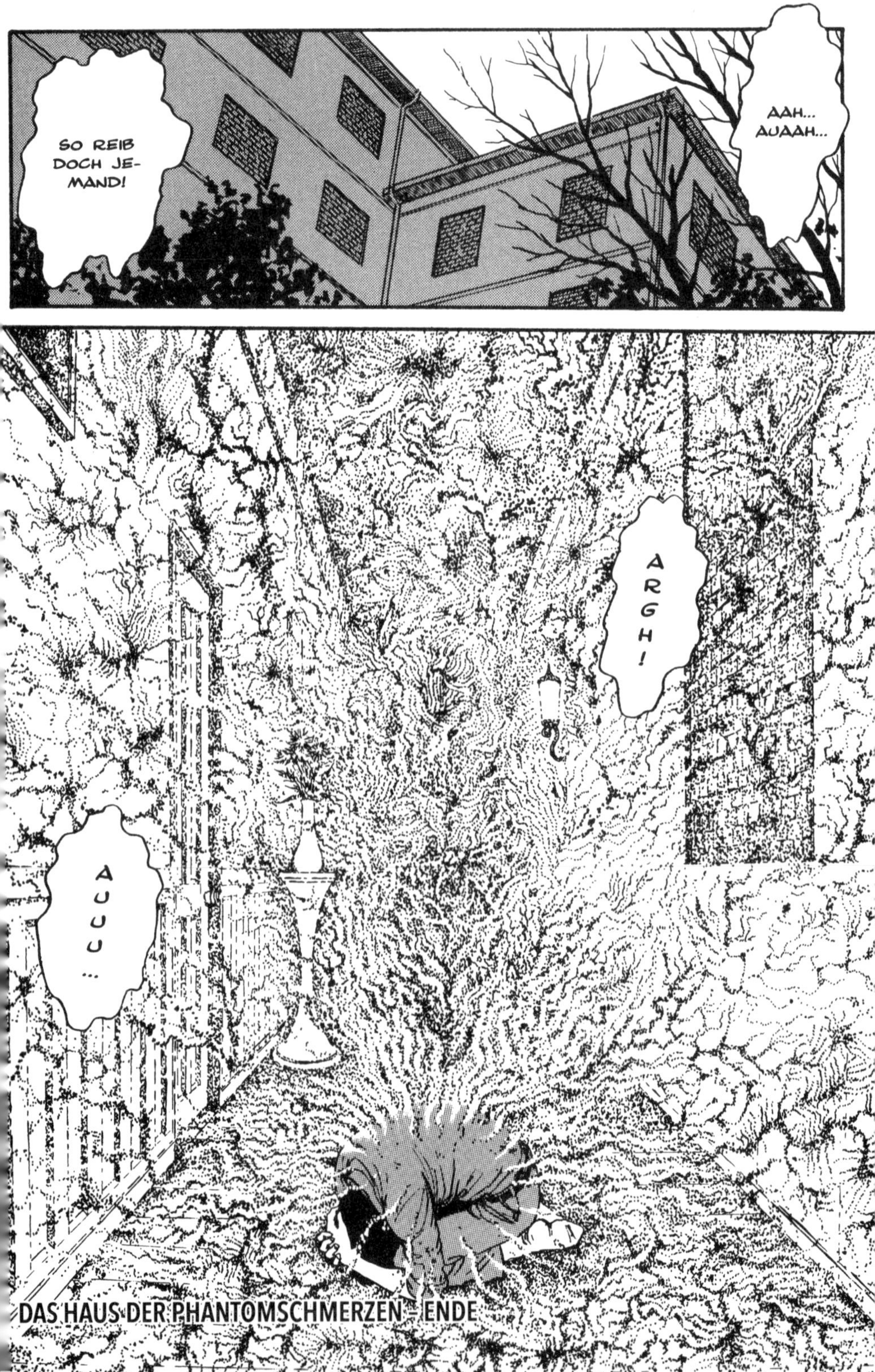
AAH... AUAAH...
SO REIB DOCH JE-MAND!
ARGH!
AUUU...
DAS HAUS DER PHANTOMSCHMERZEN – ENDE

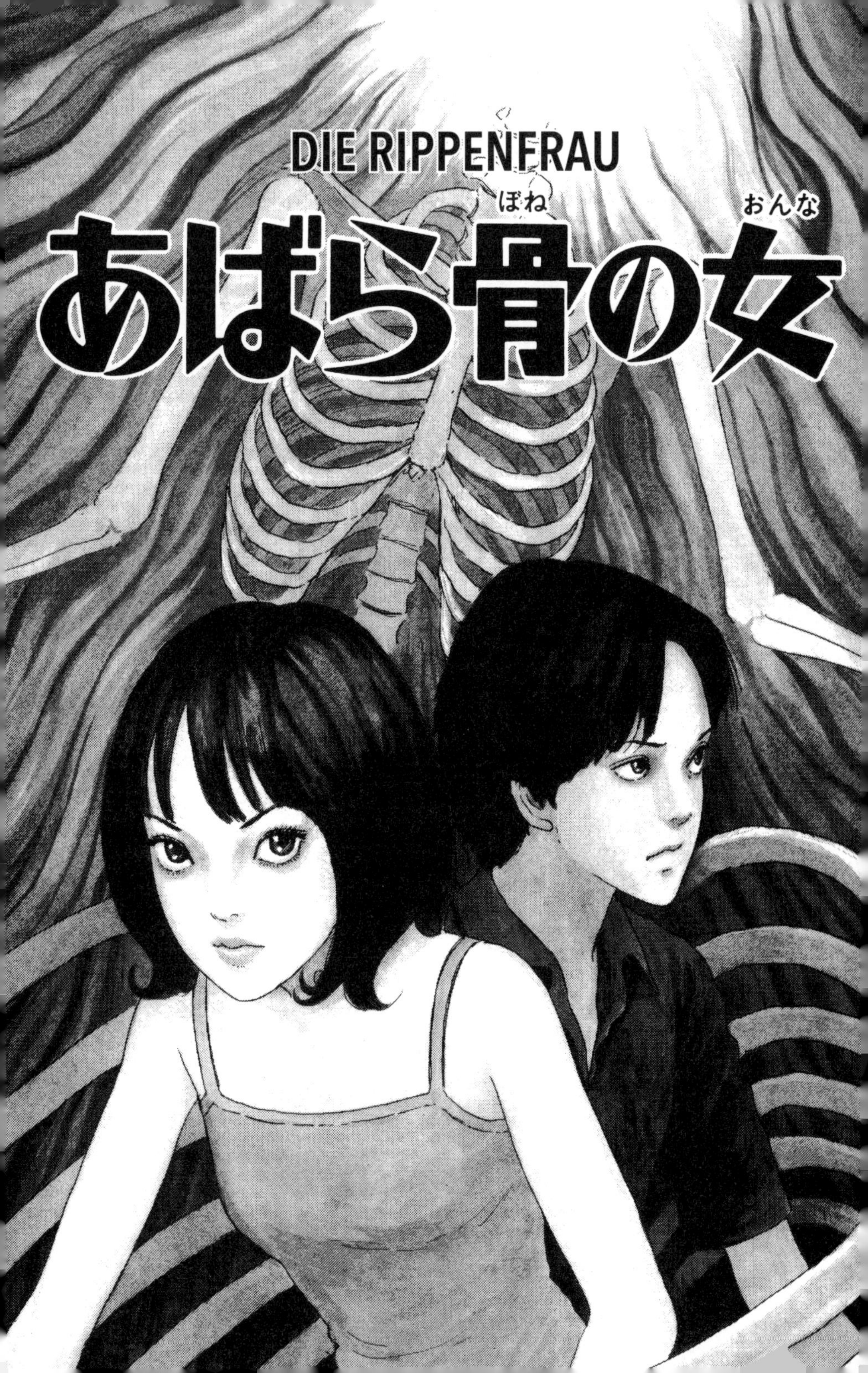
DIE RIPPENFRAU
あばら骨(ぼね)の女(おんな)

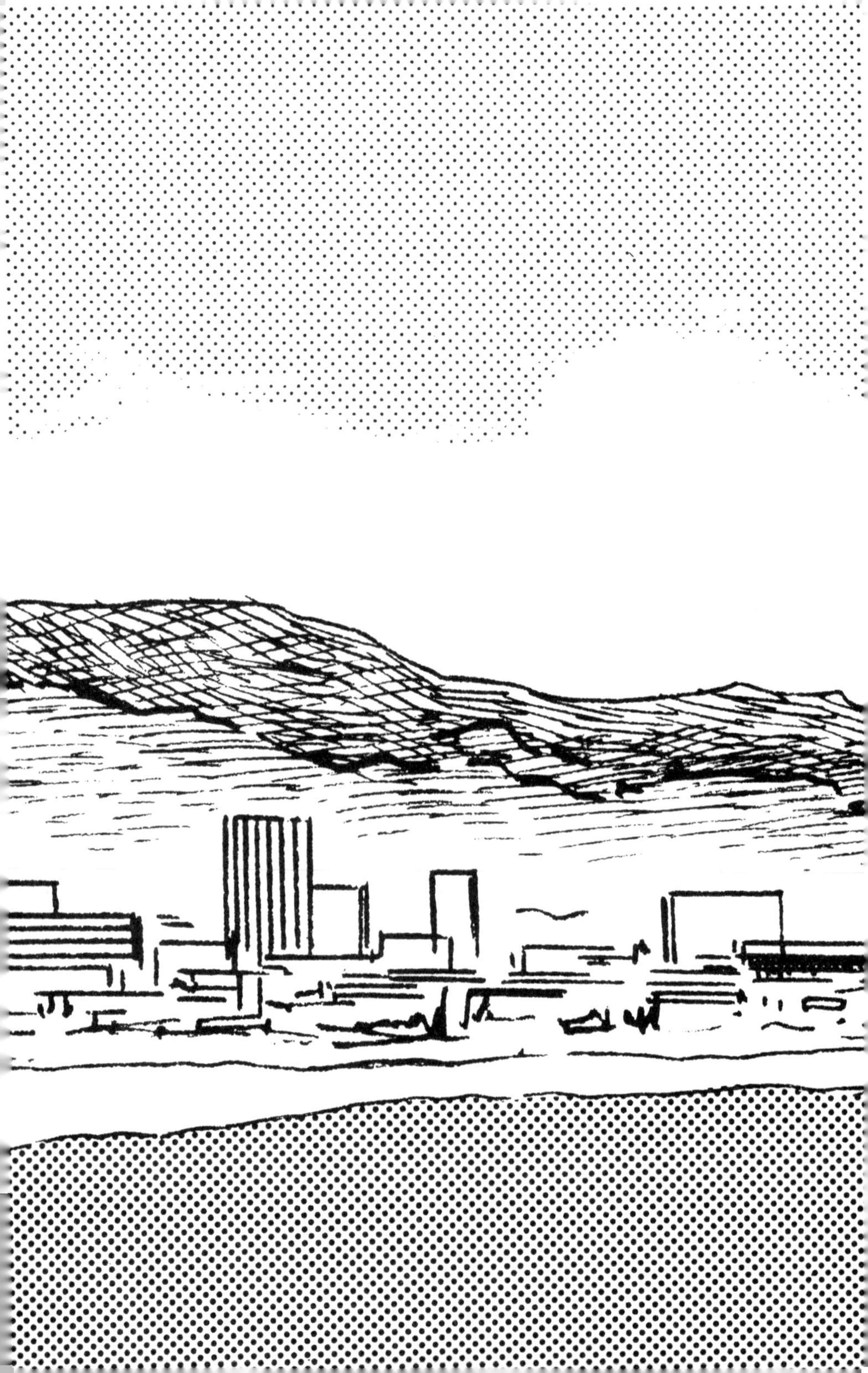

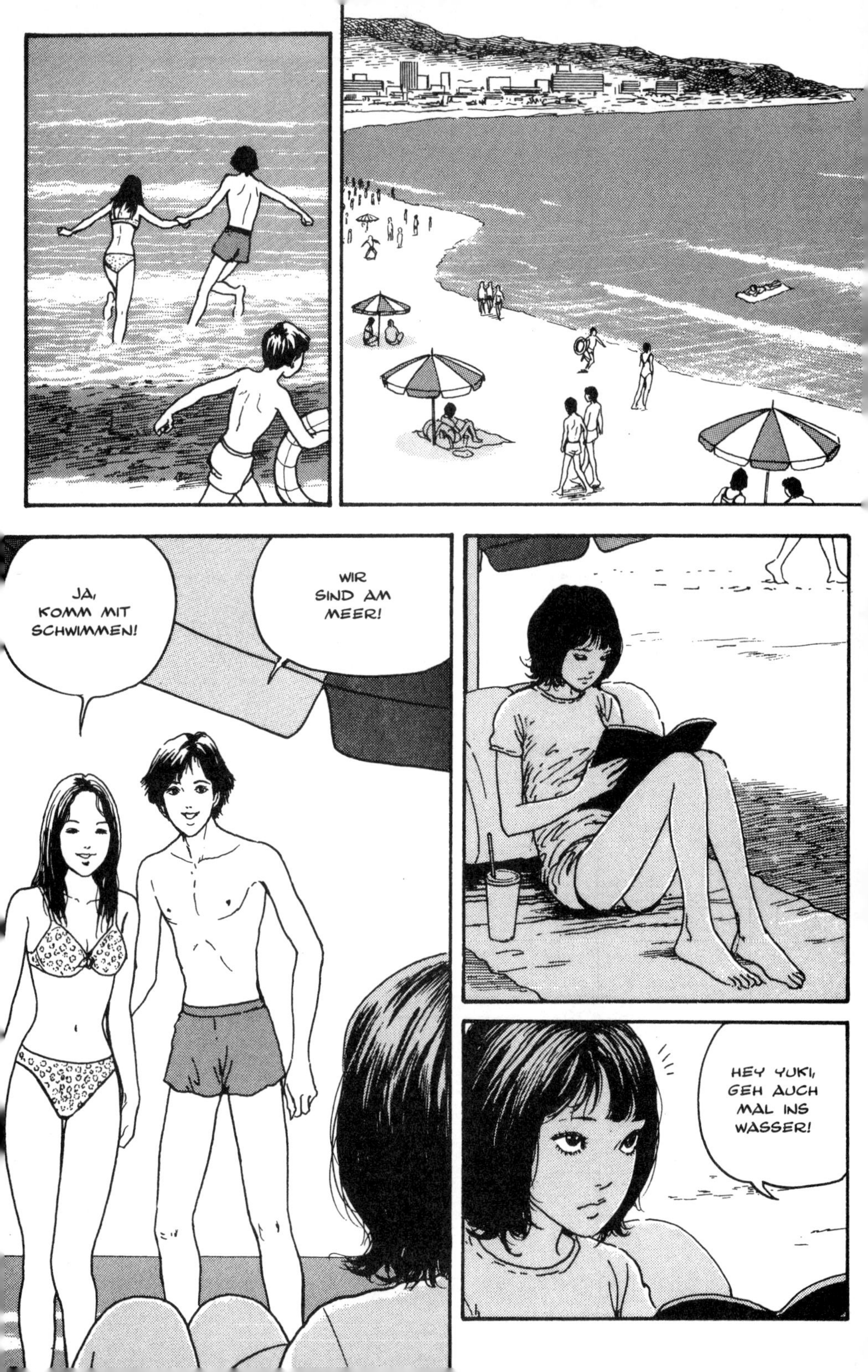
WIR SIND AM MEER!
JA, KOMM MIT SCHWIMMEN!
HEY YUKI, GEH AUCH MAL INS WASSER!

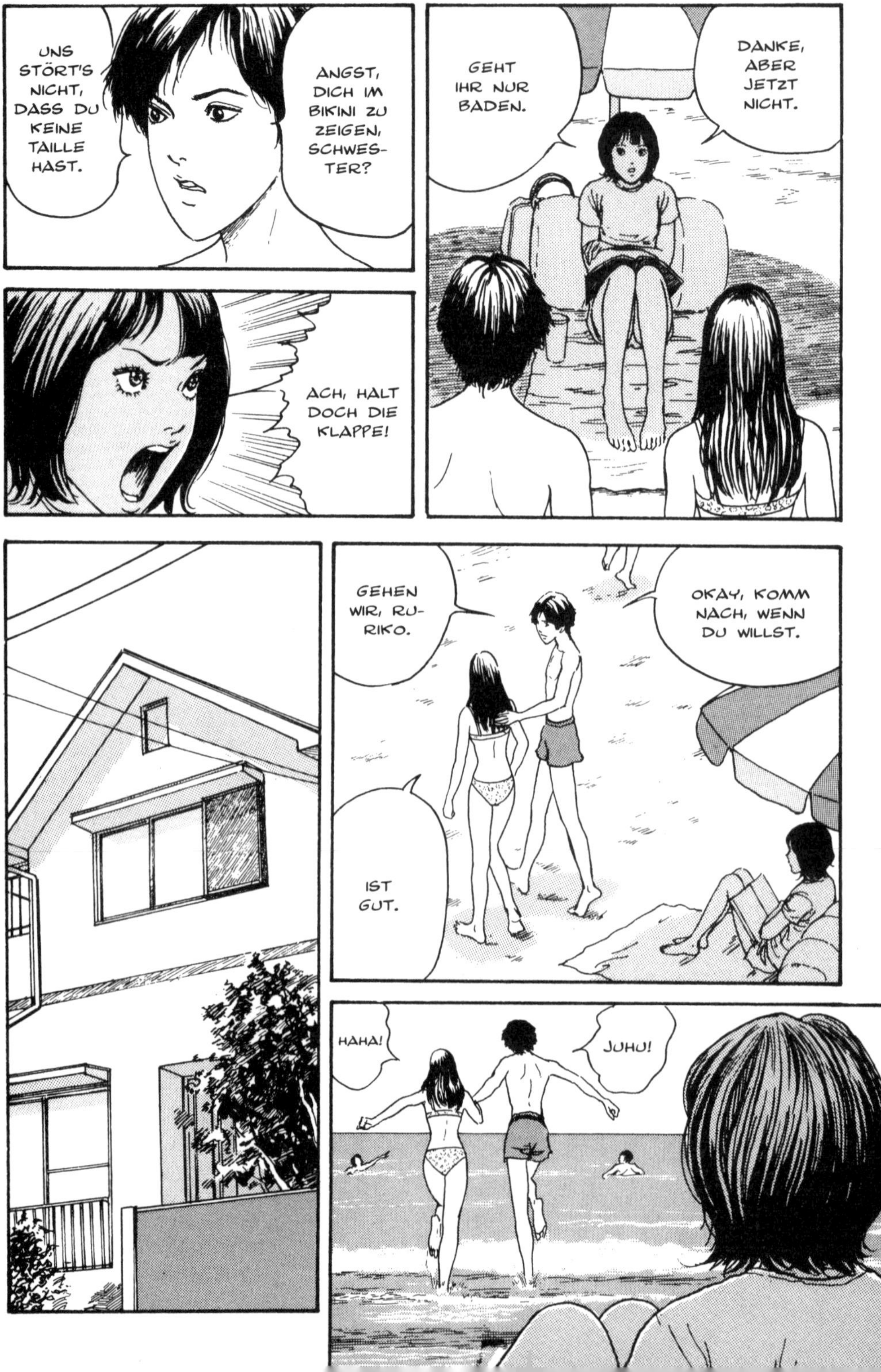
DANKE, ABER JETZT NICHT.
GEHT IHR NUR BADEN.
ANGST, DICH IM BIKINI ZU ZEIGEN, SCHWESTER?
UNS STÖRT'S NICHT, DASS DU KEINE TAILLE HAST.
ACH, HALT DOCH DIE KLAPPE!
OKAY, KOMM NACH, WENN DU WILLST.
GEHEN WIR, RURIKO.
IST GUT.
JUHU!
HAHA!

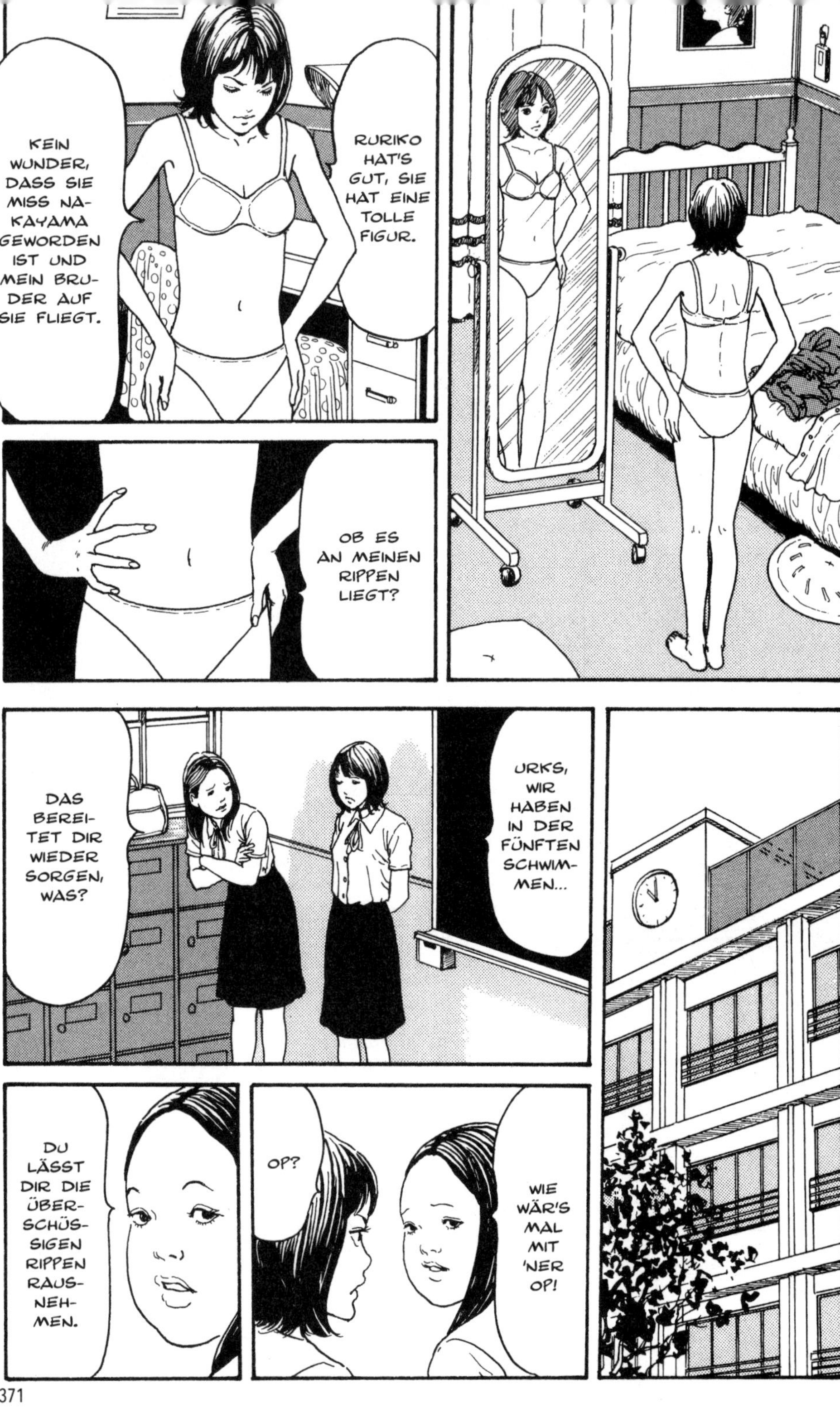
RURIKO HAT'S GUT, SIE HAT EINE TOLLE FIGUR.
KEIN WUNDER, DASS SIE MISS NAKAYAMA GEWORDEN IST UND MEIN BRUDER AUF SIE FLIEGT.
OB ES AN MEINEN RIPPEN LIEGT?
URKS, WIR HABEN IN DER FÜNFTEN SCHWIMMEN...
DAS BEREITET DIR WIEDER SORGEN, WAS?
WIE WÄR'S MAL MIT 'NER OP!
OP?
DU LÄSST DIR DIE ÜBERSCHÜSSIGEN RIPPEN RAUSNEHMEN.

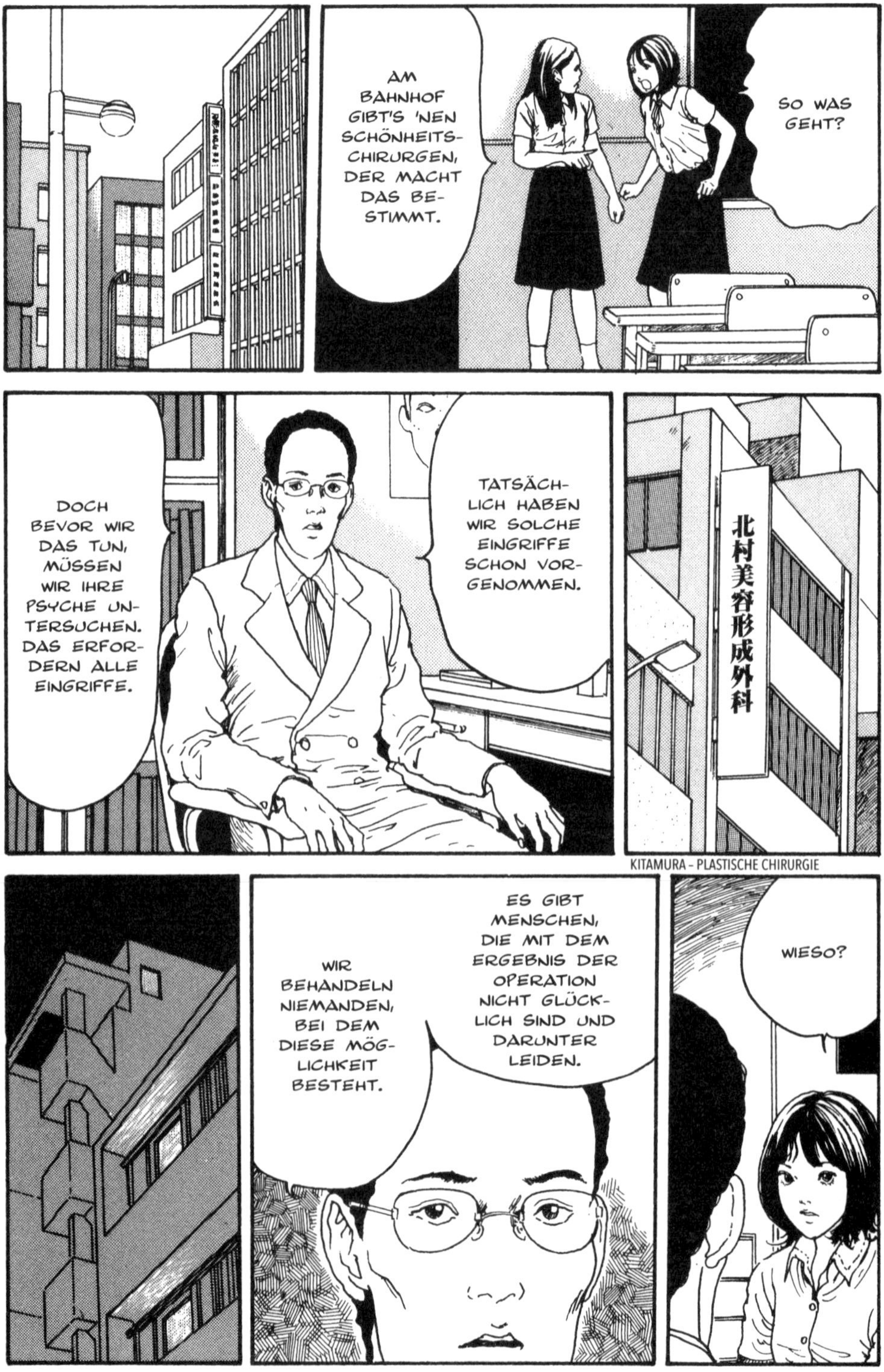
SO WAS GEHT?
AM BAHNHOF GIBT'S 'NEN SCHÖNHEITS-CHIRURGEN, DER MACHT DAS BE-STIMMT.
北村美容形成外科
KITAMURA – PLASTISCHE CHIRURGIE
TATSÄCH-LICH HABEN WIR SOLCHE EINGRIFFE SCHON VOR-GENOMMEN.
DOCH BEVOR WIR DAS TUN, MÜSSEN WIR IHRE PSYCHE UN-TERSUCHEN. DAS ERFOR-DERN ALLE EINGRIFFE.
WIESO?
ES GIBT MENSCHEN, DIE MIT DEM ERGEBNIS DER OPERATION NICHT GLÜCK-LICH SIND UND DARUNTER LEIDEN.
WIR BEHANDELN NIEMANDEN, BEI DEM DIESE MÖG-LICHKEIT BESTEHT.

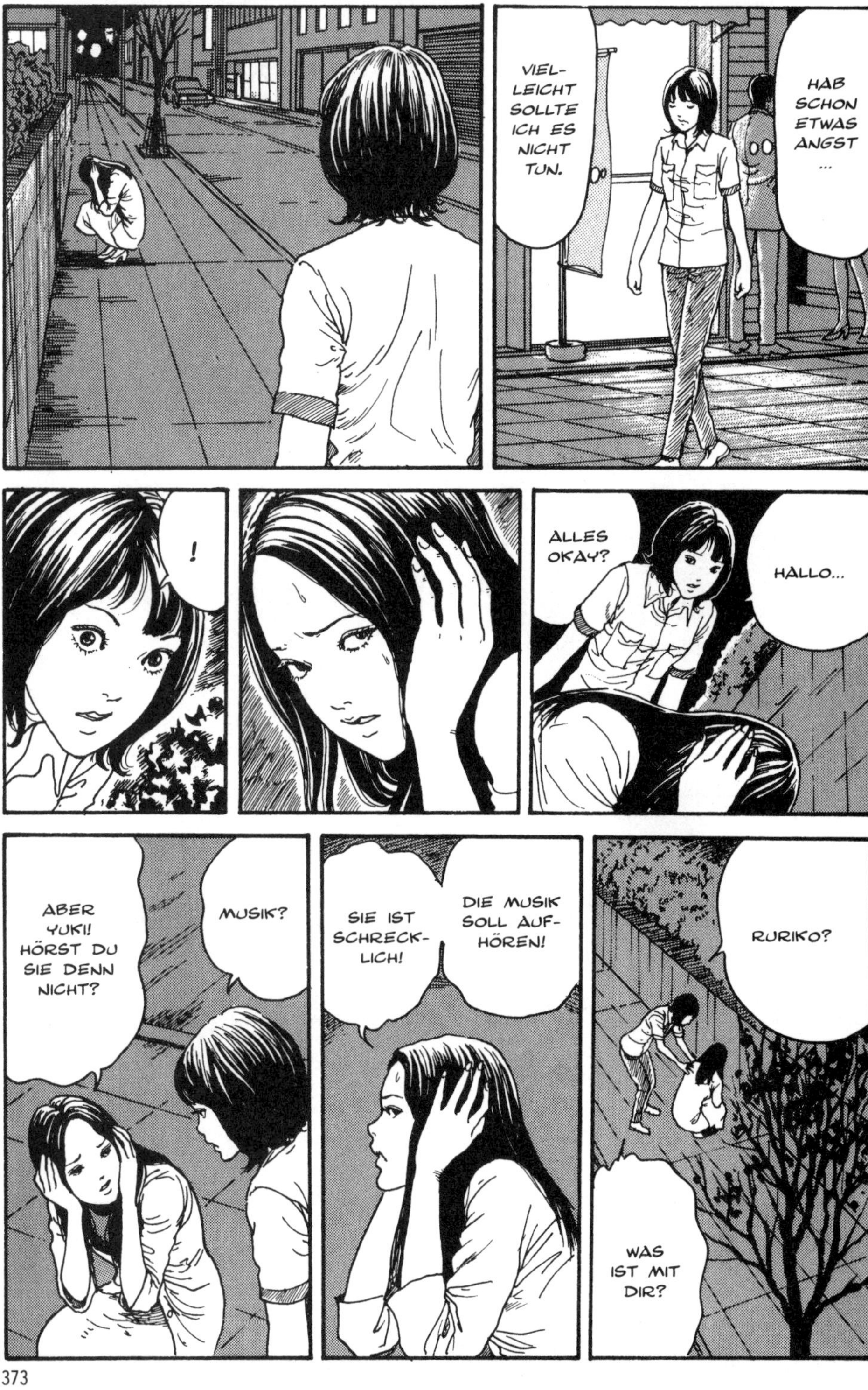
HAB SCHON ETWAS ANGST ...
VIEL-LEICHT SOLLTE ICH ES NICHT TUN.
HALLO...
ALLES OKAY?
!
RURIKO?
WAS IST MIT DIR?
DIE MUSIK SOLL AUF-HÖREN!
SIE IST SCHRECK-LICH!
MUSIK?
ABER YUKI! HÖRST DU SIE DENN NICHT?

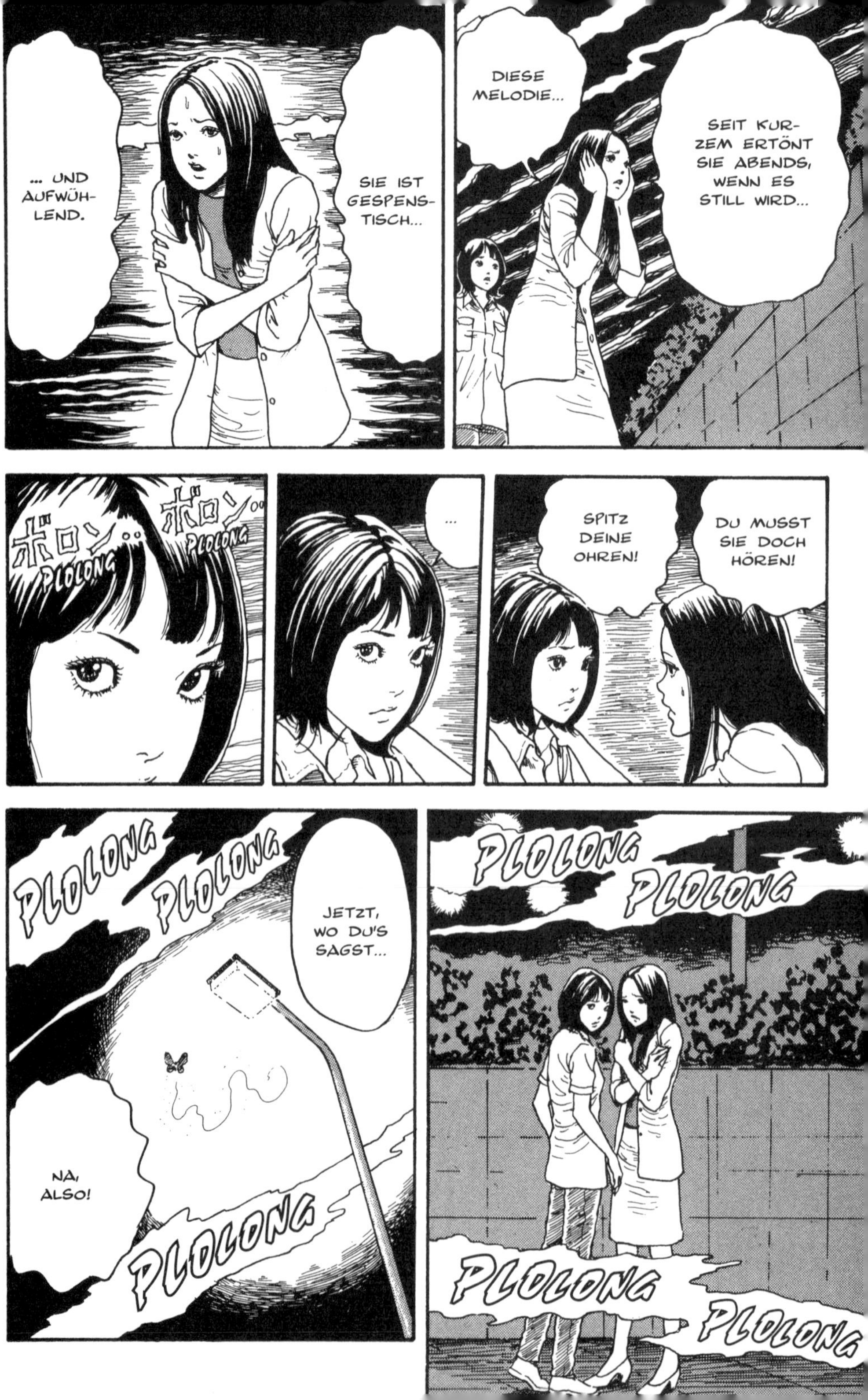
SIE IST GESPENS-TISCH...
... UND AUFWÜH-LEND.
DIESE MELODIE...
SEIT KUR-ZEM ERTÖNT SIE ABENDS, WENN ES STILL WIRD...
ボロン…
PLOLONG
ボロン…
PLOLONG
...
DU MUSST SIE DOCH HÖREN!
SPITZ DEINE OHREN!
PLOLONG
PLOLONG
PLOLONG
PLOLONG
PLOLONG
PLOLONG
PLOLONG
JETZT, WO DU'S SAGST...
NA, ALSO!

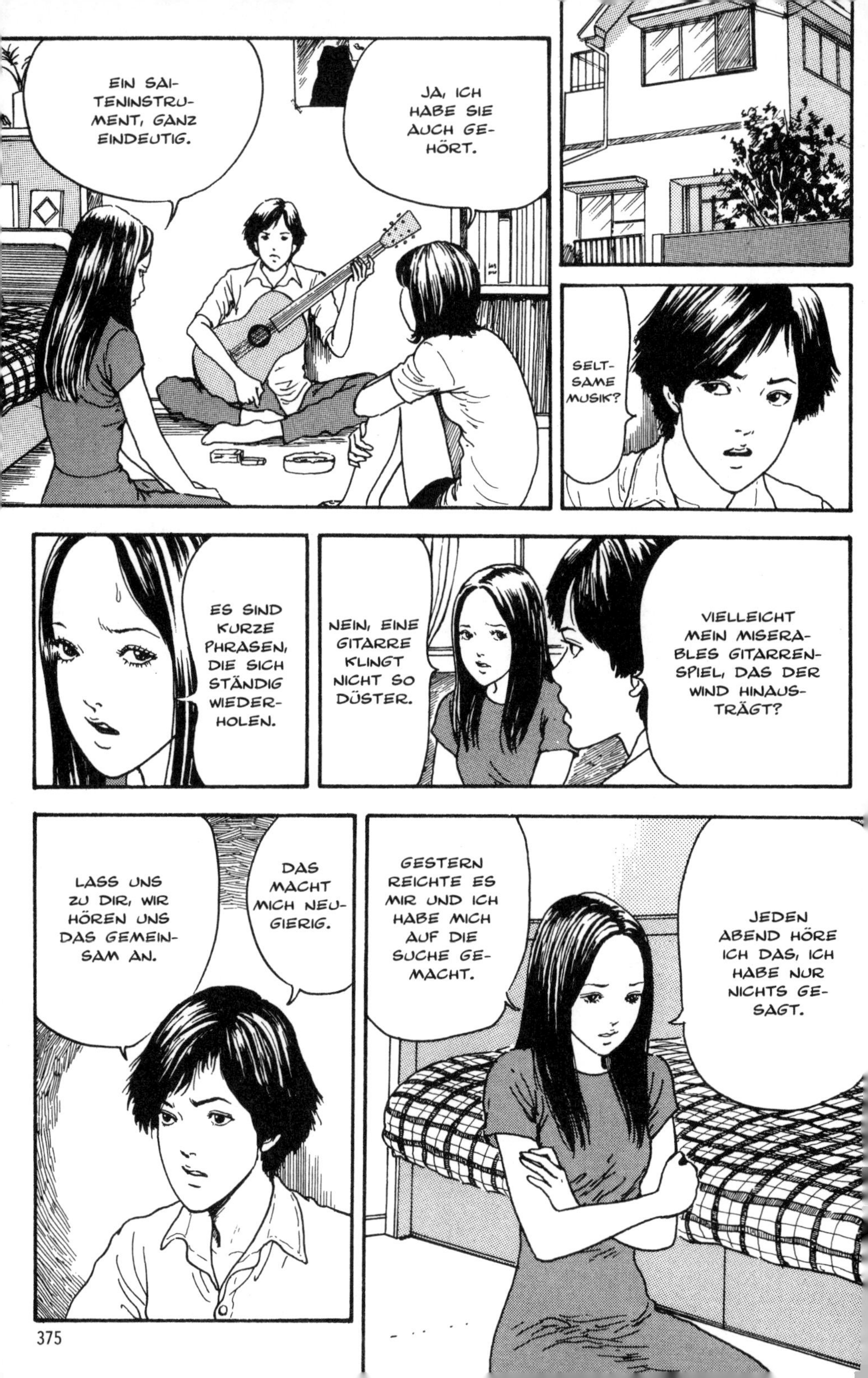
SELT-SAME MUSIK?
JA, ICH HABE SIE AUCH GE-HÖRT.
EIN SAI-TENINSTRU-MENT, GANZ EINDEUTIG.
VIELLEICHT MEIN MISERA-BLES GITARREN-SPIEL, DAS DER WIND HINAUS-TRÄGT?
NEIN, EINE GITARRE KLINGT NICHT SO DÜSTER.
ES SIND KURZE PHRASEN, DIE SICH STÄNDIG WIEDER-HOLEN.
JEDEN ABEND HÖRE ICH DAS, ICH HABE NUR NICHTS GE-SAGT.
GESTERN REICHTE ES MIR UND ICH HABE MICH AUF DIE SUCHE GE-MACHT.
DAS MACHT MICH NEU-GIERIG.
LASS UNS ZU DIR, WIR HÖREN UNS DAS GEMEIN-SAM AN.

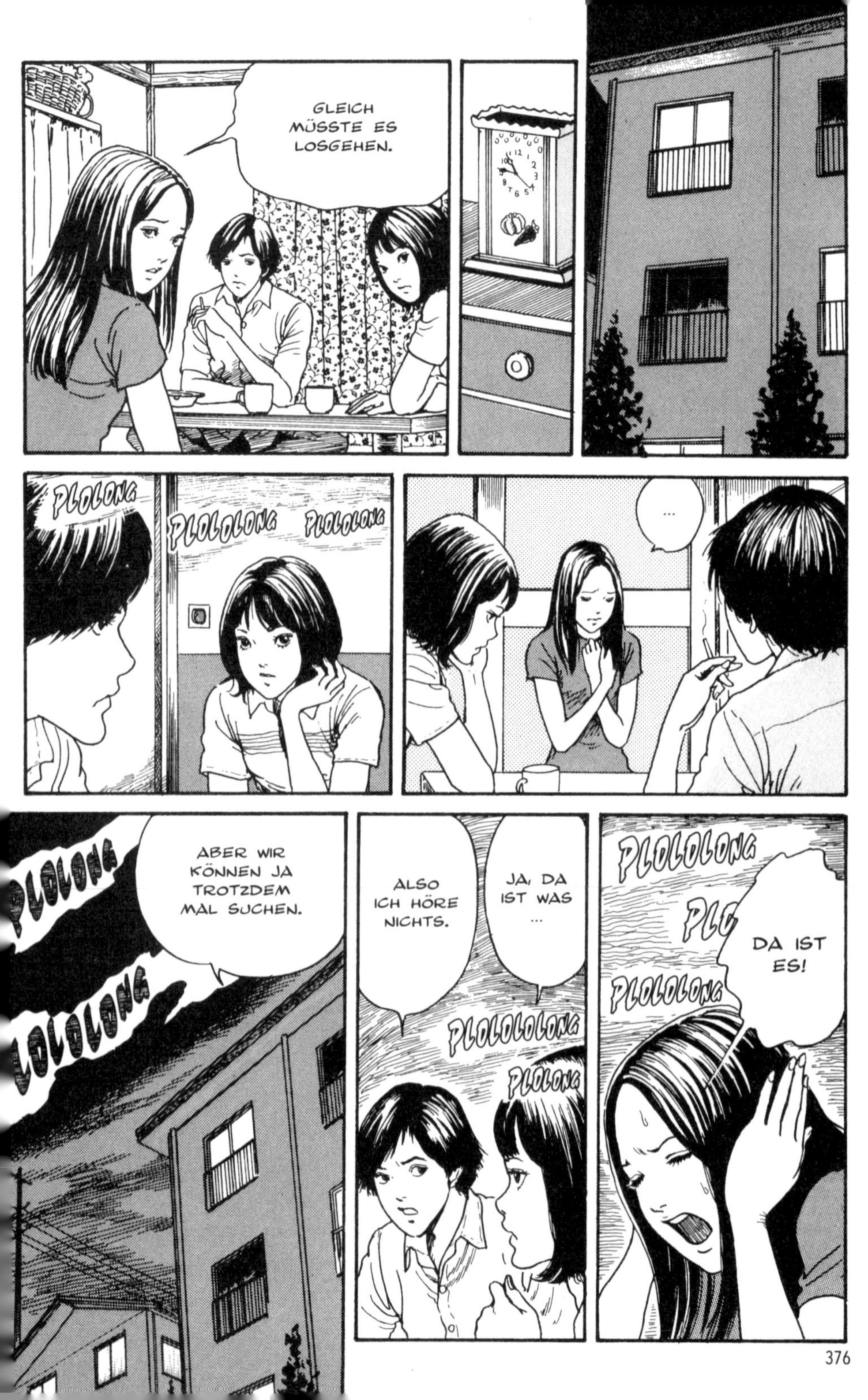
GLEICH MÜSSTE ES LOSGEHEN.
PLOLOLONG
PLOLOLONG
PLOLONG
...
PLOLOLONG
PLOLOLONG
DA IST ES!
ALSO ICH HÖRE NICHTS.
JA, DA IST WAS ...
PLOLOLOLONG
PLOLONG
ABER WIR KÖNNEN JA TROTZDEM MAL SUCHEN.

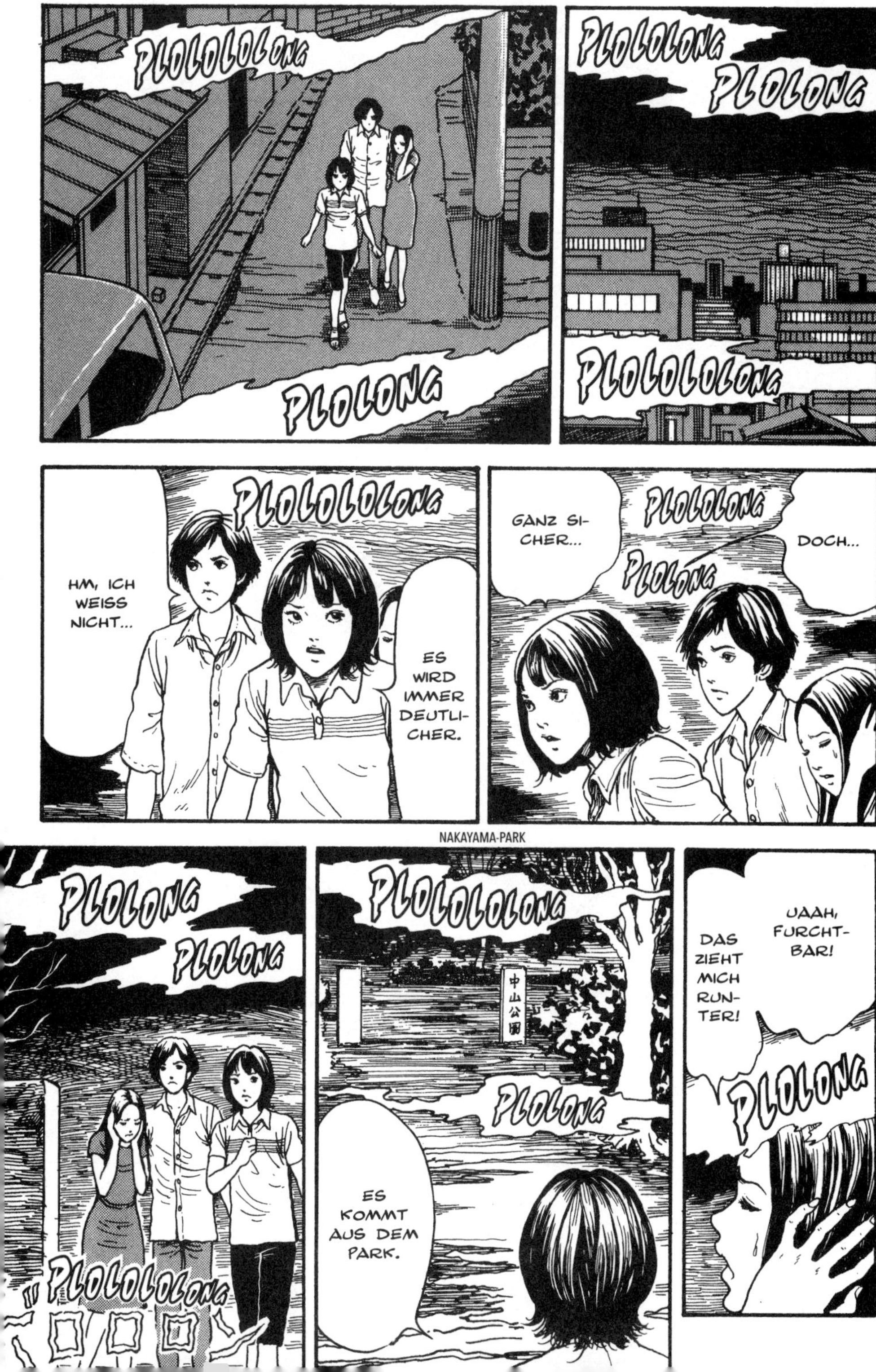
PLOLOLONA
PLOLONA
PLOLOLOLONA
PLOLOLOLONA
PLOLONA
GANZ SI-
CHER...
DOCH...
PLOLOLONA
PLOLONA
PLOLOLOLONA
HM, ICH
WEISS
NICHT...
ES
WIRD
IMMER
DEUTLI-
CHER.
UAAH,
FURCHT-
BAR!
DAS
ZIEHT
MICH
RUN-
TER!
PLOLONA
PLOLOLOLONA
中山公園
NAKAYAMA-PARK
PLOLONA
ES
KOMMT
AUS DEM
PARK.
PLOLONA
PLOLONA
PLOLOLOLONA

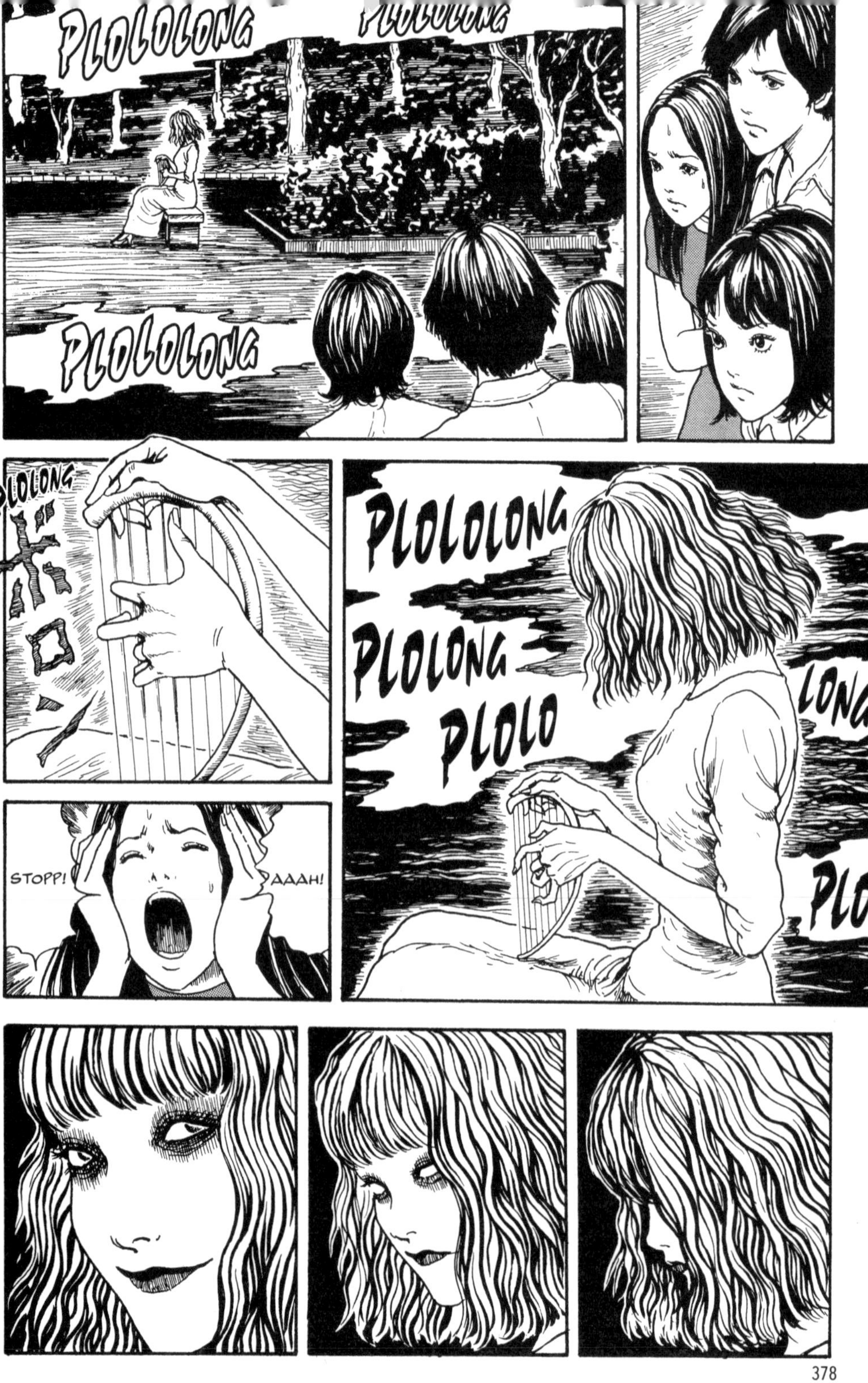
PLOLOLONG
PLOLOLONG
PLOLOLONG
PLOLONG
PLOLOLONG
PLOLONG
PLOLO
LONG
PLO
STOPP!
AAAH!

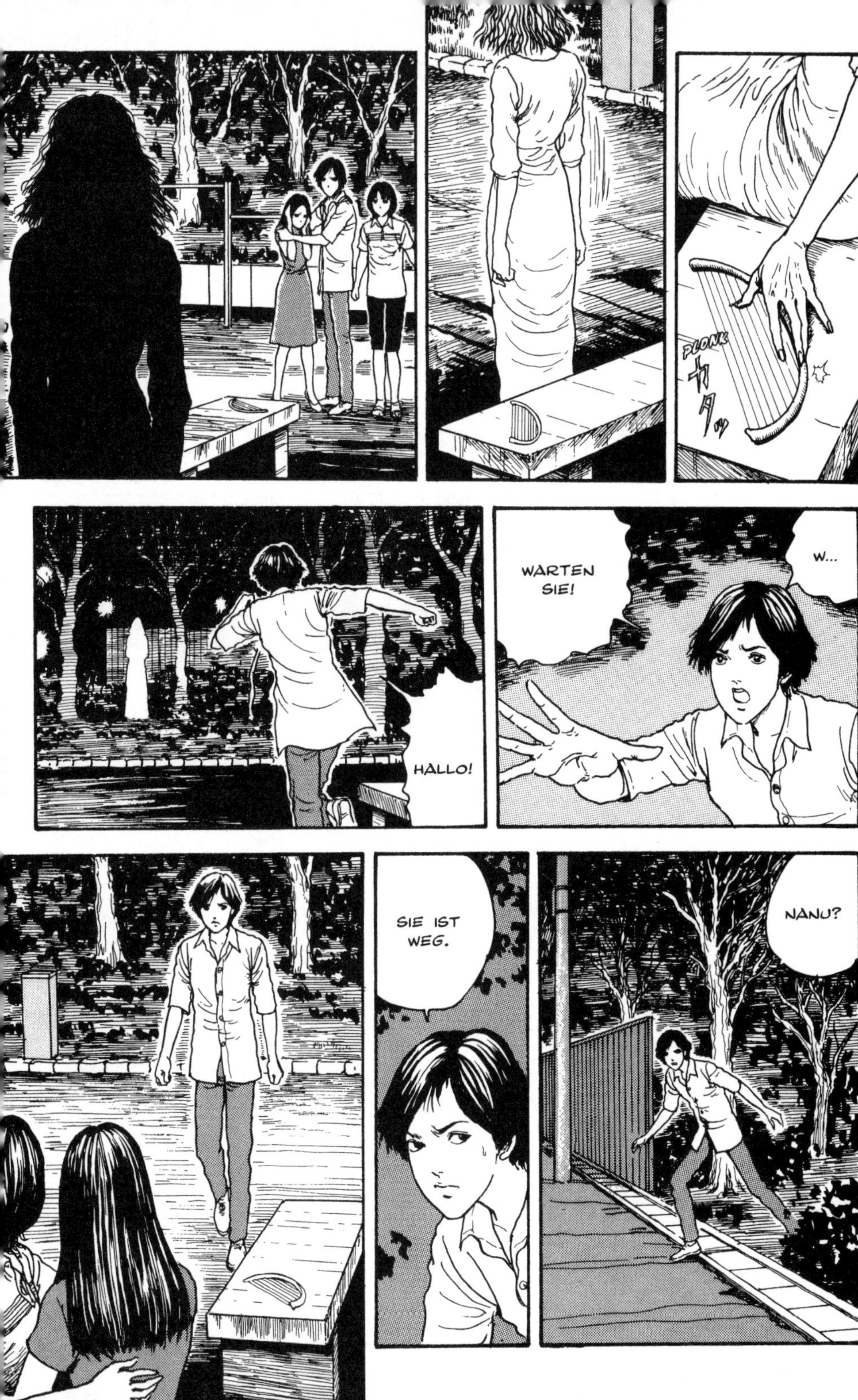
PLONK
カタッ
W...
WARTEN SIE!
HALLO!
NANU?
SIE IST WEG.

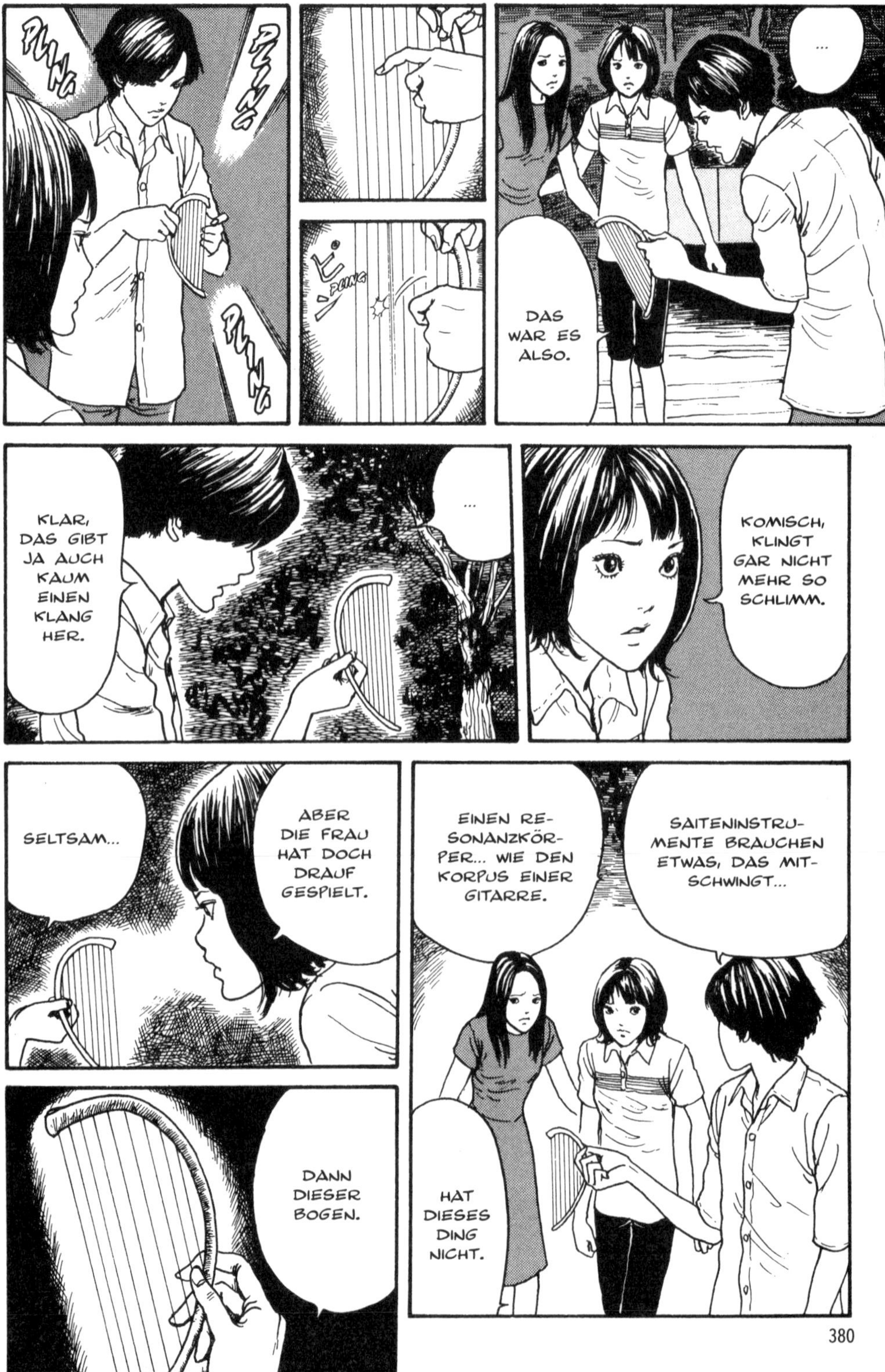
...
DAS WAR ES ALSO.
PLING
PLING
PLING
PLING
KOMISCH, KLINGT GAR NICHT MEHR SO SCHLIMM.
...
KLAR, DAS GIBT JA AUCH KAUM EINEN KLANG HER.
SAITENINSTRUMENTE BRAUCHEN ETWAS, DAS MITSCHWINGT...
EINEN RESONANZKÖRPER... WIE DEN KORPUS EINER GITARRE.
HAT DIESES DING NICHT.
ABER DIE FRAU HAT DOCH DRAUF GESPIELT.
SELTSAM...
DANN DIESER BOGEN.

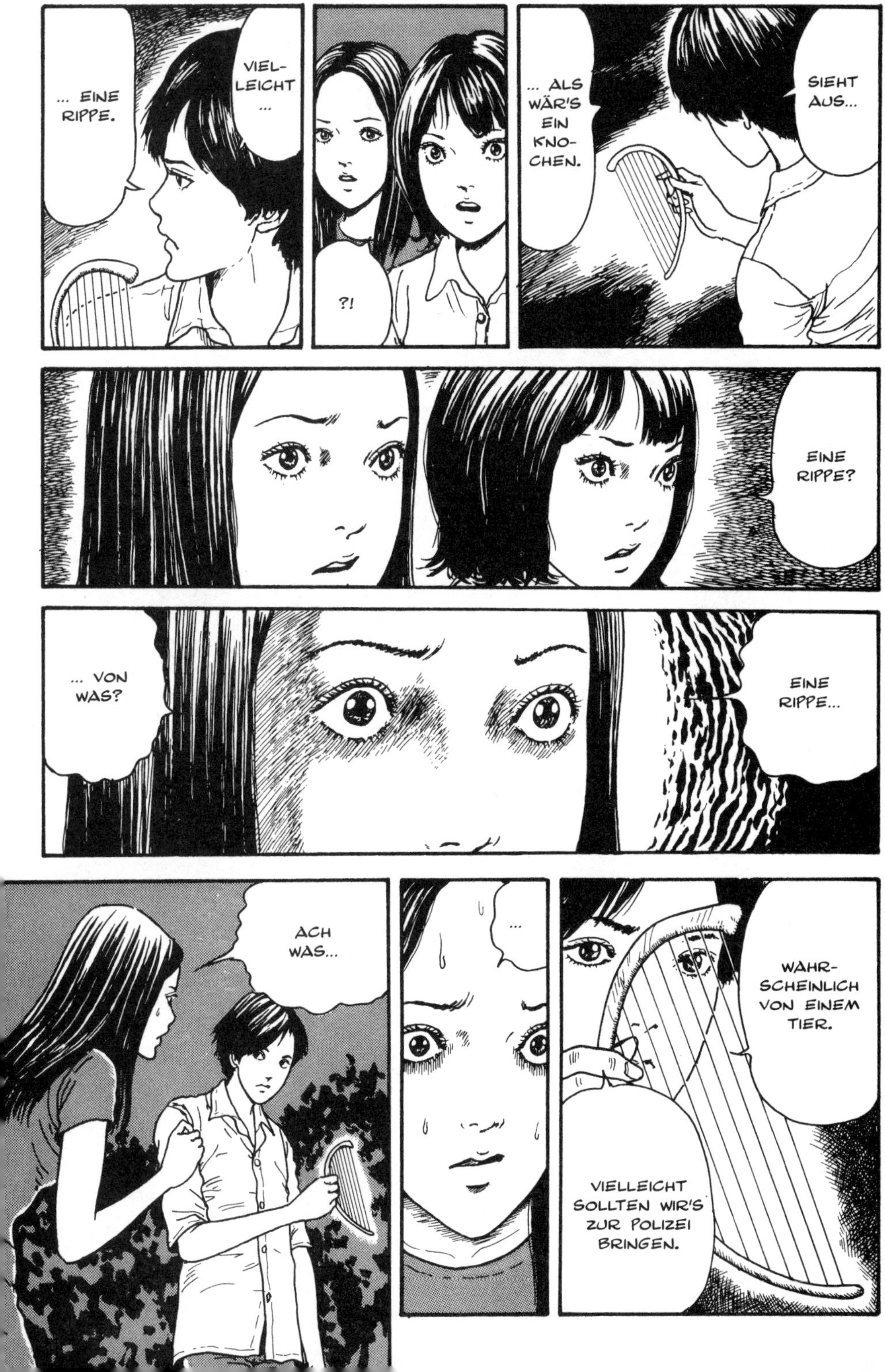

SIEHT AUS...
... ALS WÄR'S EIN KNOCHEN.
?!
VIELLEICHT ...
... EINE RIPPE.
EINE RIPPE?
EINE RIPPE...
... VON WAS?
WAHRSCHEINLICH VON EINEM TIER.
VIELLEICHT SOLLTEN WIR'S ZUR POLIZEI BRINGEN.
...
ACH WAS...

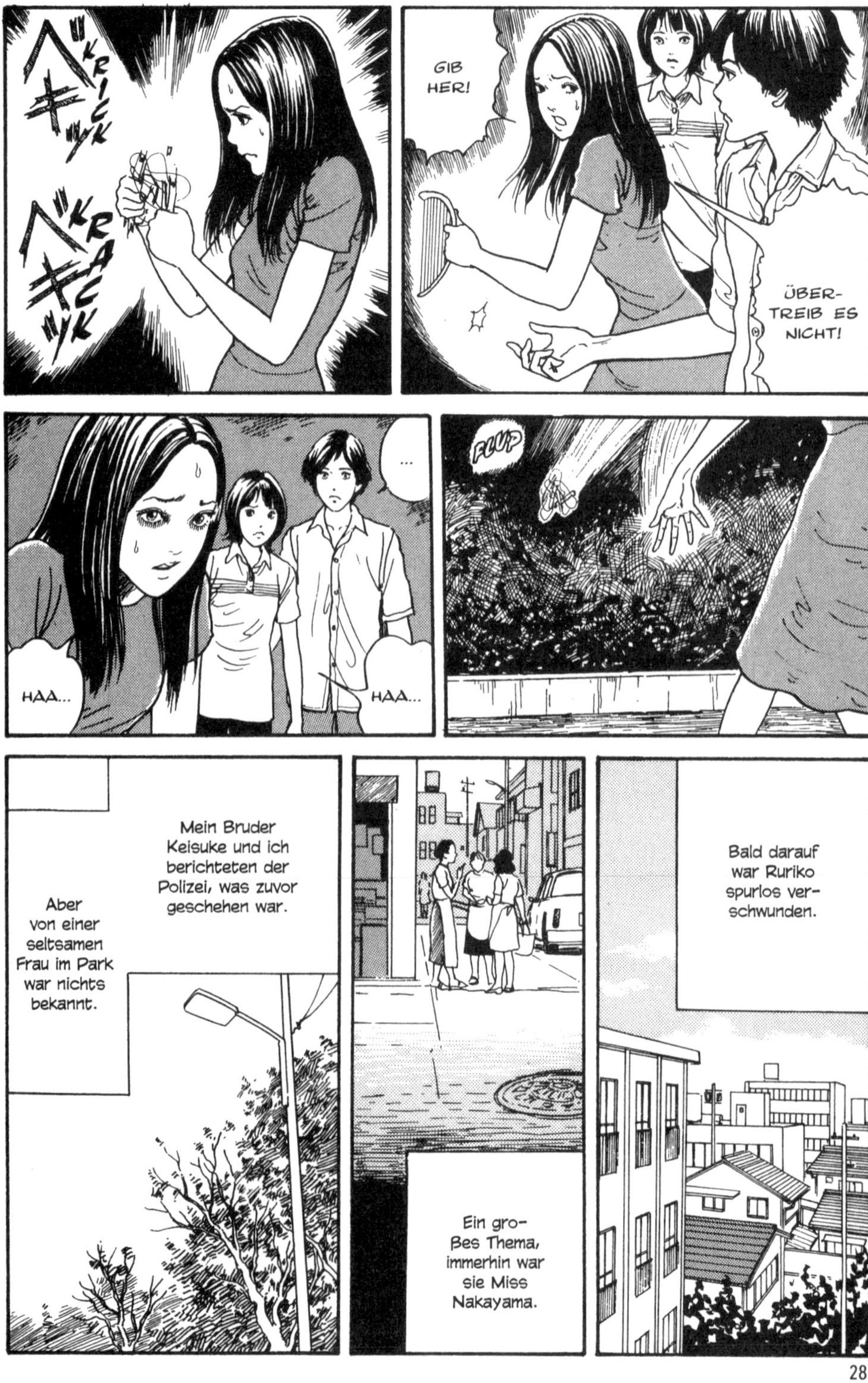
GIB HER!
ÜBER-
TREIB ES
NICHT!
KRICK
KRACK
FLUP
...
HAA...
HAA...
Bald darauf war Ruriko spurlos ver-schwunden.
Ein gro-ßes Thema, immerhin war sie Miss Nakayama.
Mein Bruder Keisuke und ich berichteten der Polizei, was zuvor geschehen war.
Aber von einer seltsamen Frau im Park war nichts bekannt.

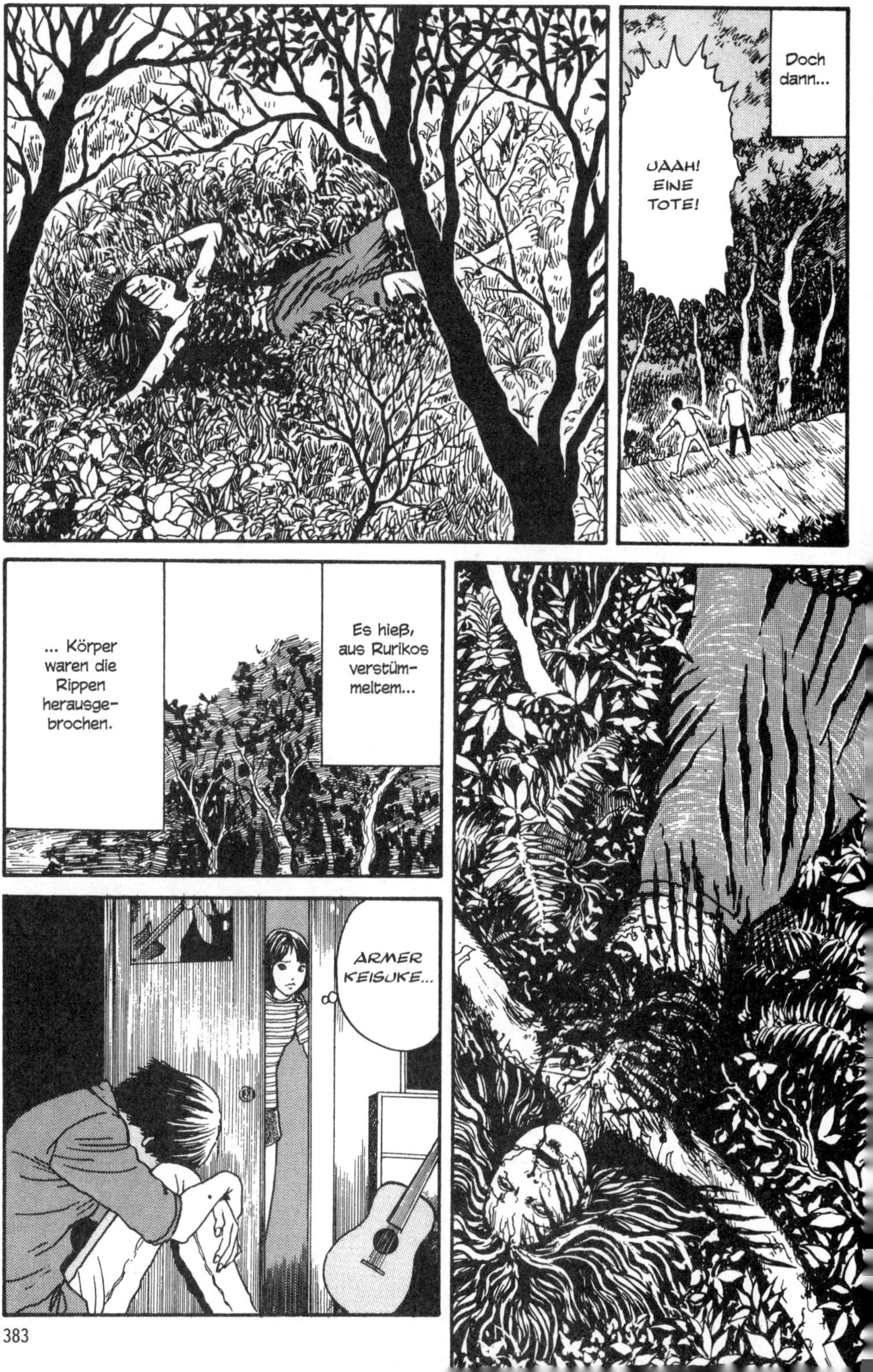

Doch dann...
UAAH! EINE TOTE!
Es hieß, aus Rurikos verstümmeltem...
... Körper waren die Rippen herausgebrochen.
ARMER KEISUKE...

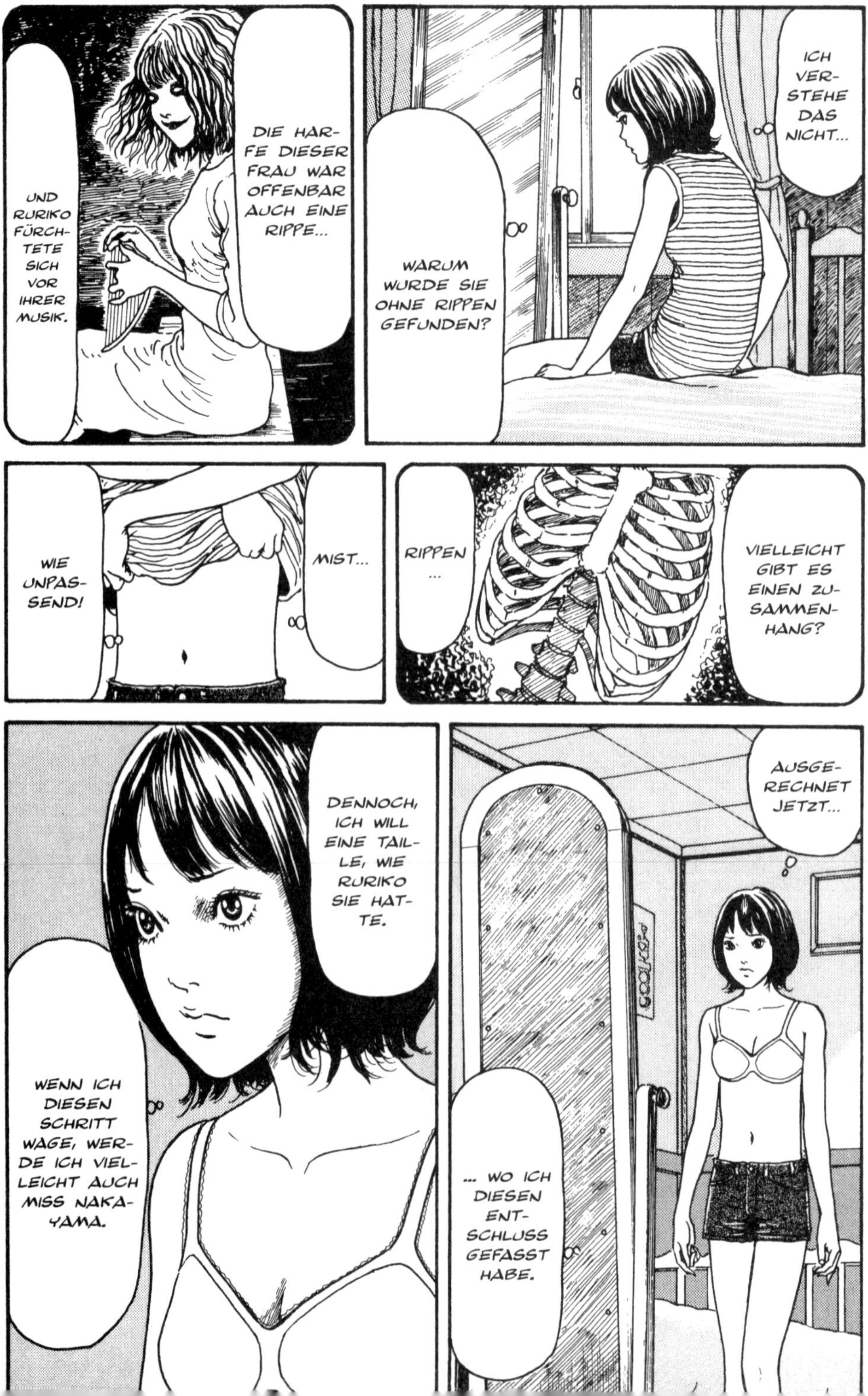

ICH VERSTEHE DAS NICHT...
WARUM WURDE SIE OHNE RIPPEN GEFUNDEN?
DIE HARFE DIESER FRAU WAR OFFENBAR AUCH EINE RIPPE...
UND RURIKO FÜRCHTETE SICH VOR IHRER MUSIK.
VIELLEICHT GIBT ES EINEN ZUSAMMENHANG?
RIPPEN ...
MIST...
WIE UNPASSEND!
AUSGERECHNET JETZT...
... WO ICH DIESEN ENTSCHLUSS GEFASST HABE.
DENNOCH, ICH WILL EINE TAILLE, WIE RURIKO SIE HATTE.
WENN ICH DIESEN SCHRITT WAGE, WERDE ICH VIELLEICHT AUCH MISS NAKAYAMA.

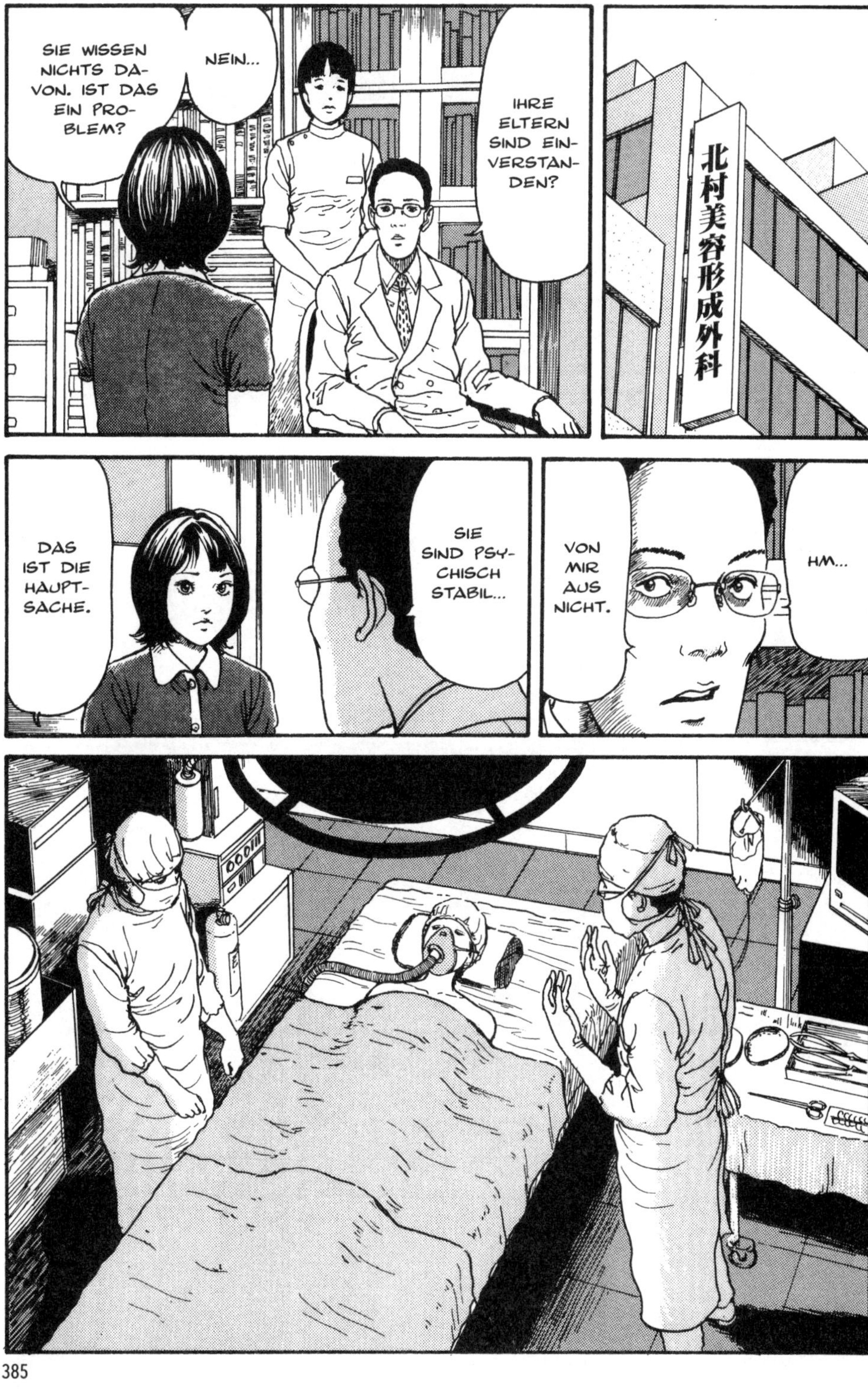
北村美容形成外科
IHRE ELTERN SIND EINVERSTANDEN?
NEIN...
SIE WISSEN NICHTS DAVON. IST DAS EIN PROBLEM?
HM...
VON MIR AUS NICHT.
SIE SIND PSYCHISCH STABIL...
DAS IST DIE HAUPTSACHE.

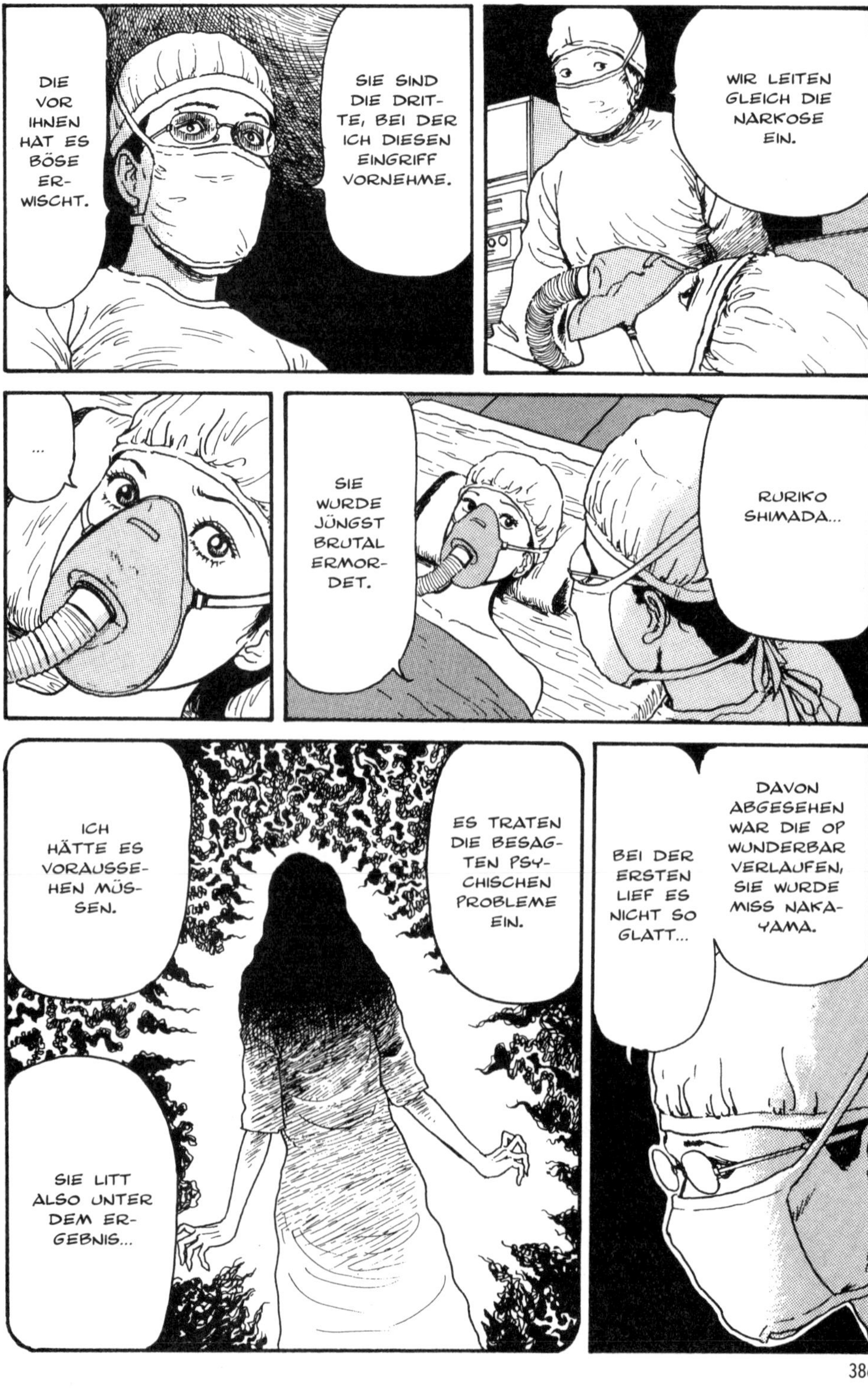
WIR LEITEN GLEICH DIE NARKOSE EIN.
SIE SIND DIE DRIT-TE, BEI DER ICH DIESEN EINGRIFF VORNEHME.
DIE VOR IHNEN HAT ES BÖSE ER-WISCHT.
RURIKO SHIMADA...
SIE WURDE JÜNGST BRUTAL ERMOR-DET.
...
DAVON ABGESEHEN WAR DIE OP WUNDERBAR VERLAUFEN, SIE WURDE MISS NAKA-YAMA.
BEI DER ERSTEN LIEF ES NICHT SO GLATT...
ES TRATEN DIE BESAG-TEN PSY-CHISCHEN PROBLEME EIN.
ICH HÄTTE ES VORAUSSE-HEN MÜS-SEN.
SIE LITT ALSO UNTER DEM ER-GEBNIS...

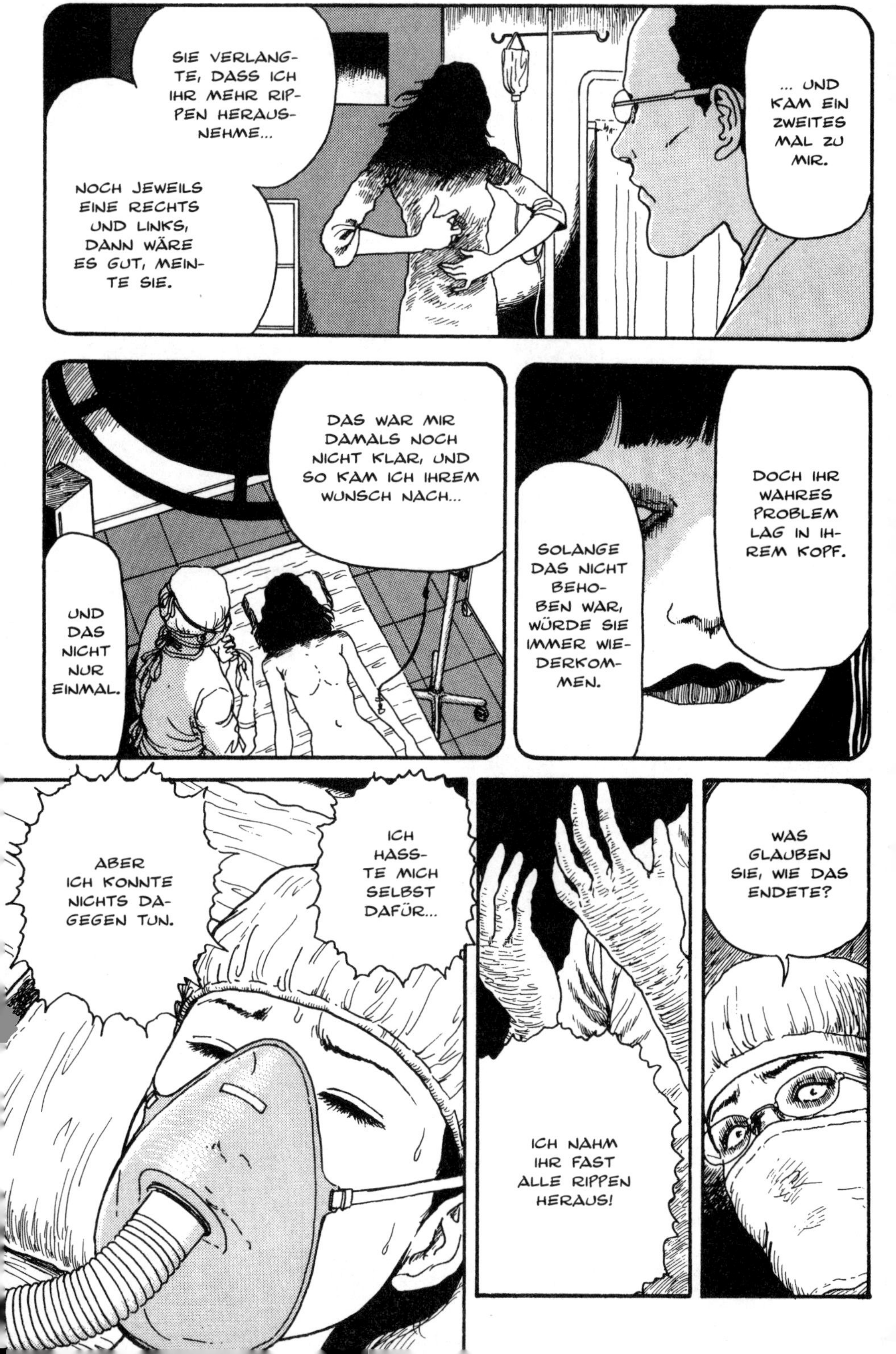
... UND KAM EIN ZWEITES MAL ZU MIR.
SIE VERLANGTE, DASS ICH IHR MEHR RIPPEN HERAUSNEHME...
NOCH JEWEILS EINE RECHTS UND LINKS, DANN WÄRE ES GUT, MEINTE SIE.
DOCH IHR WAHRES PROBLEM LAG IN IHREM KOPF.
SOLANGE DAS NICHT BEHOBEN WAR, WÜRDE SIE IMMER WIEDERKOMMEN.
DAS WAR MIR DAMALS NOCH NICHT KLAR, UND SO KAM ICH IHREM WUNSCH NACH...
UND DAS NICHT NUR EINMAL.
WAS GLAUBEN SIE, WIE DAS ENDETE?
ICH NAHM IHR FAST ALLE RIPPEN HERAUS!
ICH HASSTE MICH SELBST DAFÜR...
ABER ICH KONNTE NICHTS DAGEGEN TUN.

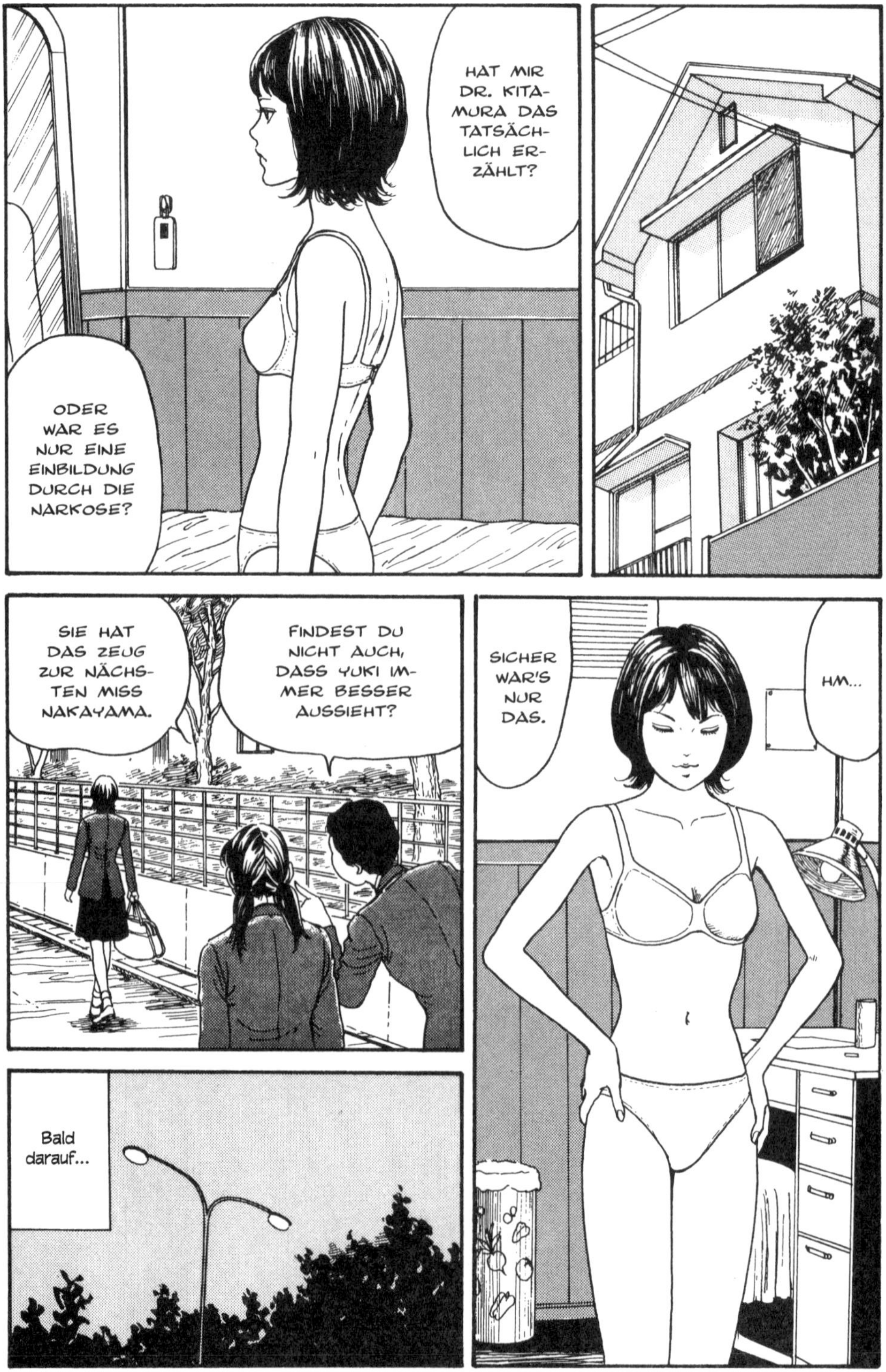

HAT MIR DR. KITAMURA DAS TATSÄCHLICH ERZÄHLT?
ODER WAR ES NUR EINE EINBILDUNG DURCH DIE NARKOSE?
HM...
SICHER WAR'S NUR DAS.
FINDEST DU NICHT AUCH, DASS YUKI IMMER BESSER AUSSIEHT?
SIE HAT DAS ZEUG ZUR NÄCHSTEN MISS NAKAYAMA.
Bald darauf...

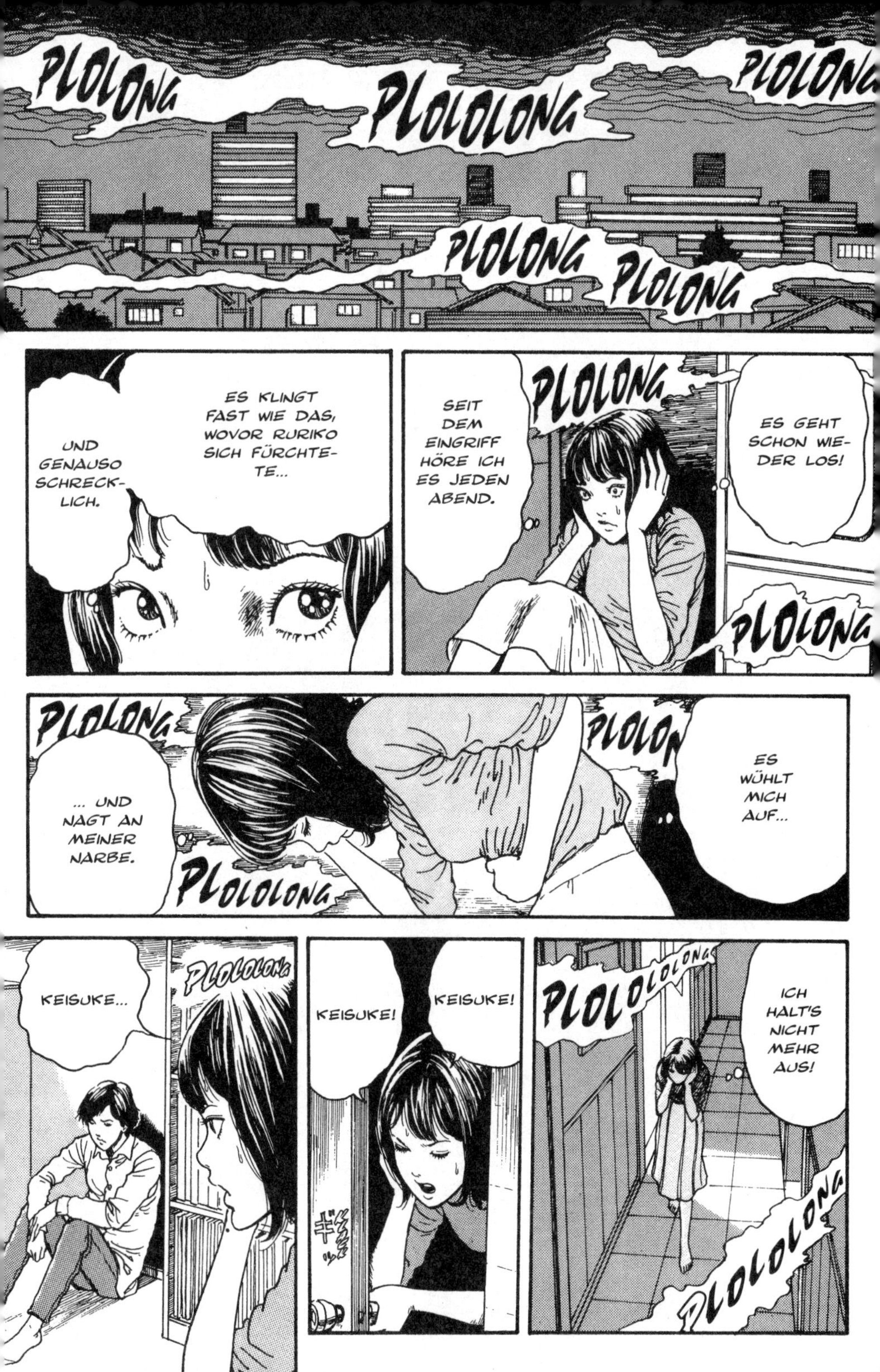
PLOLONG
PLOLOLONG
PLOLONG
PLOLONG
PLOLONG
ES GEHT SCHON WIE-DER LOS!
SEIT DEM EINGRIFF HÖRE ICH ES JEDEN ABEND.
PLOLONG
PLOLONG
ES KLINGT FAST WIE DAS, WOVOR RURIKO SICH FÜRCHTE-TE...
UND GENAUSO SCHRECK-LICH.
PLOLON
ES WÜHLT MICH AUF...
PLOLONG
PLOLOLONG
... UND NAGT AN MEINER NARBE.
PLOLOLOLONG
ICH HALT'S NICHT MEHR AUS!
PLOLOLONG
KEISUKE!
KEISUKE!
PLOLOLONG
KEISUKE...

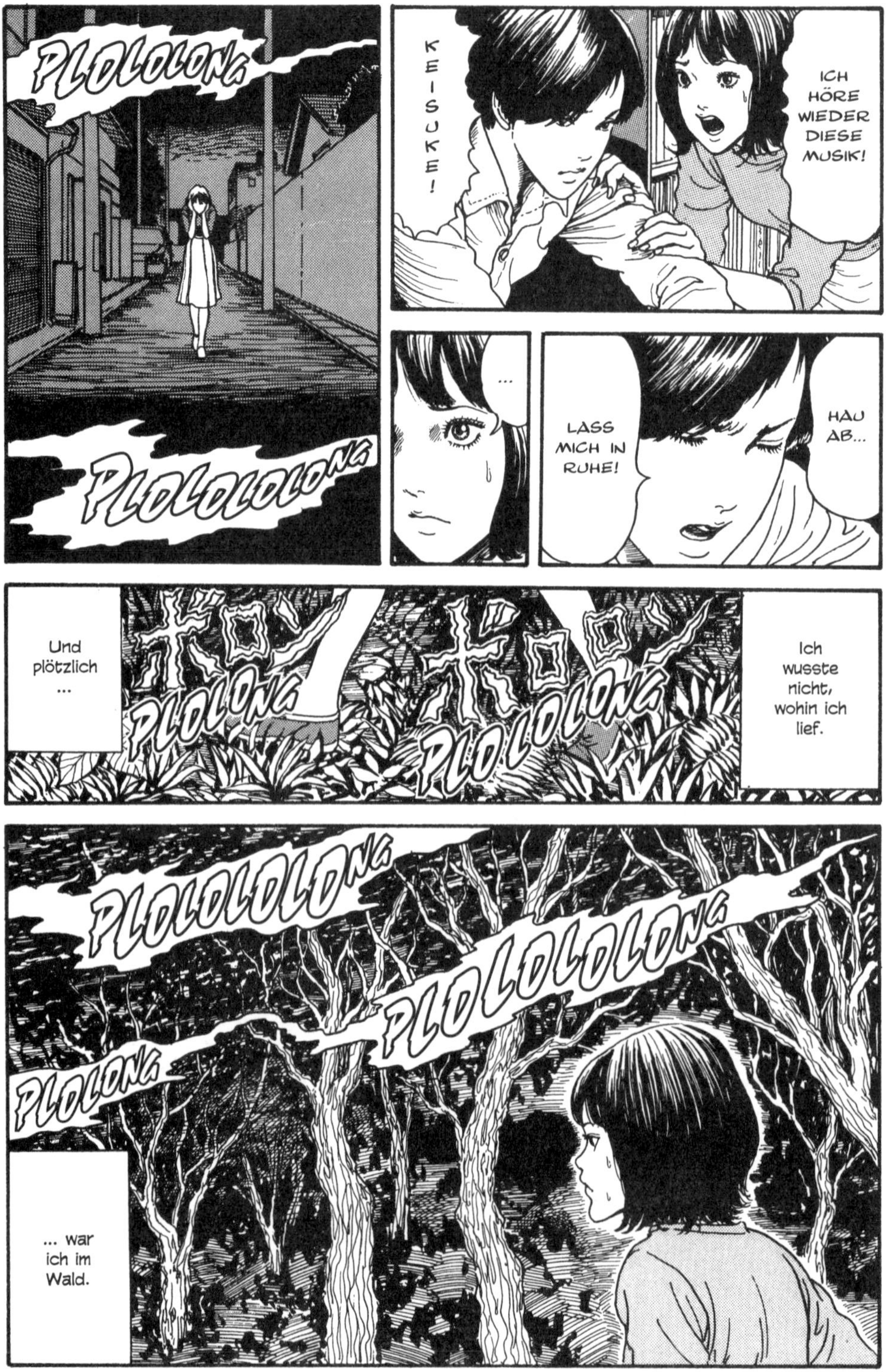
PLOLOLONG
PLOLOLOLOLONG
ICH HÖRE WIEDER DIESE MUSIK!
KEISUKE!
HAU AB...
LASS MICH IN RUHE!
...
Ich wusste nicht, wohin ich lief.
PLOLOLOLONG
PLOLONG
Und plötzlich ...
PLOLOLOLONG
PLOLOLOLOLONG
PLOLONG
... war ich im Wald.

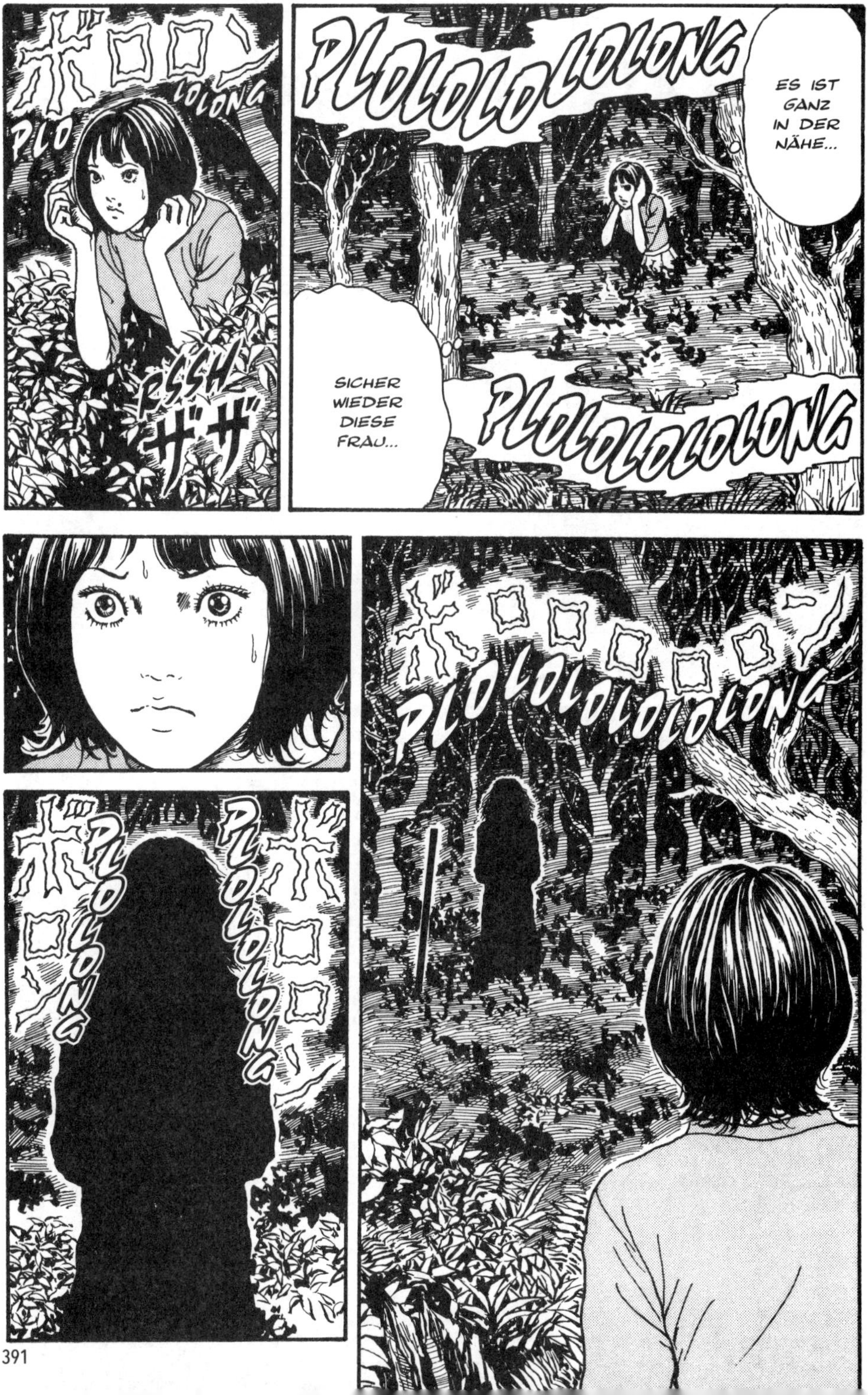
PLOLOLOLOLONG
ES IST GANZ IN DER NÄHE...
SICHER WIEDER DIESE FRAU...
PLOLOLOLOLOLONG
PLO LOLONG
RSSH
PLOLOLOLOLOLOLONG
PLOLOLONG
PLOLONG

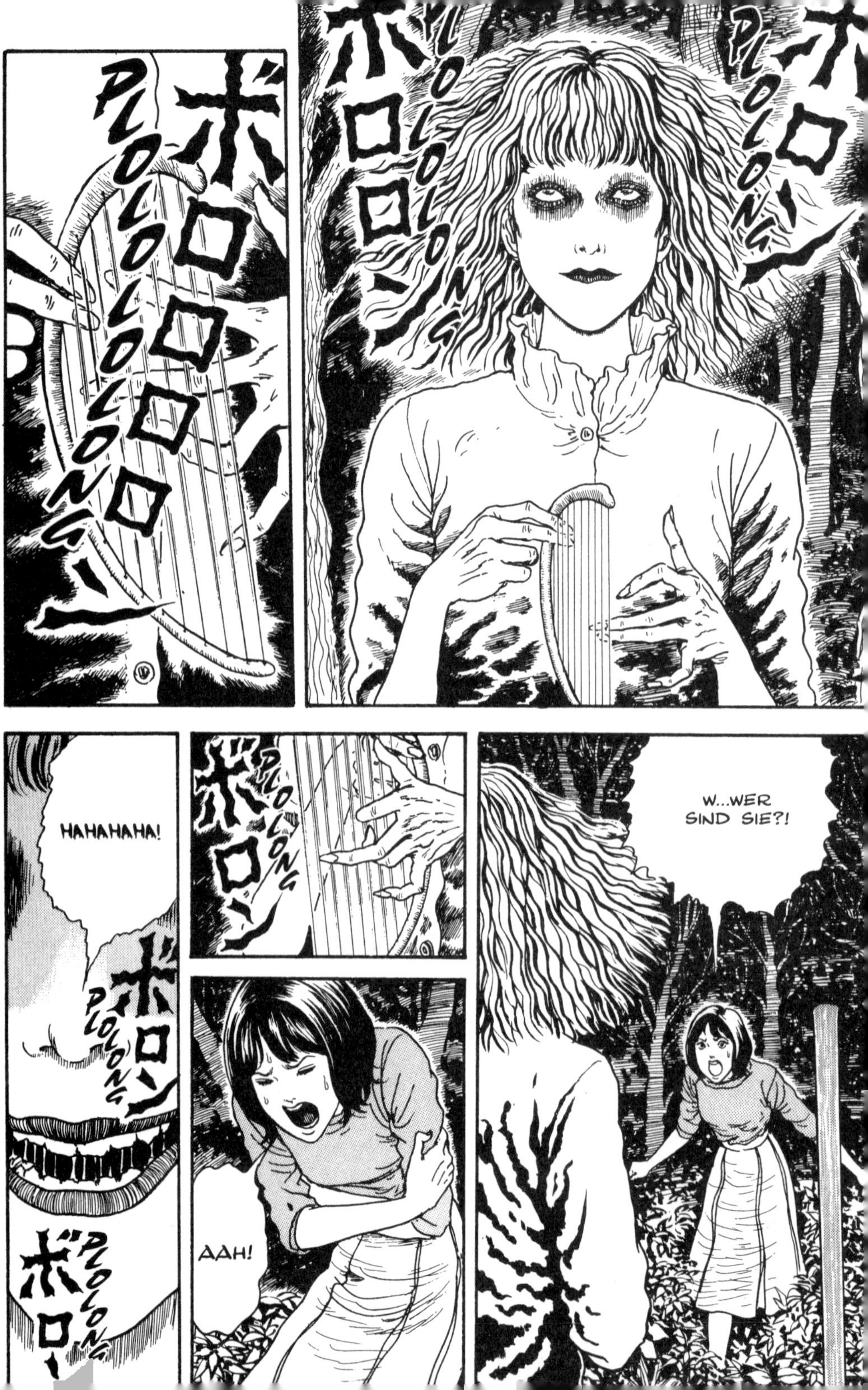

ボロン
PLOLONG
ボロロン
PLOLOLONG
ボロロロロン
PLOLOLOLOLONG
W...WER SIND SIE?!
ボロン
PLOLONG
AAH!
HAHAHAHA!
ボロン
PLOLONG
ボロ
PLOLONG

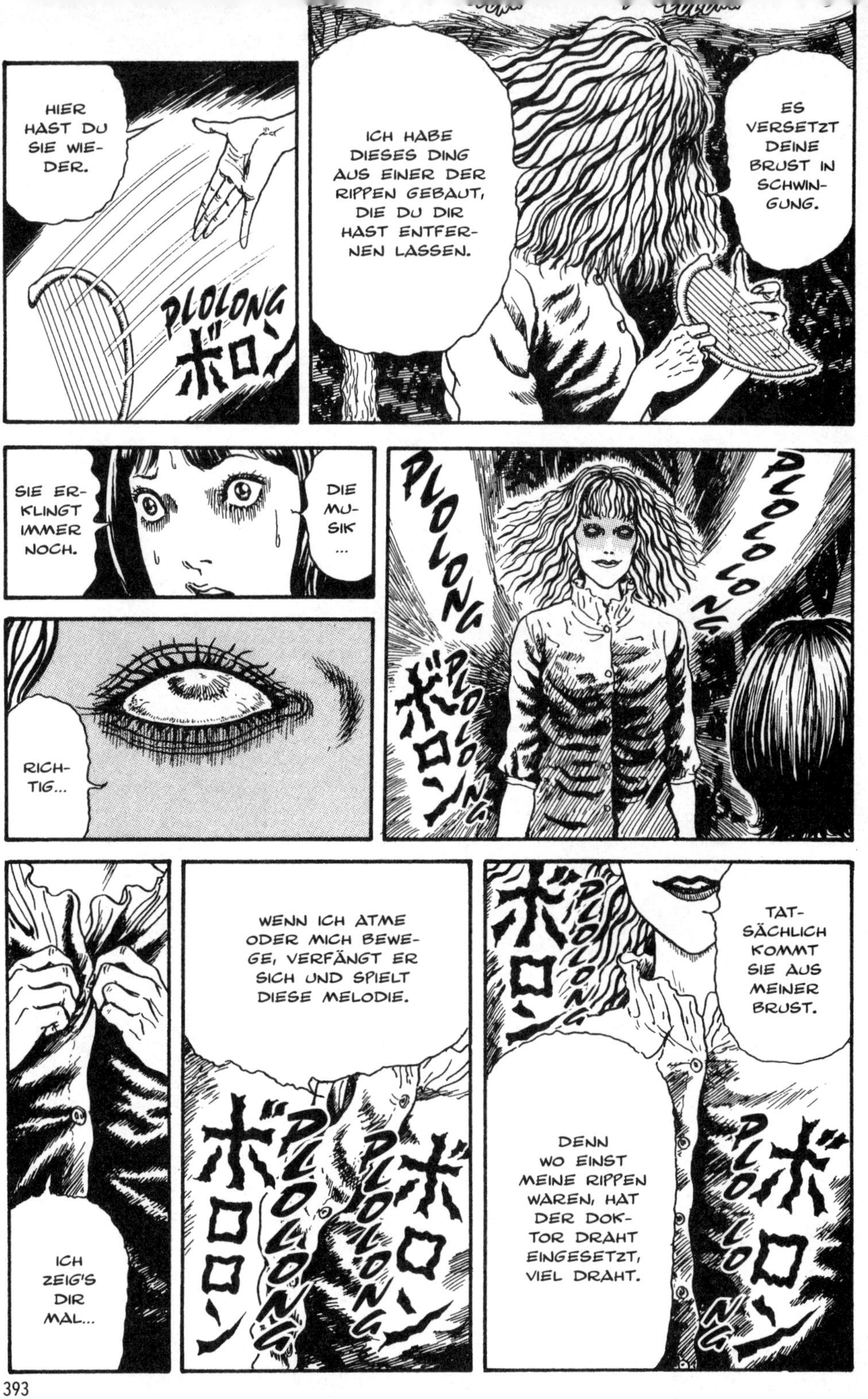
ES VERSETZT DEINE BRUST IN SCHWINGUNG.
ICH HABE DIESES DING AUS EINER DER RIPPEN GEBAUT, DIE DU DIR HAST ENTFERNEN LASSEN.
HIER HAST DU SIE WIEDER.
PLOLONG
ボロン
PLOLOLONG
PLOLONG
PLOLONG
ボロン
DIE MUSIK ...
SIE ERKLINGT IMMER NOCH.
RICHTIG...
TATSÄCHLICH KOMMT SIE AUS MEINER BRUST.
DENN WO EINST MEINE RIPPEN WAREN, HAT DER DOKTOR DRAHT EINGESETZT, VIEL DRAHT.
PLOLONG
ボロン
PLOLONG
ボロン
WENN ICH ATME ODER MICH BEWEGE, VERFÄNGT ER SICH UND SPIELT DIESE MELODIE.
PLOLONG
ボロロン
PLOLONG
ボロロン
ICH ZEIG'S DIR MAL...

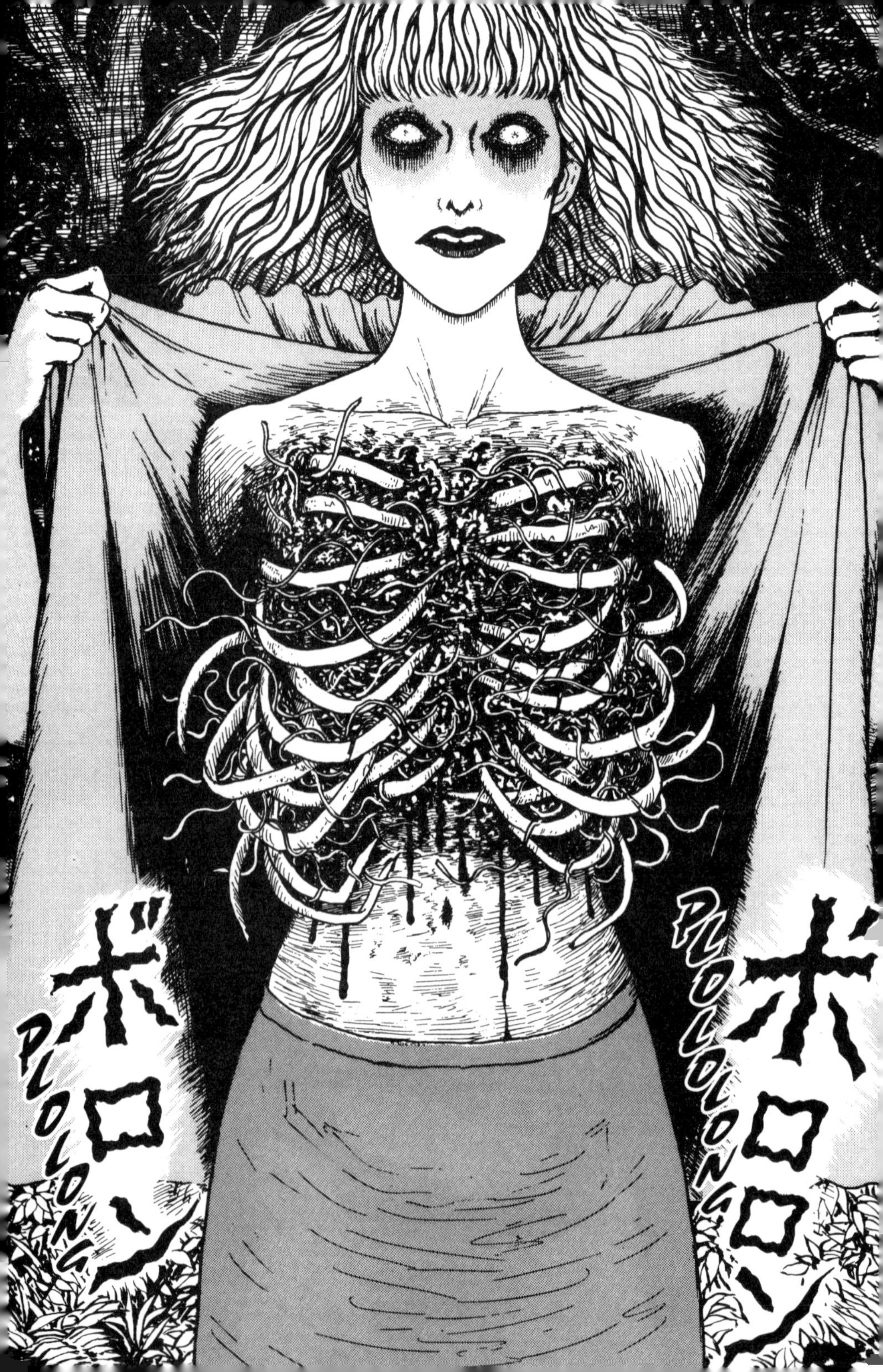
ボロローン
PLOLOLONG
ボローン
PLOLONG

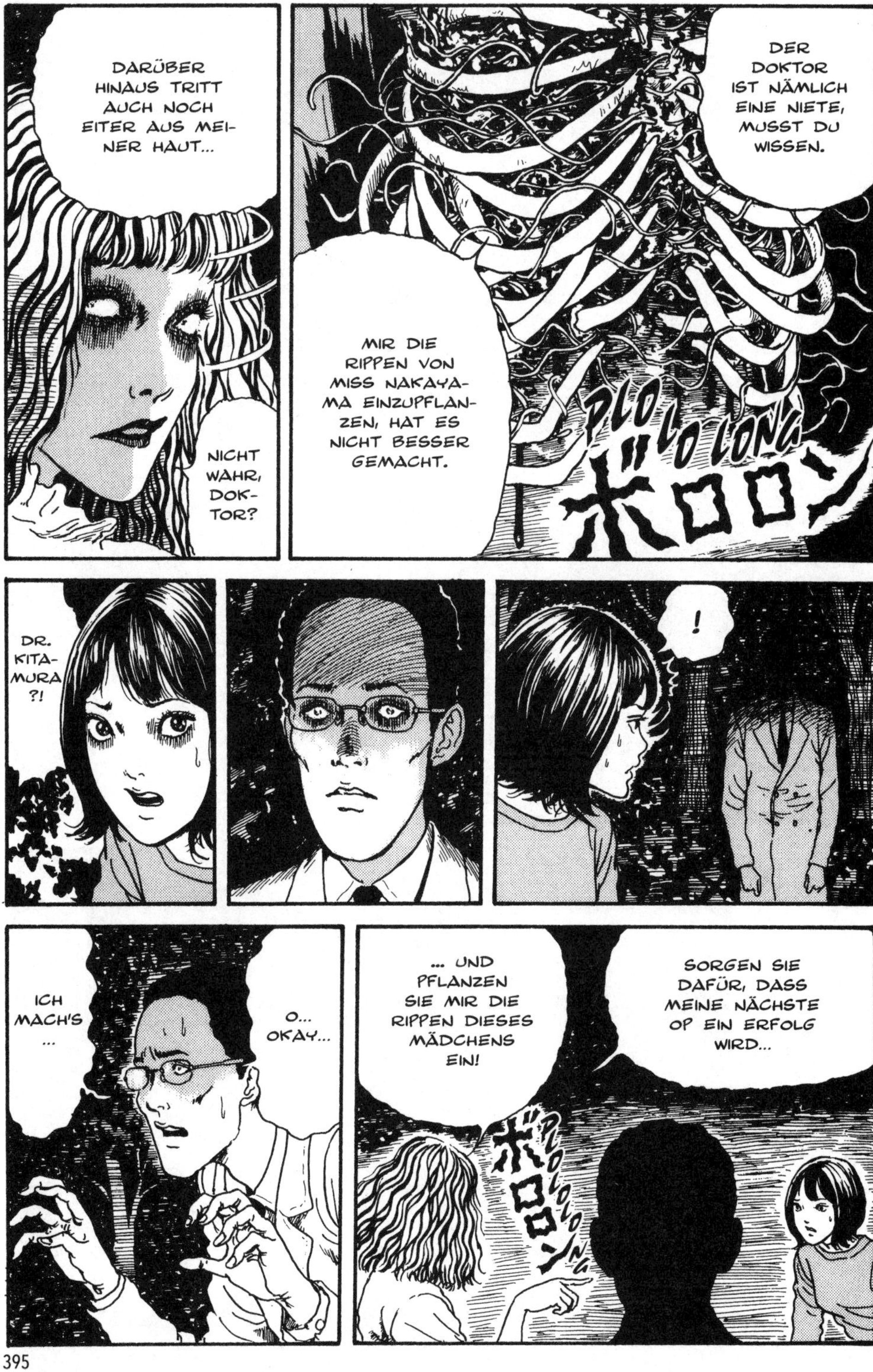
DER DOKTOR IST NÄMLICH EINE NIETE, MUSST DU WISSEN.
MIR DIE RIPPEN VON MISS NAKAYAMA EINZUPFLANZEN, HAT ES NICHT BESSER GEMACHT.
PLOLOLONG
ボロロン
DARÜBER HINAUS TRITT AUCH NOCH EITER AUS MEINER HAUT...
NICHT WAHR, DOKTOR?
!
DR. KITAMURA?!
SORGEN SIE DAFÜR, DASS MEINE NÄCHSTE OP EIN ERFOLG WIRD...
... UND PFLANZEN SIE MIR DIE RIPPEN DIESES MÄDCHENS EIN!
PLOLOLONG
ボロロン
O... OKAY...
ICH MACH'S ...

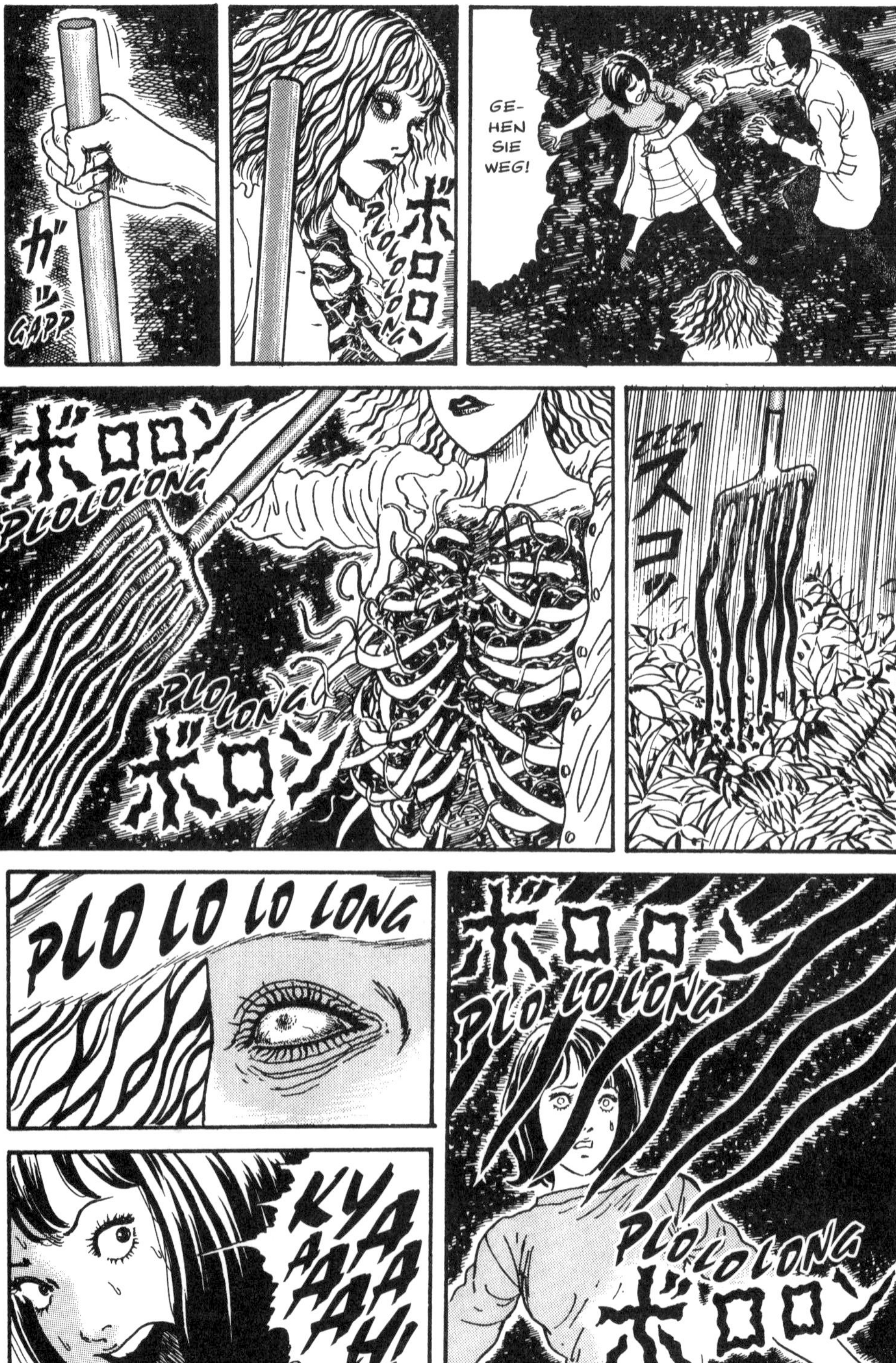
GE-HEN SIE WEG!
ボロロン
PLOLOLOLONG
ガッ
GAPP
ズコッ
ボロロン
PLOLOLONG
PLOLONG
ボロン
ボロロン
PLOLOLONG
PLOLOLONG
ボロロン
PLO LO LO LONG
KYAAAAAH!

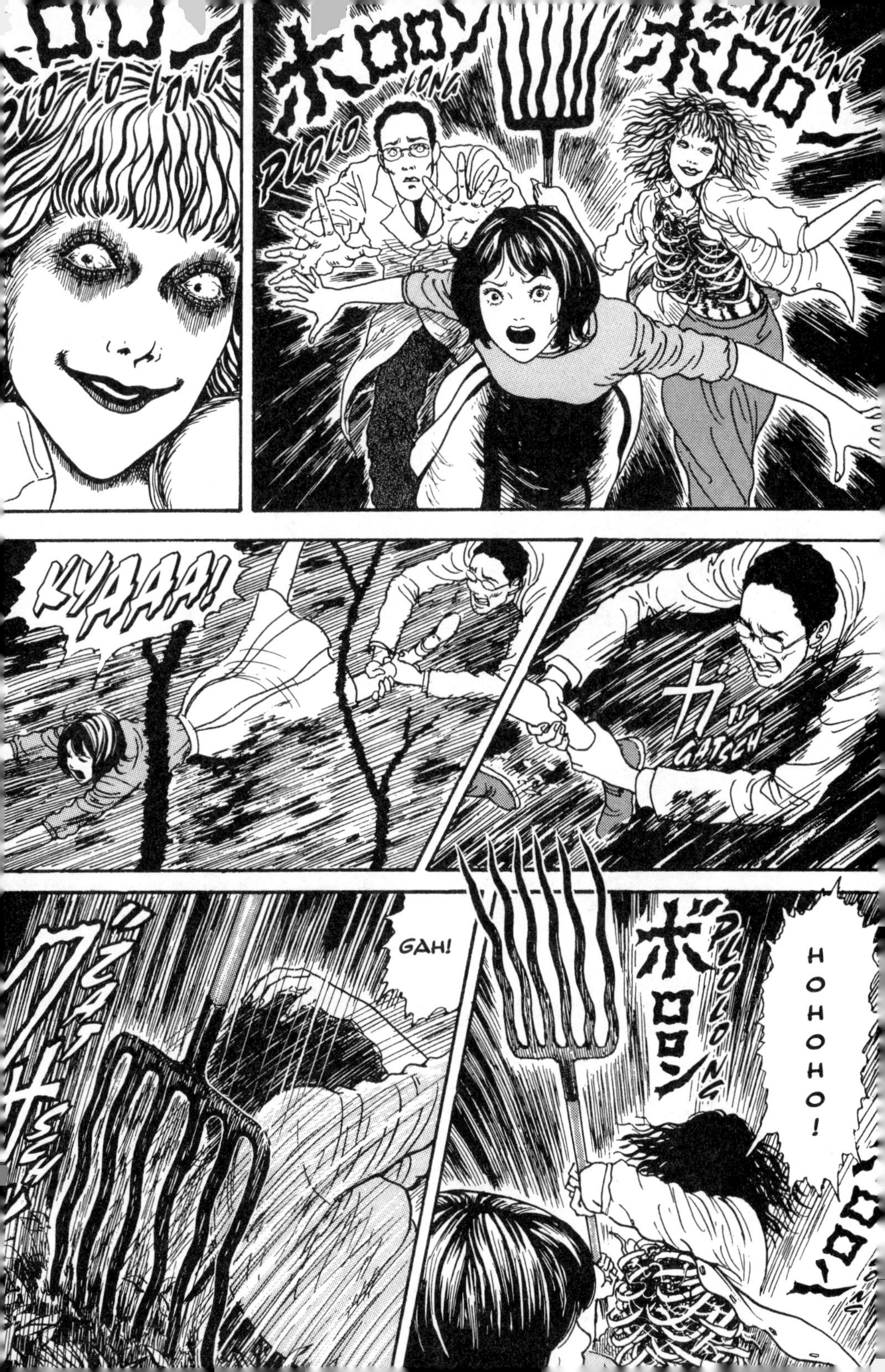

PLOLO LO LONG
PLOLO LONG
KYAAA!
GATSCH
GAH!
ボロロン
PLOLOLONG
HOHOHOHO!

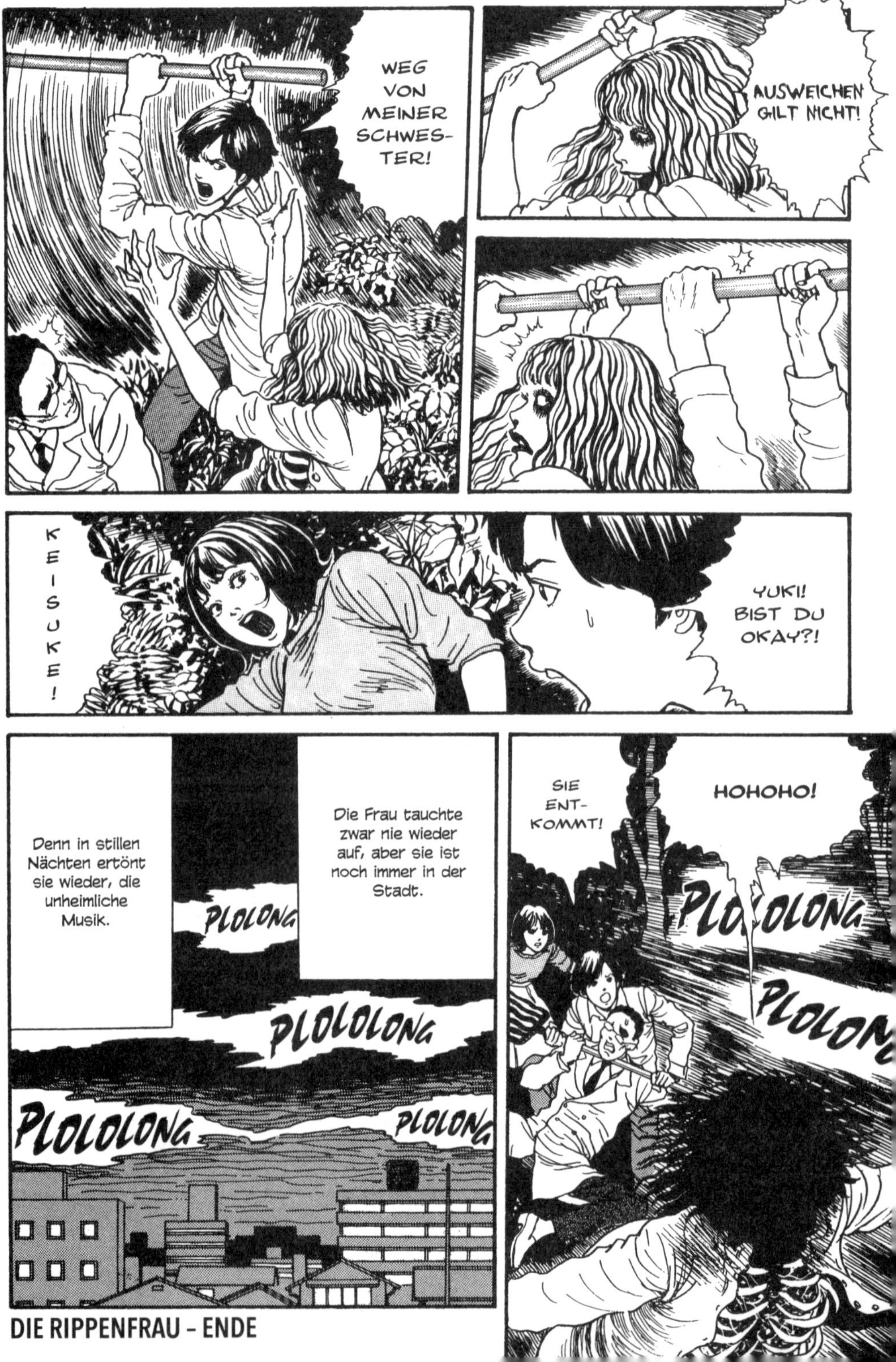

DIE RIPPENFRAU – ENDE

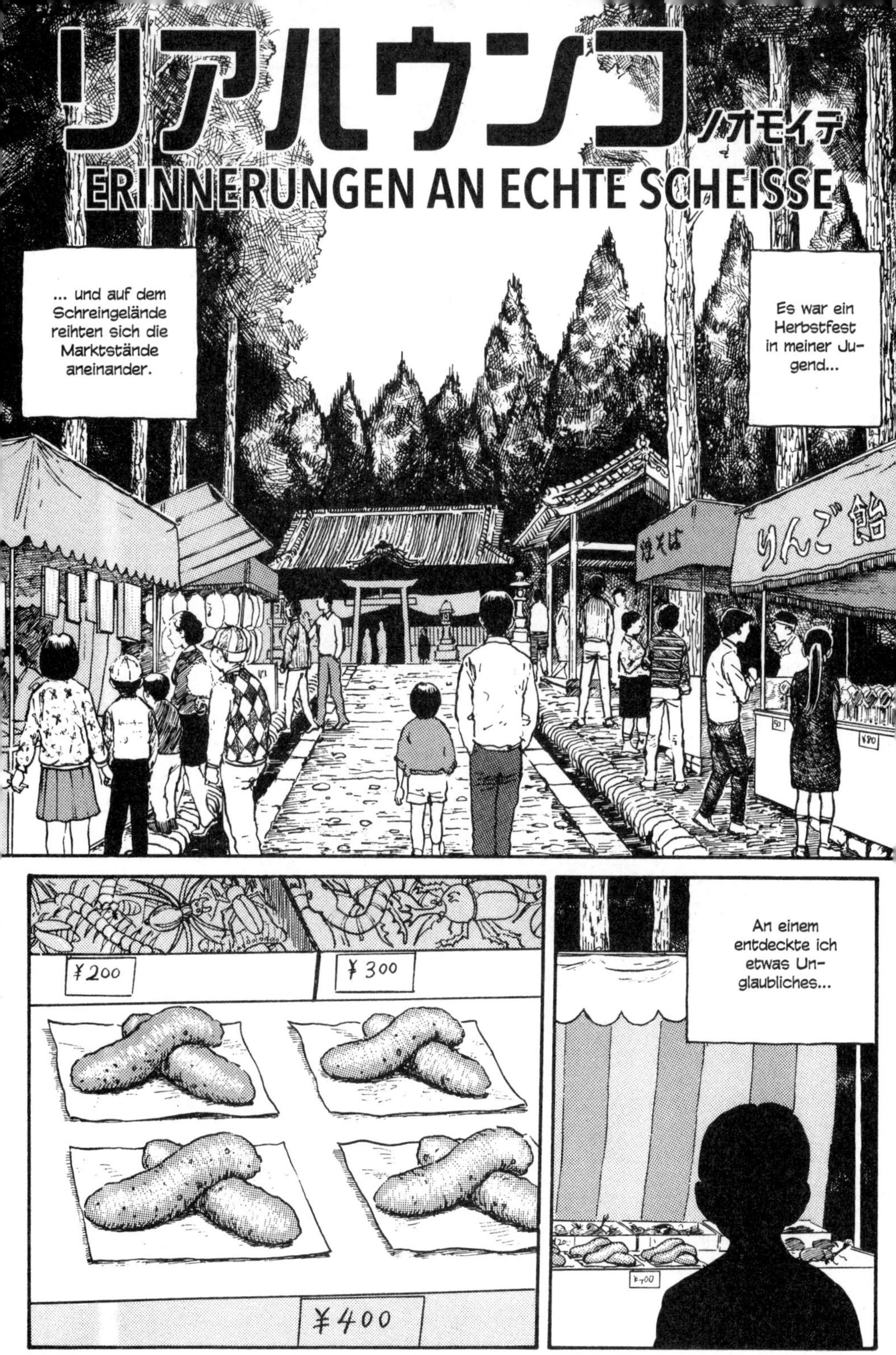

リアルウンコノオモイデ
ERINNERUNGEN AN ECHTE SCHEISSE
Es war ein Herbstfest in meiner Jugend...
... und auf dem Schreingelände reihten sich die Marktstände aneinander.
りんご飴
An einem entdeckte ich etwas Unglaubliches...
¥300
¥200
¥400

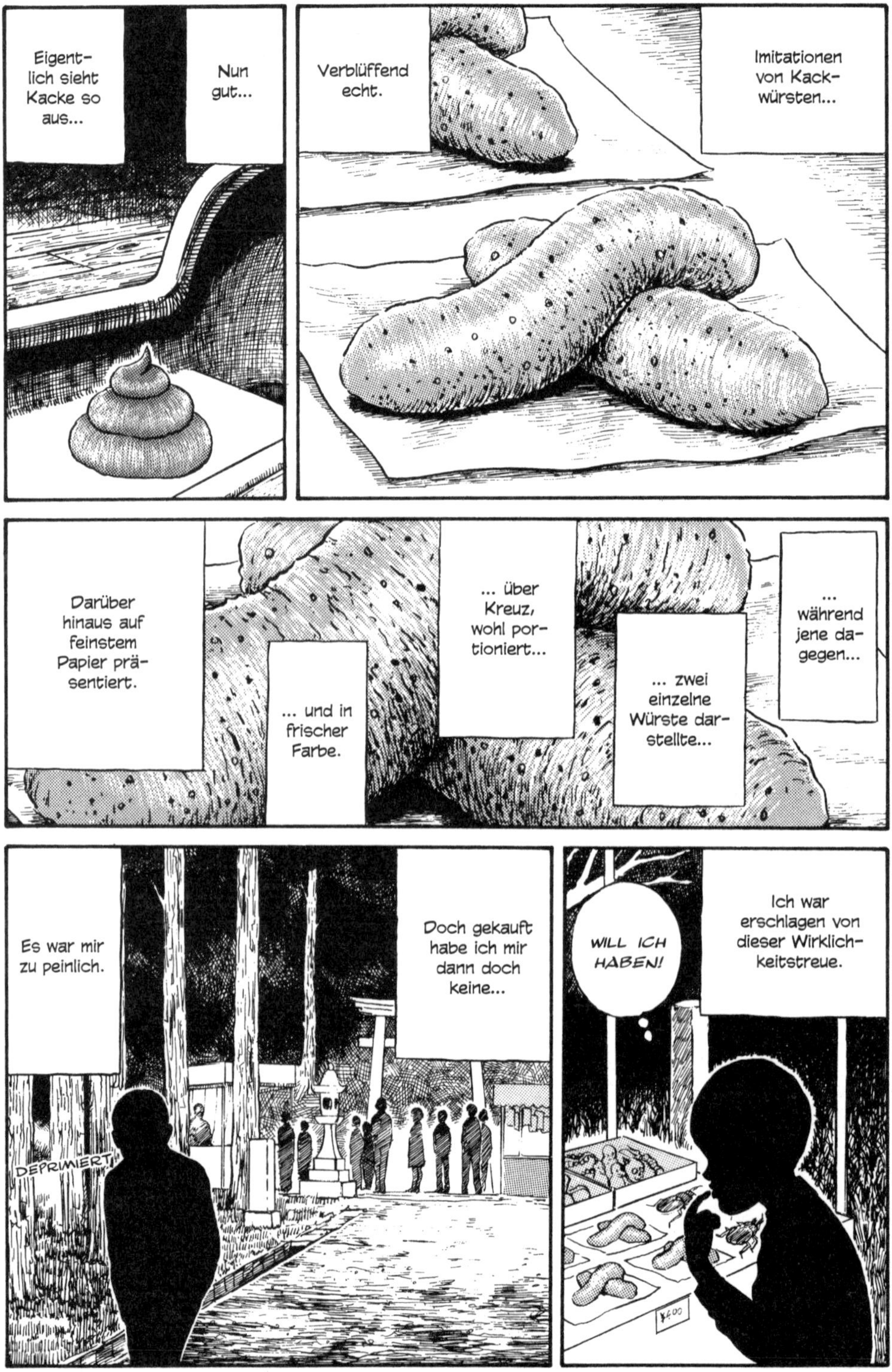
Imitationen von Kackwürsten...
Verblüffend echt.
Nun gut...
Eigentlich sieht Kacke so aus...
... während jene dagegen...
... zwei einzelne Würste darstellte...
... über Kreuz, wohl portioniert...
... und in frischer Farbe.
Darüber hinaus auf feinstem Papier präsentiert.
Ich war erschlagen von dieser Wirklichkeitstreue.
WILL ICH HABEN!
Doch gekauft habe ich mir dann doch keine...
Es war mir zu peinlich.
DEPRIMIERT

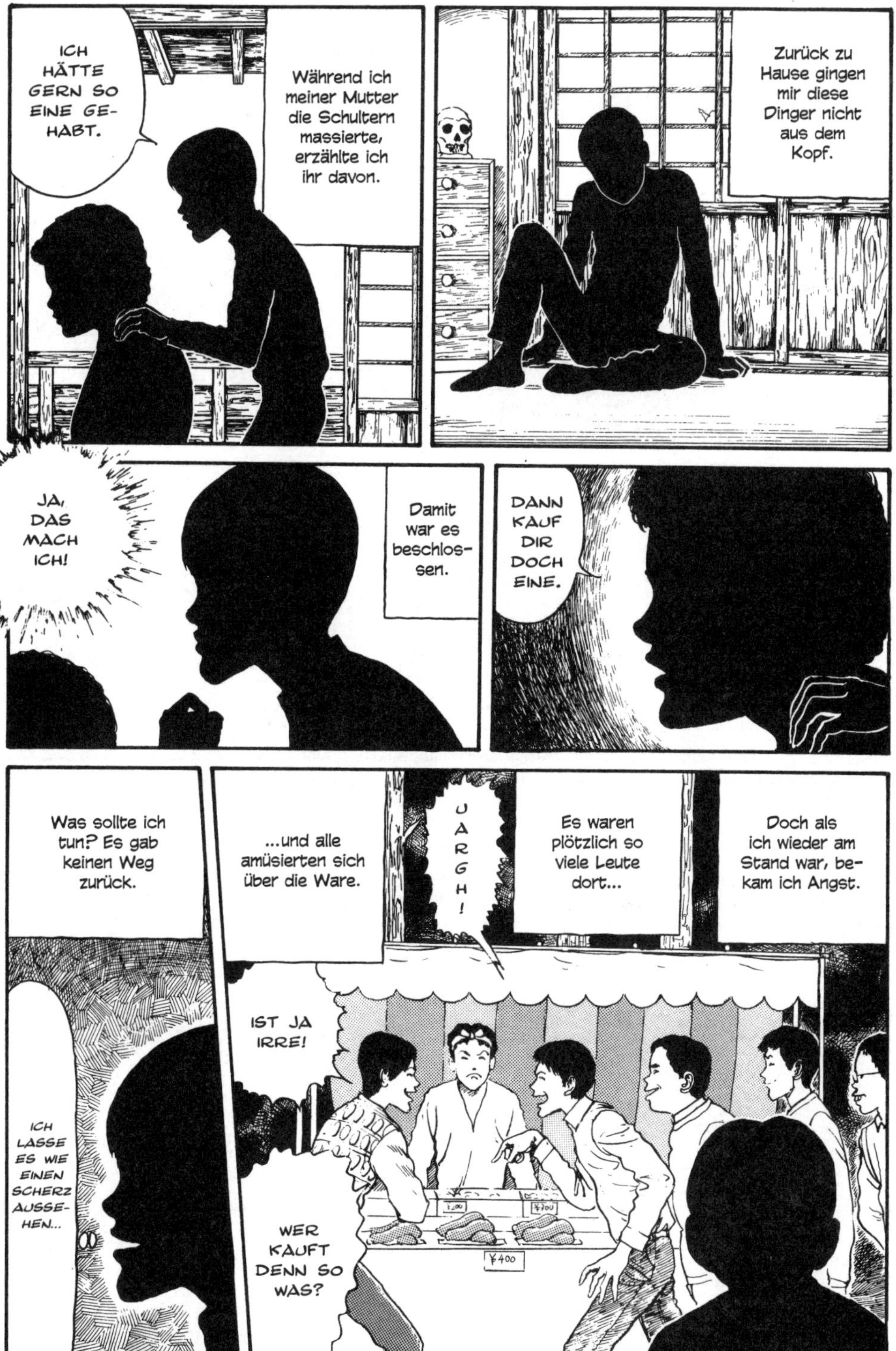
Zurück zu Hause gingen mir diese Dinger nicht aus dem Kopf.
Während ich meiner Mutter die Schultern massierte, erzählte ich ihr davon.
ICH HÄTTE GERN SO EINE GEHABT.
DANN KAUF DIR DOCH EINE.
Damit war es beschlossen.
JA, DAS MACH ICH!
Doch als ich wieder am Stand war, bekam ich Angst.
Es waren plötzlich so viele Leute dort...
UARGH!
...und alle amüsierten sich über die Ware.
IST JA IRRE!
WER KAUFT DENN SO WAS?
¥400
Was sollte ich tun? Es gab keinen Weg zurück.
ICH LASSE ES WIE EINEN SCHERZ AUSSEHEN...

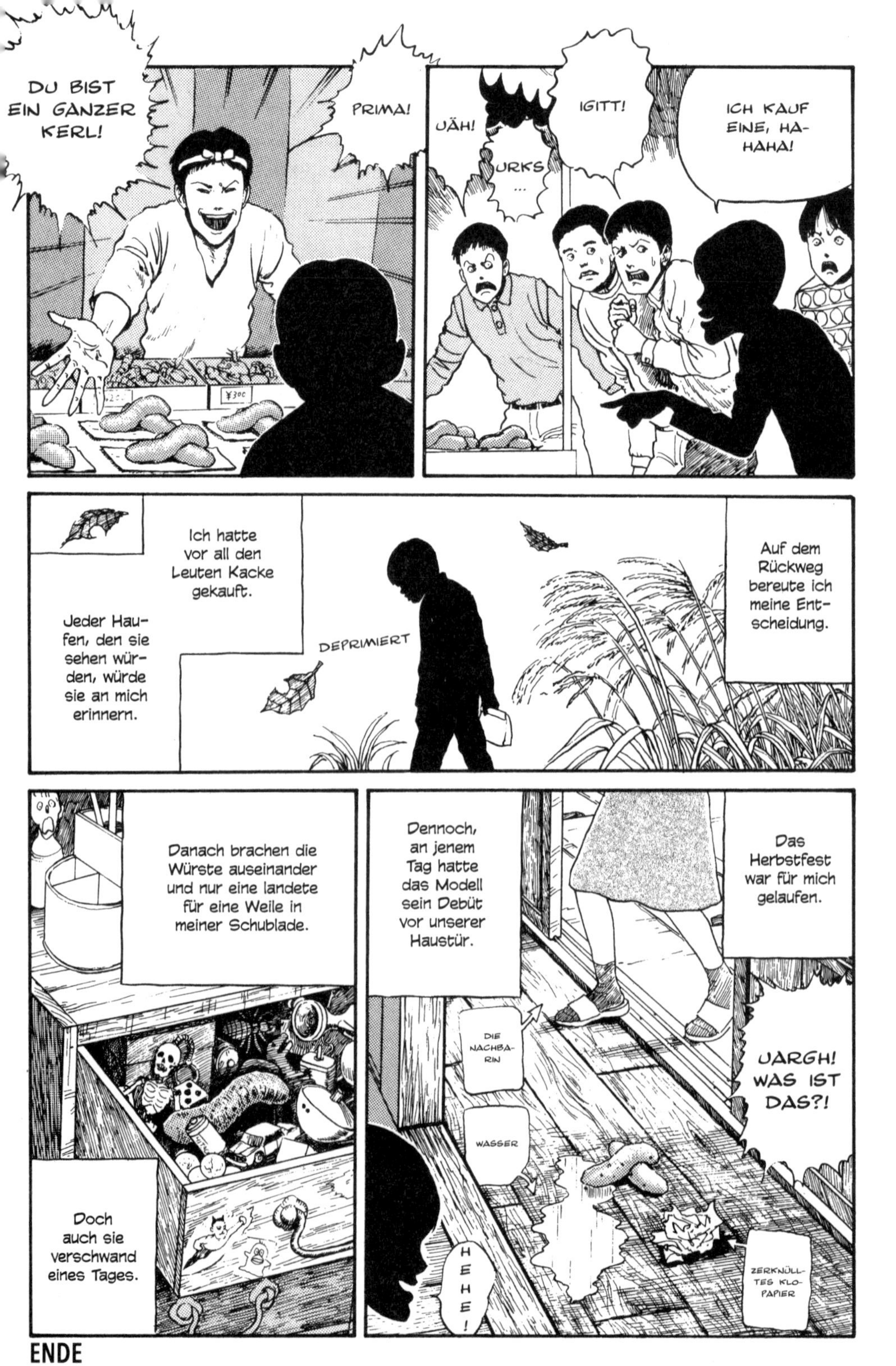
DU BIST EIN GANZER KERL!
PRIMA!
¥200
¥300
ICH KAUF EINE, HA-HAHA!
IGITT!
UÄH!
URKS ...
Ich hatte vor all den Leuten Kacke gekauft.
Jeder Hau-fen, den sie sehen wür-den, würde sie an mich erinnern.
DEPRIMIERT
Auf dem Rückweg bereute ich meine Ent-scheidung.
Danach brachen die Würste auseinander und nur eine landete für eine Weile in meiner Schublade.
Doch auch sie verschwand eines Tages.
Das Herbstfest war für mich gelaufen.
Dennoch, an jenem Tag hatte das Modell sein Debüt vor unserer Haustür.
UARGH! WAS IST DAS?!
DIE NACHBA-RIN
WASSER
ZERKNÜLL-TES KLO-PAPIER
HEHE!

ENDE

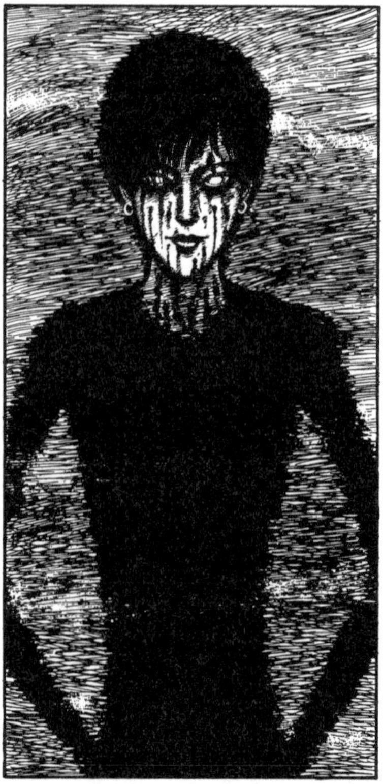

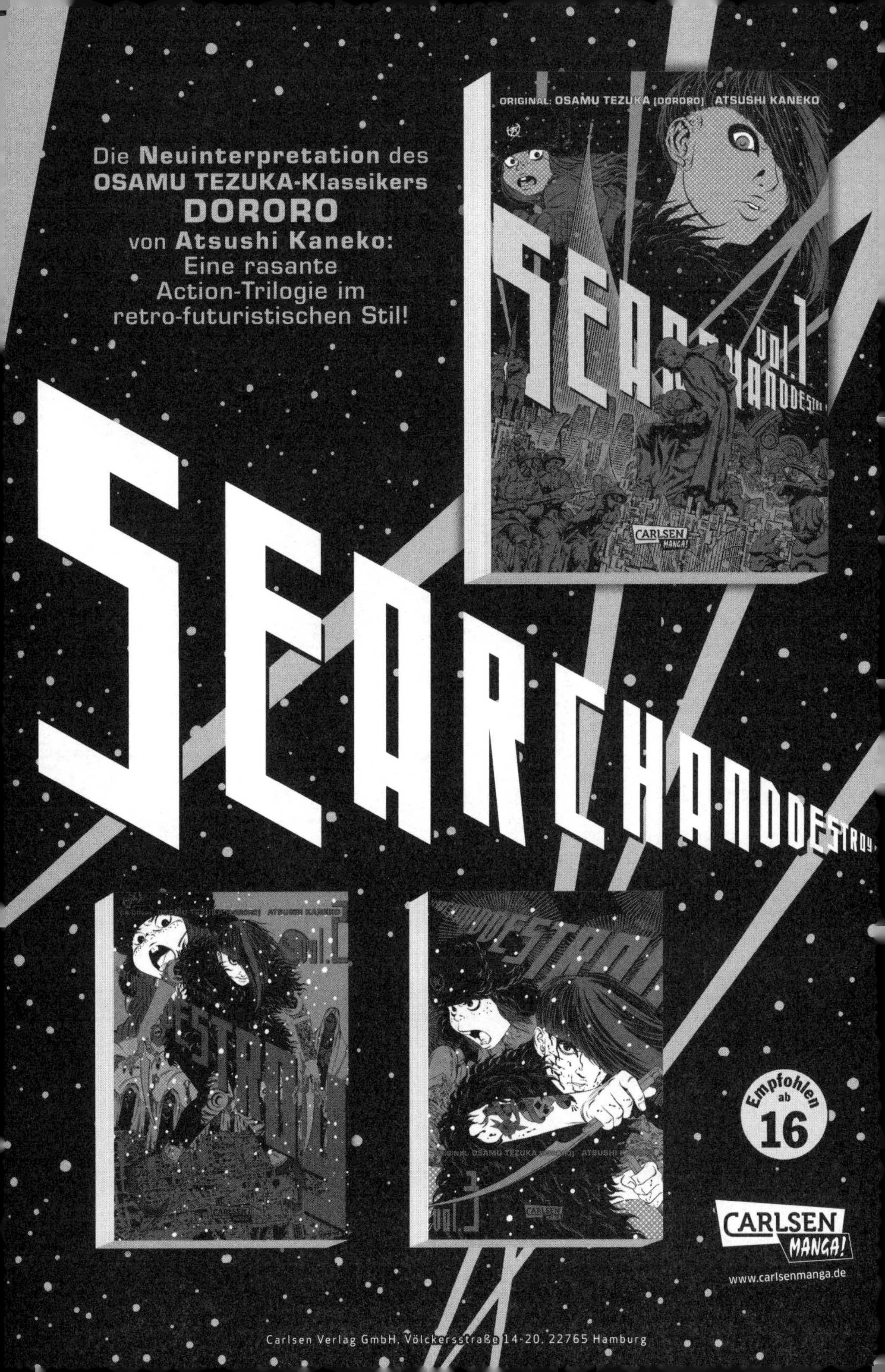
Die Neuinterpretation des
OSAMU TEZUKA-Klassikers
DORORO
von Atsushi Kaneko:
Eine rasante
Action-Trilogie im
retro-futuristischen Stil!
ORIGINAL: OSAMU TEZUKA [DORORO] ATSUSHI KANEKO
SEARCHANDDESTROY
Empfohlen ab 16
CARLSEN MANGA!
www.carlsenmanga.de
Carlsen Verlag GmbH, Völckersstraße 14-20, 22765 Hamburg

ÜBER DEN AUTOR

Junji Ito, geboren 1963 in der Präfektur Gifu im Zentrum der japanischen Hauptinsel Honshu, startete seine Karriere im Horrorgenre 1987 mit *Tomie*. Die Serie lief bis zum Jahr 2000 im *Monthly Halloween-Magazin*, wurde für Film und TV adaptiert und mit dem *Kazuo-Umeza-Preis* ausgezeichnet. 1998/1999 veröffentlicht er im *Big Comic Spirits*-Magazin des Verlags Shogakukan den Manga *Uzumaki*, der mit knapp 600 Seiten zu seinem bekanntesten Werk avancierte. Zahlreiche weitere Kurzgeschichten und Serien (u.a. *Gyo*, *Yami no Koe*) belegen die hohe Kunst Junji Itos, einen subtil-eindringlichen Horror schleichend real werden zu lassen.

Sein Werk ist international übersetzt und verfilmt. Als Vorbilder nennt er neben dem Künstler Kazuo Umeza auch die Autoren und Zeichner Hideshi Hino, Yasutaka Tsutsui und H. P. Lovecraft.

Wir produzieren nachhaltig
- Klimaneutrales Produkt
- Papiere aus nachhaltigen und kontrollierten Quellen
- Hergestellt in Deutschland

FSC
www.fsc.org
MIX
Papier | Fördert gute Waldnutzung
FSC® C014496

CARLSEN MANGA

Völckersstraße 14-20, 22765 Hamburg
Aus dem Japanischen von Jens Ossa

ITO JUNJI KESSAKUSHU Shibito no Koi Wazurai

Originally published in Japan in 2011
by Asahi Shimbun Publications Inc., Tokyo.
German translation rights arranged with
Asahi Shimbun Publications Inc., Tokyo,
through TOHAN CORPORATION, Tokyo.

Redaktion: Petra Lohmann

ISBN: 978-3-551-74260-5

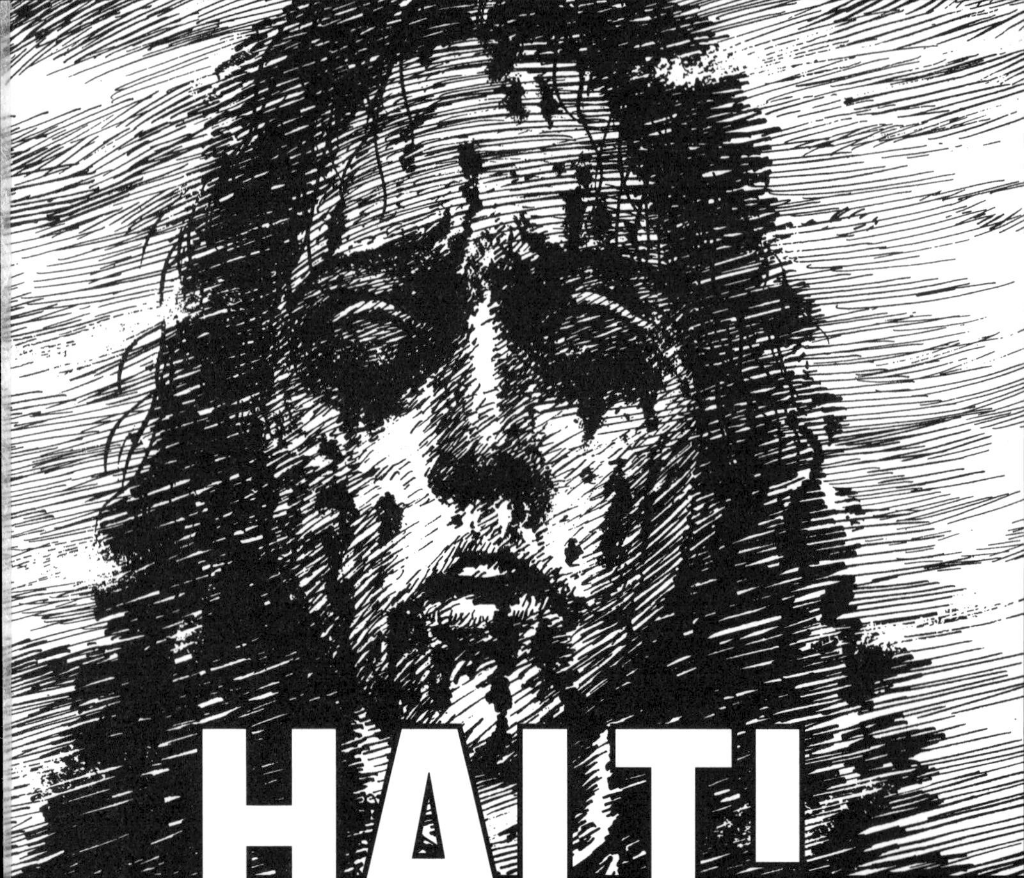

HALT!

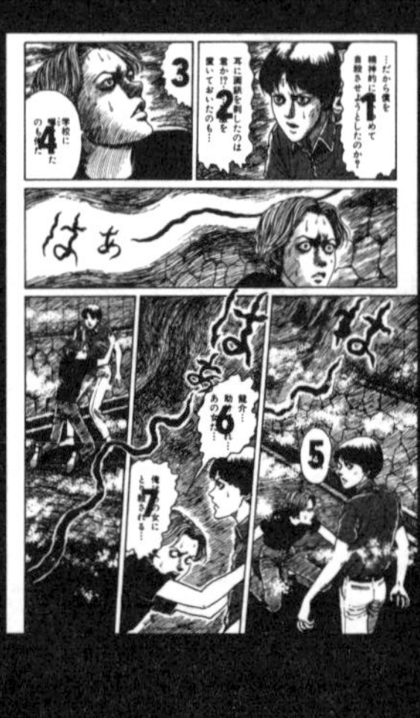

LOVESICKNESS ist ein japanischer Comic, und in Japan wird von hinten nach vorn und von rechts nach links gelesen. Man schlägt dieses Buch also hinten auf und blättert es nach vorn durch. Auch die Bilderfolgen und der Erzähl- bzw. Lesefluss funktionieren auf den Seiten von rechts oben nach links unten – wie in der kleinen Grafik hier gezeigt. Wir wünschen gruselige Unterhaltung!